시사

일본어능력시험

JLPT

합격 시그널

문제편

N3

저자 이승희, 大阪YMCA

일본어능력시험
시사 JLPT 합격 시그널 문제편 N3

초판발행	2022년 9월 30일
1판 2쇄	2023년 8월 30일
저자	이승희, 大阪YMCA(오사카YMCA)
편집	조은형, 김성은, 오은정, 무라야마 토시오
펴낸이	엄태상
디자인	권진희
조판	김성은
콘텐츠 제작	김선웅, 장형진
마케팅	이승욱, 왕성석, 노원준, 조성민, 이선민
경영기획	조성근, 최성훈, 김다미, 최수진, 오희연
물류	정종진, 윤덕현, 신승진, 구윤주
펴낸곳	시사일본어사(시사북스)
주소	서울시 종로구 자하문로 300 시사빌딩
주문 및 교재 문의	1588-1582
팩스	0502-989-9592
홈페이지	www.sisabooks.com
이메일	book_japanese@sisadream.com
등록일자	1977년 12월 24일
등록번호	제 300-2014-31호

ISBN 978-89-402-9349-2 (14730)
978-89-402-9341-6 (set)

머리말

일본어능력시험(JLPT)을 공부하는 목적은 학습자마다 다르지만, 최종 목표는 모두 '합격'일 것입니다. '시사 JLPT 합격 시그널' 시리즈는 JLPT 시험에 합격하고자 하는 학습자를 위한 독학용 종합 수험서입니다. 머리말을 읽으면서 '독학용 수험서가 따로 있나?'라고 생각하시는 분도 계실 것입니다.

'시사 JLPT 합격 시그널'은 혼자 공부하는 수험생을 위해 다음과 같이 교재를 구성했습니다.

처음 JLPT를 접하는 학습자도
알기 쉽도록
실제 시험 문제 유형을 분석

›

단계별 심화 학습과
세심한 해설을 통해
문제의 원리를 이해

일본어의 '어휘력'과 '문법' 이해도를 측정하는 언어지식(문자·어휘·문법) 파트와 현지에서 출간된 인문·실용서 등의 지문을 사용하는 독해 파트, 일상생활에서 사용하는 회화력을 묻는 청해 파트까지, JLPT 시험은 결코 쉽지만은 않습니다. 따라서 대부분의 학습자는 JLPT 시험을 준비하는데 있어 무엇을, 어떻게 공부해야 할지 막연함을 느낄 것입니다.

'시사 JLPT 합격 시그널'을 통해 JLPT란 무엇인가를 이해하고, 어떻게 하면 시험을 공략할 수 있는지에 대한 해법을 찾고 자신감을 기를 수 있기를 바랍니다. 문제를 풀고 해설을 읽으며, 일본어 어휘가 어떻게 활용되는지와 일본어 문법의 활용 원리에 대해 이해하고, 시험 문제에서 학습자에게 요구하는 바가 무엇인지를 정확하게 답할 수 있게 되기를 바랍니다.

마지막 책장을 덮는 순간, 이 책을 함께 해 주신 모든 분들께 '합격의 시그널'이 감지되기를 진심으로 기원합니다.

저자 일동

이 책의 구성과 학습 방법

문자・어휘

・問題 1 한자 읽기 ・問題 2 표기 ・問題 3 문맥 규정
・問題 4 유의 표현 ・問題 5 용법

학습 순서

문제 유형 → 출제 예상 어휘 → 연습문제 → 실전문제

문제의 유형별로 포인트를 정리하고 출제 예상 어휘 및 기출 어휘를 학습한 후, 연습문제와 실전문제를 통해 시험에 대비합니다.

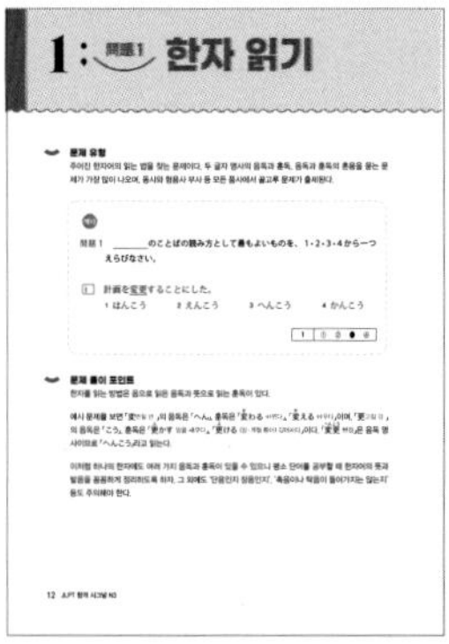

문제 유형 포인트

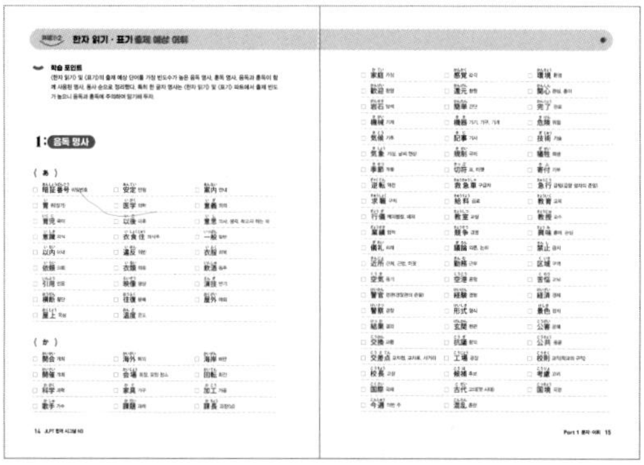

출제 예상 어휘

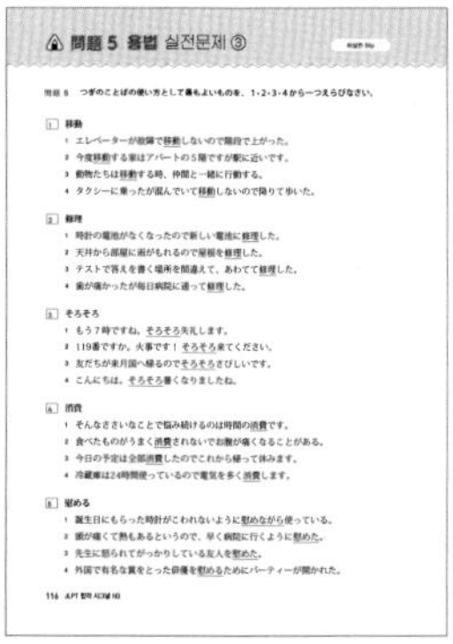

연습문제/실전문제

문법

・問題 1 문법형식 판단 ・問題 2 문장 만들기 ・問題 3 글의 문법

학습 순서

문법 기본기 갖추기 → 문제 유형 → 연습문제 → 실전문제

N3에서 알아야 할 필수 문법과 문제를 풀 때 반드시 필요한 기초 문법 및 경어 표현을 학습한 후, 각 유형별 연습문제와 실전문제를 통해 시험에 대비합니다.

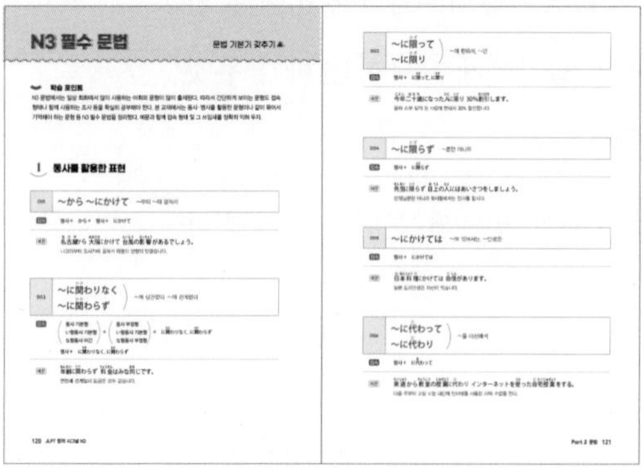

문법 기본기 갖추기

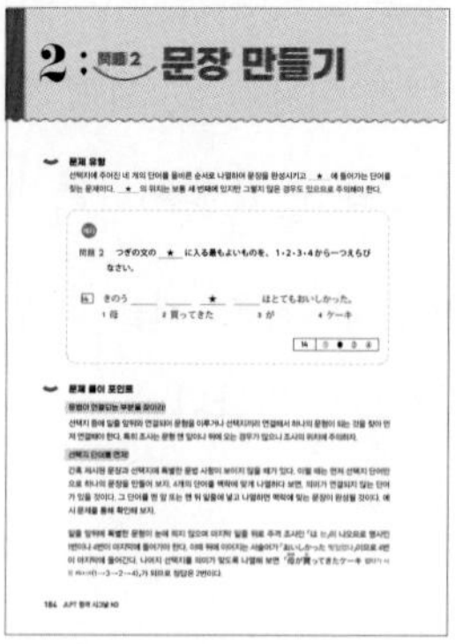

문제 유형 포인트

연습문제/실전문제

독해

- 問題 4 내용 이해(단문)
- 問題 5 내용 이해(중문)
- 問題 6 내용 이해(장문)
- 問題 7 정보 검색

학습 순서

문제 유형 → 연습문제 → 실전문제

문제의 유형별 출제 빈도가 높은 질문 형태와 문제 풀이 포인트를 학습한 후 연습문제와 실전문제를 통해 시험에 대비합니다.

문제 유형 포인트

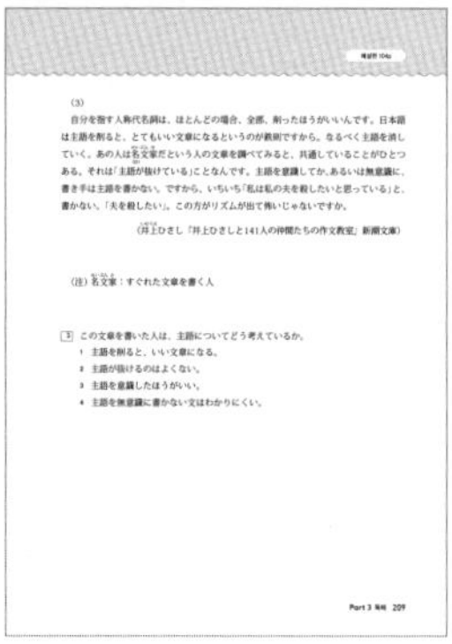

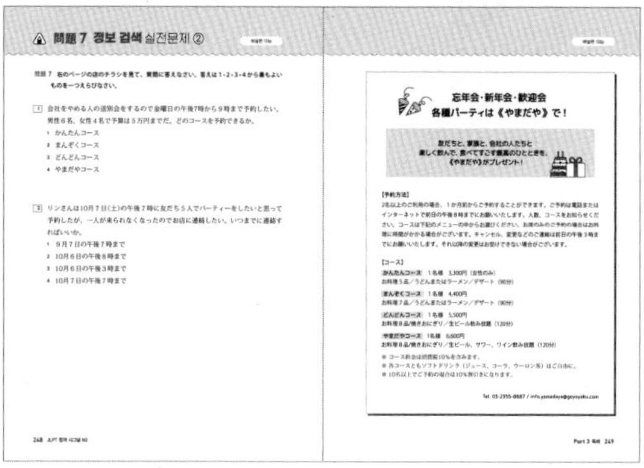

연습문제/실전문제

청해

- 問題 1 과제 이해
- 問題 2 포인트 이해
- 問題 3 개요 이해
- 問題 4 발화 표현
- 問題 5 즉시 응답

학습 순서

청해 기본기 갖추기 → 문제 유형 → 연습문제 → 실전문제

기본적인 발음 연습부터 청해 문제에 자주 나오는 축약 표현과 경어 표현을 정리하고, 각 유형별 문제 풀이 포인트를 학습한 후 연습문제와 실전문제를 통해 시험에 대비합니다.

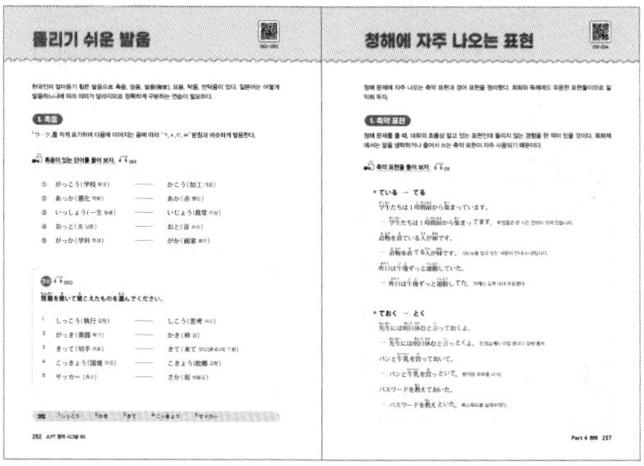

청해 기본기 갖추기

문제 유형 포인트

연습문제/실전문제

모의고사

최신 이슈와 출제 유형에 맞춘 실전 모의고사

최근 몇 년간의 기출 문제를 분석하여 난이도를 조정하고, 실제 신문 기사나 이슈를 반영한 최신 출제 유형의 모의고사를 통해 실전에 완벽하게 대비합니다.

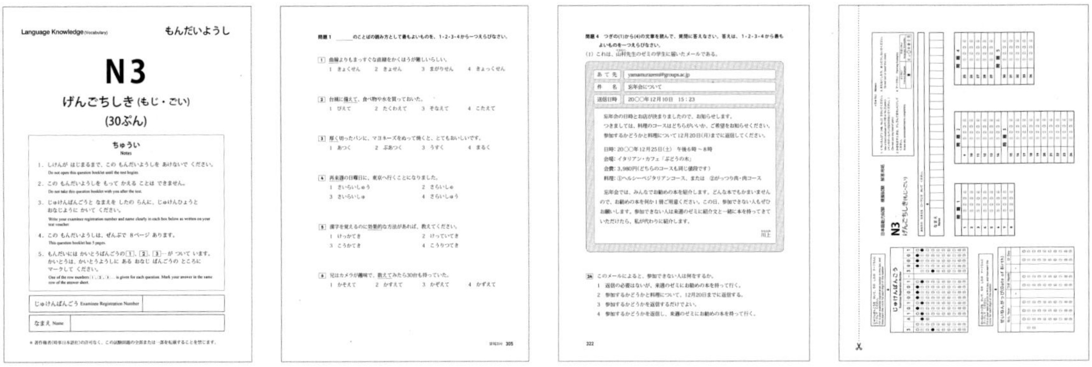

모의고사

무료 동영상 강의

QR코드로 언제 어디서나!
JLPT 전문 강사의 모의고사 해설 강의

시사일본어학원의 JLPT 전문 강사의 해설을 통해 유형별 문제 풀이 요령을 익힐 수 있습니다.

- 무료 해설 강의는 유튜브 시사북스 채널에서 확인할 수 있습니다.

영상 바로보기

데일리 퀴즈·막판 뒤집기

데일리 퀴즈로 학습 체크하고 막판 뒤집기로 시험 직전 최종 복습까지!

책에서 다룬 단어와 문법을 확인할 수 있는 데일리 퀴즈로 학습 상태를 체크하여 부족한 점을 보완합니다.

단어퀴즈 바로가기

문법퀴즈 바로가기

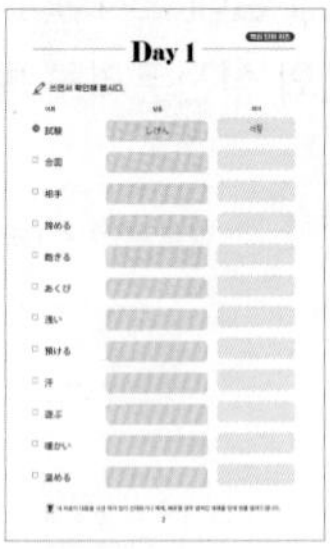

데일리 퀴즈 PDF

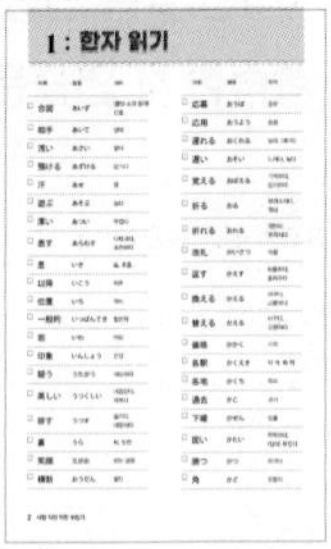

시험 직전 막판 뒤집기

출제 빈도가 높은 중요 단어만을 정리한 막판 뒤집기로 시험장에서 문제를 풀기 직전에 최종 복습합니다.

목차

일본어능력시험 개요

1 : 시험 과목 및 시험 시간

레벨	시험 과목 (시험 시간)		
N1	언어지식 (문자 • 어휘 • 문법) • 독해 (110분)		청해 (60분)
N2	언어지식 (문자 • 어휘 • 문법) • 독해 (105분)		청해 (55분)
N3	**언어지식 (문자 • 어휘) (30분)**	**언어지식 (문법) • 독해 (70분)**	**청해 (45분)**
N4	언어지식 (문자 • 어휘) (25분)	언어지식 (문법) • 독해 (55분)	청해 (40분)
N5	언어지식 (문자 • 어휘) (20분)	언어지식 (문법) • 독해 (40분)	청해 (35분)

2 : 시험 점수

레벨	배점 구분	득점 범위
N1	언어지식(문자 • 어휘 • 문법)	0~60
	독해	0~60
	청해	0~60
	종합 배점	0~180
N2	언어지식(문자 • 어휘 • 문법)	0~60
	독해	0~60
	청해	0~60
	종합 배점	0~180
N3	**언어지식(문자 • 어휘 • 문법)**	**0~60**
	독해	**0~60**
	청해	**0~60**
	종합 배점	**0~180**
N4	언어지식(문자 • 어휘 • 문법) • 독해	0~120
	청해	0~60
	종합 배점	0~180
N5	언어지식(문자 • 어휘 • 문법) • 독해	0~120
	청해	0~60
	종합 배점	0~180

3 : 합격점과 합격 기준점

레벨별 합격점은 N1 100점, N2 90점, N3 95점, N4 90점, N5 80점이며, 과목별 합격 기준점은 각 19점(N4, N5는 언어지식·독해 합해서 38점, 청해 19점)입니다.

4 ; N3 문제 유형

시험 과목		문제	예상 문항 수	문제 내용	적정 예상 풀이 시간	파트별 소요 예상 시간	대책
언어 지식 (30분)	문자 · 어휘	문제 1	8	한자 읽기 문제	3분	문자 · 어휘 20분	문자 · 어휘 파트의 시험 시간은 30분으로 문제 푸는 시간을 20분 정도로 생각하면 시간은 충분하다. 나머지 10분 동안 마킹과 점검을 하면 된다.
		문제 2	6	한자 표기 문제	3분		
		문제 3	11	문맥에 맞는 적절한 어휘를 고르는 문제	6분		
		문제 4	5	주어진 어휘와 비슷한 의미의 어휘를 찾는 문제	3분		
		문제 5	5	제시된 어휘의 의미가 올바르게 쓰였는지를 묻는 문제	5분		
언어 지식 (문법) · 독해 (70분)	문법	문제 1	13	문장의 내용에 맞는 문형 표현 즉 기능어를 찾아서 넣는 문제	6분	문법 18분	총 70분 중에서 문제 푸는 시간 56분, 나머지 14분 동안 마킹과 마지막 점검을 하면 된다. 문법 파트에서 새로운 유형의 문제는 예제를 확실하게 이해하고 문제 풀이를 하면 새로운 문제에 바로 적응할 수 있을 것이다. 독해문도 마찬가지이다. 새로운 유형의 정보 검색 등은 내용 속에 답이 있으므로 차분히 찾기만 하면 된다.
		문제 2	5	나열된 단어를 의미에 맞게 조합하는 문제	5분		
		문제 3	5	글의 흐름에 맞는 문법을 찾는 문제	7분		
	독해	문제 4	4	단문(150~200자 정도) 이해	10분	독해 38분	
		문제 5	6	중문(300자 정도) 이해	10분		
		문제 6	4	장문(550자 정도) 이해	10분		
		문제 7	2	600자 정도의 글을 읽고 필요한 정보 찾기	8분		
청해 (45분)		문제 1	6	과제 해결에 필요한 정보를 듣고 나서 무엇을 해야 하는지 찾아내기	약 9분 (한 문항당 약 1분 30초)	총 45분 중에서 문제 푸는 시간은 대략 32~33분 정도가 될 것으로 예상한다. 나머지 시간은 질문을 읽는 시간과 문제 설명이 될 것으로 예상한다. 전체적으로 난이도는 그다지 높지 않을 것으로 예상한다.	
		문제 2	6	대화나 혼자 말하는 내용을 듣고 포인트 파악하기	약 11분 30초 (한 문항당 약 1분 55초)		
		문제 3	3	내용 전체를 듣고 화자의 의도나 주장 이해하기	약 4분 30초 (한 문항당 약 1분 30초)		
		문제 4	4	그림을 보면서 상황 설명을 듣고 화살표가 가리키는 인물의 대답 찾기	약 2분 40초 (한 문항당 약 40초)		
		문제 5	9	짧은 문장을 듣고 그에 맞는 적절한 응답 찾기	약 4분 30초 (한 문항당 약 30초)		

* 문제 수는 매회 시험에서 출제되는 대략적인 기준으로 실제 수는 다소 달라질 수 있습니다.

Part 1

JLPT N3

Part 1

문자 · 어휘

I 문제 유형 파악하기

1 問題 1 한자 읽기
2 問題 2 표기
3 問題 3 문맥 규정
4 問題 4 유의 표현
5 問題 5 용법

1 : 問題1 한자 읽기

문제 유형

주어진 한자어의 읽는 법을 찾는 문제이다. 두 글자 명사의 음독과 훈독, 음독과 훈독의 혼용을 묻는 문제가 가장 많이 나오며, 동사와 형용사 부사 등 모든 품사에서 골고루 문제가 출제된다.

예시

問題 1 ＿＿＿＿のことばの読み方として最もよいものを、1・2・3・4から一つえらびなさい。

[1] 計画を変更することにした。

1 はんこう　　2 えんこう　　3 へんこう　　4 かんこう

1	① ② ● ④

문제 풀이 포인트

한자를 읽는 방법은 음으로 읽은 음독과 뜻으로 읽는 훈독이 있다.

예시 문제를 보면「変 변할 변」의 음독은「へん」, 훈독은「変(か)わる 바뀌다」,「変(か)える 바꾸다」이며,「更 고칠 경」의 음독은「こう」, 훈독은「更(ふ)かす 밤을 새우다」,「更(ふ)ける (밤·계절 등이) 깊어지다」이다.「変更(へんこう) 변경」은 음독 명사이므로「へんこう」라고 읽는다.

이처럼 하나의 한자에도 여러 가지 음독과 훈독이 있을 수 있으니 평소 단어를 공부할 때 한자어의 뜻과 발음을 꼼꼼하게 정리하도록 하자. 그 외에도 '단음인지 장음인지', '촉음이나 탁음이 들어가지는 않는지' 등도 주의해야 한다.

2: 問題 2 표기

문제 유형

히라가나로 주어진 단어의 올바른 한자를 찾는 문제이다. 형태가 비슷한 한자 중에서 정답을 찾는 문제, 한자가 가진 뜻을 정확하게 파악하고 있는지 등을 묻는 문제가 출제된다.

예시

問題 2　＿＿＿のことばを漢字で書くとき、最もよいものを、1・2・3・4から一つえらびなさい。

9　弟が新しいパソコンを<u>こわして</u>しまった。

1 失して　　2 汚して　　3 忘して　　4 壊して

9	① ② ③ ●

문제 풀이 포인트

최근 〈표기〉 파트에서는 단순히 닮은꼴 한자 중에서 정답을 찾는 문제보다는 한자가 가진 정확한 뜻을 묻는 문제가 많이 나오고 있다.

예시 문제를 보면 「こわす 부수다, 고장내다」는 「壊 무너질 괴」의 훈독 동사이다. 「壊」의 음독은 「かい」이고 훈독은 「壊(こわ)す 부수다, 망가뜨리다, 고장내다」, 「壊(こわ)れる 부서지다, 고장나다」이다.

이처럼 〈표기〉파트는 히라가나 표기로는 익숙했던 단어들의 한자 표기를 익히고, 각 한자어의 뉘앙스를 자세히 익혀야 문제 풀이에 도움이 된다. 따라서 단순한 한자의 음과 뜻뿐만 아니라 한자가 가진 뜻의 미묘한 차이나 같은 발음의 여러 가지 한자어를 함께 공부하면 도움이 된다.

問題 1·2 한자 읽기 · 표기 출제 예상 어휘

학습 포인트

〈한자 읽기〉 및 〈표기〉의 출제 예상 단어를 가장 빈도수가 높은 음독 명사, 훈독 명사, 음독과 훈독이 함께 사용된 명사, 동사 순으로 정리했다. 특히 한 글자 명사는 〈한자 읽기〉 및 〈표기〉 파트에서 출제 빈도가 높으니 음독과 훈독에 주의하여 암기해 두자.

1: 음독 명사

(あ)

□ 暗証番号(あんしょうばんごう) 비밀번호	□ 安定(あんてい) 안정	□ 案内(あんない) 안내
□ 胃(い) 위(장기)	□ 医学(いがく) 의학	□ 意義(いぎ) 의의
□ 育児(いくじ) 육아	□ 以後(いご) 이후	□ 意思(いし) 의사, 생각, 하고자 하는 바
□ 意識(いしき) 의식	□ 衣食住(いしょくじゅう) 의식주	□ 一般(いっぱん) 일반
□ 以内(いない) 이내	□ 違反(いはん) 위반	□ 衣服(いふく) 의복
□ 依頼(いらい) 의뢰	□ 衣類(いるい) 의류	□ 飲酒(いんしゅ) 음주
□ 引用(いんよう) 인용	□ 映像(えいぞう) 영상	□ 演技(えんぎ) 연기
□ 横断(おうだん) 횡단	□ 往復(おうふく) 왕복	□ 屋外(おくがい) 야외
□ 屋上(おくじょう) 옥상	□ 温度(おんど) 온도	

(か)

□ 開会(かいかい) 개회	□ 海外(かいがい) 해외	□ 海岸(かいがん) 해안
□ 開催(かいさい) 개최	□ 会場(かいじょう) 회장, 모임 장소	□ 回転(かいてん) 회전
□ 科学(かがく) 과학	□ 家具(かぐ) 가구	□ 加工(かこう) 가공
□ 歌手(かしゅ) 가수	□ 課題(かだい) 과제	□ 課長(かちょう) 과장(님)

□ 家庭(かてい) 가정	□ 感覚(かんかく) 감각	□ 環境(かんきょう) 환경
□ 歓迎(かんげい) 환영	□ 還元(かんげん) 환원	□ 関心(かんしん) 관심, 흥미
□ 岩石(がんせき) 암석	□ 簡単(かんたん) 간단	□ 完了(かんりょう) 완료
□ 機械(きかい) 기계	□ 機器(きき) 기기, 기구, 기계	□ 危険(きけん) 위험
□ 気候(きこう) 기후	□ 記事(きじ) 기사	□ 技術(ぎじゅつ) 기술
□ 気象(きしょう) 기상, 날씨 현상	□ 規制(きせい) 규제	□ 犠牲(ぎせい) 희생
□ 季節(きせつ) 계절	□ 切符(きっぷ) 표, 티켓	□ 寄付(きふ) 기부
□ 逆転(ぎゃくてん) 역전	□ 救急車(きゅうきゅうしゃ) 구급차	□ 急行(きゅうこう) 급행(급행 열차의 준말)
□ 求職(きゅうしょく) 구직	□ 給料(きゅうりょう) 급료	□ 教育(きょういく) 교육
□ 行儀(ぎょうぎ) 예의범절, 예의	□ 教室(きょうしつ) 교실	□ 教授(きょうじゅ) 교수
□ 業績(ぎょうせき) 업적	□ 競争(きょうそう) 경쟁	□ 興味(きょうみ) 흥미, 관심
□ 儀礼(ぎれい) 의례	□ 議論(ぎろん) 의론, 논의	□ 禁止(きんし) 금지
□ 近所(きんじょ) 근처, 근방, 이웃	□ 勤務(きんむ) 근무	□ 区域(くいき) 구역
□ 空気(くうき) 공기	□ 空港(くうこう) 공항	□ 苦悩(くのう) 고뇌
□ 警官(けいかん) 경관(경찰관의 준말)	□ 経験(けいけん) 경험	□ 経済(けいざい) 경제
□ 警察(けいさつ) 경찰	□ 形式(けいしき) 형식	□ 景色(けしき) 경치
□ 結果(けっか) 결과	□ 玄関(げんかん) 현관	□ 公害(こうがい) 공해
□ 交換(こうかん) 교환	□ 抗議(こうぎ) 항의	□ 公共(こうきょう) 공공
□ 交差点(こうさてん) 교차점, 교차로, 사거리	□ 工場(こうじょう) 공장	□ 校則(こうそく) 교칙(학교의 규칙)
□ 校長(こうちょう) 교장	□ 候補(こうほ) 후보	□ 考慮(こうりょ) 고려
□ 国際(こくさい) 국제	□ 古代(こだい) 고대(옛 시대)	□ 国境(こっきょう) 국경
□ 今週(こんしゅう) 이번 주	□ 混乱(こんらん) 혼란	

問題1·2 한자 읽기 · 표기 출제 예상 어휘

(さ)

□ 最初(さいしょ) 최초, 처음	□ 財布(さいふ) 지갑	□ 作業(さぎょう) 작업
□ 座席(ざせき) 좌석	□ 左折(させつ) 좌회전	□ 雑音(ざつおん) 잡음
□ 差別(さべつ) 차별	□ 産業(さんぎょう) 산업	□ 時給(じきゅう) 시급(시간당 급여)
□ 試験(しけん) 시험	□ 資源(しげん) 자원	□ 事故(じこ) 사고
□ 持参(じさん) 지참	□ 辞書(じしょ) 사전	□ 自身(じしん) 자기, 자신
□ 地震(じしん) 지진	□ 思想(しそう) 사상	□ 湿気(しっけ) 습기
□ 実験(じっけん) 실험	□ 実際(じっさい) 실제	□ 実績(じっせき) 실적
□ 湿度(しつど) 습도	□ 失礼(しつれい) 실례	□ 指定(してい) 지정
□ 辞典(じてん) 사전	□ 始発(しはつ) 첫차	□ 自分(じぶん) 자기, 자신
□ 市民(しみん) 시민	□ 社会(しゃかい) 사회	□ 若干(じゃっかん) 약간
□ 借金(しゃっきん) 빚, 돈을 빌림	□ 周囲(しゅうい) 주위	□ 住所(じゅうしょ) 주소
□ 就職(しゅうしょく) 취직, 취업	□ 重複(じゅうふく) 중복(ちょうふく라고도 읽음)	□ 周辺(しゅうへん) 주변
□ 週末(しゅうまつ) 주말	□ 住民(じゅうみん) 주민	□ 主観(しゅかん) 주관
□ 授業(じゅぎょう) 수업	□ 祝日(しゅくじつ) 축일, 공휴일	□ 受験(じゅけん) 수험
□ 主人(しゅじん) 주인, 남편	□ 寿命(じゅみょう) 수명	□ 種類(しゅるい) 종류
□ 循環(じゅんかん) 순환	□ 正月(しょうがつ) 정월, 설날	□ 状況(じょうきょう) 상황
□ 条件(じょうけん) 조건	□ 常識(じょうしき) 상식	□ 小説(しょうせつ) 소설
□ 招待(しょうたい) 초대	□ 状態(じょうたい) 상태	□ 象徴(しょうちょう) 상징
□ 商売(しょうばい) 장사	□ 消費(しょうひ) 소비	□ 商品(しょうひん) 상품
□ 勝負(しょうぶ) 승부	□ 省略(しょうりゃく) 생략	□ 職業(しょくぎょう) 직업
□ 食堂(しょくどう) 식당	□ 植物(しょくぶつ) 식물	□ 処理(しょり) 처리

□ 資料(しりょう) 자료
□ 信号(しんごう) 신호
□ 新聞(しんぶん) 신문
□ 深夜(しんや) 심야
□ 親友(しんゆう) 친우, 친구
□ 信用(しんよう) 신용
□ 信頼(しんらい) 신뢰
□ 人類(じんるい) 인류
□ 水泳(すいえい) 수영
□ 水道(すいどう) 수도
□ 数学(すうがく) 수학
□ 世紀(せいき) 세기
□ 制限(せいげん) 제한
□ 政治(せいじ) 정치
□ 製造(せいぞう) 제조
□ 生徒(せいと) 학생(중·고교 학생)
□ 製品(せいひん) 제품
□ 西洋(せいよう) 서양
□ 席(せき) 자리, 좌석
□ 責任(せきにん) 책임
□ 洗剤(せんざい) 세제
□ 選択(せんたく) 선택
□ 全般(ぜんぱん) 전반
□ 専門(せんもん) 전문
□ 象(ぞう) 코끼리
□ 相互(そうご) 상호, 서로
□ 送付(そうふ) 송부

(た)

□ 体重(たいじゅう) 체중, 몸무게
□ 太陽(たいよう) 태양
□ 単身(たんしん) 단신, 홀몸
□ 暖房(だんぼう) 난방
□ 地域(ちいき) 지역
□ 知恵(ちえ) 지혜
□ 地球(ちきゅう) 지구
□ 遅刻(ちこく) 지각
□ 知識(ちしき) 지식
□ 地図(ちず) 지도
□ 中止(ちゅうし) 중지
□ 駐車(ちゅうしゃ) 주차
□ 注文(ちゅうもん) 주문
□ 超過(ちょうか) 초과
□ 賃貸(ちんたい) 임대
□ 都合(つごう) 형편, 사정
□ 提案(ていあん) 제안
□ 定員(ていいん) 정원(정해진 인원)
□ 定期券(ていきけん) 정기권(기간 내 사용할 수 있는 표)
□ 停止(ていし) 정지
□ 停車(ていしゃ) 정차
□ 低速(ていそく) 저속
□ 天気予報(てんきよほう) 일기 예보
□ 展示(てんじ) 전시
□ 転職(てんしょく) 전직, 이직
□ 電池(でんち) 전지, 배터리
□ 電柱(でんちゅう) 전봇대
□ 伝統(でんとう) 전통
□ 答案(とうあん) 답안
□ 道具(どうぐ) 도구
□ 登校(とうこう) 등교
□ 動作(どうさ) 동작

問題1·2 한자 읽기 · 표기 출제 예상 어휘

□ 当番(とうばん) 당번	□ 動物(どうぶつ) 동물	□ 東洋(とうよう) 동양
□ 到来(とうらい) 도래	□ 道路(どうろ) 도로	□ 特色(とくしょく) 특색
□ 特徴(とくちょう) 특징	□ 登山(とざん) 등산	□ 都市(とし) 도시
□ 土地(とち) 토지	□ 途中(とちゅう) 도중	□ 特急(とっきゅう) 특급(특급 열차의 준말)
□ 突然(とつぜん) 돌연, 갑자기	□ 徒歩(とほ) 도보	□ 努力(どりょく) 노력

(な)

□ 納得(なっとく) 납득	□ 日記(にっき) 일기	□ 人形(にんぎょう) 인형
□ 人間(にんげん) 인간	□ 燃料(ねんりょう) 연료	□ 年齢(ねんれい) 연령
□ 脳(のう) 뇌	□ 農業(のうぎょう) 농업	

(は)

□ 売店(ばいてん) 매점	□ 売買(ばいばい) 매매	□ 番号(ばんごう) 번호
□ 反省(はんせい) 반성	□ 販売(はんばい) 판매	□ 費用(ひよう) 비용
□ 病気(びょうき) 병, 질병	□ 表現(ひょうげん) 표현	□ 表情(ひょうじょう) 표정
□ 貧富(ひんぷ) 빈부	□ 封筒(ふうとう) 봉투	□ 夫婦(ふうふ) 부부
□ 符号(ふごう) 부호(기호)	□ 夫妻(ふさい) 부처, 부부	□ 夫人(ふじん) 부인
□ 普通(ふつう) 보통	□ 閉会(へいかい) 폐회	□ 返事(へんじ) 답장, 답신, 대답
□ 弁当(べんとう) 도시락	□ 貿易(ぼうえき) 무역	□ 妨害(ぼうがい) 방해
□ 冒険(ぼうけん) 모험	□ 帽子(ぼうし) 모자	□ 方針(ほうしん) 방침
□ 宝石(ほうせき) 보석	□ 放送(ほうそう) 방송	□ 放置(ほうち) 방치
□ 防犯(ぼうはん) 방범	□ 豊富(ほうふ) 풍부	□ 訪問(ほうもん) 방문
□ 歩道(ほどう) 보도, 인도, 보행로		

(ま)

□ 毎晩(まいばん) 매일 밤	□ 漫画(まんが) 만화	□ 民主主義(みんしゅしゅぎ) 민주주의
□ 矛盾(むじゅん) 모순	□ 模様(もよう) 모양, 무늬, 상황	

(や～ら)

□ 野球(やきゅう) 야구	□ 野生(やせい) 야생	□ 遊園地(ゆうえんち) 유원지, 놀이공원
□ 優勝(ゆうしょう) 우승	□ 友人(ゆうじん) 친구	□ 輸入(ゆにゅう) 수입
□ 様子(ようす) 모양, 모습	□ 予防(よぼう) 예방	□ 予約(よやく) 예약
□ 落下(らっか) 낙하	□ 利害(りがい) 이해(이득과 손해)	□ 留学(りゅうがく) 유학
□ 両親(りょうしん) 양친, 부모	□ 緑茶(りょくちゃ) 녹차	□ 例(れい) 예, 본보기
□ 礼儀(れいぎ) 예의	□ 冷蔵庫(れいぞうこ) 냉장고	□ 冷凍(れいとう) 냉동
□ 冷房(れいぼう) 냉방	□ 列車(れっしゃ) 열차	□ 連想(れんそう) 연상
□ 連続(れんぞく) 연속	□ 労働(ろうどう) 노동	□ 録音(ろくおん) 녹음
□ 和室(わしつ) 일본식 방, 다다미 방		

2 : 훈독 명사

(あ)

□ 相手(あいて) 상대, 상대방	□ 味(あじ) 맛	□ 油(あぶら) 기름
□ 池(いけ) 연못	□ 石(いし) 돌	□ 泉(いずみ) 샘, 샘물
□ 板(いた) 판자, 널빤지	□ 居眠り(いねむり) 졸음	□ 命(いのち) 생명, 목숨
□ 居間(いま) 거실, 응접실	□ 妹(いもうと) 여동생	□ 岩(いわ) 바위

問題 1·2 한자 읽기 · 표기 출제 예상 어휘

- □ 祝い(いわい) 축하
- □ 受付(うけつけ) 접수, 접수처
- □ 売り場(うりば) 매장
- □ 餌(えさ) 사료, 먹이
- □ 枝(えだ) 가지
- □ 大型(おおがた) 대형
- □ 大家(おおや) 집주인
- □ お代わり(おかわり) 같은 음식을 더 먹음, 추가, 리필
- □ 夫(おっと) 남편
- □ 弟(おとうと) 남동생
- □ 落とし物(おとしもの) 분실물
- □ 思い出(おもいで) 추억

(か)

- □ 飾り(かざり) 꾸밈, 장식
- □ 数(かず) 수
- □ 風邪(かぜ) 감기
- □ 形(かたち) 형태
- □ 角(かど) 모퉁이, 모서리
- □ 鞄(かばん) 가방
- □ 神(かみ) 신
- □ 皮(かわ) 가죽, 껍질
- □ 切手(きって) 우표
- □ 霧(きり) 안개
- □ 草(くさ) 풀
- □ 薬(くすり) 약
- □ 雲(くも) 구름
- □ 玄人(くろうと) 전문가, 프로
- □ 今朝(けさ) 오늘 아침
- □ 煙(けむり) 연기
- □ 恋人(こいびと) 연인
- □ 声(こえ) 목소리
- □ 氷(こおり) 얼음
- □ 小型(こがた) 소형
- □ 心(こころ) 마음
- □ 粉(こな) 가루, 분말
- □ 好み(このみ) 취향, 기호
- □ 米(こめ) 쌀
- □ 小屋(こや) 오두막

(さ)

- □ 坂(さか) 언덕
- □ 酒屋(さかや) 주류 판매점, 술장수
- □ 皿(さら) 접시, 그릇
- □ 品物(しなもの) 물건, 상품
- □ 芝居(しばい) 연극, 연기
- □ 芝生(しばふ) 잔디밭
- □ 知り合い(しりあい) 지인(아는 사람)
- □ 素人(しろうと) 초보, 아마추어
- □ 砂(すな) 모래

(た)

- □ 互(たが)い 서로
- □ 立場(たちば) 입장
- □ 縦(たて) 세로
- □ 建物(たてもの) 건물
- □ 谷(たに) 골짜기, 계곡
- □ 旅(たび) 여행
- □ 卵(たまご) 달걀
- □ 血(ち) 피
- □ 机(つくえ) 책상
- □ 包(つつ)み 꾸러미, 포장
- □ 妻(つま) 아내
- □ 梅雨(つゆ) 장마(梅雨(ばいう)라고도 읽음)
- □ 出会(であ)い 만남
- □ 手洗(てあら)い 화장실
- □ 手紙(てがみ) 편지
- □ 出来事(できごと) 일, 사건
- □ 寺(てら) 절
- □ 問(と)い合(あ)わせ 문의
- □ 取(と)り消(け)し 취소

(な)

- □ 仲間(なかま) 동료
- □ 中身(なかみ) 내용물
- □ 生(なま) 생, 날것
- □ 荷物(にもつ) 짐
- □ 庭(にわ) 정원, 마당
- □ 布(ぬの) 천
- □ 寝坊(ねぼう) 늦잠

(は)

- □ 葉書(はがき) 엽서
- □ 箱(はこ) 상자
- □ 柱(はしら) 기둥
- □ 幅(はば) 폭, 너비
- □ 母親(ははおや) 모친, 어머니
- □ 腹(はら) 배, 복부
- □ 針(はり) 바늘
- □ 光(ひかり) 빛
- □ 引(ひ)き出(だ)し 서랍, (예금) 인출
- □ 額(ひたい) 이마
- □ 昼間(ひるま) 주간, 낮, 낮 동안
- □ 広場(ひろば) 광장
- □ 吹雪(ふぶき) 눈보라
- □ 星(ほし) 별
- □ 骨(ほね) 뼈

(ま)

□ 祭り(まつり) 축제
□ 窓(まど) 창, 창문
□ 周り(まわり) 주위, 주변, 부근
□ 水着(みずぎ) 수영복
□ 緑色(みどりいろ) 녹색
□ 港(みなと) 항구
□ 実り(みのり) 열매, 결실
□ 見舞い(みまい) 병문안
□ 土産(みやげ) 기념품, 기념 선물
□ 昔(むかし) 옛날
□ 麦(むぎ) 보리
□ 虫(むし) 벌레
□ 虫歯(むしば) 충치
□ 息子(むすこ) 아들
□ 娘(むすめ) 딸
□ 眼鏡(めがね) 안경
□ 物置(ものおき) 곳간, 광
□ 物語(ものがたり) 이야기
□ 物事(ものごと) 사물, 만사

(や～ら)

□ 屋根(やね) 지붕
□ 山登り(やまのぼり) 등산
□ 行方(ゆくえ) 행방
□ 指(ゆび) 손가락, 발가락
□ 夢(ゆめ) 꿈
□ 横(よこ) 가로, 옆
□ 夜中(よなか) 밤중
□ 世の中(よのなか) 세상, 속세
□ 割合(わりあい) 비율
□ 悪口(わるぐち) 욕, 험담

3 : 음·훈독 혼합 명사

□ 貸金(かしきん) 대출금, 빌려준 돈
□ 客間(きゃくま) 객실, 응접실
□ 手帳(てちょう) 수첩
□ 場面(ばめん) 장면
□ 番組(ばんぐみ) 방송 프로그램
□ 船便(ふなびん) 배편
□ 本物(ほんもの) 진짜, 진품
□ 身分(みぶん) 신분
□ 見本(みほん) 견본
□ 役目(やくめ) 역할, 임무
□ 役割(やくわり) 역할

4 : 동사

(あ)

□ 空(あ)く (시간·공간이) 비다
□ 憧(あこが)れる 동경하다
□ 与(あた)える 주다, 부여하다
□ 改(あらた)める 고치다, 변경하다
□ 荒(あ)れる 거칠어지다, 사납게 굴다, 날뛰다
□ いじめる 괴롭히다
□ 痛(いた)む 아프다, 괴롭다, 상하다, 파손되다
□ 受(う)ける 받다
□ 映(うつ)る 비추다
□ 売(う)る 팔다
□ 置(お)く 두다, 놓다
□ 起(お)こる 일어나다, 발생하다
□ 落(お)とす 떨어뜨리다, 빠뜨리다
□ 驚(おどろ)く 놀라다
□ 折(お)れる 구부러지다, 부러지다
□ 開(あ)く 열리다
□ 味(あじ)わう 맛보다
□ 浴(あ)びる 뒤집어쓰다, (샤워를) 하다
□ 歩(ある)く 걷다
□ 合(あ)わせる 맞추다
□ 急(いそ)ぐ 서두르다
□ 居(い)る 있다, 머무르다
□ 動(うご)く 움직이다
□ 産(う)む 낳다, 출산하다
□ 描(えが)く (그림을) 그리다
□ 送(おく)る 보내다, 전송하다
□ 落(お)ちる 떨어지다
□ 踊(おど)る 춤추다
□ 泳(およ)ぐ 수영하다, 헤엄치다
□ 終(お)わる 끝나다

(か)

□ 帰(かえ)る 돌아가다, 돌아오다
□ 傾(かたむ)く 기울다, 한쪽으로 쏠리다
□ 稼(かせ)ぐ 돈을 벌다
□ 乾(かわ)く 건조하다, 마르다

問題1·2 한자 읽기 · 표기 출제 예상 어휘

- □ 考(かんが)える 생각하다
- □ 超(こ)える 넘다, (시기를) 지나가다
- □ 答(こた)える 대답하다
- □ 壊(こわ)す 망가뜨리다, 부수다
- □ 頑張(がんば)る 힘내다, 노력하다, 열심히 하다
- □ 凍(こお)る 얼다
- □ 好(この)む 좋아하다

(さ)

- □ 探(さが)す 찾다
- □ 避(さ)ける 피하다, 꺼리다
- □ 誘(さそ)う 권하다, 유혹하다
- □ 叱(しか)る 혼내다
- □ 調(しら)べる 조사하다, 알아보다
- □ 救(すく)う 구하다, 건지다, 구원하다
- □ 進(すす)む 진행하다, 나아가다
- □ 捨(す)てる 버리다
- □ 攻(せ)める 공격하다
- □ 叫(さけ)ぶ 외치다, 소리치다
- □ 指(さ)す 가리키다
- □ 触(さわ)る 만지다, 손대다
- □ 支払(しはら)う 지불하다
- □ 空(す)く (공간이) 비다, (배가) 고프다
- □ 過(す)ごす 시간을 보내다
- □ 進(すす)める 진행시키다, 나아가게 하다
- □ 済(す)む 끝나다, 해결되다
- □ 育(そだ)つ 자라다

(た)

- □ 倒(たお)れる 쓰러지다
- □ 尋(たず)ねる 묻다
- □ 建(た)てる (건물을) 세우다
- □ 頼(たの)む 부탁하다, 주문하다
- □ 使(つか)う 사용하다, 쓰다
- □ 訪(たず)ねる 찾다, 방문하다
- □ 建(た)つ (건물이) 세워지다
- □ 例(たと)える 예를 들다, 비유하다
- □ 試(ため)す 시험하다
- □ 努(つと)める 힘내다, 노력하다

□ 勤(つと)める 근무하다

□ 務(つと)める 역을(임무를) 맡다, 역할을 하다

□ 詰(つ)まる 막히다, 가득 차다

□ 積(つ)む 쌓다, 싣다

□ 照(て)らす 비추다, 비추어 보다, 대조하다

□ 問(と)う 묻다, 밝혀 따지다, 문제 삼다

□ 通(とお)す 통과시키다, (길을) 내다

□ 解(と)く 풀다, 해결하다

□ 研(と)ぐ 갈다, 연마하다

□ 解(と)ける 풀리다, 해소되다

□ 届(とど)く 닿다, 도착하다

□ 泊(と)まる 묵다, 숙박하다

□ 止(と)める 멈추다, 세우다

(な)

□ 悩(なや)む 고민하다

□ 習(なら)う 배우다

□ 慣(な)れる 익숙해지다, 길들다

□ 抜(ぬ)く 빼다

□ 脱(ぬ)ぐ 벗다

□ 伸(の)びる 자라다, 발전하다

□ 登(のぼ)る 오르다, 올라가다

(は)

□ 計(はか)る 재다, 측정하다

□ 図(はか)る 도모하다, 꾀하다

□ 運(はこ)ぶ 나르다, 운반하다

□ 走(はし)る 달리다

□ 始(はじ)まる 시작되다

□ 始(はじ)める 시작하다

□ 離(はな)れる 멀어지다, 떨어지다

□ 払(はら)う 지불하다

□ 晴(は)れる (날씨가) 맑다, 개다

□ 引(ひ)く 당기다, 끌다

□ 冷(ひ)やす 식히다, 차게 하다

□ 踏(ふ)む 밟다

□ 増(ふ)やす 늘리다, 불리다

(ま)

- □ 任せる(まかせる) 맡기다
- □ 間違える(まちがえる) 틀리다, 실수하다
- □ 間に合う(まにあう) 시간에 맞추다
- □ 招く(まねく) 초대하다, 초래하다
- □ 回る(まわる) 돌다
- □ 認める(みとめる) 인정하다
- □ 見舞う(みまう) 문병하다, 문안하다
- □ 迎える(むかえる) 맞이하다, 마중하다
- □ 向く(むく) 향하다
- □ 求める(もとめる) 구하다, 청하다, 원하다

(や～ら)

- □ 敗れる(やぶれる) 지다, 패배하다
- □ 辞める(やめる) 그만두다
- □ 汚す(よごす) 더럽히다
- □ 呼ぶ(よぶ) 부르다
- □ 寄る(よる) 다가가다, 접근하다, 들르다
- □ 渡す(わたす) 건네주다, 전달하다
- □ 渡る(わたる) 건너다, 건너가다

問題 1 한자 읽기 기출 어휘

학습 포인트

2010년부터 최근까지 출제된 연도별 기출 어휘이다. N3에 나오는 어휘의 수준을 가늠할 수 있으며, 시험에 자주 나오는 필수 어휘이므로 반드시 암기하도록 하자.

2023

□ 疑う(うたがう) 의심하다	□ 高価(こうか) 고가	□ 小型(こがた) 소형
□ 退院(たいいん) 퇴원	□ 夫婦(ふうふ) 부부	□ 復習(ふくしゅう) 복습
□ 細い(ほそい) 좁다, 가늘다	□ 留守(るす) 부재	

2022

□ 横断(おうだん) 횡단	□ 角(かど) 모퉁이	□ 比べる(くらべる) 비교하다
□ 計算(けいさん) 계산	□ 血圧(けつあつ) 혈압	□ 件(けん) 건, 사항
□ 現在(げんざい) 현재	□ 情報(じょうほう) 정보	□ 包む(つつむ) 싸다, 둘러싸다, 포장하다
□ 複数(ふくすう) 복수	□ 丸い(まるい) 둥글다	□ 難しい(むずかしい) 어렵다
□ 夕日(ゆうひ) 석양, 저녁 해	□ 有名(ゆうめい) 유명	□ 容器(ようき) 용기, 그릇

2021

□ 裏(うら) 뒤, 뒷면	□ 過去(かこ) 과거	□ 悲しい(かなしい) 슬프다
□ 恋しい(こいしい) 그립다	□ 呼吸(こきゅう) 호흡	□ 自然(しぜん) 자연
□ 増減(ぞうげん) 증감	□ 駐車(ちゅうしゃ) 주차	□ 通知(つうち) 통지

- □ 動作(どうさ) 동작
- □ 努力(どりょく) 노력
- □ 逃げる(にげる) 도망치다, 달아나다
- □ 残り(のこり) 남음, 남은 것
- □ 生える(はえる) (식물 등이) 나다
- □ 秒(びょう) 초(시간)
- □ 郵送(ゆうそう) 우송

2020

- □ 預ける(あずける) 맡기다
- □ 岩(いわ) 바위
- □ 疑う(うたがう) 의심하다
- □ 交流(こうりゅう) 교류
- □ 種類(しゅるい) 종류
- □ 調査(ちょうさ) 조사
- □ 普通(ふつう) 보통
- □ 留守(るす) 부재, 부재중

2019

- □ 印象(いんしょう) 인상
- □ 遅い(おそい) 느리다, 늦다
- □ 各駅(かくえき) 각 역, 매 역
- □ 勝つ(かつ) 이기다
- □ 腰(こし) 허리
- □ 上品な(じょうひんな) 품위 있는, 우아한
- □ 線(せん) 선
- □ 助ける(たすける) 돕다, 도와주다
- □ 昼食(ちゅうしょく) 점심 식사
- □ 調査(ちょうさ) 조사
- □ 包む(つつむ) 싸다, 둘러싸다, 포장하다
- □ 方角(ほうがく) 방위, 방향
- □ 未来(みらい) 미래
- □ 郵便(ゆうびん) 우편
- □ 予約(よやく) 예약
- □ 若い(わかい) 젊다

2018

- □ 遊ぶ(あそぶ) 놀다
- □ 疑う(うたがう) 의심하다
- □ 改札(かいさつ) 개찰

□ 換(か)える 바꾸다, 교환하다
□ 機会(きかい) 기회
□ 休日(きゅうじつ) 휴일
□ 血圧(けつあつ) 혈압
□ 恋(こい)しい 그립다
□ 塩(しお) 소금
□ 制服(せいふく) 제복, 유니폼
□ 相談(そうだん) 상담, 상의
□ 卒業(そつぎょう) 졸업
□ 確(たし)かに 확실히, 분명히
□ 得意(とくい) 득의, 잘 함, 숙련됨
□ 部分(ぶぶん) 부분
□ 命令(めいれい) 명령

2017

□ 位置(いち) 위치
□ 過去(かこ) 과거
□ 下線(かせん) 밑줄
□ 汚(きたな)い 더럽다, 불결하다
□ 禁煙(きんえん) 금연
□ 計算(けいさん) 계산
□ 転(ころ)ぶ 구르다, 넘어지다
□ 手術(しゅじゅつ) 수술
□ 主要(しゅよう) 주요
□ 商品(しょうひん) 상품
□ 早退(そうたい) 조퇴
□ 直接(ちょくせつ) 직접
□ 冷(ひ)える 차가워지다, 식다
□ 回(まわ)す 돌리다, 회전시키다
□ 結(むす)ぶ 잇다, 맺다, 묶다
□ 燃(も)える 타다, 불타다

2016

□ 折(お)れる 꺾이다, 부러지다
□ 観客(かんきゃく) 관객
□ 共通(きょうつう) 공통
□ 協力(きょうりょく) 협력
□ 加(くわ)える 가하다, 더하다
□ 訓練(くんれん) 훈련
□ 個人(こじん) 개인
□ 従(したが)う 따르다, 좇다
□ 税金(ぜいきん) 세금

□ 到着(とうちゃく) 도착	□ 独立(どくりつ) 독립	□ 払う(はらう) 지불하다, 돈을 내다
□ 方向(ほうこう) 방향	□ 豆(まめ) 콩	□ 丸い(まるい) 둥글다
□ 申し込み(もうしこみ) 신청		

2015

□ 表す(あらわす) 나타내다, 표현하다	□ 美しい(うつくしい) 아름답다, 예쁘다	□ 首(くび) 목
□ 経営学(けいえいがく) 경영학	□ 血液型(けつえきがた) 혈액형	□ 支給(しきゅう) 지급
□ 想像(そうぞう) 상상	□ 朝食(ちょうしょく) 조식, 아침 식사	□ 伝える(つたえる) 전하다, 전달하다
□ 荷物(にもつ) 짐	□ 分類(ぶんるい) 분류	□ 平均(へいきん) 평균
□ 変化(へんか) 변화	□ 干す(ほす) 말리다, 널다	□ 湖(みずうみ) 호수
□ 汚れる(よごれる) 더러워지다		

2014

□ 相手(あいて) 상대	□ 厚い(あつい) 두껍다	□ 一般的(いっぱんてき) 일반적
□ 応用(おうよう) 응용	□ 覚える(おぼえる) 기억하다, 암기하다	□ 替える(かえる) 바꾸다, 교환하다, 교체하다
□ 検査(けんさ) 검사	□ 広告(こうこく) 광고	□ 呼吸(こきゅう) 호흡
□ 自然(しぜん) 자연	□ 集中(しゅうちゅう) 집중	□ 商業(しょうぎょう) 상업
□ 食器(しょっき) 식기(그릇)	□ 大会(たいかい) 대회	□ 横(よこ) 옆

□ 割(わ)れる 깨지다, 갈라지다

2013

□ 浅(あさ)い 얕다
□ 改札(かいさつ) 개찰
□ 各地(かくち) 각지
□ 苦(くる)しい 괴롭다, 고통스럽다
□ 事情(じじょう) 사정
□ 実力(じつりょく) 실력
□ 出張(しゅっちょう) 출장
□ 席(せき) 자리
□ 選手(せんしゅ) 선수
□ 貯金(ちょきん) 저금
□ 通知(つうち) 통지
□ 根(ね) 뿌리
□ 生(は)える (식물 등이) 나다
□ 文章(ぶんしょう) 문장
□ 留守(るす) 부재, 부재중
□ 笑(わら)う 웃다

2012

□ 合図(あいず) (몸짓 · 소리 등의) 신호
□ 汗(あせ) 땀
□ 以降(いこう) 이후
□ 笑顔(えがお) 웃는 얼굴
□ 横断(おうだん) 횡단
□ 固(かた)い 딱딱하다, (입이) 무겁다
□ 完成(かんせい) 완성
□ 配(くば)る 나누어 주다, 배부하다
□ 外科(げか) 외과
□ 困(こま)る 곤란하다
□ 島(しま) 섬
□ 示(しめ)す 나타내다, 가리키다
□ 卒業(そつぎょう) 졸업
□ 他人(たにん) 타인
□ 平日(へいじつ) 평일
□ 短(みじか)い 짧다

2011

□ 応募(おうぼ) 응모
□ 遅(おく)れる 늦다, 더디다
□ 折(お)る 부러뜨리다, 꺾다
□ 返(かえ)す 되돌리다, 돌려주다
□ 価格(かかく) 가격
□ 過去(かこ) 과거
□ 疑問(ぎもん) 의문
□ 協力(きょうりょく) 협력
□ 首都(しゅと) 수도
□ 情報(じょうほう) 정보
□ 単語(たんご) 단어
□ 地球(ちきゅう) 지구
□ 到着(とうちゃく) 도착
□ 発表(はっぴょう) 발표
□ 表面(ひょうめん) 표면
□ 深(ふか)い 깊다

2010

□ 表(あらわ)す 나타내다, 표현하다
□ 息(いき) 숨, 호흡
□ 岩(いわ) 바위
□ 移(うつ)す 옮기다, 이동하다
□ 空席(くうせき) 공석
□ 組(く)む 엇걸다, 짜다
□ 苦労(くろう) 고생
□ 件(けん) 건(특정한 일이나 사건)
□ 失業(しつぎょう) 실업
□ 順番(じゅんばん) 순서
□ 通勤(つうきん) 통근
□ 包(つつ)む 싸다, 둘러싸다, 포장하다
□ 得意(とくい)だ 잘하다, 숙련되다
□ 努力(どりょく) 노력
□ 発見(はっけん) 발견
□ 夫婦(ふうふ) 부부

問題 2 표기 기출 어휘

2023

□ 必ず(かならず) 반드시	□ 心配(しんぱい) 걱정	□ 制服(せいふく) 제복, 교복
□ 短気(たんき) 성질이 급함	□ 焼く(やく) 굽다	□ 薬局(やっきょく) 약국

2022

□ 胃(い) 위(신체)	□ 一般的(いっぱんてき) 일반적	□ 笑顔(えがお) 웃는 얼굴
□ 絵画(かいが) 회화(그림)	□ 記録(きろく) 기록	□ 検査(けんさ) 검사
□ 広告(こうこく) 광고	□ 黒板(こくばん) 칠판	□ 吸う(すう) (공기 등을) 흡입하다, 마시다, (담배를) 피우다
□ 確か(たしか) 확실히, 분명히	□ 冷える(ひえる) 식다, 차가워지다	□ 短い(みじかい) 짧다

2021

□ 預ける(あずける) 맡기다	□ 暖かい(あたたかい) 따뜻하다	□ 重ねる(かさねる) 겹치다, 포개다
□ 規則(きそく) 규칙	□ 高価な(こうかな) 고가의, 값비싼	□ 性格(せいかく) 성격
□ 伝言(でんごん) 전언(전하는 말)	□ 止まる(とまる) 멈추다, 정지하다	□ 娘(むすめ) 딸
□ 命令(めいれい) 명령	□ 薬局(やっきょく) 약국	□ 予想(よそう) 예상

問題 2 표기 기출 어휘

2020

□ 以降(いこう) 이후	□ 観察(かんさつ) 관찰	□ 逆(ぎゃく) 역, 반대, 거꾸로임
□ 泣(な)く 울다	□ 低(ひく)い 낮다	□ 複雑(ふくざつ) 복잡

2019

□ 浅(あさ)い 얕다	□ 現(あらわ)れる 나타나다	□ 一般的(いっぱんてき) 일반적
□ 内側(うちがわ) 안쪽, 내면	□ 家具(かぐ) 가구	□ 必(かなら)ず 반드시
□ 記念(きねん) 기념	□ 最初(さいしょ) 최초	□ 島(しま) 섬
□ 停電(ていでん) 정전	□ 訳(やく)す 번역하다, 해석하다	□ 理由(りゆう) 이유

2018

□ 当(あ)たる 맞다, 적중하다	□ 厚(あつ)い 두껍다, 두텁다	□ 右折(うせつ) 우회전
□ 帰宅(きたく) 귀가	□ 週刊誌(しゅうかんし) 주간지	□ 出勤(しゅっきん) 출근
□ 退院(たいいん) 퇴원	□ 疲(つか)れ 피로	□ 続(つづ)き 계속됨, 이어짐
□ 泣(な)く 울다	□ 熱心(ねっしん)に 열심히	□ 複雑(ふくざつ) 복잡

2017

□ 預(あず)ける 맡기다	□ 関係(かんけい) 관계	□ 期待(きたい) 기대
□ 教師(きょうし) 교사	□ 経由(けいゆ) 경유	□ 困(こま)る 곤란하다
□ 坂道(さかみち) 비탈길, 고갯길	□ 頭痛(ずつう) 두통	□ 違(ちが)う 다르다, 틀리다
□ 飛(と)ぶ 날다	□ 葉(は) 이파리, 잎	□ 秒(びょう) 초(시간)

2016

□ 記録(きろく) 기록	□ 組(く)む 엇걸다, 짜다	□ 乗車(じょうしゃ) 승차
□ 成績(せいせき) 성적	□ 波(なみ) 파도, 물결	□ 逃(に)げる 도망치다, 달아나다
□ 眠(ねむ)る 자다, 잠들다	□ 早(はや)く 빨리	□ 回(まわ)す 돌리다
□ 満足(まんぞく) 만족	□ 焼(や)く 굽다	□ 輸出(ゆしゅつ) 수출

2015

□ 楽器(がっき) 악기	□ 借(か)りる 빌리다	□ 関心(かんしん) 관심
□ 規則(きそく) 규칙	□ 欠点(けってん) 결점, 단점	□ 原因(げんいん) 원인
□ 現在(げんざい) 현재	□ 正解(せいかい) 정답, 해답	□ 勤(つと)める 근무하다
□ 投(な)げる 던지다	□ 願(ねが)う 원하다, 바라다	□ 緑(みどり) 초록, 녹색

問題2 표기 기출 어휘

2014

□ 移る(うつ) 옮기다, 이동하다	□ 温泉(おんせん) 온천	□ 仮定(かてい) 가정(임의로 정함, 조건·전제)
□ 消す(け) 끄다, 지우다	□ 欠席(けっせき) 결석	□ 減少(げんしょう) 감소
□ 恋しい(こい) 그립다	□ 細かい(こま) 잘다, 작다, 상세하다	□ 雑誌(ざっし) 잡지
□ 注射(ちゅうしゃ) 주사	□ 複数(ふくすう) 복수(둘 이상의 수)	□ 若い(わか) 젊다

2013

□ 遅い(おそ) 늦다	□ 重ねる(かさ) 쌓다, 포개다	□ 貸す(か) 빌려주다
□ 残業(ざんぎょう) 잔업, 야근	□ 信じる(しん) 믿다	□ 疲れる(つか) 지치다, 피곤하다
□ 包む(つつ) 싸다, 둘러싸다, 포장하다	□ 停電(ていでん) 정전	□ 独身(どくしん) 독신
□ 逃げる(に) 도망치다, 달아나다	□ 倍(ばい) 배, 갑절	□ 容器(ようき) 용기(그릇)

2012

□ 温める(あたた) 따뜻하게 하다, 데우다	□ 帰宅(きたく) 귀가	□ 記録(きろく) 기록
□ 原料(げんりょう) 원료	□ 自信(じしん) 자신, 자신감	□ 週刊誌(しゅうかんし) 주간지
□ 相談(そうだん) 상담, 상의, 의논	□ 育てる(そだ) 키우다, 기르다	□ 歯(は) 치아, 이
□ 復習(ふくしゅう) 복습	□ 守る(まも) 지키다	□ 結ぶ(むす) 잇다, 맺다, 묶다

2011

□ 案内(あんない) 안내	□ 痛い(いたい) 아프다	□ 解決(かいけつ) 해결
□ 観光(かんこう) 관광	□ 気温(きおん) 기온	□ 券(けん) 권, 표
□ 健康(けんこう) 건강	□ 現在(げんざい) 현재	□ 自由(じゆう) 자유
□ 大量(たいりょう) 대량	□ 涙(なみだ) 눈물	□ 法律(ほうりつ) 법률

2010

□ 内側(うちがわ) 안, 내부	□ 追う(おう) 뒤쫓다, 따르다	□ 降りる(おりる) 내리다
□ 楽器(がっき) 악기	□ 暮らす(くらす) 살다, 지내다, (날을) 보내다	□ 血液(けつえき) 혈액
□ 身長(しんちょう) 신장, 키	□ 正常(せいじょう) 정상(제대로인 상태)	□ 成績(せいせき) 성적
□ 制服(せいふく) 제복, 유니폼	□ 専門家(せんもんか) 전문가	□ 物語(ものがたり) 이야기

MEMO

MEMO

問題 1 한자 읽기 연습문제 ①

해설편 8p

問題 1 ＿＿＿のことばの読み方として最もよいものを、1・2・3・4から一つえらびなさい。

1 こんなに大きな岩を人間が運んだとは信じられない。

1 いし　2 いわ　3 つち　4 たに

2 1年間努力した結果、無事に合格できた。

1 どりょく　2 じょりょく　3 どりき　4 じょりき

3 図書館の本は明日までに返してください。

1 かりて　2 かして　3 かえして　4 わたして

4 ケーキの表面は甘いクリームです。

1 しょうめん　2 じょうめん　3 びょうめん　4 ひょうめん

5 大学を卒業したら留学しようと思います。

1 そつごう　2 りつごう　3 りつぎょう　4 そつぎょう

6 アルバイトのことで先輩に相談しました。

1 そうわ　2 そうだん　3 しょうわ　4 しょうだん

7 電話で直接話す前にメールで聞いてみよう。

1 ちょうせつ　2 じきせつ　3 ちょくせつ　4 ちくせつ

8 これは、かんたんに燃えないのが特徴です。

1 もえない　2 かえない　3 あつかえない　4 まちがえない

9 地震が起きても混乱しないように訓練をしています。

1 たんれん　2 くんれん　3 しれん　4 しゅうれん

10 疲れると動作が遅くなります。

1 ぞうさ　2 どうさく　3 どうさ　4 ぞうさく

問題 1 한자 읽기 연습문제 ②

해설편 10p

問題 1 ＿＿のことばの読み方として最もよいものを、1・2・3・4から一つえらびなさい。

1 あそこの丸いいすに座りましょう。

1 ひくい　2 かわいい　3 まるい　4 あたたかい

2 個人てきには、その意見に賛成です。

1 こひと　2 こじん　3 こにん　4 こびと

3 図書館の横に自転車をとめる場所がある。

1 まえ　2 よこ　3 みぎ　4 そば

4 まだ人間が知らない自然がたくさんのこっている。

1 しぜん　2 じぜん　3 しねん　4 じねん

5 新聞に働く人をさがす求人広告を出した。

1 けいこく　2 こうこく　3 けいこ　4 こうこ

6 電話は相手の顔が見えないので、ていねいに話しましょう。

1 しょうしゅ　2 あいしゅ　3 しょうて　4 あいて

7 デパートは駅の改札を出たところにある。

1 かいさつ　2 かいれい　3 かいかん　4 かいだん

8 母が作る料理はいつも味が濃い。

1 からい　2 うすい　3 あまい　4 こい

9 家の事情で会社をやすみました。

1 じこ　2 じけん　3 じじょう　4 じしん

10 病院からけんさを受けるようにと通知がきた。

1 つうしん　2 つうか　3 つうち　4 つうよう

問題 2 표기 연습문제 ①

해설편 12p

問題 2 ＿＿＿のことばを漢字で書くとき、最もよいものを、1・2・3・4から一つえらびなさい。

1 春の海は静かでなみもない。

1 泳　　2 渡　　3 池　　4 波

2 新幹線ははやく走ってもうるさくない。

1 新く　　2 忙く　　3 速く　　4 直く

3 道がわからなくてこまりました。

1 困りました　　2 回まりました　　3 回りました　　4 因まりました

4 新しいチームだが初優勝がきたいされている。

1 喜持　　2 期持　　3 期待　　4 喜待

5 あのさかみちを上がった所に私の家があります。

1 阪道　　2 逆道　　3 段道　　4 坂道

6 名前の漢字がちがっています。

1 偉って　　2 違って　　3 疑って　　4 変って

7 家族の中で一番しんちょうが高いのは弟だ。

1 信長　　2 身長　　3 信重　　4 身重

8 ねこが冒険するものがたりを学校で習った。

1 物語　　2 者型　　3 物型　　4 者語

9 毎日きたくする時間は決まっていません。

1 来所　　2 帰所　　3 来宅　　4 帰宅

10 自然の中でそだてた野菜はおいしい。

1 増てた　　2 愛てた　　3 育てた　　4 背てた

問題 2 표기 연습문제 ②

해설편 14p

問題 2 ＿＿＿のことばを漢字で書くとき、最もよいものを、1・2・3・4から一つえらびなさい。

1 アルバイトを募集したら定員の２<u>ばい</u>も集まった。

1 部　　2 倍　　3 割　　4 判

2 テレビを見ているとき、急に<u>ていでん</u>した。

1 停電　　2 退電　　3 訂電　　4 断電

3 間違えたときはきれいに<u>けして</u>もう一度書いてください。

1 決して　　2 済して　　3 消して　　4 洗して

4 会議を<u>けっせき</u>する人は明日までに連絡をお願いします。

1 欠席　　2 次席　　3 欠度　　4 次度

5 その地方は<u>おんせん</u>で有名です。

1 暖川　　2 温川　　3 暖泉　　4 温泉

6 本屋には<u>ざっし</u>の種類がとても多い。

1 難誌　　2 雑誌　　3 難紙　　4 雑紙

7 パンを<u>やく</u>のに５分もかからない。

1 炊く　　2 焼く　　3 吹く　　4 咲く

8 来週の旅行は人気のあるホテルに<u>とまる</u>ことにした。

1 止まる　　2 泊まる　　3 宿まる　　4 決まる

9 あの信号を<u>うせつ</u>すれば銀行があります。

1 右折　　2 内折　　3 右析　　4 内析

10 父は弟を<u>つれて</u>公園に出かけた。

1 釣れて　　2 共れて　　3 連れて　　4 同れて

3: 問題 3 문맥 규정

문제 유형

괄호 안에 들어갈 알맞은 어휘를 문장 흐름에 맞게 고르는 문제이다.

예시

問題 3 (　　　　)に入れるのに最もよいものを、1・2・3・4から一つえらびなさい。

15 部屋が(　　　　)掃除をした。

1 なつかしくて　　2 苦しくて

3 汚くて　　4 まぶしくて

15	① ② ● ④

문제 풀이 포인트

선택지에 의미가 비슷하거나 한자의 형태가 비슷한 단어가 나오므로 혼동하지 않도록 주의하자.

예시 문제를 보면 '지저분한 방을 청소했다'라는 문맥이므로 괄호 안에는 「汚(きたな)い 더럽다」를 활용한 선택지 3번이 들어가는 것이 자연스럽다.

문제가 어렵게 느껴진다면 선택지에 나온 단어를 괄호에 대입하여 해석해 보자. 선택지 단어를 하나씩 넣고 해석하다 보면 문장 흐름에 맞는 단어를 찾는 데 도움이 된다.

問題 3 문맥 규정 출제 예상 어휘

학습 포인트

문맥 규정 파트에서는 명사, 형용사, 동사, 부사가 골고루 출제된다. 이번 파트에서는 〈問題 1·2〉 한자 읽기·표기 파트에서 충분히 학습한 명사 이외의 품사를 집중해서 공부하도록 하자.

1: な형용사

□ 曖昧な 애매한	私が曖昧な言い方をして誤解されました。 제가 애매한 말을 해서 오해받았습니다.
□ 明らかな 명백한, 분명한	このデータから明らかなことは気候変動が深刻だということです。 이 데이터에서 분명한 것은 기후 변동이 심각하다는 것입니다.
□ 新たな 새로운	今年になってから化学の分野で新たな発見がありました。 올해 들어서 화학 분야에서 새로운 발견이 있었습니다.
□ おしゃれな 멋진, 세련된	このごろ、どこでもおしゃれなカフェが多くなっている。 요즘 어디든 세련된 카페가 많아졌다.
□ かわいそうな 불쌍한, 가여운	かわいそうに、田中さんはまた一人で残業しているらしいよ。 딱하게도, 다나카 씨는 또 혼자서 야근하고 있는 것 같아.
□ 完全な 완전한	最新の科学技術を使っても完全なものはできないだろう。 최신 과학 기술을 사용해도 완전한 것은 나오지 못할 것이다.
□ 基本的な 기본적인	年齢や性別で差別されないことは国民の基本的な権利である。 연령이나 성별로 차별받지 않는 것은 국민의 기본적인 권리이다.
□ 気楽な 편안한	一人の生活は気楽な反面、病気の時には不安になる。 혼자 사는 생활은 편한 반면, 병에 걸렸을 때에는 불안해진다.
□ けちな 인색한, 구두쇠인	金持ちほどけちな人が多いと言われる。 부자일수록 인색한 사람이 많다고 한다.
□ 国際的な 국제적인	あの先生の作品は国際的な評価を受けている。 저 선생님의 작품은 국제적인 평가를 받고 있다.
□ 幸いな 다행인	幸いなことに火災現場に誰もいなくて人命被害はなかった。 다행히도 화재 현장에 아무도 없어서 인명 피해는 없었다.

問題 3 문맥 규정 출제 예상 어휘

□ さまざま 様々な 다양한	私たちのサークルには様々な国の留学生が参加しています。 우리 모임에는 다양한 나라의 유학생이 참가하고 있습니다.
□ さわ 爽やかな 산뜻한, 상쾌한	高原の爽やかな風の中でトレッキングをしました。 고원의 상쾌한 바람 속에서 트레킹을 했습니다.
□ ざんねん 残念な 유감스러운	今回は残念な結果になったが、この経験を活かしたい。 이번에는 유감스러운 결과가 되었지만, 이 경험을 살리고 싶다.
□ しあわ 幸せな 행복한	苦労した二人はやがて結婚して幸せな生活を送りました。 고생한 두 사람은 이윽고 결혼해서 행복한 생활을 보냈습니다.
□ しょうきょくてき 消極的な 소극적인	何も言わないのは消極的な賛成とみなします。 아무 말도 하지 않는 것은 소극적인 찬성으로 간주하겠습니다.
□ しんけん 真剣な 진지한	女性の地位を向上させるための真剣な議論が必要だ。 여성의 지위를 향상시키기 위한 진지한 논의가 필요하다.
□ しんちょう 慎重な 신중한	被害者救出のために速やかにかつ慎重な対策が求められる。 피해자 구출을 위해 신속하면서도 신중한 대책이 요구된다.
□ じみ 地味な 수수한, 검소한	彼は有名人だが地味な身なりをしている。 그는 유명인이지만 수수한 옷차림을 하고 있다.
□ じゅうよう 重要な 중요한	政府の重要な決定に関しては国民に充分に説明するべきだ。 정부의 중요한 결정에 관해서는 국민에게 충분히 설명해야만 한다.
□ じゅんすい 純粋な 순수한	利益を無視して純粋な理想だけを求めるのは無責任なことだ。 이익을 무시하고 순수한 이상만을 추구하는 것은 무책임한 일이다.
□ じょうぶ 丈夫な 튼튼한	旅行用カバンはデザインより丈夫なものを選んだ。 여행용 가방은 디자인보다 튼튼한 것을 골랐다.
□ すてき 素敵な 멋진	結婚記念日に子どもたちが素敵なプレゼントをくれた。 결혼기념일에 아이들이 멋진 선물을 주었다.
□ すなお 素直な 솔직한, 순수한	子どもは素直な性格で人を疑うことを知らない。 아이는 순수한 성격이라서 사람을 의심할 줄 모른다.
□ せいかく 正確な 정확한	台風の正確な被害はまだ明らかになっていない。 태풍의 정확한 피해는 아직 밝혀지지 않았다.

□ 贅沢な（ぜいたく） 사치스러운	博物館の展示物から王家の贅沢な暮らしを知ることができる。 박물관의 전시물에서 왕가의 사치스러운 생활을 알 수 있다.
□ 平らな（たい） 평평한	昔の人は川の近くの平らなところに家を建てた。 옛날 사람은 강 근처의 평평한 곳에 집을 지었다.
□ 丁寧な（ていねい） 공손한, 신중하게 공을 들인	使い方がわからなかったが、係の人が丁寧な説明をしてくれた。 사용법을 몰랐지만 담당자가 꼼꼼한 설명을 해 주었다.
□ 適当な（てきとう） 적당한	秋の適当な時期に種をまけば春には花が咲きます。 가을의 적당한 시기에 씨를 뿌리면 봄에는 꽃이 핍니다.
□ 賑やかな（にぎ） 번화한, 활기찬	昼間は賑やかな街も平日の深夜は人がいなくなる。 낮에는 활기찬 거리도 평일의 심야에는 인적이 드물어진다.
□ のんきな 느긋한	父はのんきな性格で小さいことはあまり気にしない。 아버지는 느긋한 성격으로 작은 일은 별로 신경 쓰지 않는다.
□ 不思議な（ふしぎ） 불가사의한, 신기한	この箱は不思議な形をしていて何に使うかわからない。 이 상자는 신기한 형태를 하고 있어서 무엇에 사용하는지 모르겠다.
□ 不親切な（ふしんせつ） 불친절한	その店は料理の味よりも不親切な店員のせいで印象が悪い。 그 가게는 요리의 맛보다도 불친절한 점원 탓에 인상이 나쁘다.
□ 平凡な（へいぼん） 평범한	平凡な生活が大切だということを病気になって初めて知った。 평범한 생활이 소중하다는 것을 병에 걸리고 처음으로 알았다.
□ 平和な（へいわ） 평화로운	今は平和なこの村も戦争の被害に苦しんだ時代があった。 지금은 평화로운 이 마을도 전쟁 피해로 고생한 시절이 있었다.
□ 真面目な（まじめ） 성실한	いつもは真面目な人がこんなことをしたなんて、信じられない。 평소에는 성실한 사람이 이런 짓을 했다니, 믿을 수가 없다.
□ 無駄な（むだ） 쓸데없는, 소용없는	こんなに雨と風が吹いているのに傘をさすのは無駄なことだ。 이렇게 비와 바람이 부는데 우산을 쓰는 것은 소용없는 일이다.
□ 迷惑な（めいわく） 폐가 되는	母はいつも「他人に迷惑なことをしないで」と言っていた。 어머니는 항상 '남에게 폐가 되는 일을 하지 말아라'라고 말했다.
□ 面倒な（めんどう） 귀찮은, 성가신	海外旅行にこんな面倒な手続きが必要だとは思わなかった。 해외여행에 이런 귀찮은 절차가 필요하다고는 생각하지 않았다.

□ 乱暴(らんぼう)な 난폭한	高速道路(こうそくどうろ)での乱暴(らんぼう)な運転(うんてん)は大(おお)きな事故(じこ)につながる。 고속도로에서의 난폭한 운전은 큰 사고로 이어진다.
□ わがままな 버릇없는, 제멋대로인	子(こ)どものわがままな行動(こうどう)に何(なに)も言(い)わない親(おや)が増(ふ)えている。 아이의 제멋대로인 행동에 아무 말도 하지 않는 부모가 늘어나고 있다.

2: い형용사

□ 暖(あたた)かい (날씨·분위기 등이) 따뜻하다	今日(きょう)のように暖(あたた)かい日(ひ)は公園(こうえん)に散歩(さんぽ)に行(い)きます。 오늘처럼 따뜻한 날은 공원에 산책하러 갑니다.
□ 温(あたた)かい (온도가) 따뜻하다	温(あたた)かいご飯(はん)に卵(たまご)をかけた「卵(たまご)ごはん」が好(す)きです。 따뜻한 밥에 달걀을 뿌린 '달걀밥'을 좋아합니다.
□ 暑(あつ)い 덥다	最高気温(さいこうきおん)が 30 度以上(さんじゅうどいじょう)の暑(あつ)い日(ひ)を「真夏日(まなつび)」といいます。 최고 기온이 30도 이상인 더운 날을 '마나츠비(한여름 더위)'라고 합니다.
□ 熱(あつ)い 뜨겁다	金属製(きんぞくせい)のなべはすぐ熱(あつ)くなるので注意(ちゅうい)してください。 금속제 냄비는 금방 뜨거워지므로 주의해 주세요.
□ 危(あぶ)ない 위험하다	交差点(こうさてん)の近(ちか)くで遊(あそ)ぶのは危(あぶ)ないからやめよう。 교차로 근처에서 노는 것은 위험하니까 그만두자.
□ 甘(あま)い 달다	ダイエットをしている時(とき)は甘(あま)いものは控(ひか)えるようにしている。 다이어트를 할 때는 단 것은 자제하도록 하고 있다.
□ 怪(あや)しい 수상하다	事件(じけん)があった現場(げんば)で怪(あや)しい人(ひと)がいるのを見(み)た。 사건이 있었던 현장에 수상한 사람이 있는 것을 보았다.
□ ありがたい 고맙다	好意(こうい)はありがたいが今回(こんかい)は自分一人(じぶんひとり)でやってみたい。 호의는 고맙지만 이번에는 나 혼자서 해 보고 싶다.
□ 薄(うす)い 얇다, 연하다	まだ寒(さむ)いから薄(うす)いセーターがあったほうがいい。 아직 추우니까 얇은 스웨터가 있는 편이 좋다.
□ 羨(うらや)ましい 부럽다	いくら食(た)べても太(ふと)らない人(ひと)が羨(うらや)ましい。 아무리 먹어도 살이 찌지 않는 사람이 부럽다.

□ 嬉(うれ)しい 기쁘다	今朝(けさ)、妹(いもうと)が大学(だいがく)に合格(ごうかく)したという嬉(うれ)しい知(し)らせを聞(き)いた。 오늘 아침, 여동생이 대학에 합격했다는 기쁜 소식을 들었다.
□ 多(おお)い 많다	この国(くに)は貴重(きちょう)な資源(しげん)が多(おお)いので貿易(ぼうえき)はいつも黒字(くろじ)だ。 이 나라는 귀중한 자원이 많아서 무역은 언제나 흑자이다.
□ 幼(おさな)い 어리다	故郷(こきょう)に帰(かえ)ると幼(おさな)いころの思(おも)い出(で)の場所(ばしょ)が残(のこ)っていた。 고향에 돌아갔더니 어릴 적 추억의 장소가 남아 있었다.
□ 大人(おとな)しい 얌전하다	うちの犬(いぬ)は大人(おとな)しくて誰(だれ)が来(き)ても吠(ほ)えることはない。 우리집 개는 얌전해서 누가 와도 짖는 일이 없다.
□ 重(おも)い 무겁다	荷物(にもつ)が重(おも)い時(とき)は空港(くうこう)のカウンターで預(あず)ければいい。 짐이 무거울 때는 공항 카운터에 맡기면 된다.
□ 面白(おもしろ)い 재미있다	先生(せんせい)はいつも授業中(じゅぎょうちゅう)に面白(おもしろ)い話(はなし)をしてくれる。 선생님은 항상 수업 중에 재미있는 이야기를 해 주신다.
□ 賢(かしこ)い 똑똑하다, 현명하다	海(うみ)の生物(せいぶつ)の中(なか)でもイルカは特(とく)に賢(かしこ)いと言(い)われます。 바다 생물 중에서도 돌고래는 특히 똑똑하다고 합니다.
□ かっこいい 멋있다	試合(しあい)には負(ま)けたが、ファイト溢(あふ)れるプレーを見(み)せてくれてかっこよかった。 시합에는 졌지만 파이팅(투지) 넘치는 경기를 보여 줘서 멋있었다.
□ かゆい 가렵다	夏(なつ)は毎日(まいにち)シャンプーをしないと頭(あたま)がかゆくてたまらない。 여름은 매일 머리를 감지 않으면 머리가 가려워서 견딜 수 없다.
□ 厳(きび)しい 엄격하다, 냉혹하다	どんなに厳(きび)しい寒(さむ)さが続(つづ)いても植物(しょくぶつ)は地中(ちちゅう)で春(はる)を待(ま)つ。 아무리 혹독한 추위가 계속되어도 식물은 땅속에서 봄을 기다린다.
□ 臭(くさ)い 고약한 냄새가 나다	ガスが臭(くさ)いと思(おも)ったらすぐ火(ひ)を消(け)してください。 가스 냄새가 지독하다고 생각되면 바로 불을 꺼 주세요.
□ くだらない 시시하다	このごろのテレビ番組(ばんぐみ)はくだらないものが多(おお)い。 최근 텔레비전 방송은 시시한 것이 많다.
□ 暗(くら)い 어둡다	朝(あさ)の5時(ごじ)、まだ外(そと)が暗(くら)いうちに家(いえ)を出発(しゅっぱつ)した。 아침 다섯 시, 아직 밖이 어두울 때 집을 출발했다.
□ 詳(くわ)しい 상세하다	事故(じこ)の詳(くわ)しい内容(ないよう)については報告書(ほうこくしょ)を読(よ)んでください。 사고의 자세한 내용에 대해서는 보고서를 읽어 주십시오.

問題 3 문맥 규정 출제 예상 어휘

□ 険しい 험하다	山の険しい道を3時間登り続けて頂上に着いた。 산의 험한 길을 세 시간 계속 올라 정상에 도착했다.
□ 寂しい 쓸쓸하다, 외롭다	友だちがみんなアルバイトや旅行でいないから一人で寂しい。 친구들이 모두 아르바이트나 여행으로 없어서 혼자서 쓸쓸하다.
□ 塩辛い 짜다	東京はそばのつゆが塩辛いが、関西では薄味だ。 도쿄는 메밀국수의 국물이 짜지만 간사이에서는 담백하다.
□ 酸っぱい 시다	熟していない果物は酸っぱい味がする。 익지 않은 과일은 신맛이 난다.
□ 鋭い 예리하다, 날카롭다	ゼミで発表した時、学生たちの鋭い質問が続いた。 세미나에서 발표했을 때, 학생들의 날카로운 질문이 이어졌다.
□ 狭い 좁다	今の家は狭いので広いマンションに引っ越すつもりだ。 지금 집은 좁기 때문에 넓은 맨션으로 이사할 생각이다.
□ 楽しい 즐겁다	今年の大学祭は堅苦しい内容のものより楽しいものが多い。 올해 대학 축제는 딱딱한 내용보다 즐거운 것이 많다.
□ 近い 가깝다	家から近いところにコンビニもスーパーもあります。 집에서 가까운 곳에 편의점도 슈퍼마켓도 있습니다.
□ つまらない 재미없다, 시시하다	最近の映画がつまらないのは監督の姿勢によると思う。 요즘 영화가 재미없는 것은 감독의 자세에 의한 것이라고 생각한다.
□ 冷たい 차갑다	暑い時、シャワーを浴びた後に飲む冷たいビールがうまい。 더울 때, 샤워를 한 후에 마시는 차가운 맥주가 맛있다.
□ 鈍い 둔하다	試合の前半に体力を使いすぎた選手たちは後半の動きが鈍い。 시합 전반에 체력을 소모한 선수들은 후반의 움직임이 둔하다.
□ ぬるい 미지근하다	ぬるいコーヒーを飲むよりアイスコーヒーのほうがいい。 미지근한 커피를 마시는 것보다 아이스커피 쪽이 좋다.
□ 眠い 졸리다	昨日寝不足だったので一日中眠くてしかたがなかった。 어제 잠이 부족했기 때문에 하루 종일 졸려서 견딜 수 없었다.
□ 激しい 세차다, 극심하다, 격렬하다	激しいトップ争いをしたが結局日本人選手は3位だった。 치열한 1위 경쟁을 했지만 결국 일본인 선수는 3위였다.

□ 恥(は)ずかしい 부끄럽다	最善(さいぜん)をつくしたのだから結果(けっか)を恥(は)ずかしいと思(おも)うことはない。 최선을 다했으니까 결과를 부끄럽다고 생각할 필요는 없다.
□ 低(ひく)い (높이가) 낮다	今度(こんど)のテストの平均点数(へいきんてんすう)はとても低(ひく)かったらしい。 이번 시험의 평균 점수는 매우 낮았다는 듯하다.
□ 広(ひろ)い 넓다	広(ひろ)い競技場(きょうぎじょう)に大勢(おおぜい)の観客(かんきゃく)が集(あつ)まって大会(たいかい)が始(はじ)まった。 넓은 경기장에 수많은 관객이 모여서 대회가 시작됐다.
□ 太(ふと)い 굵다	この建物(たてもの)の太(ふと)い柱(はしら)は樹齢(じゅれい)1,000年(せんねん)の大木(たいぼく)で作(つく)られている。 이 건물의 굵은 기둥은 수령(나무의 나이) 1,000년의 거목으로 만들어져 있다.
□ 蒸(む)し暑(あつ)い 무덥다	こんな蒸(む)し暑(あつ)い日(ひ)は外(そと)に出(で)ないで家(いえ)で休(やす)んだほうがいい。 이렇게 무더운 날에는 밖에 나가지 말고 집에서 쉬는 게 좋다.
□ 優(やさ)しい 상냥하다, 다정하다	赤(あか)ちゃんは母(はは)の優(やさ)しい歌声(うたごえ)を聞(き)きながら眠(ねむ)り始(はじ)めた。 아기는 엄마의 다정한 노랫소리를 들으면서 잠들기 시작했다.
□ 易(やさ)しい 쉽다	中間(ちゅうかん)テストは期末(きまつ)テストより易(やさ)しいが、今回(こんかい)は難(むずか)しかった。 중간고사는 기말고사보다 쉽지만, 이번에는 어려웠다.

3 : 부사

□ 改(あらた)めて 다시, 새로이	4月(しがつ)から新年度(しんねんど)になるので改(あらた)めて計画書(けいかくしょ)を提出(ていしゅつ)した。 4월부터 신년도가 되므로 새롭게 계획서를 제출했다.
□ 意外(いがい)に 의외로, 뜻밖에	手続(てつづ)きに時間(じかん)がかかると思(おも)ったが意外(いがい)に簡単(かんたん)に終(お)わった。 수속에 시간이 걸릴 거라고 생각했지만 의외로 간단히 끝났다.
□ いきなり 갑자기, 별안간	友(とも)だちの結婚式(けっこんしき)に出席(しゅっせき)したら、いきなりあいさつを頼(たの)まれた。 친구의 결혼식에 참석했더니 갑자기 인사말을 부탁받았다.
□ 一度(いちど)に 한번에, 단번에	「お気(き)に入(い)り」に登録(とうろく)できるのは一度(いちど)に5件(ごけん)までです。 '즐겨찾기'에 등록할 수 있는 것은 한 번에 다섯 건까지입니다.
□ いつの間(ま)にか 어느새, 어느샌가	この間(あいだ)まで寒(さむ)かったのにいつの間(ま)にか桜(さくら)の季節(きせつ)になった。 얼마 전까지 추웠는데 어느새 벚꽃의 계절이 됐다.

□ 今(いま)にも 당장이라도	最後(さいご)まで走(はし)りぬいた選手(せんしゅ)たちは今(いま)にも倒(たお)れそうだった。 마지막까지 완주한 선수들은 당장이라도 쓰러질 것 같았다.
□ いよいよ 드디어, 점점, 더욱더	明日(あした)はいよいよ一人(ひとり)で北海道(ほっかいどう)に出発(しゅっぱつ)します。 내일은 드디어 혼자서 홋카이도로 출발합니다.
□ 思(おも)わず 엉겁결에, 뜻밖에, 무의식중에	家族(かぞく)の救出(きゅうしゅつ)の知(し)らせに思(おも)わず涙(なみだ)が出(で)た。 가족의 구출 소식에 나도 모르게 눈물이 나왔다.
□ 勝手(かって)に 멋대로, 마음대로	市(し)の許可(きょか)を得(え)ずに勝手(かって)に作(つく)った建造物(けんぞうぶつ)は撤去(てっきょ)される。 시의 허가를 얻지 않고 멋대로 만든 건축물은 철거된다.
□ かなり 꽤, 상당히	入場料(にゅうじょうりょう)はかなり高(たか)かったがチケットを買(か)うことができた。 입장료는 상당히 비쌌지만 표를 살 수 있었다.
□ きちんと 정확히, 깔끔하게	商品(しょうひん)はきちんと並(なら)べて値段(ねだん)が見(み)えるようにしてください。 상품은 깔끔하게 진열하여 가격이 보이도록 해 주세요.
□ 結局(けっきょく) 결국	忘年会(ぼうねんかい)はみんなで話(はな)し合(あ)った末(すえ)に、結局(けっきょく)去年(きょねん)と同(おな)じ店(みせ)ですることになった。 망년회는 모두 함께 이야기한 끝에 결국 작년과 같은 가게에서 하게 되었다.
□ 結構(けっこう) 꽤, 제법, 상당히	分量(ぶんりょう)が結構(けっこう)多(おお)くて時間(じかん)がかかったが、やっと翻訳(ほんやく)が終(お)わった。 분량이 제법 많아서 시간이 걸렸지만 간신히 번역이 끝났다.
□ ざっと 대충	材料費(ざいりょうひ)と加工代金(かこうだいきん)でざっと10万円(じゅうまんえん)ぐらいになるでしょう。 재료비와 가공 대금으로 대략 십만 엔 정도가 될 것입니다.
□ 自然(しぜん)に 자연스럽게	家(いえ)が近(ちか)くで学校(がっこう)も同(おな)じだったので自然(しぜん)に仲良(なかよ)くなった。 집이 근처이고 학교도 같았기 때문에 자연스럽게 친해졌다.
□ しばしば 종종, 자주	東北地方(とうほくちほう)では地震(じしん)の他(ほか)にしばしば冷害(れいがい)も起(お)きる。 도호쿠 지방에서는 지진 외에 종종 냉해도 일어난다.
□ じっと 가만히, 지그시	人間(にんげん)の様子(ようす)をじっと見(み)ていたネコはゆっくり歩(ある)き出(だ)した。 인간의 모습을 가만히 보고 있던 고양이는 천천히 걷기 시작했다.
□ 実(じつ)は 실은, 사실은	今(いま)までだまっていたが実(じつ)は来月(らいげつ)、結婚(けっこん)する予定(よてい)です。 지금까지 말하지 않았지만 실은 다음 달 결혼할 예정입니다.
□ 徐々(じょじょ)に 서서히	これまで男性(だんせい)しかいなかった分野(ぶんや)に徐々(じょじょ)に女性(じょせい)が進出(しんしゅつ)している。 지금까지 남성밖에 없었던 분야에 서서히 여성이 진출하고 있다.

□ 少なくとも 적어도	期末レポートは少なくとも今週までには出さなければならない。 기말 리포트는 적어도 이번 주까지는 내야만 한다.
□ すっかり 완전히, 몽땅	雨なのにかさを持っていなかったのですっかり濡れてしまった。 비가 오는데 우산을 가지고 있지 않아서 완전히 젖어 버렸다.
□ ずっと 훨씬, 매우	道路が混まなければ電車より車の方がずっと早く着く。 도로가 혼잡하지 않으면 전철보다 자동차 쪽이 훨씬 빨리 도착한다.
□ たいてい 대개, 대부분	スポーツを見るのが好きな人はたいてい自分がやることも好きだ。 스포츠 보는 것을 좋아하는 사람은 대개 자기가 하는 것도 좋아한다.
□ たまたま 가끔, 우연히	たまたま通りかかった交差点で大きな事故が起きた。 우연히 지나가던 교차로에서 큰 사고가 일어났다.
□ たまに 가끔, 이따금	いつも事務室にいるからたまに外に出ると気分がいい。 늘 사무실에 있어서 가끔 밖에 나가면 기분이 좋다.
□ だいぶ 꽤, 상당히	もうだいぶ暖かくなったので冬の服はタンスにしまった。 이제 꽤 따뜻해졌기 때문에 겨울 옷은 옷장에 넣었다.
□ つい 바로, 자신도 모르게, 무심코	友だちと会っているとついお酒を飲みすぎてしまう。 친구와 만나면 무심코 과음해 버린다.
□ ついに 마침내	チームは予選を勝ち抜いてついに決勝戦を迎えた。 팀은 예선을 모두 이기고 마침내 결승전을 맞이했다.
□ 常に 늘, 항상	この実験では条件が同じなら常に同一の結果が出るはずだ。 이 실험에서는 조건이 같다면 늘 동일한 결과가 나올 터이다.
□ とうとう 드디어, 마침내	海外でも人気になったドラマがとうとう最終回を迎えた。 해외에서도 인기였던 드라마가 마침내 최종화를 맞이했다.
□ とにかく 어쨌든, 하여튼	考え方は違っていてもとにかく今は協力しなければならない。 사고방식은 달라도 어쨌든 지금은 협력해야만 한다.
□ ぼんやり(と) 멍하니, 어렴풋이	汽車の窓から故郷の山がぼんやりと遠くに見える。 기차 창문에서 고향의 산이 어렴풋이 멀리 보인다.
□ ますます 점점	5月になって山の緑はますます色が濃くなってきました。 5월이 되어 산의 녹음은 점점 색이 짙어졌습니다.

□ 自ら 스스로, 자신의	留学は自らの選択なので大変でも後悔はしないつもりだ。 유학은 자신의 선택이므로 힘들어도 후회는 하지 않을 작정이다.
□ めったに~ない 좀처럼 ~않다	ここは冬の間も雪はめったにふらないそうだ。 이곳은 겨울 동안에도 눈이 좀처럼 내리지 않는다고 한다.
□ もしかしたら 어쩌면	あとでもしかしたら田中さんが来るかもしれません。 나중에 어쩌면 다나카 씨가 올 지도 모릅니다.
□ わざと 일부러	答えるのがめんどうなのでわざと聞こえないふりをした。 대답하는 게 귀찮아서 일부러 들리지 않는 척을 했다.

4 의성어·의태어

□ いらいら 안절부절, 초조한 모양	約束の時間に連絡もないのでいらいらしながら待った。 약속 시간에 연락도 없어서 초조해하며 기다렸다.
□ うきうき 신이 나서 들뜬 모양	娘は初めてのデートでうきうきしています。 딸은 첫 데이트로 들떠 있습니다.
□ うとうと 꾸벅꾸벅, 깜빡 조는 모양	電車の中でうとうとしているうちに降りる駅を乗り越してしまった。 전철 안에서 꾸벅꾸벅 조는 사이에 내릴 역을 지나쳐 버렸다.
□ うろうろ 우왕좌왕, 이리저리 헤매는 모양	知らない町でうろうろしていたら帰り道がわからなくなった。 모르는 동네에서 우왕좌왕 헤맸더니 돌아가는 길을 알 수 없게 되었다.
□ がらがら 텅 빈 모양	まだ時間が早いせいか店の中はがらがらで人がいなかった。 아직 시간이 이른 탓인지, 가게 안은 텅 비어서 사람이 없었다.
□ ぎっしり 빼곡히, 빽빽하게 들어찬 모양	彼の家の本棚には難しい本がぎっしり並んでいる。 그의 집 책장에는 어려운 책이 빼곡히 늘어서 있다.
□ ぐっすり 깊이 잠든 모양	ようやく忙しい仕事が終わって、昨日はぐっすり眠れた。 간신히 바쁜 업무가 끝나서, 어제는 푹 잠들었다.
□ ごろごろ 빈둥빈둥, 아무것도 하지 않고 시간을 보내는 모양	いくら失業したといっても家でごろごろしていてはだめだ。 아무리 실직했다고 해도 집에서 빈둥거리고 있어서는 안 된다.

□ すっきり 산뜻한, 말끔한	久(ひさ)しぶりに家(いえ)の中(なか)をきれいにそうじしたら気分(きぶん)がすっきりした。 오랜만에 집 안을 깨끗이 청소했더니 기분이 말끔해졌다.
□ そわそわ 안절부절 못하고 불안한 모양	試験(しけん)の結果(けっか)が発表(はっぴょう)されるまでそわそわして落(お)ち着(つ)かない。 시험 결과가 발표되기까지 불안해서 진정이 되지 않는다.
□ たっぷり 듬뿍, 넘칠 만큼 많은 모양	この店(みせ)のたい焼(や)きはお腹(なか)にあんこがたっぷり入(はい)っている。 이 가게의 붕어빵은 배에 팥소가 가득 들어 있다.
□ どんどん 점점, 계속해서 잇따르는 모양	新(あたら)しい駅(えき)ができると周辺(しゅうへん)にはどんどんマンションが建(た)てられた。 새로운 역이 생기자 주변에는 점점 맨션이 세워졌다.
□ にこにこ 싱글벙글, 생글생글	何(なに)かいいことがあったのか、山田(やまだ)さんは朝(あさ)からにこにこしている。 뭔가 좋은 일이 있었는지, 야마다 씨는 아침부터 싱글벙글 웃고 있다.
□ にっこり 생긋, 방긋	子(こ)どもはお菓子(かし)を見(み)せるとにっこりして手(て)を出(だ)した。 아이는 과자를 보여 주자 방긋 웃으며 손을 내밀었다.
□ のんびり 느긋하게	連休(れんきゅう)が1週間続(いっしゅうかんつづ)くので毎日(まいにち)のんびりしています。 연휴가 일주일간 이어져서 매일 느긋하게 보내고 있습니다.
□ ばったり 뜻하지 않게 마주친 모양	道(みち)を歩(ある)いていたら高校(こうこう)の時(とき)の同級生(どうきゅうせい)にばったり出会(であ)った。 길을 걷다가 고등학교 때의 동급생을 우연히 만났다.
□ ぴったり 빈틈없이 딱 맞는 모양	さっきはいた靴(くつ)は少(すこ)し大(おお)きかったが、これは私(わたし)にぴったりだ。 조금 전에 신은 신발은 조금 컸지만 이건 나에게 딱 맞는다.
□ ぴかぴか 반짝반짝	洗剤(せんざい)を使(つか)って車(くるま)をきれいに洗(あら)うとぴかぴかになった。 세제를 사용해 차를 깨끗하게 닦았더니 반짝반짝해졌다.
□ ふらふら 휘청휘청, 흔들흔들, 흔들리는 모양	風邪(かぜ)がまだ治(なお)っていないから体(からだ)がふらふらする。 감기가 아직 낫지 않아서 몸이 휘청휘청한다.
□ ぶつぶつ 투덜투덜	店(みせ)の人(ひと)の態度(たいど)にぶつぶつ不満(ふまん)を言(い)う客(きゃく)は少(すく)なくなかった。 가게 사람의 태도에 투덜투덜 불만을 말하는 손님은 적지 않았다.
□ ぶるぶる 부들부들, 추위·두려움 등으로 떠는 모양	初(はじ)めて面接(めんせつ)を受(う)けた時(とき)は緊張(きんちょう)して足(あし)がぶるぶる震(ふる)えた。 처음 면접을 봤을 때는 긴장해서 다리가 부들부들 떨렸다.
□ へとへと 녹초가 된, 몹시 지친 모양	ご飯(はん)も食(た)べないで5時間(ごじかん)も歩(ある)き続(つづ)けたからへとへとになった。 밥도 먹지 않고 다섯 시간이나 계속 걸어서 녹초가 됐다.

□ ぺこぺこ 꼬르륵, 배가 몹시 고픈 모양	朝(あさ)ごはんを食(た)べなかったからお腹(なか)がぺこぺこでしょうがない。 아침밥을 먹지 않아서 배가 너무 고파서 견딜 수 없다.
□ ぺらぺら 술술, 외국어 등을 유창하게 말하는 모양	外国語(がいこくご)をぺらぺら話(はな)せる人(ひと)は何(なに)か特別(とくべつ)な能力(のうりょく)があると思(おも)う。 외국어를 유창하게 말할 수 있는 사람은 무언가 특별한 능력이 있다고 생각한다.
□ ほっと 안심하는 모양	父(ちち)の手術(しゅじゅつ)が成功(せいこう)したと聞(き)いて家族(かぞく)はみなほっとした。 아버지의 수술이 성공했다고 듣고 가족은 모두 안심했다.
□ ぼろぼろ 너덜너덜, 낡고 해어진 모양	長(なが)い間(あいだ)はいてぼろぼろになったくつでも簡単(かんたん)には捨(す)てられない。 오랫동안 신어서 너덜너덜해진 구두라도 간단히는 버릴 수 없다.
□ まごまご 우물쭈물, 망설이는 모양	こんなところでまごまごしていると見(み)つかってしまう。 이런 곳에서 우물쭈물하면 들켜 버린다.
□ むっと 발끈, 화가 치미는 모양	あいさつしても返事(へんじ)もしない彼(かれ)の態度(たいど)にむっとした。 인사해도 대답조차 하지 않는 그의 태도에 발끈했다.
□ わくわく 두근두근, 기쁨·기대 등으로 설레는 모양	若(わか)い頃(ころ)は新(あたら)しいことに挑戦(ちょうせん)するたびにわくわくしたものだ。 젊을 때는 새로운 일에 도전할 때마다 두근두근하곤 했다.

5: 복합 동사

～合(あ)う	抱(だ)き合(あ)う 서로 껴안다	話(はな)し合(あ)う 함께 이야기하다
～合(あ)わせる	問(と)い合(あ)わせる 문의하다	待(ま)ち合(あ)わせる 시간, 장소를 미리 정하고 만나기로 하다
～上(あ)がる	起(お)き上(あ)がる 일어나다	出来上(できあ)がる 완성되다
～上(あ)げる	取(と)り上(あ)げる 다루다	持(も)ち上(あ)げる 들어 올리다
～終(お)わる	読(よ)み終(お)わる 전부 다 읽다	食(た)べ終(お)わる 전부 다 먹다
～返(かえ)す	聞(き)き返(かえ)す 되묻다 繰(く)り返(かえ)す 반복하다	裏返(うらがえ)す 뒤집다
～替(か)える	着替(きが)える 갈아입다	取(と)り替(か)える 바꾸다, 교체하다

~切る	締め切る 마감하다	打ち切る 끝내다, 중단하다
~切れる	売り切れる 다 팔리다, 매진되다	
~込む	思い込む 굳게 믿어 버리다	
~出す	生み出す 만들어 내다	貸し出す 빌리다
	飛び出す 뛰쳐나가다, 뛰어들다	
~取る	聞き取る 듣다, 청취하다	
~回る	走り回る 뛰어다니다	見回る 여기저기 보고 다니다
~忘れる	言い忘れる 말하는 것을 잊다	置き忘れる 놔둔 채 잊다

立ち~	立ち上がる 일어서다	立ち止まる 멈추다
出~	出会う 만나다	出迎える 마중하다
通り~	通りかかる 지나가다	
取り~	取り上げる 다루다, 취급하다	取り入れる 도입하다, 집어넣다
	取り替える 바꾸다, 교체하다	取り消す 취소하다
	取り付ける 달다, 부착하다	
引き~	引き出す 꺼내다, 인출하다	
見~	見落とす 간과하다, 못 보고 넘기다	見下ろす 내려다보다, 깔보다
乗り~	乗り遅れる 늦어서 못 타다, (차를) 놓치다	乗り換える 갈아타다
	乗り越す (내릴 곳을) 지나치다	乗り過ごす (내릴 곳을) 지나치다
落ち~	落ち込む (좋지 않은 상태에) 빠지다, 침울해지다	
追い~	追いかける 뒤쫓다	

6: 접두어

高(こう)～	高収入(こうしゅうにゅう) 고수입	高性能(こうせいのう) 고성능	
好(こう)～	好機(こうき) 좋은 기회	好景気(こうけいき) 호경기	
再(さい)～	再開発(さいかいはつ) 재개발	再出発(さいしゅっぱつ) 재출발	
主(しゅ)～	主成分(しゅせいぶん) 주성분	主目的(しゅもくてき) 주목적	
短(たん)～	短期間(たんきかん) 단기간	短時間(たんじかん) 단시간	
生(なま)～	生(なま)ビール 생맥주	生放送(なまほうそう) 생방송	
不(ふ)～	不安定(ふあんてい) 불안정	不可能(ふかのう) 불가능	不完全(ふかんぜん) 불완전
	不景気(ふけいき) 불경기	不自然(ふしぜん) 부자연	不自由(ふじゆう) 부자유
	不注意(ふちゅうい) 부주의	不必要(ふひつよう) 불필요	
未(み)～	未完成(みかんせい) 미완성	未開発(みかいはつ) 미개발	
	未公開(みこうかい) 미공개	未使用(みしよう) 미사용	
非(ひ)～	非常識(ひじょうしき) 비상식, 몰상식		
無(む)～	無意味(むいみ) 무의미	無関心(むかんしん) 무관심	無計画(むけいかく) 무계획

7: 접미어

～的(てき)	基本的(きほんてき) 기본적	計画的(けいかくてき) 계획적	
	現実的(げんじつてき) 현실적	世界的(せかいてき) 세계적	
～先(さき)	仕事先(しごとさき) 근무처	取引先(とりひきさき) 거래처	旅行先(りょこうさき) 여행처
～性(せい)	可能性(かのうせい) 가능성	人間性(にんげんせい) 인간성	

～会(かい)	運動会(うんどうかい) 운동회	音楽会(おんがくかい) 음악회	
～風(ふう)	西洋風(せいようふう) 서양풍	和風(わふう) 일본풍	
～画(が)	絵画(かいが) 회화(그림)	人物画(じんぶつが) 인물화	
～家(か)	小説家(しょうせつか) 소설가	政治家(せいじか) 정치가	
～図(ず)	案内図(あんないず) 안내도	設計図(せっけいず) 설계도	
～代(だい)	食事代(しょくじだい) 식사 요금	新聞代(しんぶんだい) 신문 요금	電気代(でんきだい) 전기 요금
～製(せい)	金属製(きんぞくせい) 금속제	日本製(にほんせい) 일본제	
～沿い(ぞい)	海沿い(うみぞい) 해변	川沿い(かわぞい) 강변	
～味(み)	新鮮味(しんせんみ) 신선미	人間味(にんげんみ) 인간미	

8: 가타카나어(외래어)

□ アクセス 액세스, 접속	□ アニメ 애니메이션
□ アピール 어필, 호소	□ アレルギー 알레르기
□ アレンジ 어레인지, 배열, 배치, 편곡	□ イベント 이벤트, 행사
□ イラスト 일러스트, 삽화	□ インフレ '인플레이션'의 준말
□ ウイルス 바이러스	□ エコ 에코, 환경, 생태
□ エチケット 에티켓, 매너	□ エンジニア 엔지니어, 전기·기계·공학 등의 기술자
□ オーバー 오버, 초과	□ オフィス 오피스, 사무실
□ オリジナル 오리지널, 원본, 원형	□ カルチャー 컬쳐, 문화
□ カロリー 칼로리	□ ガイド 가이드, 안내

問題 3 문맥 규정 출제 예상 어휘

□ キッチン 키친, 주방	□ クレーム 클레임, 불만, 이의 제기
□ クレジットカード 신용 카드	□ グラ(ウ)ンド 그라운드, 운동장
□ コスト 코스트, 가격, 비용	□ コマーシャル 커머셜, 상업 광고
□ コミュニケーション 커뮤니케이션, 의사소통	□ コメント 코멘트, 논평, 의견
□ コレクション 컬렉션, 수집	□ ゴール 골, 목표
□ サラリーマン 샐러리맨, 월급쟁이	□ サンプル 샘플, 견본
□ システム 시스템	□ シフト 시프트, 교대 근무제 혹은 그 시간
□ シンプル 심플, 단순함, 간단함	□ ジャンル 장르, 종류
□ スタイル 스타일, 모습, 모양	□ スタッフ 스태프, 담당자, 부원, 제작진
□ ステージ 스테이지, 무대	□ ストレート 스트레이트, 계속적, 직접적
□ ストレス 스트레스	□ スペース 스페이스, 공간
□ スムーズ 원활함, 순조로움	□ ゼミ 세미나
□ ダイエット 다이어트	□ ダメージ 데미지, 손해
□ データ 데이터, 자료	□ デフレ 디플레이션의 준말
□ トラブル 트러블, 사고	□ ハンカチ 손수건
□ バーゲン 바겐세일	□ バランス 밸런스, 균형
□ パンフレット 팸플릿, 소책자	□ ヒット 히트, 크게 성공함
□ ビジネス 비즈니스	□ ファミレス 패밀리 레스토랑의 준말
□ フォーク 포크	□ フォロー 팔로우, 보조, 뒤쫓음
□ フリーター 프리터(일정한 직업이 없이 아르바이트로 생계를 유지하는 사람)	□ フリーマーケット 플리 마켓, 벼룩시장
□ ブーム 붐, 유행	□ プライベート 프라이빗, 개인적, 사적
□ プラン 플랜, 계획	□ プリント 프린트, 인쇄

□ プレゼン 프레젠테이션의 준말, 발표	□ ボランティア 자원봉사, 자원봉사자
□ ポイント 포인트	□ マスコミ 매스컴, 언론
□ マスター 마스터, 숙달됨, 숙달된 사람	□ ミス 미스, 실수
□ ムード 무드, 분위기	□ メーカー 메이커, 제조사
□ メッセージ 메시지	□ ユニーク 유니크, 독특함, 특이함
□ ライバル 라이벌	□ リーダー 리더
□ リストラ (기업의) 구조 조정	□ リラックス 릴랙스, 긴장을 풂, 휴식을 취함
□ ルール 룰, 규칙	□ レシート 레시트, 영수증
□ レジャー 레저, 여가	□ レベル 레벨, 수준
□ レンタル 렌탈, 임대	

2023

□ あくび 하품
□ うっかり 무심코, 깜박
□ 可能(かのう)な 가능한
□ 期限(きげん) 기한
□ 恋(こい)しい 그립다
□ 差(さ) 차, 차이
□ テーマ 테마, 주제
□ 付(つ)き合(あ)う 사귀다, 교제하다
□ 動作(どうさ) 동작
□ 平気(へいき)な 아무렇지 않은, 걱정 없는, 태연한
□ めんどうくさい 귀찮다

2022

□ 追(お)い越(こ)す 추월하다
□ 渇(かわ)く 목마르다, 갈증나다
□ 希望(きぼう) 희망
□ キャンセル 캔슬, 취소
□ 偶然(ぐうぜん) 우연
□ 悔(くや)しい 분하다
□ 資源(しげん) 자원
□ しみ 얼룩
□ 親戚(しんせき) 친척
□ ずきずき 따끔따끔, 욱신욱신
□ 叩(たた)く 치다, 때리다
□ 登場(とうじょう) 등장
□ どきどき 두근두근
□ 話(はな)し合(あ)う 서로 이야기하다
□ ぴったり 꼭 맞는 모양, 꼭, 딱
□ 防(ふせ)ぐ 막다, 방지하다
□ 別々(べつべつ) 따로따로, 각자
□ ほえる 짖다
□ 干(ほ)す 말리다
□ 迷(まよ)う 헤매다, 망설이다
□ むく (껍질을) 벗기다
□ レシピ 레시피, 조리법

2021

□ 当(あ)たる 맞다, 적중하다
□ 意志(いし) 의지
□ 延期(えんき) 연기

- □ お疲(つか)れさま 수고했어요(인사말)
- □ かれる 시들다
- □ 訓練(くんれん) 훈련
- □ 効果(こうか) 효과
- □ この間(あいだ) 요전, 일전
- □ 材料(ざいりょう) 재료
- □ ～者(しゃ) ~자, ~하는 사람
- □ 渋滞(じゅうたい) 정체, 교통 체증
- □ セット 세트
- □ チャレンジ 챌린지, 도전
- □ 土地(とち) 토지
- □ なるべく 되도록, 가능한 한
- □ ばらばら 제각기 다른 모양, 뿔뿔이
- □ ペラペラ 술술, 줄줄
- □ 報告(ほうこく) 보고
- □ 身(み)につける 몸에 익히다
- □ 無駄(むだ) 쓸데없음, 낭비
- □ もったいない 아깝다
- □ 翌日(よくじつ) 다음날, 이튿날

2020

- □ あくび 하품
- □ 囲(かこ)まれる 둘러싸이다
- □ 希望(きぼう) 희망
- □ 偶然(ぐうぜん) 우연, 우연히
- □ 登場(とうじょう) 등장
- □ 配達(はいたつ) 배달
- □ 比較(ひかく) 비교
- □ 引(ひ)き受(う)ける 맡다, 떠맡다
- □ ぴったり 꼭 들어맞는 모양, 딱
- □ 文句(もんく) 불평, 불만
- □ ユーモア 유머, 익살맞음

2019

- □ うろうろ 우왕좌왕, 어슬렁어슬렁
- □ 間隔(かんかく) 간격
- □ 芸術(げいじゅつ) 예술
- □ さっそく 즉시, 곧
- □ 締(し)め切(き)り 마감
- □ 事情(じじょう) 사정
- □ 親(した)しい 친하다, 친밀하다
- □ しまう (서랍 등에) 넣다, (가게 등을) 닫다
- □ 就職(しゅうしょく) 취직, 취업

問題 3 문맥 규정 기출 어휘

□ 集中(しゅうちゅう) 집중	□ 冗談(じょうだん) 농담	□ 信(しん)じる 믿다
□ 清潔(せいけつ) 청결	□ 積極的(せっきょくてき)な 적극적인	□ 通訳(つうやく) 통역
□ デザイン 디자인	□ どきどき 두근두근	□ とける 녹다
□ 突然(とつぜん) 돌연, 갑자기	□ 取(と)り消(け)す 취소하다	□ ノック 노크
□ 面倒(めんどう)くさい 귀찮다, 성가시다		

2018

□ あふれる 넘치다	□ 意外(いがい)に 의외로	□ うっかり 깜빡, 무심코
□ エネルギー 에너지	□ 重(かさ)ねる 겹치다, 포개다	□ 乾燥(かんそう) 건조
□ 期待(きたい) 기대	□ きつい 심하다, 헐렁하지 않고 꼭 끼다	□ 偶然(ぐうぜん) 우연히, 뜻밖에
□ 経営(けいえい) 경영	□ 原料(げんりょう) 원료	□ しっかり 확실히, 똑똑히
□ 自動的(じどうてき) 자동적	□ しぼる (물기를) 짜다, (범위를) 좁히다	□ 制限(せいげん) 제한
□ 想像(そうぞう) 상상	□ バケツ 양동이	□ 発展(はってん) 발전
□ 交(ま)ざる 섞이다	□ 待(ま)ち合(あ)わせる 약속을 정해 만나다	□ 迷(まよ)う 헤매다, 망설이다
□ 目標(もくひょう) 목표		

2017

□ 応募(おうぼ) 응모	□ 落(お)ち着(つ)く 안정되다, 진정되다	□ 解決(かいけつ) 해결
□ 確実(かくじつ)だ 확실하다	□ 完成(かんせい) 완성	□ 苦(くる)しい 괴롭다, 답답하다
□ 染(し)み 얼룩	□ 申請(しんせい) 신청	□ ずいぶん 몹시, 대단히
□ 正常(せいじょう)に 정상적으로	□ 底(そこ) 바닥	□ そっくり 꼭 닮은 모양
□ そっと 살짝, 가만히	□ 登場(とうじょう) 등장	□ 比較(ひかく) 비교
□ ふく 닦다	□ 平均(へいきん) 평균	□ マナー 매너, 예의
□ 目的(もくてき) 목적	□ 床(ゆか) 바닥	□ 呼(よ)びかける 호소하다
□ 列(れつ) 열, 줄		

2016

□ アドバイス 어드바이스, 조언, 충고	□ イメージ 이미지	□ うっかり 깜빡, 무심코
□ うわさ 소문	□ 偉(えら)い 위대하다, 훌륭하다, 장하다	□ 惜(お)しい 아깝다
□ 囲(かこ)む 둘러싸다, 에워싸다	□ 傷(きず) 상처	□ 検査(けんさ) 검사
□ 断(ことわ)る 거절하다	□ 作物(さくもつ) 작물, 농작물	□ 自信(じしん) 자신, 자신감
□ 沈(しず)む 가라앉다	□ 姿勢(しせい) 자세	□ 確(たし)かめる 확인하다
□ 頼(たよ)る 의지하다	□ チャレンジ 챌린지, 도전	□ 特徴(とくちょう) 특징

問題 3 문맥 규정 기출 어휘

- ☐ 内緒(ないしょ) 비밀
- ☐ ふらふら 흔들흔들, 비틀비틀
- ☐ 許(ゆる)す 용서하다
- ☐ 流行(りゅうこう)する 유행하다

2015

- ☐ 編(あ)む 엮다, 뜨다
- ☐ 栄養(えいよう) 영양
- ☐ 演奏(えんそう) 연주
- ☐ 香(かお)り 향기
- ☐ 隠(かく)す 감추다, 숨기다
- ☐ 観察(かんさつ) 관찰
- ☐ キャンセル 캔슬, 취소
- ☐ 興味(きょうみ) 흥미, 관심
- ☐ 盛(さか)ん 번성함, 왕성함
- ☐ 順番(じゅんばん) 순번, 차례
- ☐ そっくり 꼭 닮은 모양
- ☐ 代表的(だいひょうてき) 대표적
- ☐ 戦(たたか)う 싸우다
- ☐ 発表(はっぴょう) 발표
- ☐ ぴったり 꼭 들어맞는 모양, 딱
- ☐ 防(ふせ)ぐ 막다, 지키다
- ☐ 守(まも)る 지키다
- ☐ 文句(もんく) 불평, 불만
- ☐ 破(やぶ)れる 찢어지다, 깨지다
- ☐ リサイクル 리사이클, 재활용
- ☐ 料金(りょうきん) 요금
- ☐ 割合(わりあい) 비율

2014

- ☐ 飽(あ)きる 싫증나다, 질리다
- ☐ 印象(いんしょう) 인상
- ☐ お祝(いわ)い 축하, 축하 선물
- ☐ 我慢(がまん) 참음, 인내
- ☐ 間隔(かんかく) 간격
- ☐ 記念(きねん) 기념
- ☐ くせ 버릇, 습관
- ☐ 悔(くや)しい 분하다
- ☐ 合成(ごうせい) 합성

☐ 覚(さ)める 잠이 깨다, 눈이 떠지다
☐ 資源(しげん) 자원
☐ 積極的(せっきょくてき) 적극적
☐ テーマ 테마, 주제
☐ 当日(とうじつ) 당일
☐ パンフレット 팸플릿, 소책자
☐ ぶつかる 부딪치다, 충돌하다
☐ ふらふら 휘청휘청, 비틀비틀
☐ ～料(りょう) ～료(비용)
☐ 分(わ)ける 나누다

2013

☐ うわさ 소문
☐ 追(お)いつく 따라잡다, 따라붙다
☐ おかしい 이상하다
☐ おぼれる (물에) 빠지다
☐ 主(おも)に 주로
☐ かわく 마르다, 건조하다
☐ 交換(こうかん) 교환
☐ 材料(ざいりょう) 재료
☐ 自慢(じまん) 자랑
☐ 渋滞(じゅうたい) 정체, 교통 체증
☐ たたむ 접다, (빨래를) 개다
☐ たつ (시간이) 지나다, 경과하다
☐ 調子(ちょうし) 상태, 컨디션
☐ とじる (눈을) 감다, 덮다
☐ 突然(とつぜん) 돌연, 갑자기
☐ なるべく 되도록, 가능한 한
☐ 引(ひ)き受(う)ける 맡다, 떠맡다
☐ 不安(ふあん) 불안
☐ 物価(ぶっか) 물가
☐ 別々(べつべつ) 따로따로, 제각기
☐ ゆるい 느슨하다, 헐겁다
☐ リサイクル 리사이클, 재활용

2012

☐ 意志(いし) 의지
☐ 応援(おうえん) 응원
☐ 起(お)きる 일어나다

□ 外食(がいしょく) 외식	□ 片方(かたほう) 한쪽, 한편	□ がっかり 실망 · 낙심하는 모양
□ カバー 커버, 덮개	□ 枯(か)れる 마르다, 시들다	□ 期待(きたい) 기대
□ 差(さ) 차, 차이	□ しつこい 집요하다, 끈질기다	□ 自動的(じどうてき)に 자동적으로
□ セットする 조절하다, 맞추다	□ 想像(そうぞう) 상상	□ 代金(だいきん) 대금
□ 流(なが)れ 흐름	□ 懐(なつ)かしい 그립다, 반갑다	□ 伸(の)ばす 펴다, 키우다, 늘리다
□ ヒント 힌트	□ 振(ふ)る 흔들다	□ むく (껍질을) 벗기다, 까다
□ 別(わか)れる 헤어지다		

2011

□ アメリカ産(さん) 미국산	□ 合(あ)わせる 맞추다	□ インタビュー 인터뷰
□ 影響(えいきょう) 영향	□ カーブ 커브	□ かかる (병에) 걸리다
□ からから 물기가 마른 모양, 바싹	□ さっそく 즉시	□ しっかり 확실히, 똑똑히
□ 主張(しゅちょう) 주장	□ 出張(しゅっちょう) 출장	□ 清潔(せいけつ)だ 청결하다
□ 整理(せいり) 정리	□ 前後(ぜんご) 전후, 안팎, 내외	□ ためる 모으다
□ 複雑(ふくざつ)だ 복잡하다	□ 不満(ふまん) 불만	□ ぶらぶら 어슬렁어슬렁, 빈둥빈둥
□ 申込書(もうしこみしょ) 신청서	□ 文句(もんく) 불평, 불만	□ 両替(りょうがえ) 환전
□ 流(なが)れる 흐르다		

2010

□ 扱う(あつか) 다루다, 취급하다	□ あわ 거품	□ うっかり 무심코, 깜빡
□ カタログ 카탈로그, 상품 목록	□ 感じ(かん) 느낌, 기분	□ 感動(かんどう) 감동
□ 希望(きぼう) 희망	□ キャンセル 캔슬, 취소	□ 最新(さいしん) 최신
□ しばらく 잠깐, 당분간	□ しばる 묶다, 매다	□ しまう 간수하다, 치우다
□ 全(ぜん)～ 전(전체)～	□ 体力(たいりょく) 체력	□ どきどき 두근두근
□ ノック 노크	□ 早(はや)めに 일찌감치, 빨리	□ 半日(はんにち) 반일, 한나절
□ 東向(ひがしむ)き 동향	□ 迷(まよ)う 헤매다, 길을 잃다	□ 家賃(やちん) 집세
□ 立派(りっぱ)だ 훌륭하다		

問題 3 문맥 규정 연습문제 ①

해설편 16p

問題 3 (　　　　)に入れるのに最もよいものを、1・2・3・4から一つえらびなさい。

1 突然の雨にあわててしまって(　　　　)他の人のかさを持ってきた。

1 そっくり　　2 ちょっぴり　　3 ぴったり　　4 うっかり

2 疲れましたね。お茶でも(　　　　)。

1 注ぎましょうか　　2 作りましょうか

3 かけましょうか　　4 入れましょうか

3 子どもたちはいつもこづかいが少ないと(　　　　)に思っている。

1 当然　　2 不安　　3 面倒　　4 不満

4 休みの日は何もしないで(　　　　)していることが多い。

1 ぶらぶら　　2 にこにこ　　3 そわそわ　　4 わくわく

5 1万円札を全部千円札に(　　　　)したら、さいふがいっぱいになった。

1 還元　　2 分類　　3 両替　　4 変更

6 バスで行くと目的地まで1時間(　　　　)かかると思います。

1 強弱　　2 前後　　3 左右　　4 上下

7 最近、夜眠れなくて体の(　　　　)がよくない。

1 調子　　2 様子　　3 模様　　4 都合

8 ダイエットしたら服が(　　　　)着られなくなってしまった。

1 にぶくなって　　2 かたくなって　　3 ゆるくなって　　4 ふとくなって

9 肉の料理は大好きだが、それでも毎日続くと(　　　　)しまう。

1 くさって　　2 かわって　　3 たおれて　　4 あきて

10 友だちの結婚祝いはデパートの(　　　　)から選んだ。

1 レシート　　2 メニュー　　3 パンフレット　　4 パッケージ

問題 3 문맥 규정 연습문제 ②

해설편 18p

問題 3 (　　　　)に入れるのに最も よいものを、1・2・3・4から一つえらびなさい。

1 今年の(　　　　)は運転免許を取って、家族でドライブをすることです。

1 方向　　2 目標　　3 予想　　4 方針

2 朝6時に起きるように時計をセットしたのに目が(　　　　)8時だった。

1 覚めたら　　2 明けたら　　3 開いたら　　4 離れたら

3 小さい時、母がマフラーを(　　　　)くれたのがうれしくて毎日まいて遊びに行った。

1 つけて　　2 きせて　　3 くんで　　4 あんで

4 喫煙席でも子どもがいる場所ではタバコをご(　　　　)ください。

1 心配　　2 遠慮　　3 我慢　　4 交換

5 会社の面接のときにどんなことに気をつけるか、先輩として(　　　　)した。

1 レポート　　2 メッセージ　　3 アドバイス　　4 チェックイン

6 田中(たなか)さんが料理が(　　　　)のは、小さいときからお母さんを手伝ってきたからだそうだ。

1 えらい　　2 うまい　　3 やわらかい　　4 もったいない

7 冬は午後5時ごろになると日が(　　　　)しまう。

1 しまって　　2 おりて　　3 しずんで　　4 さがって

8 アルバイトしていることは親に(　　　　)にしてある。

1 無名　　2 秘密　　3 承知　　4 禁止

9 子犬たちの中に一匹のねこが(　　　　)いたが、仲間のように仲良く遊んでいた。

1 重なって　　2 従って　　3 つながって　　4 交ざって

10 若い人の中でも自分の考えをはっきり(　　　　)する人は多くない。

1 主張　　2 保存　　3 発音　　4 自慢

4; 問題 4 유의 표현

문제 유형

문제에서 주어진 어휘와 서로 바꿔 쓸 수 있는 유의 표현을 찾는 문제이다. 단어의 올바른 쓰임과 뉘앙스에 관한 이해가 필요하므로, 단순 암기가 아닌 단어를 전체 문장 속에서 이해하는 연습과 유의어와 반의어를 함께 묶어 공부하는 습관을 길러 두면 도움이 된다.

예시

問題 4　＿＿＿に意味が最も近いものを、1・2・3・4から一つえらびなさい。

26　荷物が<u>ようやく</u>届いた。

1 すぐに　　2 やっと　　3 全部　　4 一部

26	① ● ③ ④

문제 풀이 포인트

문제에서는 주로 딱딱한 문어체의 말이 나오고 선택지에는 뜻이 유사한 쉬운 단어나 주어진 단어의 의미를 쉽게 풀어 쓴 짧은 문장이 나온다.

예시 문제를 보면, 「ようやく」는 '겨우, 간신히'라는 뜻이다. 따라서 같은 의미의 부사인 선택지 2번 「やっと 겨우, 가까스로」가 정답이다.

이처럼 문제에서 주어진 단어에 선택지의 단어를 바꿔 넣어도 의미가 같거나 크게 달라지지 않는 어휘를 찾아야 한다.

問題 4 유의 표현 출제 예상 어휘

학습 포인트

유의 표현 파트에서는 새로운 단어가 나오기보다 한자 읽기, 표기, 단어 형성, 문맥 규정에서 정리한 어휘가 활용되어 나오므로 앞 파트의 어휘를 충분히 익히고 학습에 들어가기를 추천한다. 또한 기출 어휘가 다른 형태로 활용되어 반복적으로 나오는 경향이 있으니, 기출 어휘를 반드시 확인해야 한다.

1: 명사

□ 案(あん) 안, 사안, 안건, 아이디어	≒	アイデア 아이디어
□ 交際(こうさい) 교제	≒	つきあうこと 사귀는 것
□ 祖父(そふ) 조부, 할아버지	≒	おじいさん 할아버지
□ チェック 체크, 확인	≒	確認(かくにん) 확인
□ プラン 플랜, 계획	≒	計画(けいかく) 계획

2: 동사

□ お目(め)にかかる 만나 뵈다	≒	会(あ)う 만나다
□ 気(き)をつける 주의하다, 조심하다	≒	注意(ちゅうい)する 주의하다
□ 試着(しちゃく)する 시착하다, 입어 보다	≒	着(き)てみる 입어 보다
□ 発(た)つ 떠나다, 출발하다	≒	出発(しゅっぱつ)する 출발하다
□ だまって 잠자코, 아무 말도 하지 않고	≒	何(なに)も言(い)わずに 아무것도 말하지 않고
□ 縮(ちぢ)む 줄어들다, 오그라들다	≒	小(ちい)さくなる 작아지다

□ 伝(つた)える 전하다, 전달하다 ≒ 連絡(れんらく)する 연락하다 / 知(し)らせる 알리다

□ 控(ひか)える 삼가다, 자제하다 ≒ しないようにする 하지 않도록 하다

□ びっくりする 깜짝 놀라다 ≒ 驚(おどろ)く 놀라다

□ ほっとする 안심하다 ≒ 安心(あんしん)する 안심하다

□ 喜(よろこ)ぶ 기뻐하다 ≒ 嬉(うれ)しがる 기뻐하다

3: 형용사

□ 賢(かしこ)い 똑똑하다, 현명하다 ≒ 頭(あたま)がいい 머리가 좋다

□ 騒(さわ)がしい 소란스럽다 ≒ うるさい 시끄럽다

□ 真剣(しんけん)だ 진지하다 ≒ まじめだ 성실하다

□ 退屈(たいくつ)だ 지루하다, 따분하다 ≒ つまらない 재미없다 / くだらない 시시하다

□ 丁寧(ていねい)だ 공손하다, 신중하고 꼼꼼하다 ≒ 親切(しんせつ)だ 친절하다

□ 珍(めずら)しい 드물다, 희귀하다 ≒ あまりない 별로 없다

4: 부사

□ 相変(あいか)わらず 변함없이 ≒ 前(まえ)と同(おな)じで 전과 같이

□ いきなり 갑자기 ≒ 突然(とつぜん) 돌연, 갑자기

□ おそらく 아마도 ≒ たぶん 아마도

□ 必(かなら)ず 반드시 ≒ きっと 꼭, 반드시

□ すべて 전부, 모두	≒	全部(ぜんぶ) 전부
□ なるべく 가능한 한, 되도록	≒	できるだけ 가능한 한
□ 再(ふたた)び 거듭, 재차	≒	もう一度(いちど) 다시 한번
□ まもなく 곧, 머지않아	≒	もうすぐ 곧, 금방

問題 4 유의 표현 기출 어휘

2023

□ 暗記(あんき)する 암기하다	≒	覚(おぼ)える 외우다, 암기하다, 기억하다
□ 欠点(けってん) 결점	≒	よくないところ 좋지 않은 점
□ サイズ 사이즈, 크기	≒	大(おお)きさ 크기
□ 得意(とくい)な 잘 하는, 특기인	≒	とても上手(じょうず)な 매우 실력이 좋은
□ どなる 호통치다, 고함치다	≒	大声(おおごえ)で怒(おこ)る 큰 소리로 화내다

2022

□ あたえる 주다, 부여하다	≒	あげる 주다
□ おい (남자) 조카	≒	妹(いもうと)の息子(むすこ) 여동생의 아들, 남자 조카
□ グラ(ウ)ンド 그라운드, 운동장	≒	運動場(うんどうじょう) 운동장
□ 詳(くわ)しい 자세하다, 상세하다	≒	細(こま)かい 잘다, 미세하다, 상세하다
□ 指定(してい) 지정	≒	決(き)められる 정해지다
□ ずいぶん 대단히, 매우, 몹시	≒	非常(ひじょう)に 상당히, 매우
□ スケジュール 스케줄	≒	予定(よてい) 예정
□ 短気(たんき) 성질이 급함	≒	すぐ怒(おこ)る 바로 화내다
□ 不安(ふあん)だ 불안하다	≒	心配(しんぱい)だ 걱정이다

□ 普段(ふだん) 평소, 항상	≒	いつも 언제나, 늘, 보통 때

2021

□ おしまい 끝, 마지막	≒	おわり 끝, 종료
□ 学校(がっこう)をサボる 학교를 빼먹다, 땡땡이치다	≒	遊(あそ)びたくて学校(がっこう)を休(やす)む 놀고 싶어서 학교를 쉬다
□ 機会(きかい) 기회	≒	チャンス 찬스, 기회
□ きつい 심하다	≒	大変(たいへん)だ 큰일이다, 힘들다
□ さまざまな 다양한	≒	いろいろな 여러 가지의, 다양한
□ 絶対(ぜったい)に 절대로	≒	必(かなら)ず 반드시
□ 退屈(たいくつ)だ 지루하다	≒	つまらない 재미없다, 지루하다
□ 納得(なっとく) 납득	≒	とてもよく分(わ)かる 굉장히 잘 알다
□ 触(ふ)れる 닿다, 접촉하다	≒	触(さわ)る 만지다, 접촉하다
□ 報告(ほうこく)する 보고하다	≒	知(し)らせる 알리다

2020

□ お小遣(こづか)い 용돈	≒	お金(かね) 돈
□ 回収(かいしゅう)する 회수하다	≒	集(あつ)める 모으다

☐ 価格(かかく) 가격 ≒ 値段(ねだん) 가격, 값

☐ めい (여자) 조카 ≒ 兄弟(きょうだい)の娘(むすめ) 형제의 딸

☐ 楽(らく)な 편한 ≒ 簡単(かんたん)な 간단한

2019

☐ おかしな 이상한 ≒ 変(へん)な 이상한

☐ 感謝(かんしゃ) 감사 ≒ お礼(れい) 사례의 말이나 선물

☐ キッチン 키친, 부엌 ≒ 台所(だいどころ) 부엌

☐ 欠点(けってん) 결점 ≒ よくないところ 좋지 않은 점

☐ 済(す)ませる 끝내다, 마치다 ≒ 終(お)わらせる 끝내다, 종료시키다

☐ 整理(せいり)した 정리했다 ≒ 片(かた)づけた 정리했다, 치웠다

☐ そのまま 그대로 ≒ 何(なに)も変(か)えないで 아무 것도 바꾸지 않고

☐ 黙(だま)る 가만히 있다, 잠자코 있다 ≒ 何(なに)も話(はな)さない 아무 말도 하지 않다

☐ 不安(ふあん)な 불안한 ≒ 心配(しんぱい)な 걱정되는

☐ ぺこぺこ 배가 고픈 모양 ≒ すいている 비어 있다, (배가) 고프다

2018

□ 駆(か)けてくる 뛰어오다	≒	走(はし)ってくる 달려오다
□ 指導(しどう)する 지도하다	≒	教(おし)える 가르치다, 알려 주다
□ しゃべる 이야기하다, 수다를 떨다	≒	話(はな)す 이야기하다
□ 手段(しゅだん) 수단	≒	やり方(かた) 하는 방법(수단)
□ 退屈(たいくつ)だ 지루하다	≒	つまらない 시시하다, 재미없다
□ 多少(たしょう) 다소	≒	ちょっと 좀, 조금
□ 団体(だんたい) 단체	≒	グループ 그룹, 집단
□ トレーニング 트레이닝	≒	練習(れんしゅう) 연습
□ ぺらぺら 유창하게, 술술	≒	上手(じょうず)に話(はな)せる 능숙하게 이야기할 수 있다
□ ようやく 겨우, 가까스로	≒	やっと 겨우, 간신히

2017

□ あらゆる 온갖, 모든	≒	全部(ぜんぶ)の 전부, 모든
□ おしまい 끝, 마지막, 마침	≒	終(お)わり 끝, 마지막
□ 逆(ぎゃく) 반대, 거꾸로임	≒	反対(はんたい) 반대
□ 協力(きょうりょく)する 협력하다	≒	手伝(てつだ)う 도와주다, 거들다

問題 4 유의 표현 기출 어휘

□ 信(しん)じる 믿다	≒	本当(ほんとう)だと思(おも)っている 정말이라고 생각하고 있다
□ スケジュール 스케줄	≒	予定(よてい) 예정, 일정
□ 絶対(ぜったい) 절대, 단연코	≒	必(かなら)ず 반드시
□ どなる 고함치다, 호통치다	≒	大声(おおごえ)で怒(おこ)る 큰소리로 화내다
□ まぶしい 눈부시다	≒	明(あか)るすぎる 너무 밝다
□ 約1万円(やくいちまんえん) 약 만 엔	≒	だいたい1万円(いちまんえん) 대략 만 엔

2016

□ あまりました 남았습니다	≒	多(おお)すぎて残(のこ)りました 너무 많아서 남았습니다
□ 延期(えんき)になった 연기되었다	≒	後(あと)の別(べつ)の日(ひ)にやることになった 이후의 다른 날에 하게 되었다
□ 横断禁止(おうだんきんし) 횡단 금지	≒	渡(わた)ってはいけない 건너서는 안 되다
□ 輝(かがや)いている 빛나고 있다	≒	光(ひか)っている 빛나고 있다
□ がっかりした 실망했다	≒	残念(ざんねん)だと思(おも)った 유감이라고 생각했다
□ 決(き)まり 규칙, 규정	≒	規則(きそく) 규칙
□ 当然(とうぜん) 당연	≒	もちろん 물론
□ 不安(ふあん)だ 불안하다	≒	心配(しんぱい)だ 걱정이다
□ まったく 전혀, 완전히	≒	全然(ぜんぜん) 전연, 전혀

□ 学(まな)んでいる 배우고 있다 ≒ 勉強(べんきょう)している 공부하고 있다

2015

□ 相変(あいか)わらず 변함없이 ≒ 前(まえ)と同(おな)じで 전과 같이

□ 疑(うたが)っている 의심하고 있다 ≒ 本当(ほんとう)ではないと思(おも)っている 사실이 아니라고 생각하고 있다

□ 機会(きかい) 기회 ≒ チャンス 찬스, 기회

□ 次第(しだい)に 차츰, 점차 ≒ 少(すこ)しずつ 조금씩

□ 手段(しゅだん) 수단 ≒ やり方(かた) 하는 법, 하는 방법

□ すべて 전부, 모두 ≒ 全部(ぜんぶ) 전부

□ だまって 입을 다물고 ≒ 何(なに)も言(い)わずに 아무 말도 하지 않고

□ 短気(たんき) 성미가 급함 ≒ すぐ怒(おこ)る 바로 화내다

□ 得意(とくい) 득의, 잘 함, 숙련됨 ≒ 上手(じょうず)にできる 능숙하게 할 수 있다

□ 配達(はいたつ)してもらった 배달받았다 ≒ 届(とど)けてもらった 배달받았다

2014

□ あわてる 당황하다, 황급히 굴다 ≒ 急(いそ)ぐ 서두르다

□ 案(あん) 안, 의견 ≒ アイデア 아이디어, 의견

問題 4 유의 표현 기출 어휘

□ おかしな 이상한, 우스운 ≒ 変(へん)な 이상한

□ カーブしている 구부러져 있다 ≒ 曲(ま)がっている 구부러져 있다

□ きつい 심하다, 엄하다 ≒ 大変(たいへん)だ 힘들다

□ くたびれる 기진맥진하다, 녹초가 되어 뻗다 ≒ 疲(つか)れる 지치다, 피로해지다

□ さっき 아까, 조금 전 ≒ 少(すこ)し前(まえ) 조금 전

□ 指導(しどう)する 지도하다 ≒ 教(おし)える 가르치다, 알려 주다

□ 経(た)つ 지나다, 경과하다 ≒ 過(す)ぎる 지나다

□ 約(やく) 약 ≒ だいたい 대략, 대개

2013

□ 位置(いち) 위치 ≒ 場所(ばしょ) 장소

□ 売(う)り切(き)れだ 품절이다, 매진이다 ≒ すべて売(う)れた 전부 팔렸다

□ 回収(かいしゅう)する 회수하다, 거두다 ≒ 集(あつ)める 모으다

□ キッチン 부엌, 주방 ≒ 台所(だいどころ) 부엌

□ この頃(ごろ) 요즈음 ≒ 最近(さいきん) 최근, 요즘

□ サイズ 사이즈, 크기 ≒ 大(おお)きさ 크기

□ しゃべる 이야기하다, 수다를 떨다 ≒ 話(はな)す 이야기하다

□ 確(たし)かめる 확인하다 ≒ チェックする 체크하다, 확인하다

□ 注文(ちゅうもん)する 주문하다 ≒ 頼(たの)む 부탁하다

□ わけ 이유, 원인 ≒ 理由(りゆう) 이유

2012

□ あきらめる 포기하다, 체념하다 ≒ やめる 그만두다

□ うばう 빼앗다 ≒ 取(と)る 잡다, 취하다, 빼앗다

□ 気(き)に入(い)る 마음에 들다 ≒ 好(す)きになる 좋아지다

□ 共通点(きょうつうてん) 공통점 ≒ 同(おな)じところ 같은 점

□ 整理(せいり)する 정리하다 ≒ 片付(かたづ)ける 정리하다, 치우다

□ 絶対(ぜったい)に 반드시, 꼭 ≒ 必(かなら)ず 반드시

□ そっと 살짝, 가만히 ≒ 静(しず)かに 조용히

□ ないしょにして 비밀로 하여 ≒ だれにも話(はな)さないで 아무에게도 말하지 않고

□ 年中(ねんじゅう) 연중, 일년 내내, 언제나, 늘 ≒ いつも 항상

□ まぶしい 눈부시다 ≒ 明(あか)るすぎる 너무 밝다

問題4 유의 표현 기출 어휘

2011

□ 恐(おそ)ろしい 두렵다, 무섭다	≒	怖(こわ)い 무섭다
□ 欠点(けってん) 결점, 단점	≒	悪(わる)いところ 나쁜 점
□ さっき 아까	≒	少(すこ)し前(まえ)に 조금 전에
□ スケジュール 스케줄	≒	予定(よてい) 예정
□ 通勤(つうきん)する 통근하다	≒	仕事(しごと)に行(い)く 일하러 가다
□ 減(へ)る 줄어들다	≒	少(すく)なくなる 적어지다
□ やり直(なお)す 다시 하다	≒	もう一度(いちど)やる 한번 더 하다
□ 翌年(よくとし) 이듬해(翌年(よくねん)이라고도 함)	≒	次(つぎ)の年(とし) 다음 해
□ 楽(らく)だ 편하다	≒	簡単(かんたん)だ 간단하다
□ わけ 이유, 원인	≒	理由(りゆう) 이유

2010

□ 明(あ)ける 날이 밝다, 끝나다	≒	終(お)わる 끝나다, 마치다
□ 覚(おぼ)える 기억하다, 외우다, 느끼다	≒	暗記(あんき)する 암기하다
□ きつい 고되다, 심하다	≒	大変(たいへん)だ 힘들다
□ 決(き)まり 규칙, 규정	≒	規則(きそく) 규칙

□ くたびれる 기진맥진하다, 녹초가 되어 뻗다 ≒ 疲(つか)れる 지치다, 피로해지다

□ 混雑(こんざつ)する 혼잡하다 ≒ 客(きゃく)がたくさんいる 손님이 많이 있다

□ たまる 모이다, 쌓이다 ≒ 残(のこ)る 남다

□ 短気(たんき)だ 성미가 급하다 ≒ すぐ怒(おこ)る 바로 화내다

□ 単純(たんじゅん)だ 단순하다 ≒ 分(わ)かりやすい 알기 쉽다

□ 孫(まご) 손자 ≒ 娘(むすめ)の息子(むすこ) 딸의 아들

問題 4 유의 표현 연습문제 ①

해설편 21p

問題 4 ＿＿＿に意味が最も近いものを、1・2・3・4から一つえらびなさい。

1 これを全部、5時までに終わらせるのはきつい。

1 ふとい　2 ひどい　3 たいへんだ　4 じゅうぶんだ

2 一日中、外を歩き回ってくたびれました。

1 おわりました　2 つかれました　3 よごれました　4 たおしました

3 町内に大型スーパーができてから、小さいスーパーに行く人がへったようだ。

1 いなくなった　2 弱くなった　3 多くなった　4 少なくなった

4 遅れて来た人がいたので練習をやりなおした。

1 できなかった　2 さいごだけなおした
3 もういちどやった　4 はじめだけなおした

5 夏休みが明けたときに学校に行きたがらない子どもが増える。

1 つづいた　2 おわった　3 はじまった　4 のこった

6 プリントに間違いがあったので回収した。

1 捨てた　2 直した　3 知らせた　4 集めた

7 注文した本がさっき届きました。

1 少し前に　2 ずいぶん前に　3 少し後に　4 ずいぶん後に

8 ３つの案から選びます。

1 コース　2 メニュー　3 タイプ　4 アイデア

9 ここには自分が得意なことについて書いてください。

1 よく知っている　2 やってみたい　3 上手にできる　4 一番好きな

10 田中(たなか)さんの話はいつも長くてたいくつだ。

1 たいへんだ　2 つまらない　3 親切だ　4 くわしい

問題 4 유의 표현 연습문제 ②

해설편 23p

問題 4 ＿＿＿に意味が最も近いものを、1・2・3・4から一つえらびなさい。

1 そんなきまりがあることは知らなかった。

1 割引　　2 予定　　3 規則　　4 目的

2 指がインクで汚れてしまいました。

1 うすくなって　　2 きたなくなって　　3 ぬれて　　4 つめたくなって

3 今日のコンサートが延期になったことをお知らせします。

1 今日より後にすることになった　　2 予定より遅い時間にすることになった

3 もうやらないことになった　　4 もう一度やることになった

4 このお皿、台所にはこんでください。

1 洗って　　2 並べて　　3 捨てて　　4 持って行って

5 まだ使えるのにもったいないから捨てなかった。

1 かわいそうだ　　2 めずらしい　　3 ひつようだ　　4 おしい

6 お茶の作法は簡単ではない。

1 マナー　　2 ムード　　3 タイプ　　4 コンディション

7 大人気のいちごケーキを買いに行ったが売り切れだった。

1 全部売れた　　2 少しも売れなかった

3 よく売れるようになった　　4 あまり売れなかった

8 手続きがめんどうで、いやになった。

1 地味で　　2 下手で　　3 危険で　　4 複雑で

9 誰かがどなる声が聞こえる。

1 大声で笑う　　2 大声で怒る　　3 静かに笑う　　4 静かに泣く

10 人は誰でも長所を持っている。

1 足りない点　　2 悪い点　　3 好きな点　　4 よい点

5: 問題 5 용법

문제 유형

문제에서 제시한 단어를 가장 올바르게 사용한 문장을 찾는 문제이다.

예시

問題 5　つぎのことばの使い方として最もよいものを、1・2・3・4から一つえらびなさい。

31　連絡

1 田中さんから<u>連絡</u>した話によると、明日は寒いそうだ。

2 来週、会いたいと妹に<u>連絡</u>を書きました。

3 10年ぶりに、友だちから<u>連絡</u>があった。

4 彼女は、よく手紙をくれる<u>連絡</u>な人です。

31	① ② ● ④

문제 풀이 포인트

용법 파트에서는 제시된 단어가 맥락에 맞게 사용되었는지를 묻기 때문에 단어의 의미만을 단순히 암기하는 방식으로는 문제를 풀기 어렵다.

예시 문제를 보면, 「連絡(れんらく) 연락」이 문맥에 맞게 들어간 문장은 선택지 3번의 '10년만에 친구로부터 연락이 있었다(友(とも)だちから連絡(れんらく)があった)'이다. 2번은 「手紙(てがみ) 편지」가 들어가야 하며, 1번의 「連絡(れんらく)した」는 「聞(き)いた 들었다」가, 4번의 「連絡(れんらく)な」는 「やさしい 다정한, 상냥한」가 되어야 자연스럽다.

이처럼 우리말과 다르게 사용되는 특정 어휘나 의성어·의태어를 포함한 다양한 부사 등이 사용된 문장을 통째로 암기하여 전후 문맥 및 호응 관계의 뉘앙스를 자연스럽게 익히도록 해야 한다.

용법 출제 예상 어휘

학습 포인트

용법 파트는 단어의 올바른 쓰임을 묻는 문제이다. 출제 예상 어휘는 수험생들이 틀리기 쉬운 어휘를 중심으로 정리했다.

1: 명사

☐ アイデア 아이디어, 생각, 착상

☐ 解決(かいけつ) 해결

☐ 感想(かんそう) 감상

☐ 具合(ぐあい) 몸 상태, 컨디션

☐ 集合(しゅうごう) 집합

☐ 常識(じょうしき) 상식

☐ スイッチ 스위치

☐ スピーチ 스피치, 연설

☐ 贅沢(ぜいたく) 사치

☐ せりふ 대사

☐ 送料(そうりょう) 송료, 배송비

☐ チャンス 찬스, 기회

☐ 長所(ちょうしょ) 장점

☐ つきあたり 막다른 곳

☐ バランス 밸런스, 균형

☐ 皮肉(ひにく) 빈정거림, 비꼼

☐ 評判(ひょうばん) 평판

☐ 迷子(まいご) 미아

☐ 応対(おうたい) 응대, 대응

☐ 開始(かいし) 개시

☐ 完了(かんりょう) 완료

☐ したく 준비, 채비

☐ 寿命(じゅみょう) 수명

☐ 上達(じょうたつ) 향상, 숙달

☐ ステージ 스테이지, 무대

☐ スピード 스피드, 속도

☐ ゼミ 세미나

☐ 専攻(せんこう) 전공

☐ 楽(たの)しみ 기대, 즐거움

☐ 中止(ちゅうし) 중지

☐ 付(つ)き合(あ)い 교제, 사귐

☐ 特殊(とくしゅ) 특수

☐ 反省(はんせい) 반성

☐ 費用(ひよう) 비용

☐ ブレーキ 브레이크, 제동

☐ 見舞(みま)い 병문안

問題 5 용법 출제 예상 어휘

- □ 無断(むだん) 무단
- □ レベル 레벨, 수준
- □ 割引(わりびき) 할인
- □ 模様(もよう) 모양
- □ 割合(わりあい) 비율

2: 동사

- □ 預(あず)ける 맡기다
- □ 誤(あやま)る 실수하다, 잘못하다
- □ 受(う)け取(と)る 받다, 수령하다
- □ 写(うつ)す 베끼다, 찍다
- □ 繰(く)り返(かえ)す 반복하다
- □ 壊(こわ)す 부수다, 망가뜨리다
- □ 支払(しはら)う 지불하다
- □ 育(そだ)てる 기르다, 양육하다
- □ 揃(そろ)える 갖추다, 가지런히 하다
- □ 試(ため)す 시험하다
- □ 捕(つか)まえる 잡다, 붙잡다
- □ 問(と)い合(あ)わせる 문의하다
- □ なれる 익숙해지다
- □ 測(はか)る (길이 · 거리 · 무게 등을) 재다, 측정하다
- □ 見(み)つかる 들키다, 발견되다
- □ 用(もち)いる 쓰다, 사용하다
- □ 雇(やと)う 고용하다
- □ 甘(あま)やかす 어리광을 받아주다, 응석 부리게 하다
- □ 謝(あやま)る 사과하다, 사죄하다
- □ 失(うしな)う 잃어버리다
- □ くっつける 붙이다
- □ 加(くわ)える 더하다, 보태다
- □ 触(さわ)る 닿다, 건드리다, 만지다
- □ すすめる 권하다, 추천하다
- □ 備(そな)える 갖추다, 구비하다
- □ 達(たっ)する 이루다, 도달하다
- □ 縮(ちぢ)む 줄어들다, 오그라들다
- □ つなぐ 잇다, 연결하다
- □ 取(と)り消(け)す 취소하다
- □ 除(のぞ)く 제외하다
- □ 間違(まちが)える 틀리다, 실수하다
- □ もうかる 돈벌이가 되다, 이윤이 남다, 득이 되다
- □ 役(やく)に立(た)つ 도움이 되다
- □ 敗(やぶ)れる 지다, 패배하다

□ よせる 밀려오다, 옆에 바싹 붙이다, 의지하다

□ 呼(よ)びかける 호소하다

□ 沸(わ)かす 끓이다, 데우다

3: 형용사

□ あきらかだ 명백하다, 분명하다

□ 浅(あさ)い 얕다, 깊지 않다

□ あつかましい 뻔뻔하다, 철면피이다

□ あわただしい 어수선하다, 분주하다

□ かわいそうだ 불쌍하다, 가엾다, 딱하다

□ きつい 빡빡하다, 심하다, 강하다

□ 厳(きび)しい 엄하다, 혹독하다

□ けちだ 인색하다, 구두쇠이다

□ 適当(てきとう)だ 적당하다, 요령이 좋다

□ とんでもない 당치도 않다, 터무니없다

□ のろい 느리다, 둔하다

□ 派手(はで)だ 화려하다, 호화롭다

□ ひとしい 같다, 동등하다

□ 平凡(へいぼん)だ 평범하다

□ 蒸(む)し暑(あつ)い 무덥다

□ 無駄(むだ)だ 쓸모없다, 소용없다

□ 夢中(むちゅう)だ 열중하다

□ もったいない 아깝다

□ 柔(やわ)らかい 부드럽다, 포근하다

□ 楽(らく)だ 편하다, 편안하다, 쉽다

4: 부사

□ あいにく 공교롭게도, 마침

□ いつの間(ま)にか 어느새, 어느샌가

□ がっかり 실망하거나 낙담하는 모양

□ ぐっすり 깊이 잠든 모양

□ 結局(けっきょく) 결국

□ しっかり 단단히, 꽉, 똑똑히, 견고히

□ せめて 적어도

□ そっと 몰래, 살짝

□ たいてい 대개, 대체로, 대략

□ とうとう 드디어, 마침내

問題 5 용법 출제 예상 어휘

- □ どんどん 점점, 계속, 끊이지 않고 잇따르는 모양
- □ なんとか 어떻게든
- □ はきはき 시원시원, 활발하고 똑똑한 모양
- □ ぴったり 꼭, 딱, 딱 맞아떨어지는 모양
- □ ぶつぶつ 투덜투덜
- □ めったに ～ない 좀처럼 ～하지 않다
- □ わりあいに 비교적

問題 5 용법 기출 어휘

2023

- □ 交流(こうりゅう) 교류
- □ 渋滞(じゅうたい) 정체
- □ 進歩(しんぽ) 진보
- □ にこにこ 생긋생긋, 싱글벙글
- □ 話(はな)しかける 말을 걸다

2022

- □ 諦(あきら)める 포기하다
- □ 異常(いじょう) 이상, 비정상
- □ 重(かさ)なる 겹치다, 중복되다
- □ 原料(げんりょう) 원료
- □ 盛(さか)ん 번성함, 성행함
- □ 参加(さんか) 참가
- □ 整理(せいり) 정리
- □ 抱(だ)く 안다
- □ 通(とお)りすぎる 지나가다, 지나치다
- □ 発展(はってん) 발전

2021

- □ 新(あたら)しい 새롭다
- □ 追(お)い抜(ぬ)く 앞지르다, 추월하다
- □ オーバー 오버, 과장됨
- □ 欠点(けってん) 결점
- □ 支給(しきゅう) 지급
- □ 集合(しゅうごう) 집합
- □ だるい 나른하다, 지루하다
- □ 中古(ちゅうこ) 중고
- □ 詰(つ)める 채우다, (간격을) 좁히다
- □ 見本(みほん) 견본

問題 5 용법 기출 어휘

2020

- □ 栄養(えいよう) 영양
- □ 気(き)づく 깨닫다, 눈치를 채다
- □ 滞在(たいざい) 체재, 체류
- □ ふらふら 흔들흔들, 비틀비틀
- □ 割引(わりびき) 할인

2019

- □ お互(たが)いに 서로, 상호간에
- □ 落(お)ち着(つ)く 안정되다, 진정되다
- □ かき混(ま)ぜる 휘젓다, 뒤섞다
- □ 健康(けんこう) 건강
- □ 参加(さんか) 참가
- □ 中旬(ちゅうじゅん) 중순
- □ 発生(はっせい) 발생
- □ 報告(ほうこく) 보고
- □ ほえる 짖다, 으르렁거리다
- □ 満員(まんいん) 만원(인원이 다 참)

2018

- □ 埋(う)める 묻다, 메우다, 벌충하다
- □ 延期(えんき) 연기(뒤로 미룸)
- □ 追(お)いつく 따라잡다, (수준에) 달하다
- □ 活動(かつどう) 활동
- □ 距離(きょり) 거리
- □ 区別(くべつ) 구별
- □ 建築(けんちく) 건축
- □ 盛(さか)ん 번성함, 왕성함
- □ 重大(じゅうだい)な 중대한
- □ 知(し)り合(あ)う 서로 알다

2017

- □ 受(う)け取(と)る 받다, 수령하다, 수취하다
- □ かれる 시들다
- □ 減少(げんしょう) 감소

□ 断る(ことわ) 거절하다	□ 滞在(たいざい) 체재, 체류	□ 中古(ちゅうこ) 중고
□ どきどき 두근두근	□ 引き受ける(ひきうける) 맡다, 떠맡다	□ 分類(ぶんるい) 분류
□ 身につける(み) (기술 등을) 습득하다		

2016

□ 空(から) 비어 있음	□ 急に(きゅう) 갑자기	□ 出張(しゅっちょう) 출장
□ 消費(しょうひ) 소비	□ 性格(せいかく) 성격	□ 慰める(なぐさ) 위로하다, 달래다
□ 似合う(にあ) 어울리다	□ 沸騰(ふっとう) 비등, (액체가) 끓어 오름	□ 募集(ぼしゅう) 모집
□ 曲げる(ま) 구부리다, 굽히다		

2015

□ 預ける(あず) 맡기다	□ 移動(いどう) 이동	□ 親しい(した) 친하다
□ 締め切り(しき) 마감	□ 渋滞(じゅうたい) 정체, 교통 체증	□ 修理(しゅうり) 수리
□ 新鮮だ(しんせん) 신선하다	□ 清潔だ(せいけつ) 청결하다	□ 混ぜる(ま) 섞다, 혼합하다
□ ゆでる 데치다, 삶다		

2014

□ 期限(きげん) 기한	□ 縮小(しゅくしょう) 축소	□ 制限(せいげん) 제한

□ たまる 모이다, 쌓이다	□ 伝(つた)わる 전해지다, 알려지다	□ どなる 고함치다, 호통치다
□ 内容(ないよう) 내용	□ 発展(はってん) 발전	□ 話(はな)しかける 말을 걸다
□ 離(はな)す 떼다, 사이를 벌리다		

2013

□ 余(あま)る 남다, 넘치다	□ 建設(けんせつ) 건설	□ 効果(こうか) 효과
□ こぼす 흘리다, 엎지르다	□ 進歩(しんぽ) 진보	□ 早退(そうたい) 조퇴
□ だるい 나른하다, 지루하다	□ 握(にぎ)る 쥐다, 잡다	□ 発生(はっせい) 발생
□ 身(み)につける (학문, 기술 등을) 익히다		

2012

□ 暗記(あんき) 암기	□ 活動(かつどう) 활동	□ 緊張(きんちょう) 긴장
□ 経由(けいゆ) 경유	□ 空(そら) 하늘	□ 通(とお)り過(す)ぎる 지나치다, 통과하다
□ 訪問(ほうもん) 방문	□ 募集(ぼしゅう) 모집	□ 翻訳(ほんやく) 번역
□ 行(ゆ)き先(さき) 행선지, 목적지		

2011

□ 植(う)える (나무 등을) 심다	□ 受(う)け入(い)れる 받아들이다	□ 断(ことわ)る 거절하다

- □ ころぶ 구르다, 넘어지다
- □ 指示(しじ) 지시
- □ 正直(しょうじき)だ 정직하다
- □ 性格(せいかく) 성격
- □ そろそろ 슬슬, 이제 곧
- □ 見送(みおく)る 배웅하다, 보류하다
- □ 緩(ゆる)い 느슨하다, 엄하지 않다

2010

- □ 落(お)ち着(つ)く 안정되다, 진정되다
- □ 回収(かいしゅう) 회수
- □ 区切(くぎ)る 구획 짓다, 구분하다
- □ 修理(しゅうり) 수리
- □ そっくりだ 꼭 닮다
- □ なだらかだ 완만하다
- □ はかる (무게를) 달다, 재다
- □ まずしい 가난하다
- □ 未来(みらい) 미래
- □ ユーモア 유머, 익살맞음

問題 5 용법 연습문제 ①

해설편 25p

問題 5 つぎのことばの使い方として最もよいものを、1・2・3・4から一つえらびなさい。

1 ころぶ

1 寒い日はふとんの中でころんでいる。

2 寒いと思ったら雪がころんできた。

3 あわてて走ったらころびそうになった。

4 けが人を救急車でころぶのを見た。

2 指示

1 明日は８時に学校に来るよう学生に指示した。

2 明日は弁当を作るよう母に指示した。

3 どの電車に乗ればいいかと駅員に指示した。

4 この店にカレーはあるかと店の人に指示した。

3 見送る

1 彼には好きな人がいたのでつきあうのは見送った。

2 もっと話し合いが必要なので結論は見送られた。

3 雨が降ったので試合は来週に見送られた。

4 難しい問題は見送って先にやさしい問題を解いた。

4 翻訳

1 一番言いたいことを80字ぐらいで翻訳してください。

2 絵や写真を日本語に翻訳するのは難しい。

3 これは難しい言葉をやさしい言葉に翻訳した子どもの本です。

4 外国の小説を翻訳するときは、その国の文化を知る必要がある。

5 そっくり

1 誕生日にもらった服は私にそっくりだった。

2 二人は兄弟じゃないのに顔がそっくりだった。

3 電車で行くのもバスで行くのも時間はそっくりだった。

4 彼の歌の実力はプロの歌手とそっくりだった。

問題 5 용법 연습문제 ②

해설편 26p

問題 5　つぎのことばの使い方として最もよいものを、1・2・3・4から一つえらびなさい。

1 建設

1 説明書を見ながら子どものおもちゃを建設した。
2 新しい発電所の建設には反対する人たちもいる。
3 古代の船を建設するのに多くの人が協力した。
4 電気で走るバスが建設されて話題になっている。

2 身につける

1 新しい技術を身につけるまで時間がかかる。
2 目が悪くなったのでメガネを身につけることにした。
3 外国語はたくさん単語を身につけることが重要だ。
4 有名な歌手も人気を身につけるまでは大変な苦労をする。

3 包む

1 古くなった新聞紙をひもで包んだ。
2 きれいな紙でプレゼントを包んでもらった。
3 日本は島国なので、海に包まれている。
4 血が止まらないので、指をテープで包んだ。

4 効果

1 毎日降る雨の効果で野菜の値段が高くなっている。
2 私は父の効果で今の仕事を選んだ。
3 練習の効果があって選手はみな自信をもつようになった。
4 車に乗せてくれた効果で早く家に着いた。

5 こぼす

1 コップをテーブルからこぼして割ってしまった。
2 自転車を降りた時カギをこぼしたので探している。
3 となりの部屋のテレビの音が大きくこぼして注意をした。
4 コーヒーをこぼしたが店の人がすぐふいてくれた。

MEMO

문자 · 어휘

Ⅱ 실전문제 익히기

問題 1 한자 읽기 실전문제 ①

해설편 28p

問題 1 ＿＿のことばの読み方として最もよいものを、1・2・3・4から一つえらびなさい。

1 水にぬれないように特別な紙で包みました。

1 すすみ　2 すずみ　3 つつみ　4 つづみ

2 スポーツはあまり得意じゃありません。

1 えい　2 ようい　3 うい　4 とくい

3 幅の広い靴なら大きいスーパーにあります。

1 かたち　2 はば　3 かわ　4 おもて

4 空港に到着してからバスで市内に行きました。

1 とうき　2 とうちゃく　3 どき　4 どちゃく

5 新しい作品は今年中に完成する予定だ。

1 かんぜん　2 かんこう　3 かんりょう　4 かんせい

6 この地域には人が住んでいない島もあります。

1 むら　2 しま　3 もり　4 とり

7 友だちはいつも笑顔でじょうだんを言う。

1 すがお　2 えがお　3 こがお　4 にがお

8 今月は3日以降、ずっと雨がふっている。

1 いらい　2 じらい　3 いこう　4 じこう

9 私たちの学校の選手が全国の代表にえらばれてうれしい。

1 しょうしゃ　2 せんしゃ　3 しょうしゅ　4 せんしゅ

10 試験は実力があっても合格できないことがある。

1 しりょく　2 どりょく　3 のうりょく　4 じつりょく

問題 1 한자 읽기 실전문제 ②

해설편 30p

問題 1 ＿＿＿のことばの読み方として最もよいものを、1・2・3・4から一つえらびなさい。

1 もうすぐ2さいになる子どもに、歯が<u>生えて</u>きた。

1 うえて　2 はえて　3 なえて　4 おえて

2 4月になって<u>各地</u>でさくらの花が咲いている。

1 かくち　2 めいち　3 かくじ　4 めいじ

3 この都市は昔から<u>商業</u>を中心に発展してきた。

1 さんぎょう　2 のうぎょう　3 しょうぎょう　4 しょくぎょう

4 顔は<u>覚えて</u>いるのに名前がわからない。

1 みえて　2 おぼえて　3 つたえて　4 かえて

5 すみませんが、これに<u>替えて</u>ください。

1 むかえて　2 ひかえて　3 かえて　4 こたえて

6 <u>去年</u>の売り上げはどのくらいですか。

1 きょねん　2 きょうねん　3 さくねん　4 ざくねん

7 朝早く来て<u>机</u>の上をかたづけた。

1 いす　2 ゆか　3 つくえ　4 ふとん

8 会社では<u>営業</u>の仕事をしています。

1 かいけい　2 かんり　3 えいぎょう　4 しつぎょう

9 アルバイトでも交通費は<u>支給</u>します。

1 しきゅう　2 しはらい　3 しえん　4 ししゅつ

10 この資料は輸出と輸入の差を<u>表して</u>いる。

1 ひょうして　2 しめして　3 しるして　4 あらわして

問題 1 한자 읽기 실전문제 ③

問題 1 ＿＿＿のことばの読み方として最もよいものを、1・2・3・4から一つえらびなさい。

1 駅に行く方向はどちらでしょうか。

1 ほうこう　2 ほうがく　3 ほうめん　4 ほうしん

2 試験を受けるときはホームページから申し込む。

1 しんしこむ　2 しんしうむ　3 もうしこむ　4 もうしうむ

3 観客がみな立ち上がって拍手を送った。

1 かんかく　2 かんきゃく　3 こかく　4 こきゃく

4 今日は私が払いました。

1 あらいました　2 ひろいました　3 はらいました　4 もちいました

5 日本と韓国と中国には共通した食文化がある。

1 きょうつう　2 ぎょうつう　3 きょうちょう　4 ぎょうちょう

6 毎月の給料からも税金が引かれます。

1 せきん　2 ぜいきん　3 せがね　4 ぜいがね

7 来月世界の主要国があつまって会議を開く。

1 じゅうよう　2 しゅうよう　3 じゅよう　4 しゅよう

8 現在は過去と未来を結ぶ。

1 すこ　2 かこ　3 すきょ　4 かきょ

9 鏡を見ながらネクタイを結んでいます。

1 かこんで　2 えらんで　3 たたんで　4 むすんで

10 むずかしい手術だったが、無事に成功した。

1 ぎじゅつ　2 しゅじゅつ　3 ぎしつ　4 しゅしつ

問題 2 표기 실전문제 ①

해설편 34p

問題 2 ＿＿＿のことばを漢字で書くとき、最もよいものを、1・2・3・4から一つえらびなさい。

1 修理してから今まではせいじょうに動いている。

1 精状　　2 精常　　3 正状　　4 正常

2 人のけつえきは体中に栄養を運んでいる。

1 決液　　2 決夜　　3 血液　　4 血夜

3 その件は、げんざい調査中です。

1 現財　　2 現在　　3 規財　　4 規在

4 午前中は予定がありますが、午後はじゆうです。

1 自由　　2 時由　　3 自油　　4 時有

5 あたためて食べたほうがおいしいです。

1 暑めて　　2 温めて　　3 薄めて　　4 暖めて

6 この工場ではげんりょうを加工して製品にします。

1 現量　　2 原量　　3 現料　　4 原料

7 ここでは文字のほかに映像のきろくも見ることができます。

1 記録　　2 訪録　　3 記論　　4 訪論

8 痛いはを抜くために病院に行きました。

1 園　　2 歯　　3 商　　4 面

9 場所がないので机の上に本をかさねて置いた。

1 束ねて　　2 積ねて　　3 重ねて　　4 乗ねて

10 今日は８時までざんぎょうする予定です。

1 参集　　2 参業　　3 残集　　4 残業

해설편 36p

問題 2 ＿＿＿のことばを漢字で書くとき、最もよいものを、1・2・3・4から一つえらびなさい。

1 道路にちゅうしゃしないでください。

1 駐車　2 駒車　3 駅車　4 験車

2 営業部は３階にうつりました。

1 変りました　2 転りました　3 移りました　4 昇りました

3 初めてもらったきゅうりょうで、両親のプレゼントを買った。

1 給与　2 給量　3 給費　4 給料

4 きってを買いに郵便局に行った。

1 切手　2 着手　3 切符　4 着符

5 朝から探していた財布がひきだしの中にあった。

1 置きだし　2 引き出し　3 押き出し　4 机き出し

6 バスにじょうしゃするときは先にお金を払います。

1 乗車　2 昇車　3 乗者　4 昇者

7 おいしいものが食べられてまんぞくです。

1 満族　2 満足　3 福族　4 福足

8 となりの人が足をくんで座っています。

1 組んで　2 引んで　3 閉んで　4 置んで

9 食事が終わるまでかばんをあずけました。

1 頂けました　2 積けました　3 願けました　4 預けました

10 飛行機は日本をけいゆしてアメリカに向かう。

1 経油　2 経由　3 怪油　4 怪由

問題 2 표기 실전문제 ③

해설편 37p

問題 2 ＿＿＿のことばを漢字で書くとき、最もよいものを、1・2・3・4から一つえらびなさい。

1 国際電話は10びょうで180円です。

1 妙　　2 砂　　3 秒　　4 炒

2 鳥が空をとんでいる。

1 飛んで　　2 浮んで　　3 移んで　　4 取んで

3 お風呂に入れば一日のつかれもとれます。

1 症れ　　2 痛れ　　3 疲れ　　4 疾れ

4 赤ちゃんがなくのは病気ではありません。

1 鳴く　　2 泣く　　3 痛く　　4 苦く

5 弟はねっしんに自動車学校に通っている。

1 熟信に　　2 熟心に　　3 熱信に　　4 熱心に

6 けがをした人が３日でたいいんしたので驚いた。

1 退院　　2 戻院　　3 退所　　4 戻所

7 かぜをひいて朝からずつうがひどい。

1 頭痛　　2 顔痛　　3 腹痛　　4 腰痛

8 駅のひがしに公園があります。

1 東　　2 西　　3 南　　4 北

9 今年はゆしゅつが大きく伸びた。

1 輸入　　2 輸出　　3 愉入　　4 愉出

10 その話のこまかいことまではわかりません。

1 細かい　　2 詳かい　　3 軽かい　　4 深かい

問題 3 문맥 규정 실전문제 ①

해설편 40p

問題 3 (　　　　)に入れるのに最もよいものを、1・2・3・4から一つえらびなさい。

1 父は重い病気に(　　　　)入院している。

1 おちて　　2 かかって　　3 くずれて　　4 のって

2 ふろやトイレにはいつも(　　　　)タオルがかかっています。

1 快適な　　2 豊富な　　3 清潔な　　4 新鮮な

3 川の(　　　　)が遅い時は船もゆっくり進みます。

1 かえり　　2 すすみ　　3 ながれ　　4 くだり

4 相手と(　　　　)することによって記録が伸びました。

1 期待　　2 参加　　3 想像　　4 競争

5 がんばって試験の準備をしたのに(　　　　)した点数より悪かった。

1 期待　　2 計画　　3 仮定　　4 提案

6 応援したチームが負けて(　　　　)した。

1 さっぱり　　2 ぶつぶつ　　3 まごまご　　4 がっかり

7 昨日買った服が小さかったので大きいサイズに(　　　　)してもらった。

1 修理　　2 交換　　3 改造　　4 交替

8 空港では海外旅行から帰ってきた人たちに(　　　　)が行われていた。

1 レポート　　2 チャレンジ　　3 インタビュー　　4 チェックイン

9 大量の注文を(　　　　)ので他の仕事ができなくなった。

1 引き返した　　2 引き受けた　　3 押し出した　　4 押し通した

10 子どもの成績がいいと(　　　　)する親の気持ちもよくわかる。

1 自慢　　2 報告　　3 保護　　4 発表

問題 3 문맥 규정 실전문제 ②

해설편 42p

問題 3 (　　　)に入れるのに最もよいものを、1・2・3・4 から一つえらびなさい。

1 すぐに使うものと後で使ってもいいものを(　　　)机にしまった。

1 別れて　2 外れて　3 異なって　4 分けて

2 子どもが生まれた(　　　)大きなケーキを作ってプレゼントした。

1 お祝いに　2 お礼に　3 お世話に　4 お楽しみに

3 この映画の(　　　)は母と子の強い愛ですが、特に子どもの演技に感動しました。

1 ルール　2 プライバシー　3 パターン　4 テーマ

4 給料が少ないから(　　　)ができないという人が少なくないそうだ。

1 両替　2 会計　3 貯金　4 借金

5 大きな都市の生活よりいなかの暮らしに(　　　)があります。

1 得意　2 興味　3 才能　4 趣味

6 部屋の中はいつも花の(　　　)がするようにしました。

1 香り　2 気分　3 光　4 感じ

7 明日の飛行機の予約を(　　　)。

1 取り消した　2 締め切った　3 引き受けた　4 受け取った

8 地下鉄の駅で(　　　)反対方向の電車に乗ってしまった。

1 さっそく　2 うっかり　3 早めに　4 絶対

9 「先に行くから」と言って彼は(　　　)席を離れた。

1 つぎつぎ　2 たちまち　3 そっと　4 つねに

10 市内の公園を掃除するボランティア活動への協力を市民に(　　　)。

1 取り組んだ　2 呼びかけた　3 立ち上げた　4 書き上げた

問題 3 문맥 규정 실전문제 ③

해설편 44p

問題 3 (　　　)に入れるのに最もよいものを、1・2・3・4から一つえらびなさい。

1 何か新しいことを始めるときは大きな(　　　)が必要だ。

1 ボリューム　2 ビタミン　3 エネルギー　4 チャレンジ

2 電気がない生活なんて(　　　)することができない。

1 想像　2 理解　3 相談　4 表現

3 体の弱い田中(たなか)さんは学校を一日も休まないことを(　　　)にがんばっている。

1 理想　2 夢　3 目標　4 目印

4 ここに予約番号を入力すれば(　　　) にチェックインができます。

1 自動的　2 計画的　3 平均的　4 定期的

5 1時にここで(　　　)のに30分過ぎてもまだ来ない。

1 呼びかけた　2 待ち合わせた　3 出迎えた　4 確かめた

6 この乗り物は年齢の(　　　)はないが、安全のため子どもは大人と一緒に乗るほうがいい。

1 目標　2 特徴　3 指示　4 制限

7 この映画に(　　　)する医者は実際にも医者だそうだ。

1 用意　2 出場　3 登場　4 参加

8 しばらく見ないうちにお子さんも(　　　)大きくなりましたね。

1 あんがい　2 じょじょに　3 たしかに　4 ずいぶん

9 紙のゴミは燃やさないで(　　　)すればまた使えます。

1 リサイクル　2 プログラム　3 トレーニング　4 デリバリー

10 農業が(　　　)ところでも、一部の農産物を他の国から輸入している。

1 順調な　2 新鮮な　3 楽な　4 盛んな

問題 4 유의 표현 실전문제 ①

해설편 47p

問題 4 ＿＿＿に意味が最も近いものを、1・2・3・4から一つえらびなさい。

1 車をとめるところがないので、電車で<u>通勤する</u>ことにしました。

1 旅行する　2 遊びに行く　3 仕事に行く　4 買い物に行く

2 だれでも<u>欠点</u>はあります。

1 できないところ　2 わるいところ　3 しらないところ　4 かくすところ

3 山田(やまだ)さんは地震が起きた<u>翌年</u>、故郷に帰った。

1 前の年　2 その年　3 次の年　4 何年かあと

4 仕事が多いから<u>ぜったいに</u>5時には終わりません。

1 けっして　2 たぶん　3 なんとか　4 つねに

5 私が来たことは<u>ないしょです</u>。

1 みんなしっています　2 だれもしりません
3 みんなに言ってください　4 だれにも言わないでください

6 彼女は、<u>まもなく</u>来ると思います。

1 たぶん　2 かならず　3 いつか　4 もうすぐ

7 カーテンを開けたら<u>まぶしくて</u>目を開けられなかった。

1 青すぎて　2 明るすぎて　3 風が強くて　4 風が冷たくて

8 この服は<u>このごろ</u>たくさん売れています。

1 今まで　2 どこでも　3 さいきん　4 毎日

9 彼の話は、若い人たちに<u>受けた</u>。

1 人気があった　2 人気がなかった
3 理解された　4 理解されなかった

10 合格発表を待つ学生たちはみんな<u>そわそわしている</u>。

1 寒い　2 困る　3 落ち着かない　4 うるさい

問題 4 유의 표현 실전문제 ②

問題 4 ＿＿＿に意味が最も近いものを、1・2・3・4から一つえらびなさい。

1 彼の主張はすべて正しかった。

1 確か　2 全部　3 半分　4 結局

2 何かわけがあると思います。

1 考え　2 理由　3 目的　4 問題

3 彼はこの計画が成功することを疑っている。

1 信じている　2 信じていない　3 願っている　4 願っていない

4 こんな機会はめったにないだろう。

1 チャンス　2 メリット　3 ブーム　4 トラブル

5 彼女の考え方は同い年の友達に比べておさない。

1 大人っぽい　2 大人しい　3 子どもっぽい　4 男らしい

6 今まで連絡がまったくありません。

1 ぜんぜん　2 めったに　3 なかなか　4 ほとんど

7 おかずがあまったら冷蔵庫で保存します。

1 冷たくなかったら　2 からくなかったら
3 のこったら　4 たりなかったら

8 田中(たなか)さんと佐藤(さとう)さんは仲がいい。

1 激しい　2 親しい　3 等しい　4 楽しい

9 私の言うことを信じてください。

1 聞いて　2 従って　3 みんなに伝えて　4 本当だと思って

10 結果が出たらすぐご報告します。

1 付き合い　2 問い合わせ　3 お知らせ　4 受け付け

問題 4 유의 표현 실전문제 ③

해설편 51p

問題 4 ＿＿＿に意味が最も近いものを、1・2・3・4から一つえらびなさい。

1 それは母が用意してくれました。

1 知らせて　2 教えて　3 準備して　4 整理して

2 最近はよくトレーニングをしています。

1 練習　2 山登り　3 配達　4 散歩

3 このままでは、おそらく試験に落ちるだろう。

1 たぶん　2 あっという間に　3 全部　4 もっと

4 何でもいいですから遠慮なく質問してください。

1 急がないで　2 心配しないで　3 おどろかないで　4 慌てないで

5 中村(なかむら)さんは試験の結果にがっかりしていた。

1 恥ずかしく思って　2 残念だと思って

3 申し訳ないと思って　4 意外だと思って

6 ワンピースを試着することにした。

1 着てみる　2 予約する　3 買う　4 交換

7 この店はあいかわらず客がいっぱいだ。

1 長い間　2 いつまでも　3 このごろは　4 いつものように

8 試験用紙を出す前に答えを見直した。

1 もう一度書いた　2 別の答えにした　3 答えを消した　4 もう一度考えた

9 学生はだまって先生の後についていった。

1 笑って　2 遅れて　3 何も言わないで　4 少し待って

10 ここから気に入ったものを選ぶのはむずかしい。

1 心配な　2 嫌いな　3 好きな　4 りっぱな

問題 5 용법 실전문제 ①

해설편 53p

問題 5　つぎのことばの使い方として最もよいものを、1・2・3・4から一つえらびなさい。

1　落ち着く

1　車が混んでここに落ち着くまで時間がかかった。

2　この店でコーヒーを飲むと心が落ち着く。

3　彼の部屋の中にはたくさんの本が落ち着いている。

4　机からケータイが落ち着いてこわれてしまった。

2　断る

1　夜テレビを見るのを断ってからよく眠れるようになった。

2　今まで住んでいた所を断って会社の近くに引っ越した。

3　台風の強い雨と風で電車が走っている途中断ってしまった。

4　留学のすすめを断って今の会社に就職した。

3　緩い

1　10人乗れる車に二人だけ座っていると緩く感じる。

2　靴のひもを緩くしめたらとても歩きやすくなった。

3　先生の声が緩くて聞いていると眠くなってきた。

4　ここから駅までは緩く歩いても15分で着きます。

4　行き先

1　風が吹く行き先に向かって走れば早く走れる。

2　封筒の行き先のところに自分の住所を書いてしまった。

3　バスの横にはどこに行くか行き先が書いてある。

4　父は会社が遠いので毎朝、一番行き先に家を出る。

5　成長

1　この国の経済は最近大きく成長した。

2　この写真を二倍成長してください。

3　先進国では子どもの数があまり成長しない。

4　熱心に勉強したので、成績が成長した。

해설편 54p

問題 5　つぎのことばの使い方として最もよいものを、1・2・3・4から一つえらびなさい。

1　早退

1　会社は60さいまで勤務できるが55さいで早退した。

2　朝の電車は混むので家を６時に早退して乗ったら楽に座れた。

3　今日は仕事が忙しく昼食も早退して仕事を続けた。

4　授業は６時まであったが、病院に行くために４時に早退した。

2　伝わる

1　次の駅で３号線に伝わってください。

2　病気が伝わるかもしれないから人が多いところには行かない。

3　米を作る技術は南の方から伝わったと言われている。

4　外国から来る手紙は飛行機で伝わってくる。

3　拝見します

1　私はデパートで社長の奥さまを拝見しました。

2　私は先週社長のご家族の写真を拝見しました。

3　私は昨日新聞を拝見しました。

4　先生、私の作文を拝見しましたか。

4　話しかける

1　先生が試験の日程を話しかけているのでメモをした。

2　自分の趣味について簡単に話しかけてもらえませんか。

3　子どもが一人で座って泣いていたので話しかけた。

4　熱が高くてせきも出るので病院に行って先生に話しかけた。

5　お見舞い

1　友だちが入院したので、お見舞いに行きました。

2　妹の誕生日にお見舞いをあげました。

3　旅行に行って、きれいなお見舞いを買いました。

4　すてきな人とお見舞いをしました。

問題 5　つぎのことばの使い方として最もよいものを、1・2・3・4から一つえらびなさい。

1　移動

1　エレベーターが故障で移動しないので階段で上がった。
2　今度移動する家はアパートの５階ですが駅に近いです。
3　動物たちは移動する時、仲間と一緒に行動する。
4　タクシーに乗ったが混んでいて移動しないので降りて歩いた。

2　修理

1　時計の電池がなくなったので新しい電池に修理した。
2　天井から部屋に雨がもれるので屋根を修理した。
3　テストで答えを書く場所を間違えて、あわてて修理した。
4　歯が痛かったが毎日病院に通って修理した。

3　そろそろ

1　もう７時ですね。そろそろ失礼します。
2　119番ですか。火事です！ そろそろ来てください。
3　友だちが来月国へ帰るのでそろそろさびしいです。
4　こんにちは。そろそろ暑くなりましたね。

4　消費

1　そんなささいなことで悩み続けるのは時間の消費です。
2　食べたものがうまく消費されないでお腹が痛くなることがある。
3　今日の予定は全部消費したのでこれから帰って休みます。
4　冷蔵庫は24時間使っているので電気を多く消費します。

5　慰める

1　誕生日にもらった時計がこわれないように慰めながら使っている。
2　頭が痛くて熱もあるというので、早く病院に行くように慰めた。
3　先生に怒られてがっかりしている友人を慰めた。
4　外国で有名な賞をとった俳優を慰めるためにパーティーが開かれた。

MEMO

Part 2

JLPT N3

Part 2

문법

I 문제 유형 파악하기

- **문법 기본기 갖추기**
  N3 필수 문법 / 기초 문법
  경어 표현

1 問題 1 문법형식 판단
2 問題 2 문장 만들기
3 問題 3 글의 문법

N3 필수 문법

학습 포인트

N3 문법에서는 일상 회화에서 많이 사용하는 어휘와 문형이 많이 출제된다. 따라서 간단하게 보이는 문형도 접속 형태나 함께 사용하는 조사 등을 확실히 공부해야 한다. 본 교재에서는 동사·명사를 활용한 문형이나 같이 묶어서 기억해야 하는 문형 등 N3 필수 문법을 정리했다. 예문과 함께 접속 형태 및 그 쓰임새를 정확히 익혀 두자.

1 동사를 활용한 표현

001 ～から ～にかけて ～부터 ～에 걸쳐서

접속 명사 + から + 명사 + にかけて

예문 名古屋(なごや)から大阪(おおさか)にかけて台風(たいふう)の影響(えいきょう)があるでしょう。

나고야부터 오사카에 걸쳐서 태풍의 영향이 있겠습니다.

002 ～に関(かか)わりなく / ～に関(かか)わらず ～에 상관없이, ～에 관계없이

접속 (동사 기본형 / い형용사 기본형 / な형용사 어간) + (동사 부정형 / い형용사 기본형 / な형용사 부정형) + に関(かか)わりなく, に関(かか)わらず

명사 + に関(かか)わりなく, に関(かか)わらず

예문 年齢(ねんれい)に関(かか)わらず料金(りょうきん)はみな同(おな)じです。

연령에 관계없이 요금은 모두 같습니다.

003	**～に限って** **～に限り**	～에 한해서, ～만

접속 명사 ＋ に限って, に限り

예문 今年二十歳になった人**に限り**30%割引します。

올해 스무 살이 된 사람에 한해서 30% 할인합니다.

004	**～に限らず** ～뿐만 아니라

접속 명사 ＋ に限らず

예문 先生**に限らず**目上の人にはあいさつをしましょう。

선생님뿐만 아니라 윗사람에게는 인사를 합시다.

005	**～にかけては** ～에 있어서는, ～만큼은

접속 명사 ＋ にかけては

예문 日本料理**にかけては**自信があります。

일본 요리만큼은 자신이 있습니다.

006	**～に代わって** **～に代わり**	～을 대신해서

접속 명사 ＋ に代わって

예문 来週から教室の授業**に代わり**インターネットを使った自宅授業をする。

다음 주부터 교실 수업 대신에 인터넷을 사용한 자택 수업을 한다.

007 ～に関して ～에 관해서

접속 명사 ＋ に関して

예문 今日は最近の日本の気候**に関して**お話します。

오늘은 최근의 일본 기후에 관해 말씀드리겠습니다.

008 ～に比べて ～에 비해서

접속 명사 ＋ に比べて

예문 練習したので昨日**に比べて**タイムが速くなった。

연습했기 때문에 어제에 비해 타임(기록)이 빨라졌다.

009 ～に加えて ～에 더해서, ～한 데다가

접속 명사 ＋ に加えて

예문 この掃除機は軽さ**に加えて**音が静かなことが特徴です。

이 청소기는 가벼운 데다가 소리가 조용한 것이 특징입니다.

010 ～に従って ～에 따라

접속 (동사 기본형 / 명사) ＋ に従って

예문 学生たちは先生の指示**に従って**朝早く出発しました。

학생들은 선생님의 지시에 따라 아침 일찍 출발했습니다.

011 ～にしては ～치고는

접속

동사 보통형 い형용사 보통형 な형용사 어간 명사 / 명사 である	+ にしては

예문 この絵(え)は子(こ)ども**にしては**上手(じょうず)にかけた。
이 그림은 아이치고는 잘 그렸다.

012 ～にする ～로 하다

접속 명사 + にする

예문 私(わたし)はコーヒー**にします**が、田中(たなか)さんはどうしますか。
저는 커피로 하겠습니다만, 다나카 씨는 어떻게 하겠습니까?

013 ～に対(たい)して ① [대비] ～에 반해, ～에 비해 ② [대상] ～에 대해

접속 명사 + に対(たい)して

예문 ① その会社(かいしゃ)は仕事(しごと)の量(りょう)**に対(たい)して**給料(きゅうりょう)が安(やす)すぎる。
그 회사는 업무량에 비해 급료가 너무 싸다.

② 交通費(こうつうひ)の値上(ねあ)げ**に対(たい)して**反対運動(はんたいうんどう)が起(お)きた。
교통비 인상에 대해 반대 운동이 일어났다.

014 ～に違(ちが)いない ～임에 틀림없다

접속

동사 보통형 い형용사 보통형 な형용사 어간 명사 / 명사 である	+ に違(ちが)いない

예문 こんなに暗(くら)いからもうすぐ雨(あめ)がふる**に違(ちが)いない**。
이렇게 어두우니까 이제 곧 비가 내릴 것임에 틀림없다.

015	**～について** ～에 대해서

접속 명사 ＋ について

예문 今日(きょう)は日本語(にほんご)のあいさつ**について**勉強(べんきょう)します。

오늘은 일본어의 인사에 대해 공부하겠습니다.

016	**～につれて** ～에 따라, ~함에 따라서 ★상태 변화를 나타내는 내용이 연결된다.

접속 (동사 기본형 / 명사) ＋ につれて

예문 季節(きせつ)の変化(へんか)**につれて**いろいろな花(はな)が咲(さ)きます。

계절의 변화에 따라 여러 가지 꽃이 핍니다.

017	**～にとって** ～에 있어서

접속 명사 ＋ にとって

예문 外国(がいこく)で一人(ひとり)で生活(せいかつ)する学生(がくせい)**にとって**家族(かぞく)からの電話(でんわ)はうれしいものです。

외국에서 혼자 생활하는 학생에게 있어서 가족으로부터 온 전화는 기쁜 법입니다.

018	**～に反(はん)して** ～에 반해, ~와 반대로

접속 명사 ＋ に反(はん)して

예문 みんなの期待(きたい)**に反(はん)して**うちのチームは予選(よせん)で負(ま)けてしまった。

모두의 기대와 반대로 우리 팀은 예선에서 지고 말았다.

019 ～によって

① [원인·이유] ～에 의해서, ～때문에
② [수단·방법] ～로, ～에 의해
③ [대응] ～에 따라서
④ [동작의 주체] ～에 의해서

접속 명사 ＋ によって

예문

① 大雪**によって**電車が止まっている。
폭설로 인해 전철이 멈춰 있다.

② 選挙**によって**新しい会長が選ばれました。
선거로 새로운 회장이 뽑혔습니다.

③ 値段**によって**品質が違ってくる。
가격에 따라 품질이 달라진다.

④ この小説は彼**によって**書かれました。
이 소설은 그에 의해 쓰여졌습니다.

020 ～を込めて

～을 담아서

접속 명사 ＋ を込めて

예문

母の日に心**を込めて**手紙を書きました。
어머니날에 마음을 담아 편지를 썼습니다.

021 ～を通じて / ～を通して

① [시간의 지속] ～을 통틀어, ～내내
② [수단·매개] ～을 통해서

접속 명사 ＋ を通じて, を通して

예문

① 春は１年**を通じて**一番いい季節だと思います。
봄은 일 년을 통틀어 가장 좋은 계절이라고 생각합니다.

② この薬はユニセフ**を通して**世界の子どもたちに届けられます。
이 약은 유니세프를 통해서 세계 아이들에게 전해집니다.

연습 괄호 안에 들어갈 표현으로 가장 적당한 것을 고르세요.

1 最近の工場では人間(　　　)ロボットが作業をする。

1 に代わって　2 に比べて　3 としては　4 としても

2 腰から足の先(　　　)痛みがあります。

1 にわたって　2 にいたって　3 にかけて　4 にうけて

3 店員から新しいパソコンの使い方(　　　)説明を聞いた。

1 のことより　2 とともに　3 はもちろん　4 にかんして

4 合宿の間は規則(　　　)行動してください。

1 にとおりに　2 にならんで　3 にしたがって　4 にわたって

5 まだ来ないということは、約束を忘れている(　　　)。

1 に違っている　2 に違いない

3 に違うかもしれない　4 違わない

6 子どもたちはいろいろな願い(　　　)校庭に木を植えました。

1 をこめて　2 をのせて　3 をいれて　4 をおいて

7 若い人たち(　　　)は就職が一番大きな課題です。

1 について　2 によって　3 にそって　4 にとって

8 気温の上昇(　　　)南極の氷が溶けてきました。

1 になって　2 について　3 につれて　4 にとって

9 バスは時間がかかるので電車(　　　)。

1 にきます　2 にします　3 にいます　4 にあいます

10 子どもの日(　　　)小学生は入場無料になります。

1 だけでも　2 にかぎり　3 といっても　4 にしても

11 専門家の予想(　　　　)経済はなかなか回復できなかった。

1 にはんして　2 にたいして　3 をしんじて　4 をつづけて

12 成績は試験の結果(　　　　)レポートの内容も評価されます。

1 に加えて　2 につけて　3 に反して　4 にしてから

13 最近の若い人は社会問題(　　　　)あまり関心がないようです。

1 にさいして　2 にかぎって　3 にたいして　4 におうじて

14 肉(　　　　)魚のほうが健康にいい。

1 になれば　2 にくらべて　3 にしたとき　4 にとって

15 今日は冬(　　　　)暖かいですね。

1 になったら　2 にとっては　3 にくらべて　4 にしては

정답

1 1 최근 공장에서는 인간을 대신하여 로봇이 작업을 한다.
2 3 허리부터 발끝에 걸쳐 통증이 있습니다.
3 4 점원에게 새로운 컴퓨터의 사용 방법에 관해 설명을 들었다.
4 3 합숙 동안은 규칙에 따라 행동해 주세요.
5 2 아직 오지 않는다는 것은 약속을 잊었음에 틀림없다.
6 1 아이들은 여러 가지 소원을 담아 교정에 나무를 심었습니다.
7 4 젊은 사람들에게 있어서는 취직이 가장 큰 과제입니다.
8 3 기온이 상승함에 따라서 남극의 얼음이 녹기 시작했습니다.
9 2 버스는 시간이 걸리니 전철로 하겠습니다.
10 2 어린이날에 한해 초등학생은 입장 무료입니다.
11 1 전문가의 예상과 반대로 경제는 좀처럼 회복하지 못했다.
12 1 성적은 시험 결과에 더해 리포트 내용도 평가됩니다.
13 3 최근의 젊은이는 사회 문제에 대해 별로 관심이 없는 것 같습니다.
14 2 고기에 비해 생선 쪽이 건강에 좋다.
15 4 오늘은 겨울치고는 따뜻하네요.

2 짝을 이루는 표현

022

① **～間(あいだ)** [상태 지속] ～동안, ～사이

② **～間(あいだ)に** [일회성 동작] ～동안에, ～사이에

접속

| 동사 기본형 / 진행형(ている)
い 형용사 い
な형용사 な
명사 の | + 間(あいだ), 間(あいだ)に |

예문

① 連休(れんきゅう)の**間(あいだ)**、ずっと家(いえ)にいました。

연휴 동안 계속 집에 있었습니다.

② 会社(かいしゃ)に行(い)く**間(あいだ)に**コンビニで弁当(べんとう)を買(か)うつもりです。

회사에 가는 동안에 편의점에서 도시락을 살 생각입니다.

023

① **～上(うえ)に** ～한 데다가

② **～上(うえ)で** ～한 후에

접속

① | 동사 보통형
い형용사 い
な형용사 な
명사 の | + 上(うえ)に |

② | 동사 た형
명사 の | + 上(うえ)で |

예문

① 今週(こんしゅう)は試験(しけん)がある**上(うえ)に**レポートも出(だ)さなくてはなりません。

이번 주는 시험이 있는 데다가 리포트도 제출해야 합니다.

② 家(いえ)に帰(かえ)って両親(りょうしん)と相談(そうだん)した**上(うえ)で**決(き)めます。

집에 돌아가 부모님과 상의한 후에 결정하겠습니다.

024	① **～うちに** ～하는 동안에, ～하는 사이에 ② **～ないうちに** ～하지 않은 사이에, ～하기 전에

접속

① (동사 기본형 / い형용사 い / な형용사 な / 명사 の) ＋ うちに

② 동사 부정형 ＋ ないうちに

예문

① 魚は新鮮な**うちに**料理したほうがいいです。

생선은 신선할 때 요리하는 편이 좋습니다.

② しばらく会わ**ないうちに**ずいぶん大きくなったね。

한동안 만나지 않은 사이에 많이 컸구나.

025	① **～おかげで** [긍정적 결과] ～덕분에 ② **～せいで** [부정적 결과] ～탓에

접속

(동사 보통형 / い형용사 보통형 / な형용사 보통형 / 명사 보통형) ＋ おかげで, せいで

예문

① アラーム時計の**おかげで**毎日早く起きられます。

알람 시계 덕분에 매일 아침 빨리 일어날 수 있습니다.

② 今年は雨が少なかった**せいで**野菜がよくできなかったです。

올해는 비가 적게 온 탓에 채소가 잘 자라지 않았습니다.

026	① **どんなに ～ても** ② **いくら ～ても**	아무리 ～하더라도

접속

どんなに, いくら + (동사 て형 + ても / い형용사 어간 く + ても / な형용사 어간 + でも / 명사 + でも)

예문

① 普通(ふつう)の人(ひと)が**どんなに**練習(れんしゅう)し**ても**100mを10秒(びょう)では走(はし)れません。
평범한 사람이 아무리 연습해도 100m를 10초에는 달릴 수 없습니다.

② **いくら**おいしく**ても**そんなに値段(ねだん)が高(たか)ければ誰(だれ)も買(か)わないだろう。
아무리 맛있어도 그렇게 가격이 비싸면 아무도 사지 않을 것이다.

027	① **～まで** [상태 지속] ～까지 ② **～までに** [기한] ～까지

접속

(동사 기본형 / 명사) + まで, までに

예문

① 熱(ねつ)があるから下(さ)がる**まで**寝(ね)たほうがいいです。
열이 있으니 내릴 때까지 자는 편이 좋습니다.

② 水着(みずぎ)を着(き)たいから夏(なつ)**までに**やせたいです。
수영복을 입고 싶으니 여름까지 살을 빼고 싶습니다.

028	① **～向(む)きの** ～에 적합한, ～에 알맞은 ② **～向(む)けの** ～대상의, ～용의

접속 명사 + 向(む)きの, 向(む)けの

예문

① この店(みせ)にはベジタリアン**向きの**メニューが多(おお)いです。
이 가게에는 채식주의자에게 알맞은 메뉴가 많습니다.

② お年寄(としよ)り**向けの**料金(りょうきん)プランもあります。
어르신용 요금 플랜(요금제)도 있습니다.

029	① **～やすい** ～하기 쉽다, ～하기 편하다, ～하기 좋다 ② **～にくい / ～がたい** ～하기 어렵다, ～하기 불편하다 ★「にくい」는 외부적인 요인(객관적, 물리적),「がたい」는 내부적인 요인(주관적, 감정적)에 사용

접속 동사 ます형 + やすい, にくい, がたい

예문 ① これは子(こ)どもでも食(た)べ**やすい**です。

이것은 아이라도 먹기 편합니다.

② 住所(じゅうしょ)が長(なが)くて覚(おぼ)え**にくい**ですね。

주소가 길어서 외우기 어렵네요.

その人(ひと)の発言(はつげん)はどう考(かんが)えても受(う)け入(い)れ**がたい**。

그 사람의 발언은 어떻게 생각해도 받아들이기 힘들다.

연습 **괄호 안에 들어갈 표현으로 가장 적당한 것을 고르세요.**

1 ロボットを導入した(　　　　)作業中の事故が減りました。

1 せいで　2 ことに　3 おかげで　4 まえから

2 この掃除機は音が静かな(　　　　)吸う力が強い。

1 だけに　2 うえに　3 くらい　4 ことで

3 駅に９時(　　　　)行けば特急に乗れます。

1 あとに　2 ごとに　3 うちに　4 までに

4 今度の旅行は忘れ(　　　　)思い出になりました。

1 やすい　2 がたい　3 にくい　4 うちに

5 音楽を聞いている(　　　　)電話が来たのもわかりませんでした。

1 じかん　2 はじめ　3 きかん　4 あいだに

6 何回も会っている(　　　　)その人が好きになりました。

1 うちに　2 まえに　3 なかに　4 さいに

7 ５歳以上のペット(　　　　)おやつはこちらです。

1 きぼうの　2 むけの　3 がわの　4 ための

8 室内でするスポーツはいくら雨が(　　　　)できます。

1 降るのも　2 降らなければ　3 降るまでは　4 降っても

정답

1 3 로봇을 도입한 덕분에 작업 중의 사고가 줄었습니다.
2 2 이 청소기는 소리가 조용한 데다가 빨아들이는 힘이 세다.
3 4 역에 9시까지 가면 특급 열차를 탈 수 있습니다.
4 2 이번 여행은 잊을 수 없는 추억이 되었습니다.
5 4 음악을 듣고 있는 사이에 전화가 온 것도 몰랐습니다.
6 1 몇 번이나 만나는 동안에 그 사람이 좋아졌습니다.
7 2 다섯 살 이상의 반려동물용 간식은 이쪽입니다.
8 4 실내에서 하는 스포츠는 아무리 비가 와도 할 수 있습니다.

3 명사를 활용한 표현

030 ～限り(かぎ) ～하는 한

접속
- 동사 기본형
- い형용사 い
- な형용사 な
- 명사 の / である

\+ 限り(かぎ)

예문 あの選手(せんしゅ)がいる**限り**(かぎ)、簡単(かんたん)には負(ま)けないでしょう。

그 선수가 있는 한, 간단히는 지지 않을 것입니다.

031 ～代わりに(か) ～대신에

접속
- 동사 기본형
- い형용사 い
- な형용사 な / である
- 명사 の

\+ 代わりに(か)

예문 その製品(せいひん)は品質(ひんしつ)がいい**代わりに**(か)価格(かかく)は高(たか)い。

그 제품은 품질이 좋은 대신에 가격은 비싸다.

032 ～こと [명령·지시] ～할 것

접속
- 동사 기본형 / 부정형
- 명사 の

\+ こと

예문 テストの答(こた)えはえんぴつで書(か)く**こと**。ボールペンは使(つか)わない**こと**。

시험의 답은 연필로 쓸 것. 볼펜은 사용하지 말 것.

033	**～ことだ** [조언·충고] ～해야 한다

접속 동사 기본형 / 부정형 ＋ ことだ

예문 最後まで走るためには初めから早く走らない**ことだ。**
마지막까지 달리기 위해서는 처음부터 빠르게 달리지 말아야 한다.

034	① **～ことにする** [결심] ～하기로 하다 ② **～ことにしている** [습관] ～하기로 하고 있다

접속 동사 기본형 / 부정형 ＋ ことにする, ことにしている

예문 ① いやなことは忘れる**ことにしました。**
싫은 일은 잊기로 했습니다.

② 毎朝、散歩をする**ことにしています。**
매일 아침 산책을 하기로 하고 있습니다.

035	① **～ことになる** [결정] ～하게 되다 ② **～ことになっている** [규칙] ～하게 되어 있다

접속 동사 기본형 / 부정형 ＋ ことになる, ことになっている

예문 ① 二人は来年、結婚する**ことになりました。**
두 사람은 내년에 결혼하게 되었습니다.

② 新入生は図書館で図書カードを作る**ことになっています。**
신입생은 도서관에서 도서 카드를 만들게 되어 있습니다.

036 ～ことはない ～할 필요는 없다, ～할 것은 없다

접속 동사 기본형 + ことはない

예문 電話(でんわ)で解決(かいけつ)できることなんだから、わざわざ行(い)く**ことはない**。
전화로 해결할 수 있는 일이니까 일부러 갈 필요는 없다.

037 ～最中(さいちゅう) ～하는 중에, 한창 ～하는 도중에

접속 (동사 진행형 / 명사 の) + 最中(さいちゅう)

예문 テストの**最中(さいちゅう)**に電話(でんわ)がかかってきて困(こま)りました。
한창 시험을 보는 도중에 전화가 걸려 와서 난처했습니다.

038 ～たところ ～했더니, ～한 결과

접속 동사 た형 + ところ

예문 郵便局(ゆうびんきょく)に確認(かくにん)**したところ**、年賀状(ねんがじょう)は25日(にち)までに出(だ)せばいいそうです。
우체국에 확인했더니 연하장은 25일까지 보내면 된다고 합니다.

039 ～たびに ～할 때마다

접속 (동사 기본형 / 명사 の) + たびに

예문 学校(がっこう)では遅刻(ちこく)する**たびに**運動場(うんどうじょう)を走(はし)らされます。
학교에서는 지각할 때마다 운동장을 달리게 합니다.

040 ～ため [이유·원인] ～로 인해, ～때문에

접속

동사 보통형
い형용사 보통형
な형용사 な / である / だった
명사 の / である
\+ ため

예문

台風(たいふう)の**ため**、今日(きょう)の試合(しあい)は中止(ちゅうし)します。

태풍으로 인해 오늘 시합은 중지합니다.

041 ～つもりで ～한 셈치고, ～라고 생각하고

접속

동사 た형
い형용사 い
な형용사 な
명사 の
\+ つもりで

예문

新入社員(しんにゅうしゃいん)の**つもりで**がんばります。

신입 사원이라고 생각하고 열심히 하겠습니다.

042 ～つもりだ ～라고 생각하다

접속

동사 た형
い형용사 い
な형용사 な
명사 の
\+ つもりだ

예문

授業(じゅぎょう)ではわかった**つもりだ**ったが、試験(しけん)はぜんぜんできなかった。

수업에서는 이해했다고 생각했지만, 시험은 전혀 풀 수 없었다.

043 ～ということだ ① [전문] ～라고 한다 ② [결론] ～이다, ～라는 것이다

접속

동사 보통형
い형용사 보통형
な형용사 보통형
명사 보통형
\+ ということだ

예문 ① 11時(じ)の飛行機(ひこうき)は12時半(じはん)に変更(へんこう)になる**ということです。**

11시 비행기는 12시 반으로 변경된다고 합니다.

② 私(わたし)が作(つく)った料理(りょうり)を食(た)べないのは、おいしくない**ということだ**よね。

내가 만든 요리를 먹지 않은 것은, 맛이 없다는 거네.

044	① **～とおり** ② **～どおり** ～대로

접속 ① (동사 보통형 / 명사 の) + とおり

② 명사 + どおり

예문 ① 実験(じっけん)の結果(けっか)は教科書(きょうかしょ)の**とおり**になりました。

실험 결과는 교과서대로 되었습니다.

② 説明書(せつめいしょ)**どおり**に作(つく)れば誰(だれ)でもできます。

설명서대로 만들면 누구나 할 수 있습니다.

045	**～ところだ** ① [직전] ～하려고 하는 참이다 ② [도중] ～하고 있는 중이다 ③ [직후] 막 ～했다

접속 (① 동사 기본형 / ② 동사 진행형 / ③ 동사 た형) + ところだ

예문 ① これから家(いえ)に帰(かえ)る**ところです。**

지금부터 집에 가려던 참입니다.

② 今(いま)、そっちに向(む)かっている**ところです。**

지금 그쪽으로 가는(향하는) 중입니다.

③ 今(いま)、出発(しゅっぱつ)した**ところです。**

지금 막 출발했습니다.

046 ～ところだった ～할 뻔했다

접속 동사 기본형 / 부정형 ＋ ところだった

★ い형용사 중「危(あぶ)ない 위험하다」만 관용 표현「危(あぶ)ないところだった 위험했다, 큰일날 뻔 했다」로 사용

예문 電車(でんしゃ)が遅(おく)れて、もう少(すこ)しで遅刻(ちこく)する**ところだった**。

전철이 지연되어서 자칫하면 지각할 뻔했다.

047 ～ところに 마침 ～하는 때에, 마침 ～하는 중에

접속 동사 보통형 ＋ ところに

예문 家(いえ)を出(で)ようとした**ところに**友(とも)だちが訪(たず)ねてきた。

마침 집을 나가려던 때에 친구가 찾아왔다.

048 ～ところを 마침 ～하는 것을, 마침 ～하는 상황을

접속 동사 보통형 ＋ ところを

예문 友(とも)だちにダンスの練習(れんしゅう)している**ところを**見(み)られて恥(は)ずかしかった。

친구에게 춤 연습하는 것을 들켜서 창피했다.

049 ～のこと ～에 관한 것

접속 명사 ＋ のこと

예문 政治(せいじ)**のこと**は難(むずか)しくてよくわかりません。

정치에 관한 것은 어려워서 잘 모릅니다.

050 ~はずがない ~일 리가 없다

접속

동사 보통형 い형용사 보통형 な형용사 な / である 명사 の / である	+ はずがない

예문 まじめなあの人(ひと)がそんなことをする**はずがない。**

성실한 그 사람이 그런 일을 할 리가 없다.

051 ~はずだ [결과] ~할 것이다, 당연히 ~일 것이다

접속

동사 보통형 い형용사 보통형 な형용사 な / である 명사 の / である	+ はずだ

예문 来週(らいしゅう)になれば田中(たなか)さんも退院(たいいん)する**はずです。**

다음 주가 되면 다나카 씨도 퇴원할 것입니다.

052 ~ものだ ① [진리·사실] ~하는 법이다 ② [과거 회상] ~하곤 했다

접속

① 동사 기본형 / 부정형 ② 동사 た형	+ ものだ

예문

① 目上(めうえ)の人(ひと)にはていねいな言葉(ことば)を使(つか)う**ものだ。**

윗사람에게는 공손한 말을 써야하는 법이다.

② 子(こ)どもの頃(ころ)はよく学校(がっこう)が終(お)わってみんなで野球(やきゅう)をした**ものだ。**

어렸을 때에는 곧잘 학교가 끝나고 모두 함께 야구를 하곤 했다.

053 ~わけがない ~일 리가 없다, ~일 까닭이 없다

접속

동사 보통형
い형용사 보통형
な형용사 な / である
명사 の / である
+ わけがない

★ 회화에서는 「명사 + なわけがない」의 형태로 사용하기도 한다.

예문 1週間(いっしゅうかん)で単語(たんご)を全部(ぜんぶ)覚(おぼ)えられる**わけがない。**

일주일에 단어를 전부 외울 수 있을 리가 없다.

054 ~わけだ [당연한 결과] ~인 것이다, ~인 것이 당연하다

접속

동사 보통형
い형용사 보통형
な형용사 な / である / だった
명사 の / である / だった
+ わけだ

★ 회화에서는 「명사 + なわけだ」의 형태로 사용하기도 한다.

예문 冬(ふゆ)にシャツ一枚(いちまい)で外(そと)に出(で)るなんて、かぜをひく**わけだ。**

겨울에 셔츠 한 장으로 밖에 나오다니, 감기에 걸리는 것이 당연하다.

055 ~わけではない ~인 것은 아니다, 반드시 ~인 것만은 아니다

접속

동사 보통형
い형용사 보통형
な형용사 な / である / だった
명사 の / である / だった
+ わけではない

★ 회화에서는 「명사 + なわけではない」의 형태로 사용하기도 한다.

예문 納豆(なっとう)はあまり食(た)べないが嫌(きら)いな**わけではない。**

낫토는 별로 먹지 않지만 싫어하는 것은 아니다.

056 ~わけにはいかない ~할 수는 없다

접속 동사 기본형 / 부정형 + わけにはいかない

예문 親友(しんゆう)の結婚式(けっこんしき)だから行(い)かない**わけにはいかない。**

친구의 결혼식이라서 가지 않을 수는 없다.

연습 **괄호 안에 들어갈 표현으로 가장 적당한 것을 고르세요.**

1 会社では１年に１回健康診断を受ける(　　　　)。

1 ことだそうです　　2 ことがあります
3 こともいいです　　4 ことになっています

2 あの子は毎朝会う(　　　　)ていねいにあいさつをします。

1 とたん　　2 ごとに　　3 たびに　　4 かぎり

3 ごはんを食べている(　　　　)にトイレに行きたくなった。

1 まんなか　　2 さいちゅう　　3 かわり　　4 ながれ

4 映画の主人公になった(　　　　)彼女に告白した。

1 つもりで　　2 かわりに　　3 とおりに　　4 ままで

5 みんなの予想(　　　　)、去年優勝したチームが今年も優勝しました。

1 ままに　　2 どおり　　3 ながら　　4 らしく

6 今年がいくら寒いといっても５月に雪が降る(　　　　)。

1 ようではない　　2 ことにならない
3 はずがない　　4 わけではない

7 スープにトウガラシを入れたんですか。辛い(　　　　)ね。

1 そうです　　2 ためです　　3 わけです　　4 なんです

8 宿題を忘れる(　　　　)が思い出して家に取りに行った。

1 ところだった　　2 ようだった　　3 そうだった　　4 つもりだった

9 海外旅行に行く(　　　　)、来週は学校を休みます。

1 いじょう　　2 とおり　　3 まで　　4 ため

10 労働時間が短くなった(　　　　)給料は安くなった。

1 わりには　　2 たびに　　3 かわりに　　4 つもりで

11 仕事が忙しいのにいつまでも休んでいる(　　　　)。

1 はずはない　　2 わけにはいかない
3 だけではない　　4 ことにはならない

12 検査して(　　　　)、骨は折れていなかったです。

1 みたところ　　2 みたことは　　3 みただけで　　4 みたとしても

13 大学に合格したかったら毎日勉強する(　　　　)。

1 はずだ　　2 からだ　　3 そうだ　　4 ことだ

14 私も時間があるときにできる(　　　　)手伝います。

1 かぎり　　2 ながら　　3 までも　　4 だけに

15 雨が降る日は道路が混雑する(　　　　)。

1 ことだ　　2 までだ　　3 ものだ　　4 せいだ

정답

1 4 회사에서는 일 년에 한 번 건강 검진을 받게 되어 있습니다.
2 3 저 아이는 매일 아침 만날 때마다 공손하게 인사를 합니다.
3 2 한창 밥을 먹고 있는 도중에 화장실에 가고 싶어졌다.
4 1 영화 주인공이 되었다고 생각하고 그녀에게 고백했다.
5 2 모두의 예상대로 작년에 우승한 팀이 올해도 우승했습니다.
6 3 올해가 아무리 춥다고 해도 5월에 눈이 내릴 리가 없다.
7 3 수프에 고추를 넣었나요? 매울 만하네요.
8 1 숙제를 잊어버릴 뻔했는데 생각이 나서 집으로 가지러 갔다.
9 4 해외 여행을 가기 때문에 다음 주는 학교를 쉬겠습니다.
10 3 노동 시간이 짧아진 대신에 급료는 싸졌다.
11 2 일이 바쁜데 언제까지나 쉬고 있을 수는 없다.
12 1 검사해 본 결과, 뼈는 부러지지 않았습니다.
13 4 대학에 합격하고 싶으면 매일 공부해야 한다.
14 1 저도 시간이 있을 때에 되도록 돕겠습니다.
15 3 비가 내리는 날은 도로가 혼잡한 법이다.

4 た형·て형·ない형·ます형에 접속하는 표현

た형 접속

057	**~たとたん** ~하자마자, ~한 순간

접속 동사 た형 + とたん

예문 信号(しんごう)が青(あお)になった**とたん**、車(くるま)がいっせいに動(うご)き出(だ)した。
신호가 파란불로 바뀌자마자 차가 일제히 움직이기 시작했다.

058	**~たまま** [상태 지속] ~인 채로

접속 동사 た형 + まま ★「동사 기본형 + まま」는 '~하는 대로, ~함에 따라'라는 다른 의미의 문형이 된다.

(い형용사 い / な형용사 な / 명사 の / この·その·あの) + まま ★ 형용사·명사·지시대명사의 접속 형태도 함께 기억하자.

예문 昨日(きのう)はメガネをかけ**たまま**寝(ね)てしまいました。
어제는 안경을 쓴 채로 잠들어 버렸습니다.

て형 접속

059	① **~てくる** 과거→현재 ~해 오다, ~해지다 ② **~ていく** 현재→미래 ~해 가다

접속 동사 て형 + くる, いく

예문 ① 日本(にほん)の生活(せいかつ)に慣(な)れ**てきました**。
일본 생활에 익숙해졌습니다.

② 毎日運動(まいにちうんどう)しているので、体重(たいじゅう)も少(すこ)しずつ減(へ)っ**ていく**と思(おも)います。
매일 운동하고 있으니 체중도 조금씩 줄어갈 거라고 생각합니다.

060 ~て以来(いらい) ~한 이래(로), ~한 이후

접속 동사 て형 + 以来(いらい)

예문 試合(しあい)で負(ま)けて**以来(いらい)**、毎朝(まいあさ)厳(きび)しい練習(れんしゅう)を続(つづ)けている。
시합에 진 이후, 매일 아침 혹독한 연습을 계속하고 있다.

061 ~てはじめて ~하고 나서야 비로소

접속 동사 て형 + はじめて

예문 いなくなって**はじめて**その人(ひと)の良(よ)さがわかる。
사라지고 나서야 비로소 그 사람의 장점을 알 수 있다.

062 ~てほしい ~해 주길 바란다

접속 동사 て형 + ほしい

예문 漢字(かんじ)はまだよくわからないので、ひらがなで書(か)い**てほしい**です。
한자는 아직 잘 모르기 때문에 히라가나로 써 주길 바랍니다.

063 ~てみせる [결의·각오] ~하겠다, ~해 보이겠다

접속 동사 て형 + みせる

예문 来年(らいねん)までに売上(うりあげ)を今(いま)の2倍(ばい)にし**てみせる**。
내년까지 매출을 지금의 두 배로 올려 보이겠다.

064 ~てもらいたい ~해 주었으면 한다

접속 동사 て형 + もらいたい

예문 これを今日中(きょうじゅう)に先生(せんせい)に渡(わた)し**てもらいたい**んですが。
이것을 오늘 중으로 선생님께 전해 주셨으면 합니다만.

ない형 접속

065 ~なきゃ / ~なければ ~하지 않으면 (안 돼), ~해야 해

접속 동사 부정형 + なきゃ, なければ

예문 早(はや)く買(か)いに行(い)か**なきゃ**なくなってしまう。
빨리 사러 가지 않으면 없어져 버린다.

066 ~なくちゃ / ~なくては ~하지 않으면 (안 돼), ~해야 해

접속 동사 부정형 + なくちゃ, なくては

예문 友(とも)だちに着(つ)くのが遅(おく)れることを連絡(れんらく)し**なくちゃ**。
친구에게 도착이 늦는 것을 연락해야 해.

ます형 접속

067	① **～かけ** ～하는 도중 ② **～かけの** ～하다 만

접속 ① 동사 ます형 ＋ かけ
② 동사 ます형 ＋ かけの ＋ 명사

★「～かけて, ～かけたが ～(하)려다가, ～는 도중에」의 형태로 씀

예문 ① 妹(いもうと)はご飯(はん)を食(た)べ**かけて**長電話(ながでんわ)をしている。
여동생은 밥을 먹다 말고 장시간 전화를 하고 있다.

② テーブルの上(うえ)に作(つく)り**かけの**ケーキがおいてある。
테이블 위에 만들다 만 케이크가 놓여 있다.

068	① **～きる** (다, 완전히) ～하다 ② **～きれる** (다, 완전히) ～할 수 있다 ③ **～きれない** (다, 완전히) ～할 수 없다

접속 동사 ます형 ＋ きる, きれる, きれない

예문 ① 今(いま)あるノートを使(つか)い**きって**から新(あたら)しいノートを買(か)いましょう。
지금 있는 노트를 다 쓰고 나서 새로운 노트를 삽시다.

② 今日(きょう)のうちにこの山(やま)を登(のぼ)り**きれる**か心配(しんぱい)です。
오늘 중으로 이 산을 다 오를 수 있을지 걱정입니다.

③ 子(こ)どもはプレゼントの到着(とうちゃく)が待(ま)ち**きれなくて**郵便局(ゆうびんきょく)に取(と)りに行(い)った。
아이는 선물의 도착을 기다리지 못하고 우체국에 가지러 갔다.

069	**～すぎる** 너무 ～하다, 지나치게 ～하다

접속 (동사 ます형 / い형용사 어간 / な형용사 어간) ＋ すぎる

★ 예외「ない → なさすぎる」,「いい · よい → よすぎる」

예문 カバンが重(おも)**すぎて**一人(ひとり)では持(も)てません。
가방이 너무 무거워서 혼자서는 들 수 없습니다.

070	**～たて** 갓 ～한, 방금 ～한

접속 동사 ます형 + たて

예문 **とれたて**の新鮮(しんせん)な魚(さかな)はさしみにして食(た)べればおいしいです。
갓 잡은 신선한 생선은 회로 먹으면 맛있습니다.

071	**～直(なお)す** 다시 ～하다

접속 동사 ます형 + 直(なお)す

예문 その本(ほん)は一回(いっかい)読(よ)んだときは分(わ)かりにくかったが、何回(なんかい)か読(よ)み**直(なお)し**たらやっと理解(りかい)できた。
그 책은 한 번 읽었을 때는 알기 어려웠지만, 몇 번인가 다시 읽었더니 겨우 이해할 수 있었다.

072	**～ぬく** 끝까지 ～하다

접속 동사 ます형 + ぬく

예문 この建物(たてもの)は最後(さいご)まで私(わたし)が守(まも)り**ぬく**つもりです。
이 건물은 마지막까지 내가 지킬 작정입니다.

073	**～もしない** ～하지도 않다

접속 동사 ます형 + もしない

예문 先生(せんせい)はせっかく苦労(くろう)して書(か)いたレポートを見(み)**もしない**で机(つくえ)の上(うえ)に置(お)いた。
선생님은 애써 고생해서 쓴 리포트를 보지도 않고 책상 위에 두었다.

연습 괄호 안에 들어갈 표현으로 가장 적당한 것을 고르세요.

1 子どもは親の苦労を知り(　　　　)自分がしたいことだけ言う。

1 はしなくて　2 もしないで　3 はしても　4 もしながら

2 次の予定があるから２時までにはここに来(　　　　)。

1 ていたい　2 てほしい　3 たらいい　4 たとする

3 教科書がだんだん難しくなっ(　　　　)。

1 てします　2 てみます
3 てなります　4 ていきます

4 ここに引っ越し(　　　　)、まだ誰も家に呼んでいない。

1 てすぐに　2 するほど　3 ていらい　4 たころは

5 テレビをつけ(　　　　)、地震のニュースが伝えられた。

1 たとたん　2 るにつれ　3 てみても　4 たために

6 田舎の両親は帰るときに、持ち(　　　　)ほどたくさんのお土産をくれた。

1 続かない　2 上げない　3 やまない　4 きれない

7 一度決めたことは最後までやり(　　　　)のが私のスタイルです。

1 とる　2 おわる　3 ぬく　4 かつ

8 初めに会員登録し(　　　　)予約ができない。

1 ちゃえば　2 たけりゃ　3 なきゃ　4 ないんじゃ

9 水の事故を防ぐため服を着(　　　　)泳ぐ練習をする事があります。

1 てまで　2 ながら　3 るとき　4 たまま

10 山は登ってみ(　　　　　)山に対する怖さもおもしろさも実感できる。

1 たところ　　　　2 てはじめて

3 たおかげで　　　　4 てもらって

정답

1 2 아이는 부모의 고생을 알지도 못하고 자신이 하고 싶은 것만 말한다.

2 2 다음 예정이 있으니 2시까지는 여기에 와 주기 바란다.

3 4 교과서가 점점 어려워져 갑니다.

4 3 여기로 이사 온 이후로, 아직 아무도 집에 부르지 않았다.

5 1 텔레비전을 켜자마자 지진 뉴스가 전해졌다.

6 4 시골의 부모님은 돌아갈 때 다 들지 못할 정도로 많은 선물을 주었다.

7 3 한번 정한 것은 끝까지 해내는 것이 제 스타일입니다.

8 3 처음에 회원 등록을 하지 않으면 예약을 할 수 없다.

9 4 물놀이 사고를 방지하기 위해서 옷을 입은 채로 헤엄치는 연습을 하는 경우가 있습니다.

10 2 산에 오르고 나서야 비로소 산에 대한 무서움도 재미도 실감할 수 있다.

5 그 외 시험에 자주 나오는 표현

074 ～一方(いっぽう)だ ～하기만 하다, 오로지 ～할 뿐이다

접속 동사 기본형 ＋ 一方(いっぽう)だ

예문 家(いえ)で横(よこ)になっていたが、お腹(なか)の痛(いた)みはひどくなる一方(いっぽう)だった。

집에서 누워 있었지만 복통은 심해지기만 할 뿐이었다.

075 ～恐(おそ)れがある ～할 우려가 있다

접속 (동사 보통형 / 명사 の) ＋ 恐(おそ)れがある

예문 近(ちか)いうちに大(おお)きな地震(じしん)が起(お)きる恐(おそ)れがあります。

조만간 큰 지진이 일어날 우려가 있습니다.

076 ～かもしれない ～일지도 모른다

접속 (동사 보통형 / い형용사 보통형 / な형용사 어간 / だった / 명사 / 명사 だった) ＋ かもしれない

예문 来週(らいしゅう)は暑(あつ)くなるかもしれません。

다음 주는 더워질지도 모릅니다.

077 ～がる ～어하다

접속 (동사(희망) たい / い형용사 어간 / な형용사 어간) ＋ がる

예문 子(こ)どもたちはディズニーランドに行(い)きた**がって**います。
아이들은 디즈니랜드에 가고 싶어 합니다.

子(こ)どもはネコをかわい**がって**います。
아이는 고양이를 귀여워합니다.

078 ～くらい ～ぐらい ～정도, ～쯤

접속 (동사 보통형 / 명사) + くらい, ぐらい

예문 ひらがなとカタカナを読(よ)む**くらい**なら私(わたし)でもできます。
히라가나와 가타카나를 읽는 정도라면 저라도 할 수 있습니다.

079 ～こそ ～야말로

접속 명사 + こそ ★「명사 + に + こそ」의 형태로도 사용

예문 これ**こそ**私(わたし)がほしかったパソコンです。
이거야말로 내가 가지고 싶어했던 컴퓨터입니다.

080 ～ごとに ～마다

접속 (동사 기본형 / 명사) + ごとに

예문 日本(にほん)の特急(とっきゅう)は電車(でんしゃ)**ごとに**名前(なまえ)がある。
일본의 특급 열차는 전철마다 이름이 있다.

081 **～さえ** ～조차

접속 명사 ＋ (で)さえ

예문 この家は不便な場所にある。近くにコンビニ**さえ**ない。
이 집은 불편한 장소에 있다. 근처에 편의점조차 없다.

082 **～さえ～ば** ～만 ～하면

접속 동사 ます형 ＋ さえ～ば

예문 あの人が来**さえ**すれ**ば**、すべてうまくいくはずです。
저 사람이 오기만 하면 모든 것이 잘 될 것입니다.

083 **～(さ)せてくれませんか** ～하게 해 주세요, 제가 ～해도 될까요?

접속 동사 사역형 ＋ てくれませんか

예문 この地域はよく道を知っているから私に運転さ**せてくれませんか**。
이 지역은 길을 잘 알고 있으니 제가 운전해도 될까요?

084 **～(さ)せてもらえませんか** ～하게 해 주십시오, 제가 ～해도 되겠습니까?

접속 동사 사역형 ＋ てもらえませんか

예문 A 田中さんが帰るまでここで待た**せてもらえませんか**。
다나카 씨가 돌아올 때까지 여기서 기다려도 되겠습니까?

B はい、どうぞ。
네, 그러세요.

085 ~しか ~ない ~밖에 ~하지 않다

접속 명사 + しか ~ない

예문 他の人は日本語**しか**話せ**ない**。

다른 사람은 일본어밖에 말하지 못한다.

086 ~たばかり 막 ~한, ~지 얼마 안 된

접속 동사 た형 + ばかり

예문 10時のバスは出発し**たばかり**です。

10시 버스는 방금 막 출발했습니다.

087 ~たら ① [가정·조건] ~하면, ~라면 ② [결과·발견] ~했더니, ~하자(=と)

접속 동사 た형 + ら

(い형용사 어간 かっ / な형용사 어간 だっ / 명사 だっ) + たら

예문 ① 空港に着い**たら**私に連絡してください。

공항에 도착하면 저에게 연락해 주세요.

② 窓を開け**たら**(=開けると)富士山が見えた。

창문을 열자 후지산이 보였다.

088 ~たらいい ~하면 된다, ~하면 좋다

접속 (동사 た / い형용사 어간 かった / な형용사어간 だった / 명사 だった) + らいい

예문 一緒に行け**たらいい**んですが、ちょっと忙しくて……。

함께 갈 수 있다면 좋겠지만, 좀 바빠서…….

089 **～だけ** ～만큼

접속

동사 기본형
い형용사 い
な형용사 な
명사

+ だけ

예문 今度(こんど)のことでは、私(わたし)もできる**だけ**のことをするつもりです。

이번 일에서는 저도 할 수 있는 만큼의 일을 할 생각입니다.

★ 관용 표현「できるだけ 가능한 한, 되도록」

090 **～というと / ～といえば / ～といったら** ～라고 하면

접속 명사 + というと, といえば, といったら

예문 今(いま)から５年前(ねんまえ)**というと**私(わたし)がこの会社(かいしゃ)に入(はい)った年(とし)です。

지금으로부터 5년 전이라고 하면 내가 이 회사에 들어온 해입니다.

日本映画(にほんえいが)**といえば**アニメを無視(むし)することはできません。

일본 영화라고 하면 애니메이션을 무시할 수 없습니다.

九州(きゅうしゅう)や北海道(ほっかいどう)**といったら**温泉(おんせん)が有名(ゆうめい)です。

규슈나 홋카이도라고 하면 온천이 유명합니다.

091 **～といっても** ～라고 해도

접속

동사 보통형
형용사 보통형
형용사 보통형
명사 / 명사 だ

+ といっても

예문 学校(がっこう)**といっても**、生徒(せいと)が12名(めい)しかいないんです。

학교라고 해도 학생이 12명밖에 없습니다.

092 ～とか～とか ～라든가 ～라든가

접속 (동사 보통형 / い형용사 보통형 / な형용사 보통형 / 명사 / 명사 だ) ＋ とか ＋ (동사 보통형 / い형용사 보통형 / な형용사 보통형 / 명사 / 명사 だ) ＋ とか

★「な형용사 어간＋とか」의 형태로 사용하기도 한다.

예문 約束がある**とか**調子が悪い**とか**言って、勉強会に参加しない学生が多い。

약속이 있다든가 컨디션이 안 좋다든가 하면서 스터디에 참가하지 않는 학생이 많다.

093 ① ～として [자격] ～로서 ② ～としては [자격] ～로서는

접속 명사 ＋ として, としては

예문 ① 子どもを持つ親**として**そんなことは許せない。

아이를 가진 부모로서 그런 일은 용서할 수 없다.

② 4位に入ったのは日本のチーム**としては**最高の成績だ。

4위에 들어간 것은 일본 팀으로서는 최고 성적이다.

094 ～としても ～라고 해도, ～한다고 해도

접속 (동사 보통형 / い형용사 보통형 / な형용사 보통형 / 명사 / 명사 だ) ＋ としても

★「な형용사 어간＋としても」의 형태로 사용하기도 한다.

예문 もし引っ越す**としても**今より狭い部屋には住みたくない。

만약 이사한다고 해도 지금보다 좁은 방에는 살고 싶지 않다.

★ 관용 표현「たとえ ～としても 설령 ～라고 해도」

095 ～とともに ～와 함께

접속 명사 + とともに ★ 동사 기본형(の)과 접속하면 '～함과 동시에'라는 의미의 문형이 된다.

예문 彼女(かのじょ)の思(おも)い出(で)**とともに**二人(ふたり)の写真(しゃしん)は全部(ぜんぶ)捨(す)ててしまった。

그녀의 추억과 함께 두 사람의 사진은 전부 버려 버렸다.

096 ～とは / ～というのは / ～って ～라는 것은, ～란

접속 (동사 기본형 / い형용사 い / な형용사 な / 명사) + とは, というのは, って

예문 A 「スマホ」**って**何(なん)ですか。

'스마호'란 무엇입니까?

B 「スマホ」**というのは**「スマートフォン」を短(みじか)くした言葉(ことば)です。

'스마호'라는 것은 '스마트폰'의 줄임말입니다.

097 ～なんか [경시] ～같은 것, ～따위

접속 명사 + なんか

예문 ダイエットしているときに間食(かんしょく)**なんか**してはだめです。

다이어트를 하고 있을 때에 간식 같은 것을 먹으면 안 됩니다.

098 ~なんて

① [경시] ~따위
② [놀라움·감탄] ~하다니

접속

① (동사 기본형 / 명사) + なんて

② (동사 보통형 / い형용사 보통형 / な형용사 보통형 / 명사 보통형) + なんて

예문

① 友(とも)だち**なんて**いらないと思(おも)ったことは誰(だれ)でも一度(いちど)はある。
친구 따위 필요 없다고 생각한 적은 누구라도 한 번은 있다.

② 初(はじ)めて出(で)た試合(しあい)で優勝(ゆうしょう)する**なんて**すごいですね。
처음 나간 시합에서 우승하다니 대단하네요.

099 ~のではないだろうか ~인 것이 아닐까? / ~のではないでしょうか ~인 것이 아닐까요?

접속

(동사 보통형 / い형용사 보통형 / な형용사 な / 명사 な) + のではないだろうか, のではないでしょうか

예문

① このまま対策(たいさく)をたてなければ被害(ひがい)が増(ふ)え続(つづ)ける**のではないだろうか。**
이대로 대책을 세우지 않으면 피해가 계속 늘어나는 것이 아닐까?

② 今(いま)6時(じ)だから、もう家(いえ)に帰(かえ)っている**のではないでしょうか。**
지금 6시이니까 이미 집에 돌아가지 않았을까요?

100 ~ば ~ほど ~하면 할수록

접속

(동사 가정형 / い형용사 けれ / な형용사 なら) + ば + (동사 기본형 / い형용사 い / な형용사 な) + ほど

예문

外国語(がいこくご)は勉強(べんきょう)すれ**ば**する**ほど**難(むずか)しいということがわかってくる。
외국어는 공부하면 할수록 어렵다는 것을 알게 된다.

101 ~ばよかった / ~たらよかった

[후회] ~했어야 했다, ~했으면 좋았다

접속 동사 가정형 + ばよかった
동사 과거형(た형) + たらよかった

예문 ① そんなにいい映画(えいが)だったら私(わたし)も見(み)れ**ばよかった。**
그렇게 좋은 영화였다면 나도 봤으면 좋았을 걸.

② あの時(とき)電話番号(でんわばんごう)を教(おし)えてもらっ**たらよかった。**
그때 전화번호를 가르쳐 달라고 했어야 했다.

102 ~ほど ~ない

~만큼 ~하지 않다

접속 명사 + ほど + (동사 부정형 / い형용사 く / な형용사 では / 명사 では) + ない

예문 単語(たんご)を覚(おぼ)えようとしても、若(わか)い時(とき)**ほど**早(はや)く覚(おぼ)えられ**ない。**
단어를 외우려고 해도 젊을 때만큼 빨리 외울 수 없다.

103 ~もの / ~もん

~인 것을, ~란 말이야

접속 (동사 보통형 / い형용사 보통형 / な형용사 보통형 / 명사 보통형) + もの, もん

예문 A どうして食(た)べないの？
왜 먹지 않니?

B だって、おいしくないんだ**もん。**
왜냐면 맛이 없는 걸.

104 ～ように ① [충고] ～하도록 ② [목적] ～할 수 있도록

접속 ① 동사 기본형 / 부정형 ② 동사 가능형 + ように

예문 ① 明日(あした)は試験(しけん)なので遅刻(ちこく)しない**ように。**

내일은 시험이니까 지각하지 않도록.

② 明日(あした)、早(はや)く起(お)きられる**ように**早(はや)く寝(ね)ましょう。

내일 일찍 일어날 수 있도록 일찍 잡시다.

105 ～らしい ～다운, ～답다

접속 명사 + らしい

예문 今日(きょう)は夏(なつ)**らしい**天気(てんき)ですね。

오늘은 여름다운 날씨네요.

106 ～んだって [전문] ～래, ～라고 하던데

접속
동사 보통형
い형용사 보통형
な형용사 な / だった
명사 な / だった
+ んだって

예문 映画(えいが)は４時(じ)から始(はじ)まる**んだって**。その前(まえ)に食事(しょくじ)しようか。

영화는 4시부터 시작한대. 그 전에 식사를 할까?

연습 괄호 안에 들어갈 표현으로 가장 적당한 것을 고르세요.

1 外に出るときは部屋のカギを持っていく(　　　　)言われた。

1 わりに　　2 ように　　3 ほうに　　4 うちに

2 ３月になってからは１月、２月(　　　　)。

1 ぐらい寒くない　　2 まで寒くない
3 ばかり寒くない　　4 ほど寒くない

3 若者の人口は減っていく(　　　　)将来が心配だ。

1 はんめんで　　2 だけで　　3 かぎりで　　4 いっぽうで

4 誰でも注射をいや(　　　　)のは当然です。

1 がる　　2 がち　　3 たび　　4 ない

5 新幹線で(　　　　)３時間もかかるそうです。

1 こそ　　2 まで　　3 さえ　　4 しか

6 昨日のパーティーのこと、もう少し詳しく聞か(　　　　)。

1 ないでもらえますか　　2 せてあげますか
3 ないでいただきましょうか　　4 せてもらえませんか

7 買っ(　　　　)服なのにもう汚してしまった。

1 たときから　　2 てほしかった　　3 たばかりの　　4 てみたかった

8 あの人(　　　　)私が探していた理想の女性だ。

1 なら　　2 こそ　　3 ばかり　　4 でも

9 京都の祇園祭は日本三大祭り(　　　　)有名だ。

1 として　　2 にして　　3 といえば　　4 にすれば

10 いなかで自然(　　　　)暮らす生活がしたいです。

1 につれて　　2 とともに　　3 のように　　4 にくわえて

11 人の性格を知るのに血液型(　　　　)関係ないと思います。

1 だけは　　2 よりは　　3 なんか　　4 にとって

12 こんなに値段が高くなったら誰も買わなくなる(　　　　)。

1 のはむりだろうか　　2 のではないだろうか

3 のもいいだろうか　　4 のがほんとうだろうか

13 こんなに高いなんて、セールの時に買っておい(　　　　)。

1 たらよかった　　2 てはよかった

3 たのがよかった　　4 てからよかった

14 田中さんは一週間休む(　　　　)。手術するらしい。

1 ってもの　　2 のだった　　3 ってこと　　4 んだって

15 日本料理(　　　　)しょうゆで味をつけるのが基本です。

1 といえば　　2 をはじめに　　3 をこめて　　4 といっても

정답

1 2 밖에 나갈 때는 방 열쇠를 가지고 나가라고 들었다.
2 4 3월이 된 후에는 1월, 2월만큼 춥지 않다.
3 4 젊은이의 인구는 줄어 가기만 해서 장래가 걱정이다.
4 1 누구라도 주사를 싫어하는 것은 당연합니다.
5 3 신칸센조차 3시간이나 걸린다고 합니다.
6 4 어제 파티에 대해 좀 더 자세히 들려주시지 않겠습니까?
7 3 산 지 얼마 안 된 옷인데 벌써 더럽히고 말았다.
8 2 저 사람이야말로 내가 찾고 있던 이상의 여성이다.
9 1 교토의 기온마쓰리는 일본 3대 축제로서 유명하다.
10 2 시골에서 자연과 함께 사는 생활이 하고 싶습니다.
11 3 사람의 성격을 아는데 혈액형 같은 건 관계 없다고 생각합니다.
12 2 이렇게 가격이 비싸지면 아무도 사지 않게 되는 것이 아닐까?
13 1 이렇게 비싸다니 세일 때 사 두었더라면 좋았을 걸.
14 4 다나카 씨는 일주일간 쉰다고 해. 수술하는 것 같아.
15 1 일본 요리라고 하면 간장으로 맛을 내는 것이 기본입니다.

기초 문법

학습 포인트

N3 문법에서는 문법 자체의 의미를 묻는 문제 외에 문장 전체의 의미를 파악하고 있는지를 묻는 문제도 많이 출제된다. 따라서 모든 단계에서 반복되는 추측 표현, 수수 표현, 수동·사역 표현 등의 기초 문법을 꼼꼼하게 익혀 두어야 한다. 특히 추측 표현은 종류가 다양하여 혼동하기 쉬우므로 차이를 잘 구분해야 한다.

1 양태·추측 표현

1. 추측 표현 そうだ・ようだ・らしい・みたい

접속 형태와 의미

구분	직감적 판단 そうだ ~일 것 같다	주관적 근거에 의한 추측 ようだ ~인 것 같다	객관적 근거에 의한 추측 らしい ~인 것 같다	개인의 주관적 근거에 의한 추측 みたいだ ~인 것 같다 (ようだ의 회화체)
동사	雨(あめ)が降(ふ)り**そうだ** 비가 올 것 같다	雨(あめ)が降(ふ)る**ようだ** 비가 오는 것 같다	雨(あめ)が降(ふ)る**らしい** 비가 오는 것 같다	雨(あめ)が降(ふ)る**みたいだ** 비가 오는 것 같다
い형용사	おいし**そうだ** 맛있을 것 같다	おいしい**ようだ** 맛있는 것 같다	おいしい**らしい** 맛있는 것 같다	おいしい**みたいだ** 맛있는 것 같다
な형용사	元気(げんき)**そうだ** 건강한 것 같다	元気(げんき)な**ようだ** 건강한 것 같다	元気(げんき)**らしい** 건강한 것 같다	元気(げんき)**みたいだ** 건강한 것 같다
명사	–	日本人(にほんじん)の**ようだ** 일본인인 것 같다	日本人(にほんじん)**らしい** 일본인인 것 같다	日本人(にほんじん)**みたいだ** 일본인인 것 같다

★ 예외 「ない → なさそうだ」, 「いい · よい → よさそうだ」

2. 전문 そうだ

접속 형태와 의미

구분	전문 そうだ ~라고 한다	예문
동사	동사 보통형 + そうだ	天気予報によると明日は雪が降る**そうです。** 일기 예보에 따르면 내일은 눈이 온다고 합니다.
い형용사	い형용사 보통형 + そうだ	山田さんの話によると、あの店はおいしい**そうです。** 야마다 씨의 이야기에 따르면 저 가게는 맛있다고 합니다.
な형용사	な형용사 보통형 + そうだ	彼は元気だ**そうだ。** 그는 건강하다고 합니다.
명사	명사 보통형 + そうだ	彼女の夫は日本人だ**そうです。** 그녀의 남편은 일본인이라고 합니다.

3. 추측 표현 かもしれない・だろう(でしょう)・はずだ

접속 형태와 의미

구분	반신반의의 추측 かもしれない ~일지도 모른다	근거에 따른 미래 추측 だろう(でしょう) 아마도 ~일 것이다(~일 것입니다)	객관적 근거에 따른 강한 확신의 추측 はずだ 분명 ~일 것이다
동사	雨が降る**かもしれない** 비가 올지도 모른다	雨が降る**だろう** 비가 올 것이다 雨が降る**でしょう** 비가 올 것입니다	雨が降る**はずだ** 분명 비가 올 것이다
い형용사	おいしい**かもしれない** 맛있을지도 모른다	おいしい**だろう** 맛있을 것이다 おいしい**でしょう** 맛있을 것입니다	おいしい**はずだ** 분명 맛있을 것이다
な형용사	元気**かもしれない** 건강할지도 모른다	元気**だろう** 건강할 것이다 元気**でしょう** 건강할 것입니다	元気な**はずだ** 분명 건강할 것이다
명사	日本人**かもしれない** 일본인일지도 모른다	日本人**だろう** 일본인일 것이다 日本人**でしょう** 일본인일 것입니다	日本人の**はずだ** 분명 일본인일 것이다

연습 **괄호 안에 들어갈 표현으로 가장 적당한 것을 고르세요.**

1 ニュースによれば外国の自動車は人気がある(　　　　)。

1 ものです　2 そうです　3 ほどです　4 だけです

2 昨日は夜遅くまでお酒を飲んでいたのでまだ寝ている(　　　　)。

1 うえだ　2 わけだ　3 ときだ　4 はずだ

3 事故の原因を調べていますが、まだわからない(　　　　)。

1 みえます　2 しまいます　3 ころです　4 みたいです

4 人がたくさん並んでいるので時間がかかり(　　　　)。

1 あまる　2 きれる　3 そうだ　4 ようだ

5 試験の結果がよければ来年はカナダに留学する(　　　　)。

1 かもしれません　2 はずがありません

3 おそれがあります　4 ことがあります

정답

1 2 뉴스에 의하면 외국 자동차는 인기가 있다고 합니다.

2 4 어제는 밤늦게까지 술을 마셨기 때문에 분명히 아직 자고 있을 것이다.

3 4 사고 원인을 조사하고 있습니다만, 아직 밝혀지지 않은 것 같습니다.

4 3 사람이 많이 줄 서 있어서 시간이 걸릴 것 같다.

5 1 시험 결과가 좋으면 내년에는 캐나다로 유학 갈지도 모릅니다.

2 수수 표현

1. 사물의 수수 표현

접속 형태와 의미

구분	기본형	아랫사람・동식물	윗사람
주다 (나 → 남)	あげる 주다	やる 주다	さしあげる 드리다
주다 (남 → 나)	くれる 주다	くれる 주다	くださる 주시다
받다 (나 ← 남)	もらう 받다	もらう 받다	いただく「もらう 받다」의 겸양어

나 → 남 주다

- 友(とも)だちの誕生日(たんじょうび)においしいケーキを**あげました**。
  친구의 생일에 맛있는 케이크를 주었습니다.

- 朝起(あさお)きたらまず花(はな)に水(みず)を**やります**。
  아침에 일어나면 우선 꽃에 물을 줍니다.

- 結婚式(けっこんしき)に出席(しゅっせき)された方(かた)たちに記念品(きねんひん)を**さしあげました**。
  결혼식에 참석하신 분들께 기념품을 드렸습니다.

남 → 나 주다

- 友(とも)だちが私(わたし)にプレゼントを**くれました**。
  친구가 나에게 선물을 주었습니다.

- これは去年(きょねん)の誕生日(たんじょうび)に祖父(そふ)が**くださった**時計(とけい)です。
  이것은 작년 생일에 할아버지가 주신 시계입니다.

나 ← 남 받다

- ホテルのフロントで部屋(へや)のキーを**もらいました**。
  호텔 프런트에서 방 열쇠를 받았습니다.

- となりの家(いえ)の人(ひと)におみやげを**いただいた**。
  옆집 사람에게 선물을 받았다.

2. 행위의 수수 표현

접속 형태와 의미

구분	기본형	아랫사람 · 동식물	윗사람
주다 (나 → 남)	～てあげる ～해 주다	～てやる ～해 주다	～てさしあげる ～해 드리다
주다 (남 → 나)	～てくれる ～해 주다	～てくれる ～해 주다	～てくださる ～해 주시다
받다 (나 ← 남)	～てもらう ～해 받다	～てもらう ～해 받다	～ていただく 「～てもらう ～해 받다」의 겸양어

나 → 남 **～해 주다**

- 友だちに子どもの時の写真を見せ**てあげました**。
  친구에게 어렸을 때의 사진을 보여 주었습니다.

- 子どもの誕生日に自転車を買っ**てやりました**。
  아이의 생일에 자전거를 사 주었습니다.

- お客様が戻られるまで荷物は保管し**てさしあげます**。
  손님이 돌아오실 때까지 짐은 보관해 드리겠습니다.

남 → 나 **～해 주다**

- このごろバスや電車で席をゆずっ**てくれる**人が少なくなった。
  요즘 버스나 전철에서 자리를 양보해 주는 사람이 적어졌다.

- 部長が許可し**てくださった**ので会議室を使うことにしました。
  부장님이 허가해 주셨기 때문에 회의실을 사용하기로 했습니다.

나 ← 남 **～해 받다**

- レポートは先輩に見**てもらいました**。
  리포트는 선배가 봐 주었습니다.

- 今月の雑誌には山田先生に原稿を書い**ていただきました**。
  이번 달 잡지에는 야마다 선생님께서 원고를 써 주셨습니다.

연습 **괄호 안에 들어갈 표현으로 가장 적당한 것을 고르세요.**

1 おじさんは僕と歳が変わらないのにいつもおこづかいを(　　　　)。

1 もらう　　2 くれる　　3 わたす　　4 あげる

2 銀行では先に番号札を(　　　　)順番を待ちます。

1 うけて　　2 よんで　　3 もらって　　4 かわって

3 今、紹介して(　　　　)山崎と申します。

1 くれた　　2 もらった　　3 さしあげた　　4 いただいた

4 3万円以上お買い上げのお客様にキッチンタオルを(　　　　)。

1 さしあげます　　2 あげます

3 いただきます　　4 くださいます

5 東京は初めてだという外国人に道を教え(　　　　)。

1 てまいりました　　2 てあげました

3 てなさいました　　4 てくれました

정답

1 2 삼촌은 나와 나이가 비슷한데도 늘 용돈을 준다.
2 3 은행에서는 먼저 번호표를 받고 순서를 기다립니다.
3 4 지금 소개해 주신 야마자키라고 합니다.
4 1 3만 엔 이상 구매하신 고객님께 키친타월을 드립니다.
5 2 도쿄는 처음이라는 외국인에게 길을 가르쳐 주었습니다.

3 수동·사역·사역 수동

구분	수동	사역	사역 수동
형태	れる · られる ~당하다 ~되다, ~받다, ~지다	せる · させる ~시키다 ~하게 하다	せられる · させられる 억지로 ~하다 (어쩔 수 없이 ~하게 되다)
1그룹	어미 う단→あ단 + れる	어미 う단→あ단 + せる	어미 う단→あ단 + せられる あ단 + される
2그룹	어미 ~~る~~ + られる	어미 ~~る~~ + させる	어미 ~~る~~ + させられる
3그룹 する	される	させる	させられる
3그룹 くる	こられる	こさせる	こさせられる

1. 수동형

일반 수동 외부로부터 영향을 받음을 표현할 때 사용

- 田中さんはみんなに「ターちゃん」と**呼ばれている**。
  다나카 씨는 모두에게 '타 짱'이라고 불리고 있다.

- 秘密の日記を家族に**見られて**恥ずかしかった。
  비밀 일기를 가족이 봐서 창피했다.

피해 수동 자신이 받은 피해를 강조할 때 사용

- 帰る時、雨に**降られて**カバンがぬれてしまいました。
  돌아올 때, 비가 내려서 가방이 젖어 버렸습니다.

- 明日は試験なのに友だちに**来られて**勉強できませんでした。
  내일은 시험인데 친구가 와서 공부를 할 수 없었습니다.

객관적 수동 객관적 사실을 전달할 때 사용

- この製品は全部プラスチックで**作られている**。
  이 제품은 전부 플라스틱으로 만들어져 있다.

- この家は100年前に**建てられました**。
  이 집은 100년 전에 세워졌습니다.

2. 사역형

일반 사역 어떤 동작이나 행동을 하게 할 때 사용

- 急に用事ができて買い物は子どもに**行かせました**。
  급히 볼일이 생겨서 장보기는 아이에게 가게 했습니다.

- どんな理由があっても相手を１時間も**待たせる**のは失礼だ。
  어떤 이유가 있더라도 상대를 한 시간이나 기다리게 하는 것은 실례이다.

허가 상대방의 행위를 허락하거나, 상대에게 정중하게 허락을 구할 때 사용

- 田中さんは子どもたちを自由に**遊ばせた**。
  다나카 씨는 아이들을 자유롭게 놀게 했다.

- 課長、具合が悪いので今日は**休ませて**ください。
  과장님, 몸이 안 좋으니 오늘은 쉬게 해 주세요.

감정 유발 사역 외부 영향으로 생긴 감정이나 심리를 표현할 때 사용

- あの人はいつも時間を守らなくて他の人を**困らせる**。
  저 사람은 항상 시간을 지키지 않아서 다른 사람을 곤란하게 한다.

- 子どもを**驚かせよう**としたが全然驚かなかった。
  아이를 놀래키려고 했지만 전혀 놀라지 않았다.

3. 사역 수동형

일반 사역 수동 강제적·어쩔 수 없이 어떤 동작이나 행동을 하게 할 때 사용

- 遅刻すると運動場を一周**走らされます**。
  지각하면 운동장을 한 바퀴 달려야 합니다(달리게 합니다).

- 部屋が汚くて母に掃除を**させられました**。
  방이 더러워서 엄마가 청소를 시켰습니다(청소를 하게 했습니다).

감정 유발 사역 수동 외부 영향으로 생긴 감정이나 심리를 표현할 때 사용

- 主人公の自信あふれる演技に深く**感動させられた**。
  주인공의 자신 넘치는 연기에 깊이 감동받았다.

- 予想もしなかった突然の訪問にびっくり**させられました**。
  예상도 하지 못한 갑작스러운 방문에 깜짝 놀랐습니다.

연습 **괄호 안에 들어갈 표현으로 가장 적당한 것을 고르세요.**

1 歓迎会でみんなから無理に歌を(　　　　)。

1 歌えた　2 歌われた　3 歌わせた　4 歌わされた

2 この文書は古代文字で(　　　　)いるので読めない。

1 書いて　2 書かせて　3 書けて　4 書かれて

3 子どもにも社会の現実を(　　　　)ことは必要だ。

1 知られる　2 知らせる　3 知りたい　4 知りぬく

4 朝、電車の中でとなりの人に足を(　　　　)。

1 踏みました　2 踏みそうでした

3 踏まれました　4 踏もうとしました

5 日本語の先生は学生たちをよく(　　　　)ので人気がある。

1 笑わせる　2 笑われる　3 笑えさせる　4 笑える

정답

1　4 환영회에서 모두가 억지로 노래를 부르게 했다.
2　4 이 문서는 고대 문자로 쓰여 있어서 읽을 수 없다.
3　2 아이에게도 사회의 현실을 알리는 것은 필요하다.
4　3 아침에 전철 안에서 옆 사람에게 발을 밟혔습니다.
5　1 일본어 선생님은 학생들을 자주 웃겨서 인기가 있다.

경어 표현

학습 포인트

경어는 일본어능력시험에 매회 출제되고 있으며 문법 영역뿐만 아니라 다른 영역에서도 출제 빈도가 높다. 공부를 할 때는 존경어·겸양어의 개념을 잘 이해하고, 특수 존경어나 특수 겸양어처럼 단어 차제가 변하는 존경어·겸양어와 공식을 사용한 경어 표현이 있으니 꼼꼼하게 확인하며 외우도록 하자.

1 특수 존경어

001	**いらっしゃる** 行く(가다)·来る(오다)·いる(있다)의 존경어

예문 社長がいらっしゃいました。 사장님이 오셨습니다.

002	**おっしゃる** 言う(말하다)의 존경어

예문 先生はこのようにおっしゃいました。 선생님은 이렇게 말씀하셨습니다.

003	**なさる** する(하다)의 존경어

예문 先生は大学院で何を研究なさいましたか。 선생님은 대학원에서 무엇을 연구하셨습니까?

004	**召す** 着る(입다)·食べる(먹다)·飲む(마시다)·気に入る(마음에 들다)의 존경어 (의미에 따라 형태가 달라짐)

예문 新しい服を準備しましたから一度お召しになってください。
새 옷을 준비했으니 한번 입어 주시기 바랍니다.

お口に合うかどうか分かりませんが、**召し**上がってみてください。

입맛에 맞을지 어떨지 모르겠습니다만 드셔 보세요.

★「お召し上がりください」는 이중 경어로 문법적으로는 잘못된 표현이지만 일상 회화에서는 많이 사용한다.

005	**見える** 来る(오다)의 존경어

예문 お客様が**見え**ました。

손님이 오셨습니다.

★「お見えになる」는 이중 경어로 문법적으로는 잘못된 표현이지만 일상 회화에서는 많이 사용한다.

006	**お越しになる** 来る(오다)의 존경어

예문 会長が**お越しになり**ました。

회장님께서 오셨습니다.

007	**おいでになる** 行く(가다)·来る(오다)·いる(있다)의 존경어

예문 山田様が**おいでになって**います。

야마다 님이 와 계십니다.

008	**ご存じだ** 知っている(알다)의 존경어

예문 雰囲気のいいレストランを**ご存じです**か。

분위기 좋은 레스토랑을 아십니까?

2 공식을 사용한 존경 표현

009 お(ご)~になる

(예문) ここに**お**かけ**になって**ください。

여기 앉으세요.

空港に**ご**到着**になる**のは5時頃だと聞いております。

공항에 도착하시는 것은 5시쯤이라고 들었습니다.

★ 예외: 「見る → ご覧になる」, 「行く· 来る·いる → おいでになる」
「寝る → お休みになる」, 「着る → お召しになる」

010 ~(ら)れる

(예문) 先生はその学校で30年間教え**られて**います。

선생님은 그 학교에서 30년간 가르치고 계십니다.

社長はいつもバスで出勤**されます**。

사장님은 늘 버스로 출근하십니다.

011 ~てくださる

(예문) 部長が一緒に行っ**てくださる**から安心です。

부장님이 함께 가 주시니 안심입니다.

論文の書き方について、先生が教え**てくださった**。

논문 쓰는 법에 대해 선생님이 가르쳐 주셨다.

012 お(ご)~くださる

(예문) **ご**紹介**くださった**方から連絡をいただきました。

소개해 주신 분으로부터 연락을 받았습니다.

013 お(ご)～ください

예문 こちらに**お**名前(なまえ)を**お**書(か)き**ください**。
여기에 이름을 적어 주십시오.

近(ちか)くに来(こ)られた時(とき)はいつでも**お**訪(たず)ね**ください**。
근처에 오셨을 때는 언제든지 들러 주세요.

商品(しょうひん)が届(とど)きましたら、こちらに**お**振(ふ)り込(こ)み**ください**。
상품이 도착하면 이쪽으로 입금해 주세요.

3 특수 겸양어

014 伺(うかが)う 訪(おとず)れる(방문하다)・尋(たず)ねる(묻다)・聞(き)く(듣다)의 겸양어

예문 明日(あした)の午前中(ごぜんちゅう)に**伺(うかが)い**たいのですが。내일 오전 중에 찾아 뵙고 싶은데요.

★「お伺(うかが)いする」는 이중 경어로 문법적으로는 틀리지만 일상 회화에서는 많이 사용한다.

015 申(もう)し上(あ)げる 言(い)う(말하다)의 겸양어

예문 これから、本日(ほんじつ)の予定(よてい)を**申(もう)し上(あ)げ**ます。
지금부터 오늘 예정을 말씀드리겠습니다.

016 存(ぞん)じる 思(おも)う(생각하다)의 겸양어

예문 午後(ごご)5時(じ)に出発(しゅっぱつ)なされれば7時(じ)には到着(とうちゃく)できると**存(ぞん)じ**ます。
오후 5시에 출발하시면 7시에는 도착할 수 있으실 거라고 생각합니다.

017	**存じている** (일·물건) **存じ上げている** (사람)	知っている(알고 있다)의 겸양어

예문 その件については、私も**存じています**(存じております)。

그 건에 대해서는 저도 알고 있습니다.

山田先生なら私も**存じ上げています**(存じ上げております)。

야마다 선생님이라면 저도 알고 있습니다.

018	**差し上げる** あげる(주다)의 겸양어

예문 来てくださったお客様には、プレゼントを**差し上げて**おります。

와 주신 고객님께는 선물을 드리고 있습니다.

019	**いただく** もらう(받다)의 겸양어

예문 これは、おばあさんから**いただいた**ものです。

이건 할머니께 받은 것입니다.

020	**お目にかかる** 会う(만나다)의 겸양어

예문 山田さんには以前**お目にかかった**ことがありますが、とても素敵な方でしたよ。

야마다 씨는 전에 뵌 적이 있습니다만 아주 멋진 분이었어요.

021	**拝見する** 見る(보다)의 겸양어

예문 佐藤さんのブログ、いつも**拝見して**います。

사토 씨의 블로그, 항상 잘 보고 있습니다.

022	**拝借(はいしゃく)する** 借(か)りる(빌리다)의 겸양어

예문 こちらの本(ほん)、少々(しょうしょう)**拝借(はいしゃく)しても**よろしいでしょうか。

이 책 잠시 빌려도 되겠습니까?

023	**承(うけたまわ)る** 聞(き)く(듣다) · 伝(つた)え聞(き)く(전해 듣다) · 受(う)ける(받다) · 引(ひ)き受(う)ける(맡다)의 겸양어

1.「聞(き)く 듣다」의 겸양어

예문 ご意見(いけん)やご質問(しつもん)は、お客様相談窓口(きゃくさまそうだんまどぐち)にて**承(うけたまわ)って**おります。

의견이나 질문은 고객 상담 창구에서 받고(듣고) 있습니다.

2.「伝(つた)え聞(き)く 전해 듣다」의 겸양어

예문 鈴木様(すずきさま)より本日(ほんじつ)は開始時間(かいしじかん)が30分(ぷん)ほど遅(おく)れる予定(よてい)と**承(うけたまわ)って**おります。

스즈키 님께 오늘은 개시 시간이 30분 정도 늦어질 예정이라고 들었습니다.

3.「受(う)ける 받다」의 겸양어

예문 ご注文(ちゅうもん)を**承(うけたまわ)ります。** 주문을 받겠습니다.

4.「引(ひ)き受(う)ける 맡다」의 겸양어

예문 この件(けん)につきましては、入院中(にゅういんちゅう)の田中(たなか)に代(か)わって私(わたし)が**承(うけたまわ)って**おります。

이 건에 대해서는 입원 중인 다나카를 대신하여 제가 맡고 있습니다.

024	**頂戴(ちょうだい)する** もらう(받다)의 겸양어

예문 お客様(きゃくさま)よりたくさんのご意見(いけん)を**頂戴(ちょうだい)して**います。

고객님께 많은 의견을 받고 있습니다.

025	**いたす** する(하다)의 겸양어

예문 またこちらからお電話(でんわ)**いたします。** 다시 이쪽에서 전화드리겠습니다.

026	**かしこまる** 分かる(알다)의 겸양어

예문 お持ち帰りで、ハンバーガーセットを三つですね。**かしこまりました。**

테이크 아웃으로, 햄버거 세트 세 개네요. 알겠습니다.

027	**参る** 来る(오다)· 行く(가다)의 겸양어

예문 はい、ただ今**参ります。**

네, 지금 가겠습니다.

4 공식을 사용한 겸양 표현

028	**お(ご)～する**

예문 その件は課長に**お伝えします。**

그 건은 과장님께 전하겠습니다.

のちほどこちらから**ご連絡します。**

나중에 이쪽에서 연락드리겠습니다.

029	**お(ご)～いたす**

예문 このカバンは私が**お持ちいたします。**

이 가방은 제가 들겠습니다.

よろしければ今から**ご案内いたします。**

괜찮으시면 지금부터 안내해 드리겠습니다.

030 お(ご)~申(もう)し上(あ)げる

예문 おっしゃったことは必(かなら)ず**お伝(つた)え申(もう)し上(あ)げ**ます。

말씀하신 것은 반드시 전하겠습니다.

ここから先(さき)は、私(わたし)が**ご案内(あんない)申(もう)し上(あ)げ**ます。

여기서부터는 제가 안내하겠습니다.

031 お(ご)~いただく

예문 遠(とお)いところからわざわざ**お越(こ)しいただき**、ありがとうございました。

멀리서 일부러 와 주셔서 감사했습니다.

少々(しょうしょう)**お待(ま)ちいただけ**ますか。

잠시 기다려 주시겠습니까?

032 ~ていただく

예문 必要(ひつよう)な書類(しょるい)は全部(ぜんぶ)記入(きにゅう)**していただけ**ましたでしょうか。

필요한 서류는 전부 기입해 주셨나요?

教(おし)えていただいたレシピどおりに作(つく)りました。

가르쳐 주신 조리법대로 만들었습니다.

033 ~させていただく

예문 申(もう)し訳(わけ)ありませんが、先(さき)に**帰(かえ)らせていただき**ます。

죄송합니다만, 먼저 돌아가겠습니다.

では、優勝者(ゆうしょうしゃ)を**発表(はっぴょう)させていただき**ます。

그럼, 우승자를 발표하겠습니다.

연습 **괄호 안에 들어갈 표현으로 가장 적당한 것을 고르세요.**

1 木村様、ただいま宿泊予約を(　　　　)。

1 ご確認されます　　2 ご確認なさいます
3 ご確認いたします　　4 ご確認くださいます

2 新しい製品の機能について私からご説明(　　　　)。

1 していただきます　　2 させてくださいます
3 してくださいます　　4 させていただきます

3 田中さんはご家族で(　　　　)と聞きました。

1 おきになる　　2 きなさる　　3 こられる　　4 これる

4 今回の会議の内容については私から(　　　　)。

1 報告なさいます　　2 ご報告申し上げます
3 報告するかと存じます　　4 ご報告とするつもりです

5 申し訳ありませんが少しの間、かさを(　　　　)。

1 おかりいたします　　2 おかりくださいます
3 おかりあげます　　4 おかりさしあげます

정답

1 3 기무라 님, 지금 숙박 예약을 확인하겠습니다.
2 4 새로운 제품의 기능에 대해 제가 설명해 드리겠습니다.
3 3 다나카 씨는 가족이 오신다고 들었습니다.
4 2 이번 회의 내용에 대해서는 제가 보고하겠습니다.
5 1 죄송합니다만 잠시 우산을 빌리겠습니다.

1: 問題1 문법형식 판단

문제 유형

문법형식 판단에서는 괄호 안에 들어갈 문법 기능어를 묻는 문제가 출제된다. 단순한 문법 사항보다 문형과 문장 구조를 묻는 문제가 많이 나오므로 문법을 단어처럼 단순 암기하기보다는 문장 구조를 알 수 있는 예문을 통해 문장을 이해하는 연습을 하도록 하자.

예시

問題 1　つぎの文の(　　　)に入れるのに最もよいものを、1・2・3・4から一つえらびなさい。

1　私は今まで運動(　　　)運動をしたことがない。

1 向き　　2 という　　3 らしい　　4 そうな

1	① ② ● ④

문제 풀이 포인트

선택지에는 비슷한 뜻의 문법이 나열되어 있으므로 혼동하기 쉽다. 문제를 먼저 읽고 괄호 안에 들어갈 내용을 유추한 뒤, 선택지를 보고 알맞은 답을 골라야 하며, 이때 바른 접속 형태가 무엇인지에 주의해야 한다. 예시 문제를 통해 확인해 보자.

문장의 흐름을 파악하자!

'지금까지 운동을 제대로 한 적이 없다'라는 내용의 문장이다. 괄호 앞뒤로 '운동'이라는 명사가 반복되고 있으므로 '운동다운 운동'이라는 표현이 되어야 한다.

문형과 접속 형태에 주의하자!

괄호 앞뒤로 '운동'이라는 명사가 이어져 있으므로 선택지 중에 명사와 접속하여 문법적 오류가 없으면서 의미가 맞는 표현을 찾아야 한다. 선택지 3번의「명사 + らしい」는 '~답다'라는 뜻이므로 정답은 3번이다. 「~らしい」는 이 외에도 '~인 듯하다, ~라는 듯하다'라는 뜻의 추측·유추의 의미로도 사용한다.

問題 1 문법형식 판단 연습문제 ①

해설편 60p

問題 1　つぎの文の(　　　)に入れるのに最もよいものを、1・2・3・4から一つえらびなさい。

1 若いころにいろいろな経験をするのは、あなたの将来(　　　)役立つはずだ。

1 にとって　　2 によって　　3 に対して　　4 として

2 レシピに書いてあった(　　　)、そのまま作ったのに、全然おいしくできなかった。

1 ところに　　2 とおり　　3 ついでに　　4 場合

3 英語ができる(　　　)日常会話ぐらいです。

1 といっては　　2 といっても　　3 というのは　　4 というのも

4 教室で友だちとおしゃべりしていたら先生に「早く席に(　　　)」と注意された。

1 座るな　　2 座ったか　　3 座っていろ　　4 座れ

5 大阪(おおさか)は昔から商業の町として(　　　)し、今も大きな貿易会社が多い。

1 発展しそうだ　　2 発展させた

3 発展してきた　　4 発展していく

6 友だちと話していたら(　　　)暗くなっていたので急いで帰った。

1 いつの間にか　　2 さっそく　　3 とつぜん　　4 うっかり

7 客　「すみません。このお店、クレジットカードは使えますか。」

店員「はい。(　　　)。」

1 お使いできます　　2 お使いしております

3 お使いいただけます　　4 お使いになります

8 今日はあまり時間がないので見る(　　　)して、日曜日にまた来ます。

1 だけに　　2 かわりに　　3 ように　　4 わけに

9 市では今年60歳になった人たち(　　　)映画の無料チケットを渡している。

1 のわりに　　2 に対して　　3 のうちに　　4 に関して

問題1 문법형식 판단 연습문제 ②

해설편 62p

問題1　つぎの文の(　　　)に入れるのに最もよいものを、1・2・3・4から一つえらびなさい。

1 この町には駅を中心(　　　)ショッピングセンターが3つあります。

1 に　　2 で　　3 の　　4 を

2 妹は川島(かわしま)さん(　　　)ところへ遊びに行くと言って出かけた。

1 かなにかの　　2 かだれかの　　3 かどこかの　　4 かどうかの

3 第一高速道路は交通事故の影響(　　　)午後5時まで通行禁止になります。

1 にとって　　2 としては　　3 により　　4 とすれば

4 家に帰って(　　　)田舎の母から荷物が届いていた。

1 来たら　　2 来れば　　3 来るとき　　4 来てから

5 母「どうしてこの服、着ないの？」
娘「だって、かわいくない(　　　)。」

1 だろう　　2 こと　　3 もの　　4 らしい

6 こんな難しい問題が私に解ける(　　　)。

1 わけではない　　2 わけにはいかない　　3 わけがない　　4 ようがない

7 雨がたくさん降って川が(　　　)から、ニュースをよく聞いて早く避難してください。

1 あふれている　　2 あふれそうになった
3 あふれてしまった　　4 あふれるおそれがある

8 新幹線の駅ができればこの町も東京まで1時間で行けるから人口が増えて(　　　)でしょう。

1 変わってみる　　2 変わることはない
3 変わっていく　　4 変わるところ

9 去年まで学生だった彼女が、今は教師(　　　)学生たちの前に立っている。

1 としたら　　2 としても　　3 とすると　　4 として

問題 1 문법형식 판단 연습문제 ③

해설편 65p

問題 1　つぎの文の(　　　)に入れるのに最もよいものを、1・2・3・4から一つえらびなさい。

1　同じ品物でも売っている店(　　　)みんな値段が違う。

1　について　　2　によって　　3　につれて　　4　にとって

2　朝炊いたご飯を夜までおいしく保存して、一日中(　　　)のご飯を食べられるようにしたい。

1　炊き上げ　　2　炊きたて　　3　炊き切れ　　4　炊きかけ

3　あの人はさっき会った(　　　)なのにどうしても名前が思い出せない。

1　くせ　　2　わけ　　3　とおり　　4　ばかり

4　あの店は初めは客が多かったが(　　　)減って、今では日曜でもほとんどいない。

1　ふと　　2　次第に　　3　めったに　　4　ついでに

5　弟「お父さんから手紙を(　　　)って言われたんだけど、これのこと？」
兄「そうだな。じゃあ、ついでに何か飲むものも買ってきて。」

1　出してきてくれ　　2　出してやってもいい
3　出してきたの　　4　出してきてもいいから

6　英会話の初級クラスは人数(　　　)、毎月必ず開かれます。

1　に関わりなく　　2　によって　　3　に違いなく　　4　に代わって

7　このかばんは(　　　)軽いから、どこにも必ず持っていきます。

1　持ちかえったり　　2　持ちかえって
3　持ちやすかったり　　4　持ちやすくて

8　高いビルだが、外の景色はこの窓(　　　)見ることができない。

1　にしか　　2　にでも　　3　からしか　　4　からでも

9　一人で着物が着られる(　　　)着物教室に通うことにした。

1　ようになるまで　　2　ようにするまで
3　ことにするため　　4　ことになるため

2 : 問題 2 문장 만들기

문제 유형

선택지에 주어진 네 개의 단어를 올바른 순서로 나열하여 문장을 완성시키고 ＿★＿에 들어가는 단어를 찾는 문제이다. ＿★＿의 위치는 보통 세 번째에 있지만 그렇지 않은 경우도 있으므로 주의해야 한다.

예시

問題 2　つぎの文の ＿★＿ に入る最もよいものを、1・2・3・4から一つえらびなさい。

14　きのう ＿＿＿ ＿＿＿ ＿★＿ ＿＿＿ はとてもおいしかった。

1 母　　2 買ってきた　　3 が　　4 ケーキ

14	① ● ③ ④

문제 풀이 포인트

문법이 연결되는 부분을 찾아라!

선택지 중에 밑줄 앞뒤와 연결되어 문형을 이루거나 선택지끼리 연결해서 하나의 문형이 되는 것을 찾아 먼저 연결해야 한다. 특히 조사는 문형 맨 앞이나 뒤에 오는 경우가 많으니 조사의 위치에 주의하자.

선택지 단어를 먼저!

간혹 제시된 문장과 선택지에 특별한 문법 사항이 보이지 않을 때가 있다. 이럴 때는 먼저 선택지 단어만으로 하나의 문장을 만들어 보자. 4개의 단어를 맥락에 맞게 나열하다 보면, 의미가 연결되지 않는 단어가 있을 것이다. 그 단어를 맨 앞 또는 맨 뒤 밑줄에 넣고 나열하면 맥락에 맞는 문장이 완성될 것이다. 예시 문제를 통해 확인해 보자.

밑줄 앞뒤에 특별한 문형이 눈에 띄지 않으며 마지막 밑줄 뒤로 주격 조사인 「は 는」이 나오므로 명사인 1번이나 4번이 마지막에 들어가야 한다. 이때 뒤에 이어지는 서술어가 「おいしかった 맛있었다」이므로 4번이 마지막에 들어간다. 나머지 선택지를 의미가 맞도록 나열해 보면 「母(はは)が買(か)ってきたケーキ 엄마가 사온 케이크(1→3→2→4)」가 되므로 정답은 2번이다.

해설편 68p

問題 2　つぎの文の ＿★＿ に入る最もよいものを、1・2・3・4から一つえらびなさい。

1 次の試験で ＿＿＿ ＿＿＿ ＿★＿ ＿＿＿ あきらめない。

1　合格する　　2　としても　　3　不合格になった　　4　までは

2 この失敗の原因は、去年 ＿＿＿ ＿＿＿ ＿★＿ ＿＿＿ あるだろう。

1　ことに　　2　変更されてしまった　　3　計画が　　4　立てた

3 幸せな人生を送るためには、＿＿＿ ＿★＿ ＿＿＿ ＿＿＿ という考えの若者が増えている。

1　いい　　2　お金　　3　さえ　　4　あれば

4 田中(たなか)「どうしたの、何か元気ないね。」
井上(いのうえ)「ちょっと進学のことでね。お父さん、＿＿＿ ＿＿＿ ＿★＿ ＿＿＿。」

1　だめだって　　2　聞こうとしないんだ
3　大学進学以外は　　4　私の話を

5 中山(なかやま)先生はほかの学生と相談して ＿＿＿ ＿＿＿ ＿★＿ ＿＿＿ ください。

1　少し　　2　ので　　3　待って　　4　いらっしゃいます

6 飛行機の中では食事は ＿＿＿ ＿＿＿ ＿★＿ ＿＿＿ いたが、ごちそうが出てびっくりした。

1　だろう　　2　いわれて　　3　出ない　　4　と

7 山田(やまだ)　「ジョンさん、今日はコーヒーじゃなく ＿＿＿ ＿＿＿ ＿★＿ ＿＿＿ しませんか。」
ジョン「私は何でもいいですよ。」

1　の　　2　て　　3　に　　4　ほか

8 外国で生活しながら病気になった時 ＿＿＿ ＿＿＿ ＿★＿ ＿＿＿ ことはなかった。

1　感じさせられた　　2　ほど　　3　について　　4　家族のよさ

問題 2 문장 만들기 연습문제 ②

해설편 70p

問題 2　つぎの文の ＿★＿ に入る最もよいものを、1・2・3・4から一つえらびなさい。

1 A「すみません。会員の申し込みをしたいんですが。」
B「それではこの用紙に必要なことを ＿＿ ＿★＿ ＿＿ ＿＿ ください。」
1 お持ち　2 お書き　3 こちらに　4 になって

2 父は、毎日学校から帰ると友だちと遊びに行った ＿＿ ＿＿ ＿★＿ ＿＿ と言って笑った。
1 いちばん　2 ころが　3 懐かしい　4 あの

3 彼女とはあれから ＿＿ ＿＿ ＿★＿ ＿＿ 会うかもしれないと心の中で期待している。
1 どこかでまた　2 一度も　3 けれども　4 会っていない

4 夏になると北海道(ほっかいどう) ＿＿ ＿＿ ＿★＿ ＿＿ 祭りが行われる。
1 かけて　2 から　3 に　4 九州(きゅうしゅう)

5 美術館には ＿＿ ＿＿ ＿★＿ ＿＿ 大作から、２０センチぐらいの小品まで展示されていた。
1 大きなもの　2 幅が３メートル　3 だと　4 もある

6 A「この前のマラソン大会はどうでしたか。」
B「うまく走れませんでした。＿＿ ＿＿ ＿★＿ ＿＿ なくて、緊張してしまいました。」
1 大会には　2 あんな　3 参加したことが　4 大きな

7 一人で住んでいる祖母にインターネットの使い方を教えようとも思ったが ＿＿ ＿＿ ＿★＿ ＿＿ ことも簡単ではなさそうだ。
1 祖母には　2 さわったことのない　3 メールを出す　4 パソコンに

8 ６月ごろから ＿＿ ＿＿ ＿★＿ ＿＿ 来週から晴れるそうだ。
1 毎日のように　2 長い雨が　3 降っていた　4 やっと

3: 問題 3 글의 문법

문제 유형

글을 읽으면서 맥락에 맞는 어휘를 빈칸에 넣는 문제이다. 접속사와 문말 표현, 지시어 등을 고르는 문제가 주로 나오며, 문법 기능어가 아니더라도 글의 흐름 속에서 중요한 역할을 하는 표현을 고르는 문제가 출제된다.

예시

問題 3　つぎの文章(ぶんしょう)を読んで、文章全体(ぶんしょうぜんたい)の内容(ないよう)を考えて、 19 の中に入る最もよいものを、1・2・3・4から一つえらびなさい。

日本語がなかなか上手に 19 、困っている人が多いと聞きました。でも、心配しなくてもいいです。私は勉強を始めて半年以上すぎて、少し長い文章でも読めるようになりました。ちゃんと上手になっていますよ。

19　1 なって　　2 ならなくて
　　3 なれば　　4 ならなかったら

19	① ● ③ ④

문제 풀이 포인트

논리의 방향을 이해하자!

빈칸에 들어갈 표현을 찾기 위해서는 글의 흐름과 논리의 방향(순접인지, 역접인지, 긍정인지, 부정인지, 부연 설명인지 등)을 이해해야 한다. 특히 공란이 마지막에 있을 때는 바로 앞 문장이 가리키는 바가 무엇인지를 정확하게 파악해야 한다. 예시 문제를 통해 확인해 보자.

19 앞의 부사「なかなか 좀처럼」은 부정 표현을 수반하여「なかなか～ない 좀처럼 ~하지 않다」라는 문형으로 주로 사용한다. 선택지 중 부정 표현은 2번의「～ならなくて ~하지 않아서」와 4번의「～ならなかったら ~하지 않는다면」이다. '일본어를 잘 못해서 곤란해 하는 사람이 많다'라는 흐름의 글이므로 19 에는 2번이 들어가「上手(じょうず)にならなくて 능숙해지지 않아서」로 뒷부분과 연결되어야 한다.

해설편 73p

問題 3 つぎの文章（ぶんしょう）を読んで、文章全体（ぶんしょうぜんたい）の内容（ないよう）を考えて、1 から 5 の中に入る最もよいものを、1・2・3・4から一つえらびなさい。

イヌはとても賢い動物だと言われています。自分が住んでいるところを覚えていて、もし遠くに行ったとしても、必ず自分の家を探して帰って来ます。でも、それが1,000kmも離れたところだったらどうでしょうか。人間でもそれほど遠いところから自分の家に帰るのは大変でしょう。 1 、人間にも難しいことをしたイヌがいました。 2 イヌはある日、主人が故郷に帰ったときに一緒に行きました。1,000kmも離れたところですから、行くときは飛行機に乗って行きましたが、帰るときに空港に向かうバスが事故を起こしてしまいました。イヌの主人もそのとき大きなケガをして、病院に入院しました。主人は救急車の中でもこのイヌに「すぐ帰るから待っていてね。」と 3 そうですが、もちろんイヌはそんなことはわかりませんでした。それからこのイヌの家探しが始まったのです。もちろん、電車やトラックに乗ったりすることはできませんから、歩いて 4 。雨が降っても、台風が来ても家のある方へ一生懸命に歩くだけでした。でも驚かないでください。それから3か月後、とうとうこのイヌは自分の家に帰ってきたのです。そのときはもう、主人もケガが治って、自分の家に帰っていました。心のなかではイヌがもう 5 と思っていました。それがある日、ワンワンという声が聞こえたのでびっくりして外に出ると、会いたかったイヌがしっぽをふってやってきたんです。信じられないかもしれませんが、これはほんとうの話です。

해설편 74p

1

1 たしかに　2 それから　3 ところが　4 あんがい

2

1 その　2 あの　3 そういう　4 ああいう

3

1 言おうとした　2 言っていた
3 言わなかった　4 言えなかった

4

1 行くほうがましでした　2 行くところでした
3 行くべきでした　4 行くしかありませんでした

5

1 帰ってこないだろう　2 帰ってくるだろう
3 帰っていってほしい　4 帰らないでほしい

MEMO

문법

Ⅱ 실전문제 익히기

問題 1 문법형식 판단
問題 2 문장 만들기
問題 3 글의 문법

問題 1 문법형식 판단 실전문제 ①

해설편 75p

問題 1　つぎの文の(　　　)に入れるのに最もよいものを、1・2・3・4から一つえらびなさい。

1 あのお店の人は私が行く(　　　)笑いながらあいさつしてくれる。

1 あいだ　　2 ところ　　3 くらい　　4 たびに

2 こんなに道路が混んでいたら飛行機の時間までに空港に(　　　)そうもない。

1 着け　　2 着く　　3 着いて　　4 着いた

3 A「新しくできた特急電車はどんな形ですか？」

B「よこから見ると鳥のような形(　　　)していておもしろいですね。」

1 が　　2 に　　3 を　　4 で

4 乗客「特急で行けば1時間ぐらいで行けますか。」

駅員「特急に乗った(　　　)2時間はかかりますよ。」

1 とすれば　　2 といえば　　3 としても　　4 と思っても

5 この作品は私が1年間苦労して作ったものだからできるだけ多くの人に(　　　)。

1 みてほしい　　2 みたがっている

3 みてあげたい　　4 みせたがっている

6 久しぶりに故郷の友だちに(　　　)ゆっくり話をしたいと思った。

1 会ったとしても　　2 会ったのだから

3 会うかわりに　　4 会うくらいなら

7 小学校で生徒たちの絵を見たら子ども(　　　)作品がたくさんあった。

1 だけの　　2 らしい　　3 向けの　　4 ままの

8 私は夜型なので、夜遅くまで(　　　)のは平気です。

1 起きる　　2 起きてしまう　　3 起きた　　4 起きている

9 電車が満員で(　　　)としても乗ることができなかった。

1 乗ろう　　2 乗って　　3 乗る　　4 乗り

問題1 문법형식 판단 실전문제 ②

해설편 77p

問題 1　つぎの文の(　　　)に入れるのに最もよいものを、1・2・3・4から一つえらびなさい。

1 一人で買い物に行くのは5歳の子ども(　　　)無理でしょう。

1 とは　　2 さえ　　3 まで　　4 には

2 心(　　　)この本をお送りいたします。

1 にかけて　　2 を込めて　　3 に入れて　　4 を通じて

3 自分は試験に合格したが仲がいい友だちが落ちてしまったので(　　　)うれしくなかった。

1 少しも　　2 一度も　　3 いつも　　4 最も

4 試験も終わって後は発表を待つ(　　　)から、久しぶりに友だちと楽しく過ごしたい。

1 ようだ　　2 そうだ　　3 だけだ　　4 ころだ

5 サンドイッチを買ってテーブルに置いておいたら(　　　)食べられなくなった。

1 固くなったおかげで　　2 固くなりすぎて
3 固くしようとしたおかげで　　4 固くしようとしすぎて

6 学生「先生、月曜日に(　　　)資料はいつまでに整理すればいいですか。」
先生「来週の初めまでにお願いします。」

1 存じた　　2 いただいた　　3 いらっしゃった　　4 さしあげた

7 あわてて家を出発したが途中で窓を(　　　)出てきたことに気がついた。

1 あいたついでに　　2 あけたついでに　　3 あいたまま　　4 あけたまま

8 先生「発表会の準備でもう少し人が必要なんだけど、だれか手伝ってくれる人いますか。」
学生「先生、私にぜひ(　　　)ください。」

1 手伝って　　2 手伝わせて　　3 手伝われて　　4 手伝ってもらって

9 海外旅行を(　　　)パスポートを忘れるなんて…。困ったな。

1 するのは　　2 するために　　3 するように　　4 するのに

問題 1 문법형식 판단 실전문제 ③

해설편 80p

問題 1　つぎの文の(　　　)に入れるのに最もよいものを、1・2・3・4から一つえらびなさい。

1　留学したいと思うのは、外国(　　　)経験できないことがあるからです。

1 でこそ　　2 だから　　3 だって　　4 でしか

2　まじめな彼女がそんなうそを(　　　)ない。

1 つくつもりが　　2 つくほうが　　3 つくはずが　　4 つくしか

3　食べ物を捨てる人がいるが、ご飯を(　　　)食べられない人たちがいることを忘れてはいけない。

1 食べられたら　　2 食べたくても
3 食べないかわりに　　4 食べないくらいなら

4　いらっしゃいませ。お飲み物は何(　　　)なさいますか。

1 で　　2 に　　3 か　　4 も

5　A「明日のパーティーで必要なものを(　　　)と思うんだけど、来るのは何人だっけ？」
B「今のところ15人。」

1 買って　　2 買えば　　3 買った　　4 買おう

6　学生「今朝も時間がなくてご飯を食べられませんでした。」
先生「朝は(　　　)忙しいほど、ご飯はゆっくり食べて一日の準備をしなくちゃ。」

1 忙しければ　　2 忙しくても　　3 忙しいから　　4 忙しいのに

7　中学校の時の先生はきびしくて、よく授業のあとも勉強するように(　　　)ことがあった。

1 残れる　　2 残される　　3 残させる　　4 残らさせる

8　私は夏の(　　　)ずっと、沖縄の親戚の家に行っていました。

1 間　　2 間に　　3 まで　　4 までに

9　今日、(　　　)映画はどうでしたか？ 感じたことを下にお書きください。

1 拝見した　　2 拝見された　　3 ご覧になった　　4 お見になった

問題 1　つぎの文の(　　　)に入れるのに最もよいものを、1・2・3・4から一つえらびなさい。

1 人間に(　　　)何より大切なことは健康を守ることです。

1 よって　2 限って　3 対して　4 とって

2 そのことは、もう(　　　)つもりでいた。

1 話される　2 話された　3 話す　4 話した

3 地下鉄のドアが(　　　)とたんに子どもが飛び込んできた。

1 開いた　2 開く　3 開いている　4 開いていた

4 A「無用というのはどういう意味ですか。」

B「必要ない(　　　)いう意味ですよ。」

1 のだ　2 かも　3 って　4 はず

5 A「山田(やまだ)さん、こんな時間にどうしたんですか。」

B「あの、ちょっと授業の(　　　)ご相談したいんですが。」

1 ことで　2 かわりに　3 ばあいに　4 なかで

6 今から自由に見てください。でも夕食は7時なので6時半(　　　)もどってください。

1 にならないように　2 になるまでに

3 になってから　4 になったとたんに

7 これは冷たく(　　　)めしあがってください。

1 ならないころ　2 ならないうちに　3 なるあいだに　4 なるときに

8 この薬を(　　　)さえすればすぐ治ります。

1 飲む　2 飲んで　3 飲み　4 飲め

9 昔は子どもが友だちと外で遊んだが、今の子どもは外で(　　　)。

1 遊ばないことはなかった　2 遊ばないようになった

3 遊ばないことにした　4 遊ばないようにした

해설편 85p

問題 1　つぎの文の(　　　)に入れるのに最もよいものを、1・2・3・4から一つえらびなさい。

1 もう少しゆっくり(　　　)けど、頼みにくいからがまんして聞いている。
1 話してほしい　2 話してくれる　3 話してあげる　4 話してもらう

2 水泳(　　　)ぼくはだれにも負けないよ。
1 にとっては　2 に比べては　3 にかけては　4 については

3 その人と一緒に過ごす時間が増える(　　　)だんだん親しみを感じるようになってきた。
1 にしたがって　2 によって　3 かわりに　4 せいで

4 冷蔵庫に入れたまま忘れてしまって、料理を(　　　)しまった。
1 くさらせられて　2 くさられて　3 くさって　4 くさらせて

5 犬をつれて公園に散歩に行ったが(　　　)寒かったのですぐに帰ってきた。
1 だいたい　2 どうしても　3 あまりにも　4 ようやく

6 母「ミカちゃん、宿題やり(　　　)で、何してるの。」
娘「お願い、このドラマだけ見させて。」
1 つけ　2 かけ　3 ぬき　4 たて

7 体が成長する時は少し前にご飯を食べた(　　　)すぐにお腹がすいてしまう。
1 せいなのに　2 せいだから　3 ばかりなのに　4 ばかりだから

8 先生に(　　　)、私が進学できる大学はないと言われた。
1 相談してみるところ　2 相談してみたところ
3 相談していたところ　4 相談しているところ

9 昨日前からほしかった服を買いに行ったが、もう(　　　)買うことができなかった。
1 売れそうになったので　2 売れるはずだったから
3 売れているというので　4 売れてしまっていて

問題 2 문장 만들기 실전문제 ①

해설편 88p

問題 2 つぎの文の ＿★＿ に入る最もよいものを、1・2・3・4から一つえらびなさい。

1 日本語の試験は作文の問題が難しくて ＿＿ ＿＿ ＿★＿ ＿＿ しまった。

1 うちに　2 書かない　3 時間がなくなって　4 半分も

2 A「この前みんなで行った旅行の写真がたくさんありますね。」
B「ええ、＿＿ ＿＿ ＿★＿ ＿＿ 今までありませんでしたから。」

1 ことは　2 ほど　3 楽しかった　4 あれ

3 テレビの ＿＿ ＿＿ ＿★＿ ＿＿ 全然知らなかった。

1 家のすぐ近くで　2 ニュースを見るまで
3 ということを　4 大きな火事があった

4 このレストランはとんかつが ＿＿ ＿＿ ＿★＿ ＿＿ お店の人もとても親切です。

1 料理だけでなく　2 ことで　3 有名ですが　4 おいしい

5 前にもらった ＿＿ ＿＿ ＿★＿ ＿＿ プレゼントを開けてみたら素敵なカップが入っていた。

1 忘れていた　2 まま　3 友人からの　4 開けるのを

6 この本を読んで人を信じる ＿＿ ＿＿ ＿★＿ ＿＿ 考えるようになりました。

1 ことか　2 大切な　3 ことが　4 どんなに

7 自分では英語の発音がいいと思っていたが、現地で ＿＿ ＿＿ ＿★＿ ＿＿ と自信がなくなった。

1 ことが　2 通じない　3 何度もある　4 ことばの

8 家を出てバスに乗ろうとした時、ストーブを消さずに ＿＿ ＿＿ ＿★＿ ＿＿ あわてて家に戻った。

1 あることに　2 つけたまま　3 気がついて　4 にして

問題 2 문장 만들기 실전문제 ②

해설편 90p

問題 2　つぎの文の ＿★＿ に入る最もよいものを、1・2・3・4から一つえらびなさい。

1　今度の夏休みは田舎に行って友だち ＿＿ ＿＿ ＿★＿ ＿＿ することにした。

1 を　　2 4人　　3 キャンプ　　4 で

2　先生が急いで ＿＿ ＿＿ ＿★＿ ＿＿ 見かけた。

1 向かっている　　2 を　　3 の　　4 学校に

3　A「佐藤(さとう)さん、こちらから送った書類がC社に着いたかどうか確認してもらえませんか。」

B「昨日出したばかりだから ＿＿ ＿★＿ ＿＿ ＿＿ んじゃないでしょうか。」

1 早くても　　2 着いていない　　3 まだ　　4 いくら

4　娘が祭りのときに着物を着たがっている。ほんとうに ＿＿ ＿＿ ＿★＿ ＿＿ と思うが、値段が高くて悩んでいる。

1 のなら　　2 着せて　　3 着たい　　4 やりたい

5　A「冬の服はまだ早いですよね。」

B「でももう少しすると ＿＿ ＿＿ ＿★＿ ＿＿ いいかもしれませんね。」

1 今のうちに　　2 らしいから

3 高くなる　　4 買っておいたほうが

6　いくら料理学校で ＿＿ ＿＿ ＿★＿ ＿＿ おいしい料理が作れません。

1 ように　　2 やってみても　　3 なかなか　　4 習った

7　母が旅行に行ったので夜ご飯を ＿＿ ＿＿ ＿★＿ ＿＿ ずっとおいしくできた。

1 いたより　　2 みると　　3 一人で作って　　4 心配して

8　昨日上司から ＿＿ ＿＿ ＿★＿ ＿＿ 忘れていて怒られました。

1 すっかり　　2 仕事を　　3 頼まれた　　4 大事な

問題 2 문장 만들기 실전문제 ③

問題 2 つぎの文の ＿★＿ に入る最もよいものを、1・2・3・4から一つえらびなさい。

1 カラオケは ＿＿ ＿＿ ＿★＿ ＿＿ 歌が下手な私はできれば行きたくない。

1 楽しい　2 歌が　3 かもしれないが　4 上手な人には

2 今日の ＿＿ ＿＿ ＿★＿ ＿＿ 昼ごはんの時に思い出してあわてて友だちに電話した。

1 ことを　2 約束があった　3 会う　4 午後

3 この資料、明日の会議で ＿＿ ＿＿ ＿★＿ ＿＿ そのままにしておいて。

1 ので　2 なるかもしれない　3 必要に　4 片づけないで

4 昨日はテレビで ＿＿ ＿＿ ＿★＿ ＿＿ 忘れるほど夢中になってしまった。

1 時間がたつのも　2 毎日見ていた

3 小学生のころ　4 アニメを見ていたら

5 私は野菜が ＿＿ ＿★＿ ＿＿ ＿＿ 苦手なものがあるだけだ。

1 すべて　2 種類　3 によって　4 嫌いなわけではなく

6 山が大好きだった祖父は ＿＿ ＿＿ ＿★＿ ＿＿ 玄関のくつ箱に置いてある。

1 山に登れなくなった　2 登山ぐつをみがいて

3 今でも　4 年をとって

7 最近、自動運転の車が注目されている。テレビでもＰ社の ＿＿ ＿＿ ＿★＿ ＿＿ 車はないと宣伝している。

1 開発した　2 ほど　3 安全な　4 自動運転車

8 先生の話ではテストの前の日は、おそくまで ＿＿ ＿＿ ＿★＿ ＿＿ ほうがいい結果が出るそうだ。

1 勉強するより　2 朝早く起きた　3 寝ないで　4 早く寝て

問題 3 글의 문법 실전문제 ①

해설편 96p

問題 3　つぎの文章(ぶんしょう)を読んで、文章全体(ぶんしょうぜんたい)の内容(ないよう)を考えて、[1]から[5]の中に入る最もよいものを、1・2・3・4から一つえらびなさい。

下の文は留学生のケリーさんが、「うれしかったこと」についてスピーチした時の話です。

　この前電車に乗っていた時、[1]がありました。電車はあまり混んでいなくて、みんな座っていました。お母さんと小学生ぐらいの子どもが話をしていましたが、子どもが急に怒って持っていたおもちゃを投げました。お母さんが[2]と言ったのに子どもは言うことを聞きませんでした。そのとき私は子どもに持ってくるように言おうか、[3]何も言わないで見ていようかと考えていました。私が考えている間に、次の駅が近くなってきました。お客さんが乗ってくればおもちゃはどうなるでしょうか。私は子どもに「あぶないから早く持ってきなさい」と言いました。近くにいた人がみんな私のほうを見ました。心の中でだまっていたほうがよかったかなと思いました。ところが子どもは急いでおもちゃを持ってきて、わたしに「ごめんなさい」と[4]。お母さんはにこにこしながら、「えらいね」と言って自分の子どもを[5]。

해설편 97p

1

1 あんなこと　　2 こんなこと
3 いろいろなこと　　4 たいせつなこと

2

1 持ってきなさい　　2 持ってきます
3 持ってくるつもりだ　　4 持っていこう

3

1 それとも　　2 それから　　3 ところが　　4 どうして

4

1 あやまったわけです　　2 あやまりそうです
3 あやまることにします　　4 あやまったのです

5

1 ほめてくれました　　2 ほめてもらいました
3 ほめてやりました　　4 ほめさせてあげました

해설편 98p

問題 3　つぎの文章（ぶんしょう）を読んで、文章全体（ぶんしょうぜんたい）の内容（ないよう）を考えて、[1]から[5]の中に入る最もよいものを、1・2・3・4から一つえらびなさい。

初めての着物

メリー・アトキン

この前、友だちにおもしろい人を紹介するといわれました。どんな人かと想像しながら、約束の時間に喫茶店に行って待っていました。友だちといっしょに来たその人は田中（たなか）さんといって着物の先生だと[1]。着物の先生だと聞いたとき、少しびっくりしました。日本人がよく着ている着物に、どうして[2]必要なのかと思ったからです。田中（たなか）さんの話では日本人でも若い人はあまり着物を着ることがないから、着方を知らない人も多いそうです。着物はデザインや模様はきれいですが、歩くのに不便だと思っていました。[3]値段も高いと聞いたことがあります。田中（たなか）さんが私に「じゃ、一度着物を着てみませんか。」と言いました。それから田中（たなか）さんがよく知っている着物のお店に行って、私にかわいい着物を[4]。鏡にうつった私は別の人みたいで、まるで映画の主人公のようでした。いつか田中（たなか）さんに着方を習って、着物を着て街を[5]。

해설편 98p

1

1 紹介してあげました　　2 紹介しました
3 紹介するつもりでした　　4 紹介されました

2

1 それが　　2 先生が　　3 着物が　　4 デザインが

3

1 やがて　　2 けれど　　3 それに　　4 一方

4

1 着せてもらいました　　2 着てくださいました
3 着せてくれました　　4 着ることにしました

5

1 歩いてみたいです　　2 歩いてほしいです
3 歩くつもりでした　　4 歩くのがいいと思います

Part 3

JLPT N3

Part 3

독해

Ⅰ 문제 유형 파악하기

1 : 問題 4 내용 이해(단문)

문제 유형

생활이나 업무와 관련된 편지나 이메일 등 약 150~200자 길이의 지문을 읽고 글의 내용이나 주제 및 내용을 이해했는지 묻는 문제가 출제된다.

문제 풀이 포인트

핵심만 빠르게 찾아라!

업무 메일이나 편지의 경우 말하고자 하는 바를 빠르고 정확하게 찾아내야 한다. 특히 맨 앞 부분의 인사말 이후 핵심 내용이 나오는 경우가 많으니 문제에서 묻는 바가 무엇인지를 파악한 후 지문에서 해당 내용을 찾아 답을 유추할 수 있다.

키워드를 찾자!

문제와 선택지에서 반복되는 키워드를 지문에서 찾아 그 전후를 읽은 후 관련 내용을 파악하면 보다 쉽고 빠르게 정답에 도달할 수 있다.

問題 4 내용 이해(단문) 연습문제

해설편 102p

問題 4　つぎの(1)から(4)の文章(ぶんしょう)を読んで、質問に答えなさい。答えは、1・2・3・4から最もよいものを一つえらびなさい。

(1)

あて先	20nihongo@groups.ac.jp
件　名	大学院進学説明会について
送信日時	20○○年11月20日　16:08

日本語クラスの皆さんへ

日本文化芸術大学の大学院入試部から進学説明会の案内が来ました。文系の大学院への進学を希望する人は、ぜひ参加してください。わからないことがあれば、このメールに返信して、質問してください。

◉ 大学院進学説明会・対面個別相談会(12/11〔土〕12:30 ~ 17:00 山の上キャンパス)

【申し込み方法】 下記の①~③を入力し、12月8日(水)23:00までに以下の大学院入試部のメールアドレスにお送りください。

【件　　名】 大学院個別相談会申し込み

【宛　　先】 in-nyushi@nbg-u.ac.jp

【本　　文】 ①氏名(フリガナ)
②電話番号(緊急時の連絡用)
③相談希望研究科(複数可)

申し込み後、本学から受付完了メールが届きますので、メールの案内に従ってください。

説明会前日までに本学からのメールがない場合、03-3421-5678〔入試部直通 平日(土日除く)9:00 ~ 17:00〕までお電話ください。

ご不明な点などがございましたら、大学院事務室窓口古川(ふるかわ)(cfrukawa-innyushi@nbg-u.ac.jp)までお問い合わせください。

上田(うえだ)

1 このメールを見て、参加したい人はどうしなければならないか。

1 このメールに返信する。

2 大学院にメールを送る。

3 大学院入試部に電話をする。

4 大学院事務室にメールを送る。

(2) テーブルの上に朝ご飯と、木村(きむら)さんへのメモが置いてある。

パパへ

先に出かけます。テーブルの上に朝食を置いておきます。
今日はリナの誕生日だから、夜は7時までに帰ってきてください。
先週から言ってあったよね？
私はリナに頼まれたゲーム機を買って帰ります。そして、パパが帰るまでに夕食の準備をします。パパは、駅前のケーキ屋で誕生日ケーキをもらってきてください。3,500円のケーキをもう予約してあります。代金も払ってあります。あ、それから、フライドチキンの一番大きいパックも買ってきて。
すみませんが、よろしくお願いします。

みき

2 木村(きむら)さんは、何をしなければならないか。

1 夜7時までに帰って、夕食の準備をする。
2 リナの誕生日プレゼントのゲーム機を買う。
3 駅前のケーキ屋でケーキを予約して、買う。
4 フライドチキンの一番大きいパックを買う。

(3)

自分を指す人称代名詞は、ほとんどの場合、全部、削ったほうがいいんです。日本語は主語を削ると、とてもいい文章になるというのが鉄則ですから。なるべく主語を消していく。あの人は名文家(めいぶんか)(注)だという人の文章を調べてみると、共通していることがひとつある。それは「主語が抜けている」ことなんです。主語を意識してか、あるいは無意識に、書き手は主語を書かない。ですから、いちいち「私は私の夫を殺したいと思っている」と、書かない。「夫を殺したい」。この方がリズムが出て怖いじゃないですか。

(井上(いのうえ)ひさし『井上ひさしと141人の仲間たちの作文教室』新潮文庫)

(注) 名文家(めいぶんか)：すぐれた文章を書く人

3 この文章を書いた人は、主語についてどう考えているか。

1 主語を削ると、いい文章になる。
2 主語が抜けるのはよくない。
3 主語を意識したほうがいい。
4 主語を無意識に書かない文はわかりにくい。

（4）

兄は４月から、高校１年生になりました。２月に受験をしましたが、もともと兄は、勉強が好きではありませんでした。しかし、受験勉強に熱心に取り組みたくさんの問題を解いていました。ずっと机で勉強していたので、まるで机と兄が磁石でつながれているように感じました。そして兄は、行きたかった高校に合格したのです。このとき私は、何かを成し遂げるためには、精いっぱい努力することが重要なのだと気付きました。あらためて、自主的に取り組む力、それを持続する力の大事さを知りました。

（根建葵（ねだてあおい）『みんなの広場―兄から学んだ努力』毎日新聞 2021年4月28日）

4 兄の姿を見て、この文章を書いた人は何を学んだか。

1 勉強が好きではない兄に勉強ばかりさせるのは良くない。

2 受験勉強は大切だから、だれもが兄のように勉強しなければならない。

3 目標実現のためには最後まで努力し続けることが大切だ。

4 行きたい高校の試験問題をたくさん解けば、だれでも高校に入ることができる。

2: 問題 5 내용 이해(중문)

문제 유형

설명문이나 수필 등 350자 정도의 지문을 읽고 글의 내용을 파악했는지 묻는 문제나 필자의 주장 및 생각을 찾는 문제가 주로 출제된다.

문제 풀이 포인트

밑줄 앞뒤 내용에 주목하자!

중문에서는 지문에 나오는 키워드나 그 인과 관계(どうして～ / ～はなぜか / ～はどういくことか)를 묻는 문제가 많이 출제된다. 이러한 내용은 핵심 키워드나 밑줄 앞뒤의 접속사를 중심으로 필자가 말하고자 하는 바를 파악해야 한다.

필자가 하려는 말은 마지막에 나온다!

서론·본론·결론의 구조로 이루어진 중문에서는 필자의 주장이나 생각은 주로 마지막에 나온다는 것을 기억하자.

問題 5 내용 이해(중문) 연습문제

해설편 106p

問題 5　つぎの(1)と(2)の文章を読んで、質問に答えなさい。答えは、1・2・3・4から最もよいものを一つえらびなさい。

(1)

笑うと「幸福度が上がる」という統計があるようです。笑うことは、私たちの精神的な安定にもつながる大切な行為です。しかし、自分の部屋に１人でいる時は、あまり笑いません。長い時間を過ごす自室という空間で、常に笑うことを意識しているのは疲れるからです。

そこで私は、「トイレで笑おうプロジェクト」を発案したいと思います。このプロジェクトは、トイレの壁に笑える面白い絵を張ります。便座に座りながら、それを見る度に笑うことを意識する。いたってシンプルな試みです。

このようにすることで、「笑顔になる」ことの意味合いを自然と感じるようになるし、トイレ中という短時間で無理なく幸福感に浸れることでしょう。「何、そんなことで」と、鼻で笑う人がいるかもしれません。でも、このプロジェクトを進めていけば世の中にたくさんの笑顔と幸福が広がると夢想します。

(池田葵『みんなの広場—トイレで笑おうプロジェクト』 毎日新聞 2021年10月6日)

해설편 107p

1 あまり笑いませんとあるが、なぜか。

1 自分しかいないから
2 一人で過ごす時間が長いから
3 いつも笑うことを考えるのは疲れるから
4 自室では精神的に安定しているから

2 この文章を書いた人が考えたプロジェクトは、どのようなことか。

1 絵を見るのが上手になるプロジェクト
2 一人の場所で短時間に笑顔になるプロジェクト
3 トイレが好きになるプロジェクト
4 トイレでうまく時間を過ごすためのプロジェクト

3 この文章を書いた人がこのプロジェクトに期待していることは何か。

1 笑うことを意識しても疲れなくなること
2 トイレのような場所でも楽しく過ごせるようになること
3 このプロジェクトを鼻で笑う人がいなくなること
4 人々がいつも笑顔で幸福になること

(2)

新型コロナウィルス感染防止のため、マスクをつけて生活することが当たり前になりました。私の家の近くに高校があり、生徒たちもみんなマスクをつけていますが、なぜか黒いマスクをしている生徒がほとんどです。その高校は私服なのですが、よく見ると、服装も黒を身につけている生徒が目立ちます。不思議に思って、ちょっと調べてみました。

ある調査では、どの年齢にも人気が高い色は、「青、ピンク、赤、緑、水色」とのことですが、高校生だけに質問した別の調査では、男子の好きな色は「黒、青、白」、女子の好きな色は「白、ピンク、黒」で、どちらにも上位3位に「黒」が入っています。

どうして高校生は「黒」が好きなのでしょうか。「黒」は静かで落ち着いていて、大人っぽくてかっこいいというイメージがあるようです。高校生たちは、思春期の真っただ中にいて、不安定で弱い自分に自信が持てず、力強く安定した色のパワーを求めているのかもしれません。

해설편 108p

4 不思議に思ってとあるが、この文章を書いた人が不思議だと思ったのは、どんなことか。

1 マスクをつけるのが当たり前になっていること
2 高校は私服なのに、マスクだけ黒と決まっていること
3 黒い色のマスクや服が目立つこと
4 服装は自由のはずなのに、みんなが黒い服を着ていること

5 この文章を書いた人が、2つの調査の結果から言いたいことは何か。

1 「青」と「ピンク」は高校生にも人気がある。
2 「白」は高校生の女子には人気があるが、男子にはない。
3 「黒」は高校生の男子には人気があるが、女子にはない。
4 どの年齢にも人気が高い色の中に「黒」はないが、高校生には人気がある。

6 高校生が好きな色について、この文章を書いた人はどう考えているか。

1 黒いマスクや服からは若さが感じられないので、ほかの色を身につけるべきだ。
2 高校生たちが「黒」が好きなのは、色の持つイメージに関係があるのだろう。
3 思春期の高校生たちは、「黒」を身につけると気持ちが落ち着いて大人っぽくなるだろう。
4 高校生たちが「黒」と「白」という正反対の色が好きなのは不思議だ。

MEMO

3: 問題 6 내용 이해(장문)

문제 유형

설명문이나 수필 등 550자 정도 길이의 글을 읽고 글의 개요 및 문맥을 이해했는지 묻는 문제나 필자의 생각·주장을 찾는 문제 등이 출제된다. 지문의 길이가 길기 때문에 전체의 흐름을 파악하고 요약하는 연습이 필요하다.

문제 풀이 포인트

접속사에 주의하라!

글의 개요를 묻는 문제가 출제될 경우 각 단락별 내용의 연관성을 파악하고 답을 도출해 내야 한다. 이때 단락의 시작 부분에 나오는 접속사만으로도 전후 내용의 상관 관계를 어느 정도 유추할 수 있다.

유사 표현을 찾자!

장문 파트에서는 각 선택지마다 지문과 비슷한 내용을 제시하는 경우가 많고, 언뜻 보기에 틀린 내용이 아니기 때문에 정답으로 착각할 수 있다. 때문에 문제에서 요구하는 바를 정확히 파악한 후, 지문에서 다루고 있는 단어가 아니면서도 의미가 같은 문장을 찾는 연습이 필요하다.

해설편 109p

問題 6 つぎの文章(ぶんしょう)を読んで、質問に答えなさい。答えは、1・2・3・4から最もよいものを一つえらびなさい。

タトゥーの文化は国や地域によってさまざまです。また、タトゥーについての人々の考え方も時代や生活環境によっても違うでしょう。2019年に日本でラグビーのワールドカップが開かれましたが、その時のニュースにこんな話がありました。

サモアは、チームの多くの選手がタトゥーを入れているそうなのですが、日本でのワールドカップに参加するときは、「文化の衝突を避けるために」タトゥーを隠すための特別な服を着ることにしたそうです。日本の文化について学んだ上で、そのように決めたそうです。実は、タトゥーという言葉はサモアの「タタウ」という言葉から来ているそうで、タトゥーはサモアの伝統文化で、一定の年齢になると若い男子のほとんどがタトゥーを入れるといいます。しかし、チームはそれを隠すことを選んだのです。

キャプテンのラムさんは言います。「私達の文化でタトゥーは非常に一般的です。しかし、私達は日本のやり方に敬意を払いたい」また、ニュージーランドのチームも「私達は日本に滞在するのだから、彼らのやり方、文化を尊重する」と語り、同様の判断をしたそうです。

いま私たちは、さまざまな場面で文化や考え方の異なる人たちと一緒に活動したり生活したりしています。その時に大切なのは、どうすれば異なる文化や考えの人とうまくやっていけるかを考えることだと思います。今回のワールドカップのタトゥー問題が、そのことを考える一つのきっかけになってほしいと私は思っています。

해설편 110p

1 そのように決めたとあるが、何を決めたか。

1 日本の文化について学ぶこと
2 多くの選手がタトゥーを入れること
3 タトゥーを隠すこと
4 自分たちの文化を尊重すること

2 タトゥーは、サモアでどのように考えられているか。

1 一定の年齢になった若い男子が入れるのは一般的だ。
2 ラグビーの試合では、タトゥーを隠さなければならない。
3 外国に滞在するときは、いつでも隠せるようにしたほうがいい。
4 タトゥーは、いつも文化の衝突の原因になる。

3 ニュージーランドのチームはどうしたか。

1 しばらく日本に滞在することにした。
2 タトゥーを入れないことにした。
3 タトゥーを隠すことにした。
4 日本の文化は特別だと判断した。

4 ワールドカップのタトゥー問題について、この文を書いた人はどう思っているか。

1 日本でもサモアの伝統的なタトゥー文化が受け入れられるようになってほしい。
2 サモアやニュージーランド以外の人にも日本のタトゥー文化を理解してほしい。
3 タトゥーについて、世界中の人が同じような考えを持てるようになってほしい。
4 文化や考えの違う人々が互いにうまくやっていく道を人々にもっと考えてほしい。

MEMO

4 : 問題 7 정보 검색

문제 유형

팸플릿, 광고 전단지 등 500~600자 정도로 이루어진 정보지를 읽고 질문에 맞는 정보를 찾는 문제가 출제된다.

문제 풀이 포인트

정보지는 답을 알고 있다!

정보 검색 문제는 일종의 ○×문제, 즉 정보지(지문)에서 제공된 정보가 문제의 선택지와 일치하는가, 하지 않는가를 확인하는 문제라고 생각하면 된다. 선택지에서 필요로 하는 조건이나 정보가 정보지의 어디에 있는지를 찾고, 문제에서 추가로 요구하는 내용에 주의하여 답을 선택하면 된다.

기호를 유심히 살펴보자!

문제에 주어진 조건과 정보지를 대조하면서 답을 찾아야 한다. 정보지에서 중요한 내용은 '기호'나 '괄호'와 함께 있는 경우가 많다는 것을 반드시 기억해 두자.

자주 쓰이는 기호 ※ ★ ＊ ▶ ■

괄호 『 』 《 》 【 】 〔 〕

또한 다음과 같은 별도 조항도 주의 깊게 살펴봐야 한다.

예외 조항을 두는 정보

- **注**(ちゅう) 주
- **ただし** 단
- **あるいは** 혹은, 또는
- **または** 또는
- **及び**(およ) 및
- **～は除く**(のぞ) ~는 제외

問題 7　右のページは、「デリバリーサービスアプリ」の案内である。これを読んで、下の質問に答えなさい。答えは、1・2・3・4から最もよいものを一つえらびなさい。

1　ホンさんはこのアプリを使って注文したいと考えている。割引きコードはいつ入力するか。

1　注文入力画面を開く前
2　注文ボタンをタップする前
3　二回目の注文をするとき
4　アプリをダウンロードした後

2　デリバリーアプリの利用について次の中で合っているものはどれか。

1　割引きコードの期限までに店で食事をし、会計時にコードを見せれば割引きになる。
2　Aレストランの500円クーポンがあるのでこの割引きと合わせて1,500円安くなる。
3　この割引きはスマホ決済の時だけで、現金で配達時に払う場合は適用されない。
4　この割引きはどの店を利用するかには関係なく、1回だけしか適用されない。

해설편 112p

デリバリーサービスアプリ

ディッシュプレート

ディッシュプレートはスマホでお店の料理をデリバリー注文できるアプリです。
事前決済なのでお支払いもラクラク!!
行ってみたかったお店や有名店の料理をお好きなところで。

初回限定
1,000円
オフ

割引きコード | F8D3T2N9L

ご注文入力画面から、上のコードをご入力ください。

1 ディッシュプレートのアプリをダウンロードする。
2 アプリを開き、料理を選ぶ。
3 決済画面で割引きコードを入力し、「注文」をタップ。

※ デリバリー注文の商品代は2,000円以上(税込み)から利用可能です。
※ 他のクーポンや割引券との併用はできません。
※ 割引きコードの期限は20○○年12月31日です。

MEMO

독해

Ⅱ 실전문제 익히기

 해설편 113p

問題 4　つぎの(1)から(4)の文章(ぶんしょう)を読んで、質問に答えなさい。答えは、1・2・3・4から最もよいものを一つえらびなさい。

(1)「こどもの国」の入り口に次のようなお知らせがあります。

> 利用案内
>
> いつも「こどもの国」のご利用ありがとうございます。
>
> こちらではショッピングセンターやスポーツクラブ、映画館を利用されるお客さまが、安心して過ごせるように、お子さまをお預(あず)かりします。
>
> ご利用の方はショッピングセンター(1F/2F/3F)、スポーツクラブ(5F)、映画館(6F)のチケットコーナーで「こどもの国」チケットをお買いになって「こどもの国」の入り口においでください。チケットを便利な「パスポート」と交換(こうかん)します。
>
> パスポートには「こどもの国」を利用するたびに、1回ずつスタンプをおします。スタンプが10個集まると、スポーツクラブか映画館の利用が1回、無料になります。

1 「こどもの国」をはじめて利用する人はどんなことができるか。

1　ショッピングセンターや映画館が安く利用できる。
2　子どもを預(あず)けて、買い物をしたり、映画を見ることができる。
3　チケットのかわりにパスポートで買い物ができる。
4　スポーツクラブと映画館が1回無料で利用できる。

해설편 114p

(2) これはある会社から来たメールである。

中山(なかやま)　様

いつもお世話になっております。AZ コスメの山田(やまだ)です。

先日ご注文していただいた商品の件ですが、確認したところ、すでに販売中止になっておりましてご注文はお受けできない次第(しだい)です。

せっかくご注文をいただきながら、ご期待にお応(こた)えできず、まことに申し訳ありません。

なにとぞご理解くださいますよう、よろしくお願いいたします。

2 このメールで伝えたいことはなにか。

1 注文が受けられないということ
2 期待に応えるいい商品だということ
3 注文の商品が届いたということ
4 注文をもらったということ

해설편 114p

(3)

「幸福の三本柱」という言葉がある。柱とは建物を支える重要なポイントのことをあらわす言葉だ。では幸福を作る３つの重要な柱は何か。まず「社会経済状況」がある。たとえば住んでいる家や、つとめている会社、仕事の役割などで、当然、貧困ではないことが幸福の条件になる。次に「心身の健康」。言うまでもなくストレスや病気に悩む人は幸福とは言えないだろう。３つめは「関係性」で、自分とつながる社会や人間との関係に満足しているかどうかが、幸福感に大きな影響をあたえるという。この３つがすべて満足できることは難しいことだが、そのうちのどれが重要かは、年齢、性別や地域によっても違う。

3 この文章を書いた人は幸福について、どう考えているか。

1 幸福は３つの要素がすべて安定している時に実現できる。

2 自分の家があって健康で友だちが多い人は幸福だと言える。

3 ３つの要素の中でいちばん重要なことは人間関係だと考えている。

4 幸福を感じる条件は人によって違うと考えている。

(4)

秋になると、スーパーに季節ごとのおいしい食材が出回る。もちろん春や夏にもその季節にしかとれない食材が出回るが、とりわけ秋は収穫(しゅうかく)の秋と言われるほど、いろいろな食材が店頭(てんとう)に並ぶ。たとえばサンマや秋サケなどの魚類(ぎょるい)が所(ところ)せましと並べられる。(注)またきのこや栗(くり)、さつまいもなどはおかずとして調理されることはもちろん、秋だけの限定デザートとしても喜ばれている。このようにスーパーに並んでいる食材だけを見ても、<u>もうそんな季節になった</u>のかと感じる人も多いようだ。

（注）所(ところ)せまし：品物などが隙間(すきま)なく並んで陳列(ちんれつ)スペースが狭く感じられる様子。
ぎっしり、びっしり

4 <u>もうそんな季節になった</u>とは、どういう季節か。

1 スーパーにおいしい食べ物が出回る季節
2 さつまいもが限定デザートだけに使われる季節
3 他の時期より豊富な食材が出回る季節
4 あまりスーパーに食べ物が並ばない季節

問題 4 내용 이해(단문) 실전문제 ②

해설편 116p

問題 4　つぎの(1)から(4)の文章を読んで、質問に答えなさい。答えは、１・２・３・４から最もよいものを一つえらびなさい。

(1)

部屋を片付けるのが苦手な人は、物を持ちすぎていることが多い。片付けるポイントは、物に指定の置き場所を作ること。使ったらすぐその場所にもどすようにすれば、あちこちに散らかることもなくなる。また、その場所のためのスペースを作るには、いらない物を捨てることも必要だ。自分の部屋に入る分だけを、見やすく、出しやすくしまうこと。こうすれば、足りない物もすぐわかるし、同じような物を買ったりするむだな買い物も防げるだろう。

1　部屋を片付けるためには、どうすればいいと言っているか。

1　いらない物を持たないで、物を置くところを決める。
2　同じ物を買ったりする、むだな買い物をしない。
3　スペースを作るために、できるだけ物を捨てる。
4　むだな物を捨てて、いつもきれいに掃除をする。

(2) これは、インターネットの通販会社に届いたメールである。

あて先	ザクザク通販<master@zakuzakum.co.jp>
件　名	交換のお願い

　今日、商品を受け取りましたが、注文したものとは違う色のものが届きました。注文したのは青のイヤホン(商品番号: EYH0025B)ですが、届いたものは黒でした。確認してお返事ください。なお、もし、青の在庫がないようでしたら、白でもかまいませんが、来週の金曜日までに受け取ることができない場合は、注文をキャンセルして返金してください。よろしくお願いします。

吉田(よしだ)みき（注文番号：250－9907－70439）

2 このメールを見て、通販会社がまずはじめにしなければならないことは何か。

1 青のイヤホンの在庫を調べる。
2 吉田(よしだ)さんにお金を返す手続を始める。
3 吉田(よしだ)さんに配達の日時を知らせる。
4 黒のイヤホンを青か白のイヤホンと交換する。

(3)

コアラは一日中寝ている動物として有名だ。時には睡眠時間が22時間になることもある。生息地(せいそくち)のオーストラリアでは主に10数種(すうしゅ)のユーカリという葉を主食として食べて生息(せいそく)している。

しかしこのユーカリの葉には猛毒(もうどく)の青酸(せいさん)(注)やタンニンが含まれているという。このような毒が含まれる葉を日常的に食べることで、今までエサを求めてきたコアラは生存競争に勝ち残れるようになった。

主食としているこのユーカリは、栄養(えいよう)も少なく解毒(げどく)に相当なエネルギーが必要なため、コアラは食事以外の時間はほとんどを寝て過ごすしかなくなってしまった。万が一、コアラが他の種類(しゅるい)の葉を主食としていたら、現在のようなコアラの姿とは違った姿が見られたのかもしれない。

(注) 青酸(せいさん)：シアン化カリウムを指す言葉。青酸(せいさん)カリとも呼ばれる。

3 コアラが長い時間寝る理由は何か。

1 一日中寝ることが好きだから
2 ユーカリの葉の解毒(げどく)にエネルギーを消費するから
3 コアラは別の葉を探し求めているから
4 オーストラリアにだけユーカリの葉があるから

(4)

家で食事のとれない現代人は、生命を維持するために必要な栄養(えいよう)が不足しがちである。その不足した栄養(えいよう)を補うために作られたのが、サプリメントだ。サプリメント(注)は手軽で便利だが、中には、ただ飲めばいいと勘違(かんちが)いしている人も少なくない。サプリメントは、飲みすぎるとほかの栄養(えいよう)を壊してしまったり、たくさん飲んでも、あるほかの食品と一緒にとらないとたいして効果がなかったりする。しかし、間違った飲み方のために、無駄(むだ)に飲んでいる人が大勢いるのが現状なのだ。

(注) サプリメント：体力の補強(ほきょう)のために食事以外に追加して摂取(せっしゅ)する栄養(えいよう)食品。ビタミン、ミネラル、繊維質(せんいしつ)などを含む食品や薬剤を指す。

4 無駄に飲んでいる人が大勢いるとあるが、それはどうしてか。

1 毎日サプリメントを飲んでも、効果は期待できないから。
2 正しく飲んでいないために、本来の効果が得られないから。
3 サプリメントを買って飲むのにはお金と努力が必要だから。
4 サプリメントをいくら飲んでも、栄養(えいよう)は不足するものだから。

問題 5 내용 이해(중문) 실전문제 ①

해설편 119p

問題 5　つぎの(1)と(2)の文章を読んで、質問に答えなさい。答えは、1・2・3・4から最もよいものを一つえらびなさい。

(1)

日本の博物館や美術館はどうして高い入館料を取るのだろうか。世界を見ればイギリスの大英博物館、韓国の国立中央博物館、シンガポールの国立博物館などは無料になっているし、時間帯や曜日を決めて無料にしているところも多い。

実は日本の公立博物館は「博物館法」では原則無料になっている。ただし「博物館を維持するためにやむを得ない事情がある場合は徴収できる」と書いてあるので、現実には入館料をとっているという。もちろん電気代や人件費など様々な費用がかかるのは当然だし、物価が上がればそれらが上昇することも理解できる。結局、それを見る人が負担するか、国や自治体が負担するかということだ。文化生活を楽しむのは個人的なことだから自分でお金を出さなくてはと考えるか、国民の文化生活を保障するのも国や自治体の重要な役割だと考えるかという違いだ。

寄付の文化があまり発達していない日本では企業や個人の寄付で博物館を維持するのは難しい。どうやって文化を守っていくのか、国民全体が関心を持って考えなくてはならない問題だ。

해설편 120p

1 やむを得ない事情とは何か。

1 日本の博物館は国立ではなくて個人が運営している。

2 日本の物価はほかの国に比べてとても高い。

3 博物館を運営するのに多くの費用がかかる。

4 個人や企業の寄付(きふ)がまったくない。

2 博物館の入館料について、この文章を書いた人はどう考えているか。

1 世界の博物館はすべて無料で見ることができる。

2 日本の国立博物館は現在は無料になっている。

3 博物館を見る人が入館料を出すことにはいろいろな考えがある。

4 企業の寄付(きふ)で入館料を無料にするのは問題がある。

3 この文章を書いた人が、いちばん言いたいことは何か。

1 日本はほかの国に比べて博物館の入館料が高い。

2 文化を守る方法を皆で考える必要がある。

3 個人が出すお金と国や自治体(じちたい)が出すお金を区別する必要がある。

4 企業や個人の寄付(きふ)をもっと増やさなければならない。

(2)

日本の代表的な住まいの文化と言えば、ドラマなどでもよく目にする畳(たたみ)を思い出す人も多いと思います。最近では畳(たたみ)を使わない部屋も多いですが、それでもまだ畳(たたみ)には変わらない①人気があります。畳(たたみ)のメリットはリラックス効果があり、日本気候(きこう)の特徴である湿気(しっけ)を取り除いてくれる役割をします。

畳(たたみ)は平安(へいあん)時代(注1)から始まったと言われています。しかし今のように誰でも使用していたのではなく、高い地位の人々だけ使っていたそうです。本格的に広がったのは江戸(えど)時代(注2)からで、昭和(しょうわ)(注3)に入って高度経済成長期を迎えると、②西洋文化の影響を受けて以前の床に座る生活からソファーやいすに座る生活へと変わっていきました。

ところが最近は逆に海外では日本の和室が人気となっています。日本の畳(たたみ)を取り入れることで、日本を感じられ、リラックスできる空間を作り出していると言われています。このような傾向が私たちにとっては、③もう一度古い文化を見直す機会になるかもしれません。

（注1）平安(へいあん)時代：日本の時代区分。古代から中世に変わる時期。794年～1185年
（注2）江戸(えど)時代：日本の時代区分。徳川幕府が代々統治を行った近世。1603年～1867年
（注3）昭和(しょうわ)：日本の時代区分。軍国主義から敗戦を経て高度経済成長に至った昭和時代のこと。1927年～1989年

4 ①人気がありますとあるが、どうしてか。

1 ドラマでよく見かけるから
2 日本の伝統文化だから
3 リラックスできて、湿気(しっけ)もとってくれるから
4 西洋の文化が生活の中に広がっているから

5 ②西洋文化の影響を受けるとはどういう影響か。

1 床を中心とする生活をすること
2 高い地位の人だけ西洋の文化を取り入れること
3 お金をかけて生活をすること
4 ソファーやいすに座る生活にかわること

6 ③もう一度古い文化を見直す機会とはどんな機会か。

1 古いものを使うことで、お金を節約できる機会
2 現代の住居とも調和する伝統文化の良さを再発見する機会
3 平安(へいあん)時代を見直す機会
4 西洋文化が日本文化よりいいと感じる機会

해설편 122p

問題 5　つぎの(1)と(2)の文章（ぶんしょう）を読んで、質問に答えなさい。答えは、1・2・3・4から最もよいものを一つえらびなさい。

（1）

最近、様々なものが自動販売機で売られている。①一番古い自動販売機は、紀元前215年古代エジプトから始まったと言われている。神殿（しんでん）の前に聖水（せいすい）を販売するために設置されていて、コインを入れるとその重みで聖水（せいすい）が出てくるしくみであった。

日本での自動販売機の始まりは、1960年代にアメリカの大手飲料メーカーが日本に設置したことから始まった。当時は今のようなペットボトルや缶（かん）の飲料ではなく、ガラス瓶（びん）に飲料を入れて販売されていた。その後1974年、日本で「ホット＆コールド機」が開発され、１台の機械で②温かい飲料と冷たい飲料が同時に販売できるようになった。当時は温かいコーヒーは店で買うしかなく、１台の機械で夏でも冬でも一年中コーヒーが飲めるよう開発された。これによって自動販売機の市場はますます広がった。

現在では現金の代わりに電子マネーやQRコードが使える機械も増えた。また自動販売機は消費電力が大きいため、機械の上部にソーラーパネルを設置することで太陽光発電により電力をおぎなう販売機も出てきている。最近では飲料だけではなく、たこ焼きやフライドポテト、バナナや花束まで多様な商品が売られている。日本の自動販売機の年間売り上げは約５兆円にもなるという。今後も自動販売機は発展し続けるだろう。

해설편 122p

1 ①一番古い自動販売機は、どのような販売機か。

1 神殿(しんでん)の前で祈ると聖水(せいすい)が出て来るしくみ

2 コインを入れると紙コップで聖水(せいすい)が出てくるしくみ

3 聖水(せいすい)をいれるとコインが出てくるしくみ

4 コインを入れるとその重みで聖水(せいすい)が出てくるしくみ

2 ②温かい飲料と冷たい飲料が同時に販売できるよう開発されたのはなぜか。

1 当時の販売機はガラス瓶(びん)に飲料を入れて販売されていたから

2 当時の販売機は冷たいコーヒーしか買うことができなかったから

3 当時アメリカの技術が入ってきたから

4 当時は自動販売機の市場が小さかったから

3 この文章を書いた人は、今後の自動販売機はどうなると考えるか。

1 今後日本の自動販売機の年間売り上げは５兆円をこえるだろう。

2 今後自動販売機は日本で開発されてアメリカに輸出されるようになるだろう。

3 今後も様々な商品が自動販売機で売られ、発展するだろう。

4 今後も自動販売機では現金が使われるだろう。

(2)

風邪をひいたりして熱が出たときに、私たちは薬を飲む。しかし、薬を飲まずに食事だけで熱を下げることができるとしたら、どうだろう。

熱に効(き)く代表的な食事は、なんといってもおかゆだ。おかゆは消化に良く、野菜や卵など好きなものが入れられるので、足りない栄養(えいよう)を補うのにいい。つぎに、ねぎの味噌汁も熱に良く効(き)く。ねぎは汗をかかせる働きがあるため熱を下げてくれ、また汗をかいたことで失われた塩分は、味噌で補うことができる。また、タンポポの根を干して乾燥させたものも、熱を下げてくれるという。それから、抹茶(まっちゃ)アイスクリームだ。すっと溶けて食べやすいので、食欲のないときにはまずこれから食べるとよいだろう。

以上のように、熱を下げるのに効果のある食べ物は実にさまざまなものがある。熱が出たときには、薬ばかりに頼るのではなく、まずはこういった食べ物からためしてみてはどうだろうか。

4 おかゆの特徴として、最も適切なものはどれか。

1 汗をかかせる働きがある。

2 消化を良くする働きがある。

3 体の熱を奪う働きがある。

4 足りない栄養(えいよう)を補う働きがある。

5 この文章を書いた人は、どうしてねぎの味噌汁を飲むことをすすめているのか。

1 汗をかかせる働きと、足りなくなった栄養(えいよう)を補う働きがあるから

2 ねぎと味噌を一緒にとることで、より食べやすくなるから

3 食べやすく、熱が出て食欲のないときにも簡単に食べられるから

4 料理方法が簡単で、熱のある人でも一人ですぐに作れるから

6 この文章を書いた人は、薬についてどのように言っているか。

1 熱が出たら、熱に効(き)く薬を飲んで早く治したほうがいい。

2 熱が出たら、薬だけに依存せず食事も変えたほうがいい。

3 熱を下げるための薬は、食事をとってから飲むとよく効(き)く。

4 熱が下がってきたら、薬は飲まずにおかゆなどを食べるといい。

問題 6 내용 이해(장문) 실전문제 ①

해설편 125p

問題 6　つぎの文章(ぶんしょう)を読んで、質問に答えなさい。答えは、1・2・3・4から最もよいものを一つえらびなさい。

日本の駅のホームにあるベンチは、電車のドアと向かい合ってるのが普通なのだが、新大阪駅のホームでは、電車が走る方向に向かってベンチが置かれている。つまり、ベンチがホームに対して平行ではなく、90度の直角になっている。①<u>これ</u>は酒に酔った客を事故から守るためだ。②<u>最近の調査</u>によると、ホームから落ちる事故は年々増えている。そのうち酒に酔った客による事故は今年は132件もあったそうだ。さらに、酔った客の行動を調べたら、落ちた人のうち60％の人がベンチから立ち上がってまっすぐ歩き、そのままホームから落ちていたことがわかった。

新大阪駅ではどうしたら事故を減らせるか考えた。客が落ちないようにホームと電車の間のドアを作ることも考えたが、何億円も費用がかかってしまう。いろいろなアイデアも出たが、ベンチの方向を変えることにした。これなら、ベンチから立ち上がった客がまっすぐ歩いても、ホームから落ちることはないし、お金もかからない。最近は新大阪駅だけでなく、③<u>ベンチの向きを変える駅が増えてきている</u>そうだ。

このように、ものの見方を少し変えれば、いいアイデアが生まれることは少なくない。生活で利用するいろいろなものに興味や疑問を持てば、毎日の生活はもっと良くなるのではないだろうか。

해설편 126p

1 ①これとあるが、何を指しているか。

1 ベンチをたくさん置いたこと
2 ベンチをホームに対して直角になるように置いたこと
3 ベンチをホームに対して平行になるように置いたこと
4 ベンチを電車のドアと向かい合うように置いたこと

2 ②最近の調査とあるが、この調査でどんなことがわかったか。

1 ホームから人が落ちる事故は全部酒に酔ったために起きている。
2 ホームから人が落ちる事故は毎年100件以上が起きている。
3 酒に酔った人がホームから落ちる事故は半分以上がベンチで寝ていたために起きている。
4 酒に酔った人がホームから落ちる事故は半分以上がベンチから立ち上がって、まっすぐ歩いたために起きている。

3 ③ベンチの向きを変える駅が増えてきているとあるが、どうしてか。

1 駅を利用する客が増えるから
2 駅が少しでも安全になるから
3 駅の事故がなくなるから
4 ホームと電車の間にベンチを置く費用が安くなるから

4 この文章を書いた人が一番に言いたいことは何か。

1 ホームでの事故を減らすためには、酔っている客を減らさなければならない。
2 ホームでの事故を減らすためには、ベンチの向きを変えたほうがいい。
3 ものの見方を変えれば、いいアイデアが生まれて、毎日の生活が良くなることがある。
4 毎日の生活を良くすれば、いいアイデアが生まれて問題が解決することがある。

해설편 127p

問題 6　つぎの文章(ぶんしょう)を読んで、質問に答えなさい。答えは、1・2・3・4から最もよいものを一つえらびなさい。

夏の初めには暑くなる前に毎日のように雨が降り続く「梅雨(つゆ)」がある。梅雨(つゆ)が終わると①今度は台風がよく来るようになる。毎年その頃は雨の多い季節だ。天気予報で「折(お)りたたみがさをカバンに入れてお出かけください」ということばもよく聞く時期でもある。

ところが日本では夏以外にも雨が多いことを表(あらわ)すことばがある。たとえば「なたね梅雨(づゆ)」だ。「なたね」とは菜(な)の花のことで、1月から3月にかけて桜(さくら)よりも先に咲いて春が来たことを知らせてくれる。昔から3月の終わりころから4月はじめの間にしばらく続く雨をこう呼んでいる。また、秋には「秋の長雨(ながあめ)」ということばもある。時期は地域によって差があり、北海道(ほっかいどう)は8月終わりころだが東京では10月はじめと言われている。

こうしてみると日本は1年を通じて雨が多い国だと言えるだろう。実際に雨が降る量を比べると1年間の平均は1,690ミリで、これは世界平均の2倍になる。「世界平均」は砂漠(さばく)の多い国なども含めるので地域差が大きくてあまり意味がないが、アメリカやイギリス、フランスより多くタイよりも多いことから「多雨国(たうこく)」と言ってもいいのではないだろうか。

また、海流(かいりゅう)、地形(ちけい)などの影響(えいきょう)で比較的湿度(しつど)が高いことから、雨にぬれても乾きにくいと言われている。一人が持っているかさの本数は平均3本と世界で一番多い。これは②日本人が雨にぬれることを嫌っていることにも関係がある。映画やドラマで主人公が雨にぬれる場面より、かさをたたんで雨があがったことを喜びながら笑う場面が多いのはそのためかもしれない。

해설편 127p

1 ①今度とはいつのことか。

1 夏の初め

2 暑くなる前

3 梅雨(つゆ)のころ

4 梅雨(つゆ)が終わったあと

2 春に降る雨を「なたね梅雨(づゆ)」というのはなぜか。

1 菜(な)の花がさくころに降るから

2 桜(さくら)より菜(な)の花のほうが春を感じさせるから

3 春に梅雨(つゆ)のように雨が長く降るから

4 地域によって差がなく全国で降るから

3 筆者が日本は「多雨国(たうこく)」だと言ってもいいと思っているのはなぜか。

1 雨を表すことばが多いから

2 雨が降る量が世界平均の2倍になるから

3 日本には砂漠(さばく)がないから

4 アメリカやタイなどよりも雨の量が多いから

4 筆者が②日本人が雨にぬれることを嫌っていると思う理由はどれか。

1 湿度(しつど)が高くて雨にぬれても乾きにくいため

2 ひとりが持っているかさの数が世界で一番多いため

3 天気予報でかさを準備するように言うことが多いため

4 映画やドラマで主人公が雨にぬれる場面がないため

問題 7 정보 검색 실전문제 ①

해설편 129p

問題 7　右のページはスポーツセンターの案内である。これを読んで、下の質問に答えなさい。答えは1・2・3・4から最もよいものを一つえらびなさい。

1 田中(たなか)さんは、6月からプールに通いたいと思っている。しかし、およぐのは上手ではない。月曜から金曜は会社があるので通えない。田中(たなか)さんは、どのコースを選ぶか。

1　水泳A
2　水泳B
3　水中たいそう
4　水中ヨガ

2 森田(もりた)さんは、5月から学校の授業のない日(火曜日と金曜日)スポーツセンターに通うつもりだ。午後はアルバイトがある。また、森田(もりた)さんはおよげない。森田(もりた)さんは、どのコースを選ぶか。

1　ヨガ
2　水泳A
3　水中ヨガ
4　ダンス

해설편 130p

4月から新しいこと、はじめてみませんか？

コース名	レベル	期間	曜日	時間
ヨガ	・はじめての人	4月6日〜7月20日 ※ とちゅうからは入れません。	毎週　火曜日	10:00〜12:00
ダンス	・はじめての人 ・少し習ったことのある人	4月〜7月 ※ とちゅうからは入れません。	毎週　土曜日	14:00〜16:00
水泳A 午前・午後コース	・25mくらいおよげる人	1年中、いつからでもはじめられます。	午前コース 月曜日・水曜日 または 午後コース 火曜日・金曜日	10:30〜12:00 または 14:00〜15:30
水泳B 土曜・日曜コース	・はじめての人	1年中、いつからでもはじめられます。	毎週　土曜日 または 毎週　日曜日	10:30〜12:30 または 14:00〜15:30
水中たいそう	・5m以上およげる人 ※ ぜんぜんおよげない人は入れません。	4月16日〜7月30日 ※ とちゅうからでも入れます。	毎週　金曜日	20:00〜22:00
水中ヨガ	・どなたでも ※ ぜんぜんおよげない人もだいじょうぶです。	4月13日〜6月22日 ※ とちゅうからでも入れます。	毎週　火曜日	10:00〜11:30

해설편 131p

問題 7　右のページの店のチラシを見て、質問に答えなさい。答えは1・2・3・4から最もよいものを一つえらびなさい。

1 会社をやめる人の送別会をするので金曜日の午後7時から９時まで予約したい。男性６名、女性４名で予算は５万円までだ。どのコースを予約できるか。

1 かんたんコース
2 まんぞくコース
3 どんどんコース
4 やまだやコース

2 リンさんは10月７日(土)の午後７時に友だち５人でパーティーをしたいと思って予約したが、一人が来られなくなったのでお店に連絡したい。いつまでに連絡すればいいか。

1 ９月７日の午後７時まで
2 10月６日の午後８時まで
3 10月６日の午後３時まで
4 10月７日の午後７時まで

忘年会・新年会・歓迎会
各種パーティは《やまだや》で！

友だちと、家族と、会社の人たちと
楽しく飲んで、食べてすごす最高のひとときを、
《やまだや》がプレゼント！

【予約方法】

2名以上のご利用の場合、１か月前からご予約することができます。ご予約は電話またはインターネットで前日の午後８時までにお願いいたします。人数、コースをお知らせください。コースは下記のメニューの中からお選びください。お席のみのご予約の場合はお料理に時間がかかる場合がございます。キャンセル、変更などのご連絡は前日の午後３時までにお願いいたします。それ以降の変更はお受けできない場合がございます。

【コース】

かんたんコース　１名様　3,300円（女性のみ）
お料理５品／うどんまたはラーメン／デザート（90分）

まんぞくコース　１名様　4,400円
お料理７品／うどんまたはラーメン／デザート（90分）

どんどんコース　１名様　5,500円
お料理８品/焼きおにぎり／生ビール飲み放題（120分）

やまだやコース　1名様　6,600円
お料理８品/焼きおにぎり／生ビール、サワー、ワイン飲み放題（120分）

※ コース料金は消費税10％を含みます。
※ 各コースともソフトドリンク（ジュース、コーラ、ウーロン茶）はご自由に。
※ 10名以上でご予約の場合は10％割引きになります。

Tel. 03-2355-8687 / info.yamadaya@goyoyaku.com

Part 4

JLPT N3

Part 4

청해

I 문제 유형 파악하기

- **청해 기본기 갖추기**
  - 틀리기 쉬운 발음
  - 청해에 자주 나오는 표현

1 問題 1 과제 이해
2 問題 2 포인트 이해
3 問題 3 개요 이해
4 問題 4 발화 표현
5 問題 5 즉시 응답

틀리기 쉬운 발음

001~010

한국인이 알아듣기 힘든 발음으로 촉음, 장음, 발음(撥音), 요음, 탁음, 반탁음이 있다. 일본어는 어떻게 발음하느냐에 따라 의미가 달라지므로 정확하게 구분하는 연습이 필요하다.

1. 촉음

「つ · ッ」를 작게 표기하며 다음에 이어지는 음에 따라 'ㄱ, ㅅ, ㄷ, ㅂ' 받침과 비슷하게 발음한다.

촉음이 있는 단어를 들어 보자. 001

①	がっこう(学校 학교)	——	かこう(加工 가공)
②	あっか(悪化 악화)	——	あか(赤 빨강)
③	いっしょう(一生 일생)	——	いじょう(異常 이상)
④	おっと(夫 남편)	——	おと(音 소리)
⑤	がっか(学科 학과)	——	がか(画家 화가)

연습 002

問題(もんだい)を聞(き)いて聞(き)こえたものを選(えら)んでください。

1	しっこう(執行 집행)	——	しこう(思考 사고)
2	がっき(楽器 악기)	——	かき(柿 감)
3	きって(切手 우표)	——	きて(来て 오다(来る)의 て형)
4	こっきょう(国境 국경)	——	こきょう(故郷 고향)
5	サッカー (축구)	——	さか(坂 비탈길)

정답 **1** しっこう **2** かき **3** きて **4** こっきょう **5** サッカー

2. 장음

두 개 이상의 모음이 이어질 경우 앞의 모음을 길게 발음한다.

장음이 있는 단어를 들어 보자. 003

①	ゆうき(勇気 용기)	――	ゆき(雪 눈)
②	おおや(大家 집주인)	――	おや(親 부모)
③	おれい(お礼 감사 인사, 사례)	――	おれ(俺 나, 남자가 자신을 지칭하는 말)
④	かいじょう(会場 회장)	――	かいじょ(解除 해제)
⑤	かこう(下降 하강)	――	かこ(過去 과거)

연습 004

問題(もんだい)を聞(き)いて聞(き)こえたものを選(えら)んでください。

1	けいしき(形式 형식)	――	けしき(景色 경치)
2	きょうか(教科 교과)	――	きょか(許可 허가)
3	かんそう(感想 감상)	――	かんそ(簡素 간소)
4	きぼう(希望 희망)	――	きぼ(規模 규모)
5	カラー(컬러)	――	から(空 텅 빔)

정답 1 けしき　2 きょうか　3 かんそう　4 きぼう　5 から

3. 발음(撥音・ん)

「ん・ン」으로 표기하며 다음에 이어지는 음에 따라 'ㄴ, ㅁ, ㅇ' 받침과 비슷하게 발음한다.

ん발음이 있는 단어를 들어 보자. 005

①	けんこう(健康 건강)	——	けっこう(結構 훌륭함, 좋음)
②	いんしょう(印象 인상)	——	いっしょう(一生 일생)
③	えんき(延期 연기)	——	えき(駅 역)
④	かんかく(感覚 감각)	——	かかく(価格 가격)
⑤	げんかん(玄関 현관)	——	げっかん(月刊 월간)

연습 006

問題(もんだい)を聞(き)いて聞(き)こえたものを選(えら)んでください。

1	しんこう(進行 진행)	——	しこう(思考 사고)
2	かんばん(看板 간판)	——	かばん(가방)
3	けんさ(検査 검사)	——	けさ(今朝 오늘 아침)
4	さんぎょう(産業 산업)	——	さぎょう(作業 작업)
5	にんき(人気 인기)	——	にっき(日記 일기)

정답 1 しんこう　2 かんばん　3 けさ　4 さんぎょう　5 にっき

4. 요음

「い」를 제외한 い단「き·ぎ·し·じ·ち·に·ひ·び·ぴ·み·り」에「や·ゆ·よ」를 작게 표기한 글자로, 'ㅑ, ㅠ, ㅛ'로 발음한다.

요음이 있는 단어를 들어 보자. 007

①	びょういん(病院 병원)	——	びよういん(美容院 미용실)
②	きゃく(客 손님)	——	きやく(規約 규약)
③	きょい(虚位 허위)	——	きよい(清い 맑다, 깨끗하다)
④	じゅう(十 십)	——	じゆう(自由 지유)
⑤	ちゅうがく(中学 중학)	——	つうがく(通学 통학)

연습 008

問題(もんだい)を聞(き)いて聞(き)こえたものを選(えら)んでください。

1	ひょう(表 표)	——	ひよう(費用 비용)
2	りょうほう(両方 양쪽)	——	りようほう(利用法 이용법)
3	しょうぎょう(商業 상업)	——	そうごう(総合 총합, 종합)
4	ちょうき(長期 장기)	——	とうき(冬季 동계)
5	きょうつう(共通 공통)	——	こうつう(交通 교통)

정답　1 ひよう　2 りょうほう　3 そうごう　4 ちょうき　5 きょうつう

5. 탁음·반탁음

탁음은 「か·さ·た·は」행의 오른쪽 위에 탁점(〝)이 붙은 글자이며, 반탁음은 「は」행 오른쪽 위에 반탁점(°)이 붙은 글자이다.

탁음 · 반탁음이 있는 단어를 들어 보자. 009

①	でんき(電気 전기)	——	てんき(天気 날씨)
②	がいしょく(外食 외식)	——	かいしょく(会食 회식)
③	ざんぎょう(残業 잔업, 야근)	——	さんぎょう(産業 산업)
④	じけん(事件 사건)	——	しけん(試験 시험)
⑤	でんぽう(電報 전보)	——	てんぼう(展望 전망)

연습 010

問題(もんだい)を聞(き)いて聞(き)こえたものを選(えら)んでください。

1	あじ(味 맛)	——	あし(足 발)
2	きげん(期限 기한)	——	きけん(危険 위험)
3	げんこう(原稿 원고)	——	けんこう(健康 건강)
4	えいぎょう(営業 영업)	——	えいきょう(影響 영향)
5	ぜんぱん(全般 전반)	——	ぜんはん(前半 전반)

정답 **1** あじ **2** きけん **3** げんこう **4** えいきょう **5** ぜんぱん

청해에 자주 나오는 표현

011~014

청해 문제에 자주 나오는 축약 표현과 경어 표현을 정리했다. 회화와 독해에도 유용한 표현들이므로 잘 익혀 두자.

1. 축약 표현

청해 문제를 풀 때, 대화의 흐름상 알고 있는 표현인데 들리지 않는 경험을 한 적이 있을 것이다. 회화체에서는 말을 생략하거나 줄여서 쓰는 축약 표현이 자주 사용되기 때문이다.

축약 표현을 들어 보자. 011

- **ている → てる**

学生(がくせい)たちは1時間前(じかんまえ)から集(あつ)まっています。

→ 学生(がくせい)たちは1時間前(じかんまえ)から集(あつ)まっ**てます**。 학생들은 한 시간 전부터 모여 있습니다.

着物(きもの)を着(き)ている人(ひと)が姉(あね)です。

→ 着物(きもの)を着(き)**てる**人(ひと)が姉(あね)です。 기모노를 입고 있는 사람이 언니(누나)입니다.

昨日(きのう)は午後(ごご)ずっと運動(うんどう)していた。

→ 昨日(きのう)は午後(ごご)ずっと運動(うんどう)し**てた**。 어제는 오후 내내 운동했다.

- **ておく → とく**

先生(せんせい)には明日(あした)休(やす)むと言(い)っておくよ。

→ 先生(せんせい)には明日(あした)休(やす)むと言(い)っ**とく**よ。 선생님께는 내일 쉰다고 말해 둘게.

パンと牛乳(ぎゅうにゅう)を買(か)っておいて。

→ パンと牛乳(ぎゅうにゅう)を買(か)っ**といて**。 빵이랑 우유를 사 놔.

パスワードを教(おし)えておいた。

→ パスワードを教(おし)え**といた**。 패스워드를 일러두었다.

● に / の / ら / り / る / れ → ん

疲れたが楽しいいちにちだった。

→ 疲れたが楽しいいち**ん**ちだった。 피곤했지만 즐거운 하루였다.

夏は熱いものを食べないのです。

→ 夏は熱いものを食べない**ん**です。 여름은 뜨거운 것을 먹지 않습니다.

旅行の日程がまだ決まらない。

→ 旅行の日程がまだ決ま**ん**ない。 여행 일정이 아직 정해지지 않았다.

時間が足りないよ。

→ 時間が足**ん**ないよ。 시간이 부족해.

今、何してるの。

→ 今、何して**ん**の。 지금 뭐 해?

明日は休むかもしれない。

→ 明日は休むかもし**ん**ない。 내일은 쉴지도 몰라.

それじゃ、今日は帰ります。

→ そ**ん**じゃ、今日は帰ります。 그럼, 오늘은 돌아가겠습니다.

● ては / では → ちゃ / じゃ

宿題を忘れてはいけない。

→ 宿題を忘れ**ちゃ**いけない。 숙제를 잊으면 안 된다.

あの人は田中さんではありません。

→ あの人は田中さん**じゃ**ありません。 저 사람은 다나카 씨가 아닙니다.

• ても/でも → たって/だって

一人で見ても面白くない。

→ 一人で見**たって**面白くない。 혼자서 봐 봤자 재미없다.

初めてでもすぐできる。

→ 初めて**だって**すぐできる。 처음이라고 해도 바로 할 수 있다.

• てしまう/でしまう → ちゃう/じゃう

お金があるとすぐ使ってしまう。

→ お金があるとすぐ使っ**ちゃう**。 돈이 있으면 바로 써 버린다.

この本、面白くて一日で読んでしまった

→ この本、面白くて一日で読ん**じゃった**。 이 책, 재밌어서 하루에 읽어 버렸다.

• と → って

一里というのは4キロメートルぐらいです。

→ 一里**って**いうのは4キロメートルぐらいです。 10리는 4km 정도입니다.

今年の試験は去年より難しいと思った。

→ 今年の試験は去年より難しい**って**思った。 올해 시험은 작년보다 어렵다고 생각했다.

• は/とは/というものは → って

温暖化は人間の努力で解決できるだろうか。

→ 温暖化**って**人間の努力で解決できるだろうか。
온난화란 인간의 노력으로 해결할 수 있는 것일까?

「スマホ」とはスマートフォンのことだよ。

→ 「スマホ」**って**スマートフォンのことだよ。 '스마호'란 스마트폰을 말하는 거야.

動物というものはもともと自然の中で生きるものだ。

→ 動物**って**もともと自然の中で生きるものだ。 동물이란 원래 자연 속에서 살아야 하는 법이다.

ければ → きゃ

行ってみなければわからない。

→ 行ってみな**きゃ**わからない。 가 보지 않으면 모른다.

おいしければもっと食べて。

→ おいし**きゃ**もっと食べて。 맛있으면 더 먹어.

れば → りゃ

新幹線に乗れば１時間で着くよ。

→ 新幹線に乗**りゃ** １時間で着くよ。 신칸센을 타면 한 시간에 도착해.

高ければ１万円、安ければ5,000円ぐらいで買える。

→ 高け**りゃ** １万円、安け**りゃ** 5,000円ぐらいで買える。
비싸면 만 엔, 싸면 5,000엔 정도면 살 수 있다.

연습 012

問題(もんだい)を聞(き)いて聞(き)こえたものを選(えら)んでください。

1	① 朝(あさ)から雨(あめ)がふってる。	② 朝(あさ)から雨(あめ)がふっている。
2	① 図書館(としょかん)で本(ほん)を読(よ)んでた。	② 図書館(としょかん)で本(ほん)を読(よ)んでいた。
3	① そうじをしとくよ。	② そうじをしておくよ。
4	① むずかしくてよくわかんない。	② むずかしくてよくわからない。
5	① せっかくダイエットしてんのに。	② せっかくダイエットしてるのに。
6	① 高(たか)くたって買(か)いたい。	② 高(たか)くても買(か)いたい。
7	① もう終(お)わっちゃった。	② もう終(お)わってしまった。
8	① 電子(でんし)マネーって便利(べんり)だね。	② 電子(でんし)マネーというのは便利(べんり)だね。
9	① 暑(あつ)けりゃエアコンつけて。	② 暑(あつ)ければエアコンつけて。
10	① ほしけりゃお金(かね)をためなくちゃ。	② ほしければお金(かね)をためなければ。

정답 / 해석

1	① 朝(あさ)から雨(あめ)がふってる。	아침부터 비가 내리고 있다.
2	② 図書館(としょかん)で本(ほん)を読(よ)んでいた。	도서관에서 책을 읽고 있었다.
3	① そうじをしとくよ。	청소를 해 둘게.
4	① むずかしくてよくわかんない。	어려워서 잘 모르겠어.
5	② せっかくダイエットしてるのに。	모처럼 다이어트 하고 있는데.
6	② 高(たか)くても買(か)いたい。	비싸도 사고 싶다.
7	① もう終(お)わっちゃった。	벌써 끝나 버렸다.
8	② 電子(でんし)マネーというのは便利(べんり)だね。	전자 화폐란 편리하네.
9	① 暑(あつ)けりゃエアコンつけて。	더우면 에어컨을 켜.
10	① ほしけりゃお金(かね)をためなくちゃ。	가지고 싶다면 돈을 모아야 해.

2. 경어 표현

경어 표현을 들어 보자. 013

お / ご～になる ～하시다

こちらのスリッパをご利用になってください。 이쪽의 슬리퍼를 이용해 주세요.

ボールペンはお使いになりますか。 볼펜은 사용하십니까?

～てくださる ～해 주시다

日本語は田中先生が教えてくださいました。 일본어는 다나카 선생님이 가르쳐 주셨습니다.

間違ったところを直してくださいませんか。 잘못된 곳을 고쳐 주시지 않겠습니까?

お / ご～ください ～해 주세요

道がわからなければ案内所でお尋ねください。 길을 모르시겠다면 안내소에서 물어보세요.

行けない方は明日10時までにご連絡ください。 갈 수 없는 분은 내일 10시까지 연락 주십시오.

ご覧になる 보시다

この映画は15歳以上の方がご覧になれます。 이 영화는 15세 이상인 분이 보실 수 있습니다.

いらっしゃる 오시다·가시다·계시다

お客様がいらっしゃいました。 손님이 오셨습니다.

佐藤さんはどちらにいらっしゃいますか。 사토 씨는 어디에 계십니까?

社長は会議のために東京にいらっしゃいました。 사장님은 회의 때문에 도쿄에 가셨습니다.

お～する ～하다

料理は注文を受けてからお作りします。 요리는 주문을 받은 후에 만듭니다.

今からお見せする作品は今回初めて公開するものです。
지금부터 보여드리는 작품은 이번에 처음으로 공개하는 것입니다.

ご～いたす ～드리다

明日までにこちらからご連絡いたします。 내일까지 이쪽에서 연락드리겠습니다.

～ていただく ～해 주시다

富士山はここから撮っていただくのが一番です。 후지산은 여기에서 찍으시는 것이 최고입니다.

お / ご～ていただく ～하시다

ご注文していただいた商品は本日発送します。 주문하신 상품은 오늘 발송하겠습니다.

拝見する '보다'의 겸양어

申し訳ございませんが身分証を拝見します。 죄송합니다만 신분증을 보겠습니다(확인하겠습니다).

まいる '가다·오다'의 겸양어

明日の午後２時にまいります。 내일 오후 2시에 오겠습니다(가겠습니다).

おる '있다'의 겸양어

山田はただいま会議中でおりません。 야마다는 지금 회의 중이어서 (자리에) 없습니다.

伺う '듣다·방문하다·묻다'의 겸양어

試験の日程は先生に伺いました。 시험 일정은 선생님께 들었습니다.

木曜日の午前中に伺います。 목요일 오전 중에 찾아 뵙겠습니다.

ちょっと道をお伺いしたいんですが。 잠시 길을 여쭙고 싶은데요.

연습 014

______に入(はい)るものを書(か)いてください。

예 すみませんがここで写真(しゃしん)を撮(と)っていただけませんか。

1 A 読(よ)んだ本(ほん)はどこに返(かえ)せばいいでしょうか。

B はい。______本(ほん)は返却(へんきゃく)ボックスにお願(ねが)いします。

2 申(もう)し訳(わけ)ございませんが、担当者(たんとうしゃ)がまいりますまでこちらで______。

3 A 日本(にほん)に旅行(りょこう)するんですが、どんなところがいいでしょうか。

B そうですね。九州(きゅうしゅう)の温泉(おんせん)を______。

4 家族(かぞく)は両親(りょうしん)と、兄(あに)と妹(いもうと)が二人(ふたり)______。

5 部長(ぶちょう)は出張中(しゅっちょうちゅう)だと______が、いつごろお帰(かえ)りでしょうか。

정답

예 ていただけませんか

1 お読(よ)みになった

2 お待(ま)ちください

3 おすすめします

4 おります

5 うかがいました

해석

죄송합니다만 여기에서 사진을 찍어 주시지 않겠어요?

A 읽은 책은 어디에 반납하면 됩니까?

B 네. 읽으신 책은 반납 박스에 부탁드립니다.

죄송합니다만 담당자가 올테니 이쪽에서 기다려 주세요.

A 일본에 여행 가는데요. 어떤 곳이 좋을까요?

B 글쎄요. 규슈 온천을 추천합니다.

가족은 부모님과 오빠와(형과) 여동생이 두 명 있습니다.

부장님은 출장 중이라고 들었습니다만, 언제쯤 돌아오십니까?

1 : 問題 1 과제 이해

015~020

문제 유형

상황 정보를 듣고 과제(해야 하는 일)를 해결하기 위해 필요한 행동이 무엇인지를 찾는 문제이다.

상황 정보와 문제를 듣는다.

⬇

본문 대화를 듣는다.

⬇

다시 한번 문제를 듣는다.

⬇

선택지를 보고 답을 고른다.

문제 풀이 포인트

과제 이해는 질문이 상황 정보보다 먼저 나오므로, 질문을 듣고 과제(해야 하는 일)를 해결하는 사람이 여자인지 남자인지를 먼저 확인한다. 그런 다음 두 사람의 대화를 들으며 필요한 상황 정보를 파악하고 문제(과제)를 해결하는 사람이 어떤 일을 해야 하는지 선택지에서 찾는다.

해설편 136p

問題 1

問題1では、まず質問を聞いてください。それから話を聞いて、問題用紙の1から4の中から、最もよいものを一つえらんでください。

1 015

1 友だちを駅まで送りに行く
2 友だちと昼ごはんを食べる
3 女の人の家に本を借りに行く
4 自分の家に本を取りに行く

2 016

1 会社に電話する
2 けいさつに電話する
3 学校に聞く
4 えきに聞く

3 017

1 ア か イ

2 イ か ウ

3 ウ か エ

4 オ

12月

日	月	火	水	木	金	土
					1	2
3	4	5	6	7	8	9
10	11	12	13	14	15	16
17	18	19	20	21	22	㋐ 23
㋑ 24	㋒ 25	㋓ 26	㋔ 27	28	29	30
31						

4 018

1 先輩(せんぱい)に資料(しりょう)を見(み)せる

2 先輩(せんぱい)にメールで資料(しりょう)を送(おく)る

3 家(いえ)に帰(かえ)ってパソコンを修理(しゅうり)する

4 資料(しりょう)を取(と)りに家(いえ)に帰(かえ)る

해설편 140p

5 019

1 はきやすい靴(くつ)を選(えら)ぶ

2 見物(けんぶつ)する所(ところ)の地図(ちず)を見(み)る

3 見物(けんぶつ)する所(ところ)の説明(せつめい)を聞(き)く

4 おにぎりやお菓子(かし)を準備(じゅんび)する

6 020

1 18時(じ)にあんないじょに行(い)く

2 20時(じ)にあんないじょに行(い)く

3 18時(じ)にてんもんだいに行(い)く

4 20時(じ)にてんもんだいに行(い)く

2: 問題 2 포인트 이해

021~026

문제 유형

대화문이나 한 명의 화자가 말하는 내용을 듣고 포인트를 파악해야 한다.

상황 정보와 문제를 듣는다.

⬇

선택지를 읽는다.
(선택지를 읽을 시간이 약 20초 주어짐)

⬇

본문 대화를 듣는다.

⬇

다시 한번 문제를 듣는다.

⬇

선택지를 보고 답을 고른다.

문제 풀이 포인트

포인트 이해에서는 질문에서 묻는 것이 '왜(どうして), 어떤(どんな), 무엇이(何(なに)が)' 중에 무엇인지를 먼저 파악해야 한다. 위 세 가지 중에 질문에서 요구하는 답이 무엇인지를 알았다면, 답과 관계되지 않은 부분은 크게 신경 쓰지 않아도 된다.

問題 2 포인트 이해 연습문제

해설편 142p

問題 2

問題2では、まず質問を聞いてください。そのあと、問題用紙を見てください。読む時間があります。それから話を聞いて、問題用紙の1から4の中から、最もよいものを一つえらんでください。

1 021

1 運動がすきだから
2 子どもの世話をするから
3 仕事が忙しいから
4 お金がもらえるから

2 022

1 8月
2 9月
3 10月
4 12月

3 023

1 ネクタイ
2 お酒
3 山登り用の靴
4 山登り用の服

4 024

1 駅前まで歩きたいから

2 本を買うとパンがサービスでつくから

3 本を読みながらお茶が飲めるから

4 ほしい雑誌があるから

5 025

1 文句をいうところ

2 遅刻するところ

3 道具を片付けないところ

4 自分はできると思っているところ

6 026

1 言葉を話すこと

2 手を使って物を運ぶこと

3 ゆっくり歩くこと

4 階段を上がったり下りたりすること

3: 問題 3 개요 이해

027~029

문제 유형

화자의 의도나 주장을 파악하는 문제이다. 부재중 전화 녹음이나 뉴스의 아나운서가 말하는 내용이 주로 나온다.

상황 정보를 듣는다.

⬇

본문을 듣는다.

⬇

문제를 듣는다.

⬇

선택지 내용을 듣고 답을 고른다.

문제 풀이 포인트

개요 이해는 본문 음성이 먼저 나온 후에 질문과 선택지 음성이 나온다. 전체 내용의 흐름을 생각하면서 화자가 말하고자 하는 바와 찬성인지 반대인지 또는 긍정인지 부정인지를 파악해야 한다. 화자의 주장이나 생각은 주로 후반부에 나오므로 후반부에 나온 표현이 들어간 선택지가 정답일 가능성이 높다.

問題 3 개요 이해 연습문제

해설편 148~150p

問題 3

問題 3 では、問題用紙に何もいんさつされていません。この問題は、ぜんたいとしてどんなないようかを聞く問題です。話の前に質問はありません。まず話を聞いてください。それから、質問とせんたくしを聞いて、１から４の中から、最もよいものを一つえらんでください。

— メモ —

027~029

4 : 問題 4 발화 표현

030~033

문제 유형

제시된 그림을 보며 상황 설명을 듣고 화살표가 가리키는 사람이 할 말을 고르는 문제이다.

일러스트를 보고
화살표(➡)의 인물을 확인한다.

⬇

상황 설명을 듣는다.

⬇

세 개의 선택지 내용을 듣고 답을 고른다.

문제 풀이 포인트

발화 표현에서는 학교나 회사, 일상생활 등 다양한 장면에서 권유·요청·허가 및 인사말(감사·사과·위로 등)을 고르는 문제가 출제된다. 상황과 상대방과의 관계에 따라 반말이나 경어 표현도 나오므로 회화체 표현이나 줄임말 등도 기억해 두는 것이 좋다.

問題（もんだい） 4

問題（もんだい）4では、えを見（み）ながら質問（しつもん）を聞（き）いてください。やじるし（➡）の人（ひと）は何（なん）と言（い）いますか。1から3の中（なか）から、最（もっと）もよいものを一（ひと）つえらんでください。

1 030

2 031

3 032

해설편 153p

4 033

5: 問題 5 즉시 응답

034~042

문제 유형

두 사람의 짧은 대화를 듣고 그에 대한 적절한 응답을 찾는 문제이다.

짧은 문장을 듣는다.

⬇

세 개의 선택지 내용을 듣고 답을 고른다.

문제 풀이 포인트

즉시 응답에서는 주로 직장 상사와 부하 직원, 선생님과 학생, 부부나 친구 사이의 짧은 대화가 나온다. 짧은 시간 안에 질문에 대한 알맞은 대답을 고르고 바로 다음 문제로 넘어가는 유형이므로 정답에 확신이 들지 않더라도 신속하게 답을 고르고 다음 문제에 집중해야 한다.

해설편 154~157p

問題 5

問題5では、問題用紙に何もいんさつされていません。まず文を聞いてください。
それから、そのへんじを聞いて、1から3の中から、最もよいものを一つえらんでください。

— メモ —

034~042

청해

Ⅱ 실전문제 익히기

問題 1 과제 이해 실전문제 ①

043~054

問題1 問題１では、まず質問を聞いてください。それから話を聞いて、問題用紙の１から４の中から、最もよいものを一つえらんでください。

1 043

1 週末のスケジュールを教える

2 食事のよやくをする

3 食べたいものを教える

4 てんきよほうを見る

2 044

A. プレゼント　B. ジュース　C. お菓子　D. 帽子

1 A, B

2 A, C

3 A, B, C

4 A, B, D

해설편 158~162p

3 045

1 喫茶店に行く

2 喫茶店で鈴木君を待つ

3 鈴木君に電話をする

4 鈴木君の電話番号を教えてもらう

4 046

1 まつりで使ったばしょをしらべる

2 大会のにっていを変える

3 部長とそうだんする

4 小学校のよていをしらべる

5 047

1 テレビを店に持っていく

2 友だちをつれてくる

3 インターネットでしらべる

4 店に電話する

해설편 162p

6 048

1 レストランの予約(よやく)をする

2 プレゼントを買(か)う

3 ケーキの予約(よやく)をする

4 花(はな)を買(か)う

問題 1 과제 이해 실전문제 ②

해설편 163~164p

問題1　問題1では、まず質問を聞いてください。それから話を聞いて、問題用紙の1から4の中から、最もよいものを一つえらんでください。

1 049

1 部長の出張日程を確認する

2 部長の来週の日程を確認する

3 みんなの今週の日程を確認する

4 みんなの年末日程を確認する

2 050

1

2

3

4

3 051

1 コンサートに行く

2 女の人の家に行く

3 コンサートチケットを買いに行く

4 歌を聞く

4 052

1 家

2 図書館

3 となりの教室

4 事務室

5 053

1 営業部へ行く

2 部長にケータイ電話をわたす

3 いすをとなりの部屋へ運ぶ

4 プロジェクターを片づける

해설편 168p

6 054

1 トイレを掃除(そうじ)する

2 田中(たなか)さんに電話(でんわ)をする

3 テーブルを拭(ふ)く

4 窓(まど)を拭(ふ)く

問題 2 포인트 이해 실전문제 ①

055~066

問題 2 問題２では、まず質問を聞いてください。そのあと、問題用紙を見てください。読む時間があります。それから話を聞いて、問題用紙の１から４の中から、最もよいものを一つえらんでください。

1 055

1 子どもはさんかできないから

2 子どもが12歳になっていないから

3 とざんのけいけんがないから

4 子ども用のどうぐがないから

2 056

1 寝る４時間まえに食事をする

2 毎日、かんたんな運動をする

3 昼に太陽をあびる

4 夜、ゆっくり風呂に入る

3 057

1 しょくどうで食べるより安いから

2 りょうりがうまく作れるとうれしいから

3 朝、早く起きて、けんこうになるから

4 かわいい弁当ばこをもらったから

4 058

1 英語を話すことができるから

2 準備が忙しくないから

3 金曜日の夜だけだから

4 参加者はみんな社会人だから

5 059

1 社会のマナーをおしえてくれたこと

2 仕事のそうだんに乗ってくれたこと

3 たんじょうびのお祝いをしてくれたこと

4 あたらしい仕事をおうえんしてくれたこと

6 060

1 飲み物を持ってはいること

2 食べ物を持ってはいること

3 インターネットを使うこと

4 利用のえんちょうをすること

問題 2 포인트 이해 실전문제 ②

해설편 175~177p

問題 2 問題２では、まず質問を聞いてください。そのあと、問題用紙を見てください。読む時間があります。それから話を聞いて、問題用紙の１から４の中から、最もよいものを一つえらんでください。

1 061

1 病院に行くから

2 買い物をするから

3 遠いところに行くから

4 お昼ごはんを食べるから

2 062

1 先輩が体調を崩して入院したから

2 お酒が健康を害する大きな原因だと聞いたから

3 付き合いで飲むのが面倒だから

4 新しい趣味を探したいから

3 063

1 男の人がパーティーに来なかったから

2 男の人がロビーに来なかったから

3 男の人が遅れて来たから

4 男の人が先に帰ったから

해설편 177~179p

4 064

1 実家から荷物が来た時

2 お正月

3 母の誕生日

4 母と話したいと思った時

5 065

1 気に入ったものがなかったから

2 ワイシャツをたくさん買ったから

3 安いものがなくなったから

4 買いたいものが売り切れてしまったから

6 066

1 友だちと約束した時間に合わせるため

2 明日の会議の準備をするため

3 書類を作るため

4 資料のコピーを取るため

問題 3 개요 이해 실전문제 ①

067~072

問題 3　問題３では、問題用紙に何もいんさつされていません。この問題は、ぜんたいとしてどんなないようかを聞く問題です。話の前に質問はありません。まず話を聞いてください。それから、質問とせんたくしを聞いて、１から４の中から、最もよいものを一つえらんでください。

— メモ —

067~069

問題 3 개요 이해 실전문제 ②

해설편 180~185p

問題 3　問題３では、問題用紙に何もいんさつされていません。この問題は、ぜんたいとしてどんなないようかを聞く問題です。話の前に質問はありません。まず話を聞いてください。それから、質問とせんたくしを聞いて、１から４の中から、最もよいものを一つえらんでください。

— メモ —

070~072

問題 4 발화 표현 실전문제 ①

073~080

問題 4　問題4では、えを見ながら質問を聞いてください。やじるし（➡）の人は何と言いますか。１から３の中から、最もよいものを一つえらんでください。

1　073

2　074

3 075

4 076

問題 4 발화 표현 실전문제 ②

해설편 188~189p

問題 4　問題４では、えを見ながら質問を聞いてください。やじるし（➡）の人は何と言いますか。１から３の中から、最もよいものを一つえらんでください。

1　077

2　078

3 079

4 080

問題 5 즉시 응답 실전문제 ①

081~098

問題 5　問題 5 では、問題用紙に何もいんさつされていません。まず文を聞いてください。それから、そのへんじを聞いて、１から３の中から、最もよいものを一つえらんでください。

— メモ —

081~089

問題 5 즉시 응답 실전문제 ②

해설편 192~198p

問題 5　問題(もんだい)5では、問題用紙(もんだいようし)に何(なに)もいんさつされていません。まず文(ぶん)を聞(き)いてください。それから、そのへんじを聞(き)いて、1から3の中(なか)から、最(もっと)もよいものを一(ひと)つえらんでください。

— メモ —

090~098

JLPT N3

Test

모의고사

JLPT N3 가채점표

언어지식 (문자・어휘・문법)

			문제 유형	문항 및 배점	점수
언어지식	문자・어휘	문제 1	한자 읽기	8문제 × 1점	8
		문제 2	표기	6문제 × 1점	6
		문제 3	문맥 규정	10문제 × 1점	10
		문제 4	유의 표현	5문제 × 1점	5
		문제 5	용법	5문제 × 2점	10
	문법	문제 1	문법형식 판단	13문제 ×1점	13
		문제 2	문장 만들기	5문제 × 2점	10
		문제 3	글의 문법	5문제 × 2점	10
합계					72

★ 득점환산법(60점 만점) [득점] ÷ 72 × 60 = [ ]점

독해

		문제 유형	문항 및 배점	점수
독해	문제 4	내용 이해(단문)	4문제 × 3점	12
	문제 5	내용 이해(중문)	6문제 × 4점	24
	문제 6	내용 이해(장문)	4문제 × 4점	16
	문제 7	정보 검색	2문제 × 5점	10
합계				62

★ 득점환산법(60점 만점) [득점] ÷ 62 × 60 = [ ]점

청해

		문제 유형	문항 및 배점	점수
청해	문제 1	과제 이해	6문제 × 3점	18
	문제 2	포인트 이해	6문제 × 3점	18
	문제 3	개요 이해	3문제 × 3점	9
	문제 4	발화 표현	4문제 × 2점	8
	문제 5	즉시 응답	9문제 × 1점	9
합계				62

★ 득점환산법(60점 만점) [득점] ÷ 62 × 60 = [ ]점

＊ 위의 배점표는 시사일본어사에서 작성한 것으로, 실제 시험과는 약간의 오차가 생길 수 있습니다.

＊ 모의고사 정답은 해설편 202p에서 확인할 수 있습니다.

Language Knowledge (Vocabulary)　もんだいようし

N3

げんごちしき (もじ・ごい)

(30ぷん)

ちゅうい
Notes

1. しけんが はじまるまで、この もんだいようしを あけないで ください。
Do not open this question booklet until the test begins.

2. この もんだいようしを もって かえる ことは できません。
Do not take this question booklet with you after the test.

3. じゅけんばんごうと なまえを したの らんに、じゅけんひょうと
おなじように かいて ください。
Write your examinee registration number and name clearly in each box below as written on your test voucher.

4. この もんだいようしは、ぜんぶで 8ページ あります。
This question booklet has 5 pages.

5. もんだいには かいとうばんごうの [1]、[2]、[3]… が ついて います。
かいとうは、かいとうようしに ある おなじ ばんごうの ところに
マークして ください。
One of the row numbers [1], [2], [3]… is given for each question. Mark your answer in the same row of the answer sheet.

じゅけんばんごう Examinee Registration Number	

なまえ Name	

問題 1　＿＿＿のことばの読み方として最もよいものを、1・2・3・4から一つえらびなさい。

1　曲線よりもまっすぐな直線をかくほうが難しいらしい。

1　きょくせん　　2　きょせん　　3　まがりせん　　4　きょっくせん

2　台風に備えて、食べ物や水を買っておいた。

1　びえて　　2　たくわえて　　3　そなえて　　4　こたえて

3　厚く切ったパンに、マヨネーズをぬって焼くと、とてもおいしいです。

1　あつく　　2　ぶあつく　　3　うすく　　4　まるく

4　再来週の日曜日に、東京へ行くことになりました。

1　さいらいしゅう　　2　さらいしゅ
3　さいらいしゅ　　4　さらいしゅう

5　漢字を覚えるのに効果的な方法があれば、教えてください。

1　けっかてき　　2　けっていてき
3　こうかてき　　4　こうりつてき

6　兄はカメラが趣味で、数えてみたら30台も持っていた。

1　かそえて　　2　かすえて　　3　かぞえて　　4　かずえて

7 おなかが痛いなら、<u>我慢</u>せずに、薬を飲んだほうがいいです。

1 がま　2 がまん　3 かまん　4 がんま

8 最近は荷物の到着時間を<u>受取人</u>にメールで知らせてくれるサービスがあります。

1 うけとりにん　2 うけとりじん

3 うけしゅにん　4 うけしゅじん

問題 2 ＿＿＿＿のことばを漢字で書くとき、最もよいものを、1・2・3・4から一つえらびなさい。

9 ここはうせつ禁止ですから、こちらには曲がれません。

1 右折　2 左折　3 右所　4 左所

10 富士山はこのかくどから見るのが一番きれいなんです。

1 画度　2 確度　3 角度　4 各度

11 着物は帯をむすぶのが大変だから、あまり着たくありません。

1 約ぶ　2 結ぶ　3 組ぶ　4 終ぶ

12 長い時間ゲームをしていたので、目がいたくなりました。

1 病く　2 疲く　3 痛く　4 冷く

13 ５時いこうなら、いつ来てもいいです。

1 以終　2 以後　3 以向　4 以降

14 さしだしにんの名前が書いてないので、だれからの手紙かわかりません。

1 差出人　2 指出人　3 申出人　4 送出人

問題 3 （　　　　）に入れるのに最もよいものを、1・2・3・4から一つえらびなさい。

15 留学生は全員、国民健康保険に入るための（　　　　）をしなければならない。

1 手当て　2 手作り　3 手続き　4 手引き

16 息子は疲れているのか（　　　　）寝ていて、揺すっても起きない。

1 のんびり　2 ゆっくり　3 しっかり　4 ぐっすり

17 この割引券の有効（　　　　）は今月末だ。早く使わなきゃ。

1 月日　2 時間　3 期間　4 期限

18 うちの犬は（　　　　）、私の言うことをちゃんと理解しています。

1 かしこくて　2 おとなしくて　3 なかよくて　4 やさしくて

19 漢字を使って、（　　　　）作文を書く友だちを見て、うらやましいと思った。

1 ぺらぺら　2 べらべら　3 すらすら　4 ずらずら

20 この（　　　　）を後ろに引けば、椅子（いす）が倒れます。

1 レバー　2 リモコン　3 コンセント　4 コード

21 来月、アメリカへ行ってしまう親友の（　　　　）を開くことになった。

1 交流会　2 送別会　3 飲食会　4 歓迎会

22 私を(　　　　)してくれたお医者さんが世界的に有名な人だと聞いて驚いた。

1　受付　　2　研究　　3　診察　　4　実験

23 踏切では電車が(　　　　)のを確認してから渡ったほうがいい。

1　通りかかる　　2　通り始める　　3　通り過ぎる　　4　通り合わせる

24 服のボタンが(　　　　)そうだったので、母に頼んでつけてもらった。

1　ちり　　2　とれ　　3　ぬけ　　4　きれ

問題4 ＿＿＿＿に意味が最も近いものを、1・2・3・4から一つえらびなさい。

25 洗濯機でセーターを洗ったら縮んでしまった。

1 小さくなって　2 広くなって　3 大きくなって　4 汚くなって

26 目上の人と会ったときは、かならずあいさつをしましょう。

1 背が高い　2 能力が高い　3 立場が上　4 収入が上

27 左右を確認しないで、車道を横切るとあぶないよ。

1 走る　2 飛び出す　3 横断する　4 停車する

28 最近はなるべく人の多い場所には行かないように、気をつけています。

1 できるだけ　2 かならず　3 なるほど　4 ぜったいに

29 最近、電車の中でだらしない服装の高校生をよく見かけるようになった。

1 すっきりとしていない　2 きちんとしていない

3 さっぱりとしていない　4 しっかりとしていない

問題 5　つぎのことばの使い方として最も よいものを、1・2・3・4から一つえらびなさい。

30 そろえる

1　天気が悪く、洗濯物がそろえていなかったので、乾燥機を使った。

2　ワイシャツはきれいにそろえておかないと、しわになってしまう。

3　お客さんが来るので、玄関にスリッパをそろえておいた。

4　床をふくときは、ぞうきんをしっかりそろえてからふきなさい。

31 どんどん

1　日本語が上手になりたければ、失敗を気にせずどんどん話しましょう。

2　前の車がどんどん運転しているので、いらいらする。もう少し速く走ってほしい。

3　休みの日は家でどんどんしていることが多いです。

4　部屋の空気を入れ替えるために、１時間に１回10分ほど、まどをどんどん開けましょう。

32 都合

1　学生時代の友だちはみんな忙しくて、全員が会おうとしても都合がつかない。

2　新しい商品を企業に売り込もうとしたが、どの会社も関心がないようで、都合がつかない。

3　商店街の年末のくじは都合が悪く、全部はずれてしまった。

4　最近仕事で無理をしているから体の都合がよくない。

33 細かい

1　妹はダイエットに成功して、すっかり細かくなった。

2　細かいことを気にしすぎると、ストレスがたまりますよ。

3　病気の予防のために、外から帰ったら細かく手を洗いましょう。

4　部長は料理の味に細かいですから、忘年会の店を選ぶのは大変だ。

34 見送り

1　最近の宅配便は見送りのサインをしなくてもよくなったんです。

2　３時に駅で友だちと見送りをしていたのに、1時間たっても来なかった。

3　予約の見送りは前日の12時までにお願いします。

4　転勤で大阪へ行く私を、友人が駅まで見送りに来てくれた。

N3

言語知識（文法）・読解

(70分)

注　意
Notes

1．試験が始まるまで、この問題用紙を開けないでください。
Do not open this question booklet until the test begins.

2．この問題用紙を持って帰ることはできません。
Do not take this question booklet with you after the test.

3．受験番号と名前を下の欄に、受験票と同じように書いてください。
Write your examinee registration number and name clearly in each box below as written on your test voucher.

4．この問題用紙は、全部で19ページあります。
This question booklet has 19 pages.

5．問題には解答番号の [1]、[2]、[3]… が付いています。
解答は、解答用紙にある同じ番号のところにマークしてください。
One of the row numbers [1], [2], [3] … is given for each question. Mark your answer in the same row of the answer sheet.

受験番号 Examinee Registration Number	
名前 Name	

問題 1　つぎの文の（　　　　）に入れるのに最もよいものを、1・2・3・4から一つえらびなさい。

1 彼はどんなことを質問されても答えられる（　　　　）、「歩く辞書」と呼ばれている。

1　によって　　2　ことから　　3　からには　　4　ように

2 昨日の夜大雪が降った（　　　　）、朝から電車が止まっていて、会議に遅刻した。

1　せいで　　2　おかげか　　3　くせに　　4　とおりに

3 たばこをやめようと努力しているが、ストレスがたまると（　　　　）我慢できずに吸ってしまう。

1　うっかり　　2　ぜひ　　3　もっと　　4　つい

4 今の（　　　　）レポートを書き始めておかなければ、来週はもっと忙しくなるから大変だろう。

1　前に　　2　うえに　　3　うちに　　4　ときに

5 いくら彼女に（　　　　）としても、お金がないので、旅行に連れて行ってあげることはできない。

1　お願いしよう　　2　お願いされよう

3　お願いさせよう　　4　お願いされた

6 大きな会社に入っても幸せになれる（　　　　）は思えないから、リスクがあっても本当にやりたい仕事をした方がいい。

1　で　　2　に　　3　と　　4　の

7 道を歩いていると、外国人に「駅までどう行けばいいか(　　　　)。」と上手な日本語で言われて、駅まで案内することにした。

1　教えていただけませんか　　2　お教えになりませんか
3　お教えしてください　　4　教えておりませんか

8 いくら自分の考えが正しいと思っても、相手の主張をすべて否定する(　　　　)言ってはいけない。

1　べきことを　　2　そうなことを
3　ようなことを　　4　ほどのことを

9 大勢の人の前では、うまく(　　　　)とすればするほど、緊張して言葉が出てこなくなる。

1　話そう　　2　話したい　　3　話した　　4　話せる

10 彼は休みが多い(　　　　)、同僚とのトラブルも多いので、上司が困っている。

1　しかなく　　2　からでなく　　3　ほどでなく　　4　だけでなく

11 期限に遅れそうなときや失敗しそうなことなど、話し(　　　　)ことほど早めに上司に相談しておいたほうがいい。

1　きる　　2　こむ　　3　にくい　　4　やすい

12 山田　「課長、遅いね。」
中山　「今電話があって、もう少し遅れそうだから先に飲み会を始めておいてくれ(　　　　)。」

1　とのことだったよ　　2　と言いそうだよ
3　というものだよ　　4　と言ってあるよ

13 学生 「来月の卒業パーティーで先生にスピーチをしていただきたいんですが、いかがでしょうか。」

先生 「いいですよ。(　　　　)。」

1 していただきます　　2 させてもらいましょう

3 させましょう　　4 させてあげます

問題 2　つぎの文の ＿★＿ に入る最もよいものを、1・2・3・4から一つえらびなさい。

（問題例）　きのう ＿＿＿＿ ＿＿＿＿ ＿★＿ ＿＿＿＿ はとてもおいしかった。

1　母　　2　買ってきた　　3　が　　4　ケーキ

（解答のしかた）

1. 正しい文はこうです。

きのう ＿＿＿＿ ＿＿＿＿ ＿★＿ ＿＿＿＿ はとてもおいしかった。 1 母　　3 が　　2 買ってきた　4 ケーキ

2. ＿★＿ に入る番号を解答用紙にマークします。

（解答用紙）	（例）	①　●　③　④

14　彼は大学のときに ＿＿＿ ＿★＿ ＿＿＿ ＿＿＿ そうだ。

1　知り合った　　2　結婚する

3　女性と　　4　アルバイトをしていて

15　水不足が続いていて、＿＿＿ ＿＿＿ ＿★＿ ＿＿＿ そうだ。

1　上がる　　2　一方だ　　3　値段は　　4　野菜の

16　たった２泊の旅行なんだから、＿＿＿ ＿＿＿ ＿★＿ ＿＿＿。

1　ことはない　　2　そんな

3　たくさんの荷物を　　4　持って行く

17 母 「＿＿＿ ＿＿＿ ＿★＿ ＿＿＿じゃないでしょう。」

子 「うん、わかったよ。」

1 ゲームで遊んでいる　　2 なら

3 大学に合格したい　　4 場合

18 授業についていくのは大変だったが、親が ＿＿＿ ＿＿＿ ＿★＿ ＿＿＿と思い、毎日夜遅くまで勉強した。

1 出してくれている　　2 むだにする

3 わけにはいかない　　4 学費を

問題３　つぎの文章を読んで、文章全体の内容を考えて、［19］から［23］の中に入る最もよいものを、１・２・３・４から一つえらびなさい。

下の文章は、留学生が書いた作文です。

避難訓練

ペーター・ワグナー

先週、学校で避難訓練がありました。これは、もし地震や火事が起きたらどうすればいいかということを、地震や火事が起きていない平常のときに練習するものです。先週の訓練は、大きい地震が起きたときのための練習でした。授業中、急に先生のアナウンスが流されて、「地震です。自分の体を守ってください。安全なところに避難してください。」と言われました。［19］、私はそのとき何をすればいいか分かりませんでした。私の育った国は地震がありませんし、日本でも、私が来てからは今まで一度も地震がなかったからです。周りの友達は、みんな自分の机の下に［20］。それを見て、私も同じようにしました。あとで、友達にどうして机の下に入ったのかと聞くと、友達は「大地震のときは上から物が落ちてくるおそれがあるから、地震が終わるまでは、丈夫な物の下で自分の頭と体を守らなければならないんだよ。」と［21］。私は、なるほどと感心しました。友達にとっては当たり前のことでも、経験したことがない私には想像もできないことで、とても勉強になりました。もし避難訓練をする前に、一人のときに大きな地震が起きたら、［22］。だから、［23］ことでも経験をしておくということは大切なことなのだと思った避難訓練でした。

19

1　やっぱり　　2　だから　　3　ついに　　4　けれども

20

1　かくれたいでしょう　　2　かくれていると思います
3　かくれていました　　4　かくれると思っていました

21

1　説明してくれました　　2　説明してもらいました
3　説明させられました　　4　説明させました

22

1　安全でしょう　　2　安全だったかもしれません
3　けがをしようとします　　4　けがをしていたかもしれません

23

1　どの　　2　どんな　　3　あの　　4　あんな

問題4　つぎの(1)から(4)の文章を読んで、質問に答えなさい。答えは、1・2・3・4から最もよいものを一つえらびなさい。

(1) これは、山村(やまむら)先生のゼミの学生に届いたメールである。

あて先	yamamurazemi@groups.ac.jp
件　名	忘年会について
送信日時	20○○年12月10日　15：23

忘年会の日時とお店が決まりましたので、お知らせします。
つきましては、料理のコースはどちらがいいか、ご希望をお知らせください。
参加するかどうかと料理について12月20日(月)までに返信してください。

日時: 20○○年12月25日(土)　午後6時～8時
会場: イタリアン・カフェ「ぶどうの木」
会費: 3,980円(どちらのコースも同じ値段です)
料理: ①ヘルシーベジタリアンコース、または　②がっつり肉・肉コース

忘年会では、みんなでお勧めの本を紹介します。どんな本でもかまいませんので、お勧めの本を何か1冊ご用意ください。この日、参加できない人もぜひお願いします。参加できない人は来週のゼミに紹介文と一緒に本を持ってきていただけたら、私が代わりに紹介します。

川上(かわかみ)

24 このメールによると、参加できない人は何をするか。

1　返信の必要はないが、来週のゼミにお勧めの本を持って行く。
2　参加するかどうかと料理について、12月20日までに返信する。
3　参加するかどうかを返信するだけでよい。
4　参加するかどうかを返信し、来週のゼミにお勧めの本を持って行く。

(2) 小川さんの机の上に、同僚からのメモが置いてある。

> 小川さん
>
> 会議、お疲れ様です。私はお先に失礼します。先ほど管理室から小川さん宛に荷物が届いたと連絡がありました。大きい箱が二つあるそうですから、台車を持って取りに行ってください。午後10時までは管理人さんがいます。
>
> 荷物は、新商品のパンフレットだと思います。中を確認して問題がなければ、業者に連絡を入れておいていただけますか。原田課長がまだ届かないと言って、今日何度か業者に連絡していましたから。その後で、原田課長と営業の二人の机の上に一部ずつ置いておいてください。
>
> すみませんが、よろしくお願いします。
>
> 野口

25 荷物を確認した後、小川さんは何をしなければならないのか。

1 午後10時までに台車を持って管理室に荷物を取りに行く。

2 パンフレットを作った会社に届いたことを連絡する。

3 原田部長にパンフレットに問題がないと連絡する。

4 事務所の人たち全員にパンフレットを一部ずつ配る。

(3)

社会に出て働くようになったときに、その仕事・職業が、自分に向いているかどうか、わからない場合が多いのも確かです。ある仕事についたら、とりあえず努力を傾けて働いてみるというのは、案外合理的で、有効な方法ではないかと思います。集中して、努力を傾けてみないと、その仕事・職業が自分に向いているかどうか、わからないことが多いからです。また、努力を傾け、集中しているときには、いろいろな発見があるので、何か重要なことと出会う可能性が大きくなります。

（村上龍（むらかみりゅう）『新13歳のハローワーク』幻冬舎）

26 合理的で、有効な方法とは、何のための方法か。

1 社会に出て働くための方法

2 自分に向いている仕事か確かめるための方法

3 集中して、努力を傾けるための方法

4 何か重要なことに出会うための方法

(4)

うちは母子家庭です。私が生まれて直後、父は病気で亡くなりました。母は私より六つ上の兄と生まれたばかりの私を、女手一つで育ててくれました。私は小学５年生の頃から、母の手伝いをするようになりました。朝、登校前に３人分の洗濯物を干したり、ごみ捨てに行ったりしました。(中略)小さい頃は、お手伝いをしなくてもいい友達をうらやましがっていましたが、今は小さい時からの経験によって友達にはない家事の力がついていることを母に感謝しています。

(明石(あかし)めぐみ『みんなの広場 ― 胸に響く母の「ありがとう」』毎日新聞　2021年3月28日)

27 この文章を書いた人は、母親についてどう思っているか。

1　小さいころからいつも家事を教えてくれた優しい母親だ。

2　学校に行く前にも手伝いをさせた厳しい母親だ。

3　人より上手に家事ができるようになったのは、母親のおかげだ。

4　母子家庭で、仕事も家事も一人でやり、二人の子どもを育てたかわいそうな母親だ。

問題5　つぎの(1)から(2)の文章を読んで、質問に答えなさい。答えは、1・2・3・4から最もよいものを一つえらびなさい。

(1)

2020年7月1日からスーパーやコンビニでのレジ袋(ぶくろ)の有料化が始まった。これはプラスチックごみの問題に対する意識を高め、一人一人の生活のスタイルを変えることで、環境(かんきょう)問題を少しでも良くするためだ。

2020年3月の調査では、一週間レジ袋を使わなかったという人が約30%だったが、11月に10～70代の男女2,100人に同じ調査を行ったところ、「最近一週間以内に買い物をした店でレジ袋をもらったか」という質問に約70%の人が「もらわなかった」と答えた。その中でも60代以上の人では80%を超える結果になった。

さらに、「プラスチックごみの問題への関心が高まったか」という質問に対しては、「もともと意識高く行動していた」27.4%、「高まったため、行動や意識に変化があった」29.5%、「高まったが、行動や意識に変化はない」21.1%、「高まっていない」22.0%という結果になった。

28 レジ袋(ぶくろ)の有料化が始まったのは何のためか。

1　プラスチックごみに対する意識と行動を変えるため

2　スーパーやコンビニのごみ袋の質を良くするため

3　プラスチックごみを出す店をなくすため

4　環境問題を良くするためのお金を作るため

29 2020年11月に行われたのはどんな調査か。

1　レジ袋(ぶくろ)を使う理由に関する調査

2　レジ袋(ぶくろ)を使わない理由に関する調査

3　レジ袋(ぶくろ)使用状況の変化に関する調査

4　レジ袋(ぶくろ)への関心を問う調査

30 この文章からわかることは何か。

1　レジ袋(ぶくろ)の有料化は効果がなかった。

2　レジ袋(ぶくろ)が有料化された後の一週間だけ効果があった。

3　レジ袋(ぶくろ)の有料化によってプラスチックごみへの関心が高まった。

4　レジ袋(ぶくろ)が有料化されても使い続ける人が増えた。

(2)

75歳のAさんと喫茶店へ行った。お店の人が注文を間違えたことがわかった時、それまで静かに話していたAさんが、突然大声で怒りはじめた。①私はとても驚いた。最近、Aさんのように普段は穏やかなお年寄りが突然怒り出すようなことが増えたそうだ。

年を取ると体とともに脳も衰える(注1)。特に脳の前側は衰えやすいことが分かっている。すると、若い頃は「これ以上怒ってはいけない」と我慢できたことが我慢できなくなる。②これは早ければ40代から始まるらしい。

また、脳の前側は意欲(注2)や発想力(注3)にも関係するので、衰えると、自分のよく行く店にしか行かない、同じ作家の本ばかり読むといった行動をすることもある。そのため、③年を取ってからは新しいことに挑戦するほうがいいらしい。

(注1) 衰える：その力が減ったり、弱くなったりする

(注2) 意欲：積極的にしようとする気持ち

(注3) 発想力：さまざまなものを思いつくことができる力

31 ①私はとても驚いたとあるが、この文章を書いた人はどんな気持ちだったか。

1　なぜAさんはそんなに怒るのだろう。

2　なぜAさんは声が大きいのだろう。

3　なぜ店の人は注文を間違(まちが)えたのだろう。

4　なぜ店の人はあやまらないのだろう。

32 ②これとあるが、何のことか。

1　年を取ること

2　昔は我慢(がまん)できたことが我慢(がまん)できなくなること

3　注文を間違(まちが)えられて大声を出すこと

4　怒ってはいけないと思うこと

33 この文章を書いた人は、なぜ③年を取ってからは新しいことに挑戦(ちょうせん)するほうがいいと考えているか。

1　怒りたいときに我慢(がまん)しないようにするため

2　同じことを繰り返しできるようにするため

3　新しい店や面白い本をたくさん見つけるため

4　意欲(いよく)や発想力(はっそうりょく)を衰(おとろ)えさせないため

問題 6　つぎの文章を読んで、質問に答えなさい。答えは、1・2・3・4から最もよいものを一つえらびなさい。

最近、ペットとしてうさぎを飼う人が増えている。うさぎは犬や猫のように、いろいろな鳴き声を出したり、表情豊かに飼い主に甘えたりしないので、①感情を知るのは難しいと思うかもしれないが、うさぎにも感情はある。うさぎの行動を観察することによって、その感情を知ることができる。

例えば、うさぎが部屋の中で遊んでいるとき、おもちゃにあごをつけているのを見たことはないだろうか。それは「これは自分のモノだ」と主張しているときだ。飼い主であるあなたにあごをつけることもあるだろう。うさぎのあごの下からはにおいが出るため、気に入っている物や場所にそのにおいをつけるのだ。

また、うさぎが後ろ足で地面をたたくことがある。これは、「危ないから逃げろ」という意味だ。こうやって仲間に危険を知らせる。もし、まわりに危ないものがなくても同じ動作をしたら、怒っているかもしれない。歯を見せるときは、「来るな。触るな」という意味だ。こんな時は、うさぎに触りたくてもやめたほうがいい。②かまれるかもしれないから。

このように、うさぎの行動にはそれぞれ意味がある。③それはうさぎがもともと持っている本能かもしれないし、あなたにしか見せないサインかもしれない。毎日観察していると、うさぎの変化に気づき、病気やケガを予防するきっかけになるだろう。

34 うさぎの①感情を知るのは難しいのはなぜか。

1　うさぎは感情を見せないようにしているから
2　犬や猫のように鳴き声や表情が見られないから
3　遊ぶときはいつもあごを何かにつけた状態だから
4　いつも飼い主を近づけないようにしているから

35 ②かまれるかもしれないとあるが、なぜか。

1　後ろ足で地面をたたいているから
2　仲間に危険を知らせているから
3　「逃げろ」とサインを出しているから
4　「来るな」とサインを出しているから

36 ③それとあるが、何をさしているか。

1　うさぎの行動
2　うさぎの本能
3　うさぎの観察
4　うさぎの変化

37 この文章を書いた人は、うさぎを飼うことについてどう思っているか。

1　犬や猫のように鳴かないので、うさぎの感情を知るのは難しい。
2　うさぎの行動と気持ちを考えれば、親密なコミュニケーションがとれる。
3　うさぎのにおいや歯の状態から病気やケガを予防することができる。
4　うさぎのサインは飼い主だけに見せるものだから、よく観察しなければならない。

問題７　右のページの文章は、求人広告（きゅうじんこうこく）である。これを読んで、下の質問に答えなさい。答えは、1・2・3・4から最もよいものを一つえらびなさい。

38　ハルさん（17歳）は、アルバイトを探している。午後か夜働きたい。ハルさんが働ける曜日は次のうちどれか。

1　月曜日と水曜日

2　火曜日と土曜日

3　水曜日と日曜日

4　木曜日と日曜日

39　この店で働ける人はだれか。

1　経験がある主婦。火曜日と土曜日に９時から12時まで働ける。

2　経験がない大学生。土曜日に午後10時から翌日２時まで働ける。

3　経験がある高校生。水曜日の午後３時からと土曜日の12時までに働ける。

4　経験がない大学生。火曜日、水曜日、木曜日の夜働ける。

はなうさぎ スタッフ募集

経験は問いません！

◇◇◇

◘ 仕事：レジ、そうじ　など

時間	勤務日	時給
① 8：00～13：00	火か土	950円 高校生　850円
② 13：00～17：00	水か日	
③ 22：00～翌2：00	月～土	1,200円

※ 時間・曜日はお気軽にご相談ください。

◘ 資格：週2日以上、1日4時間以上勤務できる方

③は18歳以上

◘ 待遇：交通費支給

- 制服貸します。自転車通勤可。
- 2週間、研修があります。

◘ 応募方法：お電話ください。

- 面接には履歴書をご持参ください。

◇◇◇

はなうさぎ
問い合わせ 888-999-0000

Listening

問題用紙

N3

聴解(ちょうかい)

(45分)

099

注　意
Notes

1. 試験が始まるまで、この問題用紙を開けないでください。
Do not open this question booklet until the test begins.

2. この問題用紙を持って帰ることはできません。
Do not take this question booklet with you after the test.

3. 受験番号(じゅけんばんごう)と名前を下の欄(らん)に、受験票(じゅけんひょう)と同じように書いてください。
Write your examinee registration number and name clearly in each box below as written on your test voucher.

4. この問題用紙は、全部(ぜんぶ)で14ページあります。
This question booklet has 14 pages.

5. この問題用紙にメモをとってもかまいません。
You may make notes in this question booklet.

受験番号(じゅけんばんごう) Examinee Registration Number	
名前 Name	

問題１

問題１では、まず質問を聞いてください。それから話を聞いて、問題用紙の１から４の中から、最もよいものを一つえらんでください。

れい 099_01

1　食事会をする店を予約する

2　出席する人数を確認する

3　佐藤部長に連絡する

4　みんなにメールを送る

1ばん 099_02

1 飲み物を買う

2 デパートに行く

3 花を飾る

4 花屋に電話する

2ばん 099_03

1 月曜日

2 火曜日

3 水曜日

4 木曜日

3ばん 099_04

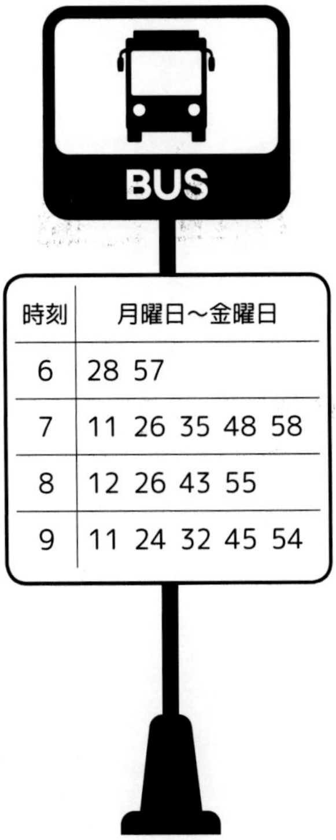

時刻	月曜日～金曜日
6	28 57
7	11 26 35 48 58
8	12 26 43 55
9	11 24 32 45 54

1　6：28

2　7：48

3　7：58

4　8：12

4ばん 099_05

1 山(やま)

2 海(うみ)

3 ショッピングセンター

4 公園(こうえん)

5ばん 099_06

1 玉(たま)ねぎとニンジンを小(ちい)さく切(き)る

2 牛乳(ぎゅうにゅう)を温(あたた)める

3 肉(にく)に塩(しお)と胡椒(こしょう)をふる

4 作(つく)り方(かた)をよく読(よ)む

6ばん 099_07

1　正しい場所に入力する

2　名前をカタカナで入力する

3　メールアドレスを確かめる

4　学生番号を入力する

問題2

問題2では、まず質問を聞いてください。そのあと、問題用紙を見てください。読む時間があります。それから話を聞いて、問題用紙の1から4の中から、最もよいものを一つえらんでください。

例 099_08

1 デートがあるから

2 映画を見に行くから

3 食事をしに行くから

4 コンサートへ行くから

1ばん 099_09

1 人気があるから

2 先生に薦められたから

3 授業に役に立つから

4 著者の写真が見たいから

2ばん 099_10

1 高いところに物を置くこと

2 スリッパや靴を履かないこと

3 火を使うこと

4 あわててすぐ逃げること

3ばん 099_11

1 背の高い木にしたいから

2 花を咲かせたいから

3 大きい実が取りたいから

4 バランスが悪いから

4ばん 099_12

1 写真と実際の色が違うから

2 似合わないことがあるから

3 直接人と会って話したいから

4 新しいお店を発見したいから

5ばん 099_13

1 よく寝(ね)られること

2 リラックスできること

3 悲(かな)しいときに泣(な)くこと

4 映画(えいが)を見(み)て感動(かんどう)すること

6ばん 099_14

1 10時(じ)

2 1時(じ)

3 4時(じ)

4 6時(じ)

問題３

問題３では、問題用紙に何もいんさつされていません。この問題は、ぜんたいとしてどんなないようかを聞く問題です。話の前に質問はありません。まず話を聞いてください。それから、質問とせんたくしを聞いて、１から４の中から、最もよいものを一つえらんでください。

― メモ ―

099_15 ~ 099_18

問題4

問題4では、えを見ながら質問を聞いてください。やじるし（➡）の人は何と言いますか。１から３の中から、最もよいものを一つえらんでください。

れい 099_19

1ばん 099_20

2ばん 099_21

3ばん 099_22

4ばん 099_23

問題 5

問題 5 では、問題用紙に何もいんさつされていません。まず文を聞いてください。それから、そのへんじを聞いて、1 から 3 の中から、最もよいものを一つえらんでください。

— メモ —

099_24 ~ 099_33

じゅけんばんごうを　かいて、その　したの　マークらんに　マークして　ください。
Fill in your examinee registration number in this box, and then mark the circle for each digit of the number.

じゅけんばんごう
Examinee Registration Number

3		A	1	0	1	0	0	0	1	-	3	0	0	0	1
⓪	⓪		⓪	●	⓪	●	●	●	⓪			●	●	●	⓪
①	①	●	●	①	●	①	①	①	●		①	①	①	①	●
②	②	Ⓑ	②	②	②	②	②	②	②		②	②	②	②	②
●	③		③	③	③	③	③	③	③		●	③	③	③	③
④	④		④	④	④	④	④	④	④		④	④	④	④	④
⑤	⑤		⑤	⑤	⑤	⑤	⑤	⑤	⑤		⑤	⑤	⑤	⑤	⑤
⑥	⑥		⑥	⑥	⑥	⑥	⑥	⑥	⑥		⑥	⑥	⑥	⑥	⑥
⑦	⑦		⑦	⑦	⑦	⑦	⑦	⑦	⑦		⑦	⑦	⑦	⑦	⑦
⑧	⑧		⑧	⑧	⑧	⑧	⑧	⑧	⑧		⑧	⑧	⑧	⑧	⑧
⑨	⑨		⑨	⑨	⑨	⑨	⑨	⑨	⑨		⑨	⑨	⑨	⑨	⑨

せいねんがっぴを　かいて、その　したの　マークらんに　マークして　ください。
Fill in your date of birth in this box, and then mark the circle for each digit of the number.

せいねんがっぴ(Date of Birth)

ねん Year					つき Month			ひ Day	
				-			-		
	⓪	⓪	⓪		⓪	⓪		⓪	⓪
①	①	①	①		①	①		①	①
②	②	②	②		②	②		②	②
	③	③	③		③	③		③	③
	④	④	④		④	④		④	④
	⑤	⑤	⑤		⑤	⑤		⑤	⑤
	⑥	⑥	⑥		⑥	⑥		⑥	⑥
	⑦	⑦	⑦		⑦	⑦		⑦	⑦
	⑧	⑧	⑧		⑧	⑧		⑧	⑧
	⑨	⑨	⑨		⑨	⑨		⑨	⑨

日本語能力試験　模擬試験　解答用紙

N3
げんごちしき(もじ・ごい)

<ちゅうい　Notes>

1. くろいえんぴつ（HB、No.2）でかいてください。
   Use a black medium soft (HB or No.2) pencil.
   (ペンやボールペンではかかないでください。)
   (Do not use any kind of pen.)
2. かきなおすときは、けしゴムできれいにけしてください。
   Erase any unintended marks completely.
3. きたなくしたり、おったりしないでください。
   Do not soil or bend this sheet.
4. マークれい　Marking Examples

よいれい Correct Example	わるいれい Incorrect Examples
●	⊗ ◌ ⓞ ⊙ ⊜ ◑ ◉

あなたの　なまえを　ローマじで　かいて　ください。

なまえ Name																						

問　題　1	
1	① ② ③ ④
2	① ② ③ ④
3	① ② ③ ④
4	① ② ③ ④
5	① ② ③ ④
6	① ② ③ ④
7	① ② ③ ④
8	① ② ③ ④

問　題　2	
9	① ② ③ ④
10	① ② ③ ④
11	① ② ③ ④
12	① ② ③ ④
13	① ② ③ ④
14	① ② ③ ④
問　題　3	
15	① ② ③ ④
16	① ② ③ ④
17	① ② ③ ④
18	① ② ③ ④
19	① ② ③ ④
20	① ② ③ ④
21	① ② ③ ④
22	① ② ③ ④
23	① ② ③ ④
24	① ② ③ ④

問　題　4	
25	① ② ③ ④
26	① ② ③ ④
27	① ② ③ ④
28	① ② ③ ④
29	① ② ③ ④
問　題　5	
30	① ② ③ ④
31	① ② ③ ④
32	① ② ③ ④
33	① ② ③ ④
34	① ② ③ ④

じゅけんばんごうを　かいて、その　したの　マークらんに
マークして　ください。
Fill in your examinee registration number in this box, and then mark the circle for each digit of the number.

↓

じゅけんばんごう
Examinee Registration Number

3		A	1	0	1	0	0	0	1	-	3	0	0	0	1
0	0		0	●	0	●	●	●	0			●	●	●	0
1	1	●	●	1	●	1	1	1	●		1	1	1	1	●
2	2	B	2	2	2	2	2	2	2		2	2	2	2	2
●	3		3	3	3	3	3	3	3		●	3	3	3	3
4	4		4	4	4	4	4	4	4		4	4	4	4	4
5	5		5	5	5	5	5	5	5		5	5	5	5	5
6	6		6	6	6	6	6	6	6		6	6	6	6	6
7	7		7	7	7	7	7	7	7		7	7	7	7	7
8	8		8	8	8	8	8	8	8		8	8	8	8	8
9	9		9	9	9	9	9	9	9		9	9	9	9	9

せいねんがっぴを　かいて、その　したの　マークらんに
マークして　ください。
Fill in your date of birth in this box, and then mark the circle for each digit of the number.

↓

せいねんがっぴ(Date of Birth)

ねん Year					つき Month			ひ Day	
				-			-		
	0	0	0		0	0		0	0
1	1	1	1		1	1		1	1
2	2	2	2		2	2		2	2
	3	3	3		3	3		3	3
	4	4	4		4	4		4	4
	5	5	5		5	5		5	5
	6	6	6		6	6		6	6
	7	7	7		7	7		7	7
	8	8	8		8	8		8	8
	9	9	9		9	9		9	9

日本語能力試験　模擬試験　解答用紙

N3
げんごちしき(ぶんぽう)・どっかい

<ちゅうい　Notes>

1. くろいえんぴつ（HB、No.2）でかいてください。
   Use a black medium soft (HB or No.2) pencil.
   (ペンやボールペンではかかないでください。)
   (Do not use any kind of pen.)
2. かきなおすときは、けしゴムできれいにけしてください。
   Erase any unintended marks completely.
3. きたなくしたり、おったりしないでください。
   Do not soil or bend this sheet.
4. マークれい　Marking Examples

よいれい Correct Example	わるいれい Incorrect Examples
●	⊗ ◌ ◯ ◎ ⊜ ◐ ◉

あなたの　なまえを　ローマじで　かいて　ください。

↓

なまえ Name	

問　題　1	
1	① ② ③ ④
2	① ② ③ ④
3	① ② ③ ④
4	① ② ③ ④
5	① ② ③ ④
6	① ② ③ ④
7	① ② ③ ④
8	① ② ③ ④
9	① ② ③ ④
10	① ② ③ ④
11	① ② ③ ④
12	① ② ③ ④
13	① ② ③ ④

問　題　2	
14	① ② ③ ④
15	① ② ③ ④
16	① ② ③ ④
17	① ② ③ ④
18	① ② ③ ④
問　題　3	
19	① ② ③ ④
20	① ② ③ ④
21	① ② ③ ④
22	① ② ③ ④
23	① ② ③ ④
問　題　4	
24	① ② ③ ④
25	① ② ③ ④
26	① ② ③ ④
27	① ② ③ ④

問　題　5	
28	① ② ③ ④
29	① ② ③ ④
30	① ② ③ ④
31	① ② ③ ④
32	① ② ③ ④
33	① ② ③ ④
問　題　6	
34	① ② ③ ④
35	① ② ③ ④
36	① ② ③ ④
37	① ② ③ ④
問　題　7	
38	① ② ③ ④
39	① ② ③ ④

日本語能力試験　模擬試験　解答用紙

N3
ちょうかい

じゅけんばんごうを　かいて、その　したの　マークらんに　マークして　ください。
Fill in your examinee registration number in this box, and then mark the circle for each digit of the number.

じゅけんばんごう
Examinee Registration Number

3		A	1	0	1	0	0	0	1	-	3	0	0	0	1

せいねんがっぴを　かいて、その　したの　マークらんに　マークして　ください。
Fill in your date of birth in this box, and then mark the circle for each digit of the number.

せいねんがっぴ(Date of Birth)

ねん Year		つき Month		ひ Day
	-		-	

<ちゅうい　Notes>

1. くろいえんぴつ（HB、No.2）でかいてください。
   Use a black medium soft (HB or No.2) pencil.
   （ペンやボールペンではかかないでください。）
   (Do not use any kind of pen.)
2. かきなおすときは、けしゴムできれいにけしてください。
   Erase any unintended marks completely.
3. きたなくしたり、おったりしないでください。
   Do not soil or bend this sheet.
4. マークれい　Marking Examples

よいれい Correct Example	わるいれい Incorrect Examples
●	⊗ ◌ ◯ ⓪ ⊜ ⦶ ◉

あなたの　なまえを　ローマじで　かいて　ください。

なまえ Name																							

問題 1

例	●	②	③	④
1	①	②	③	④
2	①	②	③	④
3	①	②	③	④
4	①	②	③	④
5	①	②	③	④
6	①	②	③	④

問題 2

例	①	②	③	●
1	①	②	③	④
2	①	②	③	④
3	①	②	③	④
4	①	②	③	④
5	①	②	③	④
6	①	②	③	④

問題 3

例	●	②	③	④
1	①	②	③	④
2	①	②	③	④
3	①	②	③	④

問題 4

例	●	②	③
1	①	②	③
2	①	②	③
3	①	②	③
4	①	②	③

問題 5

例	①	②	●
1	①	②	③
2	①	②	③
3	①	②	③
4	①	②	③
5	①	②	③
6	①	②	③
7	①	②	③
8	①	②	③
9	①	②	③

시사
JLPT
합격 시그널
문제편
N3

선택하는 순간 합격의 신호가 보인다!

- 합격은 물론, 고득점 취득까지 한번에 해결
- 독학 학습자의 눈높이에 맞는 맞춤형 해설
- 기출 문제와 동일한 난이도의 문제를 엄선
- 일본어능력시험 전문 강사의 명쾌한 족집게 강의
- 체계적인 단계별 학습으로 실제 시험에 완벽 대비

영역별 · 문제별 풀이 요령 확인하기 ▶ 연습문제로 문제유형 파악하기 ▶ 실전문제로 집중 훈련하기 ▶ 모의고사로 실전 감각 다지기

MP3 무료 다운로드
www.sisabooks.com

Since1977
시사 Dream.
Education can make dreams come true.

값 27,000원

Designed by SISA Books

ISBN 978-89-402-9349-2 14730
ISBN 978-89-402-9341-6 (set)

시사

일본어능력시험

JLPT

합격 시그널

저자 이승희, 大阪 YMCA

해설편

N3

모의고사
2회분
교재 1회 • 온라인 1회

모의고사
무료 동영상

무료 MP3
음성 QR

시험직전
막판 뒤집기
문법•단어
퀴즈

시사일본어사

시사 JLPT 합격 시그널

문제편

N3

집필진

이승희

- 도시샤대학 상학부 졸업
- 도시샤대학 대학원 상학연구과 석사
- (현)시사일본어학원 강사

저서

딱! 한 권 일본어능력시험 JLPT 단어장 N3 감수
시사 JLPT 합격시그널 N1 (집필 협력)

오사카 YMCA (大阪 YMCA)

- 1969년 설립된 일본 오사카 소재의 명문 일본어 교육 학교
  실용일본어 코스, 전문학교 진학 코스, 국제 비즈니스 학과 등
  다양한 일본어 전문 커리큘럼 운영 중

집필 협력

- **임희숙** (현)시사일본어학원 강사
- **정효선** (현)시사일본어학원 강사
- **최민경** (전)시사일본어학원 강사
- **이가라시 나오코** (현)시사일본어학원 강사

모의고사 무료 학습 자료

모의고사
음성 듣기

모의고사
영상 보기

시사

일본어능력시험

JLPT

합격 시그널

해설편

N3

저자 이승희, 大阪 YMCA

일본어능력시험
시사 JLPT 합격 시그널 해설편 N3

초판발행	2022년 9월 30일
1판 2쇄	2023년 8월 30일

저자	이승희, 大阪YMCA(오사카YMCA)
편집	조은형, 김성은, 오은정, 무라야마 토시오
펴낸이	엄태상
디자인	권진희
조판	김성은
콘텐츠 제작	김선웅, 장형진
마케팅	이승욱, 왕성석, 노원준, 조성민, 이선민
경영기획	조성근, 최성훈, 김다미, 최수진, 오희연
물류	정종진, 윤덕현, 신승진, 구윤주

펴낸곳	시사일본어사(시사북스)
주소	서울시 종로구 자하문로 300 시사빌딩
주문 및 교재 문의	1588-1582
팩스	0502-989-9592
홈페이지	www.sisabooks.com
이메일	book_japanese@sisadream.com
등록일자	1977년 12월 24일
등록번호	제 300-2014-31호

ISBN 978-89-402-9349-2 (14730)
978-89-402-9341-6 (set)

머리말

일본어능력시험(JLPT)을 공부하는 목적은 학습자마다 다르지만, 최종 목표는 모두 '합격'일 것입니다. '시사 JLPT 합격 시그널' 시리즈는 JLPT 시험에 합격하고자 하는 학습자를 위한 독학용 종합 수험서입니다. 머리말을 읽으면서 '독학용 수험서가 따로 있나?'라고 생각하시는 분도 계실 것입니다.

'시사 JLPT 합격 시그널'은 혼자 공부하는 수험생을 위해 다음과 같이 교재를 구성했습니다.

처음 JLPT를 접하는 학습자도 알기 쉽도록 실제 시험 문제 유형을 분석	❯	단계별 심화 학습과 세심한 해설을 통해 문제의 원리를 이해

일본어의 '어휘력'과 '문법' 이해도를 측정하는 언어지식(문자·어휘·문법) 파트와 현지에서 출간된 인문·실용서 등의 지문을 사용하는 독해 파트, 일상생활에서 사용하는 회화력을 묻는 청해 파트까지, JLPT 시험은 결코 쉽지만은 않습니다. 따라서 대부분의 학습자는 JLPT 시험을 준비하는데 있어 무엇을, 어떻게 공부해야 할지 막연함을 느낄 것입니다.

'시사 JLPT 합격 시그널'을 통해 JLPT란 무엇인가를 이해하고, 어떻게 하면 시험을 공략할 수 있는지에 대한 해법을 찾고 자신감을 기를 수 있기를 바랍니다. 문제를 풀고 해설을 읽으며, 일본어 어휘가 어떻게 활용되는지와 일본어 문법의 활용 원리에 대해 이해하고, 시험 문제에서 학습자에게 요구하는 바가 무엇인지를 정확하게 답할 수 있게 되기를 바랍니다.

마지막 책장을 덮는 순간, 이 책을 함께 해 주신 모든 분들께 '합격의 시그널'이 감지되기를 진심으로 기원합니다.

저자 일동

이 책의 구성

파트별 인덱스로
쉽게 원하는 곳을 찾을 수 있어요!

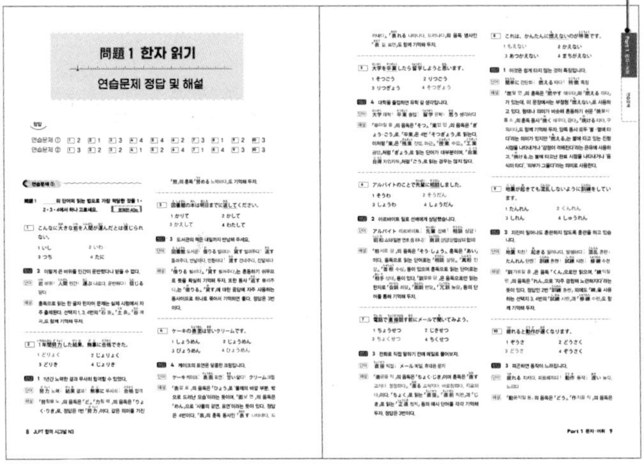

파트별 연습문제 해설

연습문제에서 다루고 있는 단어 및 문제 풀이의 포인트를 짚어 줍니다.
N3의 필수 단어뿐만 아니라 놓치기 쉬운 기본 단어나 문형까지 학습 가능합니다. 또한 학습자의 눈높이에 맞춘 쉽고 상세한 해설로 학습 성과를 올려 줍니다.

파트별 실전문제 해설

실제 시험과 동일한 형식의 문제를 통한 집중 학습으로 합격 가능성을 올려 줍니다.
최신 경향에 맞춘 새로운 단어 및 그에 맞는 해설로 이해도를 높여 실전 적응 능력을 기를 수 있습니다.

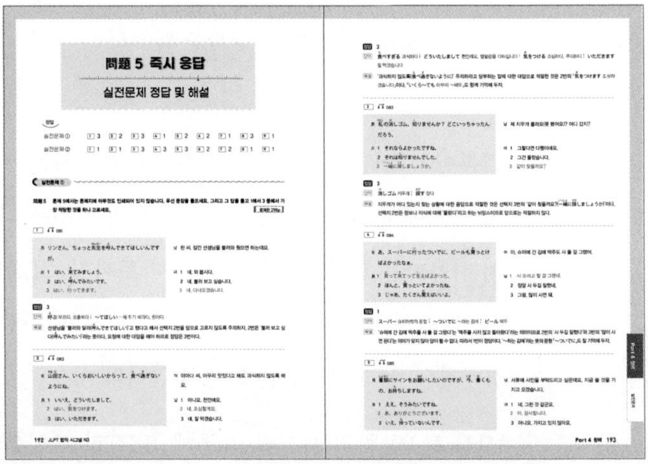

해당 문항의
문제편 페이지도 바로 확인!

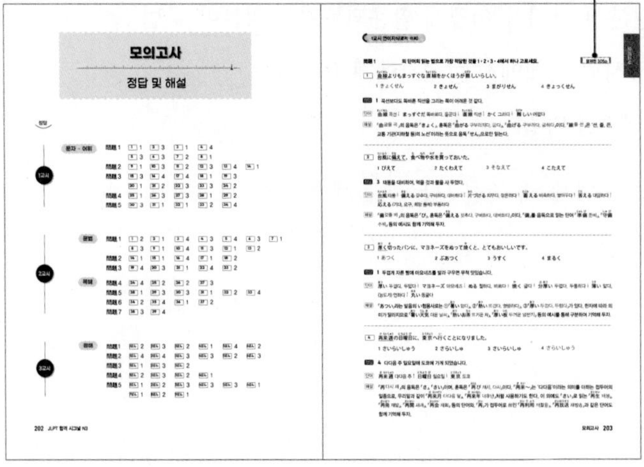

모의고사 해설

문제편 모의고사의 답안지(마킹지)를 한번에 맞춰 볼 수 있는 정답표와 득점 계산법으로 가채점을 할 수 있습니다.
기출문제의 출제 경향 및 난이도를 반영한 모의고사 풀이로 시험 전 최종 점검이 가능합니다.

목차

Part 1

JLPT N3

Part 1

문자·어휘

問題 1 한자 읽기

연습문제 정답 및 해설

정답

연습문제 ①	1 2	2 1	3 3	4 4	5 4	6 2	7 3	8 1	9 2	10 3
연습문제 ②	1 3	2 2	3 2	4 1	5 2	6 4	7 1	8 4	9 3	10 3

연습문제 ①

問題 1 ＿＿＿의 단어의 읽는 법으로 가장 적당한 것을 1・2・3・4에서 하나 고르세요. 문제편 40p

1 こんなに大(おお)きな<u>岩(いわ)</u>を人間(にんげん)が運(はこ)んだとは信(しん)じられない。

1 いし　　2 いわ
3 つち　　4 たに

정답 **2** 이렇게 큰 바위를 인간이 운반했다니 믿을 수 없다.

단어 岩(いわ) 바위 | 人間(にんげん) 인간 | 運(はこ)ぶ 나르다, 운반하다 | 信(しん)じる 믿다

해설 훈독으로 읽는 한 글자 한자 문제는 실제 시험에서 자주 출제된다. 선택지 1, 3, 4번의 「石(いし) 돌」, 「土(つち) 흙」, 「谷(たに) 계곡」도 함께 기억해 두자.

---

2 1年間(いちねんかん)<u>努力(どりょく)</u>した結果(けっか)、無事(ぶじ)に合格(ごうかく)できた。

1 どりょく　　2 じょりょく
3 どりき　　4 じょりき

정답 **1** 1년간 노력한 결과 무사히 합격할 수 있었다.

단어 努力(どりょく) 노력 | 結果(けっか) 결과 | 無事(ぶじ)に 무사히 | 合格(ごうかく) 합격

해설 「努 힘쓸 노」의 음독은 「ど」, 「力 힘 력」의 음독은 「りょく・りき」로, 정답은 1번 「努力(どりょく)」이다. 같은 의미를 가진 「努」의 훈독 「努(つと)める 노력하다」도 기억해 두자.

---

3 図書館(としょかん)の本(ほん)は明日(あした)までに<u>返(かえ)して</u>ください。

1 かりて　　2 かして
3 かえして　　4 わたして

정답 **3** 도서관의 책은 내일까지 반납해 주세요.

단어 図書館(としょかん) 도서관 | 借(か)りる 빌리다 | 貸(か)す 빌려주다 | 返(かえ)す 돌려주다, 반납하다, 반환하다 | 渡(わた)す 건네주다, 전달하다

해설 「借(か)りる 빌리다」, 「貸(か)す 빌려주다」는 혼동하기 쉬우므로 뜻을 확실히 기억해 두자. 또한 동사 「返(かえ)す 돌려주다」는 「借(か)りる」, 「貸(か)す」에 대한 응답에 자주 사용하는 동사이므로 하나로 묶어서 기억하면 좋다. 정답은 3번이다.

---

4 ケーキの<u>表面(ひょうめん)</u>は甘(あま)いクリームです。

1 しょうめん　　2 じょうめん
3 びょうめん　　4 ひょうめん

정답 **4** 케이크의 표면은 달콤한 크림입니다.

단어 ケーキ 케이크 | 表面(ひょうめん) 표면 | 甘(あま)い 달다 | クリーム 크림

해설 「表 겉 표」의 음독은 「ひょう」로 '물체의 바깥 부분, 밖으로 드러난 모습'이라는 뜻이며, 「面 낯 면」의 음독은 「めん」으로 '사물의 겉면, 표면'이라는 뜻이 있다. 정답은 4번이다. 「表」의 훈독 동사인 「表(あらわ)す 나타내다, 드

러내다」, 「表れる 나타나다, 드러나다」와 음독 명사인 「表 겉, 표면」도 함께 기억해 두자.

---

5 大学を卒業したら留学しようと思います。

1 そつごう　　2 りつごう
3 りつぎょう　　4 そつぎょう

정답 **4** 대학을 졸업하면 유학 갈 생각입니다.

단어 大学 대학 | 卒業 졸업 | 留学 유학 | 思う 생각하다

해설 「卒 마칠 졸」의 음독은 「そつ」, 「業 업 업」의 음독은 「ぎょう·ごう」로, 「卒業」은 4번 「そつぎょう」로 읽는다. 이처럼 「業」은 「残業 잔업, 야근」, 「授業 수업」, 「工業 공업」처럼 「ぎょう」로 읽는 단어가 대부분이며, 「自業自得 자업자득」처럼 「ごう」로 읽는 경우는 많지 않다.

---

6 アルバイトのことで先輩に相談しました。

1 そうわ　　2 そうだん
3 しょうわ　　4 しょうだん

정답 **2** 아르바이트 일로 선배에게 상담했습니다.

단어 アルバイト 아르바이트 | 先輩 선배 | 相談 상담 | 昭和 쇼와(일본 연호 중 하나) | 商談 상담(상업상의 협의)

해설 「相 서로 상」의 음독은 「そう·しょう」, 훈독은 「あい」이다. 음독으로 읽는 단어로는 「相談 상담」, 「真相 진상」, 「首相 수상」 등이 있으며 훈독으로 읽는 단어로는 「相手 상대」 등이 있다. 「談 말씀 담」은 음독으로만 읽는 한자로 「会談 회담」, 「面談 면담」, 「冗談 농담」 등의 단어를 통해 기억해 두자.

---

7 電話で直接話す前にメールで聞いてみよう。

1 ちょうせつ　　2 じきせつ
3 ちょくせつ　　4 ちくせつ

정답 **3** 전화로 직접 말하기 전에 메일로 물어보자.

단어 直接 직접 | メール 메일, 휴대폰 문자

해설 「直 곧을 직」의 음독은 「ちょく·じき」이며 훈독은 「直す 고치다, 정정하다」, 「直る 고쳐지다, 바로잡히다, 치료되다」이다. 「ちょく」로 읽는 「直接」, 「直前 직전」과 「じき」로 읽는 「正直 정직」 등의 예시 단어를 각각 기억해 두자. 정답은 3번이다.

---

8 これは、かんたんに燃えないのが特徴です。

1 もえない　　2 かえない
3 あつかえない　　4 まちがえない

정답 **1** 이것은 쉽게 타지 않는 것이 특징입니다.

단어 簡単に 간단히 | 燃える 타다 | 特徴 특징

해설 「燃 탈 연」의 훈독은 「燃やす 태우다」와 「燃える 타다」가 있는데, 이 문장에서는 부정형 「燃えない」로 사용하고 있다. 형태나 의미가 비슷해 혼동하기 쉬운 「焼 불사를 소」의 훈독 동사 「焼く 태우다, 굽다」, 「焼ける 타다, 구워지다」도 함께 기억해 두자. 양쪽 동사 모두 '불·열에 타다'라는 의미가 있지만 「燃える」는 불에 타고 있는 진행 시점을 나타내거나 '감정이 격해진다'라는 은유에 사용하고, 「焼ける」는 불에 타고난 완료 시점을 나타내거나 '음식이 타다', '피부가 그을다'라는 의미로 사용한다.

---

9 地震が起きても混乱しないように訓練をしています。

1 たんれん　　2 くんれん
3 しれん　　4 しゅうれん

정답 **2** 지진이 일어나도 혼란하지 않도록 훈련을 하고 있습니다.

단어 地震 지진 | 起きる 일어나다, 발생하다 | 混乱 혼란 | たんれん 단련 | 訓練 훈련 | 試練 시련 | 修練 수련

해설 「訓 가르칠 훈」은 음독 「くん」으로만 읽으며, 「練 익힐 련」의 음독은 「れん」으로 '자주 경험해 노련해지다'라는 뜻이 있다. 정답인 2번 「訓練 훈련」 외에도 「練」을 사용하는 선택지 3, 4번의 「試練 시련」과 「修練 수련」도 함께 기억해 두자.

---

10 疲れると動作が遅くなります。

1 ぞうさ　　2 どうさく
3 どうさ　　4 ぞうさく

정답 **3** 피곤하면 동작이 느려집니다.

단어 疲れる 지치다, 피로해지다 | 動作 동작 | 遅い 늦다, 느리다

해설 「動 움직일 동」의 음독은 「どう」, 「作 지을 작」의 음독은 「さ・さく」이다. 「動作」처럼 「作」을 「さ」로 읽는 「作業 작업」, 「操作 조작」과 「さく」로 읽는 「作品 작품」, 「創作 창작」과 같은 예시를 통해 구분하여 기억해 두자.

연습문제 ②

問題 1 ＿＿＿의 단어의 읽는 법으로 가장 적당한 것을 1・2・3・4에서 하나 고르세요. 문제편 41p

1 あそこの丸いいすに座りましょう。

1 ひくい　2 かわいい
3 まるい　4 あたたかい

정답 **3** 저기 둥근 의자에 앉읍시다.

단어 椅子 의자 | 座る 앉다 | 低い 낮다 | かわいい 귀엽다 | 丸い 둥글다 | 温かい 따뜻하다(온도) | 暖かい 따뜻하다(기온)

해설 「丸 둥글 환」의 음독은 「がん」, 훈독은 「丸 동그라미, 원, 둥근 것」, 「丸い 둥글다」이다. 참고로 선택지 4번의 「あたたかい 따뜻하다」로 읽는 한자는 「温 따뜻할 온」과 「暖 따뜻할 난」 두 개가 있는데, 「温かい」는 액체의 온도나 성품, 인간성과 관련된 문맥에서 사용하고, 「暖かい」는 기후나 기온과 관련된 문맥에서 사용한다.

---

2 個人てきには、その意見に賛成です。

1 こひと　2 こじん
3 こにん　4 こびと

정답 **2** 개인적으로는 그 의견에 찬성합니다.

단어 個人的 개인적 | 意見 의견 | 賛成 찬성

해설 「人 사람 인」의 음독은 「じん・にん」, 훈독은 「人」이다. 「管理人 관리인」, 「職人 장인」, 「商人 상인」처럼 '~를 하는 사람'이라는 의미가 있을 때는 「にん」으로, 「友人 친구」, 「日本人 일본인」, 「知人 지인」처럼 '사람의 속성・상태'를 나타낼 때는 「じん」으로 읽는 경우가 많다. 정답은 2번이다.

3 図書館の横に自転車をとめる場所がある。

1 まえ　2 よこ
3 みぎ　4 そば

정답 **2** 도서관 옆에 자전거를 세울 장소가 있다.

단어 図書館 도서관 | 自転車 자전거 | 止める 멈추다, 세우다 | 場所 장소 | 側 옆, 곁

해설 사물의 '옆'을 뜻하는 한자로는 「横」, 「隣」, 「側」가 있다. 세 한자의 차이는 「横 옆, 가로, 측면」은 좌・우의 방향을 중시하며 「横書き 가로 쓰기」, 「横顔 옆얼굴」처럼 사용하고, 「隣 옆, 이웃」은 같은 종류의 것이 맞닿아 있을 때 사용하며 예시로는 「隣の町 옆 마을」, 「隣の店 옆 가게」 등이 있다. 「側 곁, 측, 쪽」은 공간이 약간 떨어져 있는 상태에 사용하며 「側から 옆에서」, 「テーブルの側 테이블 옆」과 같이 사용한다. 「側」의 또 다른 훈독으로는 「側 측, 쪽」이 있는데 「テーブル側 테이블 쪽」처럼 사용한다.

---

4 まだ人間が知らない自然がたくさんのこっている。

1 しぜん　2 じぜん
3 しねん　4 じねん

정답 **1** 아직 인간이 모르는 자연이 많이 남아 있다.

단어 自然 자연 | 残る 남다 | 事前 사전

해설 「自 스스로 자」의 음독은 「じ・し」 두 개가 있다. 「じ」로 읽는 단어는 「自由 자유」, 「自信 자신」, 「自動 자동」처럼 많지만, 「し」로 읽는 단어는 「自然 자연」 하나밖에 없다. 훈독인 「自ら 스스로」도 시험의 전 영역에 걸쳐 자주 사용되는 어휘이므로 잘 기억해 두자. 「然 그럴 연」은 음독 「ぜん・ねん」으로 읽는 경우가 대부분으로, 「騒然 소연(떠들썩함)」, 「天然 천연」 등의 예시를 통해 기억해 두자.

---

5 新聞に働く人をさがす求人広告を出した。

1 けいこく　2 こうこく
3 けいこ　4 こうこ

정답 **2** 신문에 일할 사람을 찾는 구인 광고를 냈다.

단어 新聞 신문 | 働く 일하다 | 探す 찾다 | 求人 구인 | 広告 광고

해설 「広 넓은 광」의 음독은 「こう」, 훈독은 「広がる 넓어지다, 퍼지다」이며 「告 알릴 고」의 음독은 「こく」, 훈독은 「告げる 고하다, 알리다」이다. 문제의 「広告」는 음독 명사이다. 함께 나온 단어 「求人 구인(사람을 구함)」도 함께 기억해 두자.

---

6 電話は相手の顔が見えないので、ていねいに話しましょう。

1 しょうしゅ	2 あいしゅ
3 しょうて	4 あいて

정답 **4** 전화는 상대의 얼굴이 보이지 않으므로 정중하게 이야기합시다.

단어 相手 상대방 | 顔 얼굴 | 見える 보이다 | 丁寧に 정중하게, 공을 들여서

해설 [훈독 + 훈독]이나 [음독 + 훈독 / 훈독 + 음독]으로 읽는 명사는 출제 빈도가 높으니, 문제를 접할 때마다 잘 정리해 기억해 두도록 하자. 「相 서로 상」의 훈독은 「あい」이며 '함께, 서로'라는 뜻이 있고, 「手 손 수」를 훈독 「て」로 읽으면 「語り手 화자, 말하는 사람」, 「聞き手 청자, 듣는 사람」처럼 '~하는 사람'이라는 뜻으로 사용된다. 정답은 4번이다.

---

7 デパートは駅の改札を出たところにある。

1 かいさつ	2 かいれい
3 かいかん	4 かいだん

정답 **1** 백화점은 역 개찰구를 나온 곳에 있다.

단어 デパート 백화점 | 駅 역 | 改札 개찰

해설 「改 고칠 개」의 음독은 「かい」, 훈독은 「改める 고치다, 개선하다」이며, 「札 편지 찰」의 음독은 「さつ」이다. 「改札 개찰」은 '승차권이나 입장권을 확인함'이라는 뜻이고, 확인하는 '장소'를 뜻하는 「改札口 개찰구」도 함께 기억해 두자.

---

8 母が作る料理はいつも味が濃い。

1 からい	2 うすい
3 あまい	4 こい

정답 **4** 엄마가 만드는 요리는 언제나 맛이 진하다.

단어 料理 요리, 음식 | いつも 언제나, 항상 | 味 맛 | 濃い 진하다 | 辛い 맵다 | 薄い 연하다 | 甘い 달다

해설 선택지의 단어는 모두 맛을 나타내는 표현으로 시험에 자주 출제되는 단어들이므로 반드시 기억하도록 하자. 또한 선택지 1번의 「辛 매울 신」은 훈독 「辛い 괴롭다, 고통스럽다」로 발음하기도 한다.

---

9 家の事情で会社をやすみました。

1 じこ	2 じけん
3 じじょう	4 じしん

정답 **3** 집안 사정으로 회사를 쉬었습니다.

단어 事情 사정 | 休む 쉬다, 휴식하다 | 事故 사고 | 事件 사건 | 地震 지진

해설 「事 일 사」의 음독은 「じ」, 훈독은 「こと」이다. 「事故 사고」, 「事件 사건」, 「無事 무사」 등의 음독 명사와 「仕事 일, 업무」, 「出来事 일어난 일, 사건」 등의 훈독 명사를 기억해 두자. 「情 뜻 정」의 음독은 「じょう·せい」이며 N3에서는 「感情 감정」, 「表情 표정」, 「事情 사정」처럼 「じょう」로 읽는 단어가 주로 출제된다.

---

10 病院からけんさを受けるようにと通知がきた。

1 つうしん	2 つうか
3 つうち	4 つうよう

정답 **3** 병원에서 검사를 받으라는 통지가 왔다.

단어 病院 병원 | 検査 검사 | 受ける 받다 | 通知 통지 | 通信 통신 | 通過 통과 | 通用 통용

해설 「通 통할 통」의 음독은 「つう」, 「知 알 지」의 음독은 「ち」로 정답인 3번의 「通知」는 '소식을 알리다'라는 뜻의 음독 명사이다. 「通」의 훈독 「通す 통과시키다」, 「通る 지나가다」, 「通う 다니다」도 함께 기억해 두자.

問題 2 표기

연습문제 정답 및 해설

정답

연습문제 ① 1 4 2 3 3 1 4 3 5 4 6 2 7 2 8 1 9 4 10 3

연습문제 ② 1 2 2 1 3 3 4 1 5 4 6 2 7 2 8 2 9 1 10 3

연습문제 ①

問題 2 ＿＿＿의 단어를 한자로 쓸 때 가장 적당한 것을 1・2・3・4에서 하나 고르세요. 문제편 42p

1 春(はる)の海(うみ)は静(しず)かでなみもない。

1 泳　2 渡　3 池(いけ)　4 波(なみ)

정답 **4** 봄 바다는 고요하고 파도도 없다.

단어 春(はる) 봄 | 海(うみ) 바다 | 静(しず)かだ 조용하다, 고요하다 | 池(いけ) 연못 | 波(なみ) 파도

해설 같은 부수를 사용하는 한 글자 한자는 의미를 구분하여 정확하게 외워 두는 것이 좋다. '물'을 의미하는 '삼수변(氵)'이 들어간 한자「池(いけ) 연못」,「涙(なみだ) 눈물」,「海(うみ) 바다」,「汗(あせ) 땀」,「泡(あわ) 거품」,「港(みなと) 항구」등도 함께 기억해 두자.

---

2 新幹線(しんかんせん)ははやく走(はし)ってもうるさくない。

1 新く　2 忙く　3 速(はや)く　4 直く

정답 **3** 신칸센은 빨리 달려도 시끄럽지 않다.

단어 新幹線(しんかんせん) 신칸센(일본의 고속 철도) | 速(はや)い 빠르다 | 走(はし)る 달리다 | うるさい 시끄럽다

해설 「はやい 빠르다」로 읽는 한자는「速 빠를 속」과「早 이를 조」 두 개가 있는데, 각각 그 쓰임이 다르다.「速(はや)い」는 '속도'가 빠르다는 뜻으로 사용하고,「早(はや)い」는 '시간'이 빠르다는 뜻으로 사용한다. 이 문장은 신칸센의 '속도'가 빠르다라는 문맥이므로 정답은 3번이다.

---

3 道(みち)がわからなくてこまりました。

1 困(こま)りました　2 回まりました　3 回(まわ)りました　4 因まりました

정답 **1** 길을 몰라서 곤란했습니다.

단어 道(みち) 길 | 困(こま)る 곤란하다 | 回(まわ)る 돌다, 회전하다

해설 선택지에 나온「困(こま)る 곤란하다」,「回(まわ)る 돌다」,「因(よ)る 기인하다」는 한자의 형태가 비슷해 혼동하기 쉬우니 잘 구분하여 기억하도록 하자. 또한 선택지에는 없지만 형태가 비슷한「囲(かこ)む 둘러싸다」도 함께 기억해 두자.

4 新(あたら)しいチームだが初優勝(はつゆうしょう)が<u>きたい</u>されている。

1 喜持　　2 期持
3 期待(きたい)　　4 喜待

정답 **3** 새로운 팀이지만 첫 우승이 기대되고 있다.

단어 チーム 팀 | 初(はつ)～ 첫～, 최초의～ | 優勝(ゆうしょう) 우승 | 期待(きたい) 기대

해설 「期待(きたい)」는 「期 기약할 기」와 「待 기다릴 대」로 이루어진 음독 명사이다. 「待」의 훈독은 「待(ま)つ 기다리다」이다. 선택지 1, 2번의 「持 가질 지」와 모양이 비슷해 혼동하기 쉬운데, 「持」의 음독은 「じ」, 훈독은 「持(も)つ 들다, 가지다」이다. 양쪽 다 필수적으로 익혀야 할 동사이므로 각각의 음독과 훈독을 구분하여 기억해 두자.

---

5 あの<u>さかみち</u>を上(あ)がった所(ところ)に私(わたし)の家(いえ)があります。

1 阪道　　2 逆道
3 段道　　4 坂道(さかみち)

정답 **4** 저 비탈길을 올라간 곳에 우리 집이 있습니다.

단어 坂道(さかみち) 비탈길, 언덕길 | 上(あ)がる 올라가다 | 所(ところ) 곳, 장소

해설 「坂 언덕 판」의 훈독은 「坂(さか) 비탈, 언덕」이며 「道 길 도」의 훈독은 「道(みち) 길」로, 이 두 한자를 조합한 훈독 명사인 4번 「坂道(さかみち)」가 정답이다. 「坂」과 형태가 비슷한 1번의 「阪 언덕 판」은 「大阪(おおさか) 오사카」처럼 지명 등의 고유 명사에만 사용한다.

---

6 名前(なまえ)の漢字(かんじ)が<u>ちがって</u>います。

1 偉って　　2 違(ちが)って
3 疑(うたが)って　　4 変(かわ)って

정답 **2** 이름의 한자가 다릅니다.

단어 名前(なまえ) 이름 | 漢字(かんじ) 한자 | 違(ちが)う 다르다, 틀리다 | 偉(えら)い 훌륭하다, 위대하다 | 疑(うたが)う 의심하다 | 変(か)わる 변하다, 바뀌다

해설 정답은 2번의 「違(ちが)う 다르다, 틀리다」이다. 형태가 비슷하여 혼동하기 쉬운 선택지 1번 「偉(えら) 클 위」가 들어가는 어휘로는 「偉(えら)い 훌륭하다, 대단하다」와 같은 い형용사가 있다. 선택지 3, 4번의 한자가 들어간 동사도 함께 기억해 두자.

---

7 家族(かぞく)の中(なか)で一番(いちばん)<u>しんちょう</u>が高(たか)いのは弟(おとうと)だ。

1 信長　　2 身長(しんちょう)
3 信重　　4 身重

정답 **2** 가족 중에서 가장 키가 큰 것은 남동생이다.

단어 一番(いちばん) 가장, 제일 | 身長(しんちょう) 신장, 키 | 弟(おとうと) 남동생

해설 음독 명사 「身長(しんちょう)」의 유의어인 훈독 명사 「背(せ) 키」도 함께 기억해 두자. 또한 이 문장에서처럼 '키가 크다'라고 할 때는 형용사 「高(たか)い」를 사용하여 「身長(しんちょう)が高(たか)い/背(せ)が高(たか)い」라고 표현한다. 정답은 2번이다.

---

8 ねこが冒険(ぼうけん)する<u>ものがたり</u>を学校(がっこう)で習(なら)った。

1 物語(ものがたり)　　2 者型
3 物型　　4 者語

정답 **1** 고양이가 모험하는 이야기를 학교에서 배웠다.

단어 ねこ 고양이 | 冒険(ぼうけん) 모험 | 物語(ものがたり) 이야기 | 習(なら)う 배우다

해설 「物語(ものがたり)」는 「物(もの) 사물, 어떤 일」과 「語(かた)る 이야기하다」라는 두 개의 어휘가 합쳐진 단어로, 소설처럼 일정한 줄거리가 있는 글을 가리킨다. 선택지 2, 4번 「者 놈 자」의 훈독도 「もの」이지만 '사람'을 뜻하는 한자이다.

---

9 毎日(まいにち)<u>きたく</u>する時間(じかん)は決(き)まっていません。

1 来所　　2 帰所(きしょ)
3 来宅　　4 帰宅(きたく)

정답 **4** 매일 귀가하는 시간은 정해져 있지 않습니다.

단어 毎日(まいにち) 매일 | 帰宅(きたく) 귀가 | 時間(じかん) 시간 | 決(き)まる 정해지다 | 帰所(きしょ) 귀소, 귀환

해설 「帰 돌아갈 귀」의 음독은 「き」, 훈독은 「帰(かえ)る 돌아가(오)다」이며, 「宅 집 택」의 음독은 「たく」이다. 음독 명사인 「帰宅(きたく)」는 '귀가'라는 뜻이며, 한국에서 사용하는 한자어 「帰家」는 일본에서는 잘 사용하지 않는다.

---

10 自然(しぜん)の中(なか)で<u>そだてた</u>野菜(やさい)はおいしい。

1 増てた　　2 愛てた
3 育(そだ)てた　　4 背てた

정답 **3** 자연 속에서 기른 채소는 맛있다.

단어 自然(しぜん) 자연 | 育(そだ)てる 키우다, 기르다 | 野菜(やさい) 야채, 채소 | 増(ふ)える 늘다, 증가하다 | 愛(め)でる 사랑하다, 귀여워하다 | 背(そむ)く 등지다

해설 「育 기를 육」의 음독은 「いく」, 훈독은 「育(そだ)つ 자라다」, 「育(そだ)てる 기르다」이다. 문맥상 정답은 3번이며, 형태가 비슷한 4번 「背 등 배」와 혼동하지 않도록 주의하자.

연습문제 ②

問題 2 ＿＿＿의 단어를 한자로 쓸 때 가장 적당한 것을 1・2・3・4에서 하나 고르세요. 문제편 43p

1 アルバイトを募集(ぼしゅう)したら定員(ていいん)の2(に)ばいも集(あつ)まった。

1 部(ぶ)　　2 倍(ばい)
3 割(わり)　　4 判(はん)

정답 **2** 아르바이트를 모집했더니 정원의 두 배나 모였다.

단어 アルバイト 아르바이트 | 募集(ぼしゅう) 모집 | 定員(ていいん) 정원 | ～倍(ばい) ～배 | 集(あつ)まる 모이다

해설 「倍 곱 배」의 음독은 「ばい」로 「二倍(にばい) 두 배」, 「三倍(さんばい) 세 배」와 같이 '일정 수나 양이 같은 비율로 거듭됨'을 나타낼 때 사용한다. 모양이 비슷한 「部 떼 부」는 「1部(いちぶ) 한 부, 1부」, 「2部(にぶ) 두 부, 2부」처럼 '서적이나 인쇄물 등을 세는 단위'를 나타내거나 「テニス部(ぶ) 테니스부」처럼 그룹이나 단체를 나타낼 때 사용한다. 3번 「割(わり) 할(1/10, 비율의 단위)」, 4번 「判(はん) 판(인쇄물의 판형), 도장」 등도 참고로 익혀 두자.

---

2 テレビを見(み)ているとき、急(きゅう)にていでんした。

1 停電(ていでん)　　2 退電
3 訂電　　4 断電

정답 **1** 텔레비전을 보고 있을 때 갑자기 정전이 되었다.

단어 急(きゅう)に 갑자기 | 停電(ていでん) 정전

해설 '전기가 끊어짐'이라는 뜻의 「停電(ていでん)」은 한자 「停 머무를 정」을 쓴다. 「停」에는 '한자리에 머무르다, 중간에 그만 두다'라는 두 가지 뜻이 있다. '한자리에 머무르다'의 뜻으로 쓰이는 「停車(ていしゃ) 정차」, 「停滞(ていたい) 정체」나 '중간에 그만 두다'라는 뜻으로 쓰이는 「停電(ていでん) 정전」, 「停学(ていがく) 정학」, 「停戦(ていせん) 정전, 휴전」등의 예시를 통해 기억해 두자.

3 間違(まちが)えたときはきれいにけしてもう一度(いちど)書(か)いてください。

1 決(けっ)して　　2 済して
3 消(け)して　　4 洗して

정답 **3** 틀렸을 때는 깨끗하게 지우고 다시 한번 써 주세요.

단어 間違(まちが)える 틀리다 | 消(け)す 끄다, 지우다 | もう一度(いちど) 다시 한번, 한번 더 | 決(けっ)して 결코, 절대로 | 済(す)む 완료되다, 해결되다 | 洗(あら)う 씻다, 닦다

해설 「消(け)す」에는 '(불이나 전기, 동력 등을) 끄다, (흔적 등을) 지우다, 없애다, 제거하다'라는 뜻이 있으므로 문장에 따라 앞뒤 문맥에 맞게 해석해야 한다. 선택지 1번의 부사 「決(けっ)して 결코」도 함께 기억해 두자.

---

4 会議(かいぎ)をけっせきする人(ひと)は明日(あした)までに連絡(れんらく)をお願(ねが)いします。

1 欠席(けっせき)　　2 次席
3 欠度　　4 次度

정답 **1** 회의에 결석하는 사람은 내일까지 연락을 부탁드립니다.

단어 会議(かいぎ) 회의 | 欠席(けっせき) 결석 | 連絡(れんらく) 연락

해설 「欠 부족할 결」의 음독은 「けつ」이며 '부족하다, 결여되다'라는 뜻이고, 「席 자리 석」의 음독은 「せき」이며 '자리, 좌석'이라는 뜻이 있다. 「席」과 형태가 비슷한 선택지 3, 4번의 「度 법도 도」는 「一度(いちど) 한번」, 「温度(おんど) 온도」처럼 횟수나 수치를 잴 수 있는 것을 나타낼 때 사용한다.

---

5 その地方(ちほう)はおんせんで有名(ゆうめい)です。

1 暖川　　2 温川
3 暖泉　　4 温泉(おんせん)

정답 **4** 그 지방은 온천으로 유명합니다.

단어 地方(ちほう) 지방 | 温泉(おんせん) 온천 | 有名(ゆうめい)だ 유명하다

해설 「温」의 음독은 「おん」, 훈독은 「温(あたた)かい 따뜻하다」이며 「泉」의 음독은 「せん」, 훈독은 「泉(いずみ) 샘, 샘물」이다. 「温(あたた)かい」와 훈독이 같아 혼동할 수 있는 「暖 따뜻할 난」의 음독은 「だん」으로, 「暖房(だんぼう) 난방」, 「温暖(おんだん) 온난」 등의 예시를 통해 기억해 두자.

6 本屋にはざっしの種類がとても多い。

1 雜誌　　2 雑誌
3 雜紙　　4 雑紙

정답 **2** 서점에는 잡지의 종류가 매우 많다.

단어 本屋 책방, 서점 | 雑誌 잡지 | 種類 종류

해설 「雑誌」의 「誌」에는 '기록, 기록물, 잡지'라는 뜻이 있다. 선택지 3, 4번의 「紙 종이 지」는 「し」로 음독이 같아 혼동하기 쉽지만 '종이 또는 종이에 인쇄된 것'을 나타낼 때 사용하는 한자로, 내포하고 있는 뜻에 약간 차이가 있다. 「誌」를 사용하는 「女性誌 여성지」, 「週刊誌 주간지」나 「紙」를 사용하는 「新聞紙 신문지」, 「表紙 표지」 등의 예시를 통해 차이를 구분할 수 있다. 정확한 기준은 신문의 2분의 1 크기의 타블로이드판이며 몇 페이지 안 되는 분량일 경우 「紙」를 쓰고, A4, B5 정도의 크기이며 분량이 많은 것은 「誌」를 쓴다. 「広報紙·誌 홍보지, 홍보물」처럼 양쪽 다 사용하는 경우도 있다.

---

7 パンをやくのに5分もかからない。

1 炊く　　2 焼く
3 吹く　　4 咲く

정답 **2** 빵을 굽는 데 5분도 안 걸린다.

단어 焼く 굽다 | かかる (시간이) 걸리다, 소요되다 | 炊く (밥을) 짓다 | 吹く (바람이) 불다 | 咲く (꽃이) 피다

해설 「焼く」는 '①불에 태우다, 연소시키다 ②음식을 익히다, 굽다 ③마음을 애태우다' 등 다양한 뜻을 가진 동사이다. 한자의 모양이나 발음이 비슷해서 혼동하기 쉬운 1, 3, 4번의 동사도 각각 기억해 두자.

---

8 来週の旅行は人気のあるホテルにとまることにした。

1 止まる　　2 泊まる
3 宿まる　　4 決まる

정답 **2** 다음 주 여행은 인기 있는 호텔에서 묵기로 했다.

단어 来週 다음 주 | 旅行 여행 | 人気 인기 | ホテル 호텔 | 泊まる 묵다, 숙박하다 | 止まる 멈추다 | 宿る 머무르다, 잉태하다 | 決まる 결정되다

해설 선택지 2번 「泊まる」와 3번 「宿る」는 뜻이 비슷해 혼동하기 쉽다. 음독 명사인 「宿泊 숙박」과 함께 한자의 음과 뜻을 구분하여 기억해 두자.

---

9 あの信号をうせつすれば銀行があります。

1 右折　　2 内折
3 右析　　4 内析

정답 **1** 저 신호에서 우회전하면 은행이 있습니다.

단어 信号 신호 | 右折 우회전 | 銀行 은행

해설 「右 오른쪽 우」의 음독은 「う·ゆう」, 훈독은 「右 오른쪽」이며 「折 꺾을 절」의 음독은 「せつ」, 훈독은 「折る 접다, 꺾다」, 「折れる 접히다, 부러지다」가 있다. 정답은 1번의 「右折 우회전」이며, 반의어인 「左折 좌회전」도 함께 기억해 두자.

---

10 父は弟をつれて公園に出かけた。

1 釣れて　　2 共れて
3 連れて　　4 同れて

정답 **3** 아버지는 남동생을 데리고 공원에 갔다.

단어 連れる 데리고 가다, 동반하다 | 公園 공원 | 出かける 나가다, 외출하다 | 釣れる 낚이다, 잡히다

해설 선택지 1번과 3번은 둘 다 「つれる」라고 읽는 동사이다. 이처럼 단어 구조와 발음, 글자 수가 동일한 어휘는 반드시 구분하여 정확히 기억해야 한다. 「釣れる」는 '낚이다, 고기가 잡히다'라는 의미이며 「連れる」는 '데리고 가(오)다, 동반하다, 동행하다'라는 의미이다. 정답은 3번이다.

問題 3 문맥 규정

연습문제 정답 및 해설

정답

	1	2	3	4	5	6	7	8	9	10
연습문제 ①	4	4	4	1	3	2	1	3	4	3
연습문제 ②	2	1	4	2	3	2	3	2	4	1

연습문제 ①

問題 3 (　　)에 넣기에 가장 적당한 것을 1・2・3・4에서 하나 고르세요.

문제편 70p

1 突然の雨にあわててしまって(　　)他の人のかさを持ってきた。

1 そっくり　　2 ちょっぴり
3 ぴったり　　4 うっかり

정답 **4** 갑작스러운 비에 당황해 버려서 그만 다른 사람의 우산을 가지고 왔다.

단어 突然 갑자기 | 慌てる 당황하다, 허둥대다 | 傘 우산 | そっくり 꼭 닮은 모양 | ちょっぴり 조금, 약간 | ぴったり 딱, 꼭, 옷이나 물건 등이 빈틈없이 잘 맞는 모양 | うっかり 깜박, 나도 모르게, 무심코

해설 '갑작스러운 비로 당황하여 남의 우산을 가져왔다'라는 문맥과 자연스럽게 어울리는 부사는 4번의 「うっかり」이다. 「うっかり」는 '어떤 것을 잘 기억하지 못하거나 다른 곳에 마음이 가 있어서 주의를 기울이지 못하는 상태'를 나타낼 때 사용한다.

---

2 疲れましたね。お茶でも(　　)。

1 注ぎましょうか　　2 作りましょうか
3 かけましょうか　　4 入れましょうか

정답 **4** 피곤하네요. 차라도 끓일까요?

단어 疲れる 지치다, 피곤하다 | お茶 차 | 注ぐ 쏟다, 붓다, 따르다 | かける 걸다, (가루 등을) 뿌리다

해설 「お茶を入れる 차를 끓이다, 우리다」는 시험뿐만 아니라 일상생활에서도 자주 사용하는 관용 표현이므로 꼭 기억해 두자. 정답은 4번이다.

---

3 子どもたちはいつもこづかいが少ないと(　　)に思っている。

1 当然　　2 不安
3 面倒　　4 不満

정답 **4** 아이들은 항상 용돈이 적다고 불만이다.

단어 小遣い 용돈 | 少ない 적다 | 当然 당연 | 不安 불안 | 面倒 귀찮음, 돌봄 | 不満 불만

해설 선택지 2, 3번은 단어의 뜻이 맞지 않아 답이 될 수 없으며, '용돈이 적다는 것에 부정적으로 생각한다'라는 문맥이 되어야 하므로 1번 역시 답으로는 적당하지 않다. 괄호 안에는 4번의 「不満」이 들어가야 자연스럽다.

---

4 休みの日は何もしないで(　　)していることが多い。

1 ぶらぶら　　2 にこにこ
3 そわそわ　　4 わくわく

정답 **1** 휴일에는 아무것도 하지 않고 빈둥거리는 일이 많다.

단어 休みの日 휴일, 쉬는 날 | ぶらぶら 흔들흔들, 어슬렁어슬렁, 빈둥빈둥 | にこにこ 싱글벙글, 생긋생긋 | そわそわ 안절부절 못하는 모양 | わくわく 기쁨·기대 등으로 설레는 모양, 두근두근

해설 괄호 앞에서 「何もしないで 아무것도 하지 않고」라는 표현이 나오고 있으므로 문맥상 '빈둥빈둥'이라는 의미의 1번 「ぶらぶら」가 정답이다. 「ぶらぶら」에는 '목적 없이 배회하는 모양, 어슬렁어슬렁', '매달려서 흔들리는 모양, 흔들흔들', '하는 일 없이 게으름 피우는 모양, 빈둥빈둥' 등의 다양한 뜻이 있다.

---

5 1万円札を全部千円札に(　　)したら、さいふがいっぱいになった。

1 還元　　2 分類
3 両替　　4 変更

정답 **3** 만 엔짜리 지폐를 모두 천 엔짜리 지폐로 환전했더니 지갑이 가득 찼다.

단어 札 지폐 | 全部 전부 | 財布 지갑 | 還元 환원 | 分類 분류 | 両替 환전, 돈을 바꿈 | 変更 변경

해설 '만 엔 지폐를 천 엔 지폐로 바꾸었다'라는 의미의 문장이 되어야 하므로 정답은 '환전'이라는 의미의 3번 「両替」이다. 「両替」는 한자만 보고 의미를 유추하기 힘든 단어이므로 반드시 외우도록 하자.

---

6 バスで行くと目的地まで1時間(　　)かかると思います。

1 強弱　　2 前後
3 左右　　4 上下

정답 **2** 버스로 가면 목적지까지 한 시간 전후로 걸릴 것 같습니다.

단어 目的地 목적지 | かかる (시간이) 걸리다, 소요되다 | 強弱 강약 | 前後 전후, 앞뒤, 내외 | 左右 좌우 | 上下 상하, 위 아래

해설 '목적지까지 약 한 시간 정도 걸린다'라는 문장이 되어야 하므로 괄호 안에는 '시·공간 상의 앞과 뒤'를 나타내는 단어인 「前後」가 들어가는 것이 자연스럽다. 정답은 2번이다. 다른 선택지의 단어 모두 반대되는 뜻의 한자 조합이므로 함께 기억해 두자.

7 最近、夜眠れなくて体の(　　)がよくない。

1 調子　　2 様子
3 模様　　4 都合

정답 **1** 요즘 잠을 못 자서 컨디션이 안 좋다.

단어 最近 최근 | 眠る 잠들다 | 体 몸 | 調子 상태 | 様子 모양, 상태 | 模様 무늬 | 都合 형편, 사정

해설 정답인 1번의 「調子」는 '몸의 건강이나 기분의 상태'라는 의미의 표현이다. 비슷한 표현으로 「具合 형편, 상태」가 있는데, 「調子」는 '사람'의 몸이나 기운 등의 상태를 나타낼 때 사용하며, 「具合」는 사람 외에 '사물'의 상태를 나타낼 때에도 사용할 수 있다는 점에 차이가 있다. 「調子」는 이 문장에서처럼 「体の調子がよい/悪い 몸 상태가 좋다/좋지 않다」처럼 사용하며, 같은 의미의 표현인 「体調がよい/悪い 몸 상태가 좋다/좋지 않다」도 함께 기억해 두자.

---

8 ダイエットしたら服が(　　)着られなくなってしまった。

1 にぶくなって　　2 かたくなって
3 ゆるくなって　　4 ふとくなって

정답 **3** 다이어트를 했더니 옷이 헐거워져서 입을 수 없게 되어 버렸다.

단어 ダイエット 다이어트 | 服 옷 | 鈍い 둔하다 | 固い 단단하다, 딱딱하다 | 緩い 헐겁다, 느슨하다 | 太い 굵다

해설 '다이어트로 옷이 커져서 입을 수 없다'라는 문장이 되어야 하므로 괄호 안에는 3번의 「ゆるくなって 헐거워져서」가 들어가야 자연스럽다. 반대로 '옷 등이 작다, 꽉 끼다'라고 표현할 때는 「きつい」를 사용한다는 것도 함께 기억해 두자.

---

9 肉の料理は大好きだが、それでも毎日続くと(　　)しまう。

1 くさって　　2 かわって
3 たおれて　　4 あきて

정답 **4** 고기 요리는 정말 좋아하지만, 그래도 매일 계속되면 질려 버린다.

단어 肉 고기 | 料理 요리 | 続く 계속하다 | 腐る 썩다 | 変わる 변하다, 바뀌다 | 倒れる 쓰러지다 | 飽きる 질리다

해설 앞 문장과 뒷 문장이 역접 접속사「が」로 연결되고 있으므로 괄호 안에는 앞부분의 '좋아한다'와는 대조되는 의미를 가진 단어가 들어가는 것이 적당하다. 따라서 문장에 가장 자연스럽게 연결되는 단어는「飽きる」를 활용한 4번의「飽きて」이다.

---

10 友だちの結婚祝いはデパートの(　　)から選んだ。

1 レシート　　2 メニュー
3 パンフレット　　4 パッケージ

정답 **3** 친구의 결혼 축하 선물은 백화점 팸플릿에서 골랐다.

단어 結婚 결혼 | 祝い 축하, 축하 선물 | レシート 영수증 | メニュー 메뉴 | パッケージ 패키지 | パンフレット 팸플릿

해설 가타카나어를 고르는 문제는 각 단어의 뜻을 정확히 알고 있어야 한다. 1번과 2번은 문맥상 의미가 맞지 않으며 4번의「パッケージ」는 '한 통이나 묶음으로 된 포장'을 뜻하는 단어이므로 답으로는 적당하지 않다. 따라서 '~에서 골랐다'라는 뒷 문장에 자연스럽게 연결되는 단어는 '광고·선전을 위해 만든 얇은 책자'를 뜻하는 3번「パンフレット」이다.

연습문제 ②

問題 3　(　　　)에 넣기에 가장 적당한 것을 1·2·3·4에서 하나 고르세요.

문제편 71p

1 今年の(　　)は運転免許を取って、家族でドライブをすることです。

1 方向　　2 目標
3 予想　　4 方針

정답 **2** 올해의 목표는 운전면허를 따서 가족끼리 드라이브를 하는 것입니다.

단어 運電免許を取る 운전면허를 따다 | 方向 방향 | 目標 목표 | 予想 예상 | 方針 방침

해설 '운전면허를 따서 가족과 함께 드라이브를 가고 싶다'라는 문맥이므로 운전면허를 따는 것이 '앞으로 이루고자 하는 대상', 즉「目標 목표」가 된다. 정답은 2번이다.

2 朝6時に起きるように時計をセットしたのに目が(　　)8時だった。

1 覚めたら　　2 明けたら
3 開いたら　　4 離れたら

정답 **1** 아침 6시에 일어나도록 시계를 세팅해 두었는데 눈을 뜨니 8시였다.

단어 起きる 일어나다, 기상하다 | 時計 시계 | セットする 맞추다, 조절하다 | 目が覚める 눈을 뜨다(눈이 뜨이다), 잠이 깨다 | 明ける (날이) 밝다, (기간이) 끝나다 | 開く 열리다 | 離れる 떨어지다, 멀어지다

해설 단어의 뜻만 보고「開く 열리다」를 답으로 고르지 않도록 주의하자.「目が覚める」는 '잠에서 깨다, 눈을 뜨다'라는 의미의 관용 표현이다. 선택지 2번의「明ける」는「年が明ける 새해가 되다(밝다)」,「梅雨が明ける 장마가 끝나다」와 같은 예시를 통해 기억해 두자.

---

3 小さい時、母がマフラーを(　　)くれたのがうれしくて毎日まいて遊びに行った。

1 つけて　　2 きせて
3 くんで　　4 あんで

정답 **4** 어렸을 때 엄마가 목도리를 떠 주신 것이 기뻐서 매일 두르고 놀러 갔다.

단어 マフラー 머플러, 목도리 | 巻く 감다, 말다 | つける 달다, 붙이다 | 着せる 입히다 | 組む 끼다, 엇걸다 | 編む 뜨다, 짜다, 편찬하다

해설「編む」에는 '끈이나 줄 등을 엮다, 책 등을 편찬하다'라는 뜻이 있으며 이 문장에서처럼 '뜨개질을 하다'라고 해석하기도 한다. 같은 의미인「編み物をする 뜨개질을 하다」도 함께 기억해 두자. 정답은 4번이다. 3번의「組む」는 '팔, 다리 등을 엇걸다, 사람을 모아 무리를 만들다'라는 뜻이 있으며「腕を組む 팔짱을 끼다」,「足を組む 다리를 꼬다」,「チームを組む 팀을 짜다」처럼 사용한다.

---

4 喫煙席でも子どもがいる場所ではタバコをご(　　)ください。

1 心配　　2 遠慮
3 我慢　　4 交換

정답 **2** 흡연석이라도 아이가 있는 장소에서는 담배를 삼가 주세요.

단어 喫煙席 흡연석 | 場所 장소 | タバコ 담배 | 心配 걱정 | 遠慮 사양, 겸손 | 我慢 참음, 자제 | 交換 교환

해설 단어의 뜻만 보고 3번의 「我慢 참음, 자제」를 답으로 고르지 않도록 주의하자. 2번의 「遠慮」는 '사양, 겸손'이라는 뜻으로, 「ご遠慮ください」라고 하면 '삼가 주세요'라는 정중한 금지 표현이 된다.

---

5 会社の面接のときにどんなことに気をつけるか、先輩として(　　)した。

1 レポート　　2 メッセージ
3 アドバイス　　4 チェックイン

정답 **3** 회사 면접 때 어떤 것을 주의할지 선배로서 조언했다.

단어 面接 면접 | 気をつける 조심하다, 주의하다 | 先輩 선배 | レポート 리포트 | メッセージ 메시지, 전언 | アドバイス 어드바이스, 조언, 충고 | チェックイン 체크인

해설 '면접에서 주의할 사항을 말해 주다'라는 의미의 문장이 되어야 하므로 괄호 안에 들어가기에 적당한 단어는 3번의 「アドバイス」이다. 문장 뒷부분의 「先輩として 선배로서」의 '자격이나 입장'을 나타내는 「～として ～로서, ～의 입장에서」도 함께 기억해 두자.

---

6 田中さんが料理が(　　)のは、小さいときからお母さんを手伝ってきたからだそうだ。

1 えらい　　2 うまい
3 やわらかい　　4 もったいない

정답 **2** 다나카 씨가 요리를 잘하는 것은 어릴 때부터 엄마를 도와 왔기 때문이라고 한다.

단어 手伝う 돕다 | 偉い 훌륭하다, 대단하다, 기특하다 | うまい 능숙하다, 맛있다 | 柔らかい 부드럽다 | もったいない 아깝다

해설 「うまい」에는 '맛있다, 솜씨가 좋다, 잘하다'라는 뜻이 있다. 이 문장에서는 '솜씨가 좋다, 능숙하다'라는 의미로 사용하고 있다. 정답은 2번이다.

---

7 冬は午後５時ごろになると日が(　　)しまう。

1 しまって　　2 おりて
3 しずんで　　4 さがって

정답 **3** 겨울은 오후 다섯 시쯤 되면 해가 저물어 버린다.

단어 午後 오후 | 閉まる 문이 닫히다, 영업을 종료하다 | 降りる 내리다 | 沈む 가라앉다, (해가) 지다 | 下がる 내리다, 내려가다

해설 「沈む」는 「海に沈む 바다에 가라앉다」처럼 '위에 떠 있던 것이 밑바닥으로 가라앉다'라는 뜻으로 많이 쓰이지만, 문제의 「日が沈む 해가 지다」처럼 '(해·달 등이) 지다'라는 뜻도 있다. 이 외에도 「悲しみに沈む 슬픔에 잠기다」처럼 '생각·감정 등에 열중하다'라는 뜻으로 사용하기도 한다.

---

8 アルバイトしていることは親に(　　)にしてある。

1 無名　　2 秘密
3 承知　　4 禁止

정답 **2** 아르바이트 하고 있는 것은 부모님에게 비밀로 하고 있다.

단어 親 부모 | 無名 무명 | 秘密 비밀 | 承知 알아들음, 승낙 | 禁止 금지

해설 선택지 중에 문장 앞뒤 문맥과 가장 자연스럽게 연결되는 것은 아르바이트를 한다는 것을 부모님께 '숨기고 있다'라는 의미가 되는 선택지 2번 「秘密 비밀」이다. 3번의 「承知」는 겸양 표현 「承知いたしました 알겠습니다」에서처럼 '알아들음'이란 의미와 「親も承知している 부모님도 승낙했다」에서처럼 '승낙, 수락, 동의'라는 의미로 사용한다.

---

9 子犬たちの中に一匹のねこが(　　)いたが、仲間のように仲良く遊んでいた。

1 重なって　　2 従って
3 つながって　　4 交ざって

정답 **4** 강아지들 속에 고양이 한 마리가 섞여 있었는데 친구처럼 사이좋게 놀고 있었다.

단어 子犬 강아지 | 一匹 한 마리 | 猫 고양이 | 仲間 동료, 친구 | 仲良い 친하다, 사이좋다 | 遊ぶ 놀다 | 重なる 겹치다, 거듭되다 | 従う 따르다, 좇다 | つながる 연결되다, 이어지다 | 交ざる 섞이다

해설 문맥상 '여러 마리의 강아지와 고양이가 사이좋게 놀고 있다'라는 의미의 문장이 되어야 한다. 문장 앞부분은 '강아지들 사이에 고양이 한 마리가 있다'라는 내용이므로 선택지 중 괄호 안에 들어가기에 가장 적절한 것은 '섞이다'라는 의미의 선택지 4번 「交ざる」이다.

10 若い人の中でも自分の考えをはっきり(　　)する人は多くない。

1 主張　　2 保存
3 発音　　4 自慢

정답 **1** 젊은이들 중에서도 자신의 생각을 확실하게 주장하는 사람은 많지 않다.

단어 若い 젊다 | 自分 자기, 자신 | 考える 생각하다 | はっきり 확실히, 분명히 | 主張 주장 | 保存 보존, 저장 | 発音 발음 | 自慢 자랑

해설 「はっきり」는 '모습이나 소리가 흐리지 않고 뚜렷함'을 나타내는 부사로 「はっきり見える 뚜렷하게 보이다」, 「はっきり言う 확실하게 말하다」처럼 사용한다. 문맥상 '자기 생각을 확실하게 말하는 사람은 많지 않다'라는 의미의 문장이 되어야 하므로 정답은 1번 「主張 주장」이다.

問題 4 유의 표현

연습문제 정답 및 해설

정답

연습문제 ①	1 3	2 2	3 4	4 3	5 2	6 4	7 1	8 4	9 3	10 2
연습문제 ②	1 3	2 2	3 1	4 4	5 4	6 1	7 1	8 4	9 2	10 4

연습문제 ①

問題 4 ＿＿＿에 의미가 가장 가까운 것을 1・2・3・4에서 하나 고르세요. 문제편 86p

1 これを全部、5時までに終わらせるのはきつい。

1 ふとい　　2 ひどい
3 たいへんだ　　4 じゅうぶんだ

정답 **3** 이걸 전부 다섯 시까지 끝내는 것은 힘들다.

단어 全部 전부 | 終わる 끝나다 | きつい 심하다, 빡빡하다, 엄격하다 | 太い 두껍다, 굵다 | 酷い 심하다, 가혹하다 | 大変だ 큰일이다, 힘들다 | 十分だ 충분하다

해설 「きつい」에는 (정도가) 심하다, 과격하다, (여유가 없이) 꽉 끼다, 빡빡하다, 엄격하다'라는 뜻이 있다. '다섯 시까지 끝내기에는 시간적인 여유가 없다'라는 의미의 문장이므로 여기서 「きつい」는 '빡빡하다, 빠듯하다'라는 뜻으로 사용하고 있다. 따라서 서로 바꿔 쓸 수 있는 표현은 선택지 3번의 「大変だ 힘들다」이다.

---

2 一日中、外を歩き回ってくたびれました。

1 おわりました　　2 つかれました
3 よごれました　　4 たおしました

정답 **2** 하루 종일 밖을 돌아다녀서 지쳤습니다.

단어 一日中 하루 종일 | 外 밖, 외부 | 歩き回る 돌아다니다 | くたびれる 지치다, 피로하다 | 終わる 끝나다 | 疲れる 지치다, 피곤하다 | 汚れる 더러워지다 | 倒す 쓰러뜨리다

해설 「くたびれる 지치다, 피곤하다」와 같은 의미의 동사인 2번 「疲れる 지치다, 피곤하다」가 정답이다. 두 동사 모두 '지치다, 피로하다'라는 의미이지만 「くたびれる」는 주로 육체적 피로에 사용하며, 「疲れる」는 육체적·정신적 피로 양쪽 모두에 사용한다는 차이점이 있다.

---

3 町内に大型スーパーができてから、小さいスーパーに行く人がへったようだ。

1 いなくなった　　2 弱くなった
3 多くなった　　4 少なくなった

정답 **4** 마을에 대형 슈퍼가 생기고 나서 작은 슈퍼에 가는 사람이 줄어든 것 같다.

단어 町内 마을, 동네 | 大型スーパー 대형 슈퍼마켓 | できる 생기다 | 減る 줄다, 감소하다 | 弱い 약하다 | 少ない 적다

해설 「減る 줄다」와 서로 바꿔 쓸 수 있는 표현은 선택지 4번의 「少なくなった 적어졌다」이다. 음독 명사를 사용하는 「減少する 감소하다」도 함께 기억해 두자.

4 遅れて来た人がいたので練習をやりなおした。

1 できなかった　　2 さいごだけなおした
3 もういちどやった　　4 はじめだけなおした

정답 **3** 늦게 온 사람이 있어서 연습을 다시 했다.

단어 遅れる 늦다 | 練習 연습 | やり直す 다시 하다 | もう一度 다시 한번

해설 「동사 ます형 + 直す 다시 ~하다」는 '잘못된 점·부족한 부분을 고치다, 개선하다'라는 의미의 문형이다. 문제에서는 '연습을 처음부터 다시 했다'라는 의미로 사용하고 있다. 따라서 서로 바꿔 쓸 수 있는 것은 3번의 「もう一度やった 다시 한번 했다」이다.

---

5 夏休みが明けたときに学校に行きたがらない子どもが増える。

1 つづいた　　2 おわった
3 はじまった　　4 のこった

정답 **2** 여름 방학이 끝났을 때에 학교에 가기 싫어하는 아이가 늘어난다.

단어 夏休み 여름 방학 | 明ける (날이) 밝다, (기간이) 끝나다 | ~たがる ~하고 싶어하다 | 増える 늘다 | 続く 계속되다 | 終わる 끝나다 | 始まる 시작되다 | 残る 남다

해설 「明ける」에는 '어떤 상태가 지속되던 기간이 끝나다'라는 의미가 있으며 「休みが明ける 휴일이 끝나다」, 「梅雨が明ける 장마가 끝나다」처럼 사용한다. '여름 방학이 끝났을 때에'라는 문맥이므로, 서로 바꿔 쓸 수 있는 것은 선택지 2번 「終わる 끝나다」이다.

---

6 プリントに間違いがあったので回収した。

1 捨てた　　2 直した
3 知らせた　　4 集めた

정답 **4** 프린트에 잘못된 곳이 있어서 회수했다.

단어 プリント 프린트, 인쇄물 | 間違い 틀림, 잘못됨 | 回収 회수 | 捨てる 버리다 | 直す 고치다 | 知らせる 알리다 | 集める 모으다, 수집하다, 거두다

해설 「回収」는 '도로 거두어 들이다'라는 의미의 단어이다. 이 문장은 '나누어 주었던 프린트를 다시 모았다'라는 것을 의미하고 있으므로 서로 바꿔 쓸 수 있는 것은 '모으다'라는 의미의 4번 「集める」이다.

---

7 注文した本がさっき届きました。

1 少し前に　　2 ずいぶん前に
3 少し後に　　4 ずいぶん後に

정답 **1** 주문한 책이 아까 도착했습니다.

단어 注文 주문 | さっき 아까, 조금 전 | 届く 이르다, 도달하다, 도착하다 | ずいぶん 상당히, 매우

해설 시간을 나타내는 표현 「さっき」와 같은 뜻을 가진 선택지 1번의 「少し前に 조금 전에」가 정답이다. 선택지 2번의 「ずいぶん」은 '상당히, 매우'라는 뜻의 강조 표현이므로 「ずいぶん前に」는 '한참 전에'라는 뜻이 된다.

---

8 3つの案から選びます。

1 コース　　2 メニュー
3 タイプ　　4 アイデア

정답 **4** 세 개의 방안 중에서 선택하겠습니다.

단어 案 안건, 방안, 계획 | 選ぶ 고르다, 선택하다 | コース 코스 | メニュー 메뉴 | タイプ 타입, 형식, 형태 | アイデア 아이디어, 생각

해설 「案」은 '생각, 안건, 계획'이라는 뜻의 한 글자 명사이다. 서로 바꿔 쓸 수 있는 표현은 4번의 「アイデア 아이디어」이다.

---

9 ここには自分が得意なことについて書いてください。

1 よく知っている　　2 やってみたい
3 上手にできる　　4 一番好きな

정답 **3** 여기에는 자신의 특기에 대해 써 주세요.

단어 自分 자신 | 得意だ 가장 잘하다, 특기이다 | ~について ~에 대해서 | 上手だ 잘하다, 능숙하다

해설 「得意だ」는 자신의 장기나 특기를 말할 때 사용하는 표현이다. 서로 바꿔 쓸 수 있는 표현은 어떠한 행위에 대해 '칭찬하거나 평가'할 때 쓰는 「上手だ」를 활용한 3번 「上手にできる 잘할 수 있는」이다.

10 田中さんの話はいつも長くてたいくつだ。

1 たいへんだ　　2 つまらない
3 親切だ　　4 くわしい

정답 **2** 다나카 씨의 이야기는 늘 길고 지루하다.

단어 退屈だ 지루하다, 따분하다 | 大変だ 힘들다, 큰일이다 | つまらない 재미없다, 따분하다 | 親切だ 친절하다 | 詳しい 상세하다

해설 「退屈だ」는 '지루하다, 따분하다'라는 뜻이다. 유사 표현인 「つまらない 재미없다, 따분하다」, 「くだらない 시시하다, 하찮다」를 함께 기억해 두자. 정답은 2번이다.

연습문제 ②

問題 4 ＿＿＿에 의미가 가장 가까운 것을 1・2・3・4에서 하나 고르세요.

문제편 87p

1 そんなきまりがあることは知らなかった。

1 割引　　2 予定
3 規則　　4 目的

정답 **3** 그런 규칙이 있는지는 몰랐다.

단어 決まり 정해진 바, 규칙, 결정 | 割引 할인 | 予定 예정 | 規則 규칙 | 目的 목적

해설 「決まり」는 동사 「決まる 정하다, 결정하다」의 파생 명사로 '결정'이라는 뜻 외에 '규칙, 습관'이라는 의미로도 사용한다. 따라서 서로 바꿔 쓸 수 있는 표현은 3번의 「規則 규칙」이다.

---

2 指がインクで汚れてしまいました。

1 うすくなって　　2 きたなくなって
3 ぬれて　　4 つめたくなって

정답 **2** 손가락이 잉크로 더러워져 버렸습니다.

단어 指 손가락 | インク 잉크 | 汚れる 더러워지다 | 薄い 얇다, 연하다 | 汚い 더럽다, 불결하다 | 濡れる 젖다 | 冷たい 차다

해설 「汚れる」는 '더러워지다, 오염되다'라는 뜻의 동사이므로 서로 바꿔 쓸 수 있는 것은 같은 의미의 형용사 「汚い 더럽다」를 활용한 2번이다. い형용사를 「なる」와 연결할 때는 「～くなる」가 된다는 점도 복습해 두자.

3 今日のコンサートが延期になったことをお知らせします。

1 今日より後にすることになった
2 予定より遅い時間にすることになった
3 もうやらないことになった
4 もう一度やることになった

정답 **1** 오늘의 콘서트가 연기되었음을 알려드립니다.

단어 コンサート 콘서트 | 延期 연기 | お知らせ 알림, 공지 | 予定 예정 | 遅い 늦다 | もう一度 다시 한번, 한번 더

해설 「延期 연기」는 '기한·시기를 늘리다, 뒤로 미루다'라는 뜻이다. '콘서트 날짜를 뒤로 미룬다'라는 의미의 문장이므로 서로 바꿔 쓸 수 있는 것은 1번 「今日より後にすることになった 오늘보다 나중에 하게 되었다」이다. 선택지 2번의 「予定より遅い時間にすることになった 예정보다 늦은 시간에 하게 되었다」는 날짜가 바뀌는 것이 아니라 당일 내에 시간이 바뀐다는 의미이므로 답으로는 적당하지 않다.

---

4 このお皿、台所にはこんでください。

1 洗って　　2 並べて
3 捨てて　　4 持って行って

정답 **4** 이 접시, 부엌으로 옮겨 주세요.

단어 皿 접시 | 台所 부엌, 주방 | 運ぶ 나르다, 운반하다 | 洗う 씻다, 닦다 | 並べる (일렬로) 늘어놓다, 줄지어 세우다 | 捨てる 버리다

해설 '접시를 부엌으로 가지고 가 달라'는 문맥이므로 서로 바꿔 쓸 수 있는 표현은 「持って行く 가지고 가다」를 활용한 4번이 정답이다.

---

5 まだ使えるのにもったいないから捨てなかった。

1 かわいそうだ　　2 めずらしい
3 ひつようだ　　4 おしい

정답 **4** 아직 쓸 수 있는데 아까워서 버리지 않았다.

단어 使う 사용하다 | もったいない 아깝다 | かわいそうだ 불쌍하다 | 珍しい 희귀하다, 드물다 | 必要だ 필요하다 | 惜しい 아깝다, 아쉽다

해설 '제대로 활용하지 못하거나 낭비해서 아깝다'는 의미의 「もったいない」와 같은 뜻을 가진 것은 4번 「惜しい 아깝다, 아쉽다」이다. 「もったいない」는 이 외에도 '황송하다, 과분하다'라는 의미로도 사용한다.

---

6 お茶の作法は簡単ではない。

1 マナー　　2 ムード
3 タイプ　　4 コンディション

정답 **1** 다도의 예법은 간단하지 않다.

단어 お茶 차, 녹차 | 作法 예절, 예법 | 簡単だ 간단하다 | マナー 매너, 예절 | ムード 무드, 분위기 | タイプ 타입, 형태 | コンディション 컨디션, 상태

해설 「作法」는 '예절, 예의범절'이라는 뜻으로, 이 문장에서처럼 '다도나 서예 등에서의 예절'을 뜻할 때에도 많이 사용한다. 한자를 보고 의미를 유추하기 힘든 단어이므로 뜻을 정확히 기억해야 한다. 정답은 1번의 「マナー 매너」이다. 같은 의미의 「エチケット 에티켓, 예절」도 함께 기억해 두자.

---

7 大人気のいちごケーキを買いに行ったが売り切れだった。

1 全部売れた
2 少しも売れなかった
3 よく売れるようになった
4 あまり売れなかった

정답 **1** 인기가 많은 딸기 케이크를 사러 갔지만 품절이었다.

단어 大人気 대인기, 인기가 많은 | いちご 딸기 | 売り切れる 다 팔리다, 매진되다

해설 「売り切れる」는 명사형인 「売り切れ 품절, 매진」으로도 많이 사용되며 시험에 자주 나오는 표현이다. 정답은 선택지 1번 「全部売れた 전부 팔렸다」이다.

---

8 手続きがめんどうで、いやになった。

1 地味で　　2 下手で
3 危険で　　4 複雑で

정답 **4** 절차가 귀찮아서 (하기) 싫어졌다.

단어 手続き 수속, 절차 | 面倒だ 귀찮다, 성가시다 | いやになる 싫어지다 | 地味だ 수수하다, 검소하다 | 下手だ 서툴다, 잘 못하다 | 危険だ 위험하다 | 複雑だ 복잡하다

해설 「面倒だ」는 '번잡하고 성가시다'라는 뜻이므로 서로 바꿔 쓸 수 있는 것은 4번 「複雑だ 복잡하다」이다. 「手続き 수속, 절차」와 「いやになる 싫증나다, 싫어지다」도 시험에 자주 출제되므로 함께 기억해 두자.

---

9 誰かがどなる声が聞こえる。

1 大声で笑う　　2 大声で怒る
3 静かに笑う　　4 静かに泣く

정답 **2** 누군가가 고함치는 목소리가 들린다.

단어 誰か 누군가 | 怒鳴る 큰소리로 화내다, 호통치다 | 声 목소리 | 聞こえる 들리다 | 大声 큰 목소리, 큰소리 | 笑う 웃다 | 静かに 조용히 | 泣く 울다

해설 「怒鳴る」는 「怒る 화내다」와 「鳴る 울리다, 소리가 나다」가 합쳐진 것으로 '호통치다, 고함치다'라는 의미의 동사이다. 따라서 정답은 2번 「大声で怒る 큰소리로 화내다」이다.

---

10 人は誰でも長所を持っている。

1 足りない点　　2 悪い点
3 好きな点　　4 よい点

정답 **4** 사람은 누구나 장점을 가지고 있다.

단어 長所 장점 | 足りない 부족하다 | 点 점, 부분, 요소 | 悪い 나쁘다

해설 「長所」는 한국어 '장점'과 동일한 뜻의 한자이므로 비교적 기억하기 쉬운 단어이다. 반의어인 「短所 단점」도 뜻과 발음을 함께 기억해 두도록 하자. 서로 바꿔 쓸 수 있는 표현은 4번의 「よい点 좋은 점」이다.

問題 5 용법

연습문제 정답 및 해설

정답

연습문제 ①	1 3	2 1	3 2	4 4	5 2
연습문제 ②	1 2	2 1	3 2	4 3	5 4

연습문제 ①

問題 5　다음 단어의 사용법으로 가장 적당한 것을 1・2・3・4 중에서 하나 고르세요.　문제편 98p

1　ころぶ

1 寒い日はふとんの中でころんでいる。
2 寒いと思ったら雪がころんできた。
3 あわてて走ったらころびそうになった。
4 けが人を救急車でころぶのを見た。

정답　**3** 허둥대며 뛰었더니 넘어질 뻔했다.

단어　転ぶ 구르다, 넘어지다 | 寒い 춥다 | 布団 이불 | 慌てる 당황하다, 허둥대다 | 走る 달리다 | けが人 부상자 | 救急車 구급차

해설　「転ぶ」가 문맥에 맞게 사용된 것은 선택지 3번의 '허둥대며 뛰었더니 넘어질 뻔(転びそうに)했다'이다. 1번에는 「ゴロゴロする 뒹굴거리다」, 2번에는 「降る (눈·비가) 내리다」를 활용한 표현이, 4번에는 「運ぶ 나르다, 운반하다」가 들어가야 자연스럽다.

2　指示

1 明日は8時に学校に来るよう学生に指示した。
2 明日は弁当を作るよう母に指示した。
3 どの電車に乗ればいいかと駅員に指示した。
4 この店にカレーはあるかと店の人に指示した。

정답　**1** 내일은 8시에 학교에 오도록 학생들에게 지시했다.

단어　指示 지시 | 弁当 도시락 | 作る 만들다 | 駅員 역무원 | 店 가게 | カレー 카레

해설　'어떤 일을 하게끔 시키는 것'이라는 의미의 「指示」가 문맥에 맞게 사용된 것은 선택지 1번이다. 2번에는 「頼む 부탁하다」를 활용한 표현이, 3번과 4번에는 「聞いてみた 물어보았다」가 들어가야 자연스럽다.

3　見送る

1 彼には好きな人がいたのでつきあうのは見送った。
2 もっと話し合いが必要なので結論は見送られた。
3 雨が降ったので試合は来週に見送られた。
4 難しい問題は見送って先にやさしい問題を解いた。

정답　**2** 좀 더 논의가 필요하기 때문에 결론은 보류되었다.

단어　見送る 배웅하다, 보류하다, 미루다 | つきあう 사귀다, 교제하다 | 話し合い 대화, 논의 | 結論 결론 | 試合 시합 | 先に 먼저 | 解く 풀다

해설 「見送る」에는 '배웅하다, 보류하다'라는 두 가지 뜻이 있으며, '보류하다'라는 의미로 사용한 선택지 2번이 정답이다. 1번에는 「あきらめる 포기하다」를 활용한 표현이 들어가야 하며, 3번처럼 미뤄진 후 재개 시기가 확실할 때는 「延期する 연기하다」, 4번은 일의 우선순위를 정해 나중에 하기로 했다는 의미이므로 「後回しにする 뒤로 돌리다」를 활용한 표현이 들어가야 자연스럽다.

---

4 翻訳

1 一番言いたいことを80字ぐらいで翻訳してください。
2 絵や写真を日本語に翻訳するのは難しい。
3 これは難しい言葉をやさしい言葉に翻訳した子どもの本です。
4 外国の小説を翻訳するときは、その国の文化を知る必要がある。

정답 **4** 외국 소설을 번역할 때는 그 나라의 문화를 알 필요가 있다.

단어 翻訳 번역 | 絵 그림 | 写真 사진 | 難しい 어렵다 | 言葉 말 | 易しい 쉽다 | 外国 외국 | 小説 소설 | 文化 문화 | 必要 필요

해설 「翻訳」는 '한 언어의 글을 다른 언어의 글로 옮김'이라는 의미이므로 문맥에 맞게 사용된 것은 선택지 4번이다. 1번에는 「書く 쓰다」를 활용한 표현이, 2번에는 「(日本語で)表現 (일본어로) 표현」이, 3번에는 「書き直す 다시 쓰다」를 활용한 표현이 들어가야 자연스럽다.

---

5 そっくり

1 誕生日にもらった服は私にそっくりだった。
2 二人は兄弟じゃないのに顔がそっくりだった。
3 電車で行くのもバスで行くのも時間はそっくりだった。
4 彼の歌の実力はプロの歌手とそっくりだった。

정답 **2** 두 사람은 형제가 아닌데도 얼굴이 꼭 닮았다.

단어 そっくり 꼭 닮은 모양 | 誕生日 생일 | 服 옷 | 兄弟 형제 | 顔 얼굴 | 実力 실력 | プロ 프로 | 歌手 가수

해설 「そっくり」는 '꼭 닮음, 꼭 닮은 모양'이라는 뜻과 '그대로, 고스란히'라는 뜻이 있다. '얼굴이 꼭 닮았다'라는 의미로 사용한 선택지 2번이 정답이다. 1번에는 「ぴったり 딱, 착, 잘 맞는 모양」, 3번에는 「同じ 같다」, 4번에는 「同等 동등」이나 「同じレベル 같은 레벨」 등이 들어가야 자연스럽다.

연습문제 ②

問題 5 다음 단어의 사용법으로 가장 적당한 것을 1・2・3・4 중에서 하나 고르세요. 문제편 99p

1 建設

1 説明書を見ながら子どものおもちゃを建設した。
2 新しい発電所の建設には反対する人たちもいる。
3 古代の船を建設するのに多くの人が協力した。
4 電気で走るバスが建設されて話題になっている。

정답 **2** 새로운 발전소 건설에 반대하는 사람들도 있다.

단어 建設 건설 | 説明書 설명서 | おもちゃ 장난감 | 発電所 발전소 | 反対 반대 | 古代 고대 | 船 배 | 協力 협력 | 電気 전기 | 話題 화제

해설 「建設」가 문맥에 맞게 사용된 것은 선택지 2번의 「発電所の建設 발전소 건설」이다. 1번에는 「組み立てる 조립하다」를 활용한 표현이, 3번에는 「建造 건조(건물이나 배를 만듦)」가, 4번에는 「開発 개발」이나 「導入 도입」 등이 들어가야 자연스럽다.

---

2 身につける

1 新しい技術を身につけるまで時間がかかる。
2 目が悪くなったのでメガネを身につけることにした。
3 外国語はたくさん単語を身につけることが重要だ。
4 有名な歌手も人気を身につけるまでは大変な苦労をする。

정답 **1** 새로운 기술을 몸에 익히기까지 시간이 걸린다.

단어 身につける 몸에 걸치다, 배워 익히다 | 新しい 새롭다 | 技術 기술 | 悪い 나쁘다 | 外国語 외국어 | 単語 단어 | 重要だ 중요하다 | 歌手 가수 | 人気 인기 | 苦労 고생

해설 「身につける」는 '몸에 걸치다'와 '배워 익히다'라는 두 가지 뜻이 있다. '기술을 익히다'라는 의미로 사용한 선택지 1번이 정답이다. 2번의 「メガネをかける 안경을 쓰다」는 관용 표현이므로 「かける 쓰다」를 사용해야 하며, 3번에는 「覚える 외우다, 기억하다」, 4번에는 「得る 얻다」가 들어가야 자연스럽다.

---

3 包む

1 古くなった新聞紙をひもで包んだ。

2 きれいな紙でプレゼントを包んでもらった。

3 日本は島国なので、海に包まれている。

4 血が止まらないので、指をテープで包んだ。

정답 **2** 예쁜 종이로 선물을 포장해 주었다.

단어 包む 싸다, 포장하다 | 古い 오래되다, 낡다 | 新聞紙 신문지 | ひも 끈 | 島国 섬나라 | 血 피 | 止まる 멈추다 | テープ 테이프(여기에서는 반창고)

해설 「包む」는 '싸다, 포장하다'라는 의미이므로 '선물을 포장해 주었다'라는 문맥으로 사용한 선택지 2번이 정답이다. 1번에는 「結ぶ 묶다」, 3번에는 「囲む 둘러싸다, 에워싸다」, 4번에는 「巻く 감다」를 활용한 표현이 들어가야 자연스럽다.

---

4 効果

1 毎日降る雨の効果で野菜の値段が高くなっている。

2 私は父の効果で今の仕事を選んだ。

3 練習の効果があって選手はみな自信をもつようになった。

4 車に乗せてくれた効果で早く家に着いた。

정답 **3** 연습의 효과가 있어서 선수들은 모두 자신감을 갖게 되었다.

단어 効果 효과 | 野菜 야채, 채소 | 値段 값, 가격 | 選ぶ 고르다, 뽑다 | 練習 연습 | 選手 선수 | 自信 자신(감) | 乗せる 태우다 | 着く 닿다, 도착하다

해설 「効果」는 '어떤 행위나 작용을 통해 나타나는 좋은 결과'를 의미한다. 따라서 단어가 문맥에 맞게 사용된 것은 선택지 3번의 「練習の効果 연습의 효과」이다. 1번에는 「せいで 탓에」, 2번에는 「影響 영향」, 4번에는 「おかげで 덕분에」가 들어가야 자연스럽다

---

5 こぼす

1 コップをテーブルからこぼして割ってしまった。

2 自転車を降りた時カギをこぼしたので探している。

3 となりの部屋のテレビの音が大きくこぼして注意をした。

4 コーヒーをこぼしたが店の人がすぐふいてくれた。

정답 **4** 커피를 쏟았는데 가게 사람이 바로 닦아 주었다.

단어 こぼす 쏟다, 엎지르다 | コップ 컵 | テーブル 테이블 | 割る 깨다 | 自転車 자전거 | 降りる 내리다 | カギ 열쇠 | 探す 찾다 | 隣 옆 | 音 소리 | 注意 주의 | 拭く 닦다

해설 「こぼす」는 '쏟다, 엎지르다'와 '불평하다, 투덜대다'라는 두 가지 뜻이 있다. '커피를 쏟다'라는 의미로 사용한 선택지 4번이 정답이다. 1번에는 「落とす 떨어뜨리다」, 2번에는 「なくす 잃어버리다」, 3번에는 「聞こえる 들리다」를 활용한 표현이 들어가야 자연스럽다.

問題 1 한자 읽기

실전문제 정답 및 해설

정답

실전문제 ①	1 3	2 4	3 2	4 2	5 4	6 2	7 2	8 3	9 4	10 4
실전문제 ②	1 2	2 1	3 3	4 2	5 3	6 1	7 3	8 3	9 1	10 4
실전문제 ③	1 1	2 3	3 2	4 3	5 1	6 2	7 4	8 2	9 4	10 2

실전문제 ①

問題 1 ＿＿＿의 단어의 읽는 법으로 가장 적당한 것을 1・2・3・4에서 하나 고르세요. 문제편 102p

1 水にぬれないように特別な紙で<u>包み</u>ました。

1 すすみ　　2 すずみ
3 つつみ　　4 つづみ

정답 **3** 물에 젖지 않도록 특별한 종이로 포장했습니다.

단어 濡れる 젖다 | 特別だ 특별하다 | 紙 종이 | 包む 싸다, 포장하다

해설 「包 쌀 포」의 훈독 「包む」는 '싸다, 포장하다'라는 뜻이다. 파생어인 「小包 소포」도 함께 기억해 두자. 정답은 3번이다.

---

2 スポーツはあまり<u>得意</u>じゃありません。

1 えい　　2 ようい
3 うい　　4 とくい

정답 **4** 스포츠는 그다지 잘하지 못합니다.

단어 スポーツ 스포츠 | あまり 별로, 그다지 | 得意だ 가장 잘하다, 특기이다

해설 「得意だ」는 자신의 재능·기량에 대해 타인에게 잘한다고 말할 때 사용하는 표현으로 반의어는 「苦手だ 서툴다, 질색이다」이다. 비슷한 표현인 「上手だ 잘하다, 능숙하다」는 타인을 칭찬할 때 사용하는 표현으로 반의어는 「下手だ 서툴다, 잘 못하다」이다.

---

3 <u>幅</u>の広い靴なら大きいスーパーにあります。

1 かたち　　2 はば
3 かわ　　4 おもて

정답 **2** 폭이 넓은 구두라면 큰 슈퍼마켓에 있습니다.

단어 幅 폭 | 広い 넓다 | 靴 구두 | 形 형태 | 川 강 | 表 겉, 표면

해설 「幅 폭 폭」의 훈독은 「幅 폭」이다. 한 글자 훈독 명사는 시험에 자주 출제되므로 다른 선택지의 단어도 함께 기억해 두자.

---

4 空港に<u>到着</u>してからバスで市内に行きました。

1 とうき　　2 とうちゃく
3 どき　　4 どちゃく

정답 **2** 공항에 도착하고 나서 버스로 시내에 갔습니다.

단어 空港 공항 | 到着 도착 | 市内 시내

해설 「到 이를 도」의 음독은 「とう」, 훈독은 「到る 이르다, 도달하다」이며 「着 붙을 착」의 음독은 「ちゃく」, 훈독은 「着く 도착하다, 자리에 앉다」, 「着る 입다」이다. 정답은 2번 「到着 도착」이다.

---

5 新しい作品は今年中に<u>完成</u>する予定だ。

1 かんぜん　　2 かんこう
3 かんりょう　　4 かんせい

정답 **4** 새 작품은 올해 안으로 완성될 예정이다.

단어 新しい 새롭다 | 作品 작품 | 今年 올해 | 完成 완성 | 予定 예정 | 完全 완전 | 観光 관광 | 完了 완료

해설 「完 완전할 완」은 음독 「かん」으로만 읽는다. 선택지 1, 3, 4번 모두 「完」의 음독 명사이다. 이 외에도 자주 사용하는 단어로는 「完璧 완벽」이 있다. 「成 이룰 성」의 음독은 「せい·じょう」이며, 「賛成 찬성」, 「成人 성인」, 「成績 성적」 등의 예시 단어를 통해 기억해 두자. 정답은 4번이다.

---

6 この地域には人が住んでいない<u>島</u>もあります。

1 むら　　2 しま
3 もり　　4 とり

정답 **2** 이 지역에는 사람이 살고 있지 않은 섬도 있습니다.

단어 地域 지역 | 住む 살다 | 島 섬 | 村 마을, 촌락 | 森 숲 | 鳥 새

해설 「島 섬 도」의 훈독은 「島 섬」이며, 음독 「とう」로 읽으면 '~섬'이라는 뜻의 접미어가 된다. 「列島 열도」, 「無人島 무인도」 등의 예시를 통해 기억해 두자. 한자의 모양이 비슷한 4번의 「鳥 새 조」와 혼동하지 않도록 주의하자.

---

7 友だちはいつも<u>笑顔</u>でじょうだんを言う。

1 すがお　　2 えがお
3 こがお　　4 にがお

정답 **2** 친구들은 항상 웃음 띤 얼굴로 농담을 한다.

단어 笑顔 웃는 얼굴, 웃음 띤 얼굴 | 冗談 농담

해설 「笑 웃을 소」의 음독은 「しょう」, 훈독은 「笑う 웃다」, 「笑む 미소짓다」이며 「顔 얼굴 안」의 음독은 「がん」, 훈독은 「顔 얼굴」이다. 정답인 「笑顔 웃음 띤 얼굴」은 훈독 명사이다. 훈독으로 읽는 단어는 음독에 비해 수는 적지만 출제 빈도가 높은 편이므로 잘 기억해 두어야 한다.

---

8 今月は３日<u>以降</u>、ずっと雨がふっている。

1 いらい　　2 じらい
3 いこう　　4 じこう

정답 **3** 이번 달은 3일 이후 계속 비가 내리고 있다.

단어 今月 이번 달 | 以降 이후 | 雨が降る 비가 내리다 | 以来 이래, 이후, 금후

해설 「以 써 이」에는 '시간이나 범위의 기점'이라는 뜻이 있다. 「以降 이후」와 같은 의미인 「以後 이후」를 비롯하여 「以前 이전」, 「以上 이상」, 「以下 이하」, 「以内 이내」 등의 단어도 함께 기억해 두자.

---

9 私たちの学校の<u>選手</u>が全国の代表にえらばれてうれしい。

1 しょうしゃ　　2 せんしゃ
3 しょうしゅ　　4 せんしゅ

정답 **4** 우리 학교 선수가 전국 대표로 선발되어 기쁘다.

단어 選手 선수 | 全国 전국 | 代表 대표 | 選ばれる 뽑히다, 선택되다

해설 「選 가릴 선」의 음독은 「せん」, 훈독은 「選ぶ 선택하다」이며 「手 손 수」의 음독은 「しゅ」, 훈독은 「手 손」이다. 「手」는 '손'이라는 뜻 외에도 「選手」처럼 '어떤 일의 전문가, 어떤 일을 하는 사람'이라는 뜻이 있다. 「歌手 가수」, 「運転手 운전수」 등의 단어도 함께 기억해 두자.

---

10 試験は<u>実力</u>があっても合格できないことがある。

1 しりょく　　2 どりょく
3 のうりょく　　4 じつりょく

정답 **4** 시험은 실력이 있어도 합격하지 못하는 경우가 있다.

단어 試験 시험 | 実力 실력 | 合格 합격 | 視力 시력 | 努力 노력 | 能力 능력

해설 선택지에 모두 「力 힘 력」의 음독 「りょく」가 들어가 있어 어렵게 느껴질 수 있는 문제이다. 정답은 4번 「実力 실력」이다. 「実 열매 실」의 음독은 「じつ」, 훈독은 「実 과실, 열매」, 「実る 열매를 맺다, 결실을 맺다」이다.

실전문제 ②

問題 1 ＿＿의 단어의 읽는 법으로 가장 적당한 것을 1・2・3・4에서 하나 고르세요. 문제편 103p

1 もうすぐ2さいになる子どもに、歯が生えてきた。

1 うえて　2 はえて
3 なえて　4 おえて

정답 **2** 이제 곧 두 살이 되는 아이에게 이가 나기 시작했다.

단어 もうすぐ 이제 곧 | 歯が生える 이가 나다 | うえる (식물을) 심다 | なえる 시들다, 쇠약해지다 | 終える 마치다, 종결짓다

해설 「生 날 생」의 음독은 「せい·しょう」이며 훈독은 「生 생, 날것」, 「生きる 살다」, 「生む 낳다」, 「生まれる 태어나다」, 「生える (자라)나다」 등 여러 가지가 있다. 이 문장에서는 「歯が生える 이가 (새로) 나다」라는 뜻으로 사용하고 있다. 「生」의 훈독 단어는 출제 빈도가 높으므로 빠짐없이 외워 두도록 하자.

---

2 4月になって各地でさくらの花が咲いている。

1 かくち　2 めいち
3 かくじ　4 めいじ

정답 **1** 4월이 되어 각지에서 벚꽃이 피어 있다.

단어 各地 각지 | さくら 벚꽃 | 咲く (꽃이) 피다 | 各自 각자

해설 「各 각각 각」의 음독은 「かく」, 훈독은 「各々 각각, 각자」이다. 「地 땅 지」의 음독은 「ち·じ」로 「ち」로 읽는 단어는 「地域 지역」, 「地図 지도」 등이 있고, 「じ」로 읽는 단어는 「地面 지면」, 「地味 수수함, 검소함」 등이 있다. 정답인 「各地」는 '각 지역, 여러 곳'이라는 뜻이다.

---

3 この都市は昔から商業を中心に発展してきた。

1 さんぎょう　2 のうぎょう
3 しょうぎょう　4 しょくぎょう

정답 **3** 이 도시는 옛날부터 상업을 중심으로 발전해 왔다.

단어 都市 도시 | 昔 옛날 | 商業 상업 | 中心 중심 | 発展 발전 | 産業 산업 | 農業 농업 | 職業 직업

해설 선택지에 공통으로 들어가 있는 「業 업 업」의 음독은 「ぎょう」이며 '직업, 생계 수단'이라는 뜻이 있다. 「商 장사 상」의 음독 명사인 「商売 장사」, 「商店 상점」 등도 함께 기억해 두자.

---

4 顔は覚えているのに名前がわからない。

1 みえて　2 おぼえて
3 つたえて　4 かえて

정답 **2** 얼굴은 기억하고 있는데 이름을 모르겠다.

단어 顔 얼굴 | 覚える 기억하다, 느끼다 | 名前 이름 | 見える 보이다 | 伝える 전하다, 전달하다 | 変える 바꾸다

해설 「覚 깨달을 각」의 음독은 「かく」이며 훈독으로는 「覚える 기억하다, 외우다, 느끼다」, 「覚ます 잠을 깨우다, 깨우치다」, 「覚める 잠이 깨다, 정신이 들다」 등이 있다. 음독 명사인 「感覚 감각」도 함께 기억해 두자.

---

5 すみませんが、これに替えてください。

1 むかえて　2 ひかえて
3 かえて　4 こたえて

정답 **3** 죄송합니다만 이걸로 바꿔 주세요.

단어 替える 바꾸다, 교체하다 | 迎える 맞이하다 | ひかえる 대기하다, 삼가다 | 答える 대답하다

해설 「替 바꿀 체」의 음독은 「たい」, 훈독은 「替える 바꾸다, 교체하다」와 「替わる 바뀌다, 교체되다」이다. 음독 명사인 「交替 교체」, 「代替 대체」 등도 참고해 두자.

---

6 去年の売り上げはどのくらいですか。

1 きょねん　2 きょうねん
3 さくねん　4 ざくねん

정답 **1** 작년 매출은 어느 정도입니까?

단어 去年 지난해, 작년 | 売り上げ 매상, 매출 | 昨年 작년

해설 「去 갈 거」의 음독은 「きょ·こ」, 훈독은 「去る 떠나다, (때가) 지나가다」이다. 「去」를 음독 「きょ」로 읽는 단어로는 「去年 작년」, 「除去 제거」 등이 있으며, 「こ」로 읽는 단어로는 「過去 과거」가 있다. 의미가 같은 3번 「昨年」도 함께 기억해 두자.

7 朝早く来て<u>机</u>の上をかたづけた。

1 いす　　2 ゆか
3 つくえ　　4 ふとん

정답 **3** 아침 일찍 와서 책상 위를 정리했다.

단어 朝 아침 | 早い 빠르다, 이르다 | 机 책상 | 片付ける 정리하다 | 椅子 의자 | 床 마루, 마룻바닥 | 布団 이불

해설 선택지의 단어들은 시험에서뿐만 아니라 실생활에서도 자주 사용하는 단어들이므로 잘 기억해 두어야 한다. 또한 「机 책상/椅子 의자」와 「床 마루/屋根 지붕」 등은 묶어서 기억해 두면 좋다.

---

8 会社では<u>営業</u>の仕事をしています。

1 かいけい　　2 かんり
3 えいぎょう　　4 しつぎょう

정답 **3** 회사에서는 영업 일을 하고 있습니다.

단어 会社 회사 | 営業 영업 | 仕事 일 | 会計 회계, 계산 | 管理 관리 | 失業 실업

해설 「営 경영할 영」의 음독은 「えい」, 훈독은 「営む 경영하다, 영위하다」이다. 「業 업 업」의 음독은 「ぎょう」로, '일, 직업'이라는 뜻이 있다. 정답은 3번이다. 「業」의 음독 명사인 4번 「失業 실업」도 함께 기억해 두자.

---

9 アルバイトでも交通費は<u>支給</u>します。

1 しきゅう　　2 しはらい
3 しえん　　4 ししゅつ

정답 **1** 아르바이트라도 교통비는 지급합니다.

단어 交通費 교통비 | 支給 지급 | 支払う 지불하다 | 支援 지원 | 支出 지출

해설 「支 지탱할 지」의 음독은 「し」이며, 「給 줄 급」의 음독은 「きゅう」로 '주다, 공급하다'라는 뜻이 있다. 정답인 1번 「支給 지급」은 '정해진 몫의 돈이나 물건을 줌'이라는 뜻의 음독 명사이다. 다른 선택지의 단어도 함께 기억해 두자.

---

10 この資料は輸出と輸入の差を<u>表して</u>いる。

1 ひょうして　　2 しめして
3 しるして　　4 あらわして

정답 **4** 이 자료는 수출과 수입의 차를 나타내고 있다.

단어 資料 자료 | 輸出 수출 | 輸入 수입 | 差 차, 차이 | 表す 나타내다, 드러내다

해설 「表 겉 표」의 음독은 「ひょう」, 훈독은 「表 겉, 표면」, 「表す 나타내다, 드러내다」, 「表れる 나타나다, 드러나다」이다. 훈독 단어 모두 시험에 자주 나오므로 각각의 음과 뜻을 정확히 외우도록 하자.

실전문제 ③

問題 1 ＿＿＿의 단어의 읽는 법으로 가장 적당한 것을 1·2·3·4에서 하나 고르세요. 문제편 104p

1 駅に行く<u>方向</u>はどちらでしょうか。

1 ほうこう　　2 ほうがく
3 ほうめん　　4 ほうしん

정답 **1** 역으로 가는 방향은 어느 쪽입니까?

단어 駅 역 | 方向 방향 | どちら 어디, 어느 쪽 | 方角 방위, 방향 | 方面 방면 | 方針 방침

해설 「方 모 방」의 음독은 「ほう」로, 「方向 방향」, 「方面 방면」, 「方法 방법」 등의 음독 명사를 통해 기억해 두자. 훈독은 「方」로, 사람을 높여 부르는 말인 '~분'이라는 뜻이며, 이 외에도 「ます형 + 方」로 활용하면 '~하는 방법'이라는 의미가 된다. 정답은 1번이다.

---

2 試験を受けるときはホームページから<u>申し込む</u>。

1 しんしこむ　　2 しんしうむ
3 もうしこむ　　4 もうしうむ

정답 **3** 시험을 볼 때는 홈페이지에서 신청한다.

단어 試験を受ける 시험을 보다 | ホームページ 홈페이지 | 申し込む 신청하다

해설 「申し込む」는 '신청하다'라는 뜻이며, 명사형인 「申し込み 신청」도 많이 사용한다. 「申 납 신」의 음독은 「しん」이며, 음독 명사인 「申請 신청」, 「申告 신고」도 참고해 두자.

3 観客がみな立ち上がって拍手を送った。

1 かんかく　　2 かんきゃく

3 こかく　　4 こきゃく

정답 **2** 관객이 모두 일어서서 박수를 보냈다.

단어 観客 관객 | 立ち上がる 일어서다, 일어나다 | 拍手 박수 | 送る 보내다

해설 「観 볼 관」은 음독「かん」으로만 읽으며 '보다'라는 뜻이 있다. 문제에 나온「観客」외에도「観光 관광」,「観点 관점」,「観察 관찰」등의 단어는 시험에 자주 출제되므로 잘 기억해 두자.

---

4 今日は私が払いました。

1 あらいました　　2 ひろいました

3 はらいました　　4 もちいました

정답 **3** 오늘은 제가 지불했습니다.

단어 払う 돈을 내다, 지불하다

해설 「払 떨칠 불」의 훈독은「払う」로, '돈을 내다, 지불하다'라는 뜻과 '털다, 털어내다'라는 뜻이 있다. N3에서는 주로 '돈을 내다'의 뜻으로 출제된다. 같은 의미의 동사「支払う 돈을 내다, 지불하다」도 함께 기억해 두자.

---

5 日本と韓国と中国には共通した食文化がある。

1 きょうつう　　2 ぎょうつう

3 きょうちょう　　4 ぎょうちょう

정답 **1** 일본과 한국과 중국에는 공통된 식문화가 있다.

단어 日本 일본 | 韓国 한국 | 中国 중국 | 共通 공통 | 食文化 식문화(식생활에 관한 문화) | 強調 강조

해설 「共 한가지 공」의 음독은「きょう」, 훈독은「共 같이, 함께」이다.「通 통할 통」의 음독은「つう」이며 훈독은「通る 통하다」,「通す 통하게 하다」,「通う 다니다」세 가지가 있다. 정답인「共通」는 '여럿 사이에 두루 통함'이라는 의미의 음독 명사이다. 선택지 3번의「強調 강조」도 함께 기억해 두자.

6 毎月の給料からも税金が引かれます。

1 せきん　　2 ぜいきん

3 せがね　　4 ぜいがね

정답 **2** 매달 월급에서도 세금이 빠집니다.

단어 毎月 매달 | 給料 급료, 월급 | 税金 세금 | 引く 끌다, 빼다

해설 「税 세금 세」는 음독「ぜい」로만 읽는 한자로, '~세, 세금'이라는 의미이다. 문제에 나온「税金 세금」외에도 관련 단어인「税関 세관」,「免税 면세」등도 기억해 두면 유용하다.

---

7 来月世界の主要国があつまって会議を開く。

1 じゅうよう　　2 しゅうよう

3 じゅよう　　4 しゅよう

정답 **4** 다음 달 세계 주요 국가가 모여서 회의를 연다.

단어 来月 다음 달 | 世界 세계 | 主要 주요 | 集まる 모이다 | 会議 회의 | 開く 열다

해설 「主 주인 주」의 음독은「しゅ」로, 문제에 나온「主要 주요」처럼 장음으로 읽지 않는다는 점에 주의해야 한다. 훈독은「主 주됨, 주요함」으로,「主な 주된, 주요한」,「主に 주로」의 형태로 자주 사용한다.「要 구할 요」의 음독은「よう」, 훈독은「要る 필요하다」이다.

---

8 現在は過去と未来を結ぶ。

1 すこ　　2 かこ

3 すきょ　　4 かきょ

정답 **2** 현재는 과거와 미래를 잇는다.

단어 現在 현재 | 過去 과거 | 未来 미래 | 結ぶ 묶다, 잇다

해설 「過 지날 과」의 음독은「か」이며, 훈독으로는「過ぎる 지나다, 통과하다」,「過ごす 보내다, 지내다」등이 있다.「去 갈 거」의 음독은「きょ·こ」이며, 훈독은「去る 떠나다, 지나가다」이다. 음독「こ」로 읽는 단어는 정답인「過去」밖에 없다.

---

9 鏡を見ながらネクタイを結んでいます。

1 かこんで　　2 えらんで

3 たたんで　　4 むすんで

정답 **4** 거울을 보면서 넥타이를 매고 있습니다.

단어 鏡(かがみ) 거울 | ネクタイ 넥타이 | 囲(かこ)む 둘러싸다, 에워싸다 | 選(えら)ぶ 고르다 | たたむ 접다, 개다

해설 「結 맺을 결」의 음독은 「けつ」, 훈독은 「結(むす)ぶ 묶다, 연결하다」이다. 복합 동사인 「結(むす)びつける 연결시키다」나 음독 명사인 「結婚(けっこん) 결혼」, 「結果(けっか) 결과」, 「結論(けつろん) 결론」 등도 시험에 자주 출제되는 단어이므로 기억해 두자.

---

10 むずかしい<u>手術(しゅじゅつ)</u>だったが、無事(ぶじ)に成功(せいこう)した。

1 ぎじゅつ　　2 しゅじゅつ

3 ぎしつ　　4 しゅしつ

정답 **2** 어려운 수술이었지만 무사히 성공했다.

단어 難(むずか)しい 어렵다 | 手術(しゅじゅつ) 수술 | 無事(ぶじ)だ 무사하다 | 成功(せいこう) 성공 | 技術(ぎじゅつ) 기술

해설 「手 손 수」의 음독은 「しゅ」로 장음으로 읽지 않도록 주의해야 한다. 「術 재주 술」의 음독은 「じゅつ」로만 읽으며 '기술, 재주'라는 뜻이 있다. 문제에 나온 「手術(しゅじゅつ) 수술」 외에도 선택지 1번의 「技術(ぎじゅつ) 기술」이나 「手」의 음독 명사인 「手段(しゅだん) 수단」 등도 함께 기억해 두자.

問題 2 표기

실전문제 정답 및 해설

정답

	1	2	3	4	5	6	7	8	9	10
실전문제 ①	4	3	2	1	2	4	1	2	3	4
실전문제 ②	1	3	4	1	2	1	2	1	4	2
실전문제 ③	3	1	3	2	4	1	1	1	2	1

실전문제 ①

問題 2 ＿＿의 단어를 한자로 쓸 때 가장 적당한 것을 1・2・3・4에서 하나 고르세요. 문제편 105p

1 修理してから今まではせいじょうに動いている。

1 精状　2 精常
3 正状　4 正常

정답 **4** 수리하고 나서 지금까지는 정상적으로 작동하고 있다.

단어 修理 수리 | 正常 정상 | 動く 움직이다, 작동하다

해설 「正 바를 정」의 음독은 「しょう·せい」이며 '바르다'라는 뜻이 있다. 「常 항상 상」의 음독은 「じょう」이며 '언제나 같다'라는 뜻이 있다. 정답은 4번이다. 「正」을 「しょう」로 읽는 「正月 정월, 설」, 「正直 정직」과 「せい」로 읽는 「正確 정확」 등을 함께 기억해 두자.

---

2 人のけつえきは体中に栄養を運んでいる。

1 決液　2 決夜
3 血液　4 血夜

정답 **3** 사람의 혈액은 체내로 영양을 운반하고 있다.

단어 血液 혈액 | 体中 몸 전체, 체내 | 栄養 영양 | 運ぶ 나르다, 운반하다

해설 「血 피 혈」의 음독은 「けつ」, 훈독은 「血 피」이며, 「液 진액」은 음독 「えき」로만 읽고 '액체'라는 의미이다. 「液」과 모양이 비슷한 선택지 2, 4번의 「夜 밤 야」는 부수를 통해 구분하도록 하자. '액체'를 의미하는 「液」의 부수에는 '물'을 의미하는 삼수변(氵)이 들어간다.

---

3 その件は、げんざい調査中です。

1 現財　2 現在
3 規財　4 規在

정답 **2** 그 건은 현재 조사 중입니다.

단어 件 건 | 現在 현재 | 調査中 조사 중

해설 「現 나타날 현」의 음독은 「げん」이며 '나타나다, 드러나다'라는 뜻이 있고, 「在 있을 재」의 음독은 「ざい」로 '있다, 존재하다'라는 뜻이 있다. 「現」과 모양이 비슷해 혼동하기 쉬운 선택지 3, 4번의 「規 법 규」는 음독 「き」로 읽는다. 「規則 규칙」, 「規制 규제」와 같은 예시를 통해 기억해 두자.

---

4 午前中は予定がありますが、午後はじゆうです。

1 自由　2 時由
3 自油　4 時有

정답 **1** 오전 중에는 예정이 있습니다만 오후에는 자유입니다.

단어 午前 오전 | 予定 예정 | 午後 오후 | 自由だ 자유롭다

해설 「自 스스로 자」의 음독은 「し·じ」로, 「し」로 읽는 단어는 「自然 자연」밖에 없으며 그 외에는 「じ」로 읽는다. 「自分 자기, 자신」, 「自動 자동」 등이 있다. 「由 오로지 유」의 음독은 「ゆ·ゆう」이며 「ゆ」로 읽는 「経由 경유」, 「ゆう」로 읽는 「 理由 이유」 등이 있다. 「由」와 모양이 비슷한 선택지 3번 「油 기름 유」의 음독은 「ゆ」이며 훈독은 「油 기름」이다.

---

5 あたためて食べたほうがおいしいです。

1 暑めて　　2 温めて
3 薄めて　　4 暖めて

정답 **2** 데워서 먹는 편이 맛있습니다.

단어 温める 데우다 | おいしい 맛있다 | 暑い 덥다 | 薄める 엷게 하다 | 暖める 따뜻하게 하다

해설 「あたためる」를 '음식을 데우다'라는 뜻으로 사용할 때는 「温 따뜻할 온」을 쓴다. 정답은 2번이다. 정답과 읽는 방법이 같은 4번 「暖める」는 '기온을 올리다' 혹은 '새가 알을 품다'라는 의미로 사용한다. 1번은 「暑い 덥다」가 바른 표현이다.

---

6 この工場ではげんりょうを加工して製品にします。

1 現量　　2 原量
3 現料　　4 原料

정답 **4** 이 공장에서는 원료를 가공해서 제품으로 만듭니다.

단어 工場 공장 | 原料 원료 | 加工 가공 | 製品 제품

해설 「原 근원 원」의 음독은 「げん」으로 '근본, 근원, 사물의 시초, 원형'이라는 뜻이고, 「料 헤아릴 료」의 음독은 「りょう」로 '재료, 요금'이라는 뜻이다. 정답인 「原料」는 '원재료, 어떤 사물을 만드는 데 기본이 되는 재료'라는 뜻이다. 「原」의 음독 명사인 「原因 원인」도 함께 기억해 두자.

---

7 ここでは文字のほかに映像のきろくも見ることができます。

1 記録　　2 訪録
3 記論　　4 訪論

정답 **1** 여기에서는 문자 외에 영상 기록도 볼 수 있습니다.

단어 文字 문자 | 映像 영상 | 記録 기록

해설 「記 기록할 기」의 음독은 「き」로 '적다, 기록하다'라는 뜻이고, 「録 기록할 록」의 음독은 「ろく」로 '기록하다'라는 뜻이다. 참고로 선택지 2, 4번의 「訪 찾을 방」의 음독은 「ほう」이며 훈독은 「訪ねる· 訪れる 방문하다」이다.

---

8 痛いはを抜くために病院に行きました。

1 園　　2 歯
3 商　　4 面

정답 **2** 아픈 이를 뽑기 위해 병원에 갔습니다.

단어 歯 이, 치아 | 抜く 빼다, 뽑다 | 病院 병원

해설 「歯 이 치」의 음독은 「し」, 훈독은 「歯 이, 치아」이다. 음독 명사인 「歯科 치과」도 함께 기억해 두자. 1번은 「園芸 원예」나 「花園 꽃밭」, 3번은 「商業 상업」이나 「商品 상품」, 4번은 「表面 표면」, 「地面 지면」이나 「正面 정면」 등의 다양한 단어를 통해 익히도록 하자. 정답은 2번이다.

---

9 場所がないので机の上に本をかさねて置いた。

1 束ねて　　2 積ねて
3 重ねて　　4 乗ねて

정답 **3** 자리가 없어서 책상 위에 책을 포개 두었다.

단어 場所 장소 | 重ねる 겹치다, 포개다 | 置く 두다 | 束ねる 묶다 | 積む 쌓다 | 乗る 타다

해설 「重 무거울 중」의 훈독인 「重ねる」는 '포개다, 겹치다'라는 뜻이다. 의미가 비슷해 혼동하기 쉬운 선택지 2번 「積 쌓을 적」의 훈독은 「積む」가 바른 표현이다. 정답은 3번이다.

---

10 今日は8時までざんぎょうする予定です。

1 参集　　2 参業
3 残集　　4 残業

정답 **4** 오늘은 8시까지 야근할 예정입니다.

단어 残業 잔업, 야근 | 予定 예정

해설 「残 남을 잔」의 음독은 「ざん」, 훈독은 「残る 남다」, 「残す 남기다」이다. 「業 업 업」의 음독은 「ぎょう·ごう」이며 '일, 직업'

이라는 뜻이 있다. 정답은 4번 「残業 잔업, 야근」이다. 「業」과 형태가 비슷한 「集 모을 집」의 음독은 「しゅう」이며 훈독은 「集める 모으다」, 「集まる 모이다」이다.

실전문제 ②

問題 2 ＿＿＿의 단어를 한자로 쓸 때 가장 적당한 것을 1・2・3・4에서 하나 고르세요. 문제편 106p

1 道路にちゅうしゃしないでください。

1 駐車　　2 駒車
3 駅車　　4 験車

정답 **1** 도로에 주차하지 마세요.

단어 道路 도로 | 駐車 주차

해설 「駐 머무를 주」는 음독 「ちゅう」로만 읽으며 「車 수레 차」의 음독은 「しゃ」, 훈독은 「車 차」이다. 「駐」와 형태가 비슷한 3번의 「駅 역 역」은 「駅 역, 정거장」, 4번의 「験 시험할 험」은 「試験 시험」, 「実験 실험」 등의 예시를 통해 기억해 두자.

---

2 営業部は3階にうつりました。

1 変りました　　2 転りました
3 移りました　　4 昇りました

정답 **3** 영업부는 3층으로 이동했습니다.

단어 営業部 영업부 | ～階(かい・がい) ~층 | 移る 옮기다, 이동하다 | 変わる 바뀌다, 변하다 | 転ぶ 구르다, 넘어지다 | 昇る (지위·위치 등이) 오르다, 상승하다

해설 「移 옮길 이」의 음독은 「い」, 훈독은 자동사인 「移る 옮기다, 이동하다」와 타동사인 「移す 옮기다, 자리를 바꾸다」이다. 문제에서는 조사 「に」에 연결되고 있으므로 자동사인 「移る」를 활용한 3번이 정답이다. 같은 표현인 「移動する 이동하다」도 함께 기억해 두자.

---

3 初めてもらったきゅうりょうで、両親のプレゼントを買った。

1 給与　　2 給量
3 給費　　4 給料

정답 **4** 처음 받은 월급으로 부모님의 선물을 샀다.

단어 初めて 처음 | もらう 받다 | 給料 급료, 월급 | 両親 부모님 | 給与 급여, 월급

해설 같은 뜻의 단어가 두 개 있어 혼란스럽게 느껴질 수 있는 문제이다. 선택지 1번의 「給与」와 4번의 「給料」는 뜻은 같지만, 급여의 「与 줄 여」는 음독 「よ」로 읽고, 급료의 「料 헤아릴 료」는 음독 「りょう」로 읽는다. 정답은 4번이다.

---

4 きってを買いに郵便局に行った。

1 切手　　2 着手
3 切符　　4 着符

정답 **1** 우표를 사러 우체국에 갔다.

단어 切手 우표 | 郵便局 우체국 | 着手 착수 | 切符 표, 티켓

해설 선택지 1번의 「切手 우표」와 3번의 「切符 표」를 혼동하지 않도록 주의하자. 정답은 1번이다.

---

5 朝から探していた財布がひきだしの中にあった。

1 置きだし　　2 引き出し
3 押き出し　　4 机き出し

정답 **2** 아침부터 찾았던 지갑이 서랍 안에 있었다.

단어 探す 찾다 | 財布 지갑 | 引き出し 서랍, (예금) 인출

해설 「引き出す 꺼내다, 끄집어 내다」의 명사형 「引き出し」에는 '서랍'이라는 뜻이 있다. 동사형과 전혀 다른 뜻의 명사이므로 의미를 잘 기억해 두자. 선택지 1, 3, 4번은 없는 단어이다.

---

6 バスにじょうしゃするときは先にお金を払います。

1 乗車　　2 昇車
3 乗者　　4 昇者

정답 **1** 버스에 승차할 때에는 먼저 돈을 냅니다.

단어 乗車 승차 | 先に 먼저 | 払う 돈을 내다, 지불하다

해설 「乗 탈 승」의 음독은 「じょう」, 훈독은 「乗る 타다」, 「乗せる 태우다」이다. 선택지 2, 4번의 「昇 오를 승」의 음독은 「しょう」로 「上昇 상승」, 「昇進 승진」처럼 '높은 곳에 오르다, 지위가 상승하다'라는 문맥에 사용하는 한자이다.

7 おいしいものが食べられてまんぞくです。

1 満族　　2 満足

3 福族　　4 福足

정답 **2** 맛있는 것을 먹을 수 있어서 만족합니다.

단어 満足 만족

해설 「満 가득찰 만」의 음독은 「まん」, 훈독은 「満ちる 차다, 가득 차다」, 「満たす 채우다, 충족시키다」이다. 「足 발 족」의 음독은 「そく」이며 훈독으로는 명사 「足 발」 외에 동사 「足す 더하다, 채우다」, 「足りる 충분하다」도 있다. 정답은 2번의 「満足 만족」이다.

---

8 となりの人が足をくんで座っています。

1 組んで　　2 引んで

3 閉んで　　4 置んで

정답 **1** 옆 사람이 다리를 꼬고 앉아 있습니다.

단어 隣 옆 | 足を組む 다리를 꼬다 | 座る 앉다 | 引く 당기다, 끌다 | 閉める (문을) 닫다 | 閉じる 닫히다, (눈을) 감다 | 置く 놓다, 두다

해설 「組 짤 조」의 훈독은 '끼다, 엇걸다'와 '짜다, 조직하다'의 두 가지가 있다. 문제에 나오는 「足を組む 다리를 꼬다」나 「腕を組む 팔짱을 끼다」 등은 관용 표현으로 기억해 두면 좋다. 또한 「スケジュールを組む 스케줄을 짜다」, 「メンバーを組む 멤버를 구성하다」 등의 표현도 함께 익혀 두자. 정답은 1번이다.

---

9 食事が終わるまでかばんをあずけました。

1 頂けました　　2 積けました

3 願けました　　4 預けました

정답 **4** 식사가 끝날 때까지 가방을 맡겼습니다.

단어 食事 식사 | 終わる 끝나다 | 預ける 맡기다 | 頂く 받다(もらう)의 겸양어 | 積む 쌓다 | 願う 원하다, 바라다

해설 「預 맡길 예」의 음독은 「よ」, 훈독은 「預ける 맡기다」, 「預かる 맡다, 보관하다」이다. '가방을 맡기다'라는 의미의 문장이므로 정답은 「預ける 맡기다」를 활용한 4번이다. 「預」의 음독 명사인 「預金 예금」도 함께 기억해 두자.

10 飛行機は日本をけいゆしてアメリカに向かう。

1 経油　　2 経由

3 怪油　　4 怪由

정답 **2** 비행기는 일본을 경유해서 미국을 향한다.

단어 経由 경유 | アメリカ 미국 | 向かう 향하다

해설 「経 지날 경」의 음독은 「けい·きょう」로 '(장소를) 거치다, 지나가다'와 '(시기가) 지나가다, 경과하다'라는 두 가지 뜻이 있다. 음독 명사인 「経済 경제」, 「経営 경영」도 함께 기억해 두자. 「経」과 형태가 비슷한 3, 4번 「怪 괴이할 괴」의 음독은 「かい」, 훈독은 「怪しい 수상하다, 괴이하다」이다. 「怪しい」도 시험에 자주 나오는 어휘이므로 잘 기억해 두자.

실전문제 ③

問題 2 ＿＿＿의 단어를 한자로 쓸 때 가장 적당한 것을 1・2・3・4에서 하나 고르세요. 문제편 107p

1 国際電話は10びょうで１８０円です。

1 妙　　2 砂

3 秒　　4 炒

정답 **3** 국제 전화는 10초에 180엔입니다.

단어 国際電話 국제 전화 | 秒 초 | 砂 모래

해설 「秒 분초 초」의 음독은 「びょう」이며, 시간 단위 '초'를 나타내는 한 글자 명사이다. 마찬가지로 한 글자 단어인 2번 「砂 모래」도 함께 기억해 두자.

---

2 鳥が空をとんでいる。

1 飛んで　　2 浮んで

3 移んで　　4 取んで

정답 **1** 새가 하늘을 날고 있다.

단어 鳥 새 | 空 하늘 | 飛ぶ 날다 | 浮かぶ 뜨다, 떠오르다 | 移る 옮기다, 이동하다 | 取る 들다, 쥐다, 잡다, 차지하다

해설 「飛 날 비」의 음독은 「ひ」, 훈독은 「飛ぶ 날다」, 「飛ばす 날리다」이다. 정답은 「飛ぶ」를 활용한 1번이다. 선택지 2번은 「浮かぶ」, 3번은 「移る」, 4번은 「取る」가 바른 표현이다.

3 お風呂に入れば一日のつかれもとれます。

1 症れ　　2 痛れ
3 疲れ　　4 疾れ

정답 **3** 목욕을 하면 하루의 피로도 풀립니다.

단어 風呂に入る 목욕하다 | 疲れが取れる 피로가 풀리다

해설 「疲 피곤할 피」의 음독은 「ひ」, 훈독은 「疲れる 지치다, 피곤하다」이다. 비슷한 의미의 명사 「疲労 피로」도 함께 기억해 두자. 정답은 3번이다.

---

4 赤ちゃんがなくのは病気ではありません。

1 鳴く　　2 泣く
3 痛く　　4 苦く

정답 **2** 아기가 우는 것은 병이 아닙니다.

단어 赤ちゃん 아기 | 泣く 울다 | 病気 병 | 痛い 아프다 | 苦い 쓰다, (기분이) 씁쓸하다

해설 선택지 1번의 「鳴く」는 '(새·벌레 등이) 울다', 2번의 「泣く」는 '(사람이) 울다'라는 뜻이다. 따라서 문맥상 정답은 2번이다. 3번과 4번은 동사가 아닌 형용사 「痛い」, 「苦い」의 활용형이다.

---

5 弟はねっしんに自動車学校に通っている。

1 熟信に　　2 熟心に
3 熱信に　　4 熱心に

정답 **4** 남동생은 열심히 자동차 학원을 다니고 있다.

단어 弟 남동생 | 熱心に 열심히 | 自動車 자동차 | 通う 다니다

해설 「熱 더울 열」의 음독은 「ねつ」, 훈독은 「熱い 뜨겁다」이며 「心 마음 심」의 음독은 「しん」, 훈독은 「心 마음」이다. 정답은 「熱心 열심」을 부사형으로 활용한 4번 「熱心に」이다. 같은 의미의 「一生懸命に 열심히」도 함께 기억해 두자. 「熱 더울 열」과 형태가 비슷한 1, 2번 「熟 익을 숙」의 음독은 「じゅく」이며 「成熟 성숙」, 「熟練 숙련」처럼 사용한다.

---

6 けがをした人が3日でたいいんしたので驚いた。

1 退院　　2 戻院
3 退所　　4 戻所

정답 **1** 다친 사람이 3일 만에 퇴원해서 놀랐다.

단어 怪我をする 상처가 나다, 부상당하다 | 退院 퇴원 | 驚く 놀라다 | 退所 퇴소

해설 「退 물러날 퇴」의 음독은 「たい」이며 '떠나다, 물러나다'라는 뜻이 있다. 「院 집 원」의 음독은 「いん」이며 '관청·절·학교 등의 기관'을 뜻하는 한자이다. 3번의 「退所 퇴소」는 연구소나 훈련소 등에서 연수·훈련 등을 마치고 나올 때 사용하는 단어이다.

---

7 かぜをひいて朝からずつうがひどい。

1 頭痛　　2 顔痛
3 腹痛　　4 腰痛

정답 **1** 감기에 걸려서 아침부터 두통이 심하다.

단어 風邪をひく 감기 걸리다 | 頭痛 두통 | ひどい 심하다, 가혹하다 | 腹痛 복통 | 腰痛 요통

해설 「頭 머리 두」의 음독은 「ず·とう·と」로 여러 가지가 있지만 '머리'라는 뜻으로 사용할 때는 주로 「ず」로 읽는다. 정답인 선택지 1번 「頭痛 두통」 외에 「頭脳 두뇌」, 「頭巾 두건」 등의 단어를 참고해 두자. 「痛 아플 통」의 음독은 「つう」, 훈독은 「痛い·痛む 아프다」이다. 선택지 3, 4번을 참고 단어로 기억해 두자.

---

8 駅のひがしに公園があります。

1 東　　2 西
3 南　　4 北

정답 **1** 역의 동쪽에 공원이 있습니다.

단어 駅 역 | 東 동, 동쪽 | 公園 공원

해설 방향을 나타내는 한 글자 훈독 단어 「東 동, 동쪽」, 「西 서, 서쪽」, 「南 남, 남쪽」, 「北 북, 북쪽」은 실생활에도 자주 사용하므로 꼭 외워 두자. 또한 「東西南北 동서남북」처럼 복합어로 사용할 때에는 음독으로 읽으며, 이때 「西」와 「北」는 탁음이 붙는다는 점도 주의해야 한다.

9 今年はゆしゅつが大きく伸びた。

1 輸入　　2 輸出

3 愉入　　4 愉出

정답 **2** 올해는 수출이 크게 늘었다.

단어 輸出 수출 | 伸びる 늘다, 신장하다 | 輸入 수입

해설 「輸入」와 「輸出」는 학습자들이 읽는 법을 자주 틀리는 대표적인 단어 중 하나이다. 「輸 보낼 수」는 음독 「ゆ」로만 읽는다는 것을 잘 기억해 두자. 「輸」와 형태가 비슷한 선택지 3, 4번의 「愉 즐거울 유」와 혼동하지 않도록 주의하자.

---

10 その話のこまかいことまではわかりません。

1 細かい　　2 詳かい

3 軽かい　　4 深かい

정답 **1** 그 이야기의 자세한 것까지는 모릅니다.

단어 細かい 자세하다, 상세하다 | 分かる 알다 | 詳しい 상세하다, 잘 알고 있다, 정통하다 | 軽い 가볍다 | 深い 깊다

해설 「細 가늘 세」의 음독은 「さい」, 훈독은 「細かい 자잘하다, 미세하다」, 「細い 좁다, 가늘다」이다. 음독 명사인 「微細 미세」나 「詳細 상세」도 참고해 두자. 선택지 2, 3, 4번은 각각 「詳しい」, 「軽い」, 「深い」가 바른 표현이다.

問題 3 문맥 규정

실전문제 정답 및 해설

정답

실전문제 ①	1 2	2 3	3 3	4 4	5 1	6 4	7 2	8 3	9 2	10 1
실전문제 ②	1 4	2 1	3 4	4 3	5 2	6 1	7 1	8 2	9 3	10 2
실전문제 ③	1 3	2 1	3 3	4 1	5 2	6 4	7 3	8 4	9 1	10 4

실전문제 ①

問題 3 (　　)에 넣기에 가장 적당한 것을 1・2・3・4에서 하나 고르세요. 문제편 108p

1 父は重い病気に(　　)入院している。

1 おちて　　2 かかって
3 くずれて　　4 のって

정답 **2** 아버지는 위중한 병에 걸려서 입원했다.

단어 重い 무겁다, 중대하다 | 病気に掛かる 병에 걸리다 | 入院 입원 | 落ちる 떨어지다 | 崩れる 무너지다, 붕괴하다 | 乗る 타다

해설 「病気に掛かる」라는 표현을 알면 쉽게 풀 수 있는 문제이다. 「掛かる」는 문맥에 따라 여러 가지 의미로 사용하는 동사이다. 「鍵が掛かる 문이 잠기다」, 「時間がかかる 시간이 걸리다」, 「お金がかかる 돈이 들다」 등의 예시를 통해 뉘앙스를 익히도록 하자.

---

2 ふろやトイレにはいつも(　　)タオルがかかっています。

1 快適な　　2 豊富な
3 清潔な　　4 新鮮な

정답 **3** 욕실과 화장실에는 늘 깨끗한 수건이 걸려 있습니다.

단어 風呂 목욕, 욕실 | トイレ 화장실 | タオル 타월, 수건 | 快適だ 쾌적하다 | 豊富だ 풍부하다 | 清潔だ 청결하다, 깨끗하다 | 新鮮だ 신선하다, 싱싱하다

해설 '~한 수건'과 어울리는 형용사는 3번의 「清潔な 청결한」이다. 1번은 「快適な部屋 쾌적한 방」, 2번은 「豊富な資源 풍부한 자원」, 4번은 「新鮮な魚 신선한 생선」처럼 사용한다. 각 형용사를 어떤 단어를 수식할 때 사용하는지 예시 표현을 통해 익혀 두자.

---

3 川の(　　)が遅い時は船もゆっくり進みます。

1 かえり　　2 すすみ
3 ながれ　　4 くだり

정답 **3** 강의 흐름이 느릴 때는 배도 천천히 나아갑니다.

단어 川 강 | 遅い 늦다, 느리다 | 船 배 | ゆっくり 천천히, 느긋하게 | 進む 나아가다, 전진하다 | 帰り 귀가, 돌아가는 길 | 進み 나아감, 진행 | 流れ 흐름 | 下り 내려감, 하행

해설 강이나 물살 등과 관계되는 어휘인 「流れる 흐르다」의 명사형인 3번 「流れ 흐름」이 정답이다. 선택지 1, 2, 4번은 각각 「帰る 돌아가(오)다」, 「進む 나아가다」, 「下る 내리다, 내려가다」의 명사형이다.

4 相手と(　　)することによって記録が伸びました。

1 期待　　2 参加
3 想像　　4 競争

정답 **4** 상대와 경쟁함으로써 기록이 신장되었습니다.

단어 相手 상대방 | ～によって ～에 의해 | 記録 기록 | 伸びる 늘다, 신장하다, 증가하다 | 期待 기대 | 参加 참가 | 想像 상상 | 競争 경쟁

해설 '기록이 신장된 이유'를 나타내는 표현을 찾아야 한다. 문장 맨 앞의 「相手」가 비교 대상, 경쟁 대상을 의미하는 단어이므로 괄호 안에 들어가기에 적절한 것은 4번 「競争 경쟁」이다. '～에 의해, ～으로 인해'라는 의미의 문형 「～によって」도 함께 기억해 두자.

---

5 がんばって試験の準備をしたのに(　　)した点数より悪かった。

1 期待　　2 計画
3 仮定　　4 提案

정답 **1** 열심히 시험 준비를 했는데 기대했던 점수보다 나빴다.

단어 頑張る 노력하다, 분발하다 | 試験 시험 | 準備 준비 | 点数 점수 | 悪い 나쁘다 | 期待 기대 | 計画 계획 | 仮定 가정 | 提案 제안

해설 괄호 앞에 역접을 의미하는 「のに」가 있으므로 '열심히 시험을 준비했는데도 이에 반하는 결과가 나왔다'라는 내용의 문장이 되어야 한다. 따라서 괄호 안에는 1번의 「期待 기대」가 들어가야 자연스럽다.

---

6 応援したチームが負けて(　　)した。

1 さっぱり　　2 ぶつぶつ
3 まごまご　　4 がっかり

정답 **4** 응원한 팀이 져서 실망했다.

단어 応援 응원 | 負ける 지다 | さっぱり 산뜻한 모양, 맛 등이 담백한 모양 | ぶつぶつ 불평불만을 늘어놓는 모양, 투덜투덜 | まごまご 망설이는 모양, 우물쭈물 | がっかり 실망·낙담하는 모양

해설 문맥에 맞는 의태어를 고르는 문제이다. '응원했던 팀이 졌다'는 것에 대한 결과를 나타내는 내용이 이어져야 하므로, 괄호 안에는 '실망·낙담하는 모양'을 표현하는 「がっかり」가 들어가야 자연스럽다. 「がっかりする 실망하다」의 형태로 기억해 두자.

---

7 昨日買った服が小さかったので大きいサイズに(　　)してもらった。

1 修理　　2 交換
3 改造　　4 交替

정답 **2** 어제 산 옷이 작아서 큰 사이즈로 교환했다.

단어 服 옷 | サイズ 사이즈 | 修理 수리 | 交換 교환 | 改造 개조 | 交替 교체

해설 '작은 옷을 큰 사이즈의 옷으로 바꿨다'라는 내용의 문장이 되어야 하므로 괄호 안에는 '바꾸다'라는 의미의 단어가 들어가야 한다. 선택지에 '바꾸다'라는 의미가 있는 단어가 두 개 있는데, 2번의 「交換 교환」은 동등한 가치의 것을 서로 맞바꿀 때 사용하고 4번의 「交替 교체」는 기존에 있던 것을 다른 것으로 대체할 때 사용한다. 따라서 정답은 2번이다.

---

8 空港では海外旅行から帰ってきた人たちに(　　)が行われていた。

1 レポート　　2 チャレンジ
3 インタビュー　　4 チェックイン

정답 **3** 공항에서는 해외여행에서 돌아온 사람들에게 인터뷰가 이루어졌다.

단어 空港 공항 | 海外旅行 해외여행 | 行う 하다, 시행하다 | レポート 리포트, 보고서 | チャレンジ 챌린지, 도전 | インタビュー 인터뷰 | チェックイン 체크인

해설 문맥에 맞는 가타카나어를 찾는 문제이다. '공항에서 귀국한 사람들을 대상으로 한 것'을 찾아야 하므로 '호텔의 숙박이나 공항의 탑승 수속'을 나타내는 4번 「チェックイン」은 답이 될 수 없다. 혼동하지 않도록 주의하자. 정답은 3번의 「インタビュー 인터뷰」이다.

9 大量の注文を(　　)ので他の仕事ができなくなった。

1 引き返した　　2 引き受けた
3 押し出した　　4 押し通した

정답 **2** 대량 주문을 받았기 때문에 다른 일을 할 수 없게 되었다.

단어 大量 대량 | 注文 주문 | 仕事 일 | 引き返す 되돌리다, 뒤집다 | 引き受ける 떠맡다, 받아들이다 | 押し出す 밀어내다, 내세우다 | 押し通す 끝까지 해내다, 관철하다

해설 복합 동사는 두 가지 동사가 합쳐져 있기 때문에 뜻을 정확히 기억하고 있어야 문맥에 맞는 정답을 찾을 수 있다. '대량 주문으로 바빠서 다른 일을 할 수 없다'라는 내용의 문장이므로 괄호 안에 들어가기에 적당한 단어는 2번의「引き受ける 떠맡다」이다.

10 子どもの成績がいいと(　　)する親の気持ちもよくわかる。

1 自慢　　2 報告
3 保護　　4 発表

정답 **1** 자녀의 성적이 좋다고 자랑하는 부모의 마음도 충분히 이해된다.

단어 自分 자기, 자신 | 成績 성적 | 親 부모 | 気持ち 기분, 마음 | 自慢 자랑 | 報告 보고 | 保護 보호 | 発表 발표

해설 자녀의 성적이 좋을 때 행해지는 부모의 어떠한 행동이 이해된다는 문맥이므로 선택지 중 1번의「自慢 자랑」이 들어가는 것이 가장 자연스럽다. 다른 선택지의 단어도 함께 기억해 두자.

실전문제 ②

問題 3 (　　)에 넣기에 가장 적당한 것을 1・2・3・4에서 하나 고르세요. 문제편 109p

1 すぐに使うものと後で使ってもいいものを(　　)机にしまった。

1 別れて　　2 外れて
3 異なって　　4 分けて

정답 **4** 바로 사용할 물건과 나중에 사용해도 되는 물건을 구분해서 책상에 치웠다.

단어 すぐに 바로 | 使う 사용하다 | しまう 치우다, 안에 넣다 | 別れる 헤어지다, 이별하다 | 外れる 빠지다, 제외되다 | 異なる 다르다 | 分ける 나누다, 가르다, 구분하다

해설 '바로 사용할 것'과 '나중에 사용해도 되는 것'이라는 서로 대조되는 대상이 나오고 있으므로 괄호 안에는 '나누다, 구분하다'라는 뜻의 단어가 들어가야 한다. 정답은「分ける 나누다, 구분하다」를 활용한 4번이다. 선택지 1번의「別れる」는 '헤어지다'라는 뜻의 자동사이다. 한자만 보고 혼동하지 않도록 주의하자.

2 子どもが生まれた(　　)大きなケーキを作ってプレゼントした。

1 お祝いに　　2 お礼に
3 お世話に　　4 お楽しみに

정답 **1** 아이가 태어난 것을 축하하려고 큰 케이크를 만들어 선물했다.

단어 生まれる 태어나다 | 作る 만들다 | プレゼント 선물 | お祝い 축하, 축하 선물 | お礼 사례 | 世話 보살핌, 신세 | 楽しみ 즐거움

해설 '아이가 태어난 것에 대한 인사로 선물을 했다'라는 내용의 문장이 되어야 하므로 정답은 1번「お祝い」이다. 동사「祝う 축하하다」의 명사형인「(お)祝い」에는 '축하'라는 뜻 이외에 '축하 선물, 축하 모임'이라는 의미로도 사용한다. '사례, 답례'라는 의미의 2번「お礼」도 함께 기억해 두자.

3 この映画の(　　)は母と子の強い愛ですが、特に子どもの演技に感動しました。

1 ルール　　2 プライバシー
3 パターン　　4 テーマ

정답 **4** 이 영화의 테마는 모자(간)의 강한 사랑인데, 특히 아이의 연기에 감동했습니다.

단어 映画 영화 | 強い 강하다 | 愛 사랑 | 特に 특히, 특별히 | 演技 연기 | 感動 감동 | ルール 룰, 규칙 | プライバシー 프라이버시, 사적인 일 | パターン 패턴, 일정한 형식 | テーマ 테마, 주제

해설 영화에 대해 '모자(간)의 사랑'이라고 한마디로 표현하고 있다. 따라서 괄호 안에는 영화의 내용 설명과 관련된 단어가 들어가야 한다. 정답은 4번「テーマ 테마」이다.

4 給料が少ないから(　　)ができないという人が少なくないそうだ。

1 両替　　2 会計
3 貯金　　4 借金

정답 **3** 월급이 적어서 저금을 할 수 없다는 사람이 적지 않다고 한다.

단어 給料 급료, 월급 | 少ない 적다 | 両替 환전 | 会計 회계, 계산 | 貯金 저금 | 借金 돈을 빌림, 빚

해설 선택지의 단어는 모두 '돈, 금전'과 관련된 단어로, 각각의 정확한 뜻을 알고 있어야 풀 수 있는 문제이다. 1번은 '환전', 2번은 '회계', 3번은 '저금, 저축', 4번은 '빚'이라는 의미이며 '월급이 적어 돈을 모을 수 없다'는 맥락이므로 괄호 안에는 3번「貯金 저금」이 들어가야 자연스럽다.

---

5 大きな都市の生活よりいなかの暮らしに(　　)があります。

1 得意　　2 興味
3 才能　　4 趣味

정답 **2** 큰 도시 생활보다 시골 생활에 관심이 있습니다.

단어 都市 도시 | 生活 생활 | ～より ～보다 | 田舎 시골 | 暮らし 생활 | 得意 특기, 제일 잘하는 것 | 興味 흥미, 관심 | 才能 재능 | 趣味 취미

해설 '시골 생활에 관심이 있다'는 내용이 되어야 자연스럽다. 따라서 선택지 2번「興味 흥미, 관심」이 정답이다. 선택지 3, 4번도 뒷부분의「～があります」와 부합하는 명사이지만 문맥상 의미가 적절하지 않다.「味」는「甘味 단맛」,「辛味 매운맛」,「弱味 약점」처럼 '성향이나 상태'를 나타내기도 한다.

---

6 部屋の中はいつも花の(　　)がするようにしました。

1 香り　　2 気分
3 光　　4 感じ

정답 **1** 방 안은 항상 꽃향기가 나게 했습니다.

단어 いつも 늘, 항상 | 香り 향기 | 気分 기분 | 光 빛 | 感じ 느낌, 감각

해설「～がする」앞에 '맛, 소리, 냄새' 등의 감각을 나타내는 명사가 오면 '～가 나다'라고 해석한다. 문제에 나온「花の香りがする 꽃향기가 나다」외에「テレビの音がする 텔레비전 소리가 나다」,「変な味がする 이상한 맛이 나다」등의 예시를 통해 뉘앙스를 파악해 두자.

---

7 明日の飛行機の予約を(　　)。

1 取り消した　　2 締め切った
3 引き受けた　　4 受け取った

정답 **1** 내일 비행기 예약을 취소했다.

단어 飛行機 비행기 | 予約 예약 | 取り消す 취소하다 | 締め切る 마감하다 | 引き受ける 떠맡다, 인수하다 | 受け取る 받다, 수령하다, 수취하다

해설 복합 동사의 올바른 쓰임을 묻는 문제이다. '예약'과 관련 있는 동사는 1번과 2번이지만, 2번「締め切る」의 경우 전체 문맥과 어울리지 않는다.「予約の締め切り 예약 마감」처럼 명사형으로 사용하는 것이 자연스럽다. 정답은「取り消す」를 활용한 1번이다. 유의 표현인「キャンセルする 취소하다」도 함께 기억해 두자. 3번은 '업무, 임무, 책임'을 나타내는 표현과 함께 사용하며, 4번은 '수령하다'라는 의미이므로 문맥과 맞지 않는다.

---

8 地下鉄の駅で(　　)反対方向の電車に乗ってしまった。

1 さっそく　　2 うっかり
3 早めに　　4 絶対

정답 **2** 지하철 역에서 나도 모르게 반대 방향 전철을 타 버렸다.

단어 地下鉄 지하철 | 反対 반대 | 方向 방향 | さっそく 즉시 | うっかり 무심코, 깜박 | 早めに 빨리, 일찌감치 | 絶対 절대

해설 '지하철에서 반대 방향 전차를 탔다'라는 의도하지 않은 행위를 했다는 내용의 문장이므로 괄호 안에는 선택지 2번의「うっかり 무심코, 깜박」이 들어가야 한다.「うっかり」는 '아무 뜻이나 생각 없이 어떤 행위가 일어났음'을 강조하는 부사이다.

9 「先に行くから」と言って彼は(　　)席を離れた。

1 つぎつぎ　　2 たちまち
3 そっと　　4 つねに

정답 **3** '먼저 갈게'라고 하며 그는 살며시 자리를 떠났다.

단어 先に 먼저, 앞서 | 席 자리, 좌석 | 離れる 떨어지다, 벌어지다 | 次々 차례차례, 잇따라 | たちまち 금세, 갑자기 | そっと 몰래, 살짝 | 常に 늘, 항상

해설 '먼저 간다고 말하고 남들 모르게 자리를 떠났다'라는 내용의 문장이므로 괄호 안에는 '몰래, 살짝, 가만히'라는 의미의 선택지 3번 「そっと」가 들어가야 한다. 다른 선택지의 부사도 자주 사용하는 표현이니 함께 기억해 두자.

---

10 市内の公園を掃除するボランティア活動への協力を市民に(　　)。

1 取り組んだ　　2 呼びかけた
3 立ち上げた　　4 書き上げた

정답 **2** 시내 공원을 청소할 자원봉사 활동의 협력을 시민에게 호소했다.

단어 市内 시내 | 公園 공원 | 掃除 청소 | ボランティア 자원봉사 | 活動 활동 | 協力 협력 | 市民 시민 | 取り組む 임하다, 대처하다 | 呼びかける 호소하다 | 立ち上げる 가동하다, 설립하다 | 書き上げる 다 쓰다

해설 '자원봉사 활동 협력을 시민에게 요청했다'는 내용의 문장이 되어야 하므로 자연스럽게 연결되는 단어는 「呼びかける 호소하다, 설득하여 권하다」이다. 정답은 2번이다. 참고로 선택지 4번처럼 「上げる」는 '다 ~하다, 마치다'라는 접미어적 용법으로 사용하기도 한다.

실전문제 ③

問題 3 (　　　)에 넣기에 가장 적당한 것을 1・2・3・4에서 하나 고르세요.

문제편 110p

1 何か新しいことを始めるときは大きな(　　)が必要だ。

1 ボリューム　　2 ビタミン
3 エネルギー　　4 チャレンジ

정답 **3** 무언가 새로운 것을 시작할 때는 큰 에너지가 필요하다.

단어 始める 시작하다 | 必要だ 필요하다 | ボリューム 볼륨, 분량, 성량 | ビタミン 비타민 | エネルギー 에너지 | チャレンジ 챌린지, 도전

해설 '새로운 것을 시작할 때 필요한 것'에 부합하는 단어는 선택지 3번 「エネルギー」이다. 선택지 1번 「ボリューム」는 '음량, 성량'이라는 뜻 외에 '양, 분량, 부피'라는 의미로도 사용하니 함께 기억해 두자. 선택지 4번의 「チャレンジ」도 문맥에 맞는 단어처럼 보이지만 형용사 「大きな 큰」과 함께 사용하면 어색하며, 「チャレンジ精神が必要だ 도전 정신이 필요하다」처럼 사용하는 것이 자연스럽다.

---

2 電気がない生活なんて(　　)することができない。

1 想像　　2 理解
3 相談　　4 表現

정답 **1** 전기가 없는 생활이라니 상상할 수 없다.

단어 電気 전기 | 生活 생활 | 想像 상상 | 理解 이해 | 相談 상담, 상의 | 表現 표현

해설 괄호 앞의 「～なんて ~라니, ~하다니」는 예상하지 못했던 사실에 대한 놀라움이나 감탄을 나타내는 표현이다. '전기가 없는 생활'이라는 예상치 못한 상황에 대한 놀라움을 나타내는 문장이므로, 괄호 안에는 선택지 1번의 「想像 상상」이 들어가야 자연스럽다.

---

3 体の弱い田中さんは学校を一日も休まないことを(　　)にがんばっている。

1 理想　　2 夢
3 目標　　4 目印

정답 **3** 몸이 약한 다나카 씨는 학교를 하루도 쉬지 않는 것을 목표로 노력하고 있다.

단어 体 몸 | 弱い 약하다 | 休む 쉬다 | 理想 이상 | 夢 꿈 | 目標 목표 | 目印 표시, 표식

해설 괄호 앞의 「一日も休まないこと 하루도 쉬지 않는 것」이 다나카 씨가 '하고자 하는 바'이므로 선택지 3번 「目標 목표」가 정답이다. 한 글자 명사인 선택지 2번 「夢 꿈」의 관련 숙어 「夢にも思わない 꿈에도 생각하지 않다」도 함께 기억해 두자.

4 ここに予約番号を入力すれば(　　　)にチェックインができます。

1 自動的　　　2 計画的
3 平均的　　　4 定期的

정답 **1** 여기에 예약 번호를 입력하면 자동적으로 체크인이 됩니다.

단어 予約番号 예약 번호 | 入力 입력 | チェックイン (호텔·공항 등의) 체크인 | 自動的 자동적 | 計画的 계획적 | 平均的 평균적 | 定期的 정기적

해설 '예약 번호를 입력하면 저절로 체크인이 된다'라는 내용의 문장이 되어야 하므로 정답은 선택지 1번 「自動的 자동적」이다. 선택지 단어 모두 접미어 「的」가 들어가는 단어이다. 접미어는 출제 빈도가 높으므로 잘 익혀 두자.

---

5 1時にここで(　　　)のに 30 分過ぎてもまだ来ない。

1 呼びかけた　　　2 待ち合わせた
3 出迎えた　　　4 確かめた

정답 **2** 1시에 여기에서 만나기로 했는데 30분 지나도 아직 오지 않는다.

단어 過ぎる 지나다, 통과하다 | 呼びかける 호소하다 | 待ち合わせる (시간·장소를 미리 정하고) 만나기로 하다 | 出迎える 마중 나가다 | 確かめる 확인하다

해설 '약속 시간인 1시에서 30분이나 지났는데 상대방이 오지 않는다'는 내용이므로 정답은 2번이다. 「待ち合わせる」는 '(시간·장소를 미리 정하고) 만나기로 하다', 즉 '약속을 하다'라는 의미의 동사이다. 「待ち合わせは1時です 약속은 한 시입니다」처럼 명사형인 「待ち合わせ (만나기로 한) 약속」의 형태로도 많이 사용한다.

---

6 この乗り物は年齢の(　　　)はないが、安全のため子どもは大人と一緒に乗るほうがいい。

1 目標　　　2 特徴
3 指示　　　4 制限

정답 **4** 이 놀이 기구는 연령 제한은 없지만, 안전을 위해 어린이는 어른과 함께 타는 편이 좋다.

단어 乗り物 탈 것, 교통편, 놀이 기구 | 年齢 연령 | 安全 안전 | 大人 어른 | ～たほうがいい ~하는 편이 좋다 | 目標 목표 | 特徴 특징 | 指示 지시 | 制限 제한

해설 괄호 뒤에 '안전을 위해 어린이는 어른과 함께'라는 조건을 나타내는 표현이 나오므로, 괄호 안에는 선택지 4번의 「制限 제한」처럼 '한도, 한계'를 나타내는 말이 들어가야 자연스럽다. 참고로 「乗り物」는 사람이 탈 것을 총칭하는 말로 자동차, 기차, 비행기를 비롯해 놀이동산의 놀이 기구도 이에 포함된다.

---

7 この映画に(　　　)する医者は実際にも医者だそうだ。

1 用意　　　2 出場
3 登場　　　4 参加

정답 **3** 이 영화에 등장하는 의사는 실제로도 의사라고 한다.

단어 医者 의사 | 実際に 실제로 | 用意 준비 | 出場 출장(경기 등을 하러 경기장에 나감) | 登場 등장 | 参加 참가

해설 '영화에 나오는 의사의 실제 직업도 의사이다'라는 문맥이므로 괄호 안에는 선택지 3번의 「登場 등장」이 들어가야 자연스럽다.

---

8 しばらく見ないうちにお子さんも(　　　)大きくなりましたね。

1 あんがい　　　2 じょじょに
3 たしかに　　　4 ずいぶん

정답 **4** 한동안 못 본 사이에 자녀분도 무척 많이 컸네요.

단어 しばらく ①잠시 ②오랫동안 | ～ないうちに ~지 않는 사이에, ~하기 전에 | お子さん 자녀분 | 案外 뜻밖에 | 徐々に 서서히 | 確かに 분명히, 확실히 | ずいぶん 몹시, 대단히

해설 「ずいぶん」은 '상태·상황의 정도가 심하거나 지나침'을 강조하는 부사이다. 정답은 4번이다. 비슷한 의미를 가진 부사 「だいぶ 상당히, 어지간히」, 「かなり 제법, 꽤」, 「相当 상당히」도 함께 기억해 두자.

9 紙(かみ)のゴミは燃(も)やさないで(　　)すればまた使(つか)えます。

1 リサイクル　　2 プログラム
3 トレーニング　　4 デリバリー

정답 **1** 종이 쓰레기는 태우지 않고 재활용하면 다시 사용할 수 있습니다.

단어 紙(かみ) 종이 | ゴミ 쓰레기 | 燃(も)やす 태우다, 연소시키다 | リサイクル 리사이클, 재활용 | プログラム 프로그램 | トレーニング 트레이닝, 훈련 | デリバリー 딜리버리, 배달

해설 괄호 뒤의 '(쓰레기를) 다시 사용할 수 있다'라는 부분에서 정답이 1번 「リサイクル 리사이클, 재활용」임을 알 수 있다.

---

10 農業(のうぎょう)が(　　)ところでも、一部(いちぶ)の農産物(のうさんぶつ)を他(ほか)の国(くに)から輸入(ゆにゅう)している。

1 順調(じゅんちょう)な　　2 新鮮(しんせん)な
3 楽(らく)な　　4 盛(さか)んな

정답 **4** 농업이 번성한 곳에서도 일부의 농산물을 다른 나라에서 수입하고 있다.

단어 農業(のうぎょう) 농업 | 一部(いちぶ) 일부 | 農産物(のうさんぶつ) 농산물 | 輸入(ゆにゅう) 수입 | 順調(じゅんちょう)だ 순조롭다 | 新鮮(しんせん)だ 신선하다, 싱싱하다 | 楽(らく)だ 편안하다, 편하다 | 盛(さか)んだ 왕성하다, 번성하다, 번창하다

해설 「盛 성할 성」의 훈독 「盛(さか)んだ 왕성하다, 번창하다」는 시험에 자주 출제되는 단어이니 잘 기억해 두자. 정답은 4번이다.

問題 4 유의 표현

실전문제 정답 및 해설

정답

	1	2	3	4	5	6	7	8	9	10
실전문제 ①	3	2	3	1	4	4	2	3	1	3
실전문제 ②	2	2	2	1	3	1	3	2	4	3
실전문제 ③	3	1	1	2	2	1	4	4	3	3

실전문제 ①

問題 4 ＿＿＿에 의미가 가장 가까운 것을 1・2・3・4에서 하나 고르세요. 문제편 111p

1 車をとめるところがないので、電車で通勤することにしました。

1 旅行する　2 遊びに行く
3 仕事に行く　4 買い物に行く

정답 **3** 차를 세울 곳이 없기 때문에 전철로 통근하기로 했습니다.

단어 止める 멈추다, 세우다 | 通勤 통근 | 旅行 여행 | 買い物 장보기, 쇼핑

해설 「通勤する」를 구성하고 있는 「通 통할 통」의 훈독은 「通う (정기적으로) 다니다」이며, 「勤 부지런할 근」의 훈독은 「勤める 근무하다」이다. 즉, 「通勤」은 '일을 하러 다니다'라는 뜻이므로 서로 바꿔 쓸 수 있는 표현은 3번의 「仕事に行く 일하러 가다」이다.

---

2 だれでも欠点はあります。

1 できないところ　2 わるいところ
3 しらないところ　4 かくすところ

정답 **2** 누구라도 결점은 있습니다.

단어 誰でも 누구라도 | 欠点 결점 | 隠す 감추다, 숨기다

해설 「欠点」은 '부족한 점, 단점'이라는 뜻이므로 서로 바꿔 쓸 수 있는 것은 2번의 「わるいところ 나쁜 점」이다. 유사 표현인 「短所 단점」, 「弱点 약점」 등도 함께 기억해 두자.

---

3 山田さんは地震が起きた翌年、故郷に帰った。

1 前の年　2 その年
3 次の年　4 何年かあと

정답 **3** 야마다 씨는 지진이 일어나 다음 해, 고향으로 돌아갔다.

단어 地震 지진 | 起きる 일어나다, 발생하다 | 翌年 다음 해 (よくねん이라고도 함) | 故郷 고향

해설 「翌 다음날 익」은 음독 「よく」로만 읽는 한자로 '다음'이라는 뜻이 있다. 밑줄의 「翌年 다음 해」 외에도 관련 단어인 「翌日 다음 날」, 「翌朝 다음 날 아침」 등을 함께 기억해 두자. 서로 바꿔 쓸 수 있는 표현은 3번의 「次の年 다음 해」이다.

---

4 仕事が多いからぜったいに5時には終わりません。

1 けっして　2 たぶん
3 なんとか　4 つねに

정답 **1** 일이 많아서 절대로 5시에는 끝나지 않을 것입니다.

단어 仕事 일 | 絶対に 절대로 | 終わる 끝나다 | 決して 결코, 절대로 | 多分 아마, 아마도 | 何とか 어떻게든 | 常に 늘, 항상

해설 밑줄의 「絶対に」는 부정어와 함께 쓰여 '어떤 경우에도 예외가 없음'을 강하게 나타내는 표현이다. 「絶対に〜ない 절대로 ~하지 않다」라는 문형으로 기억해 두자. 유의 표현인 1번의 「決して 결코」가 정답이며, 문형 「決して〜ない 결코 ~하지 않는다」도 함께 외워 두자.

---

5 私が来たことはないしょです。

1 みんなしっています

2 だれもしりません

3 みんなに言ってください

4 だれにも言わないでください

정답 **4** 내가 온 것은 비밀입니다.

단어 内緒 비밀

해설 「内緒」라는 표현을 알면 쉽게 풀 수 있다. 「内緒です 비밀입니다」는 '남에게 알리지 말고 숨겨 달라'는 의미이므로 서로 바꿔 쓸 수 있는 표현은 4번 「だれにも言わないでください 아무에게도 말하지 말아 주세요」이다. 「内緒」와 같은 뜻을 가진 「秘密 비밀」도 함께 기억해 두자. 2번의 「だれもしりません 아무도 모릅니다」는 타인에게 '요청'하는 뉘앙스가 없는 표현이므로 의미에 차이가 있다.

---

6 彼女は、まもなく来ると思います。

1 たぶん　　2 かならず

3 いつか　　4 もうすぐ

정답 **4** 그녀는 곧 올 거라고 생각합니다.

단어 まもなく 이윽고, 머지않아 | 多分 아마, 아마도 | 必ず 반드시 | いつか 언젠가 | もうすぐ 이제 곧, 머지않아

해설 시간을 나타내는 부사 「まもなく」는 '이윽고, 곧, 머지않아'라는 의미이다. 시간을 나타내는 부사인 3번 「いつか 언젠가」와 4번 「もうすぐ 이제 곧」 중 같은 뜻을 가진 것은 4번이다. 비슷한 의미의 「やがて 이윽고, 얼마 안 있어」도 함께 알아 두자.

---

7 カーテンを開けたらまぶしくて目を開けられなかった。

1 青すぎて　　2 明るすぎて

3 風が強くて　　4 風が冷たくて

정답 **2** 커튼을 열었더니 눈부셔서 눈을 뜰 수가 없었다.

단어 カーテン 커튼 | 開ける 열다 | 眩しい 눈부시다 | 目を開ける 눈을 뜨다 | 青い 파랗다 | 明るい 밝다 | 強い 강하다 | 冷たい 차갑다

해설 「眩しい 눈부시다」는 '빛이 너무 강해서 마주 보기 어려운 상태'를 나타내는 표현이므로 「まぶしくて 눈부셔서」와 서로 바꿔 쓸 수 있는 표현은 2번 「明るすぎて 너무 밝아서」이다.

---

8 この服はこのごろたくさん売れています。

1 今まで　　2 どこでも

3 さいきん　　4 毎日

정답 **3** 이 옷은 요즘 많이 팔리고 있습니다.

단어 このごろ 요즘, 최근 | 売れる 팔리다 | 今まで 지금까지 | どこでも 어디든 | 最近 최근

해설 「このごろ」의 유의어인 「最近 최근」, 「近頃 요즘」, 「このところ 요즘, 최근」은 시험에 자주 나오는 표현이니 함께 기억해 두자. 정답은 3번이다.

---

9 彼の話は、若い人たちに受けた。

1 人気があった　　2 人気がなかった

3 理解された　　4 理解されなかった

정답 **1** 그 사람의 이야기는 젊은 사람들에게 호평을 받았다.

단어 若い 젊다 | 受ける 받다, 호평을 받다, 인기가 있다 | 人気 인기 | 理解 이해

해설 밑줄의 「受ける」에는 '받다, 시험을 보다'라는 뜻 외에 '(연기·개그 등이) 호평을 받다, 인기가 있다'라는 뜻으로도 사용한다. '젊은이들에게 호평을 받았다'라는 의미이므로 서로 바꿔 쓸 수 있는 표현은 선택지 1번 「人気があった 인기가 있었다」이다.

10 合格発表を待つ学生たちはみんなそわそわしている。

1 寒い　　2 困る
3 落ち着かない　　4 うるさい

정답 **3** 합격 발표를 기다리는 학생들은 모두 안절부절 못하고 있다.

단어 合格 합격 | 発表 발표 | みんな 모두 | そわそわ 불안해서 어쩔 줄 모르는 모습, 안절부절 못함 | 困る 곤란하다 | 落ち着く 침착하다, 진정되다, 안정되다 | うるさい 시끄럽다

해설 「そわそわ」는 '마음이 초조하고 불안해 어찌할 바를 모르는 모양'을 나타내는 의태어로, 서로 바꿔 쓸 수 있는 표현은 「落ち着く 침착하다, 안정되다」를 부정 활용한 선택지 3번 「落ち着かない 침착하지 못하다」이다.

실전문제 ②

問題 4 ＿＿＿에 의미가 가장 가까운 것을 1·2·3·4에서 하나 고르세요.

문제편 112p

1 彼の主張はすべて正しかった。

1 確か　　2 全部
3 半分　　4 結局

정답 **2** 그의 주장은 전부 옳았다.

단어 主張 주장 | 全て 모두, 전부 | 正しい 맞다, 바르다 | 確か 확실히, 분명히, 아마 | 全部 전부 | 半分 반, 절반 | 結局 결국

해설 「全 온전할 전」의 훈독인 「全て 모두」와 서로 바꿔 쓸 수 있는 것은 「全」의 음독 명사인 「全部 전부」이다. 훈독으로 읽는 부사 「全く 완전히, 아주, 전혀」도 함께 기억해 두자.

2 何かわけがあると思います。

1 考え　　2 理由
3 目的　　4 問題

정답 **2** 뭔가 이유가 있을 거라고 생각합니다.

단어 わけ 이유, 사정, 까닭 | 理由 이유 | 目的 목적 | 問題 문제

해설 명사 「わけ」는 '이유, 사정, 까닭'이라는 의미이므로 서로 바꿔 쓸 수 있는 표현은 선택지 2번 「理由 이유」이다. 「わけ」가 들어가는 「~わけがない ~일 리가 없다」, 「~わけではない (반드시) ~인 것은 아니다」, 「~わけにはいかない ~할 수는 없다」 등은 필수 문형이므로 반드시 기억해 두자.

3 彼はこの計画が成功することを疑っている。

1 信じている　　2 信じていない
3 願っている　　4 願っていない

정답 **2** 그는 이 계획이 성공할 것을 의심하고 있다.

단어 計画 계획 | 成功 성공 | 疑う 의심하다 | 信じる 믿다 | 願う 바라다, 기원하다

해설 선택지는 동사 「信じる 믿다」와 「願う 바라다」의 활용 표현들이다. 이 중 '의심하다'라는 뜻의 「疑う」와 서로 바꿔 쓸 수 있는 것은 「信じる」의 부정 활용인 2번 「信じていない 믿지 않고 있다」이다.

4 こんな機会はめったにないだろう。

1 チャンス　　2 メリット
3 ブーム　　4 トラブル

정답 **1** 이런 기회는 좀처럼 없을 것이다.

단어 こんな 이런, 이러한(「このような」의 준말) | 機会 기회 | めったに~ない 좀처럼 ~지 않다 | チャンス 찬스, 기회 | メリット 메리트, 이점, 장점 | ブーム 붐, 유행 | トラブル 트러블, 분쟁, 말썽, 고장

해설 「機会」와 서로 바꿔 쓸 수 있는 가타카나어는 선택지 1번 「チャンス 찬스」이다. 「めったに~ない 좀처럼 ~지 않다」도 시험에 자주 나오므로 꼭 기억해 두자.

5 彼女の考え方は同い年の友達に比べておさない。

1 大人っぽい　　2 大人しい
3 子どもっぽい　　4 男らしい

정답 **3** 그녀의 사고방식은 같은 나이의 친구에 비해 미숙하다.

단어 考え方 생각, 사고방식 | 同い年 동갑, 같은 나이 | 比べる 비교하다 | 幼い 어리다, 미숙하다, 유치하다 | 大人 어른 | 大人しい 얌전하다, 온순하다

해설 「幼い」는 '어리다, 미숙하다'라는 의미이므로 정답은 3번 「子どもっぽい 아이같다」이다. 선택지 1, 3번의 「~っぽい」는 '~한 경향이 있다, ~같다'라는 의미의 문형으로 명사나 ます형에 접속한다. 즉, 1번의 「大人っぽい 어른스럽다」는 반의어에 해당된다. 문장 속 「同い年」의 발음도 눈여겨 봐 두자.

---

6 今まで連絡が<u>まったく</u>ありません。

1 ぜんぜん　　2 めったに
3 なかなか　　4 ほとんど

정답 **1** 지금까지 연락이 전혀 없습니다.

단어 今まで 지금까지 | 連絡 연락 | まったく 전혀 | ぜんぜん 전혀 | めったに 좀처럼 | なかなか 좀처럼 | ほとんど 거의

해설 문제와 선택지에 나온 단어는 모두 뒤에 부정어를 수반하는 부사이다. 문제의 「まったく~ない」는 '전혀 ~하지 않다'라는 의미이므로 정답은 1번 「ぜんぜん~ない 전혀 ~하지 않다」이다. 2번은 「めったに~ない 좀처럼 ~하지 않다」, 3번은 「なかなか~ない 좀처럼 ~하지 않다」, 4번은 「ほとんど~ない 거의 ~하지 않다」이다. 「めったに」와 「なかなか」는 의미가 비슷해 혼동하기 쉬운데 「めったに」는 '횟수가 매우 적다'라는 의미로 빈도를 나타낼 때 사용하며, 「なかなか」는 '쉽게 ~지 않는다'라는 의미로 생각처럼 되지 않음을 나타낼 때 사용한다.

---

7 おかずが<u>あまったら</u>冷蔵庫で保存します。

1 冷たくなかったら　　2 からくなかったら
3 のこったら　　4 たりなかったら

정답 **3** 반찬이 남으면 냉장고에서 보존합니다.

단어 おかず 반찬 | 余る 남다, 일정 수량 이상이 되다 | 冷蔵庫 냉장고 | 保存 보존, 저장

해설 「余る」는 '남다'라는 뜻으로 서로 바꿔 쓸 수 있는 표현은 「残る 남다」를 활용한 3번의 「残ったら 남으면」이다.

---

8 田中さんと佐藤さんは<u>仲がいい</u>。

1 激しい　　2 親しい
3 等しい　　4 楽しい

정답 **2** 다나카 씨와 사토 씨는 사이가 좋다.

단어 仲がいい 사이가 좋다 | 激しい 심하다, 격심하다 | 親しい 친하다 | 等しい 동등하다 | 楽しい 즐겁다

해설 「仲」는 '사람과 사람의 사이'를 뜻으로 「仲がいい」는 관용 표현으로 기억해 두자. 서로 바꿔 쓸 수 있는 표현은 선택지 2번의 「親しい 친하다」이다.

---

9 私の言うことを<u>信じて</u>ください。

1 聞いて　　2 従って
3 みんなに伝えて　　4 本当だと思って

정답 **4** 제가 말하는 것을 믿어 주세요.

단어 信じる 믿다 | 従う 따르다, 좇다 | 伝える 전하다

해설 '내 말을 믿어 달라'는 문맥이므로 「信じて(ください) 믿어 (주세요)」와 서로 바꿔 쓸 수 있는 표현은 선택지 4번의 「本当だと思って(ください) 진짜라고 생각해 (주세요)」이다.

---

10 結果が出たらすぐご<u>報告</u>します。

1 付き合い　　2 問い合わせ
3 お知らせ　　4 受け付け

정답 **3** 결과가 나오면 바로 보고하겠습니다.

단어 結果 결과 | すぐ 곧, 금방, 바로 | 報告 보고 | 付き合い 교제, 사귐 | 問い合わせ 문의 | お知らせ 알림, 공지 | 受け付け 접수

해설 「報告」는 결과를 상대방에게 알릴 때 사용하는 단어이므로 서로 바꿔 쓸 수 있는 표현은 '알림, 공지'라는 의미의 3번 「お知らせ」이다. 선택지 1번의 「付き合い」는 '교제, 사귐'이란 의미로 이성과의 교제를 나타낼 때 이외에 '사회적·개인적 친분이나 교제'를 뜻하기도 한다. 「付き合いが長い 알고 지낸 지 오래되다」와 같은 예시를 통해 뉘앙스를 익혀 두자.

실전문제 ③

問題 4 ＿＿＿에 의미가 가장 가까운 것을 1・2・3・4에서 하나 고르세요. 문제편 113p

1 それは母が用意してくれました。

1 知らせて　　2 教えて
3 準備して　　4 整理して

정답 **3** 그것은 엄마가 준비해 주셨습니다.

단어 用意 준비, 대비 | 知らせる 알리다 | 教える 가르치다 | 準備 준비 | 整理 정리

해설 「用意」는 '준비, 대비, 마련'이라는 뜻으로 어떠한 사태에 대비하여 구체적인 준비를 할 때에 사용하는 표현이다. 서로 바꿔 쓸 수 있는 단어는 3번 「準備して」로, 「準備」는 「大会の準備 대회 준비」처럼 일상생활이나 행사 등 다양한 장면에서 사용하는 포괄적인 단어이다. 「支度 준비, 채비」 역시 '준비'라는 뜻이지만 「結婚式に行く支度 결혼식에 갈 채비」처럼 주로 복장이나 식사 준비 등을 말할 때 사용한다.

---

2 最近はよくトレーニングをしています。

1 練習　　2 山登り
3 配達　　4 散歩

정답 **1** 최근에는 자주 트레이닝을 하고 있습니다.

단어 最近 최근 | トレーニング 트레이닝, 연습, 훈련 | 練習 연습 | 山登り 등산 | 配達 배달 | 散歩 산책

해설 「トレーニング」와 서로 바꿔 쓸 수 있는 표현은 선택지 1번 「練習 연습」이다. 또 다른 유의 표현인 「訓練 훈련」도 함께 기억해 두자. 3번의 「配達 배달」은 일상 회화에서는 「デリバリー 딜리버리, 배달」이라는 가타카나어로도 많이 사용한다.

---

3 このままでは、おそらく試験に落ちるだろう。

1 たぶん　　2 あっという間に
3 全部　　4 もっと

정답 **1** 이대로라면 아마도 시험에 떨어질 것이다.

단어 おそらく 아마, 어쩌면 | 試験 시험 | 落ちる 떨어지다, 추락하다 | 多分 아마, 아마도 | あっという間に 눈 깜짝할 사이에, 어느새 | 全部 전부 | もっと 더욱

해설 「～だろう ~일 것이다」는 실현 가능성이 높지만 확신은 할 수 없는 상황에서 사용하는 문말 표현이다. 따라서 추측을 나타내는 부사 「たぶん 아마」와 함께 많이 사용한다. 「おそらく」는 '어쩌면, 필시'라는 의미의 부사로 「たぶん」과 뜻과 쓰임이 유사하다. 정답은 1번이다.

---

4 何でもいいですから遠慮なく質問してください。

1 急がないで　　2 心配しないで
3 おどろかないで　　4 慌てないで

정답 **2** 무엇이든 괜찮으니 기탄없이 질문해 주세요.

단어 遠慮なく 사양 말고, 거리낌 없이 | 質問 질문 | 急ぐ 서두르다 | 心配 걱정 | 驚く 놀라다 | 慌てる 당황하다, 허둥대다

해설 「遠慮 사양, 삼감」은 상황에 따라 여러 가지 뜻으로 사용되는 어휘이므로, 다양한 예문을 통해 뉘앙스를 익히는 것이 좋다. 「遠慮なく」는 '사양 말고, 거리낌 없이, 기탄없이'라는 뜻이다. 따라서 가장 의미가 가까운 표현은 선택지 2번 「心配しないで 걱정하지 말고」이다.

---

5 中村さんは試験の結果にがっかりしていた。

1 恥ずかしく思って　　2 残念だと思って
3 申し訳ないと思って　　4 意外だと思って

정답 **2** 나카무라 씨는 시험 결과에 실망하고 있었다.

단어 試験 시험 | 結果 결과 | がっかりする 실망하다 | 恥ずかしい 창피하다 | 残念だ 유감이다, 안타깝다, 아쉽다 | 申し訳ない 미안하다, 면목 없다 | 意外 의외

해설 「がっかり」는 실망하거나 낙담하는 모양을 나타내는 부사로, 이 문장에서처럼 「がっかりする 실망하다, 낙담하다」의 형태로 많이 사용한다. '시험 결과에 실망했다'와 서로 바꿔 쓸 수 있는 표현은 「残念だと思う 아쉽다고 생각하다」를 활용한 선택지 2번이다.

6 ワンピースを試着することにした。

1 着てみる　　2 予約する
3 買う　　4 交換

정답 **1** 원피스를 입어 보기로 했다.

(단어) ワンピース 원피스 | 試着 시착(시험 삼아 착용해 봄) | 着る 입다 | 予約 예약 | 買う 사다 | 交換 교환

(해설) 「試着」는 '의복을 시험 삼아 입어 보다'라는 의미의 명사이다. 옷가게 등에서 '옷을 입어 봐도 됩니까?'라고 점원에게 물어볼 때 「試着してみてもいいですか」라는 표현을 많이 사용하니 참고로 알아 두자. 서로 바꿔 쓸 수 있는 표현은 선택지 1번 「着てみる 입어 보다」이다.

---

7 この店はあいかわらず客がいっぱいだ。

1 長い間　　2 いつまでも
3 このごろは　　4 いつものように

정답 **4** 이 가게는 여전히 손님이 가득 차 있다.

(단어) 相変わらず 여전히, 변함없이 | 客 손님

(해설) 문제와 선택지에 나온 어휘는 모두 시간과 관련된 표현이다. 「相変わらず」는 '여전히, 변함없이'라는 의미이므로 서로 바꿔 쓸 수 있는 것은 4번 「いつものように 여느 때처럼, 언제나와 같이」이다. 1번 「長い間 오랫동안」, 2번 「いつまでも 언제까지나」, 3번 「このごろ 요즘」도 함께 기억해 두자.

---

8 試験用紙を出す前に答えを見直した。

1 もう一度書いた　　2 別の答えにした
3 答えを消した　　4 もう一度考えた

정답 **4** 시험지를 제출하기 전에 답을 재검토했다.

(단어) 試験用紙 시험지 | 出す 내다, 제출하다 | 答え 답, 대답 | 見直す 다시 보다, 재검토하다 | もう一度 다시 한번 | 別の 다른 | 消す 끄다, 지우다

(해설) 「동사 ます형 + 直す」는 '다시 ~하다, 잘못된 상황·상태를 바로 잡는다'는 의미의 표현이다. '재검토했다'라는 의미의 「見直した」와 서로 바꿔 쓸 수 있는 표현은 선택지 4번 「もう一度考えた 다시 한번 생각했다」이다.

9 学生はだまって先生の後についていった。

1 笑って　　2 遅れて
3 何も言わないで　　4 少し待って

정답 **3** 학생은 말없이 선생님의 뒤를 따라 갔다.

(단어) 黙る 말을 하지 않다, 잠자코 있다 | 付いて行く 쫓아가다, 따라가다 | 笑う 웃다 | 遅れる 늦다, 지연되다

(해설) 「黙る」는 '말을 하지 않다, 잠자코 있다'라는 의미이므로 서로 바꿔 쓸 수 있는 것은 선택지 2번 「何も言わないで 아무 말도 하지 않고」이다.

---

10 ここから気に入ったものを選ぶのはむずかしい。

1 心配な　　2 嫌いな
3 好きな　　4 りっぱな

정답 **3** 여기에서 마음에 드는 것을 고르는 것은 어렵다.

(단어) 気に入る 마음에 들다 | 選ぶ 고르다 | 心配だ 걱정이다 | 嫌いだ 싫어하다 | 立派だ 훌륭하다

(해설) 「気に入った(もの) 마음에 든 (것)」과 서로 바꿔 쓸 수 있는 것은 3번 「好きな(もの) 좋아하는 (것)」이다. 이 외에도 「気」가 들어가는 숙어 표현인 「気になる 신경 쓰이다, 마음에 걸리다」, 「気にする 신경 쓰다, 마음에 두다」, 「気にくわない 마음에 들지 않다」 등은 각 영역에서 골고루 출제되므로 함께 기억해 두자. 참고로 이 문장에서처럼 「気に入る」의 과거형 「気に入った」는 '과거에 마음에 들어했다, 좋아했다'라는 의미가 아닌 '지금 마음에 들었다, 좋아졌다'라는 의미가 된다. 또한 「気に入っている」가 되면 '과거부터 지금까지 마음에 들어 하고 있다'라는 의미가 된다는 점에 주의하자.

問題 5 용법

실전문제 정답 및 해설

정답

실전문제 ①	1 2	2 4	3 2	4 3	5 1
실전문제 ②	1 4	2 3	3 2	4 3	5 1
실전문제 ③	1 3	2 2	3 1	4 4	5 3

실전문제 ①

問題 5 다음 단어의 사용법으로 가장 적당한 것을 1·2·3·4 중에서 하나 고르세요. 문제편 114p

1 落ち着く

1 車が混んでここに落ち着くまで時間がかかった。

2 この店でコーヒーを飲むと心が落ち着く。

3 彼の部屋の中にはたくさんの本が落ち着いている。

4 机からケータイが落ち着いてこわれてしまった。

정답 **2** 이 가게에서 커피를 마시면 마음이 차분해진다.

단어 落ち着く 진정되다, 침착해지다, 안정되다 | 混む 붐비다 | 時間がかかる 시간이 걸리다 | 心 마음 | ケータイ 휴대 전화 | 壊れる 부서지다, 망가지다

해설 「落ち着く」는 주로 '(결혼 · 직업 등으로) 정착하다, 안정되다'와 '(마음이) 침착하다, 진정되다'라는 두 가지 의미로 쓰인다. 문맥에 맞게 사용된 것은 2번이다. 1번에는 「来る 오다」나 「着く 도착하다」, 3번에는 「置く 놓다, 두다」를 수동으로 활용한 「置かれている」, 4번에는 「落ちる 떨어지다」를 활용한 표현이 들어가야 자연스럽다.

2 断る

1 夜テレビを見るのを断ってからよく眠れるようになった。

2 今まで住んでいた所を断って会社の近くに引っ越した。

3 台風の強い雨と風で電車が走っている途中断ってしまった。

4 留学のすすめを断って今の会社に就職した。

정답 **4** 유학 권유를 거절하고 지금 회사에 취직했다.

단어 断る 거절하다 | 眠れる 잠들다 | 住む 살다 | 引っ越す 이사하다 | 台風 태풍 | 走る 뛰다, 달리다 | 途中 도중 | 留学 유학 | すすめ 추천 | 就職 취직

해설 「断る」를 문맥에 맞게 사용한 것은 선택지 4번이다. 1번에는 「やめる 그만두다」, 2번에는 「離れる 떨어지다, 거리가 멀어지다」, 3번에는 「止まる 멈추다」를 활용한 표현이 들어가야 자연스럽다.

3 緩い

1 10人乗れる車に二人だけ座っていると緩く感じる。

2 靴のひもを緩くしめたらとても歩きやすくなった。

3 先生の声が緩くて聞いていると眠くなってきた。

4 ここから駅までは緩く歩いても15分で着きます。

정답 **2** 신발 끈을 느슨하게 묶었더니 굉장히 걷기 쉬워졌다.

단어 緩い 느슨하다, 완만하다 | 座る 앉다 | 靴 신발, 구두 | ひも 끈 | 締める 묶다, 조이다 | 声 목소리 | 眠い 졸리다 | 着く 닿다, 도착하다

해설 「緩い」는 '느슨하다, 헐겁다, 완만하다, 묽다' 등 '정도가 심하거나 급격하지 않다'라는 의미로 사용하는 형용사이다. 단어가 문맥에 맞게 사용된 것은 2번이다. 1번에는 「広く 넓게」, 3번에는 「小さくて 작아서」, 4번에는 「ゆっくり 천천히」가 들어가야 자연스럽다.

---

4 行き先

1 風が吹く行き先に向かって走れば早く走れる。

2 封筒の行き先のところに自分の住所を書いてしまった。

3 バスの横にはどこに行くか行き先が書いてある。

4 父は会社が遠いので毎朝、一番行き先に家を出る。

정답 **3** 버스 옆에는 어디로 가는지 목적지가 쓰여 있다.

단어 行き先 행선지, 목적지 | 吹く (바람이) 불다, (입으로) 불다 | 封筒 봉투 | 間違う 틀리다, 잘못하다 | 住所 주소 | 横 옆 | 遠い 멀다

해설 「行き先」는 '가는 곳, 목적지'라는 표현으로, 문맥에 맞게 사용된 것은 선택지 3번이다. 1번에는 「方向 방향」, 2번은 「宛先 수신, 수신처」가 들어가야 하고, 4번에는 「先に 먼저」가 들어가야 자연스럽다.

5 成長

1 この国の経済は最近大きく成長した。

2 この写真を二倍成長してください。

3 先進国では子どもの数があまり成長しない。

4 熱心に勉強したので、成績が成長した。

정답 **1** 이 나라의 경제는 최근 크게 성장했다.

단어 成長 성장 | 国 나라 | 経済 경제 | 写真 사진 | ～倍 ～배, 곱절 | 先進国 선진국 | 数 수 | 熱心に 열심히 | 成績 성적

해설 「成長」가 문맥에 맞게 사용된 것은 선택지 1번이다. 2번에는 「拡大 확대」, 3번에는 「増加 증가」가 들어가야 하며, 4번의 「成長した 성장했다」는 「上がった 올랐다」가 되어야 자연스럽다.

실전문제 ②

問題5 다음 단어의 사용법으로 가장 적당한 것을 1・2・3・4 중에서 하나 고르세요. 문제편 115p

1 早退

1 会社は60さいまで勤務できるが55さいで早退した。

2 朝の電車は混むので家を6時に早退して乗ったら楽に座れた。

3 今日は仕事が忙しく昼食も早退して仕事を続けた。

4 授業は6時までであったが、病院に行くために4時に早退した。

정답 **4** 수업은 6시까지 있었지만 병원에 가기 위해서 4시에 조퇴했다.

단어 早退 조퇴 | 勤務 근무 | 混む 붐비다 | 楽に 편하게, 쉽게 | 座る 앉다 | 昼食 점심 식사 | 続ける 계속하다 | 授業 수업

해설 「早退」는 '(회사나 학교 등을) 정해진 시간보다 빨리 나오다'라는 의미이다. 단어가 문맥에 맞게 사용된 것은 4번이다. 1번에는 「退職 퇴직」이 들어가야 하며, 2번은 「出る 나오다」, 3번은 「抜く 빼다, 거르다」를 활용한 표현이 들어가야 자연스럽다.

2 伝わる

1 次の駅で3号線に伝わってください。
2 病気が伝わるかもしれないから人が多いところには行かない。
3 米を作る技術は南の方から伝わったと言われている。
4 外国から来る手紙は飛行機で伝わってくる。

정답 **3** 쌀을 경작하는 기술은 남쪽에서 전래되었다고 한다.

단어 伝わる 전해지다, 알려지다 | 次 다음 | ～号線 (전철) ～호선 | 米 쌀 | 技術 기술 | 南 남쪽 | 外国 외국 | 手紙 편지

해설 「伝わる」에는 '전해지다, 전래되다'라는 뜻이 있다. 단어가 문맥에 맞게 사용된 것은 선택지 3번이다. 2번에는 「移る 옮기다」가 들어가야 하며, 1번에는 「乗り換える 갈아타다」, 4번에는 「運ぶ 운반하다」를 활용한 표현이 들어가야 한다.

---

3 拝見します

1 私はデパートで社長の奥さまを拝見しました。
2 私は先週社長のご家族の写真を拝見しました。
3 私は昨日新聞を拝見しました。
4 先生、私の作文を拝見しましたか。

정답 **2** 저는 지난주 사장님의 가족 사진을 (삼가) 보았습니다.

단어 拝見する 삼가 보다(「見る 보다」, 「読む 읽다」의 겸양어 | デパート 백화점 | 社長 사장(님) | 奥さま 사모님 | 写真 사진 | 新聞 신문 | 作文 작문

해설 「拝見する 삼가 보다」는 '보다, 읽다'의 겸양 표현이므로 아랫사람인 내가 윗사람의 사진을 보았음을 겸손하게 말한 선택지 2번이 정답이다. 1번은 「奥さまにお会いしました 사모님을 뵈었습니다」가 되어야 하며, 3번은 존경·겸양을 의미하는 문장이 아니므로 「見ました 보았습니다」가 되어야 한다. 4번은 존경 표현인 「ご覧になりましたか 보셨습니까?」가 되어야 한다.

4 話しかける

1 先生が試験の日程を話しかけているのでメモをした。
2 自分の趣味について簡単に話しかけてもらえませんか。
3 子どもが一人で座って泣いていたので話しかけた。
4 熱が高くてせきも出るので病院に行って先生に話しかけた。

정답 **3** 아이가 혼자 앉아 울고 있어서 말을 걸었다.

단어 話しかける 말을 걸다 | 日程 일정 | メモ 메모 | 趣味 취미 | ～について ～에 대해서 | 簡単に 간단하게, 쉽게 | 泣く 울다 | 熱 열 | せき 기침

해설 「話しかける」는 '말을 걸다'라는 뜻이므로 '혼자 울고 있는 아이에게 말을 걸었다'라는 의미로 사용한 3번이 정답이다. 1번은 「話して 이야기하고」, 2번은 「説明して 설명해」, 4번은 「診てもらった / 診察してもらった 진찰받았다」가 되어야 자연스럽다.

---

5 お見舞い

1 友だちが入院したので、お見舞いに行きました。
2 妹の誕生日にお見舞いをあげました。
3 旅行に行って、きれいなお見舞いを買いました。
4 すてきな人とお見舞いをしました。

정답 **1** 친구가 입원해서 병문안을 갔습니다.

단어 お見舞い 병문안 | 入院 입원 | 旅行 여행 | 素敵だ 멋지다, 근사하다

해설 「お見舞い」가 문맥에 맞게 사용된 문장은 선택지 1번이다. 2번에는 「プレゼント 선물」, 3번에는 「お土産 기념품」, 4번에는 「お見合い 맞선」이 들어가야 자연스럽다.

실전문제 ③

問題 5　다음 단어의 사용법으로 가장 적당한 것을 1・2・3・4 중에서 하나 고르세요. 문제편 116p

1 移動

1 エレベーターが故障で移動しないので階段で上がった。

2 今度移動する家はアパートの5階ですが駅に近いです。

3 動物たちは移動する時、仲間と一緒に行動する。

4 タクシーに乗ったが混んでいて移動しないので降りて歩いた。

정답 **3** 동물들은 이동할 때, 무리와 함께 행동한다.

단어 移動 이동 | エレベーター 엘리베이터 | 故障 고장 | 階段 계단 | 上がる 올라가다 | 今度 이번, 다음번 | アパート 아파트 | ~階 ~층 | 動物 동물 | 仲間 동료, 무리 | 行動 행동 | 混む 붐비다 | 降りる 내리다

해설 「移動」를 문맥에 맞게 사용한 것은 3번이다. 1번에는 「作動 작동」, 2번에는 「引っ越し 이사」, 4번 「移動しない」는 「進まない 나아가지 않는다」가 되어야 한다.

---

2 修理

1 時計の電池がなくなったので新しい電池に修理した。

2 天井から部屋に雨がもれるので屋根を修理した。

3 テストで答えを書く場所を間違えて、あわてて修理した。

4 歯が痛かったが毎日病院に通って修理した。

정답 **2** 천장에서 방으로 비가 새서 지붕을 수리했다.

단어 修理 수리 | 時計 시계 | 電池 전지, 배터리 | なくなる 없어지다 | 天井 천장 | もれる 새다 | 屋根 지붕 | テスト 시험 | 答え 답, 대답 | 場所 장소 | 間違える 틀리다, 잘못하다 | 慌てる 당황하다 | 歯 이, 치아 | 通う 다니다

해설 「修理」를 문맥에 맞게 사용한 것은 2번이다. 1번에는 「交換 교환」, 4번에는 「治療 치료」가 들어가야 하며, 3번에는 「書き直す 고쳐 쓰다, 다시 쓰다」를 활용한 표현이 들어가야 자연스럽다.

---

3 そろそろ

1 もう7時ですね。そろそろ失礼します。

2 119番ですか。火事です！ そろそろ来てください。

3 友だちが来月国へ帰るのでそろそろさびしいです。

4 こんにちは。そろそろ暑くなりましたね。

정답 **1** 벌써 7시네요. 슬슬 실례하겠습니다(가 보겠습니다).

단어 そろそろ 슬슬 | 失礼 실례 | 火事 화재 | 寂しい 외롭다, 쓸쓸하다 | 暑い 덥다

해설 「そろそろ」는 서두르지 않고 천천히 일을 진행하는 모양을 나타내는 의태어로, '슬슬 ~할 때다', '슬슬 ~하겠다'라는 뉘앙스로 사용한다. 문맥에 맞게 사용된 것은 선택지 1번이다. 2번에는 「早く 빨리」, 3번에는 「とても 무척」, 4번에는 「ずいぶん 무척, 몹시」가 들어가야 자연스럽다.

---

4 消費

1 そんなささいなことで悩み続けるのは時間の消費です。

2 食べたものがうまく消費されないでお腹が痛くなることがある。

3 今日の予定は全部消費したのでこれから帰って休みます。

4 冷蔵庫は 24 時間使っているので電気を多く消費します。

정답 **4** 냉장고는 24시간 사용하기 때문에 전기를 많이 소비합니다.

단어 消費 소비 | ささいだ 사소하다 | 悩み続ける 계속 고민하다 | 時間 시간 | うまく 잘(목적한 대로) | お腹 배(신체) | 予定 예정 | 休む 쉬다 | 冷蔵庫 냉장고 | 電気 전기

해설 「消費」는 '돈·물자·시간 등을 써서 없앰'이라는 의미이므로 단어가 문맥에 맞게 사용된 것은 4번이다. 1번에는 「浪費 낭비」나 「無駄 쓸데없음, 허비」, 2번, 3번에는 「消化 소화」가 들어가야 자연스럽다.

---

5 慰める

1 誕生日にもらった時計がこわれないように慰めながら使っている。

2 頭が痛くて熱もあるというので、早く病院に行くように慰めた。

3 先生に怒られてがっかりしている友人を慰めた。

4 外国で有名な賞をとった俳優を慰めるためにパーティーが開かれた。

정답 **3** 선생님에게 혼이 나서 낙담한 친구를 위로했다.

단어 慰める 위로하다 | もらう 받다 | 時計 시계 | 壊れる 망가지다, 부서지다 | 頭 머리 | 熱 열 | 怒られる 혼나다 | がっかりする 실망하다, 낙담하다 | 友人 친구 | 有名だ 유명하다 | 賞をとる 상을 타다 | 俳優 배우 | パーティー 파티 | 開く 열리다

해설 「慰 위로할 위」를 쓰는 「慰める」가 문맥에 맞게 사용된 것은 선택지 3번이다. 1번에는 부사 「大事に 소중히」, 4번에는 「祝う 축하하다」가 들어가야 하며, 2번에는 「すすめる 권유하다」를 활용한 표현이 들어가야 자연스럽다.

Part 2

JLPT N3

Part 2

문법

問題 1 문법형식 판단

연습문제 정답 및 해설

정답

연습문제 ①	1 1	2 2	3 2	4 4	5 3	6 1	7 3	8 1	9 2
연습문제 ②	1 1	2 2	3 3	4 1	5 3	6 3	7 4	8 3	9 4
연습문제 ③	1 2	2 2	3 4	4 2	5 1	6 1	7 4	8 3	9 1

연습문제 ①

問題 1　다음 문장의 (　　　)에 넣기에 가장 적당한 것을 1・2・3・4에서 하나 고르세요.　문제편 181p

1 若(わか)いころにいろいろな経験(けいけん)をするのは、あなたの将来(しょうらい)(　　)役立(やくだ)つはずだ。

1 にとって　　2 によって　　3 に対(たい)して　　4 として

정답 **1** 젊은 시절에 여러 가지 경험을 하는 것은 당신의 장래에 있어서 도움이 될 것이다.

단어 若(わか)い 젊다 | いろいろな 여러 가지 | 経験(けいけん) 경험 | 将来(しょうらい) 장래 | 役立(やくだ)つ 도움이 되다 | ~はずだ ~일 터이다, ~일 것이다 | ~にとって ~에 있어(서) | ~によって ~에 의해서 | に対(たい)して ~에 대해서 | ~として ~로서

해설 「~にとって」는 '~에 있어서'라는 뜻으로 이 문장에서와 같이 주로 인물 명사에 연결되어 '그 사람에게 있어서, 그 사람의 입장에서'라고 할 때 사용하는 문형이다. '당신의 장래(あなたの将来(しょうらい))'에 '도움이 될 것(役立(やくだ)つはず)'이라고 판단하고 있는 이 문장에서처럼 뒷부분에는 평가나 가치 판단에 대한 내용이 이어지는 경우가 많다.

---

2 レシピに書(か)いてあった(　　)、そのまま作(つく)ったのに、全然(ぜんぜん)おいしくできなかった。

1 ところに　　2 とおり　　3 ついでに　　4 場合(ばあい)

정답 **2** 레시피에 써 있던 대로, 그대로 만들었는데 전혀 맛있게 만들어지지 않았다.

단어 レシピ 레시피, 조리법 | そのまま 그대로 | 作(つく)る 만들다 | 全然(ぜんぜん) 전혀 | ~とおり ~대로 | ~ついでに ~김에 | 場合(ばあい) 경우

해설 「~とおり」는 앞 내용과 뒷 내용이 일치함을 표현할 때 사용하는 문형으로 '동사 기본형·た형' 및 '명사 + の'에 접속한다. 「そのまま 그대로」라는 부분에서 답을 유추할 수 있다. 정답은 2번이다. 「の」 없이 명사에 바로 접속할 때는 「명사 + どおり」가 된다는 점도 잘 기억해 두자.

3 英語ができる(　　)日常会話ぐらいです。

1 といっては　　2 といっても　　3 というのは　　4 というのも

정답 **2** 영어를 할 수 있다고 해도 일상 회화 정도입니다.

단어 英語 영어 | 日常会話 일상 회화 | ぐらい 정도 | ～といっても ~라고 해도 | ～というのは ~라는 것은

해설 「AといってもB」는 'A로부터 예상·기대되는 바와는 달리 실제로는 B하다'라는 뜻의 역접을 나타내는 문형이다. '영어를 할 수 있다고 해도 실제로는 회화 정도밖에 못 한다'라는 내용의 문장이므로 정답은 2번이다.

---

4 教室で友だちとおしゃべりしていたら先生に「早く席に(　　)」と注意された。

1 座るな　　2 座ったか　　3 座っていろ　　4 座れ

정답 **4** 교실에서 친구와 수다를 떨고 있었더니 선생님께 '빨리 자리에 앉아'라고 주의받았다.

단어 教室 교실 | おしゃべり 수다, 잡담 | 席 자리, 좌석 | 注意 주의 | 座る 앉다

해설 강한 뉘앙스의 동사 명령형을 묻는 문제로, 선생님이 '빨리 자리에 앉아(座れ)!'라고 하는 내용이므로 정답은 4번이다. 동사의 명령형은 1그룹은「う단→え단」(예 走る 달리다→走れ 달려라), 2그룹은「る→ろ」(예 起きる 일어나다→起きろ 일어나라)로 바뀌며, 3그룹은「する→しろ·せよ, くる→こい」가 된다는 기초 문법을 다시 한번 복습해 두자.

---

5 大阪は昔から商業の町として(　　)し、今も大きな貿易会社が多い。

1 発展しそうだ　　2 発展させた　　3 発展してきた　　4 発展していく

정답 **3** 오사카는 옛날부터 상업 도시로서 발전해 왔고, 지금도 큰 무역 회사가 많다.

단어 昔 옛날 | 商業 상업 | 町 마을, 도시 | 貿易会社 무역 회사 | 発展 발전

해설 시제 표현인「～てくる」와「～ていく」의 차이를 묻는 문제이다.「～てくる」는 '과거에서 현재까지 행위·변화가 이어져 온다'라는 의미이며,「～ていく」는 '현재에서 미래로 행위·변화가 이어져 간다'라는 의미이다. '오사카는 옛날부터 상업의 도시였고, 지금도 그렇다'라는 내용의 문장이므로 괄호 안에는「～てくる」를 활용한 표현이 들어가야 한다. 따라서 정답은 3번「発展してきた 발전해 왔다」이다.

---

6 友だちと話していたら(　　)暗くなっていたので急いで帰った。

1 いつの間にか　　2 さっそく　　3 とつぜん　　4 うっかり

정답 **1** 친구와 이야기하고 있는데 어느샌가 어두워져 있어서 서둘러서 집에 갔다.

단어 暗い 어둡다 | 急ぐ 서두르다 | いつの間にか 어느 틈에, 어느새 | さっそく 바로, 즉시, 당장 | 突然 돌연, 갑자기 | うっかり 깜박, 무심코

해설 부사를 고르는 문제는 출제 빈도가 높으니 문장과 함께 익혀 뉘앙스를 익혀 두어야 한다. '친구와 이야기하고 있는 동안에 날이 어두워졌다'라는 내용의 문장이므로 괄호 안에는 '깨닫지 못하는 사이'를 뜻하는 부사가 들어가야 자연스럽다. 선택지 중 시간을 나타내는 부사는 1, 2, 3번이며 이 중 문맥상 자연스러운 것은 1번「いつの間にか」이다. 나머지 선택지의 부사도 함께 기억해 두자.

7 客 「すみません。このお店、クレジットカードは使えますか。」
店員「はい。(　　)。」

1 お使いできます　　2 お使いしております　　3 お使いいただけます　　4 お使いになります

정답 **3** **손님** 저기요, 이 가게 신용 카드는 사용할 수 있나요?
점원 네. 사용하실 수 있습니다.

단어 客 손님 | 店 가게 | クレジットカード 신용 카드 | 使う 사용하다 | 店員 점원

해설 공식을 이용한 경어 표현을 묻는 문제이다. 공식을 사용하는 존경 표현은「お + ます형 + になる」이며, '신용 카드를 사용할 수 있냐'라는 질문에 대한 대답이므로 가능형이 더해진「お + ます형 + になれる」나 겸양 표현인「お + ます형 + いただける」를 사용해야 자연스러운 대화가 성립한다. 따라서 정답은 선택지 3번「お使いいただけます 사용하실 수 있습니다」이다.

---

8 今日はあまり時間がないので見る(　　)して、日曜日にまた来ます。

1 だけに　　2 かわりに　　3 ように　　4 わけに

정답 **1** 오늘은 별로 시간이 없으니 보기만 하고, 일요일에 다시 오겠습니다.

단어 時間 시간 | ～だけに ~만으로 | ～かわりに ~대신 | ～ように ~처럼 | わけ 원인, 이유

해설 '오늘은 보기만 하고 다시 오겠다'라는 내용의 문장이 되어야 하므로 괄호 안에는 범위가 한정됨을 나타내는 문형이 들어가야 한다. 1번의「～だけ ~만」와「～にする ~로 하다」가 합쳐져「～だけにして ~만 하고」로 활용해야 자연스러운 문장이 된다.

---

9 市では今年 60 歳になった人たち(　　)映画の無料チケットを渡している。

1 のわりに　　2 に対して　　3 のうちに　　4 に関して

정답 **2** 시에서는 올해 60세가 된 사람들을 대상으로 영화의 무료 티켓을 건네주고 있다.

단어 市 시(행정 구역 단위) | ～歳 ~세 | 映画 영화 | 無料 무료 | チケット 티켓, 표 | 渡す 건네주다 | ～のわりに ~치고 | ～に対して ~에 대해서, ~에 비해서 | ～のうちに ~하는 동안에 | ～に関して ~에 관해서

해설 「～に対して」에는 '~에 대해서'로 해석하는 '대상'의 용법과 '~에 비해서'로 해석하는 '비교'의 용법이 있다. 이 문장에서는「60歳になった人たちに対して 60세 이상이 된 사람들에 대해」라는 '대상'의 용법으로 사용하고 있다. 뒷부분에 명사가 올 경우「～に対する ~에 대한」의 형태로 사용한다는 점도 기억해 두자.

연습문제 ②

問題 1　다음 문장의 (　　)에 넣기에 가장 적당한 것을 1・2・3・4에서 하나 고르세요.

문제편 182p

1 この町には駅を中心(　　)ショッピングセンターが 3 つあります。

1 に　　2 で　　3 の　　4 を

정답 **1** 이 마을에는 역을 중심으로 쇼핑센터가 세 곳 있습니다.

단어 町 마을, 도시 | 駅 역 | 中心 중심 | ショッピングセンター 쇼핑센터

해설 알맞은 조사를 묻는 문제이다. 「中心」이라는 위치 명사 뒤에 연결되므로 괄호 안에는 장소·위치를 나타내는 조사인 선택지 1번 「に」가 들어가야 한다. 비슷한 의미의 문형인 「～を中心にして ～을 중심으로 해서, ～을 기점으로 해서」와 「～を中心として ～을 중심으로 해서」도 함께 정리해 두자.

---

2 妹は川島さん(　　)ところへ遊びに行くと言って出かけた。

1 かなにかの　　2 かだれかの　　3 かどこかの　　4 かどうかの

정답 **2** 여동생은 가와시마 씨인가 누군가의 집에 놀러 간다고 말하고 외출했다.

단어 遊ぶ 놀다 | 出かける 외출하다

해설 선택지 1, 2, 3번은 의문 조사 「か」에 「의문사 + か」가 연결된 어휘로 '～(의문사)인지'라고 해석할 수 있으며, 4번 「～かどうか」는 '～인지 어떤지'라는 의미이다. 괄호 앞에 인명인 「川島さん」이 있으므로 사람을 묻는 의문사 「だれ 누구」를 넣은 선택지 2번 「～かだれかの ～인지 누구인지」가 들어가야 자연스럽다.

---

3 第一高速道路は交通事故の影響(　　)午後５時まで通行禁止になります。

1 にとって　　2 としては　　3 により　　4 とすれば

정답 **3** 제1 고속 도로는 교통사고의 영향으로 오후 5시까지 통행금지입니다.

단어 高速道路 고속 도로 | 交通事故 교통사고 | 影響 영향 | 午後 오후 | 通行 통행 | 禁止 금지 | ～にとって ～에게 있어서 | ～としては ～로서는, ～입장에서는 | ～により ～에 의해 | ～とすれば ～로 치면, ～라고 한다면

해설 「AによってB / AによりB」는 '～때문에, ～에 의해'라는 뜻으로, 'A라는 원인·이유로 인해 B라는 결과가 발생했다'라고 할 때 사용하는 문형이다. '교통사고로 인해 통행금지가 되었다'라는 인과 관계를 나타내고 있는 문장이므로 정답은 3번이다.

---

4 家に帰って(　　)田舎の母から荷物が届いていた。

1 来たら　　2 来れば　　3 来るとき　　4 来てから

정답 **1** 집에 돌아왔더니 고향의 어머니로부터 짐이 와 있었다.

단어 田舎 시골 | 荷物 짐 | 届く 닿다, 도착하다

해설 「たら」는 일반적으로 조건이나 가정을 나타내지만 이 문장에서처럼 동사 た형과 함께 쓰여 '결과·발견'의 '～했더니, ～하자'라는 의미로 사용하기도 한다. 따라서 이 문장은 '집에 돌아왔더니 짐이 도착해 있었다'라는 맥락으로 해석할 수 있다. 정답은 1번이다.

---

5 母 「どうしてこの服、着ないの？」
娘 「だって、かわいくない(　　)。」

1 だろう　　2 こと　　3 もの　　4 らしい

정답 **3** **엄마** 왜 이 옷 안 입니?
딸 그게 귀엽지 않은 걸.

단어 服 옷 | 着る 입다 | かわいい 귀엽다

해설 「～もの/～もん ~인 걸, ~란 말이야」는 문장 끝에 붙어 이유나 변명을 할 때 사용하는 표현이다. 주로 허물없는 사이에서 사용하는 회화체 표현이며 「～もん」은 어리광을 부리는 느낌이 더 강하다. 이 문장에서는 「かわいくない」의 뒤에 붙어 '귀엽지 않아서'라는 이유를 나타내기 위해 사용했다. 「だって」는 회화에서 많이 사용하는 표현으로 '왜냐하면, 그래도, 그러나, 그럴 것이'라는 의미의 접속사이다.

---

6 こんな難しい問題が私に解ける(　　)。

1 わけではない　　2 わけにはいかない　　3 わけがない　　4 ようがない

정답 **3** 이런 어려운 문제를 내가 풀 수 있을 리가 없다.

단어 解く 풀다 | ～わけではない (반드시) ~인 것은 아니다 | ～わけにはいかない ~할 수는 없다 | ～わけがない ~할 리가 없다 | ～ようがない ~하려고 해도 할 수가 없다

해설 「わけ 이유, 까닭」이 들어가는 「～わけだ ~인 것이다」, 「～わけではない」, 「～わけにはいかない」, 「～わけがない」 등의 문형은 출제 빈도가 높으므로 반드시 기억해 두자. 정답은 '어떤 근거를 통해 판단했을 때 그 일이 실현될 가능성이 없다'고 말하는 표현인 3번의 「わけがない」이다.

---

7 雨がたくさん降って川が(　　)から、ニュースをよく聞いて早く避難してください。

1 あふれている　　2 あふれそうになった　　3 あふれてしまった　　4 あふれるおそれがある

정답 **4** 비가 많이 와서 강이 범람할 우려가 있으니 뉴스를 잘 듣고 빨리 피난하세요.

단어 川 강 | ニュース 뉴스 | 避難 피난 | 溢れる 넘치다, 흘러넘치다 | ～おそれがある ~할 우려가 있다

해설 「～おそれがある」는 '나쁜 상황이나 결과가 일어날 가능성이 있음'을 나타내는 표현으로 '동사 기본형/명사 + の'에 접속한다. '강이 흘러넘친다'라는 나쁜 결과에 대한 염려를 나타내고 있는 문장이므로 '근심, 우려'를 표현하는 문형인 4번이 정답이다.

---

8 新幹線の駅ができればこの町も東京まで1時間で行けるから人口が増えて(　　)でしょう。

1 変わってみる　　2 変わることはない　　3 変わっていく　　4 変わるところ

정답 **3** 신칸센 역이 생기면 이 마을도 도쿄까지 한 시간이면 갈 수 있으니 인구가 증가해서 변해 가겠지요.

단어 新幹線 신칸센 | 人口 인구 | 増える 늘어나다, 증가하다 | 変わる 바뀌다, 변화하다 | ～ことはない ~할 필요는 없다 | ～ていく ~해 가다 | 기본형+ところだ (막) ~하려는 참이다

해설 시간의 흐름에 따른 변화를 나타내는 문형은 두 가지가 있는데 「～てくる ~해 오다, ~해지다」는 과거에서 현재에 걸쳐 변화했음을 나타낼 때 사용하며, 「～ていく」는 현재에서 미래로 이어지는 변화를 나타낼 때 사용한다. 이 문장은 「駅ができれば 역이 생기면」이라는 가정 하에 앞으로의 미래를 예측하는 문맥이므로 정답은 3번이다.

---

9 去年まで学生だった彼女が、今は教師(　　)学生たちの前に立っている。

1 としたら　　2 としても　　3 とすると　　4 として

정답 **4** 지난해까지 학생이었던 그녀가 지금은 교사로서 학생들 앞에 서 있다.

단어 去年 지난해 | 教師 교사 | ～としたら ～라고 한다면 | ～としても ～라고 해도 | ～とすると ～라고 하면

해설 「명사 + として ～로서」는 입장·자격을 나타내는 문형이다. 이 문장의 「教師として 교사로서」는 '교사'라는 지위를 강조하는 역할을 하고 있다. 다른 선택지의 문형도 함께 기억해 두자.

연습문제 ③

問題 1　다음 문장의 (　　　)에 넣기에 가장 적당한 것을 1・2・3・4에서 하나 고르세요. 문제편 183p

1 同じ品物でも売っている店(　　)みんな値段が違う。

1 について　　2 によって　　3 につれて　　4 にとって

정답 **2** 같은 물건이라도 팔고 있는 가게에 따라 모두 가격이 다르다.

단어 同じだ 같다 | 品物 물건, 물품 | 売る 팔다 | 値段 가격 | 違う 다르다 | ～について ～에 대해서 | ～によって ～에 따라서 | ～につれて ～함에 따라 | ～にとって ～에 있어서

해설 「～によって」는 '～로 인해(원인·이유)', '～로, ～로서(수단·방법)', '～에 의해(행위의 주체)', '～에 따라서(근거·의거)' 등 여러 가지 의미로 사용하는 문형이다. 이 문장에서는 앞에 나오는 명사에 따라 그에 따른 대응이 달라진다는 '근거·의거'의 의미로 사용하고 있으며, 이러한 경우 뒤에는 '다양하다, 다르다' 등 일정하지 않다는 의미의 서술어가 오는 경우가 많다.

---

2 朝炊いたご飯を夜までおいしく保存して、一日中(　　)のご飯を食べられるようにしたい。

1 炊き上げ　　2 炊きたて　　3 炊き切れ　　4 炊きかけ

정답 **2** 아침에 지은 밥을 밤까지 맛있게 보존해서, 하루 종일 갓 지은 상태의 밥을 먹을 수 있게 하고 싶다.

단어 炊く 밥을 짓다 | ご飯 밥 | 保存 보존, 저장 | 一日中 하루 종일 | ～上げる ～을 해내다, 끝내다 | ～たて 막 ～한 | ～かけ ～하다 만

해설 「ます형 + たて」는 '막 ～한 상태'를 나타내는 표현이다. 문제의 「炊きたて」 이외에도 「焼きたてのパン 갓 구운 빵」같은 예시를 통해 기억해 두자. 나머지 선택지도 모두 ます형에 연결하여 사용하는 문형이다. 「書き上げる 다 쓰다」, 「食べ切る (끝까지) 다 먹다」, 「読みかけ 읽다 맒, 읽다 만」 등의 예시를 통해 뉘앙스를 파악해 두자.

---

3 あの人はさっき会った(　　)なのにどうしても名前が思い出せない。

1 くせ　　2 わけ　　3 とおり　　4 ばかり

정답 **4** 저 사람은 방금 막 만났는데, 아무리 해도 이름이 생각나지 않는다.

단어 さっき 방금, 조금 전 | 会う 만나다 | どうしても 아무리 해도 | 名前 이름 | 思い出す 떠올리다, 생각해 내다 | ～くせ ～면서도, ～주제에 | ～わけ ～한 것 | ～とおり ～대로 | ～ばかり 막 ～한

해설 이 문장에서처럼 「ばかりだ」가 동사 た형에 접속하면 '막 ～한 참이다'라고 해석한다. 「ばかり」는 이 외에도 「명사 + ばかり ～만」, 「동사 기본형 + ばかりだ ～하기만 하다」와 같이 접속 형태가 다양한 문형이므로 주의해야 한다. 「仕事ばかりしている 일만 한다」, 「悪くなるばかりだ 나빠지기만 한다」와 같은 예시를 통해 기억해 두자.

4 あの店は初めは客が多かったが(　　)減って、今では日曜でもほとんどいない。

1 ふと　　2 次第に　　3 めったに　　4 ついでに

정답 **2** 저 가게는 처음에는 손님이 많았지만 점차 줄어서 지금은 일요일에도 거의 없다.

단어 初め 시작, 처음 | 客 손님 | 減る 줄어들다, 감소하다 | ほとんど 대부분 | ふと 우연히, 문득 | 次第に 차츰, 점점 | めったに 좀처럼 | ~ついでに ~한 김에

해설 '처음에는 많던 손님이 조금씩 줄어 지금은 거의 없다'는 내용의 문장이므로 2번 「次第に」가 정답이다. 부사 「次第に」와 문형 「명사 + 次第 ~하자마자, ~하는 즉시」, 「명사 + 次第だ ~에 달렸다」의 차이를 잘 정리해 두자.

---

5 弟「お父さんから手紙を(　　)って言われたんだけど、これのこと？」
兄「そうだな。じゃあ、ついでに何か飲むものも買ってきて。」

1 出してきてくれ　　2 出してやってもいい　　3 出してきたの　　4 出してきてもいいから

정답 **1** **남동생** 아버지가 '편지를 부치고 와 줘'라고 했는데, 이거 말인가?
형 그럴 걸. 그럼, 그 김에 뭔가 마실 것도 사 와.

단어 手紙 편지 | ~ついでに ~하는 김에 | 出す 내놓다, 편지를 부치다

해설 「手紙を出してくる 편지를 부치고 오다」를 명령형으로 활용한 1번 「出してきてくれ」가 정답이다. 이 문장에서 「~てくる」는 '~하고 오다'라는 뜻으로 사용하고 있다. 「~てくる」는 이 외에도 '~해 오다, ~해지다'라는 의미로 과거에서 현재에 걸쳐 변화했음을 표현할 때에도 사용한다. 「慣れてきた 익숙해졌다」와 같은 예시와 함께 기억해 두자.

---

6 英会話の初級クラスは人数(　　)、毎月必ず開かれます。

1 に関わりなく　　2 によって　　3 に違いなく　　4 に代わって

정답 **1** 영어 회화 초급 클래스는 인원수에 관계없이 매달 반드시 열립니다.

단어 英会話 영어 회화 | 初級 초급 | クラス 클래스, 학급 | 人数 인원수 | 必ず 반드시 | 開く 열리다 | ~に関わりなく ~에 관계없이 | ~によって ~에 따라 | ~に違いなく ~임에 틀림없이 | ~に代わって ~을 대신해서

해설 「~に関わりなく, ~に関わらず」는 명사와 접속하며 앞 내용과는 관계없이 뒷 문장의 상황이 성립함을 나타낼 때 사용한다. '인원수에 상관없이 매달 클래스가 열린다'는 내용의 문장이므로 괄호 안에는 1번이 들어가야 한다.

---

7 このかばんは(　　)軽いから、どこにも必ず持っていきます。

1 持ちかえったり　　2 持ちかえって　　3 持ちやすかったり　　4 持ちやすくて

정답 **4** 이 가방은 들기 편하고 가벼워서 어디든 반드시 가지고 갑니다.

단어 かばん 가방 | 軽い 가볍다 | 持ちかえる 가지고 가(오)다 | 持つ 가지다, 들다 | ~やすい ~하기 쉽다

해설 「ます형 + やすい」는 '~하기 쉽다, ~하기 편하다'라는 뜻의 문형이다. 복합 동사 「持ちかえる」는 의미가 맞지 않고, 여러 가지 행위 중에 예를 들어 나열하는 표현인 「~たり ~하거나」도 문맥상 답이 될 수 없으므로 정답은 4번이다.

8 高い(たか)ビルだが、外(そと)の景色(けしき)はこの窓(まど)(　　)見(み)ることができない。

1 にしか　　2 にでも　　3 からしか　　4 からでも

정답 3 높은 빌딩이지만 바깥 풍경은 이 창문에서밖에 볼 수 없다.

단어 高い(たか) 높다 | ビル 빌딩 | 外(そと) 밖 | 景色(けしき) 경치 | 窓(まど) 창, 창문

해설 '바깥 풍경은 이 창문에서만 보인다'라는 내용의 문장이 되어야 한다. 동작의 기점을 나타내는 조사인 「から ~에서, ~으로부터」와 범위를 한정하는 조사 「しか ~밖에」를 연결한 3번이 정답이다. 「しか」는 뒤에 부정어를 수반한다는 것도 기억해 두자.

---

9 一人(ひとり)で着物(きもの)が着(き)られる(　　)着物教室(きものきょうしつ)に通(かよ)うことにした。

1 ようになるまで　　2 ようにするまで　　3 ことにするため　　4 ことになるため

정답 1 혼자서 기모노를 입을 수 있게 될 때까지 기모노 교실에 다니기로 했다.

단어 着物(きもの) 기모노(일본 전통 복장) | 着る(き) 입다 | 教室(きょうしつ) 교실, 강습회 | 通う(かよ) 다니다 | ～ことにする ~하기로 하다 | ～ことになる ~하게 되다

해설 「동사 가능형 + ようになる ~하게끔 되다」라는 문형이므로 문제의 「着(き)られるようになる 입을 수 있게 되다」라고 해석할 수 있다. 결심을 나타내는 문형인 3번 「～ことにする」와 결정을 나타내는 문형인 4번 「～ことになる」도 함께 기억해 두자.

問題 2 문장 만들기

연습문제 정답 및 해설

정답

연습문제 ①	1 1 (3→2→1→4)	2 2 (4→3→2→1)	3 3 (2→3→4→1)	4 4 (3→1→4→2)
	5 1 (4→2→1→3)	6 4 (3→1→4→2)	7 1 (2→4→1→3)	8 3 (2→4→3→1)
연습문제 ②	1 4 (2→4→3→1)	2 1 (4→2→1→3)	3 3 (2→4→3→1)	4 3 (2→4→3→1)
	5 2 (1→3→2→4)	6 1 (2→4→1→3)	7 1 (4→2→1→3)	8 2 (1→3→2→4)

연습문제 ①

問題 2 다음 문장의 ___★___ 에 들어가기에 가장 적당한 것을 1・2・3・4에서 하나 고르세요.

문제편 185p

1 次の試験で ＿＿＿ ＿＿＿ ＿★＿ ＿＿＿ あきらめない。

1 合格する　　2 としても　　3 不合格になった　　4 までは

정답 **1** (3→2→1→4) 다음 시험에서 불합격이 된다고 해도 합격할 때까지는 포기하지 않겠다.

단어 次 다음 | 試験 시험 | 合格 합격 | 不合格 불합격 | あきらめる 포기하다

해설 「までは ~까지는」와 함께 쓰일 수 있는 것은 선택지 1번이므로 1→4는 한 묶음이 된다. 「~としても」는 '(가령) ~라 하더라도'라는 의미의 문형으로 '불합격해도 합격할 때까지 포기하지 않겠다'는 내용이 되어야 하므로 전체 선택지를 의미가 통하도록 나열하면 3→2→1→4의 순서가 되어야 한다.

---

2 この失敗の原因は、去年 ＿＿＿ ＿＿＿ ＿★＿ ＿＿＿ あるだろう。

1 ことに　　2 変更されてしまった　　3 計画が　　4 立てた

정답 **2** (4→3→2→1) 이 실패의 원인은 작년에 세웠던 계획이 변경되어 버린 것에 있을 것이다.

단어 失敗 실패 | 原因 원인 | 去年 지난해 | 変更 변경 | 計画 계획 | 立てる 세우다

해설 문장 전체의 술어는 '~것에 있다(ことにある)'가 되어야 한다. 따라서 1번 「ことに」는 마지막 밑줄에 들어가야 한다. 문맥상 '계획이 변경되어 버린(3→2)'은 한 묶음이며, 동사 「立てる」에는 '계획을 세우다'라는 의미가 있으므로 「計画」 앞인 첫 번째 밑줄에 들어가 '지난해 세운 계획이 변경되어 버린 것에(4→3→2→1)'의 순서가 되어야 한다.

3 幸せな人生を送るためには、＿＿＿ ＿★＿ ＿＿＿ ＿＿＿という考えの若者が増えている。

1 いい　　2 お金　　3 さえ　　4 あれば

정답 **3** (2→3→4→1) 행복한 인생을 보내기 위해서는 돈만 있으면 된다는 생각의 젊은이가 증가하고 있다.

단어 幸せだ 행복하다 | 人生を送る 인생을 보내다 | 考え 생각 | 若者 젊은이 | 増える 늘다, 증가하다

해설 「～さえ～ば ～만 ～면」은 '～라는 조건만 성립하면 그 외에는 아무것도 필요 없다'라는 문형이므로 3→4는 한 묶음이며, 「さえ」 앞에 조건이 되는 '돈(2)'이 와서 2→3→4의 순서가 되어야 한다. 전체 선택지를 의미가 통하도록 연결하면 2→3→4→1이 된다.

---

4 田中「どうしたの、何か元気ないね。」

井上「ちょっと進学のことでね。お父さん、＿＿＿ ＿＿＿ ＿★＿ ＿＿＿。」

1 だめだって　　2 聞こうとしないんだ　　3 大学進学以外は　　4 私の話を

정답 **4** (3→1→4→2) **다나카** 무슨 일이야? 왠지 기운이 없네?

이노우에 진학 때문에 좀. 아버지, 대학 진학 이외에는 안 된다며 내 이야기를 들으려고 하지 않아.

단어 元気 기운, 활기, 건강 | 進学 진학 | 大学 대학 | 以外 이외

해설 선택지 4번의 '나의 이야기를(私の話を)'에 호응하는 술어는 「동사 의지형 + としない ～하려고 하지 않는다」와 「聞く 듣다」가 합쳐진 2번 「聞こうとしないんだ」이며, 이는 문말 표현이므로 4→2의 순서로 맨 뒤에 들어가야 한다. 아버지가 한 말이 가리키는 3번이 첫 번째 밑줄에 들어가며 타인(아버지)의 말을 전달할 때 사용하는 「って ～래, ～라고 해」가 들어간 1번이 그 뒤로 이어져야 한다. 3→1→4→2가 바른 순서이다.

---

5 中山先生はほかの学生と相談して＿＿＿ ＿＿＿ ＿★＿ ＿＿＿ください。

1 少し　　2 ので　　3 待って　　4 いらっしゃいます

정답 **1** (4→2→1→3) 나카야마 선생님은 다른 학생과 상담하고 계시니 조금 기다려 주십시오.

단어 相談 상담 | いらっしゃる 가다(行く)・오다(来る)・있다(いる)의 존경어 | 少し 조금, 약간

해설 「いらっしゃる」는 가다(行く)・오다(来る)・있다(いる)의 존경어이다. 「相談している」를 존경 표현으로 써서 '선생님은 학생과 상담하고 계시다(4)'가 되어야 하므로 선택지 4번이 첫 번째 밑줄에 들어가야 한다. 문맥상 '조금 기다려 주세요(少し待って(1→3)ください)'의 순서가 되며, 이유・원인을 나타내는 2번 「ので ～해서, ～이기 때문에」와 함께 의미가 통하도록 나열하면 4→2→1→3이 된다.

---

6 飛行機の中では食事は＿＿＿ ＿＿＿ ＿★＿ ＿＿＿いたが、ごちそうが出てびっくりした。

1 だろう　　2 いわれて　　3 出ない　　4 と

정답 **4** (3→1→4→2) 비행기 안에서는 식사는 나오지 않을 것이라고 들었는데, 진수성찬이 나와서 깜짝 놀랐다.

단어 飛行機 비행기 | 食事 식사 | ごちそう 진수성찬, 손님을 대접함 | びっくりする 깜짝 놀라다

해설 「といわれる」는 '～라는 이야기를 듣다'라는 의미이므로 4→2는 한 묶음이며, '비행기 안에서는 식사는 나오지 않을 것이다(3→1)'가 전해들은 내용이므로 한 묶음이 된다. 전체 선택지를 의미가 통하도록 나열하면 3→1→4→2가 된다.

7 山田（やまだ）「ジョンさん、今日（きょう）はコーヒーじゃなく ＿＿ ＿＿ ＿★＿ ＿＿ しませんか。」
ジョン「私（わたし）は何（なん）でもいいですよ。」

1 の　　2 て　　3 に　　4 ほか

정답 1 (2→4→1→3) 야마다 존 씨, 오늘은 커피 말고 다른 걸로 하지 않겠습니까?
존 저는 무엇이든 좋아요.

단어 コーヒー 커피 | ほか 다른 것, ~외

해설 「AじゃなくてB」는 「~ではなくて」의 축약형으로 'A가 아니라 B'라고 B를 강조하는 표현이다. 따라서 첫 번째 밑줄에는 2번 「て」가 들어가야 한다. 또한 「명사 + にする ~로 하다」도 고정된 문법 표현이므로 마지막 밑줄에는 3번의 조사 「に」가 들어간다. 문맥상 '커피가 아니라 다른 것으로(4→1→3)'의 순서가 자연스럽다.

---

8 外国（がいこく）で生活（せいかつ）しながら病気（びょうき）になった時（とき） ＿＿ ＿＿ ＿★＿ ＿＿ ことはなかった。

1 感（かん）じさせられた　　2 ほど　　3 について　　4 家族（かぞく）のよさ

정답 3 (2→4→3→1) 외국에서 생활하면서 병에 걸렸을 때만큼 가족의 좋은 점에 대해 느끼게 한 적은 없었다.

단어 外国（がいこく） 외국 | 生活（せいかつ） 생활 | 病気（びょうき） 병 | 感（かん）じる 느끼다 | 家族（かぞく） 가족

해설 「~ほど~ない」는 '~만큼 ~하지 않다'라는 뜻의 문형이다. 의미상 '외국 생활에서 병에 걸렸을 때 만큼(ほど)'으로 연결되는 것이 자연스러우므로 2번은 첫 번째 밑줄에 들어가며, 「~について ~에 대해」는 명사와 접속하므로 4→3은 한 묶음이 된다. 나머지 선택지를 포함하여 의미가 통하도록 나열하면 2→4→3→1의 순서가 된다.

연습문제 ②

問題 2 다음 문장의 ＿★＿ 에 들어가기에 가장 적당한 것을 1・2・3・4에서 하나 고르세요. 문제편 186p

1 A「すみません。会員（かいいん）の申（もう）し込（こ）みをしたいんですが。」
B「それではこの用紙（ようし）に必要（ひつよう）なことを ＿＿ ＿★＿ ＿＿ ＿＿ ください。」

1 お持（も）ち　　2 お書（か）き　　3 こちらに　　4 になって

정답 4 (2→4→3→1) A 저기요, 회원 신청을 하고 싶은데요.
B 그럼 이 용지에 필요한 것을 쓰셔서 이쪽으로 가져와 주세요.

단어 会員（かいいん） 회원 | 申（もう）し込（こ）み 신청 | 用紙（ようし） 용지 | 必要（ひつよう）だ 필요하다

해설 「お + ます형 + になる ~하시다」와 「お + ます형 + ください ~해 주세요」를 활용한 문제이다. 밑줄 앞에 있는 '이 용지에 필요한 것을'의 서술어로 적당한 것은 '쓰셔서(2→4)'이다. 문장의 끝에 「ください」가 있으므로 마지막 밑줄에는 「持（も）つ」의 ます형인 1번 「お持（も）ち」가 들어가야 한다. 의미가 통하도록 나열하면 2→4→3→1의 순서가 된다.

2 父は、毎日学校から帰ると友だちと遊びに行った ＿＿ ＿＿ ★ ＿＿ と言って笑った。

1 いちばん　2 ころが　3 懐かしい　4 あの

정답 1 (4→2→1→3) 아버지는 매일 학교에서 돌아오면 친구와 놀러 갔던 그때가 가장 그립다고 말하며 웃었다.

단어 遊ぶ 놀다 | 笑う 웃다 | 懐かしい 그립다

해설 이 문제처럼 문장 안에 특별한 문법 사항이나 문형이 나오지 않으면 선택지만으로 문장을 만들어 보는 것이 좋다. 선택지의 어휘를 의미가 통하도록 나열하면 「あのころがいちばん懐かしい(4→2→1→3) 그 때가 가장 그립다」의 순서가 되며 밑줄 앞뒤 내용과 자연스럽게 연결된다.

---

3 彼女とはあれから ＿＿ ＿＿ ★ ＿＿ 会うかもしれないと心の中で期待している。

1 どこかでまた　2 一度も　3 けれども　4 会っていない

정답 3 (2→4→3→1) 그녀와는 그 후로 한번도 만나지 않았지만 어딘가에서 다시 만날지도 모른다고 마음속으로 기대하고 있다.

단어 あれから 그때부터, 그 후로 | 期待 기대 | 一度も 한번도

해설 밑줄 앞의 '그녀와는 그 후로'와 자연스럽게 연결되는 서술어는 '한 번도 만나지 않았다(2→4)이다. 역접 조사인 3번「けれども ~이지만」이후로는 앞부분과 상반되거나 모순된 내용이 이어져야 하므로 '한번도 만나지 않았지만 어딘가에서 다시 만날지도 모른다(2→4→3→1)'의 순서가 되는 것이 자연스럽다.

---

4 夏になると北海道 ＿＿ ＿＿ ★ ＿＿ 祭りが行われる。

1 かけて　2 から　3 に　4 九州

정답 3 (2→4→3→1) 여름이 되면 홋카이도에서 규슈에 걸쳐서 축제가 열린다.

단어 祭り 마쓰리, 축제 | 行う 행하다, 시행하다

해설 「~から~にかけて」는 '~부터 ~에 걸쳐서'라는 뜻으로 시간·공간적 범위 모두에 사용하는 문형이다. 밑줄 앞에 홋카이도라는 장소가 나오고 있으므로 첫 번째 밑줄에는 2번「から」가 들어가야 하며, 뒤로 '규슈에 걸쳐서(4→3→1)'의 순서로 연결되어야 한다. 의미가 비슷하여 혼동하기 쉬운「~にわたって ~에 걸쳐서」는 '하나의 넓은 범위(시간·공간)에 걸쳐서'라는 의미의 표현이다.

---

5 美術館には ＿＿ ＿＿ ★ ＿＿ 大作から、20センチぐらいの小品まで展示されていた。

1 大きなもの　2 幅が３メートル　3 だと　4 もある

정답 2 (1→3→2→4) 미술관에는 큰 것이라면 폭이 3m나 되는 큰 작품부터 20cm정도의 작은 작품까지 전시되어 있었다.

단어 美術館 미술관 | 大作 대작, 걸작, 큰 작품 | 小品 소품, 작은 작품 | 展示 전시 | 幅 폭, 너비

해설 조사「も」는 앞에 수량 명사가 오면 '~나, ~씩이나'라고 해석하여 수량의 강조 표현으로 사용하기도 한다. 따라서「幅が３メートルもある(2→4) 폭이 3미터나 되는」의 순서로 밑줄 뒤의「大作」과 연결되는 것이 자연스럽다. 3번의 조건 표현「~だと ~라면」을 '큰 것이라면(1→3)'의 순서로 연결하여 의미가 통하도록 전체 선택지를 나열하면 1→3→2→4의 순서가 된다.

6 A「この前のマラソン大会はどうでしたか。」

B「うまく走れませんでした。＿＿＿＿ ＿＿＿＿ ＿★＿ ＿＿＿＿なくて、緊張してしまいました。」

1 大会には　　2 あんな　　3 参加したことが　　4 大きな

정답 **1** (2→4→1→3) A 요전의 마라톤 대회는 어땠나요?
B 잘 달리지 못했습니다. 그런 큰 대회에는 참가한 적이 없어서 긴장해 버렸습니다.

단어 マラソン 마라톤 | 大会 대회 | 走る 달리다 | 緊張 긴장 | 参加 참가

해설 경험을 나타내는 표현「～たことがある ～한 적이 있다」를 부정형으로 활용하면「～たことがない」가 된다. 따라서 선택지 3번은 마지막 밑줄에 들어가 '참가한 적이 없어서'로 연결된다. 남은 선택지를 의미가 통하도록 나열하면 '그런 큰 대회에는(2→4→1)'의 순서가 되는 것이 자연스럽다.

---

7 一人で住んでいる祖母にインターネットの使い方を教えようとも思ったが＿＿＿＿ ＿＿＿＿ ＿★＿ ＿＿＿＿ことも簡単ではなさそうだ。

1 祖母には　　2 さわったことのない　　3 メールを出す　　4 パソコンに

정답 **1** (4→2→1→3) 혼자 사는 할머니께 인터넷 사용법을 가르쳐 드리려고 생각했지만, 컴퓨터를 만져 본 적이 없는 할머니에게는 메일을 보내는 것도 간단하지 않은 듯하다.

단어 住む 살다 | 祖母 조모, 할머니 | インターネット 인터넷 | 使い方 사용법 | 教える 가르치다 | 簡単だ 간단하다 | さわる 닿다, 손을 대다 | パソコン 컴퓨터(퍼스널 컴퓨터의 준말)

해설 밑줄 뒤의「ことも」와 문법적으로 연결될 수 있는 것은 2번과 3번이지만, 의미상 3번만 들어갈 수 있다. 문맥상 '컴퓨터를 만져 본 적이 없는(4→2)'은 한 묶음이며, 남은 선택지를 의미가 통하도록 나열하면 '컴퓨터를 만져 본 적이 없는 할머니에게는 메일을 보내는(4→2→1→3)것도'의 순서가 된다.

---

8 6月ごろから＿＿＿＿ ＿＿＿＿ ＿★＿ ＿＿＿＿来週から晴れるそうだ。

1 毎日のように　　2 長い雨が　　3 降っていた　　4 やっと

정답 **2** (1→3→2→4) 6월경부터 매일같이 내리던 긴 비가 드디어 다음 주부터 갠다고 한다.

단어 ごろ ~경, 쯤 | 晴れる (날이) 개다, 맑아지다 | 降る (눈·비 등이) 내리다 | やっと 드디어, 겨우, 간신히

해설 선택지 4번의「やっと」는 힘들게 기다리던 결과를 맞이했을 때 쓰는 부사로 마지막 밑줄에 들어가 '드디어～갠다고 한다(やっと～晴れるそうだ)'로 연결되는 것이 문맥상 자연스럽다. 나머지 선택지만으로 문장을 만들어 보면, '긴 비가 매일같이 내렸다(2→1→3)'도 성립하지만 2→1→3→4가 될 경우 문법에 맞지 않으므로 1→3→2→4가 바른 순서이다.

問題 3 글의 문법

연습문제 정답 및 해설

정답

연습문제 [1] 3 [2] 1 [3] 2 [4] 4 [5] 1

연습문제

問題 3 다음 글을 읽고, 글 전체의 내용을 고려하여 [1] 에서 [5] 안에 들어갈 가장 적당한 것을 1・2・3・4에서 하나 고르세요.

문제편188p

개는 매우 영리한 동물이라고 합니다. 자신이 사는 곳을 기억하고 있어서 만일 멀리 갔다고 해도 반드시 자신의 집을 찾아서 돌아옵니다. 그러나 그것이 1,000km나 떨어진 곳이라면 어떨까요? 인간이라도 그 정도로 먼 곳에서 자기 집에 돌아오는 것은 힘들지요. [1] 그런데 인간에게도 어려운 일을 한 개가 있었습니다. [2] 그 개는 어느 날, 주인이 고향에 갔을 때 함께 갔습니다. 1,000km나 떨어진 곳이어서 갈 때는 비행기를 타고 갔습니다만, 돌아올 때 공항으로 향하는 버스가 사고를 일으켜 버렸습니다. 개의 주인도 그때 큰 부상을 당해, 병원에 입원했습니다. 주인은 구급차 안에서도 이 개에게 '금방 돌아올 테니까 기다리고 있으렴.'이라고 [3] 말했다고 합니다만, 물론 개는 그런 것을 알지 못했습니다. 그 뒤 이 개의 집 찾기가 시작되었습니다. 물론, 전철이나 트럭을 타거나 할 수는 없기 때문에 걸어서 [4] 갈 수밖에 없었습니다. 비가 내려도 태풍이 와도 집이 있는 쪽으로 열심히 걷기만 했습니다. 하지만 놀라지 마세요. 그리고 3개월 후, 드디어 이 개는 자신의 집에 돌아온 것입니다. 그때는 이미 주인도 부상이 나아서 자기 집에 돌아와 있었습니다. 마음속으로는 개는 이제 [5] 돌아오지 않을 것이라고 생각하고 있었습니다. 그것이 어느 날, 멍멍하는 소리가 들려서 깜짝 놀라 밖으로 나가자, 보고 싶었던 개가 꼬리를 흔들며 다가왔습니다. 믿을 수 없을지도 모르지만, 이것은 실화입니다.

단어 イヌ(犬)(いぬ) 개 | 賢い(かしこい) 똑똑하다, 현명하다 | 動物(どうぶつ) 동물 | 自分(じぶん) 자기, 자신 | 住む(すむ) 살다 | 覚える(おぼえる) 기억하다, 느끼다 | 遠い(とおい) 멀다 | 必ず(かならず) 반드시 | 探す(さがす) 찾다 | 離れる(はなれる) 떨어지다, (거리가) 벌어지다 | 人間(にんげん) 인간 | 大変だ(たいへんだ) 힘들다, 큰일이다 | 主人(しゅじん) 주인 | 故郷(こきょう) 고향 | 一緒に(いっしょに) 함께 | 飛行機(ひこうき) 비행기 | 空港(くうこう) 공항 | 向かう(むかう) 향하다 | 事故(じこ) 사고 | 起こす(おこす) 깨우다, (사고를) 일으키다 | ケガをする 다치다, 부상을 입다 | 病院(びょういん) 병원 | 入院(にゅういん) 입원 | 救急車(きゅうきゅうしゃ) 구급차 | もちろん 물론 | 始まる(はじまる) 시작되다 | トラック 트럭 | 歩く(あるく) 걷다 | 台風(たいふう) 태풍 | 一生懸命に(いっしょうけんめいに) 열심히 | 驚く(おどろく) 놀라다 | とうとう 드디어, 마침내 | 治る(なおる) 낫다, 치료되다 | 声(こえ) 목소리 | 聞こえる(きこえる) 들리다 | びっくりする 깜짝 놀라다 | 外(そと) 밖 | しっぽ 꼬리 | ふる 흔들다, 휘두르다 | 信じる(しんじる) 믿다

1　1 たしかに　2 それから　3 ところが　4 あんがい

정답 3

해설 1 앞에서는 '1,000km나 떨어진 곳에서 집을 찾아온 개에 대해 이야기한 후 인간이라도 그렇게 먼 곳에서 집을 찾아오기는 힘들다'고 말한 후, 1 뒤에서 '인간에게도 어려운 일을 한 개가 있다'고 1 앞뒤의 내용이 바뀌고 있으므로 역접의 의미를 가진 접속사가 들어가야 한다. 따라서 정답은 3번「ところが 그런데」이다.

2　1 その　2 あの　3 そういう　4 ああいう

정답 1

해설 2 앞에서 인간도 하기 힘든 일을 한 개가 있다고 한 후, 2 뒤에서 '개는 어느 날'이라며 앞서 말한 개의 이야기를 시작하고 있으므로 공란에 들어갈 지시 대명사로는 선택지 1번「その 그」가 적당하다.

3　1 言おうとした　2 言っていた　3 言わなかった　4 言えなかった

정답 2

해설 주인이 개에게 '금방 돌아갈 테니까 기다리고 있어'라고 말했던 사실을 이야기하는 것이므로 과거형이나 과거 진행형이 들어가야 한다. 따라서「言う 말하다」를 과거 진행형으로 활용한 선택지 2번이 정답이다.

4　1 行くほうがましでした　2 行くところでした
3 行くべきでした　4 行くしかありませんでした

정답 4

해설 선택지 모두 동사「行く 가다」를 활용한 표현으로, 바로 앞의 '전철이나 트럭을 타거나 할 수는 없기 때문에 걸어서(電車やトラックに乗ったりすることはできませんから、歩いて)'와 자연스럽게 연결되는 활용 형태를 찾아야 한다. 정답은 '다른 수단·방법이 없어서 그렇게 할 수밖에 없다'라는 의미인「～しかない ～할 수밖에 없다」를 활용한 4번의「行くしかありませんでした 걸어갈 수밖에 없었습니다」이다. 선택지 1번의「～ほうがましだ ～쪽이 더 낫다」, 3번의「～べきだ ～해야 한다」도 함께 기억해 두자.

5　1 帰ってこないだろう　2 帰ってくるだろう
3 帰っていってほしい　4 帰らないでほしい

정답 1

해설 5 의 앞부분에서 병원에서 집까지 1,000km나 떨어져 있고 개가 없어진 지 벌써 3개월이 지난 상황이라는 것을 알 수 있다. 따라서 주인은 마음속으로 개는 이제 돌아오지 않을지도 모른다고 생각했음을 유추할 수 있다. 근거를 통한 추측 표현「～だろう ～일 것이다」를 사용한 1번「帰ってこないだろう 돌아오지 않을 것이다」가 정답이다.

問題 1 문법형식 판단

실전문제 정답 및 해설

정답

실전문제 ①	1 4	2 1	3 3	4 3	5 1	6 2	7 2	8 4	9 1
실전문제 ②	1 4	2 2	3 1	4 3	5 2	6 2	7 4	8 2	9 4
실전문제 ③	1 4	2 3	3 2	4 2	5 4	6 1	7 2	8 1	9 3
실전문제 ④	1 4	2 4	3 1	4 3	5 1	6 2	7 2	8 3	9 2
실전문제 ⑤	1 1	2 3	3 1	4 4	5 3	6 2	7 3	8 2	9 4

실전문제 ①

問題 1 다음 문장의 (　　)에 넣기에 가장 적당한 것을 1・2・3・4에서 하나 고르세요.

문제편 192p

1 あのお店の人は私が行く(　　)笑いながらあいさつしてくれる。

1 あいだ　　2 ところ　　3 くらい　　4 たびに

정답 **4** 저 가게 사람은 내가 갈 때마다 웃으며 인사해 준다.

단어 笑う 웃다 | あいさつ 인사 | 間 사이, 동안 | ところ 곳 | ～くらい ～정도 | ～たびに ～할 때마다

해설 「～たびに」는 '어떤 상황이 일어날 때마다 늘 ～한다'라는 의미의 문형이다. 이 문장의 「行くたびに 갈 때마다」처럼 동사는 기본형에, 「出勤のたびに 출근할 때마다」처럼 명사는 '명사 + の'에 접속한다.

---

2 こんなに道路が混んでいたら飛行機の時間までに空港に(　　)そうもない。

1 着け　　2 着く　　3 着いて　　4 着いた

정답 **1** 이렇게 도로가 막히면 비행기 시간까지 공항에 도착할 수 있을 것 같지 않다.

단어 道路 도로 | 混む 붐비다, (길이) 막히다 | 飛行機 비행기 | 時間 시간 | 空港 공항 | 着く 닿다, 도착하다

해설 추측 표현 「～そうだ ～할 것 같다」에서 파생된 「～そうもない/～そうにない」는 '～할 것 같지 않다'라는 의미로 ます형에 접속하는 문형이다. 따라서 「着く」의 가능형인 「着ける」를 ます형으로 활용한 1번 「着けそうもない 도착할 수 있을 것 같지 않다」가 정답이다.

3 A「新しくできた特急電車はどんな形ですか？」
B「よこから見ると鳥のような形(　　)していておもしろいですね。」

1 が　　2 に　　3 を　　4 で

정답 **3** A 새로 생긴 특급 전철은 어떤 모양인가요?
B 옆에서 보면 새와 같은 형태를 하고 있어 재미있네요.

단어 新しい 새롭다 | 特急電車 특급 전철 | 形 형태 | よこ 옆 | 鳥 새 | おもしろい 재미있다

해설 「形をする」는 '형태를 하다, 형태를 띠다'라는 뜻으로, 문제에서는 「形をしている」로 사용하고 있는데, 여기서 「～ている」는 '지속'의 용법으로 쓰였다는 것도 기억해 두자. 「顔をしている 얼굴을 하고 있다」, 「表情をしている 표정을 하고 있다」와 같은 예시를 통해 뉘앙스를 익히도록 하자.

---

4 乗客「特急で行けば１時間ぐらいで行けますか。」
駅員「特急に乗った(　　)２時間はかかりますよ。」

1 とすれば　　2 といえば　　3 としても　　4 と思っても

정답 **3** 승객 특급으로 가면 1시간 정도로 갈 수 있나요?
역무원 특급을 탄다고 해도 2시간은 걸립니다.

단어 乗客 승객 | 駅員 역무원 | かかる (시간이) 걸리다 | ～とすれば ~라고 한다면 | ～といえば ~라고 하면

해설 「AとしてもB」는 '만약 A라고 하더라도 B하다'라는 의미로, B에는 A와는 상반되거나 모순된 내용이 뒤따르는 역접 표현이다. '특급 전철을 탄다고 하더라도(特急に乗ったとしても) 2시간은 걸린다', 즉 '그렇게 빨리는 도착할 수 없다'라는 의미로 사용하고 있다.

---

5 この作品は私が１年間苦労して作ったものだからできるだけ多くの人に(　　)。

1 みてほしい　　2 みたがっている　　3 みてあげたい　　4 みせたがっている

정답 **1** 이 작품은 내가 1년 동안 고생해서 만든 것이니 되도록 많은 사람들이 봐 줬으면 좋겠다.

단어 作品 작품 | 苦労 고생 | 作る 만들다 | できるだけ 가능한 한, 되도록 | ～てほしい ~했으면 좋겠다, ~하길 바란다 | ～たがる ~하고 싶어하다 | ～てあげる ~해 주다

해설 「～てほしい」는 '~하길 바란다'는 뜻으로, 이 문장에서처럼 조사 「に」와 함께 「～に～てほしい」로 쓰이면 '다른 사람이 나에게 무엇인가를 해줬으면 좋겠다, 해 주길 바란다'라는 요구를 나타내는 표현이 된다. '고생해서 만든 작품이니 되도록 많은 사람이 작품을 봐 주었으면 한다'라는 내용의 문장이 되어야 하므로 정답은 1번이다.

---

6 久しぶりに故郷の友だちに(　　)ゆっくり話をしたいと思った。

1 会ったとしても　　2 会ったのだから　　3 会うかわりに　　4 会うくらいなら

정답 **2** 오랜만에 고향 친구를 만났기 때문에 천천히 이야기를 하고 싶다고 생각했다.

단어 久しぶりに 오랜만에 | 故郷 고향 | ゆっくり 천천히 | ～としても ~라고 해도 | ～かわりに~대신에 | ～くらいなら ~정도 라면, ~(할) 것 같으면, ~(할) 바에야

해설 '친구와 오랜만에 만났으니까 천천히 이야기하고 싶다'라는 문맥이므로 괄호 뒤의 「ゆっくり話をしたい」라고 생각하게 된 이유·원인을 설명하는 2번의 「会ったのだから 만났기 때문에」가 정답이다. 「~のだ ~인 것이다」는 화자의 사정·상황을 설명하는 표현이다.

---

7 小学校で生徒たちの絵を見たら子ども(　　)作品がたくさんあった。

1 だけの　　2 らしい　　3 向けの　　4 ままの

정답 **2** 초등학교에서 학생들의 그림을 보니 어린이다운 작품이 많이 있었다.

단어 小学校 초등학교 | 生徒 (고등학교까지의) 학생 | 絵 그림 | たくさん 많이 | ~だけの ~만, ~뿐의 | ~らしい ~인 듯하다, ~답다 | ~向けの ~용의, ~를 위한 | ~ままの ~대로의

해설 「~らしい」는 '~인 듯하다(외부로부터 들은 정보에 의한 추측)'라는 의미와 '~답다(전형적 성질을 강조)'라는 의미가 있다. '~답다'의 의미로 사용할 때는 명사에만 접속한다는 점에 주의하자. '초등학생 어린이다운 작품'이라는 문맥이므로 2번이 정답이다. 「男らしい 남자답다」, 「春らしい 봄 (날씨)답다」와 같은 예시도 함께 기억해 두자.

---

8 私は夜型なので、夜遅くまで(　　)のは平気です。

1 起きる　　2 起きてしまう　　3 起きた　　4 起きている

정답 **4** 저는 저녁형 (인간)이기 때문에 밤늦게까지 깨어 있는 것은 아무렇지도 않습니다.

단어 夜型 저녁형 (인간), 야행성 | 夜遅く 밤늦게 | 平気だ 아무렇지 않다, 태연하다 | 起きる 기상하다, 일어나다, 발생하다

해설 「起きる」가 상태의 지속을 나타내는 「~ている」와 접속한 선택지 4번의 「起きている 깨어 있다」가 정답이다. 「夜型」는 '저녁형 (인간)'을 의미하는 단어로, 반의어인 「朝型 아침형 (인간)」도 함께 기억해 두자.

---

9 電車が満員で(　　)としても乗ることができなかった。

1 乗ろう　　2 乗って　　3 乗る　　4 乗り

정답 **1** 전철이 만원이라서 타려고 해도 탈 수가 없었다.

단어 満員 만원 | 乗る 타다

해설 「동사 의지형(おう·よう형) + とする ~하려고 하다」를 알아야 풀 수 있는 문제이다. 이 문장에서는 「とする」를 「としても」로 활용하여 '타려고 해도(乗ろうとしても) 탈 수 없었다'라는 역접 표현으로 사용하고 있다.

실전문제 ②

問題 1　다음 문장의 (　　)에 넣기에 가장 적당한 것을 1·2·3·4에서 하나 고르세요.

문제편 193p

1 一人で買い物に行くのは 5 歳の子ども(　　)無理でしょう。

1 とは　　2 さえ　　3 まで　　4 には

정답 **4** 혼자서 장을 보러 가는 것은 5세 아이에게는 무리일 것입니다.

단어 買い物 쇼핑, 장보기 | ～歳 ~세, ~살 | 無理だ 무리이다 | ～とは ~라는 것은, ~와는 | ～さえ ~조차

해설 조사「～には」는 접속 형태에 따라 두 가지 의미로 나누어지는데, 이 문장에서처럼 명사와 접속하면 '~에게는'이라는 뜻이 되며, 동사 기본형과 접속하면 '~하려면, ~하기 위해서는'이라는 뜻이 된다. '아이에게는'이라는 의미로 사용한 4번이 정답이다.「試験に合格するには 시험에 합격하려면」과 같은 예시를 통해 각각의 뉘앙스를 파악해 두자.

---

2 心(　　)この本をお送りいたします。

1 にかけて　　2 を込めて　　3 に入れて　　4 を通じて

정답 **2** 마음을 담아 이 책을 보냅니다.

단어 心 마음 | 送る 보내다 | ～にかけて ~에 걸쳐 | ～を込めて ~을 담아서 | ～を通じて ~을 통해, ~을 통틀어

해설「명사＋を込めて」는 '감사·정성·분노·슬픔 등의 마음을 담아서'라는 의미의 문형이다. 주로「心を込めて 마음을 담아서」,「怒りを込めて 분노를 담아서」,「愛情を込めて 애정을 담아서」처럼 사용한다. 4번의「명사＋を通じて/を通して (수단) ~을 통해서, (기간) ~을 통틀어」도 함께 정리해 두자.

---

3 自分は試験に合格したが仲がいい友だちが落ちてしまったので(　　)うれしくなかった。

1 少しも　　2 一度も　　3 いつも　　4 最も

정답 **1** 나는 시험에 합격했지만 친한 친구가 떨어져 버려서 조금도 기쁘지 않았다.

단어 試験 시험 | 合格 합격 | 仲がいい 사이가 좋다, 서로 친하다 | 落ちる 떨어지다, 추락하다 | 少しも 조금도 | 一度も 한번도 | 最も 가장

해설「少しも」는 '조금도'라는 뜻으로 뒤에 부정 표현이 따라와 '조금도 ~지 않다'라고 표현할 때 사용한다. 유사 표현인「全然～ない 전혀 ~하지 않다」도 함께 기억해 두자. 정답은 1번이다.

---

4 試験も終わって後は発表を待つ(　　)から、久しぶりに友だちと楽しく過ごしたい。

1 ようだ　　2 そうだ　　3 だけだ　　4 ころだ

정답 **3** 시험도 끝나고 남은 것은 발표를 기다릴 뿐이니 오랜만에 친구들과 즐겁게 보내고 싶다.

단어 試験 시험 | 終わる 끝나다 | 後は 남은 일은, 나머지는 | 発表 발표 | 楽しい 즐겁다 | 過ごす 보내다, 지내다 | ～ようだ ~인 것 같다 | ～そうだ ~인 듯 하다, ~라고 한다 | ～だけだ ~뿐이다 | ～ころだ ~즈음이다

해설「～だけ ~만, 뿐」은 '다른 것은 없고 오직 그것임'을 강조하는 회화체 표현이다. 같은 의미의 문어체 표현인「～のみ」도 함께 기억해 두자.

---

5 サンドイッチを買ってテーブルに置いておいたら(　　)食べられなくなった。

1 固くなったおかげで　　2 固くなりすぎて

3 固くしようとしたおかげで　　4 固くしようとしすぎて

정답 **2** 샌드위치를 사서 테이블에 놓아 두었더니 너무 딱딱해져서 먹을 수 없게 되었다.

단어 サンドイッチ 샌드위치 | 置く 두다, 놓다 | 固い 딱딱하다, 단단하다 | ～おかげで ~덕분에 | ～すぎて 너무 ~해서

해설 「～すぎる」는 '지나치게 ～하다'라는 의미로 동사의 ます형에 접속하는 문형이다. '테이블 위에 둔 샌드위치가 너무 딱딱해졌다'라는 문맥이므로 「固くなる 딱딱해지다」의 ます형에 접속한 2번 「固くなりすぎて 너무 딱딱해져서」가 정답이다. 긍정적인 결과를 수반하여 '～덕분에'라는 뜻으로 사용하는 선택지 1번 「～おかげで」도 함께 기억해 두자.

---

6 学生 「先生、月曜日に(　　)資料はいつまでに整理すればいいですか。」

先生 「来週の初めまでにお願いします。」

1 存じた　　2 いただいた　　3 いらっしゃった　　4 さしあげた

정답 **2** **학생** 선생님, 월요일에 받은 자료는 언제까지 정리하면 될까요?

선생님 다음 주 초까지 부탁합니다.

단어 資料 자료 | 整理 정리 | 初め 초반, 처음, 최초

해설 학생이 선생님에게 자료를 받은 상황이므로 「もらう 받다」의 겸양어인 「いただく」가 들어가야 한다. 따라서 정답은 2번이다. 1번의 「存じる」는 「思う 생각하다」의 겸양어, 3번의 「いらっしゃる 가시다, 오시다, 계시다」는 「行く 가다」, 「来る 오다」, 「いる 있다」의 존경어, 4번의 「さしあげる 드리다」는 「あげる 주다」의 겸양어이다.

---

7 あわてて家を出発したが途中で窓を(　　)出てきたことに気がついた。

1 あいたついでに　　2 あけたついでに　　3 あいたまま　　4 あけたまま

정답 **4** 황급히 집을 출발했는데 도중에 창문을 연 채로 나온 것이 생각났다.

단어 慌てる 당황하다, 허둥대다 | 出発 출발 | 途中 도중 | 窓 창, 창문 | 気がつく 알아차리다, 생각나다, 깨닫다 | 開く 열리다 | 開ける 열다 | ～ついでに ～하는 김에 | ～たまま ～한 채

해설 괄호 앞에 조사 「を」가 있으므로 타동사인 「開ける 열다」와 연결되어야 한다. 따라서 자동사 「開く」의 활용형인 선택지 1, 3번은 답이 될 수 없다. 「AついでにB」는 'A를 하는 김에 B를 한다'라는 의미의 문형이며, 동사 た형에 접속하는 「～まま」는 '어떤 상태가 변하지 않고 유지·방치됨'이라는 의미의 문형이다. 문맥상 정답은 4번이다.

---

8 先生 「発表会の準備でもう少し人が必要なんだけど、だれか手伝ってくれる人いますか。」

学生 「先生、私にぜひ(　　)ください。」

1 手伝って　　2 手伝わせて　　3 手伝われて　　4 手伝ってもらって

정답 **2** **선생님** 발표회 준비로 좀 더 사람이 필요한데, 누구 도와 줄 사람 있나요?

학생 선생님, 제가 꼭 도와드리겠습니다(제가 꼭 돕게 해 주세요).

단어 発表会 발표회 | 準備 준비 | 必要だ 필요하다 | 誰 누구 | 手伝う 돕다, 거들다 | ぜひ 꼭, 반드시

해설 '일손이 부족하니 도와 달라'는 선생님의 요청에 '제가 돕게 해 주세요(제가 돕겠습니다)'라고 답하는 대화이므로 정답은 「手伝う」의 사역형을 활용한 2번이다. 「～(さ)せてください ～하게 해 주세요」는 윗사람에게 자신이 어떤 일을 할 수 있도록 허락해 줄 것을 정중하게 요청할 때 사용하는 표현이다.

9 海外旅行を(　　)パスポートを忘れるなんて…。困ったな。

1 するのは　　2 するために　　3 するように　　4 するのに

정답 **4** 해외여행을 가는데 여권을 잊어버리다니…. 곤란하네.

단어 海外旅行 해외여행 | パスポート 패스포트, 여권 | 忘れる 잊다 | 困る 곤란하다, 난처하다

해설 「AのにB ~인데, ~임에도 불구하고」는 'A라는 상황임에도 불구하고 B라는 예상 밖의 결과가 일어났다는 데에 대한 불만·유감'을 나타내는 표현이다. 해외여행에 꼭 필요한 '여권을 잊고 왔다'라는 예상 밖의 상황을 표현하는 문장이므로 정답은 4번이다.

실전문제 ③

問題 1　다음 문장의 (　　　)에 넣기에 가장 적당한 것을 1・2・3・4에서 하나 고르세요. 문제편 194p

1 留学したいと思うのは、外国(　　)経験できないことがあるからです。

1 でこそ　　2 だから　　3 だって　　4 でしか

정답 **4** 유학을 가고 싶다고 생각하는 것은 외국에서밖에 경험할 수 없는 것이 있기 때문입니다.

단어 留学 유학 | 外国 외국 | 経験 경험 | ~こそ ~야 말로 | ~だって ~일지라도, ~이더라도 | ~しか ~밖에

해설 「~しか」에는 '그것 외에 다른 선택지는 없다'는 의미로, 부정형을 수반해 「~しか~ない ~밖에 ~(할 수) 없다, ~밖에 ~(하지) 못하다」의 형태로 사용하는 문형이다. 장소를 나타내는 조사 「で」와 연결한 4번 「~でしか ~에서밖에」가 정답이다.

---

2 まじめな彼女がそんなうそを(　　)ない。

1 つくつもりが　　2 つくほうが　　3 つくはずが　　4 つくしか

정답 **3** 성실한 그녀가 그런 거짓말을 할 리가 없다.

단어 まじめだ 성실하다, 진지하다 | うそをつく 거짓말을 하다 | ~つもり ~할 생각, ~할 예정 | ~はず ~할 것, ~할 터, ~할 리

해설 「うそをつく」는 '거짓말을 하다'라는 의미로, 괄호 뒤의 「ない」와 연결되어 자연스러운 것은 3번 「うそをつくはずがない 거짓말을 할 리가 없다」와 4번의 「うそをつくしかない 거짓말을 할 수밖에 없다」이다. 이 중 문맥상 답이 될 수 있는 것은 3번이다.

---

3 食べ物を捨てる人がいるが、ご飯を(　　)食べられない人たちがいることを忘れてはいけない。

1 食べられたら　　2 食べたくても　　3 食べないかわりに　　4 食べないくらいなら

정답 **2** 음식을 버리는 사람이 있는데, 밥을 먹고 싶어도 먹지 못하는 사람들이 있다는 것을 잊어서는 안 된다.

단어 食べ物 먹을 것, 음식 | 捨てる 버리다 | ご飯 밥 | 忘れる 잊다 | ~てはいけない ~해서는 안 된다 | ~かわりに ~대신에 | ~くらいなら ~정도라면

해설 이 문장처럼 특별한 문형이나 단어에서 정답을 유추할 수 없는 경우, 문장 전체의 흐름을 파악한 후 가장 자연스러운 것을 골라야 한다. 「~たい ~하고 싶다」와 「ても ~해도」를 연결한 2번 「食べたくても 먹고 싶어도」가 답으로 가장 적절하다.

4 いらっしゃいませ。お飲み物は何(　　)なさいますか。

1 で　　2 に　　3 か　　4 も

정답 **2** 어서 오세요. 음료는 무엇으로 하시겠습니까?

단어 いらっしゃいませ 어서 오세요(영업점의 인사말) | 飲み物 마실 것, 음료

해설 「명사 + にする ~로 하다」는 여러 가지 선택지 중에서 하나를 고를 때 사용하는 표현이며, 괄호 뒤의 「なさいますか 하시겠습니까?」는 「しますか 합니까?」의 존경 표현이다. 따라서 괄호 안에는 2번의 「に」가 들어가야 한다. 「何になさいますか 무엇으로 하시겠습니까?」는 식당 등 일상 생활에서도 자주 사용하는 표현이므로 기억해 두자.

---

5 A「明日のパーティーで必要なものを(　　)と思うんだけど、来るのは何人だっけ？」
B「今のところ15人。」

1 買って　　2 買えば　　3 買った　　4 買おう

정답 **4** A 내일 파티에서 필요한 것을 사려고 하는데, 오는 건 몇 명이었지?
B 지금까지는 15명.

단어 必要だ 필요하다 | ～っけ ~였지? ~더라? | 今のところ 지금으로서는, 지금 단계로는

해설 「동사 의지형(おう·よう) + と思う ~하려고 생각하다」는 '앞으로 ~하겠다'라는 의지 · 결심을 나타내는 문형이다. 따라서 「買う 사다」의 의지형인 4번 「買おう」가 정답이다. 비슷한 구조의 문형 「동사 의지형 + とする ~하려고 하다」도 함께 기억해 두자.

---

6 学生「今朝も時間がなくてご飯を食べられませんでした。」
先生「朝は(　　)忙しいほど、ご飯はゆっくり食べて一日の準備をしなくちゃ。」

1 忙しければ　　2 忙しくても　　3 忙しいから　　4 忙しいのに

정답 **1** **학생** 오늘 아침도 시간이 없어서 밥을 못 먹었어요.
선생님 아침에는 바쁘면 바쁠수록 밥은 천천히 먹고 하루의 준비를 해야지.

단어 今朝 오늘 아침 | 一日 하루 | 忙しい 바쁘다 | 準備 준비 | ～なくちゃ(いけない) ~하지 않으면 안 된다, ~해야 한다 (「～しなくてないけない」의 회화체)

해설 「～ば～ほど ~하면 ~할수록」은 '어떤 상태가 지속될수록 그 정도가 심해진다'라는 의미의 문형이다. 괄호 뒤에 「忙しいほど 바쁠수록」이 나오므로 괄호 앞에는 '바쁘다'의 가정형인 1번 「忙しければ 바쁘면」이 와야 한다. 「考えれば考えるほど 생각하면 생각할수록」, 「早ければ早いほど 빠르면 빠를수록」과 같은 예시를 통해 뉘앙스를 파악해 두자.

---

7 中学校の時の先生はきびしくて、よく授業のあとも勉強するように(　　)ことがあった。

1 残れる　　2 残される　　3 残させる　　4 残らさせる

정답 **2** 중학교 때 선생님은 엄격해서 종종 수업 후에도 공부하도록 남겨지는 경우가 있었다.

단어 中学校 중학교 | きびしい 엄하다, 엄격하다 | 授業 수업 | 勉強 공부 | 残る 남다 | 残す 남기다 | ～ことがある ~하는 경우가 있다

해설 문맥상 '외부 영향(선생님)에 의해 남겨지는(남김을 당하는)' 상황이므로 괄호 안에는 「残す」의 수동형인 2번 「残される 남겨지다」가 들어가야 한다. 선생님이 남도록 시키는 상황이라고 해서 「残す」의 사역형인 3번의 「残させる 남기게 하다」를 답으로 고르지 않도록 주의하자. 사역으로 답이 되려면 「残る」를 활용한 「残らせる 남게 하다」가 되어야 한다.

---

8 私は夏の(　　)ずっと、沖縄の親戚の家に行っていました。

1 間　　2 間に　　3 まで　　4 までに

정답 **1** 저는 여름 동안 계속 오키나와의 친척 집에 가 있었습니다.

단어 沖縄 오키나와(지명) | 親戚 친척

해설 「間 ~동안」과 「間に ~동안에」는 둘 다 시간의 범위를 나타내는 표현이지만 「間」는 제시된 시간 동안 행위가 지속된다는 의미로 이 문장에서처럼 '여름 내내 친척 집에 가 있었다'라는 뉘앙스로 사용한다. 반면 「間に」는 「夏休みの間に親戚の家に行って来た 여름 방학 동안에 친척 집에 다녀왔다」처럼 제시된 시간의 범위 안에서 일회적으로 발생한 일을 나타낼 때 사용한다. 따라서 답으로는 1번이 적당하다.

---

9 今日、(　　)映画はどうでしたか？感じたことを下にお書きください。

1 拝見した　　2 拝見された　　3 ご覧になった　　4 お見になった

정답 **3** 오늘 보신 영화 어떠셨나요? 느낀 점을 아래에 적어 주세요.

단어 映画 영화 | 感じる 느끼다 | 拝見する (삼가) 보다(「見る 보다」의 겸양어) | ご覧になる 보시다(「見る 보다」의 존경어)

해설 올바른 경어 표현을 묻는 문제이다. 행위의 주체가 화자가 아니므로 겸양 표현인 선택지 1, 2번은 답이 될 수 없다. '보다(見る)'의 존경어는 공식을 이용한 존경 표현이 아닌 특수 존경어 「ご覧になる 보시다」임을 기억하자. 따라서 정답은 3번이다. 4번 「お見になる」는 「お見えになる 오시다」의 잘못된 표기이다. 「お見えになる」는 오다(来る)의 존경어인 「見える」의 이중 경어로 문법적으로는 맞지 않지만 일상 생활에서는 많이 사용한다.

실전문제 ④

問題 1　다음 문장의 (　　)에 넣기에 가장 적당한 것을 1・2・3・4에서 하나 고르세요.　문제편 195p

1 人間に(　　)何より大切なことは健康を守ることです。

1 よって　　2 限って　　3 対して　　4 とって

정답 **4** 인간에게 있어서 무엇보다 중요한 것은 건강을 지키는 것입니다.

단어 人間 인간 | 何より 무엇보다 | 大切だ 소중하다, 중요하다 | 健康 건강 | 守る 지키다 | ~によって ~에 의해, ~로 인해, ~에 따라서 | ~に限って ~에 한해 | ~に対して ~에 대해, ~에 비해 | ~にとって ~에게 있어

해설 「~にとって」는 사람·단체를 나타내는 명사에 접속하여 '그 사람·단체의 입장에서는'이라고 할 때 사용하는 표현으로, 뒤에는 주로 평가나 가치 판단에 관한 내용이 이어진다. 다른 선택지의 문형도 함께 기억해 두자.

2 そのことは、もう(　　)つもりでいた。

1 話される　　2 話された　　3 話す　　4 話した

정답 **4** 그 일은 이미 말했다고 생각하고 있었다.

단어 もう 이미, 벌써 | ～つもりで ～라고 생각하고 | 話す 이야기하다

해설 「～つもりで」가 들어간 문형은 여러 가지가 있는데, 여기서는 '～라고 생각하고 (있었는데), ～라고 믿고 (있었는데)'의 뉘앙스로 사용하고 있다. 문맥상「話したつもりでいた 말했다고 생각하고 있었다」가 자연스럽다.

---

3 地下鉄のドアが(　　)とたんに子どもが飛び込んできた。

1 開いた　　2 開く　　3 開いている　　4 開いていた

정답 **1** 지하철 문이 열리자마자 아이가 뛰어들었다.

단어 地下鉄 지하철 | ドア 문 | ～たとたんに ～하자마자 | 飛び込む 뛰어들다 | 開く 열리다

해설 「～とたん(に)」는 '～하자마자'라는 뜻으로 동사 た형에만 접속한다. 따라서 정답은 1번「開いた」이다. 4번 역시 た형이지만 어떠한 상황이 끝나자마자 예상치 못했던 일이 벌어졌음을 나타낼 때 사용하는 문형이므로 과거 진행형인 '～있었다'와는 함께 쓰이지 않는다. 또한, 상황 설명을 하는 표현이므로 뒤로는 의지나 명령과 관련된 내용이 오지 않는다는 점도 기억해 두자.

---

4 A「無用というのはどういう意味ですか。」

B「必要ない(　　)いう意味ですよ。」

1 のだ　　2 かも　　3 って　　4 はず

정답 **3** A 무용(無用)이란 어떤 의미입니까?

B 필요 없다라는 의미입니다.

단어 無用 무용, 쓸모가 없음 | 意味 의미 | 必要 필요

해설 「～というのは ～라는 것은」은 앞 내용에 대해 설명하거나 정의할 때 사용하는 문형으로 문어체로는「～とは」, 회화체로는「～って」,「～っていうのは」를 사용한다. 따라서 정답은 3번이다.

---

5 A「山田さん、こんな時間にどうしたんですか。」

B「あの、ちょっと授業の(　　)ご相談したいんですが。」

1 ことで　　2 かわりに　　3 ばあいに　　4 なかで

정답 **1** A 야마다 씨, 이런 시간에 무슨 일이신가요?

B 저기, 수업에 대해 좀 상의드릴 게 있어서요.

단어 授業 수업 | 相談 상담, 상의, 의논 | ～ことで ～일로, ～에 대해 | ～かわりに ～대신에 | ～ばあいに ～경우에 | ～なかで ～중에서

해설 「명사 + のことで」는 '～일로, ～에 대해'라는 의미의 표현이다. 이 문장에서처럼 앞의 내용에 대해 '상담·질문·이야기가 있다(하고 싶다)'라는 내용이 뒤로 이어지는 경우가 많다.

6 今から自由に見てください。でも夕食は7時なので6時半(　　)もどってください。

1 にならないように　　2 になるまでに　　3 になってから　　4 になったとたんに

정답 **2** 지금부터 자유롭게 (둘러) 보세요. 하지만 저녁 식사는 7시이니까 6시 반까지는 돌아와 주세요.

단어 自由に 자유롭게 | 夕食 저녁 식사 | 戻る 돌아오(가)다 | ～ないように ~하지 않도록 | ～てから ~하고 나서 | ～たとたんに ~하자마자

해설 「まで」와 「までに」는 혼동하기 쉬우니 차이를 정확하게 구분하여 기억해야 한다. 「～まで ~까지」는 일정 기간 동안 행위가 지속됨을 나타내는 표현으로 「ベルがなるまで席を空けないでください 벨이 울릴 때까지 자리를 비우지 마세요」처럼 사용한다. 「～までに ~까지」는 정해진 기한 내에 행위를 완료해야 할 때 사용하는 표현으로, 이 문제에서처럼 '자유롭게 구경하더라도 정해진 시간인 6시 반까지는 돌아오라'는 뉘앙스로 사용한다.

---

7 これは冷たく(　　)めしあがってください。

1 ならないころ　　2 ならないうちに　　3 なるあいだに　　4 なるときに

정답 **2** 이건 차가워지기 전에 드세요.

단어 冷たい 차갑다 | 召し上がる 드시다(「食べる 먹다」, 「飲む 마시다」의 존경어)

해설 「～ないうちに」는 '~하지 않는 사이에'라는 뜻의 문형으로 동사 부정형에 접속한다. '차가워지기 전에 드세요'라는 내용의 문장이 되어야 하므로 정답은 2번이다. '~하는 동안에'라는 의미의 문형 「～うちに」도 함께 기억해 두자.

---

8 この薬を(　　)さえすればすぐ治ります。

1 飲む　　2 飲んで　　3 飲み　　4 飲め

정답 **3** 이 약을 먹기만 하면 금방 낫습니다.

단어 薬 약 | ～さえ～ば ~하기만 하면 | 治る 낫다, 치료되다 | 飲む 마시다, (약을) 먹다, 복용하다

해설 「～さえ～ば」는 '앞에 나온 조건만 성립되면 나머지는 자연스럽게 해결된다'라는 뜻으로, 동사와 함께 쓸 때는 ます형에 접속한다는 것을 기억해 두자. 따라서 「飲む」의 ます형인 3번이 정답이다.

---

9 昔は子どもが友だちと外で遊んだが、今の子どもは外で(　　)。

1 遊ばないことはなかった　　2 遊ばないようになった
3 遊ばないことにした　　4 遊ばないようにした

정답 **2** 옛날에는 어린이가 친구와 밖에서 놀았지만 요즘 어린이는 밖에서 놀지 않게 되었다.

단어 昔 옛날 | 外 바깥 | 遊ぶ 놀다 | ～ようになる ~하게 되다 | ～ことにする ~하기로 하다 | ～ようにする ~하도록 하다

해설 「동사 기본형 + ようになる」는 시간이 지남에 따라 능력·상태 등이 변화함을 나타내는 표현이다. 부정형은 「～ないようになる·～なくなる ~하지 않게 되다」이다. 정답은 2번의 「遊ばないようになった 놀지 않게 되었다」이며 「遊ばなくなった」라고 표현할 수도 있다.

실전문제 ⑤

問題 1 다음 문장의 (   )에 넣기에 가장 적당한 것을 1・2・3・4에서 하나 고르세요. 문제편 196p

1 もう少しゆっくり(   )けど、頼みにくいからがまんして聞いている。

1 話してほしい　　2 話してくれる　　3 話してあげる　　4 話してもらう

정답 **1** 조금 더 천천히 이야기해 주었으면 하지만, 부탁하기 어려워서 참고 듣고 있다.

단어 もう少し 조금 더 | ゆっくり 천천히 | 頼む 청하다, 부탁하다, 주문하다 | 我慢する 참다

해설 남이 나에게 무언가를 해 주는 상황이라고 해서 선택지 2번이나 4번을 답으로 고르지 않도록 주의하자. 남에게 무엇인가를 바라는 희망·요청의 표현으로는 「～てほしい ～하길 바란다」가 있다. '좀 더 천천히 이야기해 주길 바란다는 요구를 하기 어렵다'라는 문맥이므로 정답은 1번이다.

---

2 水泳(   )ぼくはだれにも負けないよ。

1 にとっては　　2 に比べては　　3 にかけては　　4 については

정답 **3** 수영만큼은 나는 누구에게도 지지 않아.

단어 水泳 수영 | 負ける 지다 | ～にとっては ～에게 있어서는 | ～に比べては ～에 비해서는 | ～にかけては ～에 있어서는, ～만큼은 | ～については ～에 대해서는

해설 「～にかけては」는 '어떤 분야에 있어서는 가장 뛰어나다, 최고다'라고 표현할 때 사용하는 문형으로 명사와 접속한다. 의미가 비슷하여 혼동하기 쉬운 1번의 「～にとって(は)」는 '～에게 있어서는, ～의 입장에서는'이라는 뜻으로 인물·단체를 나타내는 명사와 함께 사용하는 표현이다.

---

3 その人と一緒に過ごす時間が増える(   )だんだん親しみを感じるようになってきた。

1 にしたがって　　2 によって　　3 かわりに　　4 せいで

정답 **1** 그 사람과 함께 보낸 시간이 늘어감에 따라 점점 친근함을 느끼게 되었다.

단어 過ごす 보내다, 지내다 | 増える 늘어나다, 증가하다 | 親しみ 친근함 | 感じる 느끼다 | ～に従って ～함에 따라 | ～によって ～에 의해, ～로 인해, ～에 따라서 | ～かわりに ～대신에 | ～せいで ～탓에

해설 '함께 지내다 보니 점차 친근감을 느끼게 되었다'라는 문맥이므로 괄호 안에는 변화를 나타내는 문형이 들어가야 한다. 「Aに従ってB」는 'A가 변화함에 따라 자연히 B도 변화한다'라는 의미의 문형이므로 1번이 답으로 가장 적절하다.

---

4 冷蔵庫に入れたまま忘れてしまって、料理を(   )しまった。

1 くさらせられて　　2 くさられて　　3 くさって　　4 くさらせて

정답 **4** 냉장고에 넣은 채 잊어버려서 요리를 상하게 해 버렸다.

단어 冷蔵庫 냉장고 | 入れる 넣다 | 忘れる 잊다 | 料理 요리 | くさる 썩다, 상하다

해설 '음식을 냉장고에 넣어둔 사실을 잊어서 음식이 상해 버렸다'라는 내용이 문장이 되어야 한다. 괄호 앞에 '요리를(料理を)'이 있으므로 '~을 ~하게 하다'라는 의미의 사역형이 들어가야 한다. 따라서 정답은「くさる」의 사역형을 활용한 4번「くさらせて」이다. 선택지 1번은 '어쩔 수 없이 ~하다'라는 의미의 사역 수동형이니 혼동하지 않도록 주의해야 한다.

---

5 犬をつれて公園に散歩に行ったが(　　)寒かったのですぐに帰ってきた。

1 だいたい　　2 どうしても　　3 あまりにも　　4 ようやく

정답 **3** 개를 데리고 공원에 산책하러 갔는데 너무 추워서 곧바로 돌아왔다.

단어 犬 개 | つれる 데리고 가다, 동반하다 | 公園 공원 | 散歩 산책 | 寒い 춥다 | すぐに 곧바로, 즉시 | だいたい 대체로 | どうしても 아무리 해도(부정 수반), 어떻게 해서라도, 꼭 | あまりにも 너무나도 | ようやく 겨우, 간신히

해설 '공원으로 산책하러 갔지만 추위가 심해 돌아왔다'라는 문맥이므로 괄호 안에는 정도를 강조하는 표현이 와야 한다. '너무, 몹시'라는 뜻의 부사「あまりに」를 한층 더 강조하는 부사인 3번「あまりにも」가 답으로 적당하다.

---

6 母 「ミカちゃん、宿題やり(　　)で、何してるの。」
娘 「お願い、このドラマだけ見させて。」

1 つけ　　2 かけ　　3 ぬき　　4 たて

정답 **2** 어머니 미카야, 숙제 하다 말고 뭐 하고 있어?
딸 부탁이야, 이 드라마만 보게 해 줘요.

단어 宿題 숙제 | やる 하다 | お願い 부탁해, 부탁해요 | ドラマ 드라마 | ~(に)つけ ~할 때마다 | ~かけ ~하다 맘, ~하는 도중 | ~ぬきで ~없이, ~빼고 | ~たて 막 ~함, 갓 ~함

해설 「ます형 + かける」는 '~하다 말다, ~하던 도중이다'라는 의미로, 이 문제에서처럼「ます형 + かけ ~하는 도중」이나「ます형 + かけの + 명사 ~하다 만」의 형태로 활용한다. 다른 선택지의 문형도 함께 기억해 두자.

---

7 体が成長する時は少し前にご飯を食べた(　　)すぐにお腹がすいてしまう。

1 せいなのに　　2 せいだから　　3 ばかりなのに　　4 ばかりだから

정답 **3** 몸이 성장할 때는 조금 전에 막 밥을 먹었는데도 금방 배가 고파진다.

단어 体 몸 | 成長 성장 | 少し前 조금 전 | お腹がすく 배가 고프다 | ~せい ~탓 | ~ばかり ~뿐, 막 ~한

해설 「~ばかり」는 접속 형태에 따라 뜻이 다양하니 구분해서 기억해야 한다.「명사 + ばかり」는 '~만, ~뿐'이란 의미이며,「동사 기본형 + ばかり」는 '~하기만 하다'라는 의미이다. 각각「勉強ばかりしている 공부만 하고 있다」,「物価は上がるばかりだ 물가는 오르기만 한다」와 같은 예시를 통해 뉘앙스를 파악해 두자. 또한 이 문제에서처럼「동사 た형 + ばかり」의 형태로 쓰이면 '막 ~한, ~지 얼마 안 된'이라는 의미가 된다. 선택지 3번은 역접의「~のに ~인데도」를 연결한 것으로 '방금 ~했는데도'라고 해석할 수 있다.

---

8 先生に(　　)、私が進学できる大学はないと言われた。

1 相談してみるところ　　2 相談してみたところ　　3 相談していたところ　　4 相談しているところ

정답 **2** 선생님께 상담해 봤더니 내가 진학할 수 있는 대학은 없다고 했다.

단어 相談 상담, 상의, 의논 | 進学 진학 | ～たところ ~했더니, ~한 결과

해설 「～ところ」를 활용한 문형은 접속 형태나 뒤에 붙는 조사에 따라 용법이 다양하므로 기회가 있을 때마다 확실히 익혀 두자. 이 문장에서처럼 동사 た형에 접속하면 '~했더니, ~한 결과'라는 뜻이 된다. 동사 た형에 접속하는 「동사 た형 + ところで ~해 봤자, ~한다고 해도」와 혼동하지 않도록 주의하자.

---

9 昨日前からほしかった服を買いに行ったが、もう(　　)買うことができなかった。

1 売れそうになったので　2 売れるはずだったから　3 売れているというので　4 売れてしまっていて

정답 **4** 어제 전부터 갖고 싶던 옷을 사러 갔는데 이미 팔려 버려서 살 수가 없었다.

단어 服 옷 | 売れる 팔리다 | ～はずだ (분명히) ~일 것이다

해설 '옷을 사러 갔는데 팔리고 없었다'라는 문맥이다. 따라서 4번 「売れてしまっていて 팔려 버려서」가 정답이다. '전부 다 팔리다'라는 의미의 동사 「売り切れる」와 명사 「売り切れ 다 팔림, 품절, 매진」도 참고로 기억해 두자.

問題 2 문장 만들기

실전문제 정답 및 해설

정답

실전문제 ①	1 1 (4→2→1→3)	2 3 (4→2→3→1)	3 4 (2→1→4→3)	4 3 (4→2→3→1)
	5 1 (2→4→1→3)	6 2 (3→4→2→1)	7 1 (4→2→1→3)	8 1 (2→4→1→3)
실전문제 ②	1 3 (2→4→3→1)	2 3 (4→1→3→2)	3 1 (4→1→3→2)	4 2 (3→1→2→4)
	5 1 (3→2→1→4)	6 2 (4→1→2→3)	7 4 (3→2→4→1)	8 2 (3→4→2→1)
실전문제 ③	1 1 (2→4→1→3)	2 2 (4→3→2→1)	3 1 (3→2→1→4)	4 4 (3→2→4→1)
	5 4 (1→4→2→3)	6 3 (4→1→3→2)	7 2 (1→4→2→3)	8 4 (3→1→4→2)

실전문제 ①

問題 2 다음 문장의 ＿★＿ 에 들어가기에 가장 적당한 것을 1・2・3・4에서 하나 고르세요. 문제편 197p

1 日本語の試験は作文の問題が難しくて＿＿＿ ＿＿＿ ＿★＿ ＿＿＿しまった。

1 うちに　　2 書かない　　3 時間がなくなって　　4 半分も

정답 **1** (4→2→1→3) 일본어 시험은 작문 문제가 어려워서 절반도 쓰기 전에 시간이 없어져(지나가) 버렸다.

단어 試験 시험 | 作文 작문 | 難しい 어렵다 | 半分 절반

해설 「～てしまう」는 '～해 버리다'라는 의미이므로 선택지 중 밑줄 뒤의 「しまった」와 연결될 수 있는 것은 て형으로 끝나는 3번밖에 없다. 또한 「～ないうちに ～하기 전에」도 하나의 문형이므로 「書かないうちに(2→1) 쓰기 전에」도 한 묶음이다. 전체 선택지를 의미가 통하도록 나열하면 '절반도 쓰기 전에 시간이 없어져(4→2→1→3)'의 순서가 된다.

---

2 A「この前みんなで行った旅行の写真がたくさんありますね。」

B「ええ、＿＿＿ ＿＿＿ ＿★＿ ＿＿＿今までありませんでしたから。」

1 ことは　　2 ほど　　3 楽しかった　　4 あれ

정답 **3** (4→2→3→1) A 요전에 다 함께 갔던 여행 사진이 많이 있네요.

B 네, 그 정도로 즐거웠던 적은 지금까지 없었거든요.

단어 この前 얼마 전에, 요전에 | 旅行 여행 | 写真 사진 | ～ほど ～만큼, ～정도

해설 정도를 나타내는 2번「ほど」는 지시대명사「あれ」의 뒤에 붙어「あれほど(4→2) 그 정도」로 연결되어야 한다. 경험을 나타내는 문법「동사 た형 + ことがある ~한 적이 있다」의 부정 활용은「동사 た형 + ことがない ~한 적이 없다」이므로「楽しかったことは(3→1) 즐거웠던 적은」은 밑줄 뒷부분에 위치해 밑줄 뒤의「ありませんでした」와 연결되는 것이 자연스럽다. 따라서 올바른 순서는 4→2→3→1이다.

---

3 テレビの＿＿＿ ＿＿＿ ★ ＿＿＿全然知らなかった。

1 家のすぐ近くで　2 ニュースを見るまで　3 ということを　4 大きな火事があった

정답 **4** (2→1→4→3) 텔레비전 뉴스를 볼 때까지 집 바로 근처에서 큰 화재가 있었다는 것을 전혀 알지 못했다.

단어 全然 ~ない 전혀 ~않다, ~아니다 | 火事 화재 | すぐ近く 바로 근처

해설 문맥상「テレビの 텔레비전의」 뒤에는 선택지 2번이 이어져 '텔레비전 뉴스를 볼 때까지'가 되는 것이 자연스럽다. 3번「ということを ~라는 것을」의 뒤에는 서술어가 와야 하므로 3번은 마지막 밑줄에 들어가야 한다. 남은 선택지를 의미가 통하도록 나열하면 '뉴스를 볼 때까지 집 바로 근처에서 큰 화재가 있었던 것을(2→1→4→3)'의 순서가 적당하다.

---

4 このレストランはとんかつが＿＿＿ ＿＿＿ ★ ＿＿＿お店の人もとても親切です。

1 料理だけでなく　2 ことで　3 有名ですが　4 おいしい

정답 **3** (4→2→3→1) 이 레스토랑은 돈가스가 맛있는 것으로 유명합니다만 요리뿐만 아니라 가게 사람도 매우 친절합니다.

단어 親切だ 친절하다 | ~だけでなく~も ~뿐만이 아니라 ~도

해설「~ことで有名だ」는 '~한 것으로 유명하다'라는 의미의 관용 표현이므로 2→3은 한 묶음이며「ことで」를 수식하는 4번의「おいしい」가 앞으로 와서 '4→2→3'의 순서가 되어야 한다. 1번은「~だけでなく~も ~뿐만 아니라 ~도」라는 문형이므로 맨 마지막의 밑줄에 들어가 뒤의「お店の人も」와 연결되어야 자연스러운 문장이 된다.

---

5 前にもらった＿＿＿ ＿＿＿ ★ ＿＿＿プレゼントを開けてみたら素敵なカップが入っていた。

1 忘れていた　2 まま　3 友人からの　4 開けるのを

정답 **1** (2→4→1→3) 전에 받은 채로 여는 것을 잊고 있었던 친구로부터의 선물을 열어 봤더니 근사한 컵이 들어 있었다.

단어 ~たまま ~인 채로 | 開ける 열다 | 忘れる 잊다, 잃어버리다 | 素敵だ 멋지다, 근사하다 | カップ 컵

해설 이 문제는 2번「~まま ~채로」의 위치를 먼저 결정해야 나머지 선택지의 배치가 쉬워진다. 동사 た형과 접속하는「~たまま」는 상태의 지속을 나타내는 문형이므로 첫 번째 밑줄 또는 선택지 1번 뒤에 연결할 수 있지만, 문맥상 첫 번째 밑줄에 들어가는 것이 가장 자연스럽다. 3번의「友人からの」 다음에는 명사가 이어져야 하므로 3번은 마지막 밑줄에 들어가며, 4번의「開けるのを」 뒤에는 서술어가 와야 하므로 4→1은 한 묶음이다. 전체 선택지를 의미가 통하도록 나열하면 2→4→1→3의 순서가 된다.

---

6 この本を読んで人を信じる＿＿＿ ＿＿＿ ★ ＿＿＿考えるようになりました。

1 ことか　2 大切な　3 ことが　4 どんなに

정답 **2** (3→4→2→1) 이 책을 읽고 사람을 믿는 것이 얼마나 소중한 일인지 생각하게 되었습니다.

단어 信じる 믿다 | 大切だ 소중하다, 중요하다 | どんなに 얼마나 | ～ようになる ～하게 되다

해설 「～ことか ~인지」는 감탄을 나타낼 때 사용하는 표현으로 「どんなに～ことか 얼마나 ~인지」의 형태로 많이 사용한다. 따라서 선택지 2번과 함께 「どんなに大切なことか(4→2→1)」가 한 묶음이며, 문맥상 3번이 맨 앞에 들어가 3→4→2→1의 순서가 되어야 자연스럽다.

---

7 自分では英語の発音がいいと思っていたが、現地で＿＿＿ ＿＿＿ ＿★＿ ＿＿＿と自信がなくなった。

1 ことが　　2 通じない　　3 何度もある　　4 ことばの

정답 **1** (4→2→1→3) 스스로는 영어 발음이 좋다고 생각하고 있었지만, 현지에서 말이 통하지 않은 적이 몇 번이나 있자 자신이 없어졌다.

단어 自分で 스스로 | 英語 영어 | 発音 발음 | 現地 현지 | 自信 자신(감) | 通じる 통하다 | 何度も 몇 번이나 | 言葉 말, 언어, 단어, 어휘

해설 특별한 문형이 보이지 않으므로 선택지만으로 나열해 보면 '말이 통하지 않다(4→2)'가 한 묶음이 되며, 1번 「ことが」 뒤에는 서술어가 와야 하므로 1→3도 한 묶음이다. 선택지를 의미가 통하도록 나열하면 '말이 통하지 않은 적이 몇 번이나 있자(4→2→1→3)'의 순서가 되며 밑줄 앞뒤와 자연스럽게 연결된다.

---

8 家を出てバスに乗ろうとした時、ストーブを消さずに＿＿＿ ＿＿＿ ＿★＿ ＿＿＿あわてて家に戻った。

1 あることに　　2 つけたまま　　3 気がついて　　4 にして

정답 **1** (2→4→1→3) 집을 나서서 버스를 타려고 했을 때, 난로를 끄지 않고 켜둔 채라는 것이 생각나 황급히 집으로 돌아갔다.

단어 ストーブ 스토브, 난로 | 消す 끄다 | あわてる 당황하다, 허둥대다 | 戻る 돌아가(오)다 | ～たまま ~한 채 | 気がつく 알아차리다, 깨닫다

해설 문맥상 2번은 첫 번째 밑줄에 들어가 '난로를 끄지 않고 켠 채로(ストーブを消さずにつけたまま)'로 이어지는 것이 자연스럽다. 「～に気がつく」는 '~을 깨닫다, ~을 눈치채다'라는 관용구이므로 1→3은 한 묶음이며, 「～てある」는 '~되어 있다, ~해 두다'라는 의미이므로 4번은 1번 앞에 위치해야 한다. 순서대로 나열하면 2→4→1→3이 된다.

실전문제 ②

問題2 다음 문장의 ＿★＿ 에 들어가기에 가장 적당한 것을 1・2・3・4에서 하나 고르세요. 문제편 198p

1 今度の夏休みは田舎に行って友だち＿＿＿ ＿＿＿ ＿★＿ ＿＿＿することにした。

1 を　　2 4人　　3 キャンプ　　4 で

정답 **3** (2→4→3→1) 이번 여름 방학은 시골에 가서 친구 네 명이 캠핑을 하기로 했다.

단어 今度 이번, 다음 번 | 夏休み 여름 방학 | 田舎 시골 | キャンプ 캠핑

해설 밑줄 뒤가 「する」로 연결되기 때문에 마지막 밑줄에는 조사가 들어가야 한다. 선택지 4번의 「で」는 2번의 「4人」과 한 묶음으로 밑줄 앞부분에 들어가 '친구 네 명이(2→4)'로 연결되는 것이 자연스럽다. 따라서 1번의 「を」가 마지막 밑줄에 들어간다. 남은 3번이 세 번째 밑줄에 들어가 2→4→3→1의 순서가 된다.

2 先生が急いで_____ _____ ★ _____ 見かけた。

1 向かっている　2 を　3 の　4 学校に

정답 **3** (4→1→3→2) 선생님이 서둘러 학교로 향하고 있는 것을 보았다.

단어 急いで 서둘러 | 見かける (우연히) 보다, 언뜻 보다 | 向かう 향하다

해설 선택지 1번의「向かう」는 방향을 나타내는 조사「に」와 함께 쓰이므로 4→1이 한 묶음이 되며,「の」는 동사나 형용사를 명사화하는 역할을 하므로 1번 뒤로 3번이 이어져 4→1→3의 순서가 되어야 한다. 마지막 밑줄에는「見かける」의 대상을 나타내는 조사「を」가 들어가 '학교로 향하고 있는 것을(4→1→3→2)'이 되어야 자연스럽다.

---

3 A 「佐藤さん、こちらから送った書類がC社に着いたかどうか確認してもらえませんか。」
B 「昨日出したばかりだから_____ ★ _____ _____ _____んじゃないでしょうか。」

1 早くても　2 着いていない　3 まだ　4 いくら

정답 **1** (4→1→3→2) A 사토 씨, 이쪽에서 보낸 서류가 C사에 도착했는지 어떤지 확인해 주실 수 있을까요?
B 어제 막 보냈으니까 아무리 빠르더라도 아직 도착하지 않은 게 아닐까요?

단어 送る 보내다 | 書類 서류 | 確認 확인 | 出す 내다, 제출하다, (우편물을) 부치다 | ～たばかりだ 막 ~했다, ~한 지 얼마 안 됐다 | いくら～ても 아무리 ~(해)도 | 着く 도착하다

해설 「いくら～ても」는 하나의 문형이므로「いくら早くても(4→1) 아무리 빨라도」는 한 묶음이다. 밑줄 뒤의「んじゃない」와 연결할 수 있는 것은 2번의「着いていない」밖에 없으므로 2번은 마지막 밑줄에 들어간다. 남은 선택지를 의미가 통하도록 나열하면 '아무리 빠르더라도 아직 도착하지 않은(4→1→3→2)'이 자연스럽다.

---

4 娘が祭りのときに着物を着たがっている。ほんとうに_____ _____ ★ _____と思うが、値段が高くて悩んでいる。

1 のなら　2 着せて　3 着たい　4 やりたい

정답 **2** (3→1→2→4) 딸이 축제 때 기모노를 입고 싶어 한다. 정말로 입고 싶은 것이라면 입게 해 주고 싶다고 생각하지만 가격이 비싸서 고민하고 있다.

단어 娘 딸 | 祭り 축제 | 着物 기모노 | 着る 입다 | 値段 값, 가격 | 悩む 고민하다 | やる (동물·식물·아랫사람에게) 주다, 하다

해설 4번의「やる」가 '하다' 외에 '(동식물·아랫사람에게) 주다'라는 뜻으로도 사용한다는 것을 알면 쉽게 풀 수 있는 문제이다. 딸에게 기모노를 '입게 해 주고 싶은 것'이므로「～てやりたい ~해 주고 싶다」의 형태로 활용해야 한다. 따라서 2→4는 한 묶음이다. 1번의 조건 표현「なら」는 '정말로 입고 싶은 것이라면(3→1)'이 되는 것이 자연스럽다. 전체 선택지를 의미가 통하도록 나열하면 3→1→2→4의 순서가 된다.

---

5 A「冬の服はまだ早いですよね。」
B「でももう少しすると_____ _____ ★ _____いいかもしれませんね。」

1 今のうちに　2 らしいから　3 高くなる　4 買っておいたほうが

정답 **1** (3→2→1→4) A 겨울 옷은 아직 이르겠죠?
B 하지만 이제 조금 있으면 비싸진다고 하니까 지금 사 두는 편이 좋을지도 몰라요.

단어 今のうちに (뒤로 미루지 말고) 지금

해설 「~たほうがいい ~(하는) 편이 좋다」는 하나의 문형이므로 4번은 마지막 밑줄에 들어가야 하며, 「今のうちに」는 '지금, 늦기 전에'라는 의미이므로 문맥상 1→4로 연결되는 것이 자연스럽다. 전체 선택지를 의미가 통하도록 나열하면 '비싸진다고 하니까 지금 사 두는 편이(3→2→1→4)'가 된다.

---

6 いくら料理学校で＿＿＿ ＿＿＿ ＿★＿ ＿＿＿おいしい料理が作れません。

1 ように　　2 やってみても　　3 なかなか　　4 習った

정답 **2** (4→1→2→3) 아무리 요리 학원에서 배운 것처럼 해 봐도 좀처럼 맛있는 요리를 만들 수가 없어요.

단어 料理 요리 | なかなか~ない 좀처럼 ~지 않다 | 習う 배우다, 익히다

해설 「동사 보통형 + ように」는 '~한 것같이, ~한 것처럼, ~한 대로'라는 의미의 문형이므로 배운 것처럼(4→1)은 한 묶음이며 2번의 「やってみても 해 봐도」가 그 뒤로 이어지는 것이 문맥상 자연스럽다. 전체 선택지를 의미가 통하도록 나열하면 '배운 것처럼 해 봐도 좀처럼(4→1→2→3)'의 순서가 자연스럽다.

---

7 母が旅行に行ったので夜ご飯を＿＿＿ ＿＿＿ ＿★＿ ＿＿＿ずっとおいしくできた。

1 いたより　　2 みると　　3 一人で作って　　4 心配して

정답 **4** (3→2→4→1) 엄마가 여행을 가서 저녁밥을 혼자서 만들어 보니 걱정했던 것보다 훨씬 맛있게 만들어졌다.

단어 夜ご飯 저녁밥 | ずっと 훨씬, 계속 | できる 가능하다, 완성되다, 만들어지다 | 心配 걱정

해설 밑줄 바로 앞의 「夜ご飯を 저녁밥을」 뒤에는 서술어가 와야 한다. 선택지 중 서술어가 되는 조합은 '혼자서 만들어 보다(3→2)'와 '걱정했다(4→1)이며, 맥락상 '밥을 혼자 만들었다'라는 내용으로 이어지는 것이 자연스러우므로 '혼자서 만들어 보니 걱정했던 것보다(3→2→4→1)'의 순서가 되어야 한다.

---

8 昨日上司から＿＿＿ ＿＿＿ ＿★＿ ＿＿＿忘れていて怒られました。

1 すっかり　　2 仕事を　　3 頼まれた　　4 大事な

정답 **2** (3→4→2→1) 어제 상사에게 부탁받은 중요한 일을 완전히 잊어서 혼났습니다.

단어 上司 상사 | 怒られる 혼나다 | すっかり 완전히, 모조리 | 頼む 부탁하다, 요청하다, 주문하다 | 大事だ 소중하다, 중요하다

해설 4번 「大事な 중요한」과 연결될 수 있는 것은 2번밖에 없으므로 4→2의 순서로 연결되며, 「すっかり忘れる 완전히 잊다」는 관용 표현이므로 1번은 마지막 밑줄에 들어가야 한다. 나머지 3번 「頼まれた 부탁받은」은 의미상 1번과 연결될 수 없으므로 맨 앞에 위치해 '부탁받은 중요한 일을 완전히(3→4→2→1)'가 되는 것이 자연스럽다.

실전문제 ③

問題2　다음 문장의 ＿★＿ 에 들어가기에 가장 적당한 것을 1・2・3・4에서 하나 고르세요. 문제편 199p

1 カラオケは＿＿＿ ＿＿＿ ＿★＿ ＿＿＿歌が下手な私はできれば行きたくない。

1 楽しい　　2 歌が　　3 かもしれないが　　4 上手な人には

정답 **1** (2→4→1→3) 노래방은 노래를 잘하는 사람에게는 즐거울지도 모르겠지만, 노래를 못하는 나는 가능하면 가고 싶지 않다.

단어 カラオケ 노래방 | 下手だ 못하다, 서투르다 | できれば 가능하면 | 歌 노래 | 上手だ 잘하다, 능숙하다

해설 밑줄 뒤의 「歌が下手な私 노래를 못하는 나」와 대조되는 내용인 「歌が上手な人には(2→4) 노래를 잘하는 사람에게는」은 한 묶음이며, 서로 상반된 내용을 연결해주는 역접 조사 「が」가 있는 3번 「かもしれないが ~일지도 모르지만」이 마지막 밑줄에 위치해야 한다. 나머지 선택지를 의미가 통하도록 연결하면 2→4→1→3의 순서가 된다.

---

2 今日の＿＿＿ ＿＿＿ ＿★＿ ＿＿＿昼ごはんの時に思い出してあわてて友だちに電話した。

1 ことを　　2 約束があった　　3 会う　　4 午後

정답 **2** (4→3→2→1) 오늘 오후에 만날 약속이 있던 것을 점심시간에 생각나서 황급히 친구에게 전화했다.

단어 午後 오후 | 約束 약속 | 昼ご飯 점심 밥 | 思い出す 생각해 내다, 생각나다, 떠올리다 | あわてる 당황하다, 허둥대다

해설 문맥상 밑줄 앞 「今日の 오늘의」와 연결될 수 있는 것은 4번의 「午後 오후」뿐이다. 1번의 「ことを ~것을」 뒤에는 서술어가 와야 하며, 의미상 「ことを」와 호응하는 것은 밑줄 뒤의 「思い出して 생각나서」이다. 따라서 1번은 마지막 밑줄에 들어가야 자연스럽다. 전체 선택지를 의미가 통하도록 나열하면 '오후에 만날 약속이 있던 것을(4→3→2→1)'의 순서가 적당하다.

---

3 この資料、明日の会議で＿＿＿ ＿＿＿ ＿★＿ ＿＿＿そのままにしておいて。

1 ので　　2 なるかもしれない　　3 必要に　　4 片づけないで

정답 **1** (3→2→1→4) 이 자료, 내일 회의에서 필요해질지도 모르니까 치우지 말고 그대로 둬.

단어 資料 자료 | 会議 회의 | 必要になる 필요해지다 | 片づける 정리하다, 치우다 | そのまま 그대로

해설 「必要になる 필요해지다」라는 의미의 표현이므로 3→2는 한 묶음이다. 「必要になるかもしれない(3→2)」는 문법상 뒷부분의 밑줄에는 들어갈 수 없으며 의미상 1번 「ので」와 연결하는 것이 자연스럽다. 전체 선택지를 의미가 통하도록 나열하면 '필요해질지도 모르니 치우지 말고(3→2→1→4)의 순서가 된다.

---

4 昨日はテレビで＿＿＿ ＿＿＿ ＿★＿ ＿＿＿忘れるほど夢中になってしまった。

1 時間がたつのも　　2 毎日見ていた　　3 小学生のころ　　4 アニメを見ていたら

정답 **4** (3→2→4→1) 어제는 TV에서 초등학교 시절 매일 봤던 애니메이션을 보았더니 시간이 가는 것도 잊을 만큼 열중하고 말았다.

단어 夢中になる 열중하다, 몰두하다 | たつ 지나다, 경과하다 | 小学生 초등학생 | アニメ 애니메이션의 준말

해설 선택지 1번의 「時間がたつ」는 '시간이 경과하다'라는 의미이므로 문맥상 1번이 마지막 밑줄에 들어가 '시간이 가는 것도 잊을 만큼 열중했다'가 되는 것이 자연스럽다. 나머지 선택지를 의미가 통하도록 나열하면 '초등학교 시절 매일 봤던 애니메니션을 보았더니(3→2→4)'가 된다. 따라서 '3→2→4→1'의 순서가 되어야 한다.

---

5 私は野菜が ＿＿＿ ＿★＿ ＿＿＿ ＿＿＿ 苦手なものがあるだけだ。

1 すべて　　2 種類　　3 によって　　4 嫌いなわけではなく

정답 **4** (1→4→2→3) 나는 채소가 전부 싫은 것이 아니라 종류에 따라서 거북한 것이 있을 뿐이다.

단어 野菜 야채, 채소 ｜ 苦手だ 거북하다, 서투르다 ｜ すべて 전부, 모두 ｜ 種類 종류 ｜ ～によって ～에 따라서 ｜ 嫌いだ 싫다 ｜ ～わけではない (반드시) ～인 것은 아니다

해설 「～によって ～에 따라서」는 명사와 접속하는 문형이므로 3번 앞에 올 수 있는 것은 1번과 2번이지만, 의미상 '종류에 따라서(2→3)'가 되어 밑줄 뒤의 '거북한 것이 있다'와 연결되는 것이 자연스럽다. 첫 번째 밑줄에는 1번과 4번 어느 쪽이 들어가도 의미가 통할 수 있지만 1번 뒤에 2번이 연결되면 어색한 문장이 되므로 1→4→2→3의 순서가 되는 것이 가장 자연스럽다.

---

6 山が大好きだった祖父は ＿＿＿ ＿＿＿ ＿★＿ ＿＿＿ 玄関のくつ箱に置いてある。

1 山に登れなくなった　　2 登山ぐつをみがいて　　3 今でも　　4 年をとって

정답 **3** (4→1→3→2) 산을 매우 좋아했던 할아버지는 나이가 들어 산에 오를 수 없게 된 지금도 등산화를 닦아서 현관 신발장에 놓아 둔다.

단어 祖父 할아버지 ｜ 登る 오르다 ｜ 登山 등산 ｜ くつをみがく 신발을(구두를) 닦다 ｜ 年をとる 나이가 들다 ｜ 玄関 현관 ｜ くつ箱 신발장 ｜ 置く 두다, 놓다

해설 의미상 '나이가 들어 산에 오를 수 없게 되었다(4→1)'로 연결되는 것이 자연스럽다. 남은 2번 「登山ぐつをみがいて 등산화를 닦아서」는 마지막 밑줄에 들어가서 밑줄 뒤의 '현관 신발장에 놓아 두었다'와 이어지는 것이 자연스럽다. 나머지 3번을 포함하여 의미가 통하도록 나열하면 4→1→3→2가 된다.

---

7 最近、自動運転の車が注目されている。テレビでもＰ社の ＿＿＿ ＿＿＿ ＿★＿ ＿＿＿ 車はないと宣伝している。

1 開発した　　2 ほど　　3 安全な　　4 自動運転車

정답 **2** (1→4→2→3) 최근 자율 주행차가 주목받고 있다. 텔레비전에서도 P사가 개발한 자율 주행차만큼 안전한 자동차는 없다고 선전하고 있다.

단어 自動運転車 자동 운전차, 자율 주행차 ｜ 注目 주목 ｜ 宣伝 선전 ｜ 開発 개발 ｜ 安全だ 안전하다

해설 문맥상 밑줄 앞 「P社の」의 조사 「の」는 「が ～이/가」와 같은 주격 조사의 역할이므로 뒤에는 서술어가 이어져야 한다. 따라서 첫 번째 밑줄에는 1번의 「開発した」밖에 들어갈 수 없다. 「～ほど～ない ～만큼 ～하지 않다」는 정도가 비슷한 두 가지를 비교하는 문형이다. 선택지의 내용을 사용하여 두 가지 비교 구문이 되도록 나열하면 'P사가 개발한 자율 주행차(1→4)'와 '안전한(3) 차'이다. 따라서 3번 「安全な」 앞에 2번이 들어가 '개발한 자율 주행차만큼 안전한(1 → 4 → 2 → 3)의 순서가 되어야 한다.

8 先生の話ではテストの前の日は、おそくまで ＿＿ ＿＿ ＿★＿ ＿＿ ほうがいい結果が出るそうだ。

1 勉強するより　　2 朝早く起きた　　3 寝ないで　　4 早く寝て

정답 **4** (3→1→4→2) 선생님의 이야기로는 시험 전날은 늦게까지 자지 않고 공부하는 것보다 일찍 자고 아침 일찍 일어나는 편이 좋은 결과가 나온다고 한다.

단어 結果 결과 | 朝早く 아침 일찍 | 起きる 일어나다, 기상하다, 발생하다 | 寝る 자다

해설 「～たほうがいい」는 '～하는 편이 좋다'라는 표현이며, 비교 표현「～より ～보다」와 함께 쓰여「～より～たほうがいい ～보다 ～하는 편이 좋다」라는 문형으로 자주 사용된다. 따라서 선택지 2번은 마지막 밑줄에 위치하며,「より」를 중심으로 두 개의 비교 구문이 연결되어야 하므로 의미상 '늦게까지 자지 않고 공부하는 것보다(3→1) 일찍 자고 아침 일찍 일어나는(4→2) 편이 좋다'의 순서가 되는 것이 자연스럽다.

問題 3 글의 문법

실전문제 정답 및 해설

정답

실전문제 ① 1 2　2 1　3 1　4 4　5 3

실전문제 ② 1 4　2 2　3 3　4 3　5 1

실전문제 ①

問題 3 다음 글을 읽고, 글 전체의 내용을 고려하여 1 에서 5 안에 들어갈 가장 적당한 것을 1・2・3・4에서 하나 고르세요.

문제편 200p

아래의 글은 유학생 켈리 씨가 '기뻤던 일'에 대해 발표했을 때의 이야기입니다.

요전에 전철을 탔을 때 1 이런 일이 있었습니다. 전철은 그다지 붐비지 않아서 모두 앉아 있었습니다. 엄마와 초등학생 정도의 아이가 이야기를 하고 있었는데 아이가 갑자기 화를 내며 가지고 있던 장난감을 던졌습니다. 엄마가 2 가지고 오렴이라고 했는데도 아이는 말을 듣지 않았습니다. 그때 나는 아이에게 가지고 오도록 말할까, 3 그렇지 않으면 아무 말도 하지 않고 보고 있을까 하고 생각하고 있었습니다. 내가 생각하고 있는 동안에, 다음 역이 가까워져 왔습니다. 손님이 타기 시작하면 장난감은 어떻게 될까요? 나는 아이에게 '위험하니까 빨리 가지고 오렴'이라고 말했습니다. 근처에 있던 사람이 모두 내 쪽을 보았습니다. 마음속으로 잠자코 있는 편이 좋았을까 하고 생각했습니다. 그런데 아이는 서둘러 장난감을 가지고 와서, 나에게 '죄송해요'라고 4 사과했던 것입니다. 엄마는 생긋생긋 웃으면서 '잘했어'라고 말하며 자신의 아이를 5 칭찬해 주었습니다.

단어 スピーチ 스피치, 연설, 강연 | この前(まえ) 일전에, 얼마 전에 | あまり 별로, 그다지 | 混(こ)む 붐비다 | 座(すわ)る 앉다 | 小学生(しょうがくせい) 초등학생 | 急(きゅう)に 갑자기 | 怒(おこ)る 화내다 | おもちゃ 장난감 | 投(な)げる 던지다 | 考(かんが)える 생각하다 | 次(つぎ) 다음 | あぶない 위험하다 | 早(はや)く 빨리 | だまる 잠자코 있다, 아무 말도 하지 않다 | ところが 그러나 | 急(いそ)いで 서둘러 | ごめんなさい 미안해요 | にこにこ 싱글벙글, 생긋생긋 | えらい 훌륭하다, 대단하다, 위대하다 | 自分(じぶん) 자기, 자신 | 大切(たいせつ)だ 소중하다, 중요하다 | あやまる 사과하다 | ほめる 칭찬하다

1 1 あんなこと 2 こんなこと 3 いろいろなこと 4 たいせつなこと

정답 2

해설 앞으로 설명하고자 하는 내용에 대해 한마디로 표현하는 것이므로 선택지 2번의 「こんなこと 이런 일」이 자연스럽다. 1번의 「あんなこと」는 멀리서 일어나고 있는 일을 가리킬 때, 「そんなこと」는 말하는 사람과 상대방 사이에서 화제가 되고 있는 일을 가리킬 때 사용하므로 뉘앙스에 차이가 있다.

---

2 1 持(も)ってきなさい 2 持(も)ってきます 3 持(も)ってくるつもりだ 4 持(も)っていこう

정답 1

해설 2 안에는 아이가 화가 나서 장남감을 던졌을 때 엄마가 아이에게 하는 말로 적절한 표현이 들어가야 한다. 정답은 1번의 「持(も)ってきなさい 가지고 오렴」이다. 「ます형 + なさい ~하세요」는 윗사람이 아랫사람에게 하는 정중한 명령 표현이다.

---

3 1 それとも 2 それから 3 ところが 4 どうして

정답 1

해설 3 뒤로 '아이에게 가지고 오도록 말할까'와 '아무 말도 하지 않고 보고 있을까' 두 가지 선택지에 대해 선택하는 상황이 제시되고 있으므로 정답으로는 1번의 「それとも 그렇지 않으면, 또는」이 적절하다. 「それとも」는 'A로 할까 그렇지 않으면 B로 할까'처럼 둘 중 하나를 선택할 때 사용하는 접속사이다. 2번의 「それから」는 '그리고(첨가·부연), 그 후에(순서)'라는 의미이며, 3번의 「ところが 그러나, 그런데」는 예상 외의 결과를 강조할 때, 4번의 「どうして 왜, 어째서」는 원인·이유를 물을 때 사용한다.

---

4 1 あやまったわけです 2 あやまりそうです
3 あやまることにします 4 あやまったのです

정답 4

해설 선택지 모두 「あやまる 사과하다」의 활용 형태이므로 문장 맨 앞의 접속사 「ところが 그러나, 그런데」와 호응을 이루는 문말 표현을 찾아야 한다. 「ところが」는 예상 외의 결과를 나타내는 역접 접속사이므로 상황이나 결과에 대해 강조·설명하는 문말 표현인 「~のだ ~인 것이다」와 함께 사용하는 것이 자연스럽다. 정답은 4번이다.

---

5 1 ほめてくれました 2 ほめてもらいました
3 ほめてやりました 4 ほめさせてあげました

정답 3

해설 타인이 제삼자에게 무엇인가를 '주다/~해 주다'라고 할 때는 「あげる/~てあげる」를 사용하며, 윗사람이 아랫사람에게 혹은 사람이 동·식물에게 '주다/~해 주다'라고 할 때는 「やる/~てやる」를 사용한다. 글의 마지막 문장은 엄마가 아이에게 칭찬해 주는 상황이므로 정답은 3번 「ほめてやりました 칭찬해 주었습니다」이다.

실전문제 ②

問題3 다음 글을 읽고, 글 전체의 내용을 고려하여 [1]에서 [5] 안에 들어갈 가장 적당한 것을 1・2・3・4에서 하나 고르세요.

문제편 202p

처음 입는 기모노

메리 앳킨

요전에 친구가 재밌는 사람을 소개하겠다고 말했습니다. 어떤 사람일까 상상하면서 약속 시간에 찻집에 가서 기다리고 있었습니다. 친구와 함께 온 그 사람은 다나카 씨라고 하며 기모노 선생님이라고 [1] 소개받았습니다. 기모노 선생님이라고 들었을 때, 조금 놀랐습니다. 일본인이 흔히 입고 있는 기모노에 어째서 [2] 선생님이 필요한 것일까라고 생각했기 때문입니다. 다나카 씨의 이야기로는 일본인이어도 젊은 사람은 그다지 기모노를 입을 일이 없기 때문에 입는 방법을 모르는 사람도 많다고 합니다. 기모노는 디자인이나 모양은 예쁘지만 걷기에는 불편하다고 생각하고 있었습니다. [3] 게다가 가격도 비싸다고 들은 적이 있습니다. 다나카 씨가 나에게 '그럼 한번 기모노를 입어 보지 않겠습니까?'라고 말했습니다. 그러고 나서 다나카 씨가 잘 알고 있는 기모노 가게에 가서 나에게 예쁜 기모노를 [4] 입혀 주었습니다. 거울에 비친 나는 딴사람같아서, 마치 영화의 주인공 같았습니다. 언젠가 다나카 씨에게 입는 법을 배워서 기모노를 입고 거리를 [5] 걸어보고 싶습니다.

단어 初めて 처음의, 첫 번째의 | 紹介 소개 | 想像 상상 | 約束 약속 | 喫茶店 찻집, 카페 | 着物 기모노(일본 전통 복장) | びっくりする 깜짝 놀라다 | 必要だ 필요하다 | 若い 젊다 | あまり 별로, 그다지 | 着方 입는 방법 | デザイン 디자인 | 模様 모양 | きれいだ 예쁘다, 깨끗하다 | 歩く 걷다 | 不便だ 불편하다 | 値段 가격, 값 | 一度 한번 | かわいい 귀엽다 | 鏡 거울 | うつる (거울·수면 등에) 비치다 | 別の人 다른 사람, 딴사람 | まるで 마치 | 映画 영화 | 主人公 주인공 | いつか 언젠가 | 習う 배우다, 익히다 | 街 거리

[1]
1 紹介してあげました
2 紹介しました
3 紹介するつもりでした
4 紹介されました

정답 **4**

해설 친구가 재밌는 사람을 소개해 준다고 하여 나간 자리에서 친구에게 자신이 친구와 함께 온 사람을 '소개받는(당하는)' 상황이므로 정답은 「紹介する 소개하다」를 수동태로 활용한 4번 「紹介されました 소개받았습니다」이다. 나머지 선택지는 내가 친구에게 소개하는 내용이므로 시점이 달라 답이 될 수 없다.

---

[2]
1 それが
2 先生が
3 着物が
4 デザインが

정답 **2**

해설 문장 맨 앞에 「どうして 어째서」라는 의문사가 있으므로 '필요한 이유'의 주어를 찾아야 한다. '젊은 사람들은 기모노를 입을 일이 별로 없어서 입는 방법을 모른다'라는 내용이 이어지고 있으므로 '모르는 것(입는 방법)을 알려주는 사람', 즉 선택지 2번의 「先生が 선생님이」가 정답임을 유추할 수 있다.

3 1 やがて 2 けれど 3 それに 4 一方(いっぽう)

정답 3

해설 3 앞에서 '걷기에는 불편하다고 생각했습니다(歩(ある)くのに不便(ふべん)だと思(おも)っていました)'라고 단점을 말한 후, 다시 '가격도 비싸다(値段(ねだん)も高(たか)い)'라며 단점이 이어지고 있다. 따라서 3 안에는 같은 흐름의 내용을 첨가·부연하는 접속사 「それに 게다가」가 들어가야 한다.

---

4 1 着(き)せてもらいました 2 着(き)てくださいました
3 着(き)せてくれました 4 着(き)ることにしました

정답 3

해설 다나카 씨가 잘 아는 가게에 가서 나에게 기모노를 입혀주는 상황이므로 「着(き)せる 입히다」에 타인이 나에게 무언가를 해 줄 때 사용하는 수수 표현 「~てくれる ~해 주다」를 연결한 3번 「着(き)せてくれました 입혀 주었습니다」가 정답이다.

---

5 1 歩(ある)いてみたいです 2 歩(ある)いてほしいです
3 歩(ある)くつもりでした 4 歩(ある)くのがいいと思(おも)います

정답 1

해설 미래의 일을 나타내는 「いつか 언젠가」는 주로 「~たい ~하고 싶다」, 「~つもりだ ~할 생각이다」처럼 희망이나 결심, 의지 등을 나타내는 표현과 호응을 이룬다. 3번은 과거 시제이므로 답이 될 수 없고, 2번의 「~てほしい」는 타인이 나에게 해 주길 바랄 때 쓰는 표현이므로 답이 될 수 없다. 정답은 1번이다.

Part 3

JLPT N3

Part 3

독해

問題 4 내용 이해(단문)

연습문제 정답 및 해설

정답

연습문제 1 2 2 4 3 1 4 3

연습문제

問題4 다음 (1)에서 (4)의 글을 읽고 질문에 답하세요. 답은 1・2・3・4에서 가장 적당한 것을 하나 고르세요.

(1)

문제편 207p

수 신 인	20nihongo@groups.ac.jp
제 목	대학원 진학 설명회에 대해
송 신 일 시	20○○년 11월 20일 16:08

일본어 클래스 여러분께

일본문화예술대학 대학원 입시부에서 진학 설명회 안내가 왔습니다. 문과계 대학원에 진학을 희망하는 사람은 꼭 참가해 주세요. 모르는 점이 있으면 이 메일에 답신해 질문해 주세요.

◆ 대학원 진학 설명회・대면 개별 상담회 (12/11(토) 12:30~17:00 야마노우에 캠퍼스)

【신청 방법】 아래 ①~③을 입력하고, 12월 8일(수) 23:00까지 이하의 대학원 입시부 메일 주소로 보내 주세요.

【건 명】 대학원 개별 상담회 신청

【수 신 처】 in-nyushi@nbg-u.ac.jp

【본 문】 ① 성명 (후리가나)
② 전화번호 (긴급 시 연락용)
③ 상담 희망 연구과 (복수 가능)

신청 후, 본 대학에서 접수 완료 메일이 갈 테니, 메일 안내를 따라 주세요. 설명회 전날까지 본 대학에서 메일이 없는 경우, 03-3421-5678〔입시부 직통 평일(토일 제외) 9:00~17:00〕로 전화 주세요.
불분명한 점 등이 있으면, 대학원 사무실 창구 후루카와(cfrukawa-innyushi@nbg-u.ac.jp)에게 문의해 주세요.

우에다

단어 宛先 수신처, 수신인, 받는 사람 | 件名 건명, 제목 | 大学院 대학원 | 進学 진학 | 説明会 설명회 | 送信 송신 | 皆さん 여러분 | 文化 문화 | 芸術 예술 | 入試 입시 | 案内 안내 | 文系 문과 | 希望 희망 | ぜひ 꼭, 제발 | 参加 참가 | 返信 회신, 답변 | 質問 질문 | 対面 대면 | 個別 개별 | 相談会 상담회 | キャンパス 캠퍼스, 대학 교정 | 申し込み 신청 | 方法 방법 | 下記 하기 | 入力 입력 | 氏名 성명, 이름 | 緊急 긴급 | 連絡 연락 | 研究科 연구과 | 複数 복수, 둘 이상의 수 | 本学 본교, 본 대학 | 受付 접수 | 届く 닿다, 도달하다 | 従う 따르다 | 直通 직통 | 除く 제외하다 | 不明な点 불분명한(불명확한) 점 | ～など ～등 | 事務室 사무실 | 窓口 창구 | 問い合わせ 문의

1 이 메일을 보고 참가하고 싶은 사람은 어떻게 해야만 하는가?

1 이 메일에 답신한다.
2 대학원에 메일을 보낸다.
3 대학원 입시부에 전화를 한다.
4 대학원 사무실에 메일을 보낸다.

정답 **2**

해설 이메일이나 비즈니스 문서의 경우, 문서를 쓴 목적이 무엇인지와 그에 따른 조건을 찾으면 어렵지 않게 문제의 답을 찾을 수 있다. 이 문제에서는 「件名 제목」에 나온 '대학원 진학 설명회 · 상담회 신청'에 대한 안내가 문서 작성의 목적이며, '신청 방법'에서 '①～③을 입력해 이하의 대학원 입시부 메일 주소로 보내 달라'라고 했으므로 정답은 2번이다.

---

(2) 테이블 위에 아침밥과 기무라 씨에게 메모가 놓여 있다. 문제편 208p

아빠에게

먼저 나갑니다. 테이블 위에 아침을 차려 둘게요.
오늘은 리나의 생일이니까 밤 7시까지는 돌아와 주세요. 지난주부터 말했었지요?
나는 리나가 부탁한 게임기를 사 올게요. 그리고 당신이 돌아올 때까지 저녁 식사 준비를 할게요. 당신은 역 앞 케이크 가게에서 생일 케이크를 찾아와 주세요. 3,500엔의 케이크를 이미 예약해 두었어요. 돈도 지불해 두었어요. 아, 그리고 프라이드치킨 제일 큰 팩으로 사 오세요.
미안하지만, 잘 부탁해요.

미키

단어 出かける 나가다, 외출하다 | 朝食 아침 식사 | 置く 두다 | 誕生日 생일 | 頼む 부탁하다 | ゲーム機 게임기 | 夕食 저녁 식사 | 準備 준비 | 予約 예약 | 代金 대금 | 払う 지불하다 | パック 팩, 포장 용기

2 기무라 씨는 무엇을 해야만 하는가?

1 저녁 7시까지는 돌아와서 저녁 식사 준비를 한다.
2 리나의 생일 선물인 게임기를 산다.
3 역 앞 케이크 가게에서 케이크를 예약하고 산다.
4 프라이드 치킨의 제일 큰 팩을 산다.

정답 **4**

해설 메모를 보고 기무라(리나 아빠) 씨가 해야 하는 일을 찾는 문제이다. 저녁 식사 준비 및 게임기 구입은 메모를 남긴 사람의 일이므로 1번과 2번은 답이 될 수 없다. 지문 중반 이후에 '당신은 예약한 케이크를 찾아와 주세요'라고 말하지만, 이미 예약한 것을 가져다 달라는 말이므로 3번 역시 오답이다. 마지막을 보면 '프라이드치킨 제일 큰 팩을 사다 달라'라고 부탁하고 있으므로 정답은 4번이다.

(3)

문제편 209p

자신을 가리키는 인칭 대명사는 대부분의 경우, 전부 지우는 편이 좋습니다. 일본어는 주어를 지우면 무척 좋은 글이 된다는 것이 철칙이니까요. 되도록 주어를 지워 나간다. 저 사람은 (주)명문가이다라고 하는 사람의 글을 살펴보면, 공통된 점이 하나 있다. 그것은 '주어가 빠져 있다'라는 것입니다. 주어를 의식해서인지, 혹은 무의식적으로 글을 쓰는 사람은 주어를 쓰지 않는다. 따라서 일일이 '나는 내 남편을 죽이고 싶다고 생각한다'라고 쓰지 않는다. '남편을 죽이고 싶다.' 이쪽이 리듬이 살아서 무섭지 않나요?

(이노우에 히사시『이노우에 히사시와 141인 동료들의 작문 교실』 신쵸분코)

(주) 명문가: 뛰어난 문장을 쓰는 사람

단어 自分(じぶん) 자기, 자신 | 指す(さす) 가리키다 | 人称代名詞(にんしょうだいめいし) 인칭 대명사 | 削る(けずる) 깎다, 지우다 | 主語(しゅご) 주어 | 文章(ぶんしょう) 문장, 글 | 鉄則(てっそく) 철칙 | なるべく 되도록, 가능한 한 | 消す(けす) 끄다, 지우다 | 調べる(しらべる) 찾다, 조사하다 | 共通する(きょうつうする) 공통되다 | 抜ける(ぬける) 빠지다 | 意識(いしき) 의식 | あるいは 또는, 혹은 | 書き手(かきて) 쓰는 사람, 필자 | いちいち 일일이, 하나하나 | 殺す(ころす) 죽이다 | リズム 리듬 | 怖い(こわい) 무섭다

3 이 글을 쓴 사람은 주어에 대해 어떻게 생각하고 있는가?

1 주어를 지우면 좋은 글이 된다.
2 주어가 빠지는 것은 좋지 않다.
3 주어를 의식하는 편이 좋다.
4 주어를 무의식적으로 쓰지 않는 문장은 이해하기 어렵다.

정답 **1**

해설 필자는 두 번째 문장에서 '일본어는 주어를 지우면 무척 좋은 글이 된다(日本語(にほんご)は主語(しゅご)を削(けず)ると、とてもいい文章(ぶんしょう)になる)'라고 말한 후, '명문가의 문장을 보면 공통적으로 주어가 빠져 있다', '무의식적으로 주어를 쓰지 않는다', '주어를 쓰지 않는 편이 리듬감이 산다'라는 구체적인 예시를 통해 이를 뒷받침하는 부연 설명을 하고 있다. 정답은 1번이다.

---

(4)

문제편 210p

오빠는 4월부터 고등학교 1학년이 됐습니다. 2월에 시험을 치렀지만, 원래 오빠는 공부를 좋아하지 않았습니다. 하지만 수험 공부에 열심히 몰두하여 많은 문제를 풀었습니다. 계속 책상에서 공부하고 있어서, 마치 책상과 오빠가 자석으로 이어져 있는 것처럼 느껴졌습니다. 그리고 오빠는 가고 싶었던 고등학교에 합격했습니다. 이때 저는, 무언가를 해내기 위해서는 온 힘을 다해 노력하는 것이 중요하다고 깨달았습니다. 다시 한번 자주적으로 임하는 힘, 그것을 지속하는 힘의 중요성을 알았습니다.

(네다테 아오이『모두의 광장—오빠에게 배운 노력』 마이니치 신문 2021년 4월 28일)

단어 受験(じゅけん) 수험, 시험을 치름 | もともと 원래 | 勉強(べんきょう) 공부 | 熱心に(ねっしんに) 열심히 | 取り組む(とりくむ) 대처하다, 맞붙다, 몰두하다 | 問題を解く(もんだいをとく) 문제를 풀다 | 机(つくえ) 책상 | まるで 마치 | 磁石(じしゃく) 자석 | つなぐ 잇다, 연결하다 | 合格(ごうかく) 합격 | 成し遂げる(なしとげる) 해내다, 완수하다 | 精いっぱい(せいいっぱい) 힘껏 | 努力(どりょく) 노력 | 重要(じゅうよう) 중요 | 気付く(きづく) 깨닫다 | あらためて 새롭게 다시, 새삼스럽게 | 自主的(じしゅてき) 자주적 | 持続(じぞく) 지속 | 姿(すがた) 모습, 모양 | 大切だ(たいせつだ) 소중하다, 중요하다 | だれもが 누구나, 누구든지 | 目標(もくひょう) 목표 | 実現(じつげん) 실현

4 오빠의 모습을 보고, 이 글을 쓴 사람은 무엇을 배웠는가?

1 공부를 좋아하지 않는 오빠에게 공부만 시키는 것은 좋지 않다.

2 수험 공부는 중요하니까, 누구나 오빠처럼 공부해야만 한다.

3 목표 실현을 위해서는 끝까지 계속 노력하는 것이 중요하다.

4 가고 싶은 고등학교의 시험 문제를 많이 풀면, 누구라도 고등학교에 들어갈 수 있다.

정답 **3**

해설 필자가 글에서 구체적으로 '무엇을 배웠다'고 말하는지를 찾아야 한다. 글 마지막 부분에서 필자는 오빠의 고등학교 합격을 통해 '무언가를 이루기 위해서는 온 힘을 다해 노력하는 것이 중요'하다는 것과, 더 나아가 '그 노력을 지속하는 힘의 중요성을 알았다'고 말한다. 따라서 정답은 3번이다.

問題 5 내용 이해(중문)

연습문제 정답 및 해설

정답

연습문제 1 3 2 2 3 4 4 3 5 4 6 2

연습문제

問題5 다음 (1)과 (2)의 글을 읽고 질문에 답하세요. 답은 1・2・3・4에서 가장 적당한 것을 하나 고르세요.

(1) 문제편 212p

웃으면 '행복도가 올라간다'라는 통계가 있는 듯합니다. 웃는 것은 우리들의 정신적 안정으로도 이어지는 중요한 행위입니다. 그러나 자기 방에서 혼자 있을 때는 그다지 웃지 않습니다. 긴 시간을 보내는 자기 방이라는 공간에서 항상 웃는 것을 의식하는 것은 피곤하기 때문입니다.

그래서 저는 '화장실에서 웃자 프로젝트'를 제안하고 싶습니다. 이 프로젝트는 화장실 벽에 웃음이 나는 재미있는 그림을 붙입니다. 변기에 앉아서 그것을 볼 때마다 웃는 것을 의식하는, 매우 단순한 시도입니다.

이렇게 함으로써 '웃는 얼굴이 되는' 것의 의미를 저절로 느끼게 되고, 볼일을 보는 중이라는 짧은 시간에 무리 없이 행복감에 잠기게 되겠지요. '뭐야, 그런 걸로'라며 비웃는 사람이 있을지도 모릅니다. 하지만 이 프로젝트를 진행해 나가면, 세상에 많은 웃음과 행복이 퍼져 나가리라고 상상합니다.

(이케다 아오이『모두의 광장—화장실에서 웃자 프로젝트』마이니치 신문 2021년 10월 6일)

단어 幸福度(こうふくど) 행복도 | 統計(とうけい) 통계 | 精神的(せいしんてき) 정신적 | 安定(あんてい) 안정 | つながる 연결되다,이어지다 | 行為(こうい) 행위 | 過(す)ごす 지내다, 시간을 보내다 | 自室(じしつ) 자기 방 | 空間(くうかん) 공간 | 常(つね)に 늘, 항상 | 意識(いしき) 의식 | 疲(つか)れる 지치다, 피곤하다 | そこで 그래서, 그런데 | トイレ 화장실 | プロジェクト 프로젝트, 기획 | 発案(はつあん) 발안, 안을 냄 | 壁(かべ) 벽 | 笑(わら)える 웃음 짓다, 자연히 웃게 되다 | 面白(おもしろ)い 재미있다 | 絵(え)を張(は)る 그림을 붙이다 | 便座(べんざ) 좌변기 | 座(すわ)る 앉다 | ～度(たび)に ～할 때마다 | いたって 지극히, 대단히 | シンプルだ 심플하다, 단순하다 | 試(こころ)み 시도, 시행 | 笑顔(えがお) 웃는 얼굴 | 意味合(いみあ)い 의미 | 自然(しぜん)と 자연스럽게, 저절로 | トイレ中(ちゅう) 화장실 안에 있음, 볼일을 보는 중 | 短時間(たんじかん) 단시간 | 浸(ひた)る (물에) 잠기다, (생각·감정 등에) 젖다, 빠지다 | 鼻(はな)で笑(わら)う 코웃음 치다, 비웃다 | 進(すす)める 앞으로 나아가다, 진척시키다 | 世(よ)の中(なか) 세상, 세간 | 広(ひろ)がる (넓은 범위에) 미치다, 퍼지다 | 夢想(むそう) 몽상, 공상 | 期待(きたい) 기대

1 그다지 웃지 않습니다라고 하는데, 어째서인가?

1 자기밖에 없기 때문에
2 혼자서 보내는 시간이 길기 때문에
3 늘 웃는 것을 생각하면 피곤하기 때문에
4 자기 방에서는 정신적으로 안정되기 때문에

정답 **3**

해설 필자는 자기 방에서 혼자 있을 때 '그다지 웃지 않는' 이유에 대해 밑줄 바로 뒤 문장에서 '긴 시간을 보내는 자기 방에서 늘 웃는 것을 의식하면 피곤하기 때문(常(つね)に笑(わら)うことを意識(いしき)しているのは疲(つか)れるから)'이라고 설명하고 있다. 정답은 3번이다.

2 이 글을 쓴 사람이 생각한 프로젝트는 어떠한 것인가?

1 그림을 보는 것이 능숙해지는 프로젝트
2 혼자 있는 장소에서 단시간에 웃는 얼굴이 되는 프로젝트
3 화장실을 좋아하게 되는 프로젝트
4 화장실에서 시간을 잘 보내기 위한 프로젝트

정답 **2**

해설 두 번째 단락 맨 처음에 나오는 접속사 「そこで 그래서」에 주목하며 읽어야 한다. '자기 방'처럼 혼자 있을 때 '웃도록 의식'하는 것은 피곤한 일이며, 그래서(そこで) '화장실'처럼 혼자 있는 장소에서 '웃도록 의식'하기 위한 '화장실에서 웃자 프로젝트(トイレで笑(わら)おうプロジェクト)'를 제안한다고 말하고 있다. 따라서 정답은 2번이다.

3 이 글을 쓴 사람이 이 프로젝트에 기대하고 있는 것은 무엇인가?

1 웃는 것을 의식해도 피곤해지지 않는 것
2 화장실 같은 장소에서도 즐겁게 지낼 수 있게 되는 것
3 이 프로젝트를 비웃는 사람이 사라지는 것
4 사람들이 늘 웃는 얼굴로 행복해지는 것

정답 **4**

해설 마지막 단락을 시작하는 「このようにすることで 이렇게 함으로써」가 가리키는 것은 '화장실에서 웃자 프로젝트를 시도하는 것'이다. 이어서 필자는 이 프로젝트를 시도함으로써 웃는 얼굴이 되는 의미를 저절로 느끼게 되고 더 나아가 '세상에 많은 웃음과 행복이 퍼져 나갈 것'이라고 말한다. 따라서 정답은 4번이다.

---

(2) 문제편 214p

신종 코로나 바이러스 감염 방지를 위해 마스크를 하고 생활하는 것이 당연해졌습니다. 우리 집 근처에는 고등학교가 있는데, 학생들도 모두 마스크를 하고 있습니다만, 어째서인지 검은 마스크를 하고 있는 학생이 대부분입니다. 그 고등학교는 사복인데, 잘 보면 복장도 검정색을 입고 있는 학생이 눈에 띕니다. 신기하다고 생각해서 조금 조사해 봤습니다.

어느 조사에서는 어느 연령에나 인기가 많은 색은 '파랑, 핑크, 빨강, 초록, 하늘색'인데, 고등학생에게만 질문한 다른 조사에서는 남자가 좋아하는 색은 '검정, 파랑, 흰색', 여자가 좋아하는 색은 '흰색, 핑크, 검정'으로, 양쪽 다 상위 3위에 '검정'이 들어 있습니다.

어째서 고등학생은 '검정'을 좋아하는 걸까요? '검정'은 조용하고 차분하며 어른스럽고 멋진 이미지가 있는 듯합니다. 고등학생들은 한창 사춘기라서 불안정하고 약한 자신에게 자신을 가지지 못하고 든든하고 안정된 색의 파워를 추구하고 있는 것일지도 모릅니다.

단어 新型 신형, 신종 | コロナウィルス 코로나 바이러스 | 感染 감염 | 防止 방지 | マスクをつける 마스크를 하다 | 当たり前 당연함 | 生徒 학생 | 黒い 검다 | 私服 사복 | 服装 복장 | 身につける 몸에 걸치다, 배워 익히다, 습득하다 | 目立つ 눈에 띄다 | 不思議だ 이상하다, 신기하다 | 調べる 조사하다 | 調査 조사 | 年齢 연령 | 人気 인기 | 青 파랑 | ピンク 핑크, 분홍 | 赤 빨강 | 緑 초록 | 水色 하늘색 | 質問 질문 | 白 흰색 | 上位 상위 | 静かだ 조용하다 | 落ち着く 안정되다, 진정되다, 차분하다 | 大人っぽい 어른스럽다 | イメージ 이미지, 인상 | 思春期 사춘기 | 真っただ中 한가운데, 한창 ~할 때 | 不安定だ 불안정하다 | 弱い 약하다 | 自信 자신, 자신감 | 力強い 든든하다 | パワー 파워 | 求める 바라다, 요구하다 | 決まる 정해지다, 결정되다 | 自由 자유 | ~はず ~할 터, 당연히 ~한 | 結果 결과 | 正反対 정반대

4 신기하다고 생각해서라고 하는데, 이 글을 쓴 사람이 신기하다고 생각한 것은 어떤 것인가?

1 마스크를 쓰는 것이 당연해진 것
2 고등학교는 사복인데도 마스크만 검정이라고 정해져 있는 것
3 검은색의 마스크와 옷이 눈에 띄는 것
4 복장은 자유일 텐데 모두 검은 옷을 입고 있는 것

정답 3

해설 필자는 밑줄 앞부분에서 '근처 고등학교 학생들이 대부분 검은 마스크를 하고 있고, 교복이 아닌 사복을 입는데도 검은 복장이 대부분이다'라고 말하고 있다. 그 점을 '신기하게 생각해서' 조사해 보았다는 문맥이므로 정답은 3번이다.

5 이 글을 쓴 사람이 두 가지 조사 결과로부터 말하고 싶은 것은 무엇인가?

1 '파랑'과 '핑크'는 고등학생에게도 인기가 있다.
2 '흰색'은 여자 고등학생에게는 인기가 있지만 남자에게는 없다.
3 '검정'은 남자 고등학생에게는 인기가 있지만 여자에게는 없다.
4 어느 연령에나 인기가 많은 색 중에 '검정'은 없지만, 고등학생에게는 인기가 있다.

정답 4

해설 두 번째 단락에서 '모든 연령을 대상으로 한 조사에서 인기가 많은 색은 파랑, 핑크, 빨강, 초록, 하늘색'이며, '고등학생만을 대상으로 한 조사에서는 남학생은 검정, 파랑, 흰색, 여학생은 흰색, 핑크, 검정이라는 결과가 나왔다'라는 두 가지 조사 내용을 소개하고 있다. 정답은 이 내용을 정리한 선택지 4번이다.

6 고등학생이 좋아하는 색에 대해서 이 글을 쓴 사람은 어떻게 생각하고 있는가?

1 검은 마스크나 옷에서는 젊음이 느껴지지 않으므로 다른 색을 입어야만 한다.
2 고등학생들이 '검정'을 좋아하는 것은 색이 가지는 이미지와 관계가 있을 것이다.
3 사춘기의 고교생들은 '검정'을 입으면 마음이 안정되어 어른스러워질 것이다.
4 고등학생들이 '검정'과 '흰색'이라는 정반대의 색을 좋아하는 것은 신기하다.

정답 2

해설 필자는 마지막 단락에서 '조용하고 차분하며 어른스럽고 멋진 이미지'가 있고 '고등학생들은 강하고 안정된 색이 주는 파워를 추구해서 검정색을 좋아할지도 모른다'라고 자신의 생각을 밝히고 있다. 따라서 정답은 선택지 2번이다.

問題 6 내용 이해(장문)

연습문제 정답 및 해설

정답

연습문제 1 3 2 1 3 3 4 4

연습문제

問題6 다음 글을 읽고 질문에 답하세요. 답은 1・2・3・4에서 가장 적당한 것을 하나 고르세요. 문제편 218p

타투 문화는 국가나 지역에 따라 다양합니다. 또한 타투에 대한 사람들의 사고방식도 시대나 생활 환경에 따라서도 다를 것입니다. 2019년에 일본에서 럭비 월드컵이 열렸는데, 그 때 뉴스에 이런 이야기가 있었습니다.

사모아는 팀의 많은 선수가 타투를 하고 있다고 합니다만, 일본에서의 월드컵에 참가할 때는 '문화 충돌을 피하기 위해서' 타투를 감추기 위한 특별한 옷을 입기로 했다고 합니다. 일본 문화에 대해 배운 후에 그렇게 결정했다고 합니다. 실은 타투라는 말은 사모아의 '타타우'라는 말에서 왔다고 하며, 타투는 사모아의 전통문화로 일정 연령이 되면 젊은 남자의 대부분이 타투를 새긴다고 합니다. 그러나 팀은 그것을 감추는 것을 선택한 것입니다.

주장인 람 씨는 말합니다. '우리 문화에서 타투는 상당히 일반적입니다. 그러나 우리는 일본의 방식에 경의를 표하고 싶습니다' 또한 뉴질랜드 팀도 '우리는 일본에 체재하는 것이므로 그들의 방식, 문화를 존중한다'고 말하며, 같은 판단을 했다고 합니다.

지금 우리는 다양한 장면에서 문화나 사고방식이 다른 사람들과 함께 활동하거나 생활하거나 하고 있습니다. 그때 중요한 것은 어떻게 하면 다른 문화와 생각의 사람과 잘 해 나갈 수 있는지를 생각하는 것이라고 생각합니다. 이번 월드컵의 타투 문제가 그 점을 생각하는 하나의 계기가 되길 바란다고 저는 생각합니다.

단어 タトゥー 타투 | 人々(ひとびと) 사람들 | 考え方(かんがえかた) 사고방식, 생각 | 時代(じだい) 시대 | 生活環境(せいかつかんきょう) 생활 환경 | ラグビー 럭비 | ワールドカップ 월드컵 | ニュース 뉴스 | サモア 남태평양 사모아 제도에 있는 나라 | チーム 팀 | 選手(せんしゅ) 선수 | タトゥーを入れる(いれる) 타투를 하다, 타투를 새기다 | 参加(さんか) 참가 | 衝突(しょうとつ) 충돌 | 避ける(さける) 피하다 | 隠す(かくす) 감추다, 숨기다 | 特別だ(とくべつだ) 특별하다 | ～上で(うえで) ～한 후에, ～한 결과 | 言葉(ことば) 말, 단어 | 伝統(でんとう) 전통 | 一定(いってい) 일정 | 年齢(ねんれい) 연령 | 選ぶ(えらぶ) 고르다, 선택하다 | キャプテン 캡틴, 주장 | 非常に(ひじょうに) 매우, 상당히 | 一般的だ(いっぱんてきだ) 일반적이다 | やり方(やりかた) 방식, 하는 법 | 尊重(そんちょう) 존중 | ニュージーランド 뉴질랜드 | 滞在(たいざい) 체재, 체류 | 語る(かたる) 말하다, 이야기하다 | 同様(どうよう) 같음 | 判断(はんだん) 판단 | 場面(ばめん) 장면 | 異なる(ことなる) 다르다 | 活動(かつどう) 활동 | きっかけ 계기 | 試合(しあい) 시합, 경기 | 原因(げんいん) 원인 | 受け入れる(うけいれる) 받아들이다 | 以外(いがい) 이외 | 理解(りかい) 이해 | 互いに(たがいに) 서로

1 그렇게 결정했다고 하는데, 무엇을 결정했는가?

1 일본 문화에 대해 배우는 것
2 많은 선수가 타투를 하는 것
3 타투를 감추는 것
4 자신들의 문화를 존중하는 것

정답 **3**

해설 「そのように決めた 그렇게 결정했다」에서 지시어「そのように」가 가리키는 바를 찾아야 한다. 앞 문장을 보면 팀의 많은 선수가 타투를 했지만 문화 충돌을 피하기 위해 '타투를 감추기 위한 특별한 옷을 입기로 했다(タトゥーを隠すための特別な服を着ることにした)'고 말하므로 정답은 3번이다.

2 타투는 사모아에서 어떻게 여겨지는가?

1 일정 연령이 된 젊은 남자가 하는 것은 일반적이다.
2 럭비 시합에서는 타투를 감춰야 한다.
3 외국에 체재할 때는 항상 감출 수 있도록 하는 편이 좋다.
4 타투는 언제나 문화 충돌의 원인이 된다.

정답 **1**

해설 두 번째 단락의 「実は 실은」 이후에 '타투는 사모아의 전통문화로 일정 연령이 되면 젊은 남자의 대부분이 타투를 한다(タトゥーはサモアの伝統文化で、一定の年齢になると若い男子のほとんどがタトゥーを入れる)'라고 말하고 있으므로 정답은 1번이다. 「実は」는 앞에 나온 내용이나 익히 알고 있는 통념과는 다른 사실을 이야기할 때 쓰는 부사어임을 기억해 두자.

3 뉴질랜드 팀은 어떻게 했는가?

1 한동안 일본에 체재하기로 했다.
2 타투를 하지 않기로 했다.
3 타투를 감추기로 했다.
4 일본 문화는 특별하다고 판단했다.

정답 **3**

해설 세 번째 단락 끝부분에서 '뉴질랜드 팀도 일본에 체재하니 그들의 방식, 문화를 존중한다고 말하며 같은 판단을 했다(同様の判断をした)'라고 말한다. 여기에서 '같은 판단'이란 앞서 나온 '사모아 팀과 같은 결정'을 내렸다는 의미이므로 정답은 3번이다.

4 월드컵 타투 문제에 대해 이 글을 쓴 사람은 어떻게 생각하고 있는가?

1 일본에서도 사모아의 전통적인 타투 문화가 받아들여지게 되기를 바란다.
2 사모아나 뉴질랜드 이외의 사람에게도 일본의 타투 문화를 이해해 주길 바란다.
3 타투에 대해 전 세계의 사람들이 같은 생각을 갖게 되길 바란다.
4 문화나 생각이 다른 사람들이 서로 잘 해 나가는 길을 사람들이 좀 더 생각하길 바란다.

정답 **4**

해설 필자의 생각, 즉 글의 주제를 묻는 문제의 답은 주로 글 마지막 부분에 나온다. 네 번째 단락을 보면 '지금 우리는 다양한 장면에서 문화나 사고방식이 다른 사람들과 함께 활동하거나 생활한다'고 말한 뒤, '어떻게 하면 다른 문화와 생각의 사람과 잘 해 나갈 수 있는지를 생각하는 것'이 중요하다고 한다. 따라서 정답은 4번이다. 다른 선택지에 있는 일본의 월드컵과 사모아의 타투 문화 등은 주제를 효과적으로 전달하기 위한 소재로 필자가 말하고자 하는 궁극적인 내용은 아니다.

問題 7 정보 검색

연습문제 정답 및 해설

정답

연습문제　1 2　2 4

연습문제

問題7　오른쪽 페이지는 '딜리버리 서비스 어플'의 안내입니다. 이것을 읽고 아래의 질문에 답하세요. 답은 1・2・3・4에서 가장 적당한 것을 하나 고르세요.

문제편 222p

1　홍 씨는 이 어플을 사용해 주문하고 싶다. 할인 코드는 언제 입력하는가?

1 주문 입력 화면을 열기 전
2 주문 버튼을 누르기 전
3 두 번째 주문을 할 때
4 어플을 다운로드한 후

정답 **2**

해설　할인 코드 아래의 ①~③의 사용 순서에서 답을 찾을 수 있다. ③을 보면 '결제 화면에서 할인 코드를 입력하고 주문 (버튼)을 누른다'라고 나와 있으므로, 할인 코드는 '주문 버튼을 누르기 전'에 입력한다는 것을 알 수 있다. 따라서 정답은 2번이다.

2　배달 어플 이용에 대해 다음 중에서 맞는 것은 어느 것인가?

1 할인 코드 기한까지 가게에서 식사를 하고 계산 시에 코드를 보여 주면 할인된다.
2 A 레스토랑의 500엔 쿠폰이 있으므로 이 할인과 합해서 1,500엔 싸진다.
3 이 할인은 스마트폰 결제 시뿐으로, 현금으로 배달 시에 지불하는 경우에는 적용되지 않는다.
4 이 할인은 어느 가게를 이용하느냐와는 관계없이 한 번밖에 적용되지 않는다.

정답 **4**

해설　할인 코드는 스마트폰 어플에서 입력해 사용하는 것이므로 1번은 답이 될 수 없고, 두 번째 ※ 표시가 있는 곳을 보면 '다른 할인 쿠폰과 중복 사용할 수 없다'라고 했으므로 2번 역시 오답이다. 현금 결제 여부에 대해서는 언급하고 있지 않으므로 3번도 답이 될 수 없다. 답을 찾는 힌트는 안내문의 '첫 회 한정(初回限定(しょかいげんてい))'이라는 부분이다. 주어진 할인 코드 자체가 '맨 처음 한 번에 한정'하여 사용할 수 있는 것이므로 정답은 4번이다.

배달 서비스 어플

디시 플레이트

디시 플레이트는 스마트폰으로 가게의 요리를 배달 주문할 수 있는 어플입니다.
사전 결제이므로 지불도 간편!!
가 보고 싶었던 가게나 유명 가게의 요리를 원하는 곳에서.

첫 회 한정 1,000엔 OFF

할인 코드 | F8D3T2N9L

주문 입력 화면에서 위 코드를 입력해 주세요.

① 디시 플레이트 어플을 다운로드 한다.
② 어플을 열고 요리를 고른다.
③ 결제 화면에서 할인 코드를 입력하고 '주문'을 누른다.

※ 배달 주문의 상품 대금은 2,000엔 이상(세금 포함)부터 이용 가능합니다.
※ 다른 쿠폰이나 할인권과는 중복 사용할 수 없습니다.
※ 할인 코드 기한은 20○○년 12월 31일입니다.

단어 デリバリー 딜리버리, 배달 | アプリ 앱(애플리케이션의 준말) | ディッシュ 디시, 접시, 한 접시에 담겨진 요리 | プレート 플레이트, 판 | 初回(しょかい) 첫 회 | 限定(げんてい) 한정 | オフ 오프, 할인 | スマホ 스마트폰 | 料理(りょうり) 요리 | 注文(ちゅうもん) 주문 | 事前(じぜん) 사전 | 決済(けっさい) 결제 | お支払(しはら)い 지불 | ラクラク 쉽게, 가볍게, 편하게(「楽々(らくらく)」의 가타카나 표기) | 有名店(ゆうめいてん) 유명한 가게 | 割引(わりび)き 할인 | コード 코드 | 入力(にゅうりょく) 입력 | 画面(がめん) 화면 | ダウンロード 다운로드 | 開(ひら)く 열다 | タップ 탭, 스마트폰 등의 화면 터치 | 商品(しょうひん) 상품 | 税込(ぜいこ)み 세금 포함 | 利用(りよう) 이용 | 可能(かのう) 가능 | 併用(へいよう) 병용, (쿠폰 등의) 중복 사용 | 期限(きげん) 기한

問題 4 내용 이해(단문)

실전문제 정답 및 해설

정답

실전문제 ① [1] 2 [2] 1 [3] 4 [4] 3
실전문제 ② [1] 1 [2] 1 [3] 2 [4] 2

실전문제 ①

問題 4 다음 (1)에서 (4)의 글을 읽고 질문에 답하세요. 답은 1・2・3・4에서 가장 적당한 것을 하나 고르세요.

(1) '어린이의 나라' 입구에 다음과 같은 안내문이 있습니다. 문제편 226p

이용 안내

항상 '어린이의 나라'를 이용해 주셔서 감사합니다.

여기에서는 쇼핑센터와 스포츠 클럽, 영화관을 이용하시는 고객님이 안심하고 시간을 보낼 수 있도록 자녀분을 돌봐 드리고 있습니다.

이용하실 분은 쇼핑센터(1F/2F/3F), 스포츠 클럽(5F), 영화관(6F)의 티켓 코너에서 '어린이의 나라' 티켓을 구입하시고 '어린이의 나라' 입구로 와 주세요. 티켓을 편리한 '패스포트'로 교환해 드립니다.

패스포트에는 '어린이의 나라'를 이용할 때마다 한 번씩 스탬프를 찍어 드립니다. 스탬프가 10개 모이면 스포츠 클럽이나 영화관의 이용이 1회 무료입니다.

단어 入り口(いりぐち) 입구 | お知らせ(しらせ) 알림, 공지 | 利用(りよう) 이용 | 案内(あんない) 안내 | ショッピングセンター 쇼핑센터 | スポーツクラブ 스포츠 클럽 | 安心(あんしん) 안심 | 過(す)ごす 지내다, (시간을) 보내다 | 預(あず)かる 맡다, 보관하다 | チケット 티켓 | コーナー 코너 | 便利(べんり)だ 편리하다 | 交換(こうかん) 교환 | パスポート 패스포트, 여권, 통행권 | ~たびに ~할 때마다 | ~ずつ (수량) ~씩 | スタンプ 스탬프, 도장 | 集(あつ)まる 모이다 | 無料(むりょう) 무료

[1] '어린이의 나라'를 처음 이용하는 사람은 어떤 것을 할 수 있는가?

1 쇼핑센터와 영화관을 저렴하게 이용할 수 있다.
2 자녀를 맡기고 쇼핑을 하거나, 영화를 볼 수 있다.
3 티켓 대신에 패스포트로 쇼핑을 할 수 있다.
4 스포츠 클럽과 영화관을 1회 무료로 이용할 수 있다.

정답 2

해설 '어린이의 나라'를 처음 이용하는 사람이 할 수 있는 것을 찾아야 하는 문제로, 모든 고객에게 해당하는 서비스는 '쇼핑센터와 스포츠 클럽, 영화관을 이용할 때 자녀를 돌봐 주는 것'이다. 따라서 정답은 선택지 2번이다. 1번과 3번은 본문에서 언급하고 있지 않은 내용이므로 답이 될 수 없고, 4번은 마지막에 부분에서 '스탬프가 10개 모이면'이라는 조건을 말하고 있으므로 답이 될 수 없다.

---

(2) 이것은 어느 회사에서 온 메일이다. 문제편 227p

> 나카야마 님
>
> 늘 신세지고 있습니다. AZ 코스메의 야마다입니다.
> 일전에 주문해 주신 상품 건입니다만, 확인한 결과 이미 판매가 중지되어 있어서 주문은 받을 수 없는 상황입니다.
> 모처럼 주문해 주셨는데 기대에 부응하지 못해 대단히 죄송합니다.
> 아무쪼록 이해해 주시기를 부탁드립니다.

단어 コスメ 코스메틱의 준말, 화장품의 총칭 | 先日(せんじつ) 요전, 며칠 전 | 注文(ちゅうもん) 주문 | 商品(しょうひん) 상품 | 確認(かくにん) 확인 | すでに 이미, 벌써 | 販売(はんばい) 판매 | 中止(ちゅうし) 중지 | 次第(しだい) 사정, 경위 | せっかく 모처럼 | 期待(きたい) 기대 | 応(こた)える 응하다, 부응하다 | 申(もう)し訳(わけ)ありません 죄송합니다 | なにとぞ 부디, 아무쪼록 | 理解(りかい) 이해

2 이 메일에서 전하고자 하는 것은 무엇인가?

1 주문을 받을 수 없다는 것
2 기대에 부응하는 좋은 상품이라는 것
3 주문 상품이 도착했다는 것
4 주문을 받았다는 것

정답 1

해설 독해 파트 지문에서 편지나 이메일이 나오면 '메일을 보낸 목적'을 묻는 문제가 대부분이다. 지문을 보면 '일전에 주문한 상품이 판매 중지가 되어 주문을 받을 수 없다'는 것이 메일을 보낸 주 목적이므로 정답은 1번이다.

---

(3) 문제편 228p

> '행복의 세 기둥'이라는 말이 있다. 기둥이란 건물을 지탱하는 중요한 포인트를 나타내는 말이다. 그렇다면 행복을 만드는 세 가지 중요한 기둥은 무엇인가? 우선 '사회 경제 상황'이 있다. 예를 들어 살고 있는 집이나 근무하고 있는 회사, 업무의 역할 등에서 당연히 빈곤하지 않은 것이 행복의 조건이 된다. 다음으로 '심신의 건강'. 말할 것도 없이 스트레스나 병으로 고민하는 사람은 행복하다고는 할 수 없을 것이다. 세 번째는 '관계성'으로, 자신과 연결된 사회나 인간과의 관계에 만족하고 있는지 어떤지가 행복감에 큰 영향을 준다고 한다. 이 세 가지를 전부 만족할 수 있는 것은 어려운 일이지만, 그중에서 어느 것이 중요한지는 연령, 성별과 지역에 따라서도 다르다.

단어 幸福(こうふく) 행복 | 柱(はしら) 기둥 | 建物(たてもの) 건물 | 支(ささ)える 떠받치다, 지탱하다 | 重要(じゅうよう)だ 중요하다 | ポイント 포인트 | 社会(しゃかい) 사회 | 経済(けいざい) 경제 | 状況(じょうきょう) 상황 | たとえば 예를 들면, 예컨대 | 勤(つと)める 근무하다 (努(つと)める 애쓰다, 노력하다 / 務(つと)める 역할을 맡다, 임무를 다하다) | 役割(やくわり) 역할 | 当然(とうぜん) 당연 | 貧困(ひんこん)だ 빈곤하다 | 条件(じょうけん) 조건 | 心身(しんしん) 심신 | 健康(けんこう) 건강 | ストレス 스트레스 | 病気(びょうき) 병, 질병 | 悩(なや)む 고민하다 | 関係(かんけい) 관계 | 自分(じぶん) 자기, 자신 | 満足(まんぞく) 만족 | 影響(えいきょう) 영향 | あたえる 주다, 미치다 | 年齢(ねんれい) 연령 | 性別(せいべつ) 성별 | 地域(ちいき) 지역 | 要素(ようそ) 요소 | 安定(あんてい) 안정 | 実現(じつげん) 실현

3 이 글을 쓴 사람은 행복에 대해서 어떻게 생각하고 있는가?

1 행복은 세 가지 요소가 전부 안정되어 있을 때 실현될 수 있다.

2 자기 집이 있고 건강하며, 친구가 많은 사람은 행복하다고 할 수 있다.

3 세 가지 요소 중에서 가장 중요한 것은 인간관계라고 생각하고 있다.

4 행복을 느끼는 조건은 사람에 따라 다르다고 생각하고 있다.

정답 **4**

해설 필자는 '행복의 세 기둥'이란 말을 인용해, 행복하기 위한 세 가지 중요한 요소로 '사회 경제 상황', '심신의 건강', '관계성'을 들고, 마지막 문장에서 '세 가지를 전부 만족하는 것은 어려우며, 이 중 어느 것이 중요한지는 연령, 성별, 지역에 따라 다르다(この3(みっ)つがすべて満足(まんぞく)できることは難(むずか)しいことで～年齢(ねんれい)、性別(せいべつ)や地域(ちいき)によっても違(ちが)う)'라고 자신의 생각을 밝히고 있다. 정답은 '연령, 성별, 지역에 따라서도 다르다'를 '사람에 따라 다르다'라고 바꿔 표현한 선택지 4번이다.

---

(4) 문제편 229p

가을이 되면 슈퍼에 계절별 맛있는 식재료가 나온다. 물론 봄이나 여름에도 그 계절에밖에 구할 수 없는 식재료가 나오지만, 특히 가을은 수확의 가을이라고 불릴 만큼, 여러 가지 식재료가 가게 앞에 진열된다. 예를 들면 꽁치나 가을 연어 등의 어류가 (注)빼곡하게 진열된다. 또한 버섯이나 밤, 고구마 등은 반찬으로 조리되는 것은 물론, 가을만의 한정 디저트로도 즐긴다. 이처럼 슈퍼에 진열된 식재료만을 봐도, 벌써 그런 계절이 됐나라고 느끼는 사람도 많은 듯하다.

(注) 빼곡하게: 물건 등이 빈틈없이 늘어서 진열 장소가 좁게 느껴지는 모습. 빼곡히, 빽빽이

단어 季節(きせつ)ごとの 계절별의, 철철의 | 食材(しょくざい) 식재 | 出回(でまわ)る 출하되다, 시장에 나오다 | もちろん 물론 | とる 채집하다, 수확하다 | とりわけ 특히, 유난히 | 収穫(しゅうかく) 수확 | 店頭(てんとう) 가게 앞 | 並(なら)ぶ 늘어서다, 진열되다 | サンマ 꽁치 | サケ 연어 | 魚類(ぎょるい) 어류 | 並(なら)べる 세워놓다, 늘어놓다 | きのこ 버섯 | 栗(くり) 밤 | さつまいも 고구마 | おかず 반찬 | 調理(ちょうり) 조리 | 限定(げんてい) 한정 | デザート 디저트 | 品物(しなもの) 물품, 상품 | 隙間(すきま) 틈, 틈새 | 陳列(ちんれつ) 진열

4 벌써 그런 계절이 됐나라는 것은, 어떤 계절인가?

1 슈퍼에 맛있는 음식이 나오는 계절

2 고구마가 한정 디저트만으로 사용되는 계절

3 다른 시기보다 풍부한 식재료가 나오는 계절

4 별로 슈퍼에 음식이 진열되지 않는 계절

정답 **3**

해설 두 번째 문장을 보면 '봄이나 여름에도 그 계절에밖에 구할 수 없는 식재료가 나오지만, 특히 가을은 수확의 가을이라고 불릴 만큼, 여러 가지 식재료가 가게 앞에 진열된다'고 하며 가을에 특히 풍부한 계절 식재료가 나온다고 말한다. 또한 밑줄 바로 앞의 「このように 이처럼」 앞에서 가을 식재료를 구체적으로 예시를 들고 있으므로 밑줄이 의미하는 것은 선택지 3번이다.

실전문제 ②

問題 4　다음 (1)에서 (4)의 글을 읽고 질문에 답하세요. 답은 1・2・3・4에서 가장 적당한 것을 하나 고르세요.

(1)

문제편 230p

방을 정리하는 것이 서투른 사람은 물건을 너무 많이 가지고 있는 경우가 많다. 정리하는 포인트는 물건에 지정된 보관 장소를 만들 것. 사용하고 바로 그 장소에 돌려놓도록 하면, 여기저기에 어질러지는 일도 사라진다. 또한 그 장소를 위한 공간을 만들려면, 필요 없는 물건을 버리는 것도 필요하다. 자기 방에 들어갈 분량만을, 보기 쉽고 꺼내기 쉽게 넣어 둘 것. 이렇게 하면 부족한 물건도 바로 알 수 있고, 비슷한 것을 산다든지 하는 불필요한 쇼핑도 막을 수 있을 것이다.

단어　片付ける 치우다, 정리하다 | 苦手だ 서투르다, 잘 못하다 | 物を持つ 물건을 가지다, 소유하다 | 指定 지정 | 置き場所 물건을 두는 장소, 보관 장소 | もどす (원래 자리로) 되돌리다 | あちこち 여기저기 | 散らかる 흩어지다, 어질러지다 | スペース 공간 | いらない 필요 없다 | 捨てる 버리다 | 必要だ 필요하다 | しまう 넣다, 간수하다 | 足りない 부족하다 | むだだ 헛되다, 쓸데없다 | 防ぐ 막다, 저지하다 | 掃除 청소

1　방을 정리하기 위해서는 어떻게 하면 좋다고 말하고 있는가?

1 필요 없는 물건을 가지지 말고, 물건을 둘 곳을 정한다.
2 같은 물건을 사거나 하는 불필요한 쇼핑을 하지 않는다.
3 공간을 만들기 위해 되도록 물건을 버린다.
4 불필요한 것을 버리고 항상 깨끗하게 청소를 한다.

정답　**1**

해설　방 정리의 포인트를 묻고 있으므로 첫 번째 줄의 '정리하는 포인트는(片付けるポイントは)'의 전후 문장에서 답을 찾을 수 있다. 첫 번째 문장에서 방 정리가 서툰 사람의 문제점으로 '물건을 너무 많이 가지고 있다'고 지적하고, 이어서 '물건에 지정된 보관 장소를 만든다'고 말하므로 정답은 1번이다.

---

(2) 이것은 인터넷 통신 판매 회사에 도착한 메일이다.

문제편 231p

수 신 인	자쿠자쿠 통판 <master@zakuzakum.co.jp>
제 목	교환 요청

오늘 상품을 받았습니다만, 주문한 것과는 다른 색 물건이 왔습니다. 주문한 것은 파란색 이어폰(상품 번호: EYH0025B)인데, 온 것은 검정색이었습니다. 확인하시고 답장 주세요. 또한 만약 파란색의 재고가 없다면 흰색도 괜찮습니다만, 다음 주 금요일까지 받을 수 없을 경우에는 주문을 취소하고 환불해 주세요. 잘 부탁드립니다.

요시다 미키 (주문 번호: 250–9907–70439)

단어　通販 통판, 통신 판매(通信販売)의 준말 | 届く 닿다, 도달하다 | あて先 수신처, 수신인, 받는 사람 | 件名 건명, 메일·문서 등의 제목 | 交換 교환 | 商品 상품 | 受け取る 받다, 수령하다 | 注文 주문 | イヤホン 이어폰 | 番号 번호 | 確認 확인 | 返事 대답, 답변 | なお 또한, 더욱이 | 在庫 재고 | キャンセル 캔슬, 취소 | 返金 돈을 돌려줌, 환불

2 이 메일을 보고 통신 판매 회사가 가장 먼저 해야 하는 것은 무엇인가?

1 파란색 이어폰의 재고를 조사한다.
2 요시다 씨에게 환불할 절차를 시작한다.
3 요시다 씨에게 배달 일시를 알려 준다.
4 검정색 이어폰을 파란색이나 흰색 이어폰과 교환한다.

정답 **1**

해설 메일 제목에서 알 수 있듯이, 메일을 보낸 목적은 '교환 요청'이다. '파란색 이어폰을 주문했지만 검정색이 왔으며, 파란색이 재고가 없다면 흰색도 괜찮지만, 다음 주 금요일까지 받을 수 없다면 환불해 달라'고 말하고 있다. 따라서 통신 판매 회사가 가장 먼저 해야 할 일은 파란색 이어폰의 재고 확인, 즉 1번이다.

---

(3) 문제편 232p

코알라는 하루 종일 잠을 자는 동물로 유명하다. 때로는 수면 시간이 22시간이 되는 경우도 있다. 서식지인 호주에서는 주로 10여 종의 유칼립투스라는 잎을 주식으로 먹으며 서식하고 있다.

그러나 이 유칼립투스 잎에는 맹독인 (주)청산이나 탄닌이 들어 있다고 한다. 이처럼 독이 들어 있는 잎을 일상적으로 먹음으로써, 지금까지 먹이를 찾아왔던 코알라는 생존 경쟁에서 살아남을 수 있게 되었다.

주식으로 하는 이 유칼립투스는 영양도 적고 해독에 상당한 에너지가 필요하기 때문에 코알라는 식사 이외의 시간은 대부분을 자면서 보낼 수밖에 없게 되었다. 만일 코알라가 다른 종류의 잎을 주식으로 했다면, 현재와 같은 코알라의 모습과는 다른 모습을 볼 수 있었을지도 모른다.

(주) 청산: 시안화칼륨을 가리키는 말, 청산가리라고도 불린다.

단어 コアラ 코알라 | 一日中(いちにちじゅう) 하루 종일 | 動物(どうぶつ) 동물 | 有名(ゆうめい)だ 유명하다 | 時(とき)には 때로는 | 睡眠時間(すいみんじかん) 수면 시간 | 生息地(せいそくち) 서식지 | オーストラリア 오스트레일리아, 호주 | 主(おも)に 주로 | 種(しゅ) 종 | ユーカリ 유칼립투스 | 葉(は) 잎, 잎사귀 | 主食(しゅしょく) 주식 | 猛毒(もうどく) 맹독 | タンニン 탄닌 | 含(ふく)まれる 포함되다 | 毒(どく) 독 | 日常的(にちじょうてき)に 일상적으로 | エサ 먹이, 사료 | 生存(せいぞん) 생존 | 競争(きょうそう) 경쟁 | 勝(か)ち残(のこ)る 이겨서 살아남다 | 栄養(えいよう) 영양 | 解毒(げどく) 해독 | 相当(そうとう)な 상당한 | エネルギー 에너지 | 万(まん)が一(いち) 만에 하나, 만일 | 種類(しゅるい) 종류 | 現在(げんざい) 현재 | 姿(すがた) 모습

3 코알라가 긴 시간 자는 이유는 무엇인가?

1 하루 종일 자는 것을 좋아하기 때문에
2 유칼립투스 잎의 해독에 에너지를 소비하기 때문에
3 코알라는 다른 잎을 찾고 있기 때문에
4 호주에만 유칼립투스 잎이 있기 때문에

정답 **2**

해설 코알라가 긴 시간을 자는 이유는 세 번째 단락에서 찾을 수 있다. '유칼립투스 잎의 해독에 상당한 에너지가 필요하기 때문에 식사 이외의 시간은 대부분을 자면서 보낼 수밖에 없게 되었다(主食(しゅしょく)としているこのユーカリは～コアラは食事以外(しょくじいがい)の時間(じかん)はほとんどを寝(ね)て過ごす)'라고 질문에 대한 구체적인 답을 말하고 있으므로 정답은 2번이다.

(4)

문제편 233p

집에서 식사를 할 수 없는 현대인은 생명을 유지하기 위해 필요한 영양이 부족해지기 쉽다. 그 부족한 영양을 보충하기 위해 만들어진 것이 (注)서플리먼트이다. 서플리먼트는 간편하고 편리하지만, (이를 섭취하는 사람들) 중에는 단순히 먹기만 하면 된다고 착각하고 있는 사람도 적지 않다. 서플리먼트는 과다 복용하면 다른 영양을 파괴한다든지, 많이 먹어도 어떤 다른 식품과 같이 먹지 않으면 그다지 효과가 없다든지 한다. 그러나 잘못된 복용 방법 때문에 불필요하게 먹고 있는 사람이 많이 있다는 것이 지금의 상황이다.

(주) 서플리먼트: 체력 보강을 위해 식사 외에 추가로 섭취하는 영양 식품.
비타민, 미네랄, 섬유질 등을 함유한 식품이나 약제를 가리킨다.

단어 食事(しょくじ)をとる 식사를 하다 | 現代人(げんだいじん) 현대인 | 生命(せいめい) 생명 | 維持(いじ) 유지 | 栄養(えいよう) 영양 | 不足(ふそく) 부족 | ～がち ～하기 쉬운, ～하는 경향이 있는 | 補(おぎな)う 보충하다, 보완하다 | 手軽(てがる)だ 손쉽다, 간편하다 | 便利(べんり)だ 편리하다 | 勘違(かんちが)い 착각 | 壊(こわ)す 부수다, 파괴하다 | 食品(しょくひん) 식품 | 一緒(いっしょ)に 함께 | たいして 그다지, 별로 | 効果(こうか) 효과 | 間違(まちが)う 틀리다, 잘못되다 | 飲(の)み方(かた) 마시는(먹는) 방법, 복용 방법 | 無駄(むだ)に 쓸데 없이, 헛되이 | 大勢(おおぜい) 많은 사람, 여럿 | 現状(げんじょう) 현상, 현 상황 | 期待(きたい) 기대 | 本来(ほんらい) 본래, 원래 | 得(え)る 얻다 | 努力(どりょく) 노력

4 불필요하게 먹고 있는 사람이 많이 있다고 하는데, 그것은 왜 인가?

1 매일 서플리먼트를 먹어도 효과는 기대할 수 없기 때문에
2 올바르게 먹고 있지 않아서 본래의 효과를 얻을 수 없기 때문에
3 서플리먼트를 사서 먹으려면 돈과 노력이 필요하기 때문에
4 서플리먼트를 아무리 먹어도 영양은 부족한 법이기 때문에

정답 **2**

해설 '불필요하게 먹고 있는'이 가리키는 대상이 '서플리먼트(サプリメント)'라는 것을 먼저 알아야 한다. 이 '서플리먼트를 불필요하게 먹는 사람이 많은' 이유를 밑줄 앞 문장에서 '서플리먼트를 과다 복용하면 다른 영양을 파괴하거나 다른 식품과 같이 먹지 않으면 그다지 효과가 없는 등의 잘못된 복용 방법 때문'이라고 설명하고 있으므로 정답은 2번이다.

問題 5 내용 이해(중문)

실전문제 정답 및 해설

정답

실전문제 ①	1 3	2 3	3 2	4 3	5 4	6 2
실전문제 ②	1 4	2 2	3 3	4 4	5 1	6 2

실전문제 ①

問題 5　다음 (1)과 (2)의 글을 읽고 질문에 답하세요. 답은 1・2・3・4에서 가장 적당한 것을 하나 고르세요.

(1)

문제편 234p

일본의 박물관이나 미술관은 어째서 비싼 입장료를 받는 걸까? 세계를 보면 영국의 대영박물관, 한국의 국립중앙박물관, 싱가폴의 국립박물관 등은 무료로 되어 있으며, 시간대나 요일을 정해서 무료로 하고 있는 곳도 많다.

실은 일본의 공립박물관은 '박물관법'에서는 원칙상 무료로 되어 있다. 단 '박물관을 유지하기 위해서 피치 못할 사정이 있는 경우는 징수할 수 있다'고 적혀 있어서 실제로는 입장료를 받고 있다고 한다. 물론 전기 요금이나 인건비 등 다양한 비용이 드는 것은 당연하고, 물가가 오르면 그것들이 상승하는 것도 이해할 수 있다. 결국 그것을 보는 사람이 부담하는가, 국가나 지자체가 부담하는가 하는 것이다. 문화생활을 즐기는 것은 개인적인 일이므로 직접 돈을 내야한다고 생각하는가, 국민의 문화생활을 보장하는 것도 국가와 지자체의 중요한 역할이라고 생각하는가의 차이이다.

기부 문화가 그다지 발달하지 않은 일본에서는 기업이나 개인의 기부로 박물관을 유지하는 것은 어렵다. 어떻게 해서 문화를 지켜갈 것인지, 국민 전체가 관심을 가지고 생각해야만 하는 문제이다.

단어　博物館 박물관 | 美術館 미술관 | 入館料 입장료 | イギリス 영국 | 国立 국립 | 中央 중앙 | シンガポール 싱가폴 | 無料 무료 | 時間帯 시간대 | 曜日 요일 | 公立 공립 | 原則 원칙 | ただし 단, 다만 | 維持 유지 | やむを得ない 어쩔 수 없이, 부득이하게 | 事情 사정 | 徴収 징수 | 現実 현실 | 電気代 전기 요금 | 人件費 인건비 | 様々な 다양한 | 費用 비용 | 負担 부담 | かかる (시간이) 걸리다, (비용·수고가) 들다 | 当然だ 당연하다 | 物価 물가 | 上昇 상승 | 理解 이해 | 結局 결국 | 自治体 지자체 | 文化 문화 | 楽しむ 즐기다, 기대하다 | 個人的 개인적 | 保障 보장 | 重要だ 중요하다 | 役割 역할 | 寄付 기부 | 発達 발달 | 企業 기업 | 個人 개인 | 守る 지키다 | 関心 관심 | 運営 운영 | 比べる 비교하다 | まったく 전혀 | 方法 방법 | 区別 구별 | 増やす 늘리다, 불리다

1 피치 못할 사정이란 무엇인가?

1 일본의 박물관은 국립이 아니라 개인이 운영하고 있다.
2 일본의 물가는 다른 나라에 비해 매우 높다.
3 박물관을 운영하는 데 많은 비용이 든다.
4 개인이나 기업의 기부가 전혀 없다.

정답 **3**

해설 밑줄 앞뒤의 내용을 정리해 보면, '일본의 공립 박물관은 원칙상 무료이지만 박물관의 유지를 위해 피치 못할 사정이 있는 경우 징수할 수 있다'고 하고 있고, '박물관을 운영하는 데는 전기 요금이나 인건비 등의 비용이 드는 것이 당연하다'고 말한다. 따라서 박물관 입장료를 무료로 할 수 없는 '피치 못할 사정'이란 '박물관을 운영하는 비용' 때문이므로 정답은 3번이다.

2 박물관 입장료에 대해 이 글을 쓴 사람은 어떻게 생각하고 있는가?

1 세계의 박물관은 모두 무료로 볼 수 있다.
2 일본의 국립박물관은 현재는 무료로 되어 있다.
3 박물관을 보는 사람이 입장료를 내는 것에는 여러 가지 생각이 있다.
4 기업의 기부로 입장료를 무료로 하는 것은 문제가 있다.

정답 **3**

해설 두 번째 단락의 「結局(けっきょく)」 이후 내용을 보면 박물관 입장료를 두고 '개인의 문화생활이므로 개인이 낼 것인가, 국민의 문화생활을 보장하는 것도 국가나 지자체의 역할이므로 국가나 지자체가 낼 것인가'라는 '생각의 차이가 있다'라고 말한다. 정답은 이를 다르게 표현하고 있는 3번이다.

3 이 글을 쓴 사람이 가장 말하고 싶은 것은 무엇인가?

1 일본은 다른 국가에 비해 박물관 입장료가 비싸다.
2 문화를 지키는 방법을 다 함께 생각할 필요가 있다.
3 개인이 내는 돈과 국가나 지자체가 내는 돈을 구별할 필요가 있다.
4 기업이나 개인의 기부를 더 늘려야 한다.

정답 **2**

해설 글의 주제를 묻는 문제이다. 세 번째 단락을 보면 '기부 문화가 발달하지 않은 일본에서는 기부로 박물관을 유지하기 어려우므로, 어떻게 문화를 지켜 나갈 것인지 국민 모두가 생각해야만 한다(どうやって文化(ぶんか)を守(まも)っていくのか、国民全体(こくみんぜんたい)が～考(かんが)えなくてはならない)'라고 말하고 있다. 이 내용과 일치하는 2번이 정답이다.

---

(2) 문제편 236p

일본의 대표적인 주거 문화라고 하면 드라마 등에서도 자주 접하는 다다미를 떠올리는 사람도 많을 거라고 생각합니다. 최근에는 다다미를 사용하지 않는 방도 많습니다만, 그럼에도 아직 다다미는 변함없이 ①인기가 있습니다. 다다미의 장점은 릴랙스 효과가 있고, 일본 기후의 특징인 습기를 제거해 주는 역할을 합니다.

다다미는 (주1)헤이안 시대부터 시작됐다고 일컬어집니다. 그러나 지금처럼 누구나 사용했던 것은 아니고 높은 지위의 사람들만 사용했다고 합니다. 본격적으로 퍼져 나간 것은 (주2)에도 시대에서부터이며, (주3)쇼와에 들어서 고도 경제 성장기를 맞이하자 ②서양 문화의 영향을 받아 이전의 바닥에 앉는 생활에서 소파나 의자에 앉는 생활로 바뀌어 갔습니다.

그런데 최근에는 반대로 해외에서는 일본의 다다미방이 인기입니다. 일본의 다다미를 도입함으로써 일본을 느낄 수 있고, 릴랙스

할 수 있는 공간을 만들어 내고 있다고 합니다. 이러한 경향이 우리에게 있어서는 ③다시 한번 옛 문화를 재검토하는 기회가 될지도 모릅니다.

(주1) 헤이안 시대: 일본의 시대 구분. 고대에서 중세로 바뀌는 시기. 794~1185년
(주2) 에도 시대: 일본의 시대 구분. 도쿠가와 막부가 대대로 통치를 했던 근세. 1603~1867년
(주3) 쇼와: 일본의 시대 구분. 군국주의 시기부터 패전을 거쳐 고도 경제 성장기에 이르는 쇼와 시대를 말함. 1927~1989년

단어 代表的 대표적 | 住まい 주거 | ドラマ 드라마 | 目にする 보다, 접하다 | 畳 다다미 | 思い出す 떠올리다, 생각해내다 | 人気がある 인기가 있다 | メリット 메리트, 이점 | リラックス 릴랙스, 휴식, 긴장을 풀고 쉼 | 効果 효과 | 天候 기후, 날씨 | 特徴 특징 | 湿気 습기 | 取り除く 없애다, 제거하다 | 役割 역할 | 使用 사용 | 地位 지위 | 本格的に 본격적으로 | 広がる 넓어지다, 널리 퍼지다 | 高度経済成長期 고도 경제 성장기 | 迎える 맞이하다, 마중하다 | 西洋 서양 | 影響を受ける 영향을 받다 | 以前 이전 | 床 마루, 바닥 | 座る 앉다 | ソファー 소파 | ところが 그런데 | 逆に 반대로, 오히려 | 海外 해외 | 和室 일본식 방 | 取り入れる 받아들이다, 도입하다 | 空間 공간 | 作り出す 만들어 내다 | 傾向 경향 | 古い 오래되다, 낡다 | 見直す 다시 보다, 재검토하다 | 機会 기회 | 中心 중심 | 節約 절약 | 住居 주거 | 調和 조화 | 伝統 전통 | 再発見 재발견

4 ①인기가 있습니다라고 하는데, 어째인가?

1 드라마에서 자주 보기 때문에
2 일본의 전통문화이기 때문에
3 릴랙스할 수 있고, 습기도 제거해 주기 때문에
4 서양 문화가 생활 속에 퍼져 있기 때문에

정답 **3**

해설 밑줄 앞에서 '일본의 대표적인 주거 문화인 다다미'에 대해 '최근에는 잘 사용하지 않지만 변함없이 인기가 있다'고 말한 후, 밑줄 뒤에서 '다다미의 이점(畳のメリット)인 '릴랙스 효과와 습기 제거'를 예로 들며 다다미가 인기있는 이유를 설명하고 있다. 정답은 3번이다.

5 ②서양 문화의 영향을 받아서라는 것은 어떤 영향인가?

1 바닥을 중심으로 하는 생활을 하는 것
2 높은 지위의 사람만 서양의 문화를 도입하는 것
3 돈을 들여 생활을 하는 것
4 소파나 의자에 앉는 생활로 바뀌는 것

정답 **4**

해설 밑줄 앞에서는 '쇼와에 들어서 경제 성장기를 맞아'라며 서양 문화의 영향을 받기 시작한 시기를 나타내고 있고, 밑줄 뒤에서는 서양 문화로 인해 '이전의 바닥에 앉는 생활에서 소파나 의자에 앉는 생활로 변화했음'을 서술하고 있다. '어떤 영향'을 받았는지를 찾는 문제이므로 정답은 4번이다.

6 ③다시 한번 옛 문화를 재검토하는 기회란 어떤 기회인가?

1 오래된 것을 사용함으로써 돈을 절약할 수 있는 기회
2 현대의 주거와도 어우러지는 전통문화의 장점을 재발견하는 기회
3 헤이안 시대를 재검토할 기회
4 서양 문화가 일본 문화보다 좋다고 느끼는 기회

정답 2

해설 밑줄이 의미하는 바를 찾기 위해서는 밑줄 앞의 지시어 '이러한 경향(このような傾向)'이 가리키는 것을 찾아야 한다. 밑줄 앞 문장에서 '최근 해외에서 일본의 다다미방이 인기이며 서양식 주거 공간에 일본의 다다미를 도입해 일본을 느낄 수 있고 릴랙스할 수 있는 공간을 만드는' 등을 예로 들고 있으므로, 이를 정리한 2번이 정답이다.

실전문제 ②

問題 5　다음 (1)과 (2)의 글을 읽고 질문에 답하세요. 답은 1・2・3・4에서 가장 적당한 것을 하나 고르세요.

(1)

문제편 238p

최근 다양한 물건이 자동판매기에서 팔리고 있다. ①가장 오래된 자동판매기는 기원전 215년 고대 이집트에서 시작되었다고 한다. 신전 앞에 성수를 판매하기 위해서 설치되어 있었으며, 동전을 넣으면 그 무게로 성수가 나오는 구조였다.

일본에서의 자동판매기의 시초는 1960년대에 미국의 대기업 음료 제조사가 일본에 설치한 것에서부터 시작되었다. 당시에는 지금과 같은 페트병이나 캔음료가 아닌 유리병에 음료를 넣어서 판매되고 있었다. 그 후 1974년, 일본에서 '핫&콜드기'가 개발되어, 한 대의 기계로 ②따뜻한 음료와 차가운 음료를 동시에 판매할 수 있게 되었다. 당시에는 따뜻한 커피는 가게에서 살 수밖에 없어서 한 대의 기계로 여름에도 겨울에도 일 년 내내 커피를 마실 수 있게 개발되었다. 이로 인해 자동판매기 시장은 더욱 확대되었다.

현재는 현금 대신에 전자 화폐나 QR 코드를 사용할 수 있는 기계도 늘어났다. 또한 자동판매기는 소비 전력이 크기 때문에, 기계의 윗부분에 태양광 패널을 설치함으로써 태양광 발전으로 전력을 보충하는 판매기도 나오고 있다. 최근에는 음료뿐만 아니라 다코야키나 감자튀김, 바나나나 꽃다발까지 다양한 상품이 팔리고 있다. 일본의 자동판매기 연간 매출은 약 5조 엔이나 된다고 한다. 앞으로도 자동판매기는 계속 발전할 것이다.

단어 様々な 다양한 | 自動販売機 자동판매기 | 古い 오래되다 | 紀元前 기원전 | 古代 고대 | エジプト 이집트 | 始まる 시작되다 | 神殿 신전 | 聖水 성수 | 設置 설치 | コインを入れる 동전을 넣다 | 重み 무게, 중량 | しくみ 구조, 시스템 | 大手 대기업 | 飲料 음료 | メーカー 제조사 | 当時 당시 | ペットボトル 페트병 | 缶 캔 | ガラス瓶 유리병 | 開発 개발 | 機械 기계 | 同時に 동시에 | 一年中 일 년 내내 | 市場 시장 | ますます 점점, 더욱더 | 広がる 퍼지다, 넓어지다 | 現金 현금 | ~代わりに ~대신에 | 電子マネー 전자 화폐 | 増える 늘다, 늘어나다 | 消費 소비 | 電力 전력 | 上部 상부, 윗부분 | ソーラーパネル 태양광 패널 | 太陽光発電 태양광 발전 | おぎなう 보충하다 | たこ焼き 다코야키 | フライドポテト 감자튀김 | 花束 꽃다발 | 多様な 다양한 | 商品 상품 | 売り上げ 매상, 매출 | 発展 발전 | 続ける 계속하다 | 祈る 기도하다 | 紙コップ 종이컵 | 技術 기술 | こえる 넘다, 초월하다 | 輸出 수출

1 ①가장 오래된 자동판매기는 어떤 판매기인가?

1 신전 앞에서 기도하면 성수가 나오는 장치
2 동전을 넣으면 종이컵에 성수가 나오는 장치
3 성수를 넣으면 동전이 나오는 장치
4 동전을 넣으면 그 무게로 성수가 나오는 장치

정답 4

해설 밑줄 '가장 오래된 자동판매기'가 어떤 것인지 구체적으로 나타나 있는 부분을 찾아야 한다. 밑줄 뒤에 이어진 내용을 보면 가장 오래된 자동판매기는 '기원전 215년 고대 이집트의 신전 앞에서 성수 판매용'으로 시작했으며 '동전을 넣으면 그 무게로 성수가 나오는 장치(コインを入れるとその重みで聖水が出てくるしくみ)'라고 설명하고 있다. 따라서 정답은 4번이다.

2 ②따뜻한 음료와 차가운 음료를 동시에 판매할 수 있게 개발된 것은 어째서인가?

1 당시의 판매기는 유리병에 음료를 넣어서 판매되었기 때문에
2 당시의 판매기는 차가운 음료밖에 살 수 없었기 때문에
3 당시에 미국 기술이 들어왔기 때문에
4 당시에는 자동판매기 시장이 작았기 때문에

정답 **2**

해설 밑줄 바로 뒷 문장에서 '당시에는 뜨거운 커피는 가게에서 살 수밖에 없어서~개발됐다(当時は温かいコーヒーは店で買うしかなく～開発された)'라고 두 음료를 동시에 마실 수 있는 자동판매기 개발의 이유를 설명한다. 정답은 '뜨거운 음료는 가게에서 살 수밖에 없었다'를 '자동판매기는 차가운 음료밖에 살 수 없었다'로 바꿔 표현한 2번이다.

3 이 글을 쓴 사람은 앞으로 자동판매기는 어떻게 된다고 생각하는가?

1 앞으로 일본의 자동판매기 연간 매출은 5조 엔을 넘을 것이다.
2 앞으로 자동판매기는 일본에서 개발되어 미국으로 수출되게 될 것이다.
3 앞으로도 다양한 상품이 자동판매기에서 팔리고 발전할 것이다.
4 앞으로도 자동판매기에서는 현금이 사용될 것이다.

정답 **3**

해설 세 번째 단락의 '일본의 자동판매기 연간 매출은 약 5조 엔이나 된다(日本の自動販売機～約5兆円にもなる)'라는 부분만을 보고 선택지 1번을 답으로 고르지 않도록 주의하자. 해당 문장은 현재 자동판매기 시장의 상황을 말할 뿐, 앞으로의 상황을 제시하고 있지 않다. 세 번째 단락의 전체 맥락을 보면 전자 화폐나 QR 코드를 사용하는 기계, 윗부분에 태양광 패널을 설치해 전력을 보충하는 기계뿐만 아니라 음식이나 꽃 등 다양한 상품을 파는 자동판매기가 개발됐으며 '앞으로도 자동판매기는 계속 발전할 것'이라고 말하므로 이를 정리한 3번이 답으로 적당하다.

---

(2) 문제편 240p

감기에 걸리거나 해서 열이 날 때 우리는 약을 먹는다. 하지만 약을 먹지 않고 식사만으로 열을 내릴 수 있다면 어떨까?

열에 효과가 있는 대표적인 식사는 뭐니 뭐니 해도 죽이다. 죽은 소화가 잘 되고, 채소나 달걀 등 좋아하는 것을 넣을 수 있어서 부족한 영양을 보충하기에 좋다. 다음으로 파를 넣은 된장국도 열에 잘 듣는다. 파는 땀을 흘리게 하는 효과가 있기 때문에 열을 내려 주고, 또 땀을 흘려서 잃어버린 염분은 된장으로 보충할 수 있다. 또한 민들레 뿌리를 말려서 건조시킨 것도 열을 내려준다고 한다. 그리고 녹차 아이스크림이다. 잘 녹아서 먹기 쉽기 때문에 식욕이 없을 때에는 우선 이것부터 먹으면 좋을 것이다.

이와 같이 열을 내리는데 효과가 있는 음식은 실로 다양한 것이 있다. 열이 났을 때에는 약에만 의존하지 말고 우선은 이러한 음식부터 시험해 보면 어떨까?

단어 風邪をひく 감기에 걸리다 | 熱が出る 열이 나다 | 薬を飲む 약을 먹다 | 食事 식사 | 下げる 내리다 | 効く 듣다, 효과가 있다 | 代表的 대표적 | なんといっても 뭐라 해도, 뭐니 뭐니 해도 | おかゆ 죽 | 消化 소화 | 野菜 야채, 채소 | 卵 달걀 | 足りない 부족하다, 모자라다 | 栄養 영양 | 補う 보충하다 | ねぎ 파 | 味噌汁 미소시루, 일본 된장국 | 汗をかく 땀을 흘리다 | 働き 작용, 효과, 효능 | 失う 잃다 | 塩分 염분 | タンポポ 민들레 | 根 뿌리 | 干す 말리다 | 乾燥 건조 | 抹茶 말차, 가루 녹차 | 溶ける 녹다 | 食欲 식욕 | 効果 효과 | 頼る 의지하다 | ためす 시험하다, 시도하다

4 죽의 특징으로서 가장 적절한 것은 어느 것인가?

1 땀을 흘리게 하는 효과가 있다.
2 소화가 잘 되게 하는 효과가 있다.
3 몸의 열을 빼는 효과가 있다.
4 부족한 영양을 보충하는 효과가 있다.

정답 4

해설 죽에 관한 서술이 있는 두 번째 단락을 보면 '죽은 소화가 잘 되고, 채소나 달걀 등 좋아하는 것을 넣을 수 있어서 부족한 영양을 보충하기에도 좋다(おかゆは消化(しょうか)に良(よ)く～足(た)りない栄養(えいよう)を補(おぎな)うのにいい)'라고 말하므로 정답은 4번이다.

5 이 글을 쓴 사람은 왜 파를 넣은 된장국을 먹는 것을 추천하는가?

1 땀을 흘리게 하는 효과와 부족해진 영양을 보충하는 효과가 있기 때문에
2 파와 된장을 함께 섭취함으로써 보다 먹기 편해지기 때문에
3 먹기 편하고 열이 나서 식욕이 없을 때도 간단하게 먹을 수 있기 때문에
4 요리 방법이 간단하고 열이 있는 사람도 혼자서 금방 만들 수 있기 때문에

정답 1

해설 파를 넣은 된장국에 대해 서술한 부분을 찾아야 한다. 두 번째 단락을 보면 '파는 땀을 흘리게 하는 효과가 있기 때문에 열을 내려 주고, 땀을 흘려서 잃어버린 염분을 된장으로 보충할 수 있다(ねぎは汗(あせ)をかかせる働(はたら)きがあるため～味噌(みそ)で補(おぎな)うことができる)'라고 말하므로 정답은 1번이다.

6 이 글을 쓴 사람은 약에 대해서 어떻게 말하고 있는가?

1 열이 나면 열에 효과가 있는 약을 먹고 빨리 치료하는 편이 좋다.
2 열이 나면 약에만 의존하지 말고 식사도 바꾸는 편이 좋다.
3 열을 내리기 위한 약은 식사를 하고 나서 먹으면 잘 듣는다.
4 열이 내리기 시작하면 약은 먹지 않고 죽 등을 먹으면 좋다.

정답 2

해설 필자는 첫 번째 단락에서 '약을 먹지 않고 식사만으로 열을 내릴 수 있다면 어떨까?'라며 문제 제기를 하여, 필자가 궁극적으로 말하고자 하는 바가 '식사만으로 열을 내릴 수 있는 방법'임을 나타내고 있다. 두 번째 단락에서 열을 내려주는 음식의 예를 든 후, 세 번째 단락에서 '열이 났을 때에는 약에만 의존하지 말고～이러한 음식부터 시험해 보는 것은 어떨까?(熱(ねつ)が出(で)たときには～こういった食(た)べ物(もの)からためしてみてはどうだろうか)'라고 자신의 생각을 확실히 밝히고 있다. 따라서 정답은 2번이다.

問題 6 내용 이해(장문)

실전문제 정답 및 해설

정답

실전문제 ① 1 2　2 4　3 2　4 3
실전문제 ② 1 4　2 3　3 4　4 1

실전문제 ①

問題 6　다음 글을 읽고 질문에 답하세요. 답은 1・2・3・4에서 가장 적당한 것을 하나 고르세요. 문제편 242p

일본의 역 플랫폼에 있는 벤치는 전철 문과 서로 마주 보고 있는 것이 보통이지만, 신오사카역의 플랫폼에서는 전철이 달리는 방향을 향해 벤치가 놓여 있다. 즉, 벤치(의 각도)가 플랫폼과 평행이 아니라 90도 직각으로 되어 있다. ①이것은 술에 취한 승객을 사고로부터 지키기 위해서이다. ②최근의 조사에 의하면 플랫폼에서 추락하는 사고는 해마다 늘고 있다. 그중 술에 취한 승객에 의한 사고는 올해는 132건이나 있었다고 한다. 게다가 취한 승객의 행동을 조사했더니, 추락한 사람 중 60%의 사람이 벤치에서 일어나 똑바로 앞으로 걸어가 그대로 플랫폼에서 추락했다는 것이 밝혀졌다.

신오사카역에서는 어떻게 하면 사고를 줄일 수 있을까 생각했다. 승객이 추락하지 않도록 플랫폼과 전철 사이에 문을 만드는 것도 생각했지만, 몇 억 엔이나 되는 비용이 들어 버린다. 여러 가지 아이디어도 나왔지만 벤치의 방향을 바꾸기로 했다. 이거라면 벤치에서 일어선 승객이 똑바로 걸어가도 플랫폼에서 추락할 일은 없고 돈도 들지 않는다. 최근에는 신오사카역뿐만 아니라 ③벤치의 방향을 바꾸는 역이 늘어나고 있다고 한다.

이처럼 사물을 보는 관점을 조금 바꾸면 좋은 아이디어가 만들어지는 경우는 적지 않다. 생활에서 이용하는 다양한 것에 흥미나 의문을 가지면 매일의 생활은 더 나아지지 않을까?

단어 ホーム 플랫폼(プラットホーム)의 준말 | ベンチ 벤치 | 向かい合う 마주 보다 | 普通 보통 | 方向 방향 | 向かう 향하다 | つまり 즉, 요컨대 | 平行 평행 | 直角 직각 | 酒に酔う 술에 취하다 | 事故 사고 | 守る 지키다 | 調査 조사 | 落ちる 떨어지다, 추락하다 | 年々 매년 | 増える 늘어나다, 증가하다 | 行動 행동 | 調べる 찾다, 조사하다 | 立ち上がる 일어서다 | まっすぐ 똑바로, 곧장 | 減らす 줄이다 | 費用 비용 | かかる 들다, 걸리다 | アイデア 아이디어 | 変える 바꾸다, 변화시키다 | 見方 보는 방법, 견해 | 生活 생활 | 利用 이용 | 興味 흥미, 관심 | 疑問を持つ 의문을 가지다 | 起きる (사고 등이) 일어나다 | 半分 반, 절반 | 安全 안전 | 向き 방향 | 解決 해결

1 ①이것이라고 하는데, 무엇을 가리키는가?

1 벤치를 많이 놓아둔 것
2 벤치를 플랫폼과 직각이 되도록 놓아둔 것
3 벤치를 플랫폼과 평행이 되도록 놓아둔 것
4 벤치를 전철 문과 서로 마주 보도록 놓아둔 것

정답 **2**

해설 「これ」,「それ」 등의 지시어는 앞에 있는 특정 내용을 대신하는 기능을 하므로, 지시어 문제는 지시어 앞부분에서 답을 찾아야 한다. 「これ」 앞부분의 내용을 보면 '일본의 다른 전철역 플랫폼에 있는 벤치와는 달리 신오사카역의 플랫폼에는 벤치가 플랫폼과 평행이 아닌 90도 직각으로 되어 있다(ベンチがホームに対(たい)して~90度(ど)の直角(ちょっかく)になっている)'라고 말하므로 정답은 2번이다.

2 ②최근의 조사라고 하는데, 이 조사에서 어떤 것이 밝혀졌는가?

1 플랫폼에서 사람이 추락하는 사고는 전부 술에 취했기 때문에 일어나고 있다.
2 플랫폼에서 사람이 추락하는 사고는 매년 100건 이상 일어나고 있다.
3 술에 취한 사람이 플랫폼에서 추락하는 사고는 반 이상이 벤치에서 자고 있었기 때문에 일어나고 있다.
4 술에 취한 사람이 플랫폼에서 추락하는 사고는 반 이상이 벤치에서 일어나 똑바로 걸어갔기 때문에 일어나고 있다.

정답 **4**

해설 밑줄 뒤에서 서술하는 조사 결과를 보면 '플랫폼에서 떨어지는 사고가 매년 늘고 있고, 그중 술에 취한 사람이 추락하는 사고가 올해는 132건'이라고 하므로 선택지 1, 2번은 본문 내용과 맞지 않는다. '술에 취해 플랫폼에 추락한 사람 중 60%가 벤치에서 일어나 똑바로 걸어가다 추락했다'고 하므로 4번이 답으로 적당하다.

3 ③벤치의 방향을 바꾸는 역이 늘어나고 있다고 하는데, 어째서인가?

1 역을 이용하는 승객이 늘어나기 때문에
2 역이 조금이라도 안전해지기 때문에
3 역 사고가 없어지기 때문에
4 플랫폼과 전철 사이에 벤치를 두는 비용이 저렴해지기 때문에

정답 **2**

해설 밑줄 바로 앞 문장도 지시어 「これなら」로 시작하고 있으므로 하나 더 앞선 문장부터 문맥을 보아야 한다. '여러 아이디어가 나왔지만 벤치의 방향을 바꾸기로 했고 그렇게 하면 벤치에서 일어난 사람이 똑바로 걸어가도 플랫폼으로 추락하는 일도 없고 돈도 들지 않는다'고 벤치의 방향을 바꾼 이유를 설명하고 있다. 따라서 답으로는 선택지 2번이 적당하다. 벤치의 방향을 바꾼다고 역에서의 사고가 완전히 사라진다고 단언할 수는 없으므로 3번은 답으로 적당하지 않다. 3번처럼 극단적인 내용의 선택지는 답이 아닌 경우가 많다는 점을 기억해 두자.

4 이 글을 쓴 사람이 가장 말하고 싶은 것은 무엇인가?

1 플랫폼에서 사고를 줄이기 위해서는 취한 승객을 줄여야 한다.
2 플랫폼에서 사고를 줄이기 위해서는 벤치의 방향을 바꾸는 편이 좋다.
3 사물을 바라보는 관점을 바꾸면 좋은 아이디어가 생기고 매일의 생활이 나아지는 경우가 있다.
4 매일의 생활을 좋게 하면 좋은 아이디어가 생겨 문제가 해결되는 경우가 있다.

정답 3

해설 필자가 궁극적으로 말하고자 하는 바를 찾는 문제이다. 벤치의 방향을 바꾼 이야기는 필자의 주장을 전개하기 위한 소재(예시)에 불과하다. 글의 마지막에서 필자는 '사물을 보는 관점을 바꾸면～매일의 생활이 더 나아지지 않을까?(ものの見方を少し変えれば～良くなるのではないだろうか)'라고 자신의 생각을 직접 언급하고 있으므로 정답은 3번이다.

실전문제 ②

問題6　다음 글을 읽고 질문에 답하세요. 답은 1・2・3・4에서 가장 적당한 것을 하나 고르세요.

문제편 244p

여름의 초입에는 더워지기 전에 매일같이 비가 계속 내리는 '장마'가 있다. 장마가 끝나면 ①다음에는 태풍이 자주 오게 된다. 매년 그 무렵은 비가 많이 오는 계절이다. 일기 예보에서 '접이식 우산을 가방에 넣어서 외출하세요'라는 말도 자주 듣는 시기이기도 하다.

그런데 일본에는 여름 이외에도 비가 많이 오는 것을 나타내는 말이 있다. 예를 들어 '나타네 장마'이다. '나타네'란 유채꽃을 말하는데, 1월부터 3월에 걸쳐 벚꽃보다도 먼저 피어 봄이 왔다는 것을 알려준다. 예로부터 3월 말경부터 4월 초 사이에 한동안 계속되는 비를 이렇게 부르고 있다. 또한 가을에는 '가을 장마'라는 말도 있다. 시기는 지역에 따라 차이가 있으며, 홋카이도는 8월 말경이지만 도쿄에서는 10월 초라고 한다.

이렇게 보면 일본은 일 년 내내 비가 많이 내리는 나라라고 할 수 있을 것이다. 실제로 비가 내리는 양을 비교하면 1년간 평균은 1,690mm로, 이는 세계 평균의 2배이다. '세계 평균'은 사막이 많은 나라 등도 포함하므로 지역 차가 커서 별로 의미는 없지만, 미국이나 영국, 프랑스보다 많고, 태국보다도 많다는 점에서 '다우(多雨)국'이라고 해도 좋지 않을까?

또한 해류, 지형 등의 영향으로 비교적 습도가 높아서 비에 젖어도 잘 마르지 않는다고 한다. 한 사람이 가지고 있는 우산의 개수는 평균 3개로 세계에서 가장 많다. 이것은 ②일본인이 비에 젖는 것을 싫어하는 것에도 관계가 있다. 영화나 드라마에서 주인공이 비에 젖는 장면보다 우산을 접고 비가 그친 것을 기뻐하면서 웃는 장면이 많은 것은 그 때문인지도 모른다.

단어 初め 시작, 처음 | 梅雨 장마 | 今度 이번, 이 다음 | 台風 태풍 | 季節 계절 | 天気予報 일기 예보 | 折りたたみ傘 접이식 우산 | 時期 시기 | 表す 나타내다, 드러내다 | 菜の花 유채꽃 | 桜 벚꽃 | 咲く (꽃이) 피다 | 昔 옛날 | しばらく 한동안, 당분간 | 続く 계속하다, 계속되다 | 長雨 장마 | 地域 지역 | 差がある 차이가 있다 | ～を通じて ～을 통해서, ～동안 계속 | 実際に 실제로 | 量 양 | 比べる 비교하다 | 平均 평균 | ミリ 밀리미터 | 砂漠 사막 | 含める 포함하다 | 意味 의미 | ～ことから ～고 해서, ～는 점(데)에서(근거·유래) | 多雨 다우, 비 오는 날이 많음, 또는 강우량이 많음 | 海流 해류 | 地形 지형 | 影響 영향 | 比較的 비교적 | 湿度 습도 | ぬれる 젖다 | 乾く 마르다, 건조하다 | 嫌う 싫어하다 | 関係 관계 | ドラマ 드라마 | 主人公 주인공 | 場面 장면 | たたむ 접다, 개다 | 雨があがる 비가 그치다 | 喜ぶ 즐거워하다, 기뻐하다 | 全国 전국 | 数 수 | 準備 준비

1 ①다음이란 언제를 말하는가?

1 여름 초입

2 더워지기 전

3 장마 무렵

4 장마가 끝난 후

정답 4

해설 밑줄이 있는 문장의 맥락을 보면 '여름 초입 더워지기 전에는 매일같이 비가 오는 장마가 있고, 장마가 끝나면 태풍이 온다'고 한다. 밑줄의 '다음'은 바로 앞의 '장마가 끝난 후'라는 시점을 강조하고 있으므로 정답은 4번이다.

2 봄에 내리는 비를 '나타네 장마'라고 하는 것은 어째서인가?

1 유채꽃이 필 무렵에 내리기 때문에

2 벚꽃보다 유채꽃 쪽이 봄을 느끼게 하기 때문에

3 봄에 장마처럼 비가 오랫동안 내리기 때문에

4 지역에 따라 차이가 없이 전국에 내리기 때문에

정답 **3**

해설 두 번째 단락에서 일본에는 여름 이외에 비가 많이 오는 것을 나타내는 말이 있다고 언급한 후 그 예로 '나타네 장마'와 '가을 장마'를 들고 있다. 즉, 「なたね梅雨(づゆ) 나타네 장마」란 '여름이 아닌 계절에도 비가 많이 오는 때'의 예시이므로 3번이 답으로 적당하다. 장마의 명칭 때문에 유채꽃과 관계된 선택지 1번이나 2번을 답으로 고를 수도 있지만 '나타네'는 이름의 유래일 뿐이며, 본문에서는 유채꽃이 피는 시기가 봄을 알려준다고 할 뿐, '나타네 장마'와의 관계를 직접적으로 언급하고 있지는 않다.

3 필자가 일본은 '다우국'이라고 말해도 좋다고 생각하는 것은 어째서인가?

1 비를 나타내는 말이 많기 때문에

2 비가 내리는 양이 세계 평균의 2배가 되기 때문에

3 일본에는 사막이 없기 때문에

4 미국이나 태국 등보다도 비의 양이 많기 때문에

정답 **4**

해설 지문에서 '다우국(多雨国(たうこく))'을 구체적으로 언급한 부분을 찾아야 한다. 필자는 세 번째 단락에서 일본은 일 년 내내 비가 많이 내리는 나라로 강우량이 세계 평균의 2배이며, 이는 미국이나 태국보다도 비가 많다는 점에서(ことから) '다우국이라도 해도 좋을 것'이라고 말하고 있다. 따라서 정답은 4번이다.

4 필자가 ②일본인이 비에 젖는 것을 싫어한다고 생각하는 이유는 어느 것인가?

1 습도가 높아서 비에 젖어도 잘 마르지 않기 때문에

2 한 사람이 가지고 있는 우산의 개수가 세계에서 가장 많기 때문에

3 일기 예보에서 우산을 준비하도록 말하는 경우가 많기 때문에

4 영화나 드라마에서 주인공이 비에 젖는 장면이 없기 때문에

정답 **1**

해설 일본인이 비에 젖는 것을 싫어하는 이유는 네 번째 단락 맨 첫 번째 문장에서 찾을 수 있다. '일본은 해류, 지형 등의 영향으로 습도가 높아서 비에 젖어도 잘 마르지 않는다(雨(あめ)にぬれても乾(かわ)きにくい)'는 원인을 말하고, 이로 인해 한 사람이 가지고 있는 우산 개수가 세계에서 가장 많으며 이는 '일본인이 비에 젖는 것을 싫어하는' 것과 관계가 있다고 말하므로 정답은 1번이다.

問題 7 정보 검색

실전문제 정답 및 해설

정답

실전문제 ① 1 2 2 3
실전문제 ② 1 3 2 3

실전문제 ①

問題7 오른쪽 페이지의 스포츠 센터 안내입니다. 이것을 읽고 다음 질문에 답하세요. 답은 1・2・3・4에서 가장 적당한 것을 하나 고르세요.

문제편 246p

1 다나카 씨는 6월부터 수영장에 다니고 싶다. 그러나 수영을 잘 하지는 못한다. 월요일부터 금요일은 회사가 있어서 다닐 수 없다. 다나카 씨는 어느 코스를 선택할까?

1 수영 A
2 수영 B
3 수중 체조
4 수중 요가

정답 **2**

해설 문제에서 주어진 조건을 정리해 보면, 다나카 씨가 다니기를 희망하는 것은 수영장이며, 수영을 잘 못하고 월～금요일은 다닐 수 없다. 따라서 다나카 씨는 '토·일요일 코스', '처음 하는 사람(はじめてのひと)'을 대상으로 하는 '수영 B'밖에 선택할 수 없다. 정답은 2번이다.

2 모리타 씨는 5월부터 학교 수업이 없는 날(화요일과 금요일)에 스포츠 센터에 다닐 생각이다. 오후에는 아르바이트가 있다. 또 모리타 씨는 수영을 하지 못한다. 모리타 씨는 어느 코스를 선택할까?

1 요가
2 수영 A
3 수중 요가
4 댄스

정답 **3**

해설 문제에서 주어진 조건을 정리해 보면, 모리타 씨는 5월부터 화요일과 금요일 오전에 스포츠 센터를 다닐 예정이고 수영을 하지 못한다. 따라서 '25m정도 수영할 수 있는 사람'을 대상으로 하는 선택지 2번의 수영A는 답이 될 수 없고, 1번의 요가는 도중부터는 들어갈 수 없으므로 기간이 맞지 않고, 4번의 댄스는 요일과 시간이 맞지 않아서 답이 될 수 없다. 정답은 3번의 수중 요가이다.

4월부터 새로운 것을 시작해 보지 않겠습니까?

코스명	레벨	기간	요일	시간
요가	• 처음인 사람	4월 6일~7월 20일 ※ 도중부터는 들어갈 수 없습니다.	매주 화요일	10:00～12:00
댄스	• 처음인 사람 • 조금 배운 적이 있는 사람	4월~7월 ※ 도중부터는 들어갈 수 없습니다.	매주 토요일	14:00～16:00
수영 A 오전·오후 코스	• 25m 정도 수영할 수 있는 사람	1년 중 언제부터라도 시작할 수 있습니다.	오전 코스 월요일·수요일 또는 오후 코스 화요일·금요일	10:30～12:00 또는 14:00～15:30
수영 B 토요일·일요일 코스	• 처음인 사람	1년 중 언제부터라도 시작할 수 있습니다.	매주 토요일 또는 매주 일요일	10:30～12:30 또는 14:00～15:30
수중 체조	• 5m이상 수영할 수 있는 사람 ※ 전혀 수영할 수 없는 사람은 들어갈 수 없습니다.	4월 16일~7월 30일 ※ 도중부터라도 들어갈 수 있습니다.	매주 금요일	20:00～22:00
수중 요가	• 누구든지 ※ 전혀 수영할 수 없는 사람도 괜찮습니다.	4월 13일~6월 22일 ※ 도중부터라도 들어갈 수 있습니다.	매주 화요일	10:00～11:30

단어 通う(かよう) 다니다, 왕래하다 | 新しい(あたらしい) 새롭다 | コース 코스 | レベル 레벨, 수준 | 期間(きかん) 기간 | ヨガ 요가 | ダンス 댄스, 춤 | 水泳(すいえい) 수영 | 水中(すいちゅう) 수중, 물속 | たいそう 체조 | はじめて 처음 | とちゅう 도중 | または 혹은, 또는 | 習う(ならう) 배우다, 익히다 | 泳ぐ(およぐ) 헤엄치다, 수영하다 | ぜんぜん 전혀

실전문제 ②

問題7　오른쪽 페이지의 가게 전단지를 보고 질문에 답하세요. 답은 1・2・3・4에서 가장 적당한 것을 하나 고르세요.

문제편 248p

1 회사를 그만두는 사람의 송별회를 하기 때문에 금요일 오후 7시부터 9시까지 예약하고 싶다. 남성 6명, 여성 4명으로 예산은 5만 엔까지이다. 어느 코스를 예약할 수 있는가?

1 간단 코스
2 만족 코스
3 자꾸자꾸 코스
4 야마다야 코스

정답 3

해설 선택지 1번의 '간단 코스'는 '여성만(女性(じょせい)のみ)'이라는 조건이 있어 답이 될 수 없고, 2번의 '만족 코스'는 시간 제한이 90분이므로 송별회 예정 시간인 2시간(120분)에 부합하지 않는다. 3번의 '자꾸자꾸 코스'의 경우 열 명이면 55,000엔으로 예산보다 금액이 초과되지만, 마지막에 제시된 '※10명 이상인 경우 10% 할인'이라는 조건에 따라 10% 할인된 49,500엔이 최종 비용이 된다. 따라서 정답은 3번 '자꾸자꾸 코스'이다. 4번의 '야마다야 코스'는 10인 이상 할인 금액(59,400엔)으로도 '5만엔까지(5万円(まんえん)まで)'인 예산에서 초과되어 답이 될 수 없다.

2 린 씨는 10월 7일(토) 오후 7시에 친구 다섯 명이서 파티를 하고 싶어서 예약을 했지만, 한 명이 오지 못하게 되어 가게에 연락하고 싶다. 언제까지 연락하면 되는가?

1 9월 7일 오후 7시까지
2 10월 6일 오후 8시까지
3 10월 6일 오후 3시까지
4 10월 7일 오후 7시까지

정답 3

해설 전단지【예약 방법】의 마지막 부분을 보면 '(예약) 취소, 변경 등의 연락은 (예약) 전날 오후 3시까지 부탁한다'라고 되어 있으므로 정답은 3번이다.

송년회·신년회·환영회
각종 파티는《야마다야》에서!

친구와 가족과 회사 사람들과
즐겁게 먹고 마시며 보내는 최고의 한때를
《야마다야》가 선물!

【 예약 방법 】
두 명 이상 이용하는 경우, 1개월 전부터 예약할 수 있습니다. 예약은 전화 또는 인터넷으로 전날 오후 8시까지 부탁드립니다. 인원수, 코스를 알려 주세요. 코스는 아래 메뉴 중에서 골라 주세요. 자리만 예약하실 경우는 요리에 시간이 걸리는 경우가 있습니다. 취소, 변경 등의 연락은 전날 오후 3시까지 부탁드립니다. 그 후의 변경은 접수할 수 없는 경우가 있습니다.

【 코 스 】
간단 코스 1인 3,300엔 (여성에 한함)
요리 5점/우동 또는 라멘/디저트 (90분)

만족 코스 1인 4,400엔
요리 7점/우동 또는 라멘/디저트 (90분)

자꾸자꾸 코스 1인 5,500엔
요리 8점/구운 주먹밥/생맥주 무제한 (120분)

야마다야 코스 1인 6,600엔
요리 8점/구운 주먹밥/생맥주, 사워, 와인 무제한 (120분)

※코스 요금은 소비세 10%를 포함합니다.
※각 코스 모두 소프트 드링크(주스, 콜라, 우롱차)는 자유롭게.
※10명 이상으로 예약하는 경우는 10% 할인됩니다.

Tel. 03-2355-8687 / info.yamadaya@goyoyaku.com

단어 忘年会(ぼうねんかい) 망년회, 송년회 | 新年会(しんねんかい) 신년회 | 歓迎会(かんげいかい) 환영회 | 各種(かくしゅ) 각종 | 最高(さいこう) 최고 | ひととき 한때 | 予約(よやく) 예약 | 方法(ほうほう) 방법 | 利用(りよう) 이용 | 人数(にんずう) 인원수 | 下記(かき) 하기, 아래 기록한 내용 | メニュー 메뉴 | 席(せき) 자리, 좌석 | ～のみ ～만 | 料理(りょうり) 요리 | キャンセル 캔슬, 취소 | 変更(へんこう) 변경 | 連絡(れんらく) 연락 | 以降(いこう) 이후 | 女性(じょせい) 여성 | デザート 디저트, 후식 | ～放題(ほうだい) 마음껏 ～함, (음식점 등에서의) 무제한 | サワー 사워(sour, 주류에 탄산 등을 섞은 칵테일의 일종) | 消費税(しょうひぜい) 소비세 | 含(ふく)む 포함하다, 함유하다 | ご自由(じゆう)に 자유롭게 | 割引(わりび)き 할인

MEMO

Part 4

JLPT N3

Part 4

청해

問題 1 과제 이해

연습문제 정답 및 해설

정답

연습문제 1 3 2 2 3 1 4 4 5 2 6 1

연습문제

問題 1 문제 1에서는 우선 질문을 들으세요. 그리고 이야기를 듣고 문제지의 1에서 4 중에서 가장 적당한 것을 하나 고르세요.

1 015

문제편 267p

近くに住んでいる女の人と男の人が道で会って話しています。男の人は、この後どうしますか。

女 ああ、ヤンさん。どっか出かけるの？

男 あ、友だちが遊びに来るので、駅まで迎えに……。

女 そう？ じゃ、駅の帰りにうちに寄って、本持って行って。ほら、このあいだ貸してほしいって言ってたでしょ。英語の本。

男 ああ、そうそう。ありがとう。あの、2時間ぐらいあとで行ってもいいですか。駅の近くで友だちと昼食食べて来るかもしれないので。

女 うーん。じゃあ、夕方取りに来て。5時ごろ。私もちょっと出かけるので。

男 じゃ、今行ってもいいですか。

女 うん、いいわよ。でも、友だち迎えに行くんでしょ。

男 大丈夫、大丈夫。まだ時間ありますから。

근처에 사는 여자와 남자가 길에서 만나서 이야기하고 있습니다. 남자는 이다음 어떻게 합니까?

여 아, 양 씨. 어디 외출해?

남 아, 친구가 놀러 와서 역까지 마중하러요.

여 그래? 그럼 역에서 돌아오는 길에 우리 집에 들러서 책 가져가. 왜 있잖아, 지난 번에 빌려 달라고 했었잖아. 영어책.

남 아, 그랬죠. 고마워요. 저기 2시간 정도 뒤에 가도 될까요? 역 근처에서 친구와 점심 먹고 올지도 몰라서요.

여 음, 그럼 저녁에 가지러 와. 5시쯤. 나도 잠깐 외출할 거라서.

남 그럼, 지금 가도 될까요?

여 응, 좋아. 하지만 친구 데리러 가야 하잖아.

남 괜찮아요, 괜찮아요. 아직 시간이 있으니까.

男の人は、この後どうしますか。	남자는 이다음 어떻게 합니까?
1 友だちを駅まで送りに行く	1 친구를 역까지 바래다 준다
2 友だちと昼ごはんを食べる	2 친구와 점심을 먹는다
3 女の人の家に本を借りに行く	3 여자의 집에 책을 빌리러 간다
4 自分の家に本を取りに行く	4 자신의 집에 책을 가지러 간다

정답 3

단어 近く 근처 | 住む 살다 | どっか 어딘가(「どこか」의 회화체) | 遊ぶ 놀다 | 迎える (사람·때를) 맞이하다, 마중하다 | 貸す 빌려주다 | 英語 영어 | 昼食 점심 식사 | 夕方 해질녘, 저녁때 | 出かける 외출하다, 밖에 나가다 | 大丈夫だ 괜찮다, 걱정 없다, 문제없다

해설 대화 후 남자가 가장 먼저 해야 하는 일을 묻는 문제이다. 남자는 역에 친구를 마중 나가는 도중에 여자를 만났고, 여자에게 빌리기로 한 책을 가져가라는 말을 듣는다. 남자가 '2시간 후에 가지러 가도 되는지' 묻자, 여자는 '5시쯤에 오라'고 답한다. 하지만 대화 마지막에 남자가 '지금 가도 될까요?(今行ってもいいですか)'하고 묻자, 여자 역시 '좋아(いいわよ)'라고 말하므로, 남자가 가장 먼저 하는 일은 3번의 '여자의 집에 책을 빌리러 간다'이다.

---

2 016 문제편 267p

男の人と女の人が話しています。男の人はこの後まず何をしなければなりませんか。

女 あれ？ どうしたの？ 今日も学校？

男 あ、先輩……。実は昨日、さいふを落としちゃって。

女 え？ どこで落としたの？ 教室？

男 ええと、帰りの電車の中か、アルバイトの会社か、帰りに寄ったスーパーかも……。

女 電話したの？

男 はい。駅とスーパーは昨日の時点で届いてないって言われて。会社は休みだったんで…。また聞かなきゃ……。

女 大学の事務室には聞いたの？

男 はい、これから行こうと思ってて。

女 あと、警察は？

男 あ、そっか。忘れてました。

女 すぐにかけなよ。それ、はやい方がいいよ。

男 あ、はい、そうします。

남자와 여자가 이야기하고 있습니다. 남자는 이다음 우선 무엇을 해야 합니까?

여 어라? 왜 그래? 오늘도 학교 (가)?

남 아, 선배……. 실은 어제 지갑을 잃어버려서요.

여 뭐? 어디서 분실했어? 교실?

남 그게 돌아가는 전철 안인지 아르바이트 회사인지, 귀갓길에 들른 슈퍼일지도…….

여 전화는 했어?

남 네. 역과 슈퍼는 어제 시점에서 (분실물이) 들어온 게 없다는 말을 들었어요. 회사는 쉬는 날이었기 때문에…. 다시 문의해야 해요…….

여 대학 사무실에는 물어봤어?

남 네, 이제부터 가려고요.

여 그리고, 경찰은?

남 아, 그렇구나. 잊고 있었어요.

여 당장 (전화) 걸어봐. 그거 빨리 하는 게 좋아.

남 아, 네, 그렇게 할게요.

男の人はこの後まず何をしなければなりませんか。

1 会社に電話する

2 けいさつに電話する

3 学校に聞く

4 えきに聞く

남자는 이다음 우선 무엇을 해야 합니까?

1 회사에 전화한다

2 경찰에 전화한다

3 학교에 물어본다

4 역에 물어본다

정답 **2**

단어 先輩 선배 | 実は 실은 | さいふ 지갑 | 落とす 떨어뜨리다, 잃어버리다 | 教室 교실 | 電車 전철 | アルバイト 아르바이트 | 寄る 들르다 | スーパー 슈퍼마켓 | 時点 시점 | 届く 닿다, 도착하다 | 休み 휴일, 휴가 | 事務室 사무실 | 警察 경찰 | かける 걸다

해설 남자가 해야 하는 일 중, 가장 먼저 해야 하는 일을 묻는 문제이다. 남자는 지갑을 잃어버린 상황이며, 남자의 세 번째 대사를 보면 역과 슈퍼에 문의한 결과 들어온 물건이 없다(届いてない)고 하므로 4번은 답이 될 수 없다. 그 후 남자가 해야 하는 일로 '회사에 전화한다', '학교(대학 사무실)에 물어본다'가 나오지만, 마지막 부분에서 여자가 경찰에 연락했는지를 묻고 남자가 잊고 있었다고 대답한다. 이에 여자가 '경찰에 빨리 전화하는 편이 좋다'고 조언하고 남자도 '그렇게 하겠다'고 하므로 정답은 2번이다.

---

3 017 문제편 268p

男の人と女の人が家族で田舎に帰る話をしています。女の人は、いつ飛行機を予約しますか。

男 ねえ、年末にみんなで田舎に帰る飛行機だけど、調べてみた？

女 うん、調べてるんだけど、年末はもうどこもいっぱいねえ。26日の夜の飛行機にやっと空席見つけたら、二つしか空いてなかったし、27日からはずっと満席ばっかりなのよねえ。

男 じゃ、やっぱり子どもたちと3人で君が先に行くしかないね。僕は26日に仕事終わったら、できるだけ早く新幹線で行くことにするから。

女 じゃ、そうするね。そうすると、その前の週末か月曜日なんだけど、週末はもう料金が高い席しか空いてないのよ。でも子どもたちもいるし荷物も多くなりそうだから、空港まで車で送ってもらおうと思ったけど、月曜日じゃダメでしょ？まだ会社あるし。

男 分かったよ。高くてもいいから早く予約しときなさいよ。

남자와 여자가 가족끼리 고향에 가는 이야기를 하고 있습니다. 여자는 언제 비행기를 예약합니까?

남 이봐, 연말에 다 같이 고향으로 돌아가는 비행기 말인데, 알아봤어?

여 응, 알아보고 있는데, 연말에는 이미 어디나 예약이 다 찼어. 26일 밤 비행기에 겨우 빈자리를 찾았는데, 두 자리밖에 비어 있지 않았고, 27일부터는 계속 만석뿐이야.

남 그럼 역시 아이들과 셋이서 당신이 먼저 가는 수밖에 없겠네. 나는 26일에 일이 끝나면 되도록 빨리 신칸센으로 가기로 할 테니까.

여 그럼 그렇게 할게. 그러면, 그 전 주말이나 월요일인데, 주말은 이미 요금이 비싼 자리밖에 안 남았어. 하지만 아이들도 있고 짐도 많아질 것 같아서 공항까지 차로 데려다 주었으면 했는데, 월요일은 안 되겠지? 아직 회사도 있고 말이야.

남 알았어. 비싸도 좋으니까 빨리 예약해 둬.

女の人は、いつ飛行機を予約しますか。

1 ア か イ
2 イ か ウ
3 ウ か エ
4 オ

12月

日	月	火	水	木	金	土
					1	2
3	4	5	6	7	8	9
10	11	12	13	14	15	16
17	18	19	20	21	22	㋐23
㋑24	㋒25	㋓26	㋔27	28	29	30
31						

여자는 언제 비행기를 예약합니까?

1 ア 또는 イ
2 イ 또는 ウ
3 ウ 또는 エ
4 オ

12월

일	월	화	수	목	금	토
					1	2
3	4	5	6	7	8	9
10	11	12	13	14	15	16
17	18	19	20	21	22	㋐23
㋑24	㋒25	㋓26	㋔27	28	29	30
31						

정답 1

단어 家族 가족 | 田舎 시골 | 帰る 돌아가(오)다 | 飛行機 비행기 | 予約 예약 | 年末 연말 | 調べる 조사하다, 알아보다 | どこも 어디나 | いっぱい 가득 | 空席 공석, 빈자리 | 空く 비다 | ずっと 계속 | 満席 만석 | 新幹線 신칸센(일본의 고속철도) | やっぱり 역시 | 僕 나(남자가 자신을 지칭하는 말) | できるだけ 가능한 한, 되도록 | 週末 주말 | 荷物 하물, 짐 | 送る 보내다, 데려다 주다, 바래다 주다

해설 여자가 비행기 예약을 하려는데 26일은 두 자리밖에 없고 27일부터는 계속 만석이라고 한다. 남자의 두 번째 대사를 보면 '아이들과 셋이서 당신이 먼저 가는 수밖에 없다(子どもたちと3人で君が先に行くしかない)'라고 하므로 26일은 답이 될 수 없다. 여자의 두 번째 대사를 보면 '그럼 주말(23, 24일)이나 월요일(25일)이 적당한데, 주말은 비싼 자리밖에 남아 있지 않고 월요일은 회사 때문에 안 되지 않냐(공항에 데려다 줄 수 없지 않냐)'고 남자에게 묻는다. 이에 남자가 '비싸도 괜찮으니까(高くてもいいから) 빨리 예약하라'고 말하므로 정답은 비싼 자리가 남아 있는 주말, 즉 1번이다.

---

4 018

문제편 268p

大学の図書館で男の後輩と女の先輩が話しています。男の後輩は、この後何をしますか。

男 あのう、ちょっといいですか。

女 うん、なに？

男 今、レポートを書いているんですが、英語の資料があって、何度読んでも分からないところがあるんですよ。先輩なら分かると思うんですが。

女 うん、いいよ。どれ？その英語の資料って。

男 家に置いてきたので、ちょっと待っててもらえますか。

女 私これから友だちと約束があるから、メールで送ってよ。今日の夜にでも見ておくから。

男 あ、パソコン今修理中なんです。困ったな。30分あれば行って来ることはできるんですが。

대학 도서관에서 남자 후배와 여자 선배가 이야기하고 있습니다. 남자 후배는 이다음 무엇을 합니까?

남 저기, 잠깐 괜찮으세요?

여 응, 뭔데?

남 지금 리포트를 쓰고 있는데요, 영어 자료가 있는데 여러 번 읽어도 모르는 부분이 있어요. 선배라면 아실 것 같아서요.

여 응, 좋아. 어떤 거야? 그 영어 자료란 게?

남 집에 두고 와서, 잠시만 기다려 주시겠어요?

여 나 이제 곧 친구랑 약속이 있으니까 메일로 보내 줘. 오늘 밤에라도 봐 둘 테니까.

남 아, 컴퓨터 지금 수리 중이거든요. 난처하네. 30분이면 갔다 올 수 있는데요.

女 うん。でも来てからどこが分からないのか聞いたりもしなければならないでしょ。1時間はかかるよね。ま、いいか。友だちにはちょっと遅れるって連絡するよ。

男 本当ですか。どうもすいません。じゃ。

男の後輩は、この後何をしますか。

1 先輩に資料を見せる
2 先輩にメールで資料を送る
3 家に帰ってパソコンを修理する
4 資料を取りに家に帰る

여 음. 하지만 온 다음에 어디를 모르는지도 물어봐야 하잖아? 한 시간은 걸리겠네. 뭐, 됐어. 친구한테는 좀 늦는다고 연락할게.

남 정말요? 죄송합니다. 그럼.

남자 후배는 이다음 무엇을 합니까?

1 선배에게 자료를 보여준다
2 선배에게 메일로 자료를 보낸다
3 집에 돌아가서 컴퓨터를 수리한다
4 자료를 가지러 집에 간다

정답 4

단어 大学 대학 | 図書館 도서관 | 後輩 후배 | 先輩 선배 | レポート 리포트, 보고서 | 資料 자료 | 何度 몇 번, 여러 번 | 分かる 알다, 이해하다 | 約束 약속 | メール 메일 | 修理中 수리중 | 困る 곤란하다, 난처하다 | かかる (시간이) 걸리다 | 遅れる 늦다 | 連絡 연락 | すいません 미안합니다(「すみません」의 회화식 발음) | パソコン 컴퓨터(퍼스널 컴퓨터의 준말)

해설 남자가 리포트를 쓰는 데 필요한 영어 자료를 봐줄 수 있는지 묻자 여자는 자료를 보여 달라고 한다. 남자는 '(자료를) 집에 두고 왔으니 잠시 기다려 주시겠어요?(家に置いてきたので、ちょっと待っててもらえますか)'하고 말하므로 1번은 답이 될 수 없다. 여자는 지금부터 친구와 약속이 있으니 자료를 메일로 보내 달라고 하지만, 남자는 컴퓨터를 수리 중이라고 했으므로 2번도 답이 될 수 없다. 여자의 마지막 대사 '친구한테는 좀 늦는다고 연락할게(友だちにはちょっと遅れるって連絡するよ)'는 남자가 집에 다녀올 수 있도록 기다려 준다는 의미이므로 정답은 4번이다.

---

5 019 문제편 269p

学校で先生が話しています。学生はこの後まず何をしなければなりませんか。

男 え、明日の京都見物ですが、日帰りで短い時間に色々な所を見て回るので、靴は履きやすいものを履いて来てください。見物するお寺などの説明は、この後午後の授業でしますが、お昼休みに今から配る京都の地図を見ておいてください。地図にある赤いマークが見物する所です。帰って来るのが7時になりますが、晩ごはんは出ません。おにぎりやお菓子を持って来るのもいいですが、明日は朝ごはんをしっかり食べて来てくださいね。

학교에서 선생님이 이야기하고 있습니다. 학생은 이다음 우선 무엇을 해야 합니까?

남 자, 내일 교토 구경 말인데요, 당일치기로 짧은 시간에 여러 곳을 둘러볼 테니 신발은 신기 편한 것을 신고 와 주세요. 구경할 절 등에 관한 설명은 이다음 오후 수업에서 하겠지만, 점심시간에 지금부터 나눠 줄 교토 지도를 봐 두세요. 지도에 있는 빨간 표시가 구경할 곳입니다. 돌아오는 것은 7시인데 저녁밥은 안 나옵니다. 주먹밥이나 과자를 가져오는 것도 좋지만, 내일은 아침밥을 꼭 챙겨 먹고 오세요.

学生はこの後まず何をしなければなりませんか。	학생은 이다음 우선 무엇을 해야 합니까?
1 はきやすい靴を選ぶ	1 신기 편한 신발을 고른다
2 見物する所の地図を見る	2 구경할 곳의 지도를 본다
3 見物する所の説明を聞く	3 구경할 곳의 설명을 듣는다
4 おにぎりやお菓子を準備する	4 주먹밥이나 과자를 준비한다

정답 2

(단어) 見物 구경 | 日帰り 당일치기 | 短い 짧다 | 時間 시간 | 色々 여러 가지 | 靴 신발, 구두 | 履く 신다, (바지·치마를) 입다 | ます형 + やすい ~하기 쉽다, ~하기 편하다 | 寺 절 | 説明 설명 | 授業 수업 | 昼休み 점심시간 | 配る 배부하다, 배포하다 | 地図 지도 | 赤い 빨갛다 | マーク 마크 | 晩ごはん 저녁밥, 저녁 식사 | おにぎり 주먹밥 | お菓子 과자 | しっかり 단단히, 야무지고 견고한 모양

(해설) 선생님은 학생들에게 교토 구경에 앞서 '편한 신발을 신고 올 것, 점심시간에 지도를 봐 둘 것, 내일 아침을 제대로 챙겨 먹고 올 것'의 세 가지를 당부하고 있다. 이 중 현재를 기준으로 학생들이 가장 먼저 해야 할 일은 선택지 2번 '구경할 곳의 지도를 본다'이다.

---

6 020 문제편 269p

科学館でアナウンスが流れています。月の観察をしたい人はこの後何をしますか。	**과학관에서 안내 방송이 나오고 있습니다. 달 관찰을 하고 싶은 사람은 이다음 무엇을 합니까?**
女 みなさま、科学館を楽しんでいただいていますか。本日のイベントのお知らせです。本日は20時から天文台で月の観察を行います。天文台にお入りになるには整理券が必要です。整理券は18時から1階の案内所でお配りします。20名様までとさせていただきますので、お早めにどうぞ。皆様のおいでをお待ちしております。	여 여러분, 과학관을 즐기고 계십니까? 오늘의 이벤트 공지입니다. 오늘은 20시부터 천문대에서 달 관찰을 시행합니다. 천문대에 들어가시려면 번호표가 필요합니다. 번호표는 18시부터 1층 안내소에서 배부합니다. 20명 한정이므로 서둘러 주십시오. 여러분의 방문을 기다리고 있겠습니다.
月の観察をしたい人はこの後何をしますか。	달 관찰을 하고 싶은 사람은 이다음 무엇을 합니까?
1 18時にあんないじょに行く	1 18시에 안내소로 간다
2 20時にあんないじょに行く	2 20시에 안내소로 간다
3 18時にてんもんだいに行く	3 18시에 천문대로 간다
4 20時にてんもんだいに行く	4 20시에 천문대로 간다

정답 1

(단어) 科学館 과학관 | アナウンス 아나운스, 안내 방송 | 流れる 흐르다 | 月 달 | 観察 관찰 | 楽しむ 즐기다 | 本日 금일, 오늘 | イベント 이벤트 | お知らせ 알림, 공지 | 天文台 천문대 | 行う 행하다, 시행하다 | 整理券 정리권, 번호표 | 必要だ 필요하다 | 案内所 안내소 | お早めに 서둘러, 일찌감치

(해설) 안내 방송의 내용을 정리하면 '천문대에서 20시에 달 관찰이 있고, 천문대에 들어가려면 번호표가 필요한데 번호표는 20명 한정으로 18시부터 1층 안내소에서 배부한다'이다. 따라서 달 관찰을 하고 싶은 사람이 해야 하는 것은 '18시에 1층 안내소에 가서 번호표를 받는 것'이다. 정답은 1번이다.

問題 2 포인트 이해

연습문제 정답 및 해설

정답

연습문제	1	2	3	4	5	6
	4	3	4	2	4	4

연습문제

問題 2　문제 2에서는 우선 질문을 들으세요. 그 후 문제지를 보세요. 읽을 시간이 있습니다. 그리고 이야기를 듣고 문제지의 1에서 4 중에서 가장 적당한 것을 하나 고르세요.

1　021　문제편 271p

男の人と女の人が話しています。男の人はどうして運動を始めましたか。

男　あ、りんちゃん、久しぶり。

女　あ、原田くん。ジョギングしてるの？ そんなに運動好きだった？

男　うーん、好きってわけじゃないんだよ。子どもの送り迎えもあるし、今は仕事も忙しいしね。

女　そうだよね、奥さんも仕事してるもんね。

男　うん、実は会社が5キロ痩せたら3万円もらえるキャンペーンをやってるんだよ。

女　え？ それはすごいけど、できるの？

男　最近小遣いもあまりないからやってみようと思ってさ。

남자와 여자가 이야기하고 있습니다. 남자는 어째서 운동을 시작했습니까?

남　아, 린. 오랜만이야.

여　아, 하라다 군. 조깅하고 있어? 그렇게 운동 좋아했었나?

남　음, 좋아하는 건 아니야. 아이의 배웅과 마중도 있고, 지금은 일도 바쁘고.

여　그렇겠지, 부인도 일하고 있잖아.

남　응, 실은 회사에서 5kg 살을 빼면 3만 엔을 받을 수 있는 캠페인을 하고 있거든.

여　뭐? 그거 굉장한데. 할 수 있겠어?

남　요즘 용돈도 별로 없고 해서 한번 해 보려고.

男の人はどうして運動を始めましたか。

1 運動がすきだから

2 子どもの世話をするから

3 仕事が忙しいから

4 お金がもらえるから

남자는 어째서 운동을 시작했습니까?

1 운동을 좋아하기 때문에

2 아이를 돌보기 때문에

3 일이 바쁘기 때문에

4 돈을 받을 수 있기 때문에

정답 4

단어 運動 운동 | 始める 시작하다 | 久しぶり 오래만 | ジョギング 조깅 | 送り迎え 데리러 가고 데리러 옴, 배웅과 마중 | 忙しい 바쁘다 | 奥さん (남의) 부인 | 実は 사실은 | 痩せる 여위다, 살이 빠지다 | キャンペーン 캠페인 | すごい 굉장하다, 대단하다 | 最近 최근, 요즘 | (お)小遣い 용돈 | 世話をする 돌보다, 보살피다

해설 조깅을 하던 남자에게 여자가 '운동을 좋아하는지' 묻자 '운동을 좋아하는 건 아니다'라고 하므로 선택지 1번은 답이 될 수 없다. 또한 '아이의 배웅과 마중도 있고 일도 바쁘다'라는 말은 '그렇기 때문에 운동을 하기 힘들다'라는 의미이므로 2, 3번도 답이 될 수 없다. 남자의 세 번째 대사를 보면 '실은 회사에서 5kg 빼면 3만 엔을 주는 캠페인을 하고 있다(実は会社が5キロ痩せたら3万円もらえるキャンペーンをやってるんだ)'라며 '용돈도 별로 없어 한번 해 보려 한다'라고 하므로 정답은 4번이다. '이유'를 묻는 청해 문제에서 화자의 본심은「実は 실은」이후에 주로 나온다는 점을 잘 기억해 두자.

---

2 022 문제편 271p

会社で男の人と女の人が話しています。社員旅行は、いつ行きますか。

男 社員旅行、いつがいいですかねえ。

女 8月はどうですか。みんなで海行ったりして。

男 8月は夏休みがありますから、違う月がいいですよ。

女 そうですね。じゃ、秋は？

男 うーん。9月はみんな仕事が忙しいですからねえ。
あ、でも10月ならいいですね。

女 そうですね。あと12月なんかはどうですか。

男 12月でもいいですけど、ちょっと寒いかもしれませんよ。

女 じゃ、やっぱり秋にしましょうか。

社員旅行は、いつ行きますか。

1 8月

2 9月

3 10月

4 12月

회사에서 남자와 여자가 이야기하고 있습니다. 사원 여행은 언제 갑니까?

남 사원 여행, 언제가 좋을까요?

여 8월은 어때요? 다 같이 바다로 간다거나.

남 8월은 여름 휴가가 있으니까 다른 달이 좋겠어요.

여 그렇네요. 그럼 가을은요?

남 음. 9월은 모두 일이 바빠서요.
아, 하지만 10월이라면 괜찮겠네요.

여 그래요. 그리고 12월은 어때요?

남 12월도 좋지만, 좀 추울지도 몰라요.

여 그럼 역시 가을로 할까요?

사원 여행은 언제 갑니까?

1 8월

2 9월

3 10월

4 12월

정답 3

(단어) 社員旅行 사원 여행 | 海 바다 | 夏休み 여름 휴가, 여름 방학 | 違う 다르다 | 秋 가을 | 寒い 춥다

(해설) 질문이 '언제'라는 구체적인 시기를 묻고 있으므로 대화의 마지막까지 신경 써서 들어야 한다. 남자는 세 번째 대사에서 '9월은 일이 바쁘기 때문에 안 되지만 10월이라면 괜찮겠다'고 하고, 여자가 12월은 어떠냐며 다른 제안을 하자 '12월은 괜찮지만 추울지도 모른다'고 답한다. 여자가 마지막에 '역시 가을로 할까요?(やっぱり秋にしましょうか)'라고 하므로 9월과 10월 중 일이 바쁘지 않은 3번 10월이 정답이다.

---

3 023 문제편 271p

男の人と女の人が先生へのプレゼントについて話しています。女の人は何をあげることにしましたか。

女 来週、山田先生の誕生日でしょ。プレゼント何がいいかな。

男 え、山田先生にあげるの？

女 うん。お世話になったし、レポートも見てもらったから。

男 山田先生か…。僕ならネクタイかな。

女 えー。山田先生がネクタイしてるとこ、見たことないよ。

男 そうか。じゃ、お酒とか？

女 お酒はよさそうだけど、学生からあげるものとしてはどうかなあ。

男 うーん。山田先生の趣味とか知ってる？

女 あ、山登りらしいの。

男 じゃ、山登りのときの靴とか、リュックとか着る物とか？

女 あ、それいいね。靴はサイズが分からないし、リュックも登山用はよく分からないから。うん、決めた。それにしよう。

女の人は何をあげることにしましたか。

1 ネクタイ
2 お酒
3 山登り用の靴
4 山登り用の服

남자와 여자가 선생님께 드릴 선물에 대해 이야기하고 있습니다. 여자는 무엇을 드리기로 했습니까?

여 다음 주 야마다 선생님 생신이잖아? 선물 뭐가 좋을까?

남 야마다 선생님께 드릴 거야?

여 응. 신세도 졌고, 리포트도 봐주셨으니까.

남 야마다 선생님이라…. 나라면 넥타이인가?

여 뭐? 야마다 선생님이 넥타이 매고 계신 걸 본 적이 없어.

남 그런가. 그럼 술이라든가?

여 술은 좋을 것 같지만, 학생이 드리는 선물로는 어떨까 싶은데.

남 음, 야마다 선생님의 취미 같은 거 알아?

여 아, 등산인 것 같아.

남 그럼 등산할 때의 신발이라든가 배낭이라든가 옷이라든가?

여 아, 그게 좋겠다. 신발은 사이즈를 잘 모르고, 배낭도 등산용은 잘 모르니까. 그래, 정했어. 그걸로 할래.

여자는 무엇을 드리기로 했습니까?

1 넥타이
2 술
3 등산용 신발
4 등산용 옷

정답 4

(단어) プレゼント 선물 | あげる 주다 | 誕生日 생일 | お世話になる 신세를 지다 | レポート 리포트, 보고서 | ネクタイ 넥타이 | 酒 술 | 趣味 취미 | 山登り 등산 | サイズ 사이즈 | リュック 륙색, 등산용 배낭 | 着る物 입을 것, 옷 | 登山用 등산용 | 決める 정하다

(해설) 여자가 남자에게 선생님께 드릴 선물에 대해 조언을 구하자 남자는 넥타이와 술을 이야기하지만 여자는 둘 다 부정적인 반응을 보인다. 따라서 선택지 1, 2번은 답이 될 수 없다. 남자가 다시 '등산용 신발, 배낭, 옷'을 제안하자 여자는 마지막 대사에서 일단 '그게 좋겠다'며 긍정하고 '신발은 사이즈를 모르고, 배낭도 등산용은 잘 모른다'고 한 뒤 '결정했다'고 하므로 정답은 「着る物 입을 것, 옷」을 「服 옷」이라고 달리 표현한 선택지 4번이다.

---

4 024

문제편 272p

男の人と女の人が話しています。男の人はどうしてその店に行きたいのですか。

男 じゃ、今日はこの辺で。

女 うん。まっすぐ家に帰っちゃうの？

男 いや。時間がちょっとあるから、駅前の本屋まで歩こうと思ってるんだけど、一緒に行く？

女 本屋？本なんか買うの？

男 あ、ほしい雑誌があるんだけど、それよりね、その本屋にカフェがあるんだよ。

女 へえ。本を読みながらお茶が飲めるの？

男 そう。コーヒーもあるし、それに、そこ、パンも焼いてておいしいんだよ。しかも今なら本を買ったらパンが1つ、サービスでつくんだ。

女 え、それいいじゃない。

男の人はどうしてその店に行きたいのですか。

1 駅前まで歩きたいから
2 本を買うとパンがサービスでつくから
3 本を読みながらお茶が飲めるから
4 ほしい雑誌があるから

남자와 여자가 이야기하고 있습니다. 남자는 어째서 그 가게에 가고 싶어 합니까?

남 그럼 오늘은 이쯤에서.

여 응. 바로 집에 가는 거야?

남 아니. 시간이 좀 있어서 역 앞의 서점까지 걸으려고 하는데, 같이 갈래?

여 서점? 책이라든가 살 거야?

남 아, 갖고 싶은 잡지가 있는데, 그것보다 그 서점에 카페가 있어.

여 오, 책을 읽으면서 차를 마실 수 있어?

남 응. 커피도 있고, 게다가 거기서 빵도 굽는데 맛있어. 더구나 지금이라면 책을 사면 빵이 한 개, 서비스로 나와.

여 와, 그거 괜찮다.

남자는 어째서 그 가게에 가고 싶어 합니까?

1 역 앞까지 걷고 싶기 때문에
2 책을 사면 빵이 서비스로 나오기 때문에
3 책을 읽으면서 차를 마실 수 있기 때문에
4 갖고 싶은 잡지가 있기 때문에

정답 2

(단어) この辺 이 정도, 이쯤 | 本屋 책방, 서점 | 一緒に 함께 | 雑誌 잡지 | カフェ 카페 | お茶 차 | それに 게다가, 더욱이 | パン 빵 | 焼く 굽다 | おいしい 맛있다 | しかも 게다가, 더구나 | 今なら 지금이라면 | サービス 서비스 | つく 붙다

해설 역 앞 서점에 가려고 한다는 남자에게 여자는 '책을 살 거냐?'고 묻고 이에 남자는 '갖고 싶은 잡지가 있기는 하지만 그보다(それよりも) 서점에 카페가 있다'고 답한다. 「それよりも」는 뒤에 나오는 내용이 더 중요함을 나타낼 때 쓰는 부사이므로 남자가 서점에 가는 이유가 카페임을 알 수 있다. 또한 남자의 다음 대사를 보면 '커피도 마실 수 있고 게다가(それに) 빵도 맛있고 더구나(しかも) 책을 사면 빵이 서비스로 나온다'고 하고 있다. 이처럼 같은 흐름의 내용을 첨가·부연하는 접속사를 사용해 '책을 사면 빵이 서비스로 나오기 때문'이라며 카페에 가고 싶은 이유를 구체적으로 설명하고 있으므로 정답은 2번이다.

---

5 025 문제편 272p

大学のクラブで男の人と女の人が話しています。男の人は後輩のどんなところが困ると言っていますか。

男 ねえ、ちょっと聞いてくれる？

女 どうしたの？ またあの子のこと？

男 うん、クラブにいつも遅刻するから注意したら、「クラブのために大学に入ったわけじゃない」とか言うんだ。使った道具を片付けないのを注意したら「先輩は何もしないんですか」だってさ。文句ばかりだよ。

女 それは困るねえ。

男 そうなんだよ。でもあの子が試合に出ると、必ず勝つんだよね。うまいんだよな。

女 じゃあ、自分はできるって思ってるんだ。

男 そう、そこが一番問題なんだよ。

男の人は後輩のどんなところが困ると言っていますか。

1 文句をいうところ
2 遅刻するところ
3 道具を片付けないところ
4 自分はできると思っているところ

대학 동아리에서 남자와 여자가 이야기하고 있습니다. 남자는 후배의 어떤 점이 난처하다고 말하고 있습니까?

남 저기, 좀 들어 줄래?

여 왜 그래? 또 걔 얘기야?

남 응, 동아리에 항상 지각하니까 주의를 줬더니, '동아리를 위해서 대학교에 들어온 게 아니다'라고 말하는 거야. 사용한 도구를 정리하지 않는 점을 주의 줬더니 '선배님은 아무것도 안 해요?'라는 거야. 불평만 해.

여 그거 난처하네.

남 그렇다니까. 하지만 그 애가 시합에 나가면 반드시 이기거든. 잘한단 말이지.

여 그럼, 본인은 잘한다고 생각하는구나.

남 그래, 그게 제일 문제야.

남자는 후배의 어떤 점이 난처하다고 말하고 있습니까?

1 불평을 하는 점
2 지각하는 점
3 도구를 정리하지 않는 점
4 본인은 잘한다고 생각하고 있는 점

정답 4

단어 クラブ 클럽, 동아리 | 後輩 후배 | 困る 곤란하다, 난처하다 | 遅刻 지각 | 使う 사용하다 | 道具 도구 | 片付ける 치우다, 정리(정돈)하다 | 先輩 선배 | 文句 불평, 불만, 이의 | 試合 시합 | 必ず 꼭, 반드시 | 勝つ 이기다 | うまい 잘하다 | できる 할 수 있다, 생기다, 잘하다, 뛰어나다 | 一番 가장, 제일 | 問題 문제

해설 대화 앞부분에서 남자는 후배의 문제점을 여러 가지 제시하고, 이후 세 번째 대사에서 '하지만 시합에 나가면 반드시 이긴다'고 말하고 이에 여자는 '본인은 잘한다고(잘났다고) 생각하는구나(自分はできるって思ってるんだ)'라고 말한다. 남자도 '그게 제일 문제(そこが一番問題)'라고 하므로 정답은 4번이다. 「できる」의 다양한 의미를 꼭 기억해 두자.

大学の先生がロボットについて話しています。ロボットを作るとき、最も難しいことは何だと言っていますか。

男 えー、人の形をしたロボットですが、今、3つのことを中心に研究しています。歩くこと、手を使って物を運ぶこと、言葉をしゃべることの3つですね。一番難しいのは、人間のように言葉を話すことだと思う人が多いんですが、実は歩くことなんです。ゆっくり歩くのはいいんですが、階段を上がったり下りたりすることはなかなかできません。つまりロボットにバランスをとらせるのが難しいってことですね。

ロボットを作るとき、最も難しいことは何だと言っていますか。

1 言葉を話すこと
2 手を使って物を運ぶこと
3 ゆっくり歩くこと
4 階段を上がったり下りたりすること

대학 교수가 로봇에 대해 이야기하고 있습니다. 로봇을 만들 때 가장 어려운 것은 무엇이라고 말하고 있습니까?

남 음, 사람 모습을 한 로봇인데요, 지금 세 가지를 중심으로 연구하고 있습니다. 걷는 것, 손을 사용해 물건을 옮기는 것, 말을 하는 것 세 가지입니다. 가장 어려운 점은 인간처럼 말을 하는 것이라고 생각하는 사람이 많지만, 사실은 걷는 것입니다. 천천히 걷는 것은 괜찮습니다만, 계단을 오르내리는 것은 좀처럼 할 수 없습니다. 즉, 로봇에게 균형을 잡게 하는 것이 어렵다는 것이지요.

로봇을 만들 때 가장 어려운 것은 무엇이라고 말하고 있습니까?

1 말을 하는 것
2 손을 사용하여 물건을 옮기는 것
3 천천히 걷는 것
4 계단을 오르내리는 것

정답 **4**

단어 ロボット 로봇 | 形 모양, 형상, 꼴 | 中心 중심 | 研究 연구 | 運ぶ 옮기다, 운반하다 | 言葉 말, 언어 | しゃべる 말하다, 지껄이다 | 難しい 어렵다 | ゆっくり 천천히 | 階段 계단 | 上がったり下りたり 오르락내리락 | なかなか 상당히, 꽤, 좀처럼 | つまり 즉 | バランスをとる 균형을 잡다

해설 세 번째 줄 끝부분을 보면 로봇을 만들 때 '말하는 것이 가장 어렵다는 사람도 많지만, 실은 걷는 것(実は歩くこと)이 가장 어렵다'고 말하므로 1번은 답이 될 수 없다. 또한 '천천히 걷는 것은 괜찮지만, 계단을 오르내리는 것은 좀처럼 할 수 없습니다(階段を上がったり下りたりすることはなかなかできません)'라고 분명하게 말하므로 정답은 4번이다.

問題 3 개요 이해

연습문제 정답 및 해설

정답

연습문제　1 3　2 1　3 2

연습문제

問題3　**문제 3에는 문제지에 아무것도 인쇄되어 있지 않습니다. 이 문제는 전체적으로 어떤 내용인지를 묻는 문제입니다. 이야기 전에 질문은 없습니다. 우선 이야기를 들으세요. 그리고 질문과 선택지를 듣고 1에서 4 중에서 가장 적당한 것을 하나 고르세요.**

문제편 274p

1　027

スポーツクラブで男の人が話しています。

男　入会後に気をつけていただきたい点なんですが、ご本人かどうかを確認しますので、毎回必ず会員カードを持ってきてください。会員期間中、都合が悪くて長い間来られないときは、お電話いただければ、その間はお休みにできます。また、途中で会員をやめるときは、キャンセル料が10%かかります。もし他にも分からないことがございましたら、何でもご質問ください。

男の人は何について話していますか。

1 会員カードの案内
2 キャンセル料の金額
3 入会後の注意
4 休みの期間

스포츠 클럽에서 남자가 이야기하고 있습니다.

남　가입 후 주의해 주셨으면 하는 점입니다만, 본인인지 아닌지를 확인하므로 매번 반드시 회원 카드를 가져와 주십시오. 회원 기간 중 사정이 여의치 않아 장기간 오지 못할 때는, 전화 주시면 그동안은 쉬실 수 있습니다. 또한 도중에 회원 탈퇴를 할 때는 취소 수수료가 10% 부과됩니다. 만약 그 밖에도 모르는 점이 있으시면 무엇이든 질문해 주십시오.

남자는 무엇에 대해 이야기하고 있습니까?

1 회원 카드 안내
2 취소 수수료 금액
3 회원 가입 후 주의 사항
4 쉬는 기간

정답 3

단어 スポーツクラブ 스포츠 클럽 | 入会 입회, 가입 | 気をつける 조심하다, 주의하다 | 本人 본인 | 確認 확인 | 必ず 꼭, 반드시 | 会員カード 회원 카드 | 期間 기간 | 都合が悪い 사정이 여의치 않다, 형편이 안 좋다 | 休み 휴일, 휴가, 휴식 | 途中で 도중에 | やめる 그만두다, 중지하다 | キャンセル料 캔슬 요금, 취소 수수료 | 質問 질문 | 案内 안내 | 金額 금액 | 注意 주의

해설 첫 문장에서 남자는 '가입 후 주의해 주셨으면 하는 점(入会後に気をつけていただきたい点)'이라는 화제를 제시한 후, '매번 회원 카드를 소지해야 한다, 장기간 오지 못할 때는 전화를 하면 쉴 수 있다, 회원 탈퇴를 하면 취소 수수료가 10% 부과된다'는 주의점을 구체적으로 설명한다. 따라서 남자가 이야기하고 싶은 것은 3번이다.

---

2 028

飛行機でアナウンスが流れています。

女 この飛行機は、ただいまからおよそ 20 分で成田国際空港に着陸予定でございます。成田国際空港のただいまの時刻は午前 10 時 20 分、天気はくもり、気温は 15 度でございます。着陸に備えまして、皆様のお手荷物は棚の上など、しっかり固定される場所にお入れください。前方のスクリーンで入国案内と、書類の記入方法をご説明いたします。入国に必要な書類をお持ちでないお客様は、乗務員にお知らせください。

この放送は何について話していますか。

1 着陸準備の案内
2 到着する空港の情報
3 機内での荷物の入れ方
4 入国書類の説明

비행기에서 안내 방송이 나오고 있습니다.

여 이 비행기는 지금부터 약 20분 이내에 나리타국제공항에 착륙 예정입니다. 나리타국제공항의 현재 시각은 오전 10시 20분, 날씨는 흐림, 기온은 15도입니다. 착륙에 대비하여 (승객) 여러분의 수하물은 선반 위 등, 단단히 고정되는 장소에 넣어 주십시오. 앞쪽 스크린에서 입국 안내와 서류 기입 방법을 설명해 드리겠습니다. 입국에 필요한 서류를 가지고 계시지 않는 고객님께서는 승무원에게 알려 주시기 바랍니다.

이 방송은 무엇에 대해 이야기하고 있습니까?

1 착륙 준비 안내
2 도착하는 공항 정보
3 기내에서의 짐 넣는 방법
4 입국 서류의 설명

정답 1

단어 アナウンス 아나운스, 안내 방송 | 流れる 흐르다 | ただいま 지금, 현재 | およそ 대강, 대략 | 国際 국제 | 空港 공항 | 着陸 착륙 | 予定 예정 | 時刻 시각, 때, 시간 | 天気 날씨 | くもり 흐림 | 気温 기온 | 備える 준비하다, 대비하다 | 皆様 여러분 | 手荷物 수하물 | 棚 선반 | 固定 고정 | 場所 장소 | 前方 전방, 앞쪽 | スクリーン 스크린 | 入国 입국 | 書類 서류 | 記入 기입 | 方法 방법 | 乗務員 승무원 | 知らせる 알리다

해설 안내 방송의 내용을 정리하면 '20분 이내 착륙할 예정이라는 알림, 도착 예정지의 정보, 착륙에 대비해 수하물을 단단히 고정되는 장소에 넣어 달라는 요청, 입국에 필요한 서류 안내'이다. 따라서 전체 내용을 종합하는 주제로 알맞은 것은 1번의 '착륙 준비 안내'이다.

3 029

学校の作文の授業で先生が話しています。

女　今日は、会社に就職するときなどに出す、自己紹介書の書き方について勉強します。文章というものは、書き出しの部分がとても大切です。自己紹介の文章も同じです。自己紹介書を読む側は、たいていの場合、たくさんの人から送られてきたものを読まなければなりません。ですから、書く側は、読む人が最後まで全部読みたくなるように、はじめのところをよく考えて書かなければなりません。相手にできるだけ早く自分をアピールする必要が自己紹介書にはあるのです。

先生は、自己紹介書を書くときはどんなことが大切だと言っていますか。

1 早く書いて、自分をアピールする
2 最初の部分をうまく書く
3 最後まで自分をアピールする
4 早く読めるように短く書く

학교 작문 수업에서 선생님이 이야기하고 있습니다.

여　오늘은 회사에 취직할 때 등에 제출하는 자기소개서를 쓰는 방법에 대해 공부하겠습니다. 글이라는 것은 서두 부분이 매우 중요합니다. 자기소개 글도 마찬가지입니다. 자기소개서를 읽는 쪽은 대개의 경우, 많은 사람들이 보내온 글을 읽어야 합니다. 따라서 쓰는 쪽은 읽는 사람이 마지막까지 다 읽고 싶어지도록 시작 부분을 잘 생각해서 써야 합니다. 상대방에게 되도록 빨리 자신을 어필할 필요가 자기소개서에는 있는 것입니다.

선생님은 자기소개서를 작성할 때는 어떤 것이 중요하다고 말하고 있습니까?

1 빨리 써서 자신을 어필한다
2 처음 부분을 잘 쓴다
3 마지막까지 자신을 어필한다
4 빨리 읽을 수 있도록 짧게 쓴다

정답 **2**

단어 作文 작문, 글쓰기 | 就職 취직 | 自己紹介書 자기소개서 | 文章 글, 문장 | 書き出し 서두, 첫머리 | 部分 부분 | 大切だ 소중하다, 중요하다 | 側 쪽, 측 | たいてい 대개, 대부분 | 場合 경우 | 送る 보내다 | 最後 최후, 마지막, 맨 뒤 | 全部 전부 | 相手 상대방 | できるだけ 가능한 한, 되도록 | アピール 어필, 호소 | 必要 필요 | 最初 최초, 처음

해설 이야기의 앞부분에서 '글이라는 것은 서두 부분이 매우 중요(文章というものは、書き出しの部分がとても大切)하고 자기소개 글도 마찬가지(自己紹介の文章も同じ)'라고 말한 후, 이어 '읽는 사람이 마지막까지 다 읽고 싶어지도록 시작 부분을 잘 생각해서 써야 한다'고 다시 한번 강조하므로 정답은 2번이다.

問題 4 발화 표현

연습문제 정답 및 해설

정답

연습문제　**1** 1　**2** 2　**3** 1　**4** 1

연습문제

問題 4　문제 4에서는 그림을 보면서 질문을 들으세요. 화살표(➡)의 사람은 뭐라고 말합니까? 1에서 3 중에서 가장 적당한 것을 하나 고르세요.

1 🎧030　문제편 276p

お店で服を着てみたいと思っています。何と言いますか。

女 1 着てみてもいいですか。
2 着てください。
3 着てもらえますか。

가게에서 옷을 입어 보고 싶습니다. 뭐라고 말합니까?

여 1 입어 봐도 됩니까?
2 입어 주세요.
3 입어 주시겠어요?

정답 1

단어　服 옷 ｜ 着る 입다

해설　옷을 입어 봐도 되는지 허가를 구하는 상황이므로 「～てもいいですか ～해도 될까요?」를 활용한 1번의 「着てみてもいいですか 입어 봐도 될까요?」가 정답이다. 유사 표현인 「試着してもいいですか 시착해도 될까요?」도 기억해 두자. 「試着 시착, 입어 봄」은 옷이나 모자, 안경, 신발 등을 시험 삼아 입거나 착용해 볼 때 사용하는 표현이다. 2, 3번은 상대에게 '옷을 입어 달라'고 요청하는 표현이므로 답이 될 수 없다.

2 031

문제편 277p

狭い道で二人が立ち止まって話をしているので通れません。何と言いますか。

男 1 すみません、向こうへ行ってください。
2 すみません、道をあけてもらえませんか。
3 ありがとう、助かります。

좁은 길에서 두 사람이 멈춰 서서 이야기를 하고 있어서 지나갈 수 없습니다. 뭐라고 말합니까?

남 1 죄송합니다, 저쪽으로 가 주세요.
2 실례합니다. 길을 비켜 주시겠어요?
3 고마워요, 도움이 될 것 같습니다.

정답 2

단어 狭い 좁다 | 道 길 | 立ち止まる 멈춰 서다 | 通る 지나가다, 통과하다 | 向こう 저쪽, 맞은편, 건너편 | 空ける 비우다, 틈을 내다 | 助かる 살아나다, 도움이 되다

해설 길을 막고 있는 사람들에게 '비켜 달라'고 요청해야 하는 상황이다. 상대에게 무언가를 해 달라고 요청할 때 사용하는 표현인 「~てもらえませんか ~해 주지 않겠습니까?」를 활용한 선택지 2번이 정답이다. 같은 표현인 「~てもらえますか ~해 주실 수 있습니까?(~해 주세요)」도 함께 기억해 두자.

---

3 032

문제편 277p

お年寄りに席をゆずりたいです。何と言いますか。

女 1 どうぞ、座ってください。
2 どうか座らせてください。
3 座ってもいいです。

어르신께 자리를 양보하고 싶습니다. 뭐라고 말합니까?

여 1 여기 앉으세요.
2 부디 앉게 해 주세요.
3 앉아도 됩니다.

정답 1

단어 お年寄り 어르신, 노인 | 席 자리 | ゆずる 양보하다, 양도하다 | どうぞ 아무쪼록, 부디, 어서 | 座る 앉다 | どうか 어떻게든, 제발

해설 윗사람에게 자리를 양보하는 상황에 적당한 대답은 선택지 1번의 「どうぞ、座ってください 여기 앉으세요」이다. 2번의 「사역형 + てください」는 '내가 ~하게 해 달라'고 허락을 구하는 표현이다.

---

4 033 문제편 278p

会社で仕事が終わったので先に帰ります。何と言いますか。

男 1 お先に失礼します。
2 さようなら。
3 お疲れさまでした。

회사에서 일이 끝나서 먼저 갑니다. 뭐라고 말합니까?

남 1 먼저 실례하겠습니다.
2 안녕히 계세요.
3 수고하셨습니다.

정답 1

단어 終わる 끝나다, 마치다 | 先に 먼저, 앞서 | 失礼 실례 | お疲れさまでした 수고하셨습니다

해설 선택지는 모두 헤어질 때의 사용하는 인사말이므로 답을 혼동하기 쉬운 문제이다. 회사 등에서 남아 있는 사람들에게 '먼저 돌아가겠다'고 말할 때는 「お先に失礼します 먼저 실례하겠습니다」라고 한다. 정답은 1번이다. 3번은 일을 끝낸 사람에게 건네는 말로 먼저 돌아가는 동료에게 하는 인사말에 해당한다.

問題 5 즉시 응답

연습문제 정답 및 해설

정답

연습문제	1 1	2 3	3 2	4 3	5 3
	6 2	7 3	8 2	9 3	

연습문제

問題 5　문제 5에서는 문제지에 아무것도 인쇄되어 있지 않습니다. 우선 문장을 들으세요. 그리고 그 답을 듣고 1에서 3 중에서 가장 적당한 것을 하나 고르세요.

문제편 280p

1 034

男 いらっしゃいませ。申し訳ありません。ただいま満席でございます。

女 1 どのぐらい待ちますか。
　2 テーブル席でお願いします。
　3 二人です。

남 어서 오세요. 죄송합니다. 지금 만석입니다.

여 1 얼마나 기다려야 합니까?
　2 테이블 자리로 부탁합니다.
　3 두 명입니다.

정답 1

단어 いらっしゃいませ 어서 오세요 | 申し訳ありません 죄송합니다 | ただいま 지금, 현재 | 満席 만석(자리가 꽉 참) | どのぐらい(どのくらい) 어느 정도, 얼마나 | 席 자리, 좌석

해설 '지금 만석입니다(ただいま満席でございます)'라는 남자의 말에 대한 적절한 대답은 선택지 1번의 '얼마나 기다립니까(기다려야 합니까)?'이다. 2번과 3번은 자리가 있다는 전제 하에 하는 말이므로 답으로는 적절하지 않다.

---

2 035

女 ねえ、この間読んでたマンガ、貸してくれない？

男 1 それは、残念だなあ。
　2 じゃあ、他の人に聞いてみたら。
　3 ごめん、今、別の友だちに貸してるんだ。

여 있잖아, 저번에 읽고 있던 만화책, 빌려주지 않을래?

남 1 그거 유감이네.
　2 그럼 다른 사람에게 물어보면 어때?
　3 미안, 지금 다른 친구에게 빌려줬어.

정답 3

단어 この間 전날, 일전, 요전 | マンガ 만화(책) | 貸す 빌려주다 | 残念だ 유감이다, 아쉽다 | ごめん 미안

해설 '만화책을 빌려주지 않을래?(貸してくれない)'라는 요청에 대한 답으로는 '지금 다른 친구한테 빌려줬다'고 말한 선택지 3번이 가장 자연스럽다.

---

3 036

男 服を買いに行きたいから付き合ってほしいんだけど。	남 옷을 사러 가고 싶은데 같이 가 줬으면 좋겠어.
女 1 ごめんなさい。あなたとは付き合えません。	여 1 미안해요. 당신과는 사귈 수 없어요.
2 ごめん。今からアルバイトがあって…。明日なら大丈夫だよ。	2 미안. 지금부터 아르바이트가 있어서…. 내일이라면 괜찮아.
3 じゃあ、映画はどう？	3 그럼 영화는 어때?

정답 2

단어 付き合う 교제하다, 사귀다, 행동을 같이 하다 | 今から 지금부터 | 映画 영화

해설 '옷을 사러 같이 가 줬으면 한다'는 요청에 대한 말에는 수락이나 거절의 대답이 이어지는 것이 자연스럽다. 따라서 3번은 답이 될 수 없다. 1, 2번 모두 거절의 대답이지만 1번은 「付き合う」가 '교제하다, 사귀다'라는 의미로 쓰였을 때의 대답이 되어야 한다. 따라서 내용상 '지금부터 아르바이트가 있어서 오늘은 안 되지만 내일이면 괜찮다'고 대답한 2번이 가장 자연스럽다.

---

4 037

女 ケーキのお持ち歩きの時間はどのぐらいですか。	여 케이크를 들고 가시는 시간은 어느 정도입니까?
男 1 12時から１時の間です。	남 1 12시부터 1시 사이입니다.
2 いいえ、持ち歩きません。	2 아니요, 들고 가지 않습니다.
3 １時間ぐらいです。	3 한 시간 정도입니다.

정답 3

단어 ケーキ 케이크 | 持ち歩く 가지고 다니다

해설 케이크를 들고 가시는 시간(お持ち歩きの時間)이 '어느 정도(どのぐらい)'인지 구체적인 시간을 묻고 있으므로, 이에 대한 대답으로는 선택지 3번의 '한 시간 정도입니다'가 자연스럽다.

---

5 038

男 いろいろお世話になって、本当にありがとうございました。	남 여러 가지로 신세를 지게 되어 정말 감사했습니다.
女 1 はい、かしこまりました。	여 1 네, 알겠습니다.
2 それはいけませんね。	2 그건 안 되죠.
3 いいえ、どういたしまして。	3 아니요, 천만에요.

정답 **3**

단어 いろいろ 여러 가지, 여러모로 | お世話になる 신세를 지다 | 本当に 정말로 | いけない 좋지 않다, 나쁘다, 안됐다

해설 감사 인사에 대한 대답인 「どういたしまして 천만에요」를 잘 기억해 두자. 정답은 3번이다. 1번의 「かしこまりました 알겠습니다」는 비즈니스 회화에서 자주 나오는 경어 표현이다. 2번 「それはいけませんね」는 상대방의 딱한 사정을 듣고 '그것참 안됐군요'하고 말할 때도 사용하는 표현이다.

---

6 039

女 昨日帰るのが遅くなったけど、最終電車に間に合った？

男 1 それはよかったね。
2 うん、ぎりぎりね。
3 さあ、どうかな？

여 어제 돌아가는 게 늦었는데 막차 시간에 맞게 도착했어?

남 1 그것참 잘됐네.
2 응, 아슬아슬하게.
3 글쎄, 어떨까?

정답 **2**

단어 最終電車 전철·지하철의 막차 | 間に合う 시간에 맞다, 제 시간에 대다 | ぎりぎり 한계에 다다른 모양, 아슬아슬 | さあ 글쎄, 자(감탄사)

해설 '막차 시간에 늦지 않게 도착했냐'는 질문이므로 이에 대한 대답으로는 선택지 2번의 '아슬아슬(ぎりぎり)하게 도착했다'가 자연스럽다. 「最終電車」는 일상 회화에서는 줄여서 「終電」이라고 표현한다는 것도 함께 기억해 두자.

---

7 040

女 雨が上がったみたいだよ。

男 1 え、傘持ってきてないよ。
2 じゃあ、止むまでもう少し待つしかないね。
3 よかった。今のうちに帰ろう。

여 비가 그친 것 같아.

남 1 아, 우산 안 가져왔어.
2 그럼 그칠 때까지 좀 더 기다리는 수밖에 없겠네.
3 다행이다. 지금 집에 가자.

정답 **3**

단어 雨が上がる 비가 그치다, 비가 개다 | 傘 우산 | 止む 멎다, 멈추다, 그치다 | 今のうちに 지금, 더 늦기 전에

해설 「雨が上がる」는 '비가 그치다'라는 표현이다. '비가 그친 것 같다'는 말에 대한 대답으로 선택지 1번의 '우산 안 가져왔다'나 2번의 '그칠 때까지 잠시 기다릴 수밖에 없다'는 적절하지 않으므로 3번이 정답이다. 3번의 「～のうちに ～(하)는 동안에, ～사이에」도 잘 기억해 두자.

---

8 041

女 ねえ、来週の木曜か、金曜、時間ある？

男 1 いろいろあるよ。
2 うん、両方とも空いてるよ。
3 じゃあ、また今度。

여 있잖아, 다음 주 목요일이나 금요일 시간 있어?

남 1 여러 가지가 있어.
2 응, 양쪽 다 비어 있어.
3 그럼 다음에 또 봐.

정답 **2**

단어 両方とも 양쪽 다, 둘 다 | 空く 비다 | 今度 이번, 이다음

해설 '다음 주에 시간 있냐'는 질문이므로 긍정이나 부정으로 대답이 이어져야 자연스럽다. 따라서 정답은 긍정으로 답한 선택지 2번의 '응, 양쪽 다 비어 있어(うん、両方とも空いてるよ)'이다.

---

9 042

男 部長、書類は今お持ちでしょうか。

女 1 ええ、持っていってください。
2 いいえ、どういたしまして。
3 うん、持ってるけど。

남 부장님, 서류는 지금 가지고 계신가요?

여 1 네, 가져가세요.
2 아니요, 천만에요.
3 응, 가지고 있는데.

정답 **3**

단어 部長 부장(님) | 書類 서류 | 持っていく 가지고 가다

해설 '서류는 지금 가지고 계신가요?(書類は今お持ちでしょうか)'에 대한 답으로는 선택지 3번의 '응, 가지고 있는데'가 자연스럽다. 1번 「持っていってください」는 상대에게 무엇인가를 '들고 가라, 가져가라'라는 의미이므로 답이 될 수 없다.

問題 1 과제 이해

실전문제 정답 및 해설

정답

실전문제 ①	1 3	2 1	3 4	4 3	5 3	6 3
실전문제 ②	1 2	2 3	3 2	4 3	5 4	6 4

실전문제 ①

問題 1　문제 1에서는 우선 질문을 들으세요. 그리고 이야기를 듣고 문제지의 1에서 4 중에서 가장 적당한 것을 하나 고르세요.

1　043　문제편 282p

友達から留守番電話メッセージが入っていました。このメッセージを聞いたあと、この人は何をしますか？

女　もしもし、この前、日程が決まったら電話するって言ってたお花見のことだけど、今週の土曜日になったよ。週末は大丈夫って言ってたよね？ ついでにご飯も一緒に食べようよ。予約するから、また何が食べたいか教えてくれる？ 天気がちょっと心配だけど、天気予報見て、駄目そうだったらまた電話するね。

このメッセージを聞いたあと、この人は何をしますか？

1 週末のスケジュールを教える
2 食事のよやくをする
3 食べたいものを教える
4 てんきよほうを見る

친구에게 부재중 전화 메시지가 들어와 있었습니다. 이 메시지를 들은 후 이 사람은 무엇을 합니까?

여　여보세요, 지난번에 일정이 정해지면 전화하겠다고 했던 꽃놀이 말인데, 이번 주 토요일로 정해졌어. 주말은 괜찮다고 했었지? 겸사겸사 밥도 같이 먹자. 예약할 테니 또 뭐가 먹고 싶은지 알려 줄래? 날씨가 좀 걱정이지만 일기 예보 보고 안 될 것 같으면 다시 전화할게.

이 메시지를 들은 후 이 사람은 무엇을 합니까?

1 주말 스케줄을 알려 준다
2 식사 예약을 한다
3 먹고 싶은 것을 알려 준다
4 일기 예보를 본다

정답　3

단어　留守番電話 부재중 전화 | メッセージ 메시지 | 日程 일정 | 決まる 결정되다 | 花見 꽃놀이, 꽃구경 | 大丈夫だ 괜찮다, 걱정 없다, 문제없다 | ～ついでに ～하는 김에, 겸사겸사 | 一緒に 함께 | 予約 예약 | 教える 가르치다, 알려 주다 | 天気 날씨 | 心配だ 걱정이다 | 天気予報 일기 예보 | 駄目だ 안 되다, 소용없다, 할 수 없다

해설 내용을 정리해 보면 '꽃놀이가 토요일로 일정이 정해졌고, 식사 예약을 할 테니 먹고 싶은 것을 알려 달라, 일기 예보를 보고 안 될 것 같으면 다시 연락하겠다'이다. 이 중 메시지를 확인한 사람이 할 수 있는 일은 '먹고 싶은 것을 알려 준다'밖에 없으므로 정답은 3번이다.

---

2 044 문제편 282p

大学で男の人と女の人が話しています。男の人はこれから、何を準備しますか。

男 これ、クリスマス会の準備のリストなんだけど、残ってるのは、これくらいかな？

女 えーと、このプレゼントってゲームの景品のことだよね。

男 うん、クイズをやるんだけど、その景品のこと。

女 うんうん。あと、みんなで飲むジュースは？

男 あ、忘れてた。お菓子はみんな自分で持ってくるんだよね？

女 うん、お菓子はね。あと、みんなに配る帽子は毎年使ってるのがあるから、準備しなくていいよ。

男 分かった。ありがとう

女 うん、よろしくね。

男の人はこれから、何を準備しますか。

대학에서 남자와 여자가 이야기하고 있습니다. 남자는 이제부터 무엇을 준비합니까?

남 이거 크리스마스 파티 준비 리스트인데, 남은 건 이 정도인가?

여 어디 보자. 이 선물이란 건 게임의 경품을 말하는 거지?

남 응. 퀴즈를 하는데 그 경품이야.

여 그래. 그리고 다 같이 마실 주스는?

남 아, 잊고 있었어. 과자는 각자 알아서 챙겨 오는 거지?

여 응, 과자는. 그리고 모두에게 나눠 줄 모자는 매년 사용하는 게 있으니까 준비하지 않아도 돼.

남 알았어. 고마워.

여 응, 잘 부탁해.

남자는 이제부터 무엇을 준비합니까?

A. プレゼント　B. ジュース　C. お菓子　D. 帽子

1 A, B
2 A, C
3 A, B, C
4 A, B, D

1 A, B
2 A, C
3 A, B, C
4 A, B, D

정답 1

단어 準備 준비 | クリスマス会 크리스마스 모임(파티) | リスト 리스트 | 残る 남다 | プレゼント 선물 | ゲーム 게임 | 景品 경품 | クイズ 퀴즈 | ジュース 주스 | 忘れる 잊다 | お菓子 과자 | 自分で 스스로, 직접 | 配る 배포하다, 배분하다 | 帽子 모자 | 毎年 매년, 매해 | 使う 사용하다

해설 남녀가 크리스마스 파티에서 준비할 물품 리스트를 보며 대화하고 있다. '과자는 각자 준비하고 모자는 매년 사용하는 것이 있어 준비하지 않아도 된다'고 하므로 남은 것은 '게임 경품용 선물과 주스'이다. 따라서 정답은 1번이다.

---

3 045

문제편 283p

学校で女の学生と男の学生が話しています。女の学生は、この後まず何をしますか。

女 ねえ、今ちょっといい？

男 うん、どうしたの？

女 ノートパソコンが動かなくなっちゃって。これ壊れちゃったのかな。

男 コンピューターのことは詳しくないんだよな。あ、鈴木に聞いたら？ さっきまで一緒にいたんだけど、学校の横の喫茶店にまだいると思うよ。

女 鈴木君って私と親しくないから、悪いけど先に電話して頼んでおいて。

男 うん、電話しとくから早く行ってみたら。

女 うん、ありがとう。一応鈴木君の電話番号も教えてくれる？ もう喫茶店にいないかもしれないし。

男 いいよ。じゃ、ちょっと待って。

女の学生は、この後まず何をしますか。

1 喫茶店に行く
2 喫茶店で鈴木君を待つ
3 鈴木君に電話をする
4 鈴木君の電話番号を教えてもらう

학교에서 여학생과 남학생이 이야기하고 있습니다. 여학생은 이다음 우선 무엇을 합니까?

여 저기, 지금 잠깐 괜찮아?

남 응, 무슨 일이야?

여 노트북이 작동하지 않아서. 이거 고장나 버린 걸까?

남 컴퓨터는 잘 몰라. 아, 스즈키에게 물어보면 (어때)? 조금 전까지 같이 있었는데, 학교 옆 카페에 아직 있을 거라고 생각해.

여 스즈키 군은 나랑 친하지 않아서. 미안하지만 먼저 전화해서 부탁해 줘.

남 응. 전화해 둘 테니까 빨리 가 봐.

여 응, 고마워. 일단 스즈키 군의 전화번호도 가르쳐 줄래? 이미 카페에 없을지도 모르고.

남 좋아. 그럼 잠깐 기다려.

여학생은 이다음 우선 무엇을 합니까?

1 카페에 간다
2 카페에서 스즈키 군을 기다린다
3 스즈키 군에게 전화를 한다
4 스즈키 군의 전화번호를 받는다

정답 4

단어 ノートパソコン 노트북 | 動く 움직이다, 작동하다 | 壊れる 부서지다, 고장나다 | 詳しい 자세하다, 정통하다 | 横 옆 | 喫茶店 찻집, 카페 | 親しい 친하다 | 悪い 나쁘다, 미안하다 | 頼む 부탁하다 | 一応 일단

해설 여자의 마지막 대사를 보면 '이미 카페에 없을지도 모르니, 스즈키 군의 전화번호를 가르쳐 달라'고 하고 이에 남자 역시 '좋다'고 대답하므로 이어질 여자의 행동은 '스즈키 군의 전화번호를 받는다'임을 유추할 수 있다. 정답은 4번이다.

4 046 문제편 283p

市役所で男の人と女の人が話しています。女の人はこれから、まず何をしますか。	시청에서 남자와 여자가 이야기하고 있습니다. 여자는 이제부터 우선 무엇을 합니까?
男 秋のスポーツ大会の会場のことなんだけど、今年は小学校のグランドが使えないらしいんだ。	남 가을 스포츠 대회의 행사장 말인데, 올해는 초등학교 운동장을 사용 못 할 것 같아.
女 じゃあ、別の場所を探さないといけませんね。	여 그럼, 다른 장소를 찾아야겠네요.
男 うん、どこかいい場所、知ってる？	남 응, 어디 좋은 장소 알아?
女 今までの秋祭りで使った場所を調べてみましょうか。	여 지금까지 가을 축제에서 사용했던 장소를 알아볼까요?
男 秋祭りもスポーツ大会と同じところだったんだよ…。やっぱり場所は小学校がいいな。	남 가을 축제도 스포츠 대회와 같은 곳이었단 말이지…. 역시 장소는 초등학교가 좋은데.
女 じゃあ、スポーツ大会の日程を別の日に変更しますか？	여 그럼 스포츠 대회 일정을 다른 날로 변경할까요?
男 うん、先に部長と相談してみてくれる？	남 응, 먼저 부장님과 상의해 봐 줄래?
女 はい。あと小学校の予定も調べておきます。	여 네, 그리고 초등학교 일정도 조사해 두겠습니다.
男 あ、そっちは僕がするからいいよ。	남 아, 그쪽은 내가 할 테니까 괜찮아.
女の人はこれから、まず何をしますか。	여자는 이제부터 우선 무엇을 합니까?
1 まつりで使ったばしょをしらべる	1 축제에서 사용했던 장소를 알아본다
2 大会のにっていを変える	2 대회 일정을 바꾼다
3 部長とそうだんする	3 부장님과 상의한다
4 小学校のよていをしらべる	4 초등학교의 일정을 조사한다

정답 3

단어 市役所 시청 | 秋 가을 | スポーツ大会 스포츠 대회 | 会場 회장, 행사장 | 小学校 초등학교 | グラ(ウ)ンド 그라운드, 운동장 | 別の 별도의, 다른 | 場所 장소 | 探す 찾다 | 祭り 축제 | 調べる 조사하다 | 最近 최근 | 同じだ 같다, 동일하다 | 日程 일정 | 変更 변경 | 先に 먼저, 앞서 | 部長 부장(님) | 相談 상담, 상의, 의논 | 予定 예정, 일정 | 僕 나(남자가 자신을 지칭하는 말)

해설 스포츠 대회 행사장을 사용하지 못하게 된 상황에서 여자가 '축제 때 사용했던 장소를 알아보겠다'고 하자 남자는 '원래 행사 장소가 좋다'고 하고, '일시를 변경하는 좋을지' 여자가 다시 묻자 남자는 '먼저 부장님과 상의해 봐 줄래?(先に部長と相談してみてくれる)'라고 대답한다. 따라서 정답은 3번이다. 여자의 마지막 대사에 나오는 '초등학교 일정 조사'는 남자가 하겠다고 했으므로 4번은 답이 될 수 없다.

---

5 047 문제편 283p

家でお母さんと息子が話しています。息子はこの後まず何をしますか。	집에서 엄마와 아들이 이야기하고 있습니다. 아들은 이다음 우선 무엇을 합니까?

女 ねえ、このテレビ、映らないんだけど、ちょっと見てくれない？

男 えーと… これは僕も分からないな。

女 そう？ じゃあ、買ったお店に修理に出すの、手伝ってくれる？

男 うーん、それより機械に詳しい友だちを連れてこようか？ いや、その前に自分でインターネットで原因を調べてみるから、ちょっと待っててよ。

女 そう？ じゃあ、お願い。あ、ちょっと待って。これ見て。お店に電話すれば修理に来てくれるみたいだから、そっちが駄目だったら電話してみるわね。

男 うん、そうしよう。

息子はこの後まず何をしますか。

1 テレビを店に持っていく
2 友だちをつれてくる
3 インターネットでしらべる
4 店に電話する

여 있잖아, 이 텔레비전, 안 나오는데 좀 봐주지 않을래?

남 어디 보자… 이건 나도 모르겠는데.

여 그래? 그럼 구입한 가게에 수리를 맡기는 거 도와줄래?

남 음, 그것보다 기계를 잘 아는 친구를 데려올까? 아니, 그 전에 내가 인터넷으로 원인을 알아볼 테니까, 조금만 기다려 줘요.

여 그래? 그럼 부탁할게. 아, 잠깐만. 이것 좀 봐. 가게에 전화하면 수리하러 와 주는 것 같으니까, 그쪽이 안 되면 전화해 볼게.

남 응, 그렇게 해요.

아들은 이다음 우선 무엇을 합니까?

1 텔레비전을 가게에 가져간다
2 친구를 데려온다
3 인터넷으로 알아본다
4 가게에 전화한다

정답 3

단어 息子 아들 | 映る 비치다 | テレビが映らない 텔레비전이 나오지 않다 | 修理 수리 | 手伝う 같이 거들다, 돕다 | 機械 기계 | 詳しい 상세하다, 정통하다 | 連れてくる 데려오다 | インターネット 인터넷 | 原因 원인 | 調べる 조사하다, 알아보다 |

해설 엄마가 아들에게 '고장 난 텔레비전을 가게에 수리 맡길 수 있도록 도와 달라'고 하고, 이에 아들은 '가게에 전화하는 것보다 기계를 잘 아는 친구를 데려 올까?'하고 물은 뒤 '그 전에 내가 인터넷으로 원인을 알아보겠다(その前に自分でインターネットで原因を調べてみる)'라고 한다. 엄마 역시 '그쪽이 안 되면 가게에 전화하겠다'고 하므로 정답은 3번이다.

---

6 048 문제편 284p

兄と妹が母の誕生日について話しています。兄はこれから何をしますか。

男 母さんの誕生日まで、あと2日しかないのか。

女 レストランとケーキの予約はした？

男 レストランはしたけど、ケーキはまだだよ。

女 花とプレゼントもまだだから早く準備しなきゃ。

男 プレゼント、今から一緒に買いに行く？

오빠와 여동생이 어머니의 생일에 대해 이야기하고 있습니다. 오빠는 이제부터 무엇을 합니까?

남 어머니 생일까지 이틀밖에 안 남았네.

여 레스토랑과 케이크 예약은 했어?

남 레스토랑은 했지만 케이크는 아직이야.

여 꽃과 선물도 아직이니까 빨리 준비해야 해.

남 선물, 지금부터 같이 사러 갈래?

女 プレゼントは私が買いに行くから、ケーキの予約してくれる？

男 分かった。花はどうする？

女 花はパパにお願いするつもり。

男 了解。じゃ、行ってくるね。

兄はこれから何をしますか。

1 レストランの予約をする

2 プレゼントを買う

3 ケーキの予約をする

4 花を買う

여 선물은 내가 사러 갈 테니까, 케이크를 예약해 줄래?

남 알았어. 꽃은 어떻게 할까?

여 꽃은 아빠에게 부탁드릴 생각이야.

남 그래. 그럼 다녀올게.

오빠는 이제부터 무엇을 합니까?

1 레스토랑 예약을 한다

2 선물을 산다

3 케이크 예약을 한다

4 꽃을 산다

정답 **3**

단어 兄 오빠, 형 | 妹 여동생 | レストラン 레스토랑 | ケーキ 케이크 | 花 꽃 | 準備 준비 | パパ 아빠 | ～つもり ~할 생각, ~할 작정 | 了解 이해, 확인함

해설 오빠가 '레스토랑은 예약했지만 케이크는 아직'이라고 하자 동생은 '꽃과 선물도 아직이지만 선물은 자신이 살 테니 오빠는 케이크를 예약해 달라'고 한다. 그 후 '꽃은 아빠에게 부탁할 생각'이라고 하므로 오빠가 이제부터 해야 하는 일은 선택지 3번의 '케이크 예약'이다.

실전문제 ②

問題 1　문제 1에서는 우선 질문을 들으세요. 그리고 이야기를 듣고 문제지의 1에서 4 중에서 가장 적당한 것을 하나 고르세요.

1 049　문제편 285p

会社で女の人と男の人が話しています。女の人は、これから何をしますか。

女 今度の新入社員歓迎会、いつがいいですか。

男 そうだなあ。

女 来週の金曜日が一番いいんですけど、部長が出張に行かれるそうなんです。今週の金曜日にしちゃいますか。

男 今週じゃ、もうみんな予定入ってるんじゃないかな。みんなの日程から確認したほうがいいよ。

女 そうですね。メールで確認してみます。

회사에서 여자와 남자가 이야기하고 있습니다. 여자는 이제부터 무엇을 합니까?

여 이번 신입 사원 환영회, 언제가 좋을까요?

남 글쎄.

여 다음 주 금요일이 제일 좋은데 부장님이 출장을 가신대요. 이번 주 금요일로 해 버릴까요?

남 이번 주면 이미 다들 예정이 있지 않을까? 모두의 일정부터 확인하는 게 좋겠어.

여 그렇네요. 메일로 확인해 보겠습니다.

男 あ、部長、木曜日ならどうかな。

女 そうですね、出張の前日になりますが、部長にいいかどうか聞いてみましょう。

男 うん、部長の日程確認が先だよ。

女の人は、これから何をしますか。

1 部長の出張日程を確認する
2 部長の来週の日程を確認する
3 みんなの今週の日程を確認する
4 みんなの年末日程を確認する

남 아, 부장님, 목요일이면 어떠실까?

여 글쎄요, 출장 전날이긴 한데, 부장님께 괜찮으신지 어떤지 여쭤보죠.

남 응, 부장님의 일정 확인이 먼저야.

여자는 이제부터 무엇을 합니까?

1 부장님의 출장 일정을 확인한다
2 부장님의 다음 주 일정을 확인한다
3 모두의 이번 주 일정을 확인한다
4 모두의 연말 일정을 확인한다

정답 2

단어 今度 이번, 이다음 | 新入社員 신입 사원 | 歓迎会 환영회 | 出張 출장 | 予定 예정, 일정 | 予定が入る 일정이 있다, 일정이 차다 | 日程 일정 | 確認 확인 | 前日 전날 | 年末 연말

해설 남자가 '부장님이 목요일이면 참가할 수 있는지 여부'를 묻자 여자는 '목요일은 부장님의 출장 전날이므로 괜찮은지 확인해 보자'고 하고, 이에 남자가 '부장님의 일정 확인이 먼저(部長の日程確認が先)'라고 말한다. 대화 첫 부분에서 부장님의 출장은 '다음 주 금요일'이라고 했으므로 확인해야 하는 것은 다음 주 목요일의 일정, 즉 선택지 2번이다.

---

2 050

문제편 285p

男の人と女の人が電話で話しています。男の人はどのインクを買わなければなりませんか。

男 あ、今、お店にいるんだけど、インクどれを買ったらいいか、分からないんだ。黒は 320 と 530 の2つあるんだけど、どっち？

女 あ、320。

男 分かった。あと赤と青は 550 でいいんだよね。1つずつでいいの？

女 そう。あ、でも数は2つずつにして。すぐなくなっちゃうから。

男 分かった。黒も2つ買ってく？

女 あ、そうだね。

男の人はどのインクを買わなければなりませんか。

남자와 여자가 전화로 이야기하고 있습니다. 남자는 어느 잉크를 사야 합니까?

남 아, 지금 가게에 있는데 잉크 어떤 것을 사야 되는지 모르겠어. 검은색은 320과 530 두 가지가 있는데 어느 쪽이야?

여 아, 320.

남 알았어. 그리고 빨간색, 파란색은 550이면 되는 거지? 하나씩이면 돼?

여 맞아. 아, 하지만 개수는 두 개씩으로 해 줘. 금방 없어지니까.

남 알았어. 검은색도 두 개 사 갈까?

여 아, 그래.

남자는 어느 잉크를 사야 합니까?

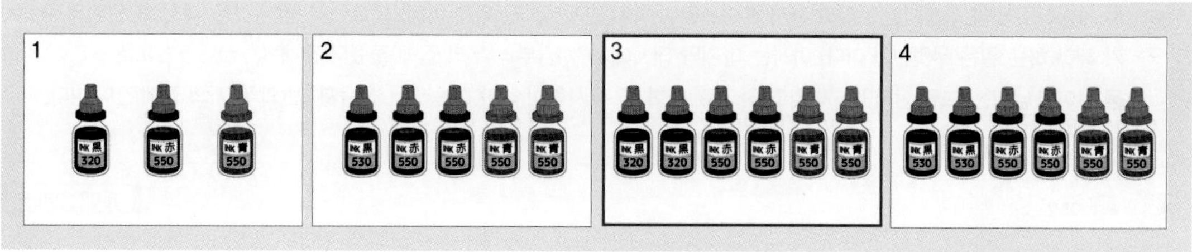

정답 3

단어 インク 잉크 | 黒 검정 | 赤 빨강 | 青 파랑 | ～ずつ ～씩 | 数 수, 수량 | すぐ 곧, 금방 | なくなる 없어지다, 사라지다

해설 남자가 검은색 320, 530 잉크 중 어느 것을 사야 하냐고 묻자 여자가 320이라고 대답한다. 따라서 선택지 2, 4번은 답이 될 수 없다. 다시 남자가 빨간색, 파란색 550을 하나씩 살지 묻자 여자가 두 개씩 사라고 하고, 이에 남자가 검은색도 두 개 살지 묻자 여자가 긍정하므로, 남자가 사야 하는 잉크는 검은색 320 두 개, 빨간색 550 두 개, 파란색 550 두 개이다. 따라서 정답은 3번이다.

---

3 051 문제편 286p

男の人と女の人が話しています。二人は、これから何をしますか。

男 コンサートのチケットもらったんだけど、一緒に行かない？ これなんだけど…。

女 あ、この歌手のコンサート！ 私、本当に行きたかったの。ありがとう！

男 よかった。僕はこの歌手、よく分からなくて。

女 そう？ だったら、コンサートの前に歌を聞いたほうがいいよ。CD貸してあげるから。

男 本当？ 貸してくれるなら聞いてみるよ。

女 じゃあ、今からうちに寄ってく？

男 いいの？ じゃあ、ちょっとだけ…。

二人は、これから何をしますか。

1 コンサートに行く
2 女の人の家に行く
3 コンサートチケットを買いに行く
4 歌を聞く

남자와 여자가 이야기하고 있습니다. 두 사람은 지금부터 무엇을 합니까?

남 콘서트 티켓 받았는데 같이 가지 않을래? 이건데….

여 아, 이 가수의 콘서트! 나 정말 가고 싶었어. 고마워!

남 잘됐다. 난 이 가수를 잘 몰라서.

여 그래? 그럼 콘서트 전에 노래를 들어보는 게 좋아. CD 빌려줄 테니까.

남 진짜? 빌려주면 들어 볼게.

여 그럼 지금부터 우리 집에 들렀다 갈래?

남 그래도 괜찮아? 그럼 잠시만….

두 사람은 지금부터 무엇을 합니까?

1 콘서트에 간다
2 여자의 집에 간다
3 콘서트 티켓을 사러 간다
4 노래를 듣는다

정답 2

단어 コンサート 콘서트 | チケット 티켓, 표 | 歌手 가수 | 歌 노래 | 貸す 빌려주다 | 寄る 들르다

해설 두 사람이 무엇을 하는지 묻는다고 해서 혼란스러워 하지 말자. 결국 〈과제 이해〉 파트에서 묻는 것은 '대화 후 행위의 주체자가 해야 하는 일은 무엇인가'이다. 여자는 마지막 대사에서 '지금부터 우리 집에 들렀다 갈래?(今からうちに寄ってく)'라고 묻고 이에 남자는 '그럼 잠시만…'이라고 하므로, 대화 후 두 사람이 해야 하는 일은 선택지 2번의 '여자의 집에 간다'이다.

---

4 052

문제편 286p

教室で女の学生と男の学生が話しています。女の学生は今からどこへ行きますか。

男 お疲れ。今日これで授業終わり？ 図書館行かない？

女 あ、早く家に帰りたいんだけど、この後、となりの教室で経済学の授業なの。

男 大変だな。あ、この授業の課題出した？ おれ今から出しに行くんだけど。

女 私まだなんだよね。早く出しに行かなきゃ。

男 もう書き終わってるんだろ？ なら一緒に行く？ それとも代わりに事務室に出しとこうか？

女 大丈夫。ちょっと追加したい内容もあるから、授業の後で行くわ。

男 了解。じゃあ、がんばって。

女の学生は今からどこへ行きますか。

1 家
2 図書館
3 となりの教室
4 事務室

교실에서 여학생과 남학생이 이야기하고 있습니다. 여학생은 지금부터 어디에 갑니까?

남 수고했어. 오늘 이걸로 수업 끝이야? 도서관 가지 않을래?

여 아, 빨리 집에 가고 싶긴 한데, 이다음 옆 교실에서 경제학 수업이야.

남 힘들겠다. 아, 이 수업 과제 제출했어? 나 지금부터 내러 갈 건데.

여 난 아직 안 냈어. 빨리 제출하러 가야겠다.

남 벌써 다 쓴 거지? 그럼 같이 갈래? 아니면 대신 사무실에 제출해 둘까?

여 괜찮아. 좀 추가하고 싶은 내용도 있으니까 수업 후에 갈게.

남 알았어. 그럼 힘내.

여학생은 지금부터 어디에 갑니까?

1 집
2 도서관
3 옆 교실
4 사무실

정답 3

단어 教室 교실 | 授業 수업 | 終わり 끝 | 図書館 도서관 | となり 이웃, 옆 | 経済学 경제학 | 大変だ 힘들다, 큰일이다 | 課題 과제 | おれ 나(남자가 자신을 지칭하는 말) | それとも 그렇지 않으면, 또는 | 代わりに 대신에 | 事務室 사무실 | 追加 추가 | 内容 내용 | がんばる 열심히 하다, 노력하다

해설 도서관에 함께 가자는 남자에게 여자는 첫 번째 대사에서 '이다음 옆 교실에서 경제학 수업이야(この後、となりの教室で経済学の授業なの)'라고 한다. 이어서 남자는 과제를 제출하러 갈 건데 여자의 것도 '대신 제출해 줄까'하고 제안한다. 이에 여자는 '추가하고 싶은 내용도 있으니 수업 끝나고 내겠다'고 하므로, 여자가 대화 이후에 갈 곳은 경제학 수업이 있는 선택지 3번의 '옆 교실'이다.

5 053

문제편 286p

会社で会議が終わった後、男の人と女の人が話しています。女の人は、この後まず何をしなければなりませんか。

男 あ、会議長かったね。お疲れさま。

女 お疲れさまでした。ちょっとここ片づけましょうか。このいすは、となりの部屋に運びましょうか。

男 うん。でも先にプロジェクター片づけて。すぐ営業部に返しに行かないといけないから。

女 あ、はい。

男 あれ？これ部長のケータイだ。忘れてったんだ。

女 あ、本当だ。ちょっと行って渡してきますね。

男 いいよ。それは後で。

女 あ、はい。

女の人は、この後まず何をしなければなりませんか。

1 営業部へ行く
2 部長にケータイ電話をわたす
3 いすをとなりの部屋へ運ぶ
4 プロジェクターを片づける

회사에서 회의가 끝난 후 남자와 여자가 이야기하고 있습니다. 여자는 이다음 우선 무엇을 해야 합니까?

남 아, 회의가 길었네. 수고했어.

여 수고하셨습니다. 여기 좀 정리할까요? 이 의자는 옆방으로 옮길까요?

남 그래. 하지만 먼저 프로젝터를 정리해 줘. 바로 영업부로 돌려주러 가야 하니까.

여 아, 네.

남 어라? 이거 부장님 휴대폰이야. 깜박하고 가셨구나.

여 아, 정말이다. 잠깐 가서 전해 드리고 올게요.

남 됐어. 그건 나중에 해.

여 아, 네.

여자는 이다음 우선 무엇을 해야 합니까?

1 영업부에 간다
2 부장님께 휴대 전화를 전해 드린다
3 의자를 옆방으로 옮긴다
4 프로젝터를 정리한다

정답 4

단어 会議 회의 | 終わる 끝나다 | 片づける 치우다, 정리하다 | 運ぶ 옮기다, 운반하다 | プロジェクター 프로젝터(영상 기기) | 営業部 영업부 | 返す 돌리다, 돌려주다 | ケータイ 휴대 전화 | 忘れる 잊다 | 忘れてった 잊어버리고 가다(「忘れて行った」의 축약 표현) | 渡す 건네다, 넘기다

해설 여자가 '의자를 옆방으로 옮길지' 묻자 남자는 '영업부에 바로 돌려주러 가야 하니 먼저 프로젝터를 정리하라'고 한다. 따라서 선택지 1, 3번은 답이 될 수 없다. 여자가 '부장님의 휴대폰을 전해 드리고 오겠다'고 하자 남자가 '그건 나중에 하라'고 하므로 2번 역시 오답이다. 따라서 대화 후 여자가 가장 먼저 해야 하는 일은 4번 '프로젝터 정리'이다.

문제편 287p

店が始まる前のレストランで、男の人とアルバイトの女の人が話しています。女の人は、この後まず何をしなければなりませんか。

女 おはようございます。

男 おはよう。早いね、今日は。

女 はい。今日からアルバイトの時給、上がりますから。

男 そうか。それで張り切ってるんだ。床ももう拭いたみたいだね。

女 はい。テーブルも拭きました。

男 そう？じゃ、今日は窓も拭こうか。

女 はい、分かりました。

男 あ、そうだ。今日は田中君が午後からしか来られないんで、悪いけど…。

女 トイレの掃除ですね。ゆうべ田中さんから電話で頼まれました。

男 そう？じゃ、窓のほうが終わったら、やっといてね。

女 はい。分かりました。

女の人は、この後まず何をしなければなりませんか。

1 トイレを掃除する
2 田中さんに電話をする
3 テーブルを拭く
4 窓を拭く

가게가 시작되기 전에 레스토랑에서 남자와 아르바이트를 하는 여자가 이야기하고 있습니다. 여자는 이다음 우선 무엇을 해야 합니까?

여 좋은 아침입니다.

남 안녕. 일찍 왔네, 오늘은?

여 네. 오늘부터 아르바이트 시급이 오르니까요.

남 그렇군. 그래서 의욕이 넘치는구나. 바닥도 벌써 닦았나 본데?

여 네. 테이블도 닦았습니다.

남 그래? 그럼 오늘은 창문도 닦을까?

여 네. 알겠습니다.

남 아, 맞다. 오늘은 다나카 군이 오후밖에 못 나와서, 미안한데….

여 화장실 청소죠? 어젯밤 다나카 씨에게 전화로 부탁받았어요.

남 그래? 그럼 창문 쪽이 끝나면 해 줘.

여 네. 알겠습니다.

여자는 이다음 우선 무엇을 해야 합니까?

1 화장실을 청소한다
2 다나카 씨에게 전화를 한다
3 테이블을 닦는다
4 창문을 닦는다

정답 4

단어 店 가게 | 始まる 시작되다, 개시되다 | アルバイト 아르바이트 | 時給 시급 | 上がる 오르다 | それで 그래서 | 張り切る 의욕이 넘치다, 팽팽하다 | 床 바닥 | 拭く 닦다 | テーブル 테이블 | 窓 창문 | トイレ 화장실 | 掃除 청소 | ゆうべ 어젯밤 | 頼まれる 부탁받다

해설 남자가 여자에게 지시한 것은 '창문 닦기와 화장실 청소'이다. 여자는 세 번째 대사에서 '테이블은 이미 닦았다'고 하므로 선택지 3번은 답이 될 수 없다. 남자는 마지막 대사에서 '창문 쪽이 끝나면 그쪽(화장실)을 해 달라'고 하므로 대화 후 여자가 우선 해야 하는 일은 4번 '창문을 닦는다'이다.

問題 2 포인트 이해

실전문제 정답 및 해설

정답

실전문제 ①	1 4	2 3	3 4	4 3	5 4	6 2
실전문제 ②	1 1	2 2	3 2	4 1	5 4	6 1

실전문제 ①

問題2　문제 2에서는 우선 질문을 들으세요. 그 후 문제지를 보세요. 읽을 시간이 있습니다. 그리고 이야기를 듣고 문제지의 1에서 4 중에서 가장 적당한 것을 하나 고르세요.

1　055　문제편 288p

電話で女の人と男の人が話しています。男の人はどうしてこのツアーに申し込みませんか。

男　もしもし、すみません。トレッキングのツアーに家族で申し込みたいんですが、電話でもいいですか。

女　大丈夫ですよ。何名様ですか。

男　3人です。子どもがいても大丈夫ですか。

女　はい、12歳以上のお子さんでしたら。

男　じゃあ、いいか。靴とかは、貸してもらえるんですよね。登山は初めてなもので……。

女　あ、経験のない方も大歓迎ですよ。安心してご参加ください。ただ、道具は大人のサイズのものしかありませんので……。

男　そうですか。じゃあ、難しいですね。うちの子はまだまだ子どもなもんで、すいません。

전화로 여자와 남자가 이야기하고 있습니다. 남자는 어째서 이 투어를 신청하지 않습니까?

남　여보세요? 말씀 좀 묻겠는데요, 산행 투어에 가족으로 신청을 하고 싶은데, 전화로도 괜찮을까요?

여　괜찮아요. 몇 분이세요?

남　세 명입니다. 아이가 있어도 괜찮습니까?

여　네, 12세 이상의 자녀분이라면요.

남　그럼 괜찮네. 신발 같은 것은 빌려주시는 거죠? 등산은 처음이라서요…….

여　아, 경험이 없는 분도 대환영이에요. 안심하고 참가해 주세요. 다만, (등산) 도구는 어른 사이즈밖에 없어서요…….

남　그렇습니까? 그러면 어렵겠네요. 우리 아이는 아직 어려서요. 죄송합니다.

男の人はどうしてこのツアーに申し込みませんか。

1 子どもはさんかできないから

2 子どもが12歳になっていないから

3 とざんのけいけんがないから

4 子ども用のどうぐがないから

남자는 어째서 이 투어를 신청하지 않습니까?

1 아이는 참가할 수 없어서

2 아이가 12살이 안 되어서

3 등산 경험이 없어서

4 어린이용 (등산) 도구가 없어서

정답 4

단어 トレッキング 트레킹, 산행 | ツアー 투어, 여행, 여행 상품 | 申し込む 신청하다 | 家族 가족 | 何名様 몇 분 | 以上 이상 | 靴 구두, 신발 | 貸す 빌려주다 | 登山 등산 | 経験 경험 | 大歓迎 대환영 | 安心 안심 | 参加 참가 | ただ 그저, 다만 | 道具 도구 | 大人 어른, 성인 | サイズ 사이즈, 크기 | 難しい 어렵다 | まだまだ 아직 | 子ども用 어린이용

해설 남자가 가족 단위로 신청하려 하는 산행 투어에 대해 여자는 어린이도 참가 가능하지만 연령이 12세 이상이어야 한다고 말한다. 이에 남자가 '괜찮다'고 하므로 선택지 1, 2번은 답이 될 수 없다. 남자의 세 번째 대사를 보면 '등산화를 빌려 주는지'를 묻고 '등산은 처음이다'라고 하는데, 이에 여자는 '등산 경험이 없어도 참가할 수 있지만 등산 도구는 어른 사이즈밖에 없다'고 하므로 정답은 4번이다.

---

2 🎧056 문제편 288p

テレビで医者が睡眠の方法について話しています。忙しい時にはどんな方法がいいと言っていますか。

男 みなさん、夜、よく眠れていますか。睡眠は健康のためにはとても大切なものです。快適な睡眠のためには、食事は寝る４時間前にすること、毎日軽い運動をすることなどが大切です。とはいえ、生活の習慣を急に変えるのは難しいですよね。もしも仕事が大変で時間がない時には、昼間に少しでも太陽の光を浴びておくと、夜になって眠りやすくなると言われています。また、毎晩、シャワーではなく、ゆっくりお風呂に入って体温をあげる方法も効果的ですよ。

忙しい時にはどんな方法がいいと言っていますか。

1 寝る４時間まえに食事をする

2 毎日、かんたんな運動をする

3 昼に太陽をあびる

4 夜、ゆっくり風呂に入る

텔레비전에서 의사가 수면 방법에 대해 이야기하고 있습니다. 바쁠 때는 어떤 방법이 좋다고 말하고 있습니까?

남 여러분, 밤에 잘 주무시고 계십니까? 수면은 건강을 위해서는 매우 중요합니다. 쾌적한 수면을 위해서는 식사는 자기 4시간 전에 할 것, 매일 가벼운 운동을 하는 것 등이 중요합니다. 그렇다고는 해도, 생활 습관을 갑자기 바꾸는 것은 어렵지요. 만약 일이 힘들고 시간이 없을 때에는 낮에 조금이라도 햇볕을 쬐어 두면 밤에 잠들기 쉬워진다고 합니다. 또한 매일 밤 샤워가 아니라 느긋하게 목욕하여 체온을 올리는 방법도 효과적입니다.

바쁠 때는 어떤 방법이 좋다고 말하고 있습니까?

1 잠자기 4시간 전에 식사를 한다

2 매일 간단한 운동을 한다

3 낮에 햇볕을 쬔다

4 밤에 느긋하게 목욕을 한다

정답 3

단어 医者 의사 | 睡眠 수면 | 方法 방법 | ～について ~에 대해서 | 眠る 잠이 들다 | 健康 건강 | 大切だ 소중하다, 중요하다 | 快適だ 쾌적하다 | 食事 식사 | 軽い 가볍다 | 運動 운동 | とはいえ 그렇다고는 해도 | 生活 생활 | 習慣 습관 | 急に 갑자기 |

変える 바꾸다 | 時間 시간 | 昼間 낮 | 太陽 태양, 해 | 光 빛 | 浴びる 뒤집어쓰다, 흠뻑 쓰다(쬐다) | 毎晩 매일 밤 | シャワー 샤워 | ゆっくり 천천히, 느긋하게 | 風呂に入る 목욕을 하다 | 体温 체온 | 効果的 효과적 | 簡単だ 간단하다

해설 질문을 잘 확인하자. '바쁠 때는 어떤 (수면) 방법이 좋다고 하는지'를 묻고 있다. 네 번째 문장을 보면 '시간이 없을 때에는 낮에 조금이라도 햇볕을 쬐어 두면 밤에 잠들기 쉬워진다(時間がない時には、昼間に少しでも太陽の光を浴びておくと、夜になって眠りやすくなる)'라고 하므로 정답은 3번이다.

---

3 057 문제편 288p

女の人と男の人が大学で話しています。女の人はどうして弁当を作るようになったと言っていますか。

男 今日も食堂でごはん食べてく？

女 あ、私、最近お弁当作ってるの。

男 すごい！ やっぱり自分で作ったほうが健康にいいし、お金も節約できるもんね。

女 うん。それに、料理するの、ちょっと大変だけど、おいしくできるとうれしいし、おかげで最近、朝早く起きられるようにもなったよ。

男 あー、それで始めたんだ。

女 ううん。実はね、友達からお弁当箱もらったのよ。それがかわいくてね、それ使ってるうちに、なんか楽しくなっちゃって。

男 そう？ それがきっかけだったんだね。

女の人はどうして弁当を作るようになったと言っていますか。

1 しょくどうで食べるより安いから
2 りょうりがうまく作れるとうれしいから
3 朝、早く起きて、けんこうになるから
4 かわいい弁当ばこをもらったから

여자와 남자가 대학에서 이야기하고 있습니다. 여자는 왜 도시락을 만들게 되었다고 합니까?

남 오늘도 식당에서 밥 먹고 갈래?

여 아, 나 요즘 도시락 만들고 있어.

남 대단한데? 역시 직접 만드는 것이 건강에 좋고, 돈도 절약할 수 있지.

여 응. 게다가 요리하는 게 조금 힘들긴 한데 맛있게 완성되면 기분이 좋고, 덕분에 요즘 아침 일찍 일어날 수 있게 되었어.

남 아, 그래서 시작했구나.

여 아니, 실은 친구한테 도시락 통을 받았어. 그게 귀엽고, 그거 쓰다 보니 뭔가 즐거워져서야.

남 그래? 그게 계기였구나.

여자는 왜 도시락을 만들게 되었다고 합니까?

1 식당에서 먹는 것보다 저렴하기 때문에
2 요리를 잘 만들게 되면 기쁘기 때문에
3 아침에 일찍 일어나서 건강해지기 때문에
4 귀여운 도시락 통을 받았기 때문에

정답 4

단어 (お)弁当 도시락 | 食堂 식당 | 自分で 스스로, 직접 | 健康 건강 | お金 돈 | 節約 절약 | それに 게다가, 더욱이 | 料理 요리 | おかげで 덕분에, 덕택에 | 起きる 일어나다, 기상하다 | 実は 실은 | 弁当箱 도시락 통 | かわいい 귀엽다 | きっかけ 계기 | 安い 싸다, 저렴하다

해설 도시락을 만드는 것에 대한 장점으로 '건강에 좋고, 돈을 절약할 수 있고, 아침에 일찍 일어나게 됐다'라는 이야기를 주고받지만 '그래서 도시락 만들기를 시작했냐'는 남자의 물음에 여자는 '실은 친구에게 도시락 통을 받았는데 그게 귀여워서'라고 답한다. 이에 남자도 '그게 계기였구나(それがきっかけだったんだ)'라고 말하므로 정답은 4번이다.

女の人と男の人がボランティアについて話しています。女の人はどうしてこのボランティアに興味を持ちましたか。

女 山田さん、日本語ボランティアをしてるんですって？

男 え、誰に聞いたの？ 日本語の会話教室で、日常会話の練習を手伝ってるんだけど……。

女 ふーん、会話の練習って、おもしろそうですね。もしかして、日本語だけじゃなくて英語も使ってるんですか？

男 いや、みんな、簡単な日本語ならだいたい分かるみたいだよ。

女 準備とか、忙しいんですか？

男 ちょっとね。準備しとかないと、会話が進まなくなるからね。でも金曜日の夜だけだから。参加者は、みんな社会人なんだ。

女 へー、週に1回だけなら私もやってみたいな。

男 参加者の会社の話を聞くのが、実は結構勉強になるんだ。

女 そっか。

女の人はどうしてこのボランティアに興味を持ちましたか。

1 英語を話すことができるから
2 準備が忙しくないから
3 金曜日の夜だけだから
4 参加者はみんな社会人だから

여자와 남자가 자원봉사에 대해 이야기하고 있습니다. 여자는 어째서 이 자원봉사에 관심을 가지게 되었습니까?

여 야마다 씨, 일본어 자원봉사를 하고 있다면서요?

남 어? 누구에게 들었어? 일본어 회화 교실에서 일상 회화 연습을 돕고 있는데…….

여 흠, 회화 연습이라니 재미있을 것 같네요. 혹시 일본어뿐만 아니라 영어도 사용하고 있나요?

남 아니, 모두 간단한 일본어라면 대체로 아는 것 같아.

여 준비라든가 바빠요?

남 조금. 준비해 두지 않으면 대화가 원활하지 않거든. 하지만 금요일 밤에만 하니까. 참가자는 모두 사회인이야.

여 아, 일주일에 한 번뿐이라면 나도 해 보고 싶은데.

남 참가자들의 회사 이야기를 듣는 것이 사실 꽤나 공부가 돼.

여 그렇구나.

여자는 어째서 이 자원봉사에 관심을 가지게 되었습니까?

1 영어를 할 수 있어서
2 준비가 바쁘지 않아서
3 금요일 밤뿐이어서
4 참가자는 모두 사회인이어서

정답 3

단어 ボランティア 자원봉사 | 興味 흥미, 관심 | 持つ 가지다, 지니다 | 会話教室 회화 교실 | 日常会話 일상 회화 | 練習 연습 | 手伝う 돕다, 거들다 | もしかして 어쩌면, 혹시 | 英語 영어 | 簡単だ 간단하다 | だいたい 대개, 대체로 | ～とか ～라든지, ～라든가 | 進む 나아가다, 진행하다, 진척하다 | 参加者 참가자 | 社会人 사회인, 직장인 | ～回 ～회(횟수) | 結構 꽤, 제법, 충분히

해설 여자는 남자가 하는 일본어 자원봉사에 대해 영어도 사용하는지, 준비가 바쁜지 등을 묻는다. 남자는 세 번째 대사에서 '조금 준비가 필요하지만 금요일 밤에만 한다'고 답하고 이에 여자도 '일주일에 한 번뿐이라면 나도 해 보고 싶다(週に1回だけなら私もやってみたい)'라고 말한다. 따라서 여자가 자원봉사에 관심을 가지게 된 이유는 3번이다.

会社で男の人が退職の挨拶をしています。男の人は何に一番感謝していますか。

男 今まで本当にお世話になりました。この職場で働いて7年、はじめは大学を卒業したばかりで、社会のマナーを何も知らない私に一から教えていただき、ありがとうございました。3年目に担当した仕事のことで、うまくいかずに悩んでいた時、皆さんが相談に乗ってくれました。今年の冬は、まさか私の誕生日にケーキを用意してくださっていたなんて、ビックリしましたが嬉しかったです。そして何よりも、皆さんが私の新しい挑戦を応援してくださったこと、それを忘れることができません。本当に長い間、ありがとうございました。

男の人は何に一番感謝していますか。

1 社会のマナーをおしえてくれたこと
2 仕事のそうだんに乗ってくれたこと
3 たんじょうびのお祝いをしてくれたこと
4 あたらしい仕事をおうえんしてくれたこと

회사에서 남자가 퇴사 인사를 하고 있습니다. 남자는 무엇에 가장 감사하고 있습니까?

남 지금까지 정말로 신세 많이 졌습니다. 이 직장에서 일한 지 7년, 처음에는 대학교를 막 졸업해서 사회(생활) 매너를 아무것도 모르는 저에게 하나부터 (열까지) 가르쳐 주셔서 감사했습니다. 3년째에 담당한 업무가 잘 풀리지 않아서 고민하고 있을 때, 여러분이 상담에 응해 주셨습니다. 올겨울은 설마 제 생일에 케이크까지 준비해 주시다니 놀랐지만 기뻤습니다. 그리고 무엇보다도 여러분께서 저의 새로운 도전을 응원해 주신 점, 그 점을 잊을 수가 없습니다. 정말 오랫동안 감사했습니다.

남자는 무엇에 가장 감사하고 있습니까?

1 사회(생활) 매너를 가르쳐 준 것
2 업무 상담에 응해 준 것
3 생일 축하를 해 준 것
4 새로운 일을 응원해 준 것

정답 4

단어 退職 퇴직, 퇴사 | 挨拶 인사 | 一番 가장, 제일 | 感謝 감사 | お世話になる 신세를 지다 | 職場 직장 | 働く 일하다 | 卒業 졸업 | マナー 매너 | 担当 담당 | うまくいく 잘 되다 | 悩む 고민하다 | 皆さん 여러분 | 相談に乗る 상담에 응하다 | まさか 설마 | 用意 준비 | ビックリする 깜짝 놀라다 | 嬉しい 기쁘다 | 何よりも 무엇보다도 | 新しい 새롭다 | 挑戦 도전 | 応援 응원 | 長い間 오랫동안 | お祝い 축하, 축하 선물

해설 남자는 퇴사 인사에서 '사회(생활) 매너를 가르쳐 준 것, 업무 상담에 응해 준 것, 생일 축하를 해 준 것'에 대해 감사하다고 하지만 '무엇보다(何よりも) 새로운 도전을 응원해 준 것을 잊을 수 없다'고 말한다. 정답은 4번이다. 청해 문제를 풀 때 「実は 실은」, 「何より 무엇보다」와 같은 표현 뒤에는 화자가 가장 하고 싶은 말이 나온다는 점을 꼭 기억해 두자.

男の人と係の人が話しています。会議室では何をしてはいけませんか。

男 すみません、今日の午後３時まで、会議室を借りたいんですが。

女 はい、何名ですか。

男 ５人です。ここは、飲み物を持って入ってもいいんですか。

女 はい、かまいません。ただし、食べ物は持ち込まないようにしてください。

男 分かりました。それから、パソコンでインターネットを使いたいんですが。

女 大丈夫ですよ。ネット環境は問題ありません。

男 あと、時間の延長もできるんですか。

女 ええ、次に利用する方がいなければ、ですが。

会議室では何をしてはいけませんか。

1 飲み物を持ってはいること
2 食べ物を持ってはいること
3 インターネットを使うこと
4 利用のえんちょうをすること

남자와 담당자가 이야기하고 있습니다. 회의실에서는 무엇을 해서는 안 됩니까?

남 실례합니다. 오늘 오후 3시까지 회의실을 빌리고 싶은데요.

여 네, 몇 명입니까?

남 5명입니다. 여기는 음료수를 가지고 들어가도 되나요?

여 네, 괜찮습니다. 단, 음식물은 반입하지 않도록 해 주세요.

남 알겠습니다. 그리고 컴퓨터로 인터넷을 사용하고 싶은데요.

여 괜찮습니다. 인터넷 환경은 문제없습니다.

남 그리고 시간 연장도 가능한가요?

여 네, 다음에 이용할 분이 없으면요.

회의실에서는 무엇을 해서는 안 됩니까?

1 마실 것을 가지고 들어가는 것
2 먹을 것을 가지고 들어가는 것
3 인터넷을 사용하는 것
4 이용 연장을 하는 것

정답 2

단어 係の人 담당자 | 会議室 회의실 | 借りる 빌리다 | 何名 몇 명 | 飲み物 마실 것, 음료 | 持って入る 들고 들어가(오)다 | かまいません 상관없습니다 | ただし 단, 다만 | 食べ物 먹을 것, 음식 | 持ち込む 가지고 들어가(오)다, 반입하다 | それから 그리고, 그다음에 | パソコン 컴퓨터 | ネット 인터넷(「インターネット」의 준말) | 環境 환경 | 問題 문제 | 延長 연장 | 次 다음 | 利用 이용 | 方 분(사람을 높여서 부르는 말)

해설 남자가 회의실에 음료수를 가지고 들어가도 되는지 묻자 여자는 두 번째 대사에서 '음료는 괜찮지만 음식은 안 된다'라고 한다. 따라서 정답은 2번이다. 선택지 1, 2번처럼 하나가 오답이면 다른 하나는 자동적으로 정답이 되는 선택지가 나오는 경우가 있으므로 시간에 여유가 있다면 문제를 풀기 전에 선택지를 먼저 훑어보는 연습을 해 두자.

실전문제 ②

問題2 문제 2에서는 우선 질문을 들으세요. 그 후 문제지를 보세요. 읽을 시간이 있습니다. 그리고 이야기를 듣고 문제지의 1에서 4 중에서 가장 적당한 것을 하나 고르세요.

1 061

문제편 290p

女の人と男の人が話しています。女の人は、どうして急いでいますか。

女 あ、もうこんな時間！早く出かけなくちゃ。

男 え、まだ 11 時だよ。買い物の約束は 2 時って言ってたじゃない？遠くまで行くの？

女 ううん、約束の前に駅の近くの病院に行こうと思って。

男 ああ、午後は休みだから午前中に行くの？

女 ううん、やってるけど、お昼の時間はお休みだから。

男 そうなんだ。

女の人は、どうして急いでいますか。

1 病院に行くから
2 買い物をするから
3 遠いところに行くから
4 お昼ごはんを食べるから

여자와 남자가 이야기하고 있습니다. 여자는 어째서 서두르고 있습니까?

여 아, 벌써 시간이 이렇게 됐네! 빨리 나가야 해.

남 뭐? 아직 11시야. 쇼핑 약속은 2시라고 하지 않았어? 먼 데까지 가는 거야?

여 아니, 약속 전에 역 근처 병원에 가려고.

남 아, 오후는 휴진이라서 오전 중에 가는 거야?

여 아니야, 하고 있지만(진료 하지만), 점심시간은 휴식 시간이라서.

남 그렇구나.

여자는 어째서 서두르고 있습니까?

1 병원에 가기 때문에
2 쇼핑을 하기 때문에
3 먼 곳으로 가기 때문에
4 점심을 먹기 때문에

정답 1

단어 急ぐ 서두르다 | 出かける 외출하다, 나가다 | 買い物 쇼핑, 장보기 | 約束 약속 | 遠く 먼 곳, 멀리 | 近く 근처 | 病院 병원 | 休み 휴식, 휴일 | お昼 낮, 점심

해설 약속이 2시인데 왜 그렇게 서두르는지 묻는 남자에게 여자는 '약속 전에 역 근처 병원에 가려한다(約束の前に駅の近くの病院に行こうと思って)'고 말하므로 정답은 1번이다.

---

2 062

문제편 290p

会社で男の人と女の人が話しています。男の人はなぜお酒をやめましたか。

女 ねえ、今日残業ないなら飲みに行かない？

男 あ、悪いんだけどさ、おれ酒やめたんだよね。

女 え、あんなに飲んでた人が、どうしちゃったの？

男 今までよく飲みに行ってた先輩が体調を崩して入院してさ。若いときは大丈夫だったけど、今になって結構体に影響があるみたいなんだ。知り合いの医者に聞いてみたら、酒は健康を害する最大要因の 1 つだって言われて。

회사에서 남자와 여자가 이야기하고 있습니다. 남자는 어째서 술을 끊었습니까?

여 있잖아, 오늘 야근 없으면 한잔하러 가지 않을래?

남 아, 미안하지만, 나 술 끊었어.

여 아니 그렇게 마시던 사람이 어떻게 된 거야?

남 지금까지 자주 마시러 갔던 선배가 몸이 나빠져서 입원했어. 젊었을 때는 괜찮았지만, 이제서야 꽤 몸에 영향이 있는 것 같아. 아는 의사에게 물어보니까 술은 건강을 해치는 최대 요인 중 하나라고 하더라고.

女 へぇー、確かに、お酒が体にいいっていうのは、お酒を売るための文句だって聞いたことある。じゃあ、今は全然飲んでないんだ？

男 そうなんだよ。酒を飲まなくなってから、時間が増えたし、思ったより快適なんだ。

女 確かに、付き合いで飲むのって面倒だし、体の調子が悪くなったりするもんね。

男 時間ができた分、新しい趣味でも探そうかなって思ってるんだ。

男の人はなぜお酒をやめましたか。

1 先輩が体調を崩して入院したから
2 お酒が健康を害する大きな原因だと聞いたから
3 付き合いで飲むのが面倒だから
4 新しい趣味を探したいから

여 그렇구나. 하기야 술이 몸에 좋다는 건 술을 팔기 위한 (선전) 문구라는 걸 들은 적이 있어. 그럼 지금은 전혀 안 마시는구나?

남 맞아. 술을 마시지 않게 되고부터 시간도 생기고 생각보다 쾌적해.

여 하긴, 친목 도모 때문에 술을 마시는 건 귀찮기도 하고 건강도 해치기도 하지.

남 시간이 난 만큼 새로운 취미라도 찾을까 생각 중이야.

남자는 어째서 술을 끊었습니까?

1 선배가 건강을 해쳐서 입원했기 때문에
2 술이 건강을 해치는 큰 원인이라고 들었기 때문에
3 친목 도모를 위해 마시는 것이 귀찮기 때문에
4 새로운 취미를 찾고 싶기 때문에

정답 **2**

단어 お酒 술 | やめる 그만두다, 중지하다 | 残業 잔업, 야근 | 今まで 지금까지, 여태껏 | 先輩 선배 | 体調を崩す (몸의) 컨디션을 해치다 | 入院 입원 | 若い 젊다 | 今になって 이제 와서, 지금 와서 | 体 몸 | 影響 영향 | 知り合い 아는 사이, 지인 | 医者 의사 | 健康 건강 | 害する 해하다, 해치다 | 最大 최대 | 要因 요인 | 確かに 확실히, 분명히 | 売る 팔다 | 文句 문구, 불평 | 全然 전혀 | 増える 늘다, 증가하다 | 快適だ 쾌적하다 | 付き合い 교제, 사귐 | 面倒だ 성가시다, 귀찮다 | 調子 상태 | 趣味 취미 | 探す 찾다 | 原因 원인

해설 여자의 '왜 술을 끊게 됐냐'라는 물음에 남자는 두 번째 대사에서 '선배가 아파서 입원한 것을 계기로 아는 의사에게 물었더니 술은 건강을 해치는 가장 최대 요인 중 하나(酒は健康を害する最大要因の１つ)라는 말을 들었다'라고 답한다. 즉, 정답은 2번이다. 선택지 1번은 남자가 의사에게 술과 건강의 관계를 묻게 된 원인이므로 답이 될 수 없다.

---

3 063 문제편 290p

女の人がホテルのロビーで男の人に電話しています。女の人が怒っているのは、なぜですか。

女 もしもし、今どこなの？もうパーティー始まってるよ。

男 え？中にいるよ。どこなの、田中さんは？

女 ひどい！１階のロビーで会う約束だったでしょ。

男 なんだ、まだロビーにいたのか。先に３階に行っちゃったかと思って…。

여자가 호텔 로비에서 남자에게 전화하고 있습니다. 여자가 화를 내는 것은 어째서입니까?

여 여보세요. 지금 어디야? 벌써 파티 시작됐어.

남 뭐? (파티장) 안에 있어. 어디야, 다나카 씨는?

여 너무해! 1층 로비에서 만나기로 약속했잖아.

남 뭐야, 아직도 로비에 있었어? 먼저 3층으로 가 버린 줄 알고….

女 そんなわけないでしょ。私、さっきからずっと待ってたのよ。

男 ごめん、ごめん。遅れてきたから中に入ったんだと思って。早く3階に上がってきてよ。パーティー始まってるよ。

女 もー！

女の人が怒っているのは、なぜですか。

1 男の人がパーティーに来なかったから
2 男の人がロビーに来なかったから
3 男の人が遅れて来たから
4 男の人が先に帰ったから

여 그럴 리가 없잖아. 나 아까부터 쭉 기다리고 있었어.

남 미안 미안. 늦게 와서 안으로 들어간 줄 알았어. 빨리 3층으로 올라와. 파티 시작했어.

여 어휴!

여자가 화를 내는 것은 어째서입니까?

1 남자가 파티에 오지 않았기 때문에
2 남자가 로비에 오지 않았기 때문에
3 남자가 늦게 왔기 때문에
4 남자가 먼저 돌아갔기 때문에

정답 **2**

단어 ホテル 호텔 | ロビー 로비 | 怒る 화내다 | もしもし 여보세요 | パーティー 파티 | 始まる 시작되다 | ひどい 너무하다, 심하다 | ～階(かい·がい) ~층 | 先に 먼저 | さっき 조금 전, 아까 | ずっと 쭉, 내내 | 遅れる 늦다, 늦어지다 | 上がる 올라가다

해설 여자는 남자에게 호텔 로비에서 전화 중인 상황으로, '어디 있냐'는 여자의 물음에 이미 파티장 안에 들어가 있다고 남자가 대답하자 여자는 '1층 로비에서 만나는 약속이었잖아(1階のロビーで会う約束だったでしょ)'라고 말한다. 먼저 안에 들어간 줄 알았다는 남자의 말에 여자는 '아까부터 쭉 기다리고 있었다(さっきからずっと待ってたのよ)'고 말하므로 여자가 화가 난 이유는 로비에서 계속 남자를 기다렸기 때문이다. 이를 다르게 표현한 선택지 2번이 정답이다.

---

4 064 문제편 291p

会社の同僚が話しています。女の人が最近、実家に連絡したのは、いつですか。

男 年末年始は、実家帰れましたか？

女 いや、もう5年ぐらい帰ってないと思います。でも、昨日実家から荷物が届いてお礼の電話はしました。

男 そうですか。ご両親やご兄弟には全然会ってないんですか？

女 そうですね。やはり休みが短いと、なかなか難しくて。お正月や両親の誕生日には必ず電話をするようにはしています。

男 最近はビデオ通話もできますから、いいですよね。

女 そうですね。先週、母に話したい事があってビデオ通話を利用しました。

회사 동료가 이야기하고 있습니다. 여자가 최근 본가에 연락한 것은 언제입니까?

남 연말연시에는 본가에 가셨나요?

여 아뇨, 벌써 5년 정도 돌아가지 않은 것 같아요. 하지만 어제 본가에서 소포가 와서 감사 전화는 했어요.

남 그래요? 부모님이나 형제는 전혀 만나지 않나요?

여 그러게요. 역시 휴가가 짧으면 좀처럼 어려워서요. 설날이나 부모님 생신에는 꼭 전화를 드리려고는 하고 있어요.

남 요즘은 영상 통화도 가능하니까 편하죠?

여 그렇죠. 지난주에 어머니께 하고 싶은 말이 있어서 영상 통화를 이용했어요.

女の人が最近、実家に連絡したのは、いつですか。

1 実家から荷物が来た時
2 お正月
3 母の誕生日
4 母と話したいと思った時

여자가 최근 본가에 연락한 것은 언제입니까?

1 본가에서 소포가 왔을 때
2 설날
3 어머니 생신
4 어머니와 이야기하고 싶다고 생각했을 때

정답 1

단어 同僚 동료 | 最近 최근, 요즘 | 実家 친정, 본가 | 連絡 연락 | 年末年始 연말연시 | 荷物 짐, 하물 | 届く 닿다, 도달하다 | お礼 사례, 사례의 선물 | 両親 부모님 | 兄弟 형제 | 短い 짧다 | なかなか 상당히, 꽤, 좀처럼(부정 수반) | 正月 정월, 설 | 必ず 반드시, 꼭 | ビデオ通話 영상 통화 | 利用 이용

해설 여자는 연말연시에 집에 가지 않은 지 오래됐지만 '어제 본가에서 소포가 와서 전화를 했다'라고 한다. 이어 '설날이나 부모님 생신에는 꼭 전화를 하려고 한다'고만 할 뿐 그 시기에 대한 구체적 언급은 없으므로 선택지 2, 3번은 답이 아니다. 세 번째 대사에서는 '지난주에 어머니에게 하고 싶은 말이 있어서 영상 통화를 했다'라고 한다. 따라서 여자가 가장 최근에 본가에 연락한 것은 짐이 도착한 어제, 즉 1번이다.

---

5 065

문제편 291p

女の人と男の人が話しています。男の人は、どうしてスーツを買いませんでしたか。

女 どうだった、バーゲンセール。スーツいいのあった？
男 うん。ワイシャツは2枚買ったんだけど……。
女 スーツは気に入ったの、なかった？
男 うん。いいのがあったんだけど売り切れちゃって。
女 すぐ買わなかったんだ。
男 そうなんだよ。もっといいのがあるかと思って探していたら、ほかの人が買ったみたいで。
女 バーゲンはね、いいものはすぐなくなっちゃうのよ。

男の人は、どうしてスーツを買いませんでしたか。

1 気に入ったものがなかったから
2 ワイシャツをたくさん買ったから
3 安いものがなくなったから
4 買いたいものが売り切れてしまったから

여자와 남자가 이야기하고 있습니다. 남자는 어째서 정장을 사지 않았습니까?

여 어땠어, 바겐세일? 정장 괜찮은 거 있었어?
남 응. 와이셔츠는 두 장 샀는데 말이야.
여 정장은 마음에 드는 거 없었어?
남 응. 좋은 게 있었지만 다 팔려 버려서.
여 바로 사지 않았구나.
남 그러게 말이야. 좀 더 좋은 게 있을까 싶어서 찾고 있었더니, 다른 사람이 산 것 같아.
여 바겐세일은 말이야, 좋은 물건은 금방 없어져 버린다고.

남자는 어째서 정장을 사지 않았습니까?

1 마음에 드는 게 없었기 때문에
2 와이셔츠를 많이 샀기 때문에
3 저렴한 게 없어졌기 때문에
4 사고 싶은 것이 다 팔려 버렸기 때문에

정답 4

단어 バーゲンセール 바겐세일, 할인 행사 | スーツ 정장, 양복 | ワイシャツ 와이셔츠 | 気に入る 마음에 들다 | 売り切れる 다 팔리다, 매진되다 | なくなる 사라지다, 없어지다

해설 여자가 '정장은 마음에 드는 게 없었냐'며 정장을 사지 않은 이유를 묻자 남자는 '좋은 게 있었는데 다 팔려 버려서(いいのがあったんだけど売り切れちゃって)'라고 이유를 설명한다. 따라서 정답은 4번이다.

---

6 066 문제편 291p

会社で女の人と男の人が話しています。男の人は、どうしてまだ帰らないで会社にいるのですか。

女 あら、残業ですか、山田さん。

男 あ、8時半に会社の近くで友だちと会う約束があって、それで時間を合わせようと思って。

女 そうですか。明日の会議の準備で遅くなってしまうのかと思いました。

男 鈴木さんは、まだ帰らないんですか。

女 早く作らなきゃいけない書類があるんですが、お腹も減ってきたし資料のコピーだけ取ったら帰ろうと思っています。

男 資料のコピーは、僕がやっておきましょうか。

女 ああ、コピー取るのはそんなに多くありませんから大丈夫です。どうもありがとう。

男の人は、どうしてまだ帰らないで会社にいるのですか。

1 友だちと約束した時間に合わせるため
2 明日の会議の準備をするため
3 書類を作るため
4 資料のコピーを取るため

회사에서 여자와 남자가 이야기하고 있습니다. 남자는 왜 아직 돌아가지 않고 회사에 있습니까?

여 어머, 야근인가요? 야마다 씨.

남 아, 8시 반에 회사 근처에서 친구와 만나기로 약속해서, 그래서 시간을 맞추려고요.

여 그렇군요. 내일 회의 준비로 늦어지는 건가 했어요.

남 스즈키 씨는 아직 안 가세요?

여 서둘러 만들어야 할 서류가 있는데, 배도 고프기 시작했고, 자료 복사만 하고 돌아가려고 해요.

남 자료 복사는 제가 해 둘까요?

여 아, 복사하는 건 그렇게 많지 않으니까 괜찮아요. 정말 고마워요.

남자는 왜 아직 돌아가지 않고 회사에 있습니까?

1 친구와 약속한 시간에 맞추기 위해서
2 내일 회의 준비를 하기 위해서
3 서류를 만들기 위해서
4 자료 복사를 하기 위해서

정답 1

단어 残業 잔업, 야근 | 合わせる 맞추다, 맞게 하다 | 準備 준비 | 書類 서류 | お腹が減る 배가 고프다 | 資料 자료 | コピーを取る 복사하다

해설 야근이냐고 묻는 여자에게 남자는 '회사 근처에서 친구와 만나기로 약속해서 시간을 맞추려고(会社の近くで友だちと会う約束があって、それで時間を合わせようと思って)'라고 회사에 남아 있는 이유를 설명한다. 정답은 1번이다. 2번의 '회의 준비 때문'은 여자의 생각일 뿐이므로 답이 아니며 3, 4번의 '서류 작성'과 '자료 복사'는 여자가 회사에 남아 있는 이유이므로 답이 될 수 없다.

問題 3 개요 이해

실전문제 정답 및 해설

정답

실전문제 ① 1 4 2 3 3 2

실전문제 ② 1 1 2 2 3 4

실전문제 ①

問題3 **문제 3에는 문제지에 아무것도 인쇄되어 있지 않습니다. 이 문제는 전체적으로 어떤 내용인지를 묻는 문제입니다. 이야기 전에 질문은 없습니다. 우선 이야기를 들으세요. 그리고 질문과 선택지를 듣고 1에서 4 중에서 가장 적당한 것을 하나 고르세요.**

문제편 292p

1 067

男の学生と女の学生が話しています。

男 ヤンさん、この料理、とてもおいしいよ。食べてみて。

女 おいしそう。でも、なんかちょっと辛そうだね。

男 ちょっとね。あ、もしかして、辛いの苦手？

女 大丈夫だよ。でも、ダイエット中だから、どうしようかな。

男 うーん、せっかくなのに。

女 そう？じゃあ、たまにはいいか。

女の学生はこの料理をどうすると言っていますか。

1 辛いのが苦手だから食べない
2 辛いのが苦手だけど食べる
3 ダイエットしているから食べない
4 ダイエットしているけど食べる

남학생과 여학생이 이야기하고 있습니다.

남 양 씨, 이 요리 아주 맛있어. 먹어 봐.

여 맛있겠다. 근데, 뭔가 좀 매울 것 같아.

남 조금. 아, 혹시 매운 거 잘 못 먹어?

여 괜찮아. 하지만 다이어트 중이라서, 어떡하지?

남 음. 모처럼인데.

여 그래? 그럼 가끔은 괜찮겠지?

여학생은 이 요리를 어떻게 하겠다고 말합니까?

1 매운 것을 잘 못 먹어서 안 먹는다
2 매운 것을 잘 못 먹지만 먹는다
3 다이어트하고 있어서 안 먹는다
4 다이어트하고 있지만 먹는다

정답 4

(단어) 料理 요리 | 辛い 맵다 | もしかして 어쩌면, 혹시 | 苦手だ 다루기 어렵고 거북하다, 질색이다 | ダイエット 다이어트 | せっかく 모처럼, 애써 | たまに 드물게, 가끔

(해설) 남자가 '혹시 매운 걸 못 먹냐'고 묻자 여자는 '먹을 수 있지만 다이어트 중'이라고 한다. 따라서 매운 것은 여자가 음식을 먹는지 여부와 관계가 없으므로 선택지 1, 2번은 답이 될 수 없다. 남자의 마지막 대사 중「せっかくなのに 모처럼인데」에서「～のに」는 상반된 두 내용을 연결하는 역접의 기능을 하므로 '모처럼인데' 뒤에 감춰진 말은 '먹으라'는 권유이다. 이에 여자도 '가끔은 괜찮겠지'라고 긍정으로 답하고 있으므로 정답은 4번이다.

---

2 068

会社で部長が新入社員の人に話をしています。

男 みなさんは、お客さまにとって本当にいいサービスとは何だと思いますか。話す言葉が礼儀正しくて丁寧だとか、商品についていろいろな情報を教えてくれるなど、必要なことはたくさんあります。ただ、それだけなら、たとえばロボットでもできることなんです。サービスの本質はお客さまの問題を解決することです。お客さまが何に困っているかが分かる力と経験が、いいサービスにつながるのです。

部長は、何がいいサービスにつながると言っていますか。

1 言葉が礼儀正しくて、丁寧であること
2 いろいろな情報を教えてくれること
3 客が困っている問題を理解すること
4 商品の知識がたくさんあること

회사에서 부장이 신입 사원에게 말하고 있습니다.

남 여러분은 고객님에게 있어서 정말 좋은 서비스가 무엇이라고 생각합니까? 말씨가 예의 바르고 공손하다거나 상품에 대해 여러 가지 정보를 알려 주는 등, 필요한 것은 많이 있습니다. 다만, 그것뿐이라면 예컨대 로봇이라도 할 수 있는 일입니다. 서비스의 본질은 고객의 문제를 해결하는 것입니다. 고객이 무엇을 곤란해 하고 있는지를 파악하는 힘과 경험이 좋은 서비스로 이어지는 것입니다.

부장님은 무엇이 좋은 서비스로 이어진다고 말하고 있습니까?

1 말씨가 예의 바르고 공손한 것
2 여러 가지 정보를 알려주는 것
3 고객이 곤란해 하는 문제를 이해하는 것
4 상품의 지식이 많이 있는 것

정답 3

(단어) 新入社員 신입 사원 | サービス 서비스 | 言葉 말, 언어 | 礼儀正しい 예의 바르다 | 丁寧だ 정중하다, 주의 깊고 신중하다 | 商品 상품 | 情報 정보 | 教える 가르치다, 알려 주다 | たとえば 예를 들면, 예컨대 | ロボット 로봇 | 本質 본질 | 解決 해결 | 困る 곤란하다, 난처하다 | 経験 경험 | つながる 이어지다, 연결되다 | 理解 이해 | 知識 지식

(해설) 남자는 '고객에게 있어 좋은 서비스란 무엇인가?'라는 질문으로 이야기를 시작해 '말씨가 예의 바르고 공손한 것, 상품에 대한 정보를 알려 주는 것 등은 로봇도 할 수 있는 일'이라고 말한다. 따라서 선택지 1, 2번은 답이 아니다. 뒤이어 '서비스의 본질은 고객의 문제를 해결하는 것'이라고 말한 후, '고객이 어떤 어려움을 겪는지를 파악하는 힘과 경험(お客さまが何に困っているかが分かる力と経験)이 좋은 서비스로 이어진다'고 부연하고 있으므로 정답은 3번이다.

3 069

女の人が男の人に映画の話をしています。

女 ねえ、この映画見たことある？映像がきれいなんだって。

男 あるよ、先月。でも家のテレビで見たから、それはあんまり感じなかったたな。

女 そう。やっぱり映画館で見なくちゃね。

男 僕の好きな俳優、今回はあまりいい役じゃなかったし。最後のところだけは、びっくりしたけどね。

女 感動したの？

男 うん、というか、意外な終わり方だった。

女 へえ、見てみたいな。おもしろいんでしょ？

男 そうだね。見てみるといいよ。

男の人はこの映画についてどう思っていますか。

1 テレビでも映像がきれいで、おもしろかった
2 最後のところが意外で驚いたが、おもしろかった
3 好きな俳優が出ていたが、おもしろくなかった
4 最後のところだけ感動したが、おもしろくなかった

여자가 남자에게 영화 이야기를 하고 있습니다.

여 있잖아. 이 영화 본 적 있어? 영상이 예쁘대.

남 봤어, 지난달에. 하지만 집에 있는 텔레비전으로 봐서, 그건 그다지 못 느꼈네.

여 그래. 역시 영화관에서 봐야지.

남 내가 좋아하는 배우가 이번에는 별로 좋은 역이 아니었고. 마지막 부분만은 놀랐지만 말이야.

여 감동했어?

남 응, 그렇다기보단 의외의 결말이었어.

여 흠, 보고 싶네. 재미는 있지?

남 그래. 한번 봐 봐.

남자는 이 영화에 대해 어떻게 생각하고 있습니까?

1 텔레비전에서도 영상이 예쁘고 재미있었다
2 마지막 부분이 뜻밖이라 놀랐지만 재미있었다
3 좋아하는 배우가 나왔지만 재미없었다
4 마지막 부분만 감동했지만 재미없었다

정답 **2**

단어 映画 영화 | 映像 영상 | 感じる 느끼다 | 俳優 배우 | 今回 이번 | あまり 별로, 그다지 | 役 역, 역할, 배역 | 最後 최후, 마지막 | びっくりする 깜짝 놀라다 | 感動 감동 | 意外だ 뜻밖이다, 의외이다 | 終わり方 끝내는 법, 마무리, 결말 | 驚く 놀라다

해설 영화에 대해 '영상이 예쁘다'는 여자의 말에 남자는 '텔레비전으로 봐서 그다지 못 느꼈다'라고 대답하므로 선택지 1번은 답이 될 수 없다. 이어지는 남자의 대사를 보면 '마지막 부분만은 놀랐다', '의외의 결말이었다'라고 하고, 여자가 '재미는 있지?'라고 묻자 '그래'라고 긍정하고 있으므로 정답은 2번이다.

실전문제 ②

問題3　문제 3에는 문제지에 아무것도 인쇄되어 있지 않습니다. 이 문제는 전체적으로 어떤 내용인지를 묻는 문제입니다. 이야기 전에 질문은 없습니다. 우선 이야기를 들으세요. 그리고 질문과 선택지를 듣고 1에서 4 중에서 가장 적당한 것을 하나 고르세요.

문제편 293p

1　070

ラジオで男の人が話しています。

男　ふわふわしたおいしいオムレツを作るのはけっこう難しいんですよ。我々も一人前になるまでは、うまくできなくてよく怒られたもんです。オムレツには、普通ハムやチーズ、玉ねぎなんか入れて作りますけど、はじめは何も入れないで作るプレーンオムレツばかり作らされました。卵の混ぜ方、フライパンの温め方、焼く時間、どれひとつ間違えてもおいしいものはできません。ちょっとしたことで味が変わってしまうんです。

男の人は何について話していますか。

1 オムレツを作る難しさ
2 オムレツのおいしい作り方
3 オムレツを作るときの材料
4 オムレツの味

라디오에서 남자가 이야기하고 있습니다.

남　폭신폭신 부드럽고 맛있는 오믈렛을 만드는 것은 꽤 어려워요. 우리도 제대로 만들게 되기까지는 잘 못 해서 자주 혼나곤 했어요. 오믈렛은 보통 햄이나 치즈, 양파 등을 넣어 만들지만 처음에는 아무것도 넣지 않고 만드는 기본 오믈렛만 계속 만들었습니다. 달걀 푸는 방법, 프라이팬 데우는 방법, 굽는 시간, 어느 것 하나 어긋나도 맛있게 만들 수 없어요. 사소한 것으로도 맛이 달라져 버리거든요.

남자는 무엇에 대해 이야기하고 있습니까?

1 오믈렛을 만드는 어려움
2 오믈렛을 맛있게 만드는 방법
3 오믈렛을 만들 때의 재료
4 오믈렛의 맛

정답 1

단어　ラジオ 라디오 | ふわふわ 부드럽게 부푼 모양, 폭신폭신 | オムレツ 오믈렛 | 作る 만들다 | けっこう 꽤, 상당히 | 我々 우리들 | 一人前 (능력·기술 따위가) 제구실을 할 수 있게 됨, 한 사람 몫, 제 몫 | 怒る 화내다 | 普通 보통 | ハム 햄 | チーズ 치즈 | 玉ねぎ 양파 | プレーン 플레인, 가미하지 않음 | 混ぜ方 섞는 방법, 푸는 방법 | フライパン 프라이팬 | 温め方 데우는 방법, 따뜻하게 하는 방법 | 焼く 불에 굽다 | 間違える 틀리다, 실수하다 | ちょっとしたこと 대수롭지 않은 일, 사소한 일 | 味 맛 | 変わる 바뀌다, 변하다 | 材料 재료

해설　'부드럽고 맛있는 오믈렛을 만드는 것은 어렵다'라는 주제로 이야기를 시작한 후 '처음에는 오믈렛을 잘 만들기 위해 재료를 넣지 않고 기본 오믈렛만 만들었다', '만드는 방법 하나가 잘못되거나 사소한 것 하나에도 맛이 달라진다'는 오믈렛을 만드는 어려움에 대해 부연 설명을 하고 있다. 따라서 정답은 1번이다.

2 071

携帯電話で男の人と女の人が話しています。

男 もしもし、高橋です。

女 あ、高橋先輩、どうしたんですか。みんなもう集まってますよ。

男 うん、実は電車が止まってしまって。どこかで事故があったようなんだよ。それでバスに乗り換えて、今そっちに向かってるところなんだけど。

女 そうだったんですか。じゃ、研究会、先に始めていいですか。

男 うん。だいぶ遅れそうだから、よろしく頼むね。あ、それで研究会の場所なんだけど、昨日書いてもらった地図忘れてきてしまって。

女 じゃ、迎えに行きましょうか。雨も降ってきたし。

男 いや、研究会を進めていて。荷物が多いからタクシーで行くよ。地図はスマホに送ってくれるかな。

女 はい。では、お気をつけて。タクシーに乗ったら電話ください。

男の人が一番言いたいことは何ですか。

1 研究会を先に始めてほしい
2 研究会の場所を教えてほしい
3 駅まで迎えに来てほしい
4 駅に着いたら電話をしてほしい

휴대 전화로 남자와 여자가 이야기하고 있습니다.

남 여보세요. 다카하시입니다.

여 아, 다카하시 선배님, 무슨 일 있으세요? 다들 벌써 모여 있어요.

남 응, 실은 전철이 멈춰 버려서 말이야. 어딘가에서 사고가 있었던 모양이야. 그래서 버스로 갈아타고 지금 그쪽으로 가고 있는 중이야.

여 그랬군요. 그럼 연구회, 먼저 시작해도 될까요?

남 응. 꽤 늦을 것 같으니까, 잘 부탁해. 아, 그런데 연구회 장소 말인데, 어제 적어 준 지도를 깜박하고 와 버려서.

여 그럼 마중 갈까요? 비도 오기 시작했는데.

남 아니야, 연구회 진행하고 있어 줘. 짐이 많으니까 택시로 갈게. 지도는 스마트폰으로 보내 줄래?

여 네. 그럼, 조심히 오세요. 택시 타면 전화 주세요.

남자가 가장 말하고 싶은 것은 무엇입니까?

1 연구회를 먼저 시작해 주었으면 한다
2 연구회 장소를 가르쳐 주었으면 한다
3 역까지 데리러 와 주었으면 한다
4 역에 도착하면 전화해 주었으면 한다

정답 **2**

단어 携帯電話 휴대 전화 | 先輩 선배 | 集まる 모이다 | どっか 어딘가(「どこか」의 준말) | 事故 사고 | 乗り換える 갈아타다 | 向かう 향하다 | 遅れる 늦어지다 | 研究会 연구회 | 頼む 부탁하다, 주문하다 | 地図 지도 | 迎える 마중하다 | 荷物 짐 | スマホ 스마트폰의 준말 | 気をつける 조심하다 | 着く 도착하다

해설 '연구회 장소를 적은 지도를 깜박했다'라는 남자의 말에 여자가 마중 갈지 여부를 묻자 남자는 '지도는 스마트폰으로 보내고 연구회를 진행해 달라'고 말한다. 따라서 남자가 가장 하고 싶은 말은 2번이며, 1번은 늦어짐에 따른 해결책(연구회의 진행)을 제시한 것이므로 답으로는 적당하지 않다. '짐이 많아 택시로 가겠다'고 했으므로 3번은 답이 될 수 없으며, 여자가 '택시를 탄 후 전화해 달라'라고 했으므로 4번 역시 오답이다.

3 072

会議の席で男の人が話しています。

男 私たちの商店街が昔のようににぎやかになるためには、みんなが一緒に使える広い駐車場が必要です。今、駐車場のある店は、この商店街に二つしかありません。二つ合わせても車は6台しか止められませんし、その店を利用するお客さんしか使えません。イベント会場を商店街に作ることも必要でしょうが、近くのショッピングセンターにあんなに大勢の人が集まるのは、車を止める広い駐車場があるからです。そうじゃないでしょうか。

男の人が言いたいことは何ですか。

1 ショッピングセンターの駐車場を貸してもらおう
2 イベント会場を作ろう
3 駐車場のある店をもっとたくさん作ろう
4 いっしょに使える広い駐車場を作ろう

회의 자리에서 남자가 이야기하고 있습니다.

남 우리 상점가가 옛날처럼 활기를 띠기 위해서는 모두가 함께 사용할 수 있는 넓은 주차장이 필요합니다. 지금 주차장이 있는 가게는 이 상점가에 두 곳밖에 없습니다. 두 곳을 합쳐도 자동차는 여섯 대밖에 세울 수 없는 데다가, 그 가게를 이용하는 손님밖에 사용할 수 없습니다. 이벤트 행사장을 상점가에 만드는 것도 필요하겠지만, 가까운 쇼핑센터에 저렇게 많은 사람이 모이는 것은 차를 세울 넓은 주차장이 있기 때문입니다. 그렇지 않습니까?

남자가 말하고 싶은 것은 무엇입니까?

1 쇼핑센터 주차장을 빌려 달라고 하자
2 이벤트 행사장을 만들자
3 주차장이 있는 가게를 더 많이 만들자
4 함께 사용할 수 있는 넓은 주차장을 만들자

정답 **4**

단어 会議 회의 | 席 자리, 좌석 | 商店街 상가, 상점가 | 昔 예전, 옛날 | にぎやかだ 활기차다, 번화하다 | 広い 넓다 | 駐車場 주차장 | 必要だ 필요하다 | 合わせる 합치다, 어우르다 | ～台 ～대(차나 기계를 세는 단위) | 止める 멈추다, 세우다 | 利用 이용 | イベント 이벤트 | 会場 회장, 행사장 | 近く 근처 | ショッピングセンター 쇼핑센터 | 大勢 많은 사람, 여럿 | 貸す 빌려주다

해설 남자는 '상점가가 다시 활기를 띠려면 넓은 주차장이 필요하다'라고 이야기를 시작한 후 '상점가에 주차장이 있는 가게는 단 두 곳이며, 가게의 이용객밖에 사용할 수 없다'와 같은 현재의 문제점을 지적하고 '가까운 쇼핑센터에 많은 사람이 모이는 이유는 넓은 주차장이 있기 때문'이라고 부연 설명한다. 따라서 남자가 가장 하고 싶은 말은 4번이다.

問題 4 발화 표현

실전문제 정답 및 해설

정답

실전문제 ①	1 2	2 1	3 3	4 1
실전문제 ②	1 2	2 3	3 1	4 1

실전문제 ①

問題 4 문제 4에서는 그림을 보면서 질문을 들으세요. 화살표(➡)의 사람은 뭐라고 말합니까? 1에서 3 중에서 가장 적당한 것을 하나 고르세요.

1 073

문제편 294p

友だちの荷物が重そうなので、もってあげたいです。友だちに何と言いますか。

男 1 それ、持たない？
2 それ、持とうか？
3 それ、持ってくれない？

친구의 짐이 무거운 것 같아서 들어 주고 싶습니다. 친구에게 뭐라고 말합니까?

남 1 그거 안 들어?
2 그거 들어 줄까?
3 그거 들어 주지 않을래?

정답 2

단어 荷物 짐 | 重い 무겁다 | 持つ 들다, 쥐다

해설 친구의 짐을 들어 주고 싶은 상황이므로 정답은 동사 의지형(おう·よう)을 활용한 2번 「持とうか」이며, 이 표현에는 상대의 의향을 묻는 뉘앙스가 포함되어 있다. 1, 3번은 반대로 상대에게 짐을 들라고 말하는 표현이므로 답으로는 적당하지 않다.

2 🎧 074

문제편 294p

大学の先輩に、授業のレポートを確認してもらいたいです。先輩に何と言いますか。

女 1 レポート、見てくださいますか。
2 レポート、見てもいいですか。
3 レポート、見せていただきますか。

대학 선배에게 수업 리포트를 확인받고 싶습니다. 선배에게 뭐라고 말합니까?

여 1 리포트 봐 주시겠습니까?
2 리포트 봐도 될까요?
3 리포트 보여 주시겠습니까?

정답 1

단어 先輩 선배 | レポート 리포트, 보고서 | 確認 확인 | くださる 주시다(「くれる 주다」의 존경어) | いただく 받다(もらう)의 겸양어

해설 선배에게 리포트를 봐 달라고 부탁하는 상황이다. 남에게 무엇인가를 해 달라고 요청할 때는 「~てくれる? ~해 줄래?」를 사용하지만, 여기에서는 윗사람인 선배에게 하는 말이므로 「~てくださいますか ~해 주시겠습니까」를 사용한 1번이 답으로 적절하다. 2, 3번은 말하는 사람이 보겠다는 의미이므로 답이 될 수 없다.

---

3 🎧 075

문제편 295p

外は雨なのに、家族が傘をもたないで外出しようとしています。何と言いますか。

男 1 雨、降ってきたの?
2 雨、降ってたんだね。
3 雨、降ってるよ。

밖에 비가 오는데 가족이 우산을 안 들고 외출하려고 합니다. 뭐라고 말합니까?

남 1 비가 내리기 시작했어?
2 비가 왔었구나.
3 비가 오고 있어.

정답 3

단어 外 밖, 바깥 | 家族 가족 | 傘 우산 | 外出 외출 | 降る (눈·비가) 내리다

해설 선택지 1번은 '비가 오기 시작했냐'는 질문이므로 비가 오는지 모르는 사람에게 사용할 수 없는 표현이며, 2번은 이미 비가 왔다가 그친 상황에서 쓰는 표현이므로 시제가 맞지 않아 답이 될 수 없다. 정답은 3번이다.

---

4 076 문제편 295p

友だちが音楽を聞いていますが、音がうるさいです。友だちに何と言いますか。

女 1 ちょっと、音、小さくしてくれない？
2 ちょっと、音、小さくない？
3 ちょっと、音、小さすぎない？

친구가 음악을 듣고 있는데 소리가 시끄럽습니다. 친구에게 뭐라고 말합니까?

여 1 저기, 소리 좀 작게 해 줄래?
2 저기, 소리 작지 않아?
3 저기, 소리 너무 작지 않아?

정답 1

단어 音楽 음악 | 音 소리 | うるさい 시끄럽다 | 小さい 작다

해설 친구가 음악을 큰 소리로 듣고 있어서 소리를 줄여 달라고 말해야 하는 상황이다. 선택지 2, 3번은 '소리를 크게 하라'는 의미를 담고 있으므로 답이 될 수 없다. 정답은 1번이다.

실전문제 ②

問題4 문제 4에서는 그림을 보면서 질문을 들으세요. 화살표(➡)의 사람은 뭐라고 말합니까? 1에서 3 중에서 가장 적당한 것을 하나 고르세요.

1 077 문제편 296p

レストランで、メニューが決められないので店員にアドバイスしてほしいです。何と言いますか。

女 1 人気のメニューは売り切れですか。
2 おすすめはありますか。
3 今日は何が食べたいですか。

레스토랑에서 메뉴를 정하지 못해 점원에게 조언을 받고 싶습니다. 뭐라고 말합니까?

여 1 인기 메뉴는 다 나갔습니까?
2 추천은(추천 메뉴는) 있습니까?
3 오늘은 무엇을 먹고 싶습니까?

정답 **2**

단어 レストラン 레스토랑 | メニュー 메뉴 | 決める 정하다, 결정하다 | 店員 점원 | アドバイス 어드바이스, 조언, 충고 | 売り切れ 다 팔림, 품절, 매진 | おすすめ 추천

해설 점원에게 조언을 구하는 상황이므로 '추천해 달라'는 뉘앙스의 표현이 답으로 적절하다. 따라서 정답은 2번이다. 1번의 「売り切れ」와 2번의 「おすすめ」는 모든 영역에서 많이 나오는 표현이므로 꼭 기억해 두자.

---

2 078 문제편 296p

先生が食事代を払ってくれました。何と言いますか。

男 1 ごめんなさい。
2 ごめんください。
3 ごちそうさまでした。

선생님이 식사비를 내 주셨습니다. 뭐라고 말합니까?

남 1 미안합니다.
2 실례합니다.
3 잘 먹었습니다.

정답 **3**

단어 食事代 식사비 | 払う 지불하다, 돈을 내다

해설 윗사람이 식사비를 대신 내 주셨을 때의 감사 인사로 적당한 것은 3번 「ごちそうさまでした」이다. 1번의 「ごめんなさい」는 사과할 때 사용하는 표현이며, 2번의 「ごめんください」는 타인의 집을 방문했을 때 '실례합니다, 안에 누구 계세요?'라는 의미로 사용하는 표현이다.

3 079 **문제편 297p**

体調が悪いので、家に帰りたいです。先生に何と言いますか。

男 1 先生、早退してもいいですか。
2 先生、家に行ってもいいですか。
3 先生、うちに帰ります。

몸 상태가 좋지 않아 집에 가고 싶습니다. 선생님께 뭐라고 말합니까?

남 1 선생님, 조퇴해도 될까요?
2 선생님, 집에 가도 될까요?
3 선생님, 집에 가겠습니다.

정답 1

단어 体調 몸 상태, 컨디션 | 早退 조퇴 | うち (자기) 집, (자기) 가정

해설 몸 상태가 좋지 않아 선생님에게 조퇴를 하고 싶다고 말하는 상황이다. 자신의 집으로 돌아가는 상황에서는 보통 「行く 가다」가 아닌 「帰る 돌아가다, 귀가하다」를 사용한다. 따라서 정답은 1번이다. 선택지 2번은 '선생님의' 집에 가도 되는지를 묻는 의미로 받아들여질 수 있으므로 답으로 적당하지 않다. 3번은 '집에 가겠다'라는 의지가 담긴 표현이므로 답이 될 수 없다.

---

4 080 **문제편 297p**

卒業パーティーのポスターを先生に頼まれて作りましたが、あまり自信がありません。先生に何と言いますか。

女 1 これでよろしいですか。
2 これがよろしいですか。
3 これ、ちょっとよろしいですか。

졸업 파티 포스터를 선생님께 부탁받아서 만들었는데, 그다지 자신이 없습니다. 선생님께 뭐라고 말합니까?

여 1 이걸로 괜찮을까요?
2 이게 좋으신가요?
3 이거, 잠시 괜찮으실까요?

정답 1

(단어) 卒業 졸업 | ポスター 포스터 | 頼む 부탁하다, 주문하다 | 自信 자신, 자신감

(해설) 결과물에 대해 자신이 없어서 선생님께 확인받고 싶은 상황이다. 선택지 2번은 '이게 좋은지' 상대방의 의향을 묻는 표현이므로 답이 될 수 없고, 3번의「ちょっとよろしいですか 잠깐 괜찮을까요?」는 상대에게 용건이 있을 때 잠시 시간을 내 달라는 표현이어서 답이 될 수 없다. 정답은 1번이다.

問題 5 즉시 응답

실전문제 정답 및 해설

정답

실전문제 ①	1 3	2 2	3 3	4 1	5 2	6 2	7 1	8 3	9 1
실전문제 ②	1 1	2 1	3 3	4 3	5 3	6 2	7 2	8 1	9 1

실전문제 ①

問題 5 문제 5에서는 문제지에 아무것도 인쇄되어 있지 않습니다. 우선 문장을 들으세요. 그리고 그 답을 듣고 1에서 3 중에서 가장 적당한 것을 하나 고르세요.

문제편 298p

1 081

男 リンさん、ちょっと先生を呼んできてほしいんですが。

女 1 はい、来てみましょう。
2 はい、呼んでみたいです。
3 はい、行ってきます。

남 린 씨, 잠깐 선생님을 불러와 줬으면 하는데요.

여 1 네, 와 봅시다.
2 네, 불러 보고 싶습니다.
3 네, 다녀오겠습니다.

정답 3

단어 呼ぶ 부르다, 호출하다 | ～てほしい ～해 주기 바라다, 원하다

해설 선생님을 '불러와 달라(呼んできてほしい)'고 했다고 해서 선택지 2번을 답으로 고르지 않도록 주의하자. 2번은 '불러 보고 싶다(呼んでみたい)'라는 뜻이다. 요청에 대한 대답을 해야 하므로 정답은 3번이다.

---

2 082

女 山田さん、いくらおいしいからって、食べ過ぎないようにね。

男 1 いいえ、どういたしまして。
2 はい、気をつけます。
3 はい、いただきます。

여 야마다 씨, 아무리 맛있다고 해도 과식하지 않도록 해요.

남 1 아니요, 천만에요.
2 네, 조심할게요.
3 네, 잘 먹겠습니다.

정답 2

단어 食べすぎる 과식하다 | どういたしまして 천만에요, 별말씀을 다하십니다 | 気をつける 조심하다, 주의하다 | いただきます 잘 먹겠습니다

해설 '과식하지 않도록(食べ過ぎないように)' 주의하라고 당부하는 말에 대한 대답으로 적절한 것은 2번의 「気をつけます 조심하겠습니다」이다. 「いくら〜ても 아무리 ~해도」도 함께 기억해 두자.

---

3 083

男 私の消しゴム、知りませんか？ どこいっちゃったんだろう。

女 1 それならよかったですね。
2 それは知りませんでした。
3 一緒に探しましょうか。

남 제 지우개 몰라요(못 봤어요)? 어디 갔지?

여 1 그렇다면 다행이네요.
2 그건 몰랐습니다.
3 같이 찾을까요?

정답 3

단어 消しゴム 지우개 | 探す 찾다

해설 지우개가 어디 있는지 찾는 상황에 대한 응답으로 적절한 것은 선택지 3번의 '같이 찾을까요?(一緒に探しましょうか)'이다. 선택지 2번은 정보나 지식에 대해 '몰랐다'라고 하는 뉘앙스이므로 답으로는 적절하지 않다.

---

4 084

女 あ、スーパーに行ったついでに、ビールも買っとけばよかったなぁ。

男 1 買って来てって言えばよかった。
2 ほんと、買っといてよかったね。
3 じゃあ、たくさん買えばいいよ。

여 아, 슈퍼에 간 김에 맥주도 사 둘 걸 그랬어.

남 1 사 오라고 할 걸 그랬네.
2 정말 사 두길 잘했네.
3 그럼, 많이 사면 돼.

정답 1

단어 スーパー 슈퍼마켓의 준말 | 〜ついでに ~하는 김에 | ビール 맥주

해설 '슈퍼에 간 김에 맥주를 사 둘 걸 그랬다'는 '맥주를 사지 않고 돌아왔다'라는 의미이므로 2번의 '사 두길 잘했다'와 3번의 '많이 사면 된다'는 의미가 맞지 않아 답이 될 수 없다. 따라서 1번이 정답이다. '~하는 김에'라는 뜻의 문형 「〜ついでに」도 잘 기억해 두자.

---

5 085

男 書類にサインをお願いしたいのですが、今、書くもの、お持ちしますね。

女 1 ええ、そうみたいですね。
2 あ、ありがとうございます。
3 いえ、持っていないんです。

남 서류에 사인을 부탁드리고 싶은데요, 지금 쓸 것을 가지고 오겠습니다.

여 1 네, 그런 것 같군요.
2 아, 감사합니다.
3 아니요, 가지고 있지 않아요.

정답 2

단어 書類 서류 | サイン 사인 | 願う 원하다, 바라다 | 持つ 쥐다, 가지다, 들다

해설 「お持ちします」는 공식을 이용한 겸양 표현「お + ます형 + します (제가) ~을 하겠습니다」를 활용한 것으로 '가지고 오겠습니다'라는 의미이다. 일상 회화에서 윗사람이나 손님에게 무언가를 가지고 올 때(갈 때) 많이 사용한다. '서류 사인에 필요한 필기구를 가져다 주겠다'는 말에 대한 응답으로 자연스러운 것은 선택지 2번이다.

---

6 086

女 今日、掃除の当番でしょ？ ここ、もっときれいにしといて。

男 1 うん、もうやっといたよ。
2 うん、後でやっとくよ。
3 うん、きれいになったね。

여 오늘 청소 당번이지? 여기 좀 더 깨끗하게 해 둬.

남 1 응, 이미 해 두었어.
2 응, 이따가 해 놓을게.
3 응, 깨끗해졌네.

정답 2

단어 掃除 청소 | 当番 당번 | 後で 나중에

해설 청소 당번에게 깨끗하게 치워 달라고 요구하는 말에 대한 응답으로 선택지 1번의 '이미 해 두었어(うん、もうやっといたよ)'와 3번의 '깨끗해졌네(きれいになったね)'는 의미가 맞지 않아 답이 될 수 없다. 2번의 '나중에 해 놓을게(後でやっとくよ)'가 답으로 적당하다.

---

7 087

男 このスープ、なんていうか、もうちょっと塩を入れたらどう？

女 1 そう？ じゃ、入れてみるね。
2 うん、ほんと、入れればよかったね。
3 えっ、そんなに入れてないよ。

남 이 수프, 뭐랄까, 소금을 좀 더 넣는 게 어때?

여 1 그래? 그럼 넣어 볼게.
2 응, 정말. 넣었으면 좋았을 걸.
3 뭐? 그렇게 넣지 않았어.

정답 1

단어 スープ 수프 | 塩 소금 | 入れる 넣다

해설 음식에 '소금을 더 넣으면 어때?(もうちょっと塩を入れたらどう)'라고 권유하는 문장에 2번의 '넣었으면 좋았을 걸(入れればよかったね)'이나 3번의 '그렇게 (많이) 넣지 않았어(そんなに入れてないよ)'는 시제가 맞지 않아 답이 될 수 없다. 정답은 1번이다.

---

8 088

女 あのう、ここ、座ってもかまいませんか。

男 1 さあ、かけましょう。
2 はい、おかけします。
3 どうぞ、おかけください。

여 저기요, 여기 앉아도 될까요?

남 1 자, 앉읍시다.
2 네, 앉겠습니다.
3 네, 앉으세요.

정답 3

단어 座る 앉다 | かける 걸다, 걸터앉다

해설 '여기에 앉아도 될까요?'라는 물음에 대한 응답으로는 공식을 이용한 존경 표현「お+ます형+ください ~해 주세요」를 활용한 3번의 '네, 앉으세요(どうぞ、おかけください)'가 자연스럽다. '~해도 상관없다, ~해도 괜찮다'라는 의미의「~てもかまわない」도 함께 기억해 두자.

---

9 089

女 私、何やってもうまくいかないし、きっと今度の仕事も……。	여 나는 뭘 해도 일이 잘 안 풀리고, 분명 이번 일도…….
男 1 そんなことないよ、元気出して。	남 1 그렇지 않아. 힘내.
2 残念だったね。次、頑張ろう。	2 아쉽다. 다음에 열심히 하자.
3 いいなぁ、そんなに自信があるんだ。	3 좋겠다. 그렇게 자신 있구나.

정답 1

단어 うまく行く 일이 잘 되다, 잘 풀리다 | 今度 이번, 이다음 | 元気 원기, 기력, 건강 | 残念だ 유감이다, 아쉽다 | 次 다음 | 頑張る 노력하다, 분발하다 | 自信 자신, 자신감

해설 「きっと今度の仕事も… 아마 다음 일도…」는 앞으로 할 일에 대한 불안감을 나타내고 있는 뉘앙스이며 문맥상 뒤에 생략된 말은 '잘 되지 않을 것이다'라고 유추할 수 있다. 이런 상황에 대한 응답으로 가장 적절한 것은 1번이다.

실전문제 ②

問題5 문제 5에서는 문제지에 아무것도 인쇄되어 있지 않습니다. 우선 문장을 들으세요. 그리고 그 답을 듣고 1에서 3 중에서 가장 적당한 것을 하나 고르세요.

문제편 299p

1 090

女 すみません。これはいくらですか。	여 실례합니다. 이것은 얼마입니까?
男 1 250円です。	남 1 250엔입니다.
2 紅茶です。	2 홍차입니다.
3 はい、それです。	3 네, 그것입니다.

정답 1

단어 いくら 얼마 | 紅茶 홍차

해설 「いくらですか 얼마입니까?」라고 가격을 물었으므로 구체적인 금액을 제시한 선택지 1번이 가장 자연스럽다.

2 091

女 さきほどご連絡した山田ですが、先生お戻りになりましたか？

男 1 まだ、戻られてないんです。
2 どちら様ですか。
3 何かご伝言がございますか。

여 아까 연락드렸던 야마다입니다만, 선생님 돌아오셨습니까?

남 1 아직 돌아오시지 않았습니다.
2 누구신지요?
3 뭔가 전하실 말씀이 있으십니까?

정답 1

단어 さきほど 아까, 조금 전 | 連絡 연락 | 戻る 돌아오다 | どちら様 어느 분, 누구 | 伝言 전언

해설 동사 「戻る」를 존경 표현으로 쓰기 위해서는 공식(お＋ます형＋になる)을 이용한 「お戻りになる」의 형태와 수동형을 이용하여 「戻られる」의 형태로 사용하는 두 가지 방법이 있다. 공식을 사용해 '선생님 돌아오셨습니까?(先生お戻りになりましたか)'라고 묻고 있으므로 응답으로는 수동형으로 존경 표현을 만든 1번의 '아직 돌아오시지 않았습니다(まだ、戻られてないんです)'가 자연스럽다.

---

3 092

女 今日は車で来ましたからお酒はちょっと……。

男 1 お酒ならたくさんありますよ。
2 じゃあ、ちょっとだけ来てください。
3 しゃあ、食事だけにしましょう。

여 오늘은 차로 와서 술은 좀…….

남 1 술이라면 많이 있습니다.
2 그럼, 잠시만 와 주세요.
3 그럼, 식사만 합시다.

정답 3

단어 車 차 | お酒 술 | ちょっとだけ 조금만 | 食事 식사

해설 문맥상 문제의 「ちょっと…」 뒤에 생략된 말은 '곤란하다, 어렵다'이다. '차를 가지고 와서 술을 마시기 곤란하다'는 말에 대한 응답으로 가장 적절한 것은 3번이다.

---

4 093

女 今、満席だから１時間くらい待たなきゃいけないって。

男 1 予約してくれてありがとう。
2 待ってました。
3 じゃあ、どこかで時間つぶそうか。

여 지금 만석이라서 한 시간 정도 기다려야 된대.

남 1 예약해 줘서 고마워.
2 기다리고 있었습니다.
3 그럼, 어딘가에서 시간 때울까?

정답 3

단어 満席 만석 | 予約 예약 | つぶす 찌부러뜨리다, 으깨다, 부수다, (시간 등을) 메우다

해설 「時間をつぶす」가 '시간을 때우다'라는 의미라는 것을 알면 답을 쉽게 찾을 수 있는 문제이다. 정답은 3번이다.

5 094

男 お送(おく)りした書類(しょるい)は、ご覧(らん)になっていただけましたか。

女 1 早速(さっそく)お送(おく)りしますので。
2 少(すこ)しいただきました。
3 拝見(はいけん)しました。

남 보내 드린 서류는 보셨는지요?

여 1 빨리 보내 드릴게요.
2 조금 받았습니다.
3 보았습니다.

정답 3

단어 書類(しょるい) 서류 | ご覧(らん)になる 보시다(「見(み)る 보다」의 존경어) | 早速(さっそく) 즉시, 빨리 | いただく 받다(もらう), 먹다(食(た)べる)의 겸양어 | 拝見(はいけん)する 보다(見(み)る)의 겸양어

해설 상대에게 서류를 '봐 주셨는지' 묻는 상황이므로 「見(み)る」의 특수 존경어인 「ご覧(らん)になる 보시다」를 활용하여 「ご覧(らん)になっていただけましたか 보셨습니까?」라고 질문하고 있다. 이에 대한 응답으로는 「見(み)る」의 특수 겸양어인 「拝見(はいけん)する 삼가 보다」를 활용한 선택지 3번의 「拝見(はいけん)しました」가 가장 자연스럽다.

---

6 095

男 お二人(ふたり)は、ご結婚(けっこん)されてどのくらいなんですか。

女 1 実(じつ)はそうなんです。
2 もう5年(ねん)になります。
3 来年(らいねん)の予定(よてい)です。

남 두 분은 결혼하신 지 얼마나 되셨습니까?

여 1 실은 그렇습니다.
2 벌써 5년이 되어갑니다.
3 내년에 할 예정입니다.

정답 2

단어 結婚(けっこん) 결혼 | 実(じつ)は 실은 | 来年(らいねん) 내년 | 予定(よてい) 예정

해설 '얼마나 되셨습니까(どのくらいなんですか)'라고 기간을 묻고 있으므로 응답으로는 2번이 적당하다. 미래의 일을 이야기하는 3번은 답이 될 수 없다.

---

7 096

女 じゃ、気(き)をつけて。また遊(あそ)びに来(き)てください。

男 1 お久(ひさ)しぶりです。
2 はい、どうもおじゃましました。
3 お世話(せわ)になります。

여 그럼 조심히 가세요. 또 놀러 오세요.

남 1 오랜만입니다.
2 네, 그럼 실례 많았습니다.
3 신세를 지겠습니다.

정답 2

단어 気(き)を付(つ)ける 조심하다 | 遊(あそ)ぶ 놀다 | お久(ひさ)しぶり 오래간만 | おじゃましました 실례했습니다 | お世話(せわ)になります 신세 지겠습니다

해설 「おじゃまします 실례하겠습니다」는 남의 집에 방문할 때 사용하는 인사말이며, 선택지 2번의 「おじゃましました」는 남의 집을 방문하고 돌아갈 때 사용하는 인사말이다. 정답은 2번이다.

8 097

女 今日はお時間をいただきまして、ありがとうございました。

男 1 またいつでもお越しください。
2 どうもお世話になりました。
3 どうもごちそうさまでした。

여 오늘은 시간을 내 주셔서 감사했습니다.

남 1 또 언제든지 와 주세요.
2 대단히 신세를 졌습니다.
3 대단히 잘 먹었습니다.

정답 1

단어 お越し 오심, 가심 | ごちそうさまでした 잘 먹었습니다

해설 「お時間をいただく」는 상대방이 나를 위해 '시간을 내 주다'라는 표현이다. '시간을 내 주셔서 감사하다'는 인사말에 대한 응답으로 적절한 것은 1번의 '또 언제든지 와 주세요(またお越しください)'이다. 「行く 가다」, 「来る 오다」의 특수 존경어인 「お越し 오심, 가심」은 반드시 기억해 두자.

---

9 098

女 今度のレポート、大した量じゃないから、二、三日あればできるんじゃない？

男 1 もう少し時間かかりそうだけど。
2 もうできたらしいよ。
3 たしかにずいぶん時間かかりそうだね。

여 이번 리포트, 그리 대단한 양은 아니니까 2, 3일이면 되지 않아?

남 1 조금 더 시간이 걸릴 것 같은데.
2 벌써 다 했다는 것 같아.
3 확실히 꽤 시간이 걸릴 것 같네.

정답 1

단어 レポート 리포트, 보고서 | 大した 대단한 | 量 양 | できる 할 수 있다, 가능하다, 완성되다, 끝나다 | 時間(が)かかる 시간(이) 걸리다 | ずいぶん 대단히, 몹시

해설 「できる」에는 '할 수 있다, 끝내다, 완성하다, 생기다' 등 다양한 의미가 있다. 여기에서는 '완성하다, 끝내다'라는 의미로 사용하여 '리포트를 완성하는 데 2, 3일이면 되지 않는지' 묻고 있으므로 응답으로 적절한 것은 1번이다.

MEMO

JLPT N3

Test

모의고사

모의고사

정답 및 해설

정답

1교시

문자・어휘	問題 1	1 1	2 3	3 1	4 4		
		5 3	6 3	7 2	8 1		
	問題 2	9 1	10 3	11 2	12 3	13 4	14 1
	問題 3	15 3	16 4	17 4	18 1	19 3	
		20 1	21 2	22 3	23 3	24 2	
	問題 4	25 1	26 3	27 3	28 1	29 2	
	問題 5	30 3	31 1	32 1	33 2	34 4	

2교시

문법	問題 1	1 2	2 1	3 4	4 3	5 4	6 3	7 1
		8 3	9 1	10 4	11 3	12 1	13 2	
	問題 2	14 1	15 1	16 4	17 1	18 2		
	問題 3	19 4	20 3	21 1	22 4	23 2		
독해	問題 4	24 4	25 2	26 2	27 3			
	問題 5	28 1	29 3	30 3	31 1	32 2	33 4	
	問題 6	34 2	35 4	36 1	37 2			
	問題 7	38 3	39 4					

3교시

청해	問題1	1ばん 2	2ばん 3	3ばん 2	4ばん 1	5ばん 4	6ばん 2
	問題2	1ばん 4	2ばん 4	3ばん 3	4ばん 3	5ばん 2	6ばん 3
	問題3	1ばん 1	2ばん 3	3ばん 2			
	問題4	1ばん 2	2ばん 3	3ばん 2	4ばん 1		
	問題5	1ばん 1	2ばん 2	3ばん 3	4ばん 3	5ばん 3	6ばん 1
		7ばん 1	8ばん 2	9ばん 1			

問題 1 ＿＿＿＿의 단어의 읽는 법으로 가장 적당한 것을 1・2・3・4에서 하나 고르세요. 문제편 305p

1 曲線よりもまっすぐな直線をかくほうが難しいらしい。

1 きょくせん　2 きょせん　3 まがりせん　4 きょっくせん

정답 **1** 곡선보다도 똑바른 직선을 그리는 쪽이 어려운 것 같다.

단어 曲線 곡선 | まっすぐだ 똑바르다, 올곧다 | 直線 직선 | かく 그리다 | 難しい 어렵다

해설 「曲 굽을 곡」의 음독은 「きょく」, 훈독은 「曲がる 구부러지다, 굽다」, 「曲げる 구부리다, 굽히다」이다. 「線 줄 선」은 '선, 줄, 끈, 교통 기관(지하철 등)의 노선'이라는 뜻으로 음독 「せん」으로만 읽는다.

---

2 台風に備えて、食べ物や水を買っておいた。

1 びえて　2 たくわえて　3 そなえて　4 こたえて

정답 **3** 태풍을 대비하여, 먹을 것과 물을 사 두었다.

단어 台風 태풍 | 備える 갖추다, 구비하다, 대비하다 | 片づける 치우다, 정돈하다 | 蓄える 비축하다, 쌓아두다 | 答える 대답하다 | 応える (기대, 요구, 희망 등에) 부응하다

해설 「備 갖출 비」의 음독은 「び」, 훈독은 「備える 갖추다, 구비하다, 대비하다」이다. 「備」를 음독으로 읽는 단어 「準備 준비」, 「守備 수비」 등의 예시도 함께 기억해 두자.

---

3 厚く切ったパンに、マヨネーズをぬって焼くと、とてもおいしいです。

1 あつく　2 ぶあつく　3 うすく　4 まるく

정답 **1** 두껍게 자른 빵에 마요네즈를 발라 구우면 무척 맛있습니다.

단어 厚い 두껍다, 두텁다 | マヨネーズ 마요네즈 | ぬる 칠하다, 바르다 | 焼く 굽다 | 分厚い 두껍다, 두툼하다 | 薄い 얇다, (농도가) 연하다 | 丸い 둥글다

해설 「あつい」라는 발음의 い형용사로는 ①「暑い 덥다」, ②「熱い 뜨겁다, 열렬하다」, ③「厚い 두껍다, 두텁다」가 있다. 한자에 따라 의미가 달라지므로 「暑い天気 더운 날씨」, 「熱いお茶 뜨거운 차」, 「厚い板 두꺼운 널빤지」 등의 예시를 통해 구분하여 기억해 두자.

---

4 再来週の日曜日に、東京へ行くことになりました。

1 さいらいしゅう　2 さらいしゅ　3 さいらいしゅ　4 さらいしゅう

정답 **4** 다다음 주 일요일에 도쿄에 가게 되었습니다.

단어 再来週 다다음 주 | 日曜日 일요일 | 東京 도쿄

해설 「再 다시 재」의 음독은 「さ」, 「さい」이며, 훈독은 「再び 재차, 다시」이다. 「再来～」는 '다다음'이라는 의미를 더하는 접두어의 일종으로, 우리말과 같이 「再来月 다다음 달」, 「再来年 내후년」처럼 사용하기도 한다. 이 외에도 「さい」로 읽는 「再生 재생」, 「再発 재발」, 「再開 재개」, 「再会 재회」 등의 단어와, 「再」가 접두어로 쓰인 「再利用 재활용」, 「再放送 재방송」과 같은 단어도 함께 기억해 두자.

5 漢字(かんじ)を覚(おぼ)えるのに効果的(こうかてき)な方法(ほうほう)があれば、教(おし)えてください。

1 けっかてき　　2 けっていてき　　3 こうかてき　　4 こうりつてき

정답 **3** 한자를 외우는 데 효과적인 방법이 있다면 가르쳐 주세요.

단어 漢字(かんじ) 한자 | 覚(おぼ)える 외우다, 기억하다, 익히다 | 効果的(こうかてき) 효과적 | 方法(ほうほう) 방법 | 教(おし)える 가르치다

해설 「効 본받을 효」의 음독은 「こう」, 훈독은 「効(き)く 듣다, 효과가 있다」이며 「果 과실 과」의 음독은 「か」이다. 「効」처럼 한자 자체의 의미와 단어의 의미가 같지 않은 경우도 있으니 주의하자. 접미어 「的(てき)」는 명사 뒤에 붙어 '~한 성격의, ~한 상태를 띠는'이라는 의미를 더한다. 선택지 1, 2, 4번의 「結果的(けっかてき) 결과적」, 「決定的(けっていてき) 결정적」, 「効率的(こうりつてき) 효율적」도 함께 기억해 두자.

---

6 兄(あに)はカメラが趣味(しゅみ)で、数(かぞ)えてみたら30台(だい)も持(も)っていた。

1 かそえて　　2 かすえて　　3 かぞえて　　4 かずえて

정답 **3** 형은(오빠는) 카메라가 취미로, 세어 보니 30대나 가지고 있었다.

단어 趣味(しゅみ) 취미 | 数(かぞ)える 세다, 열거하다 | ~台(だい) ~대

해설 「数 셀 수」의 음독은 「すう」, 훈독은 「数(かず) 수」, 「数(かぞ)える 세다, 셈하다」이다. 훈독의 경우 명사와 동사의 발음이 다르므로 각별히 주의해야 한다. 음독 「すう」로 읽는 단어로는 「数字(すうじ) 숫자」, 「算数(さんすう) 산수」, 「数学(すうがく) 수학」, 「点数(てんすう) 점수」, 「人数(にんずう) 인원수」 등이 있다.

---

7 おなかが痛(いた)いなら、我慢(がまん)せずに、薬(くすり)を飲(の)んだほうがいいです。

1 がま　　2 がまん　　3 かまん　　4 がんま

정답 **2** 배가 아프면 참지 말고 약을 먹는 편이 좋습니다.

단어 お腹(なか) 배 | 痛(いた)い 아프다 | 我慢(がまん)する 참고 견디다, 자제하다 | 薬(くすり)を飲(の)む 약을 먹다

해설 「我 나 아」와 「慢 거만할 만」으로 이루어진 「我慢(がまん)」은 원래 불교 용어로 우리에겐 생소한 표현이지만 일본에서는 일상생활에서 자주 사용하는 필수 단어 중 하나로, 한자가 어려워 시험에 출제되지 않으리라 생각하면 오산이다. 회화에서 널리 사용하는 표현은 언제든 출제될 수 있다는 점을 잊지 말자.

---

8 最近(さいきん)は荷物(にもつ)の到着時間(とうちゃくじかん)を受取人(うけとりにん)にメールで知(し)らせてくれるサービスがあります。

1 うけとりにん　　2 うけとりじん　　3 うけしゅにん　　4 うけしゅじん

정답 **1** 최근에는 짐의 도착 시간을 수취인에게 메일로 알려 주는 서비스가 있습니다.

단어 最近(さいきん) 최근 | 荷物(にもつ) 짐, 화물 | 到着(とうちゃく) 도착 | 受取人(うけとりにん) 수취인 | メール 메일 | サービス 서비스

해설 「受取人(うけとりにん) 수취인」은 「受(う)け取(と)る 받다, 수령하다」라는 복합 동사에 「人 사람 인」이 붙은 형태의 단어이다. 「人」은 ①조수사로서의 용법(「何人(なんにん) 몇 명」, 「3人(にん) 세 명」), ②동작 명사 뒤에 와서 '~하는 사람'이라는 의미를 더하는 용법(「見物人(けんぶつにん) 구경하는 사람, 구경꾼」, 「保証人(ほしょうにん) 보증인」, 「弁護人(べんごにん) 변호인」)이 있으며 이러한 용법으로 쓰일 때는 「にん」으로 읽는다. 이와는 달리 명사 뒤에 와서 '~출신의 사람(「韓国人(かんこくじん) 한국인」, 「九州人(きゅうしゅうじん) 규슈 출신의 사람」)', '어느 분야에서 활동하는 사람(「映画人(えいがじん) 영화인」)', '~계의 사람(「アジア人(じん) 아시아인」)'이라는 의미를 더할 때는 「じん」으로 읽는다.

問題 2　＿＿＿＿의 단어를 한자로 쓸 때 가장 적당한 것을 1・2・3・4에서 하나 고르세요.　문제편 307p

9　ここはうせつ禁止ですから、こちらには曲がれません。

1 右折　　2 左折　　3 右所　　4 左所

정답 **1** 여기는 우회전 금지이기 때문에 이쪽으로는 돌 수 없습니다.

단어 右折 우회전 | 左折 좌회전 | 禁止 금지 | 曲がる 구부러지다, 방향을 꺾다

해설 「折 꺾을 절」의 음독은 「せつ」, 훈독은 「折る 접다, 꺾다」, 「折れる 접히다, 꺾어지다, 부러지다」로, 「折り紙 종이 접기」처럼 활용한다. 음독 명사인 「骨折 골절」도 함께 기억해 두자. 선택지 3, 4번의 「所 곳 소」의 음독은 「しょ」로 대표적인 음독 명사로는 「場所 장소」가 있다.

10　富士山はこのかくどから見るのが一番きれいなんです。

1 画度　　2 確度　　3 角度　　4 各度

정답 **3** 후지산은 이 각도에서 보는 것이 제일 예뻐요.

단어 富士山 후지산 | 角度 각도

해설 「角 뿔 각」의 음독은 「かく」, 훈독은 「角 뿔」, 「角 모퉁이」이다. 선택지 1번의 「画 그림 화/그을 획」은 '그림'의 의미일 때는 음독 「が」, '긋다, 계획하다'라는 의미일 때는 훈독 「かく」라는 두 개의 음과 뜻이 있다. 「かく」로 읽는 단어에는 「計画 계획」, 「企画 기획」 등이 있다. 선택지 2번의 「確 굳을 확」의 음독도 「かく」이며 「確認 확인」, 「確信 확신」 등의 빈출 단어도 기억해 두자.

11　着物は帯をむすぶのが大変だから、あまり着たくありません。

1 約ぶ　　2 結ぶ　　3 組ぶ　　4 終ぶ

정답 **2** 기모노는 띠를 매는 것이 힘들기 때문에, 그다지 입고 싶지 않습니다.

단어 着物 기모노(일본 전통 의상) | 帯 띠 | 結ぶ 매다, 묶다, 맺다 | 大変だ 힘들다, 큰일이다 | 着る 입다

해설 「結 맺을 결」은 「結婚 결혼」, 「結果 결과」와 같은 음독 단어가 더 친숙하다. 훈독인 「結ぶ」도 「リボンを結ぶ 리본을 묶다」, 「実を結ぶ 열매를 맺다」, 「話を結ぶ 이야기를 끝맺다」, 「手を結ぶ 손을 잡다, 제휴하다」처럼 다양하게 사용하니 함께 기억해 두자.

12　長い時間ゲームをしていたので、目がいたくなりました。

1 病く　　2 疲く　　3 痛く　　4 冷く

정답 **3** 장시간 게임을 하고 있었기 때문에 눈이 아파졌습니다.

단어 長い 길다, (세월·시간이) 오래되다

해설 선택지 1번의 「病 병 병」은 「病院 병원」 등의 음독 명사로 주로 사용하며 형용사로는 사용하지 않는다. 2번의 「疲 피곤할 피」도 형용사로는 사용하지 않으며 훈독 동사 「疲れる 지치다, 피로해지다」 및 음독 명사로 사용하는 한자이다. 4번은 「冷たい 차갑다」라는 형용사로 의미나 형태가 맞지 않아 답이 될 수 없다. 「冷 차가울 냉」의 훈독 「冷える 차가워지다」, 「冷やす 차갑게 하다」, 「冷める 식다」, 「冷ます 식히다」도 함께 기억해 두자.

13 5時いこうなら、いつ来てもいいです。

1 以終　　2 以後　　3 以向　　4 以降

정답 **4** 5시 이후라면 언제 와도 괜찮습니다.

단어 以降 이후 | 以後 이후

해설 정답인 선택지 4번의 「以降」와 2번의 「以後」는 단어의 뜻은 같지만 문장에서의 뉘앙스 차이가 있다. 「以降」는 사건이 발생하는 '시점'에 중점을 두며, 「以後」는 사건 발생 후의 '동작 및 사건·상황'에 중점을 둔다. 즉, 이 문장에서처럼 「以降」를 쓰면 '5시'라는 기준이 되는 '시점'을 강조하는 표현이지만, 「5時以後なら、いつ来てもいいです」가 되면 뒷부분의 「来てもいい 와도 된다」는 '상황'을 강조하는 의미의 문장이 된다.

---

14 さしだしにんの名前が書いていないので、だれからの手紙かわかりません。

1 差出人　　2 指出人　　3 申出人　　4 送出人

정답 **1** 발송인의 이름이 쓰여 있지 않아서 누구로부터의 편지인지 모릅니다.

단어 差出人 발송인, 발신인 | 手紙 편지 | 申出人 '상속인'이라는 뜻의 법률 용어

해설 「差し出す」는 '보내다, 발송하다, 내밀다, 제출하다'라는 의미의 동사로, 이를 활용한 「差出人」은 '발신인'이라는 뜻이다. 비슷한 의미의 표현으로는 「送り主 보내는 사람, 발송인」, 「送り先 보내는 곳」이 있고, 반의어로는 「受取人 수취인」, 「宛先 받는 사람, 받는 곳」 등이 있다.

問題3　(　　　)에 넣기에 가장 적당한 것을 1・2・3・4에서 하나 고르세요.

문제편 308p

15 留学生は全員、国民健康保険に入るための(　　　)をしなければならない。

1 手当て　　2 手作り　　3 手続き　　4 手引き

정답 **3** 유학생은 전원, 국민건강보험에 들기 위한 수속을 해야만 한다.

단어 留学生 유학생 | 全員 전원 | 国民健康保険 국민건강보험 | 手当て 처치, 수당 | 手作り 손수 만듦, 수제 | 手続き 수속, 절차 | 手引き 안내, 입문, 주선

해설 선택지 모두 「手 손 수」를 사용한 훈독 명사로 발음과 의미를 주의해서 암기해야 한다. '국민건강보험에 들기(가입하기) 위한'에 이어지는 단어로는 선택지 3번의 「手続き 수속, 절차」가 자연스럽다. 선택지 1번은 「応急手当 응급 처치」, 「残業手当 잔업(야근) 수당」 등의 예시로, 2번은 「手作りクッキー 수제 쿠키」 등의 예시를 통해 기억해 두자.

---

16 息子は疲れているのか(　　　)寝ていて、揺すっても起きない。

1 のんびり　　2 ゆっくり　　3 しっかり　　4 ぐっすり

정답 **4** 아들은 피곤한지 푹 자고 있어서 흔들어도 일어나지 않는다.

단어 息子 아들 | ぐっすり 깊이 잠이 든 모양, 푹 | 揺する 흔들다 | のんびり 한가로이, 태평하게 | ゆっくり 천천히 | しっかり 똑똑한, 야무진, 견고한

(해설) 부사어를 외울 때에는 세트 표현으로 쓰이는 동사를 함께 묶어서 외우면 도움이 된다. 「ぐっすり」는 「ぐっすり眠る」처럼 「寝る 자다」나 「眠る 잠들다」와 같은 동사와 함께 쓰인다. 또한 「ゆっくり」는 「ゆっくりする」와 같이 동사 「する」와 함께 '푹 쉬다'라는 의미의 관용 표현으로 사용하기도 한다.

---

17 この割引券の有効(　　　)は今月末だ。早く使わなきゃ。

1 月日　　2 時間　　3 期間　　4 期限

(정답) **4** 이 할인권의 유효 기한은 이번 달 말이다. 빨리 사용해야겠다.

(단어) 割引券 할인권 | 有効期限 유효 기한 | 月日 날짜, 세월 | 期間 기간

(해설) 「期間 기한」은 '정해 놓은 기간의 끝, 한계'를 의미하므로 정답은 4번이다. 대표적인 사용 예인 「有効期限 유효 기한」, 「賞味期限 유통 기한」 등을 반드시 기억하도록 하자. 의미가 비슷하여 혼동하기 쉬운 선택지 3번의 「期間」은 한 시점에서 다른 시점까지의 시간의 범위를 나타내는 단어로, 「7月1日から8月1日まで30日間 7월 1일부터 8월 1일까지 30일간」, 「7月1日から1か月間 7월 1일부터 1개월간」 등을 「期間」이라고 표현할 수 있다.

---

18 うちの犬は(　　　)、私の言うことをちゃんと理解しています。

1 かしこくて　　2 おとなしくて　　3 なかよくて　　4 やさしくて

(정답) **1** 우리 집 개는 똑똑해서 내가 말하는 것을 제대로 이해합니다.

(단어) ちゃんと 정확하게, 제대로 | 賢い 똑똑하다 | 大人しい 얌전하다, 온순하다 | 仲良い 사이좋다 | やさしい 상냥하다, 다정하다

(해설) '내 말을 잘 이해할 정도로 우리 집 개는 똑똑하다'라는 문장이 되어야 하므로 정답은 선택지 1번의 「かしこい」이다. 선택지에 나온 형용사 모두 주요 어휘이므로 함께 기억해 두자. 또한, 2번의 「大人しい」를 '어른스럽다'라고 해석하지 않도록 주의해야 한다. '어른스럽다'라고 해석되는 표현에는 「大人らしい」와 「大人っぽい」가 있는데, 「大人らしい」는 '태도나 사고 방식이 어른으로서 이상적으로 보일 경우'에 사용한다면, 「大人っぽい」는 겉보기나 말투에서 '어른의 냄새가 풍긴다, 실제보다 어른스럽게 보인다, 마치 어른 같다'라고 할 때 사용한다.

---

19 漢字を使って、(　　　)作文を書く友だちを見て、うらやましいと思った。

1 ぺらぺら　　2 べらべら　　3 すらすら　　4 ずらずら

(정답) **3** 한자를 사용해 술술 작문을 하는 친구를 보고 부럽다고 생각했다.

(단어) 漢字 한자 | 作文 작문 | うらやましい 부럽다 | ぺらぺら 외국어나 사투리 등을 유창하게 말하는 모양, 술술 | べらべら 줄줄, 술술, 「ぺらぺら」의 힘줌말 | すらすら 막힘없이 원활하게 진행하는 모습, 술술, 척척, 거침없이 | ずらずら 끊임없이 이어지는 모양, 줄줄

(해설) 「ぺらぺら」, 「すらすら」 둘 다 '술술'이라는 뜻이지만 「ぺらぺら」는 「ぺらぺらしゃべる 유창하게 말하다」처럼 막힘없이 '말'을 하는 모습에 사용하고, 「すらすら」는 「すらすら問題を解く 척척 문제를 풀다」처럼 막힘없이 '일'을 진행하는 모습에 사용하므로 서술하고자 하는 대상이 다르다. 따라서 정답은 3번이다.

20 この(　　　)を後ろに引けば、椅子が倒れます。

1 レバー　　2 リモコン　　3 コンセント　　4 コード

정답 **1** 이 레버를 뒤로 당기면, 의자가 넘어갑니다.

단어 引く 당기다, 끌다 | 椅子 의자 | 倒れる 넘어지다, 쓰러지다 | レバー 레버, 기기를 조종하는 지렛대 | リモコン 리모컨 | コンセント 콘센트 | コード 코드

해설 선택지 1번의 '레버'와 2번의 '리모컨'은 모두 기기를 조작하는 도구이지만, 괄호 뒤에 나오는 「後ろに引く 뒤로 당기다」라는 동작이 가능한 도구는 「レバー」이다. 2번의 「リモコン」은 「操作する 조작하다」와 함께 쓰이는 것이 일반적이다.

---

21 来月、アメリカへ行ってしまう親友の(　　　)を開くことになった。

1 交流会　　2 送別会　　3 飲食会　　4 歓迎会

정답 **2** 다음 달에 미국으로 가 버리는 친한 친구의 송별회를 열게 되었다.

단어 親友 친우, 친한 친구 | 開く 열다, 개최하다 | 交流会 교류회 | 送別会 송별회 | 飲食会 회식 | 歓迎会 환영회

해설 선택지에 나온 모임을 나타내는 단어는 문자·어휘뿐만 아니라 모든 영역에 걸쳐 자주 출제된다. 이 외에도 「忘年会 망년회, 송년회」, 「お茶会 다과회」, 「祝賀会 축하회」 등도 함께 기억해 두자.

---

22 私を(　　　)してくれたお医者さんが世界的に有名な人だと聞いて驚いた。

1 受付　　2 研究　　3 診察　　4 実験

정답 **3** 나를 진찰해 준 의사 선생님이 세계적으로 유명한 사람이라고 듣고 깜짝 놀랐다.

단어 お医者さん 의사 선생님 | 世界的 세계적 | 有名だ 유명하다 | 驚く 놀라다 | 受付 접수 | 研究 연구 | 診察 진찰 | 実験 실험

해설 '나를 진료해 준/진찰해 준 의사 선생님'이라는 의미의 문장이 되어야 하므로 정답은 선택지 3번 「診察」이다. 같은 한자를 쓰는 동사 「診る 진찰하다」도 함께 기억해 두자.

---

23 踏切では電車が(　　　)のを確認してから渡ったほうがいい。

1 通りかかる　　2 通り始める　　3 通り過ぎる　　4 通り合わせる

정답 **3** 건널목에서는 전차가 통과해 지나가는 것을 확인한 후에 건너는 편이 좋다.

단어 踏み切り (철로의) 건널목 | 確認 확인 | 渡る 건너다 | 通り過ぎる 통과해 지나가다

해설 '전차가 지나가는 것을 확인한 후 건너다'라는 의미의 문장이 되어야 하므로 선택지 3번 「通り過ぎる」가 정답이다. 복합 동사는 비슷한 표현이 많아 의미를 정확하게 파악하는 것이 중요하다. 1번의 「通りかかる」는 '그때에 우연히 그 앞을 지나가다'라는 의미이며, 4번의 「通り合わせる」는 '때마침 (그 곳을) 지나다'라는 의미이다.

24 服のボタンが(　　　)そうだったので、母に頼んでつけてもらった。

1 ちり　　2 とれ　　3 ぬけ　　4 きれ

정답 **2** 옷의 단추가 떨어질 것 같아서, 엄마에게 부탁해서 달았다.

단어 服 옷 | ボタン 버튼, 단추 | 頼む 부탁하다 | つける 달다, 붙이다 | 散る 흩어지다, 꽃이 지다 | 取れる 떨어지다, 빠지다 | 抜ける 빠지다, 누락되다 | 切れる (수량·기한 등이) 다 되다

해설 선택지 단어는 모두 '떨어지다, 빠지다'라는 비슷한 의미를 가진 동사이지만 사용하는 대상이 각각 다르다. 1번의 「散る」는 '꽃잎이 지다, 산산이 흩어지다'라는 뜻으로 「さくらの花が散る 벚꽃이 지다」와 같은 예시를 통해 기억해 두자. 3번의 「抜ける」는 '빠지다, 누락되다'라는 뜻이며, 4번의 「切れる」는 '(물건·용량 등이) 떨어지다, (기한이) 다 되다, 끝나다'라는 뜻이다. 이 문제의 「ボタンが取れる 단추가 떨어지다」는 관용 표현으로 기억해 두자.

問題 4 ＿＿＿＿와 의미가 가장 가까운 것을 1・2・3・4에서 하나 고르세요. 문제편 310p

25 洗濯機でセーターを洗ったら縮んでしまった。

1 小さくなって　　2 広くなって　　3 大きくなって　　4 汚くなって

정답 **1** 세탁기로 스웨터를 빨았더니 줄어들어 버렸다.

단어 洗濯機 세탁기 | 洗う 씻다, 빨다 | 縮む 줄어들다, 쪼그라들다 | 広い 넓다 | 汚い 더럽다

해설 「縮 줄일 축」의 음독은 「しゅく」, 훈독은 「縮む 줄어들다, 오그라들다」이다. 「服が縮む 옷이 줄어들다」, 「寿命が縮む 수명이 줄어들다」 등의 예문을 통해 기억해 두자. '옷을 빨았더니 사이즈가 줄어들었다'라는 의미의 문장이므로 서로 바꿔 쓸 수 있는 것은 선택지 1번 「小さくなってしまった 작아져 버렸다」이다.

---

26 目上の人と会ったときは、かならずあいさつをしましょう。

1 背が高い　　2 能力が高い　　3 立場が上　　4 収入が上

정답 **3** 윗사람과 만났을 때에는 반드시 인사를 합시다.

단어 目上の人 윗사람 | 必ず 반드시 | 背が高い 키가 크다 | 能力 능력 | 立場 입장 | 収入 수입

해설 「目上」는 '지위나 나이가 위임'을 뜻하는 말로, 이 문장의 「目上の人 윗사람, 연장자」는 관용 표현으로 기억해 두자. '나이나 신분이 자기보다 위인 사람'이라는 뜻의 단어이므로 유사한 의미인 선택지 3번이 정답이다. 반의어인 「目下の人 아랫사람」도 함께 기억해 두자.

---

27 左右を確認しないで、車道を横切るとあぶないよ。

1 走る　　2 飛び出す　　3 横断する　　4 停車する

정답 **3** 좌우를 확인하지 않고 차도를 건너면 위험해.

단어 左右 좌우 | 確認 확인 | 車道 차도 | 横切る 가로지르다, 횡단하다 | 走る 달리다 | 飛び出す 뛰쳐나가다, 튀어나오다 | 横断する 횡단하다 | 停車する 정차하다

해설 「横切る」는 '가로지르다, 횡단하다'라는 뜻으로 서로 바꿔 쓸 수 있는 표현은 선택지 3번 「横断する」이다.

28 最近(さいきん)はなるべく人(ひと)の多(おお)い場所(ばしょ)には行(い)かないように、気(き)をつけています。

1 できるだけ　2 かならず　3 なるほど　4 ぜったいに

정답 **1** 최근에는 되도록 사람이 많은 장소에는 가지 않도록 조심하고 있습니다.

단어 なるべく 가능한 한, 되도록 | 気(き)をつける 조심하다, 주의하다 | できるだけ 가능한 한, 되도록 | なるほど 정말, 과연 | 絶対(ぜったい)に 절대로

해설 「なるべく」와 서로 바꿔 쓸 수 있는 표현은 선택지 1번의 「できるだけ」이다. 3번의 「なるほど」는 상대방의 주장을 긍정하거나 상대방의 말에 맞장구를 칠 때 사용하는 표현이다.

---

29 最近(さいきん)、電車(でんしゃ)の中(なか)でだらしない服装(ふくそう)の高校生(こうこうせい)をよく見(み)かけるようになった。

1 すっきりとしていない　2 きちんとしていない　3 さっぱりとしていない　4 しっかりとしていない

정답 **2** 요즘 전철 안에서 칠칠치 못한 복장을 한 고등학생을 자주 보게 되었다.

단어 だらしない 칠칠치 못하다, 단정하지 못하다 | 服装(ふくそう) 복장 | 見(み)かける 눈에 띄다 | すっきり 상쾌하고 산뜻한 모양 | さっぱり 산뜻하고 말쑥한 모양, (맛 등이) 담백한 모양, 전혀 (뒤에 부정 표현을 수반) | きちんと 정확히, 깔끔히 | しっかり 확실히, 단단히

해설 「だらしない」는 단정하지 않거나 야무지지 못한 모습을 나타내는 부사이다. 따라서 의미가 유사한 선택지 2번 「きちんとしていない 야무지지 못하다」가 답으로 적당하다. 선택지 1번과 3번의 「すっきり」와 「さっぱり」는 혼동하기 쉬우므로 의미를 구분해서 기억해야 한다. 「すっきり」는 머릿속이나 마음에 걸렸던 일이나 응어리가 깨끗이 걷히는 느낌을 나타낼 때 사용하는 표현이다. 「問題(もんだい)が解(と)けてすっきりした 문제가 풀려서 속이 시원하다」와 같은 예시를 통해 기억해 두자. 반면 「さっぱり」는 「髪(かみ)の毛(け)を切(き)ってさっぱりした 머리를 잘라서 산뜻하다」처럼 물리적인 상황이 바뀌거나 개선되어 기분이 좋음을 나타낼 때 주로 사용한다. 선택지 4번의 「しっかりする」는 '정신 차리다, 확실히 하다'라는 의미이다.

問題5　다음 단어의 사용법으로 가장 적당한 것을 1・2・3・4 중에서 하나 고르세요.

문제편 311p

30 そろえる

1 天気(てんき)が悪(わる)く、洗濯物(せんたくもの)がそろえていなかったので、乾燥機(かんそうき)を使(つか)った。

2 ワイシャツはきれいにそろえておかないと、しわになってしまう。

3 お客(きゃく)さんが来(く)るので、玄関(げんかん)にスリッパをそろえておいた。

4 床(ゆか)をふくときは、ぞうきんをしっかりそろえてからふきなさい。

정답 **3** 손님이 오기 때문에 현관에 슬리퍼를 가지런히 정돈해 두었다.

단어 揃(そろ)える 갖추다, 가지런히 정돈하다 | 洗濯物(せんたくもの) 세탁물 | 乾燥機(かんそうき) 건조기 | しわになる 주름이 지다 | 玄関(げんかん) 현관 | 床(ゆか) 바닥, 마루 | ふく 닦다 | ぞうきん 걸레

해설 「揃(そろ)える」에는 '여러 물건의 형태·크기 등을 똑같이 맞추다, 여러 가지를 하나로 모으다, 필요한 것을 갖추다' 등의 뜻이 있다. 「ひもの長(なが)さをそろえる 끈의 길이를 맞추다」, 「口(くち)をそろえる 입을 모으다」, 「商品(しょうひん)をそろえている店(みせ) 상품을 잘 갖추어 놓은 가게」의 예시를 통해 의미를 기억해 두자. 단어의 의미가 문맥에 맞게 사용된 것은 선택지 3번이다. 1번에는 「乾(かわ)く 마르다, 건조하다」, 2번에는 「かける 걸다」, 4번에는 「しぼる 물기를 짜다, 범위를 좁히다」를 활용한 표현이 들어가야 자연스럽다.

31 どんどん

1 日本語が上手になりたければ、失敗を気にせずどんどん話しましょう。

2 前の車がどんどん運転しているので、いらいらする。もう少し速く走ってほしい。

3 休みの日は家でどんどんしていることが多いです。

4 部屋の空気を入れ替えるために、１時間に１回10分ほど、まどをどんどん開けましょう。

정답 **1** 일본어를 잘하고 싶다면, 실수를 신경 쓰지 말고 계속 이야기합시다.

단어 どんどん 자꾸, 계속 | 失敗 실패, 실수 | 気にする 신경 쓰다 | 運転 운전 | いらいらする 초조해 하다, 조바심 내다 | もう少し 조금 더 | 空気 공기 | 入れ替える 교체하다, 환기시키다

해설 「どんどん」은 '어떤 일을 주저하지 않고 하는 모습, 기세 좋게 진행하는 모습'을 나타낼 때 사용하는 부사로, 의미가 문맥에 맞게 사용된 것은 선택지 1번이다. 2번에는 「ゆっくり 천천히」나 「のろのろ 느릿느릿」이, 3번에는 「ごろごろ 아무것도 하지 않고 시간을 보내는 모양, 빈둥빈둥」이, 4번에는 「しっかり 제대로, 야무지게」가 들어가야 자연스럽다.

---

32 都合

1 学生時代の友だちはみんな忙しくて、全員が会おうとしても都合がつかない。

2 新しい商品を企業に売り込もうとしたが、どの会社も関心がないようで、都合がつかない。

3 商店街の年末のくじは都合が悪く、全部はずれてしまった。

4 最近仕事で無理をしているから体の都合がよくない。

정답 **1** 학창 시절의 친구들은 모두 바빠서, 다 함께 만나려고 해도 시간이 맞지 않는다.

단어 都合 형편, 상황, 사정 | 学生時代 학창 시절 | 全員 전원 | 都合がつく 상황이 맞다, 형편이 되다 | 商品 상품 | 企業 기업 | 売り込む 권유하여 팔다, 팔아 넘기다 | 商店街 상점가 | 年末 연말 | くじ 제비뽑기, 추첨 | はずれる 어긋나다, 빗나가다

해설 「都合がつく 상황이 맞다, 형편이 맞다」라는 표현을 알면 어렵지 않게 풀 수 있는 문제이다. '다 함께 모이려 해도 각자의 형편이 맞지 않아 만날 수 없다(都合がつかない)'라는 의미로 사용한 선택지 1번이 정답이다. 「都合」는 전 영역에서 골고루 출제되는 필수 어휘이므로 잘 기억해 두자. 「都合がいい/悪い 형편·상황이 좋다/나쁘다」라는 표현으로 많이 사용한다. 2번은 「当てがはずれた 기대에 어긋나다」를 활용한 표현이, 3번은 「運 운」이, 4번은 「調子 몸 상태·컨디션」이 들어가야 자연스럽다.

---

33 細かい

1 妹はダイエットに成功して、すっかり細かくなった。

2 細かいことを気にしすぎると、ストレスがたまりますよ。

3 病気の予防のために、外から帰ったら細かく手を洗いましょう。

4 部長は料理の味に細かいですから、忘年会の店を選ぶのは大変だ。

정답 **2** 사소한 일을 너무 신경 쓰면 스트레스가 쌓입니다.

단어 細かい 작다, 세세하다, 사소하다 | ダイエット 다이어트 | 成功 성공 | すっかり 완전히 | ストレス 스트레스 | たまる 쌓이다, 누적되다 | 病気 병 | 予防 예방 | 洗う 씻다 | 料理 요리 | 忘年会 망년회, 송년회 | 選ぶ 선택하다

해설 「細かい」는 '세세하다, 사소하다'라는 의미로 문맥에 맞게 사용한 것은 선택지 2번이다. 1번에는 「細い」를 활용한 표현이 들어가야 한다. 「細い」는 '가늘다, 좁다'라는 의미로, '몸이 날씬하다'라고 표현할 때에도 사용한다. 3번에는 「しっかり 확실히, 야무지게」가 들어가야 하며, 4번에는 「うるさい 시끄럽다, 까다롭다」를 활용한 표현이 들어가야 자연스럽다.

---

34 見送り

1 最近の宅配便は見送りのサインをしなくてもよくなったんです。

2 3時に駅で友だちと見送りをしていたのに、1時間たっても来なかった。

3 予約の見送りは前日の12時までにお願いします。

4 転勤で大阪へ行く私を、友人が駅まで見送りに来てくれた。

정답 **4** 전근으로 오사카에 가는 나를 친구가 역까지 배웅하러 와 주었다.

단어 見送り 배웅 | 宅配便 택배편 | サイン 사인 | たつ 지나다, 경과하다 | 予約 예약 | 転勤 전근 | 友人 친구

해설 「見送り」는 '배웅'이라는 뜻 외에 '보류, 미룸'이라는 의미로도 자주 사용한다. '배웅'의 의미로 사용하고 있는 선택지 4번이 정답이다. 1번에는 「受け取り 수취, 수령」이, 2번에는 「待ち合わせ 만날 약속」이, 3번에는 「取り消し 취소」가 들어가야 자연스러운 문장이 된다.

2교시 언어지식(문법)

問題 1　다음 문장의 (　　　)에 넣기에 가장 적당한 것을 1・2・3・4에서 하나 고르세요.　문제편 315p

1 彼はどんなことを質問されても答えられる(　　　)、「歩く辞書」と呼ばれている。

1 によって　　2 ことから　　3 からには　　4 ように

정답 **2** 그는 어떠한 것을 질문받아도 대답할 수 있어서 '걸어다니는 사전'이라고 불린다.

단어 質問 질문 | 答える 대답하다 | 辞書 사전 | 呼ぶ 부르다 | ~によって ~에 의해서, ~때문에, ~에 따라서 | ~ことから ~라서, ~때문에 | ~からには ~인 이상은 | 동사 사전형/부정형 + ように ~하도록/~하지 않도록

해설 「~ことから」는 '이름이나 지역명 등의 유래 및 근거'를 나타낼 때 사용한다. 이 문장에서처럼 「AことからBと呼ばれる A라서 B라고 불리다」라는 문형으로 시험에 자주 출제된다. 또한 「彼はその現場にいたことから、疑われている 그는 그 현장에 있었기 때문에 의심받고 있다」처럼 '판단'에 대한 근거를 나타낼 때에도 사용한다는 것을 기억해 두자.

---

2 昨日の夜大雪が降った(　　　)、朝から電車が止まっていて、会議に遅刻した。

1 せいで　　2 おかげか　　3 くせに　　4 とおりに

정답 **1** 어젯밤 폭설이 내린 탓에 아침부터 전철이 멈춰 있어서 회의에 지각했다.

단어 大雪 대설, 폭설 | 降る 내리다 | 止まる 멈추다 | 遅刻 지각 | ~せいで ~탓에, ~탓으로 | ~おかげか ~덕분인지 | ~くせに ~주제에, ~이면서도 | ~とおりに ~대로

해설 괄호 뒤쪽으로 「会議に遅刻した」라는 부정적인 결과가 이어지고 있으므로 1번의 「～せいで」가 정답이다. 「～せいで」는 문장에서의 위치에 따라 「～せい(なの)か ～탓인(건)지」, 「～せいだ ～탓이다」 등의 형태로 다르게 활용한다. 선택지 2번의 「～おかげか」는 뒷부분에 긍정적인 결과가 올 때 사용한다.

---

3 たばこをやめようと努力しているが、ストレスがたまると(　　　)我慢できずに吸ってしまう。

1 うっかり　　2 ぜひ　　3 もっと　　4 つい

정답 **4** 담배를 끊으려고 노력하고 있지만, 스트레스가 쌓이면 그만 참지 못하고 피워 버린다.

단어 たばこ 담배 | やめる 그만두다, 끊다 | 努力 노력 | たまる 쌓이다 | 我慢 참고 견딤 | 吸う 들이마시다, (담배를) 피우다 | うっかり 깜빡 | ぜひ 꼭, 아무쪼록, 제발 | もっと 더욱 | つい 무심코, 나도 모르게, 그만

해설 부사어를 고르는 문제는 단순히 부사어의 뜻을 물어보는 것이 아닌 문말 표현과의 호응을 묻는 경우도 있다. 괄호 안에는 문말의 「～てしまう ～해 버리다」와 함께 썼을 때 가장 자연스러운 4번의 「つい」가 들어가야 한다.

---

4 今の(　　　)レポートを書き始めておかなければ、来週はもっと忙しくなるから大変だろう。

1 前に　　2 うえに　　3 うちに　　4 ときに

정답 **3** 지금 리포트를 쓰기 시작해 두지 않으면, 다음 주는 더 바빠지니까 힘들 것이다.

단어 レポート 리포트, 보고서 | 忙しい 바쁘다 | 大変だ 힘들다 | ～うえに ～한 데다 | ～うちに ～하는 동안에, ～사이에

해설 「～うちに」가 명사에 접속할 때는 「명사 の + うちに」가 되며, 뒷부분에는 '그 기간 안에 빨리 ～해야 한다, ～하는 편이 좋다'와 같은 내용이 주로 온다. 또한 부정형과 접속한 「～ないうちに」는 '～하기 전에'라고 해석하는 것이 자연스럽다. 「冷めないうちに、どうぞ 식기 전에 드세요」와 같은 예문을 통해 기억해 두자.

---

5 いくら彼女に(　　　)としても、お金がないので、旅行に連れて行ってあげることはできない。

1 お願いしよう　　2 お願いされよう　　3 お願いさせよう　　4 お願いされた

정답 **4** 아무리 그녀에게 부탁받았다고 해도 돈이 없어서 여행에 데리고 가 줄 수는 없다.

단어 いくら ～としても 아무리 ～라고 해도 | 旅行 여행 | 連れて行く 데리고 가다 | あげる 주다

해설 수동 표현 및 사역형의 활용을 묻는 문제이다. 문맥상 괄호 안에는 '부탁받다'라는 표현이 들어가야 하므로 수동태의 과거형인 선택지 4번 「お願いされた 부탁받았다」가 정답이다. 2번의 「お願いされよう」는 '부탁받으려고'라고 해석하며, 3번의 「お願いさせよう」는 사역형의 의지형 활용이므로 '부탁시키려고'라고 해석할 수 있다.

---

6 大きな会社に入っても幸せになれる(　　　)は思えないから、リスクがあっても本当にやりたい仕事をした方がいい。

1 で　　2 に　　3 と　　4 の

정답 **3** 큰 회사에 들어가도 행복해질 수 있다고는 생각할 수 없으니, 리스크가 있더라도 정말로 하고 싶은 일을 하는 편이 낫다.

단어 幸せだ 행복하다 | 思える 생각되다 | リスク 리스크, 위험

해설 조사의 용법 및 정확한 해석이 가능한지를 묻는 조사 문제로 정답은 3번이다. 이 문장에서 「とは」는 간접 화법의 용법으로 '～라고는'이라고 해석한다. 이와는 달리 조사의 의미 그대로 '～와는'이라는 뜻으로 사용하기도 한다.

7 道を歩いていると、外国人に「駅までどう行けばいいか(　　　)。」と上手な日本語で言われて、駅まで案内することにした。

1 教えていただけませんか　　2 お教えになりませんか
3 お教えしてください　　4 教えておりませんか

정답 **1** 길을 걷고 있었더니 외국인이 '역까지 어떻게 가면 되는지 가르쳐 주시지 않겠습니까?'라고 능숙한 일본어로 말을 해서 역까지 안내하기로 했다.

단어 外国人 외국인 | 案内 안내

해설 상대방에게 '~해 주실 수 있나요?'라고 부탁할 때는 「~ていただけますか」라고 겸양 표현을 사용한다. 이 문장에서처럼 문장 끝을 부정형으로 바꿔 「~ていただけませんか ~해 주실 수 없으실까요?」라고 말하면 더욱 정중한 느낌이 된다.

---

8 いくら自分の考えが正しいと思っても、相手の主張をすべて否定する(　　　)言ってはいけない。

1 べきことを　　2 そうなことを　　3 ようなことを　　4 ほどのことを

정답 **3** 아무리 자신의 생각이 옳다고 생각해도 상대의 주장을 모두 부정하는 듯한 말을 해서는 안 된다.

단어 いくら~ても 아무리 ~해도 | 自分 자기, 자신 | 正しい 바르다, 맞다 | 相手 상대 | 主張 주장 | 否定 부정 | ~べき ~해야만 하는

해설 괄호 앞의 동사 「否定する」와 모든 선택지에 공통으로 들어있는 「こと」를 자연스럽게 연결하는 표현을 찾아야 한다. 1번의 「~べき ~해야만 하는」과 4번의 「~ほどの ~정도의」는 문맥상 의미가 맞지 않아 답이 될 수 없고, 2번의 「~そうな ~인 듯한」은 동사의 ます형에 접속하는 문형이므로 답으로는 적당하지 않다.

---

9 大勢の人の前では、うまく(　　　)とすればするほど、緊張して言葉が出てこなくなる。

1 話そう　　2 話したい　　3 話した　　4 話せる

정답 **1** 많은 사람들 앞에서는 말을 잘하려고 하면 할수록 긴장해서 말이 나오지 않게 된다.

단어 大勢 많은 사람, 여럿 | うまい 잘하다, 능숙하다, 맛있다 | ~ば~ほど ~하면 ~할수록 | 緊張 긴장 | 言葉 말, 단어

해설 문맥상 「동사 의지형(おう·よう) + とする ~하려고 하다」에 「~ば~ほど ~하면 ~할수록」이 더해진 문형이 활용된 문장, 즉 「話そう + と + すればするほど 말하려고 하면 할수록」이 되어야 한다.

---

10 彼は休みが多い(　　　)、同僚とのトラブルも多いので、上司が困っている。

1 しかなく　　2 からでなく　　3 ほどでなく　　4 だけでなく

정답 **4** 그는 자주 쉴 뿐만 아니라 동료와의 트러블도 많아서 상사가 곤란해 한다.

단어 同僚 동료 | 上司 상사 | 困る 곤란하다 | ~しかない ~(할) 수밖에 없다 | ~だけでなく ~뿐만 아니라

해설 「A だけでなく Bも」는 'A뿐만 아니라 B도'라는 뜻의 문형이다. 회화에서는 「A だけじゃなく Bも」로 사용하기도 한다. 같은 의미의 문형인 「~に限らず ~뿐만 아니라」도 함께 기억해 두자.

11 期限に遅れそうなときや失敗しそうなことなど、話し(　　　)ことほど早めに上司に相談しておいたほうがいい。

1 きる　　2 こむ　　3 にくい　　4 やすい

정답 **3** 기한에 늦을 것 같을 때나 실수할 것 같은 일 등, 이야기하기 힘든 것일수록 빨리 상사에게 상의해 두는 것이 좋다.

단어 期限 기한 | 遅れる 늦다 | 失敗 실패, 실수 | ～ほど ~만큼, ~정도, ~일수록 | 早めに 일찌감치, 빨리 | 上司 상사 | 相談 상담, 상의, 의논

해설 「동사 ます형 + にくい」는 '~하기 어렵다(불편하다)'라는 의미의 문형이다. 의미가 반대인 4번의 「동사의 ます형 + やすい ~하기 쉽다(좋다)」와 묶어서 기억하도록 하자. 선택지 1번의 「동사 ます형 + きる 끝까지 ~하다」, 2번의 「동사 ます형 + こむ 계속 ~하다, 철저히 ~하다」도 함께 기억해 두자.

---

12 山田　「課長、遅いね。」
中山　「今電話があって、もう少し遅れそうだから先に飲み会を始めておいてくれ(　　　)。」

1 とのことだったよ　　2 と言いそうだよ　　3 というものだよ　　4 と言ってあるよ

정답 **1** 야마다　과장님, 늦네.
나카야마　지금 전화가 왔는데, 좀 더 늦어질 것 같으니 먼저 회식을 시작해 달라고 했어.

단어 課長 과장(님) | 遅い 늦다 | 飲み会 회식, 술자리

해설 「～とのことだ ~라고 한다」는 「～そうだ」, 「～ということだ」와 같은 의미로 남에게 들은 것을 전달할 때 사용한다. 이 문장에서처럼 과거형 「～とのことだった ~라고 했었다」로는 활용할 수 있지만 「～とのことではない」처럼 부정형으로는 활용할 수 없다는 점에 주의해야 한다.

---

13 学生　「来月の卒業パーティーで先生にスピーチをしていただきたいんですが、いかがでしょうか。」
先生　「いいですよ。(　　　)。」

1 していただきます　　2 させてもらいましょう　　3 させましょう　　4 させてあげます

정답 **2** 학생　다음 달의 졸업 파티에서 선생님께서 스피치를 해 주셨으면 합니다만, 어떠신가요?
선생님　좋습니다. 하도록 하지요.

단어 卒業 졸업 | いかがですか 어떠신가요?(「どうですか」의 정중한 표현) | ～ていただく (남이 나에게) ~해 주시다 | ～させてもらう (내가) ~하다 | ～させる ~시키다, ~하게 하다 | ～させてあげる ~하게 해 주다, ~시켜 주다

해설 자신의 의지를 표현하는 「～します ~하겠습니다」를 겸양 표현으로 바꾸면 「～させてもらいます (감히) ~하겠습니다」가 된다. 또한 선생님의 대답 「～させてもらいましょう」와 같이 「ます」를 「ましょう」로 바꾸면 보다 정중한 표현이 된다. 따라서 학생의 부탁에 대해 선생님 역시 공손하고 정중한 표현으로 답하고 있음을 알 수 있다.

問題 2　다음 문장의 ＿★＿ 에 들어가기에 가장 적당한 것을 1・2・3・4에서 하나 고르세요.　문제편 318p

14 彼は大学のときに＿＿＿　＿★＿　＿＿＿　＿＿＿そうだ。

1 知り合った　　2 結婚する　　3 女性と　　4 アルバイトをしていて

정답 **1** (4→1→3→2) 그는 대학 때 아르바이트를 하다가 알게 된 여성과 결혼한다고 한다.

단어 知り合う 서로 알게 되다, 서로 아는 사이가 되다 | 結婚 결혼 | 女性 여성 | アルバイト 아르바이트

해설 전문(伝聞)을 나타내는 「～そうだ」는 동사와 접속하므로 맨 마지막에 올 수 있는 것은 선택지 1번과 2번 중 하나이다. 문맥을 생각하며 순서를 조합해 보면 우선 '여성과 결혼하다(3→2)'가 한 묶음이 되며, '아르바이트를 하다가 알게 된(4→1) 여성'의 순서로 수식어가 나열되는 것이 자연스럽다. 따라서 바른 문장의 순서는 4→1→3→2이다.

---

15 水不足が続いていて、＿＿＿＿ ＿＿＿＿ ＿★＿ ＿＿＿＿そうだ。

1 上がる　　2 一方だ　　3 値段は　　4 野菜の

정답 **1** (4→3→1→2) 물 부족이 계속되고 있어서 채소 가격은 오르기만 한다고 한다.

단어 水不足 물 부족 | 続く 계속되다 | 上がる 오르다 | ～一方だ ～하기만 한다 | 値段 값, 가격 | 野菜 야채, 채소

해설 이 문제처럼 밑줄의 위치가 문장 끝부분에 있으면 선택지 중에서 문말 표현을 빨리 찾으면 된다. 「～そうだ ～라고 한다」는 보통형과 접속하는 문형이다. 「동사 기본형 + 一方だ」는 '～하기만 한다'는 의미로 앞에는 변화를 나타내는 동사가 와야 하므로 '오르기만 한다(1→2)'의 순서로 「～そうだ」와 연결되어야 한다. 문맥상 '채소 가격은(4→3)'이 한 묶음이 되어 4→3→1→2의 순서가 자연스럽다.

---

16 たった２泊の旅行なんだから、＿＿＿＿ ＿＿＿＿ ＿★＿ ＿＿＿＿。

1 ことはない　　2 そんな　　3 たくさんの荷物を　　4 持って行く

정답 **4** (2→3→4→1) 겨우 2박 여행이니까 그런 많은 짐을 가져갈 필요는 없다.

단어 たった 겨우, 단지 | 2泊 2박 | 旅行 여행 | 荷物 짐 | ～ことはない ～할 필요는 없다

해설 선택지 1번의 「동사 기본형 + ことはない」가 '～할 필요는 없다'라는 의미의 문말 표현이라는 것을 안다면 금방 풀 수 있는 문제이다. '가져갈 필요는 없다(4→1)'가 문장 끝에 들어가야 하며, 이에 대한 대상인 '그런 많은 짐을(2→3)'이 한 묶음으로 앞에 오면 된다.

---

17 母 「＿＿＿＿ ＿＿＿＿ ＿★＿ ＿＿＿＿じゃないでしょう。」
子 「うん、わかったよ。」

1 ゲームで遊んでいる　　2 なら　　3 大学に合格したい　　4 場合

정답 **1** (3→2→1→4) **엄마** 대학에 합격하고 싶다면 게임하고 놀고 있을 때가 아니겠지?
아들 응, 알겠어.

단어 ゲーム 게임 | 遊ぶ 놀다 | 合格 합격 | 場合 경우, 때

해설 「～ている場合じゃない」는 '～하고 있을 때가(상황이) 아니다'라는 뜻으로 일상 회화에서 자주 사용하는 표현이다. 선택지 2번 가정의 「なら」는 뒤에 충고, 조언의 표현과 함께 사용하므로 엄마의 대사는 「～なら ～ている場合じゃない ～라면 ～하고 있을 때가 아니다」라는 문장 구조로 아들에게 충고하는 내용이 되어야 한다. 따라서 '～라면 게임하고 놀고 있을 때(2→1→4)'의 순서로 한 묶음이 되며 「なら」의 전제 조건이 되는 3번이 맨 처음에 위치한다.

18 授業(じゅぎょう)についていくのは大変(たいへん)だったが、親(おや)が＿＿＿ ＿＿＿ ＿★＿ ＿＿＿と思(おも)い、毎日夜遅(まいにちよるおそ)くまで勉強(べんきょう)した。

1 出(だ)してくれている　　2 むだにする　　3 わけにはいかない　　4 学費(がくひ)を

정답 **2** (1→4→2→3) 수업을 따라 가는 것이 힘들었지만, 부모님이 내주고 있는 학비를 헛되게 할 수는 없다고 생각해 매일 밤늦게까지 공부했다.

단어 授業(じゅぎょう) 수업 | ついていく 따라가다, 쫓아가다 | 親(おや) 부모 | むだにする 헛되게 하다, 함부로 하다 | ～わけにはいかない ～할 수는 없다 | 学費(がくひ) 학비

해설 「～わけにはいかない ～할 수는 없다」는 동사의 기본형과 접속하는 문형이다. 따라서 2→3의 순서로 한 묶음이 된다. 밑줄 뒤에 있는 '～라고 생각해서 밤늦게까지 공부했다'는 내용의 이유가 나와야 하므로 '학비를 헛되게 할 수는 없다(4→2→3)'의 순서가 되는 것이 자연스럽다. 그리고 그 학비는 '부모님이 내주고 있는(出(だ)してくれている)' 것이므로 1번은 맨 처음 밑줄에 들어가야 한다.

問題3　다음 글을 읽고, 글 전체의 내용을 고려하여 19 에서 23 안에 들어갈 가장 적당한 것을 1・2・3・4에서 하나 고르세요.

문제편 320p

아래의 문장은 유학생이 쓴 작문입니다.

피난 훈련

페타 바그너

지난주, 학교에서 피난 훈련이 있었습니다. 이것은 만약 지진이나 화재가 일어나면 어떻게 하면 되는지를 지진이나 화재가 일어나지 않은 평상시에 연습하는 것입니다. 지난주의 훈련은 큰 지진이 일어났을 때를 위한 훈련이었습니다. 수업 중에 갑자기 선생님의 안내 방송이 흘러나와서 '지진입니다. 자신의 몸을 지켜 주세요. 안전한 곳으로 피난해 주세요.'라고 말했습니다. 19 그렇지만, 나는 그때 무엇을 하면 좋을지 몰랐습니다. 내가 자란 나라는 지진이 없고, 일본에서도 제가 오고 나서는 지금까지 한번도 지진이 없었기 때문입니다. 주위 친구는 모두 자신의 책상 밑으로 20 숨어 있었습니다. 그걸 보고 나도 똑같이 했습니다. 나중에 친구에게 왜 책상 밑으로 들어갔는지 물었더니 친구는 '큰 지진 때에는 위에서 물건이 떨어질 우려가 있으니까 지진이 끝날 때까지는 튼튼한 물건 아래에서 자신의 머리와 몸을 지켜야 해.'라고 21 설명해 주었습니다. 나는 과연 그렇구나 하고 감탄했습니다. 친구에게 있어서는 당연한 일이라도, 경험했던 적이 없는 나에게는 상상도 할 수 없는 일이라서 매우 공부가 되었습니다. 만약 피난 훈련을 하기 전에, 혼자 있을 때 큰 지진이 일어났다면 22 부상을 입었을지도 모릅니다. 그래서 23 어떠한 일이라도 경험을 해 둔다는 것은 중요한 일이라고 생각한 피난 훈련이었습니다.

단어 留学生(りゅうがくせい) 유학생 | 避難訓練(ひなんくんれん) 피난 훈련 | もし 만약 | 地震(じしん) 지진 | 火事(かじ) 화재 | 起(お)きる 일어나다 | 平常(へいじょう) 평상, 평소 | 練習(れんしゅう) 연습 | 授業中(じゅぎょうちゅう) 수업 중 | 急(きゅう)に 갑자기 | アナウンス 안내 방송 | 流(なが)す 흐르게 하다, (방송 등을) 틀다 | 守(まも)る 지키다 | 安全(あんぜん)だ 안전하다 | 育(そだ)つ 자라다 | 国(くに) 나라 | 一度(いちど)も 한번도 | 周(まわ)り 주위, 주변 | 落(お)ちる 떨어지다 | おそれがある 우려가 있다 | 終(お)わる 끝나다 | 丈夫(じょうぶ)だ 튼튼하다 | なるほど 과연, 정말 | 感心(かんしん) 감탄 | ～にとっては ～에게 있어서는 | 当(あ)たり前(まえ)だ 당연하다 | 経験(けいけん) 경험 | 想像(そうぞう) 상상 | 大切(たいせつ)だ 소중하다, 중요하다

19 1 やっぱり　　2 だから　　3 ついに　　4 けれども

정답 **4**

해설 접속사 문제는 앞뒤 문장 내용의 흐름을 잘 파악해야 한다. '피난하라는 방송이 흘러 나왔다→ 19 →나는 어떻게 해야 할지 몰랐다'라는 문맥 흐름상 역접 접속사인 「けれども 그렇지만」이 들어가는 것이 자연스럽다. 3번의 「ついに 마침내, 결국」도 함께 기억해 두자.

20 1 かくれたいでしょう　　2 かくれていると思(おも)います
3 かくれていました　　4 かくれると思(おも)っていました

정답 3

해설 선택지 모두 동사「隠(かく)れる 숨다」를 활용한 표현이다. 이 중 20 의 주어인「周(まわ)りの友達(ともだち)は 주위의 친구들은」과 호응을 이루는 문말 표현은 선택지 3번의「かくれていました 숨어 있었습니다」이다. 필자의 생각을 나타내는 표현인 1번의「~でしょう ~겠지요」, 2번의「~と思(おも)います ~라고 생각합니다」, 4번의「~と思(おも)っていました ~라고 생각하고 있었습니다」는 답으로는 적당하지 않다. 문말 표현을 고르는 문제는 주어를 정확하게 파악하는 것이 중요하다는 것을 꼭 기억하자.

---

21 1 説明(せつめい)してくれました　　2 説明(せつめい)してもらいました
3 説明(せつめい)させられました　　4 説明(せつめい)させました

정답 1

해설 이 문제 역시 주어를 파악해야 정확한 답을 찾을 수 있다. 이 문장의 주어는「友達(ともだち)は 친구는」이다. 즉, '친구가 나에게 설명해 주었다'라는 내용의 문장이므로「~てくれる (남이 나에게) ~해 주다」를 활용한 선택지 1번이 정답이다. 2번이 답이 되려면「友達(ともだち)に」로 주어의 조사가「に」가 되어야 하고, 3번은 사역 수동형이므로 '(어쩔 수 없이, 마지못해) 내가 설명했다'는 의미가 되므로 답으로는 적당하지 않다. 또한 4번은 사역형이므로 '설명시켰습니다'라는 의미이다.

---

22 1 安全(あんぜん)でしょう　　2 安全(あんぜん)だったかもしれません
3 けがをしようとします　　4 けがをしていたかもしれません

정답 4

해설 문장 앞부분에서 '피난 훈련은 매우 공부가 되었다'고 긍정적으로 표현하고 있다. 따라서 다음 문장의 '만약에 피난 훈련 전에 지진이 일어났다면' 이후에는「~かもしれない ~일 지도 모른다」처럼 좋지 않은 결과가 있었을 수도 있다는 불확실한 우려를 나타내는 표현이 와야 한다. 긍정적인 의미인 1, 2번은 답이 될 수 없으며,「けがをする 부상을 입다, 다치다」를 활용한 3, 4번 중에 3번은 '부상을 입으려고 합니다'라는 의미로 문장 맨 앞의「もし 만약」과 의미가 통하지 않는다. 따라서 정답은 4번이다.

---

23 1 どの　　2 どんな　　3 あの　　4 あんな

정답 2

해설「どの 어느, 어떤」과「どんな 어떠한, 어떤」은 혼동하기 쉬운 표현이므로 주의가 필요하다.「どの」는「どちらの 어느 쪽의」라는 의미로 '일정 범위 안에서 어느 한 쪽을 선택할 때' 사용한다. 한편「どんな」는「どのような 어떠한」의 준말로 '어떤 특징이나 모양, 상태 등을 설명할 때' 사용한다. 문맥상 선택이 아닌 상황에 대해 말하는 문장이므로 정답은 2번이다.

問題 4　다음 (1)에서 (4)의 글을 읽고 질문에 답하세요. 답은 1・2・3・4에서 가장 적당한 것을 하나 고르세요.

(1) 이것은 야마무라 선생님 세미나의 학생에게 도착한 메일이다.

문제편 322p

수 신 인	yamamurazemi@groups.ac.jp
제 목	망년회에 대해
송 신 일 시	20○○년 12월 10일 15:23

망년회의 일시와 가게가 결정되었으므로 알려드립니다.
관련하여 요리의 코스는 어느 쪽이 좋은지, 희망하시는 바를 알려 주세요.
참가 여부와 요리에 대해 12월 20일(월)까지 답장해 주세요.

일시: 20○○년 12월 25일(토) 오후 6시～8시
행사장: 이탈리안 카페 〈포도나무〉
회비: 3,980엔 (두 코스 모두 같은 가격입니다)
요리: ① 건강한 채식주의 코스, 또는 ② 고기 듬뿍 코스

망년회에서는 다 함께 추천하는 책을 소개하겠습니다. 어떤 책이라도 상관없으니 추천하는 책을 무언가 한 권 준비해 주세요. 이날 참가할 수 없는 사람도 꼭 부탁드립니다. 참가할 수 없는 사람은 다음 주 세미나에 소개문과 함께 책을 가지고 와 주시면, 제가 대신 소개하겠습니다.

가와카미

단어　ゼミ 세미나(소수의 학생이 주체적으로 연구 주제를 정하고 토론 등을 통해 전문적인 지식을 습득하는 수업 방식) | 届(とど)く 닿다, 도착하다 | 忘年会(ぼうねんかい) 망년회, 송년회 | 日時(にちじ) 일시 | お知(し)らせ 알림, 공지 | 希望(きぼう) 희망 | 参加(さんか) 참가 | 料理(りょうり) 요리 | ～について ～에 대해서, ～관해서 | つきましては 그 일에 관해서, 그런 고로, 이에(「ついては」의 격식 차린 표현) | 返信(へんしん) 회신, 답변 | 会場(かいじょう) 회장, 행사장 | 会費(かいひ) 회비 | 値段(ねだん) 가격 | ヘルシー 건강한, 건강에 좋은 | ベジタリアン 채식주의자 | がっつり 많이, 듬뿍, 충분히 | お勧(すす)め 추천 | 紹介(しょうかい) 소개 | かまう 상관하다, 관계하다 | ～冊(さつ) ～권 | 用意(ようい) 준비 | ぜひ 꼭, 아무쪼록 | 代(か)わりに 대신에

24　이 메일에 의하면, 참가할 수 없는 사람은 무엇을 하는가?

1 회신할 필요는 없지만 다음 주 세미나에 추천하는 책을 가지고 간다.
2 참가 여부와 요리에 대해 12월 20일까지 회신하다.
3 참가 여부를 회신하기만 하면 된다.
4 참가 여부를 회신하고, 다음 주 세미나에 추천하는 책을 가지고 간다.

정답　**4**

해설　망년회에 참가할 수 있는 사람은 12월 20일까지 참석 여부와 희망하는 요리를 회신하고, 당일에 본인이 소개할 책을 가져가야 한다. 그러나 문제에서 주어진 조건의 대상은 '참가할 수 없는 사람'이므로 요리에 대한 회신은 필요 없고, 망년회 참가 여부와 마지막 문장에서 언급한 소개문과 책을 다음 세미나 때 가져가야 한다.

(2) 오가와 씨의 책상 위에 동료로부터의 메모가 놓여 있다. 문제편 323p

오가와 씨

회의, 수고하셨어요. 저는 먼저 실례하겠습니다. 아까 관리실에서 오가와 씨 앞으로 짐이 도착했다는 연락이 있었습니다. 큰 상자가 두 개 있다고 하니까 손수레를 가지고 짐을 가지러 가 주세요. 오후 10시까지는 관리인이 있을 거예요.

짐은 신상품의 팸플릿이라고 생각합니다. 내용물을 확인하고 문제가 없으면 업체에 연락을 해 주시겠어요? 하라다 과장님이 아직 도착하지 않았다며, 오늘 몇 번인가 업체에 연락했었거든요. 그다음에 하라다 과장님과 영업 담당자 두 명의 책상 위에 한 부씩 놓아 둬 주세요.

죄송합니다만, 잘 부탁드립니다.

노구치

단어 同僚 동료 | 置く 두다, 놓다 | お疲れ様です 수고하십니다 | お先に失礼します 먼저 실례하겠습니다 | 先ほど 아까, 방금 전 | 管理室 관리실 | ～宛 ～앞(받는 사람) | 荷物 짐, 화물 | 箱 상자 | 台車 손수레 | 取りに行く 가지러 가다 | 新商品 신상품 | パンフレット 팸플릿, 소책자 | 確認 확인 | 業者 업자, 업체 | 連絡を入れる 연락을 하다 | 課長 과장(님) | 営業 영업 | ～ずつ ～씩 | 配る 나눠주다, 배부하다

25 짐을 확인한 후, 오가와 씨는 무엇을 해야 하는가?

1 오후 10시까지 손수레를 가지고 관리실에 짐을 가지러 간다.
2 팸플릿을 만든 회사에 도착한 것을 연락한다.
3 하라다 과장에게 팸플릿에 문제가 없다고 연락한다.
4 사무소의 사람들 전원에게 팸플릿을 한 부씩 배부한다.

정답 **2**

해설 두 번째 단락에서 오가와 씨가 짐을 확인한 후에 해야 할 일 두 가지를 설명하고 있다. 첫 번째 할 일은 「～ていただけませんか」라는 겸양 표현을 써서 「中を確認して～業者に連絡を入れておいていただけますか 내용물을 확인하고～업체에 연락을 해 주시겠어요?」라고 부탁하고 있고, 두 번째 할 일은 「～てください」라는 존경 표현을 써서 「その後で～一部ずつ置いておいてください 그다음에～한 부씩 놓아 둬 주세요」라고 부탁하고 있다. 문제에서는 '짐을 확인한 후'에 해야 하는 일을 묻고 있으므로 정답은 2번이다.

---

(3) 문제편 324p

사회에 나가 일을 하게 됐을 때, 그 일 · 직업이 자신과 맞는지 어떤지, 모르는 경우가 많은 것도 분명합니다. 어떤 일을 하게 되면, 우선 노력을 기울여 일해 보는 것은 의외로 합리적이고 효과적인 방법이지 않을까라고 생각합니다. 집중해서 노력을 들여 보지 않으면, 그 일 · 직업이 자신과 맞는지 어떤지 모르는 경우가 많기 때문입니다. 또한, 노력을 기울이고 집중하고 있을 때에는 여러 가지 발견이 있기 때문에 무언가 중요한 일과 우연히 만나게 될 가능성이 커집니다.

(무라카미 류 『신 13세의 헬로워크』 겐토샤)

단어 働く 일하다 | 職業 직업 | ～に向いている ～에 맞다, 적합하다 | 場合 경우 | 確かな 분명한, 확실한 | 仕事につく 일에 종사하다, 착수하다 | とりあえず 우선, 일단 | 努力 노력 | 傾ける 기울이다, 들이다, 집중하다 | 案外 의외로 | 合理的

합리적 | 有効な 유효한, 효과적인 | 方法 방법 | 集中 집중 | 発見 발견 | 重要な 중요한 | 出会う 우연히 만나다, 마주치다 | 可能性 가능성 | 確かめる 확인하다

26 합리적이고, 효과적인 방법이라는 것은, 무엇을 위한 방법인가?

1 사회에 나가 일하기 위한 방법

2 자신과 맞는 일인지 확인하기 위한 방법

3 집중해서 노력을 들이기 위한 방법

4 무언가 중요한 일과 만나기 위한 방법

정답 **2**

해설 밑줄이 있는 문장을 보면, '어떤 일을 하게 됐을 때 노력하는 것은 합리적이고 효과적인 방법이라고 생각한다(～と思います)'라고 끝을 맺고 있다. 그리고 바로 이어서 '노력하지 않으면 그 일이 자신과 맞는지 알 수 없기 때문이다(～からです)'라고 하며 노력하는 것이 왜 합리적이고 효과적인 방법인지에 대한 이유를 설명하고 있다. 따라서 정답은 2번이다.

---

(4) 문제편 325p

> 우리 집은 모자 가정입니다. 제가 태어난 직후, 아버지는 병으로 돌아가셨습니다. 엄마는 저보다 여섯 살 위인 형과 태어난 지 얼마 안 된 저를 여자 혼자 힘으로 키워 주셨습니다. 저는 초등학교 5학년 즈음부터 엄마를 도와드리게 되었습니다. 아침 등교 전에 세 명분의 빨래를 널거나 쓰레기를 버리러 가거나 했습니다. (중략) 어렸을 때는 집안일을 돕지 않아도 되는 친구들을 부러워했지만, 지금은 어릴 때부터의 경험으로 인해, 친구들에게는 없는 가사 능력이 붙었다는 것을 어머니께 감사하고 있습니다.
>
> (아카시 메구미 『모두의 광장―가슴에 울리는 어머니의 '고마워'』 마이니치 신문 2021년 3월 28일)

단어 母子家庭 모자 가정, 한 부모(여기에서는 어머니) 가정 | 直後 직후 | 病気 병, 질병 | 亡くなる 죽다 | ～たばかりの ～한 지 얼마 안 된 | 女手一つで 여자 혼자 힘으로 | 育てる 키우다, 기르다 | 手伝い 도와(거들어) 줌, 심부름 | 登校 등교 | 洗濯物 세탁물 | 干す 말리다, (빨래 등을) 널다 | 捨てる 버리다 | うらやましがる 부러워하다 | 経験 경험 | ～によって ～으로 인해서 | 家事 가사, 집안일, 살림살이 | 力がつく 힘·능력·실력이 붙다 | 感謝 감사 | 優しい 상냥하다 | 厳しい 엄격하다 | 上手だ 능숙하다, 잘하다 | おかげだ 덕분이다

27 이 글을 쓴 사람은 어머니에 대해 어떻게 생각하고 있는가?

1 어렸을 때부터 언제나 집안일을 가르쳐 준 상냥한 어머니이다.

2 학교에 가기 전에도 (집안일을) 돕게 한 엄격한 어머니이다.

3 남들보다 능숙하게 집안일을 할 수 있게 된 것은 어머니 덕분이다.

4 모자 가정에서 일도 집안일도 혼자서 하고, 두 명의 아이를 키운 불쌍한 어머니이다.

정답 **3**

해설 어머니에 대한 생각은 글 마지막 부분에 나온다. '집안일을 잘할 수 있게 되어 어머니에게 감사하고 있습니다(家事の力がついていることを母に感謝しています)'라고 말하므로, 같은 의미인 선택지 3번 '집안일을 잘하게 된 것은 어머니 덕분이다'가 정답이다.

問題5　다음 (1)에서 (2)의 글을 읽고 질문에 답하세요. 답은 1・2・3・4에서 가장 적당한 것을 하나 고르세요.

(1)

문제편 326p

2020년 7월 1일부터 슈퍼마켓이나 편의점에서의 비닐봉지 유료화가 시작되었다. 이는 플라스틱 쓰레기 문제에 대한 의식을 높이고, 한 명 한 명의 생활 스타일을 바꿈으로써 환경 문제를 조금이라도 개선하기 위함이다.

2020년 3월의 조사에서는 일주일간 비닐봉지를 사용하지 않았다고 하는 사람이 약 30%였지만 11월에 10~70대까지의 남녀 2,100명에게 같은 조사를 실시한 결과, '최근 일주일 이내에 물건을 산 가게에서 비닐봉지를 받았는가?'라는 질문에 약 70%의 사람이 '받지 않았다'라고 대답했다. 그중에서도 60대 이상의 사람에게서는 80%를 넘는 결과가 나왔다.

더 나아가 '플라스틱 쓰레기 문제에 대한 관심이 높아졌는가?'라는 질문에 대해서는 '원래 의식 높게 행동하고 있었다' 27.4%, '높아져서 행동이나 의식에 변화가 있었다' 29.5%, '높아졌지만 행동이나 의식에 변화는 없다' 21.1%, '높아지지 않았다' 22.0%라는 결과가 나왔다.

단어　コンビニ 편의점 | レジ袋 (계산대에서 담아 주는) 비닐봉지, 비닐 봉투 | 有料化 유료화 | プラスチック 플라스틱 | 意識 의식 | 高める 높이다 | 環境 환경 | 調査 조사 | 男女 남녀 | 行う 행하다, 실시하다 | もらう 받다 | 超える 초과하다, (기준을) 넘다 | 結果 결과 | さらに 더욱 더 | 関心 관심, 흥미 | 高まる 높아지다 | もともと 원래 | 行動 행동 | 変化 변화 | 質 질 | なくす 없애다 | ～に関する ～에 관한 | 使用状況 사용 상황 | 問う 묻다 | 効果 효과 | 増える 늘다, 증가하다

28　비닐봉지의 유료화가 시작된 것은 무엇 때문인가?

1 플라스틱 쓰레기에 대한 의식과 행동을 바꾸기 위해
2 슈퍼마켓이나 편의점의 쓰레기 봉투의 질을 개선하기 위해
3 플라스틱 쓰레기를 내놓는 가게를 없애기 위해
4 환경 문제를 개선하기 위한 돈을 마련하기 위해

정답　**1**

해설　밑줄 바로 뒷 문장에서 '이는 플라스틱 쓰레기 문제에 대한 의식을 높이고~환경 문제를 조금이라도 개선하기 위함이다(これはプラスチックごみの問題に対する意識を高め～環境問題を少しでも良くするためだ)'라고 유료화의 이유를 밝히고 있으므로 정답은 1번이다.

29　2020년 11월에 실시된 것은 어떤 조사인가?

1 비닐봉지를 사용하는 이유에 관한 조사
2 비닐봉지를 사용하지 않는 이유에 관한 조사
3 비닐봉지 사용 상황의 변화에 관한 조사
4 비닐봉지에 대한 관심을 묻는 조사

정답　**3**

해설　전체 글의 첫 번째 문장에서 '슈퍼마켓이나 편의점에서 2020년 7월부터 비닐봉지 유료화가 시작되었다'고 한 후, 두 번째 단락에서는 유료화 전인 3월의 '비닐봉지를 사용하지 않았다'라는 조사 결과와 유료화 후인 11월에 '비닐봉지를 가게에서 받지 않았다'라는 조사 결과, 즉 '비닐봉지 사용량의 변화' 조사 결과에 대해 이야기하고 있다. 따라서 정답은 3번이다.

30 이 글에서 알 수 있는 것은 무엇인가?

1 비닐봉지의 유료화는 효과가 없었다.

2 비닐봉지가 유료화 된 후의 일주일만 효과가 있었다.

3 비닐봉지의 유료화로 인해 플라스틱 쓰레기에 대한 관심이 높아졌다.

4 비닐봉지가 유료화 되어도 계속 사용하는 사람이 늘었다.

정답 **3**

해설 필자는 '슈퍼나 편의점에서의 비닐봉지 유료화'를 기점으로, '유료화 전후의 사용량의 변화'를 조사 결과를 통해 말한 후, 마지막으로 '유료화가 플라스틱 쓰레기 문제에 대한 관심으로 이어졌는지'에 대해 이야기하고 있다. 마지막 단락을 보면 전체적으로 '관심이 높아졌다'는 응답의 비율이 높으므로 정답은 3번이다.

---

(2) 문제편 328p

75세인 A씨와 찻집에 갔다. 가게 사람이 주문을 실수한 것을 알았을 때, 그때까지 조용히 이야기하던 A씨가 갑자기 큰소리로 화를 내기 시작했다. ①나는 매우 놀랐다. 최근 A씨처럼 평소에는 온화한 노인이 갑자기 화를 내는 등의 일이 늘었다고 한다.

나이를 먹으면 몸과 함께 뇌도 (주1)쇠퇴한다. 특히 뇌의 앞쪽은 쇠퇴하기 쉽다는 것이 판명되었다. 그러면 젊었을 때는 '이 이상 화를 내면 안 된다'며 참을 수 있었던 일을 참을 수 없게 된다. ②이것은 빠르면 40대부터 시작되는 듯하다.

또한, 뇌의 앞쪽은 (주2)의욕이나 (주3)발상력에도 관계하기 때문에 쇠퇴하면 자신이 자주 가는 가게밖에 가지 않는다. 같은 작가의 책만 읽는 등의 행동을 하는 경우도 있다. 그렇기 때문에 ③나이가 들고 나서는 새로운 일에 도전하는 것이 좋다고 한다.

(주1) 쇠퇴하다: 그 힘이 감소하거나 약해지다

(주2) 의욕: 적극적으로 하려고 하는 마음

(주3) 발상력: 다양한 것을 생각해 낼 수 있는 힘

단어 喫茶店(きっさてん) 찻집 | 注文(ちゅうもん) 주문 | 間違(まちが)える 실수하다, 틀리다 | 静(しず)かに 조용히 | 突然(とつぜん) 갑자기 | 大声(おおごえ) 큰 목소리, 큰소리 | 怒(おこ)り始(はじ)める 화내기 시작하다 | 驚(おどろ)く 깜짝 놀라다 | 普段(ふだん) 평소 | 穏(おだ)やかな 온화한 | お年寄(としよ)り 노인, 어르신 | 怒(おこ)り出(だ)す 갑자기 화를 내기 시작하다 | 年(とし)を取(と)る 나이가 들다 | 脳(のう) 뇌 | 前側(まえがわ) 앞쪽, 앞부분 | 若(わか)い 젊다 | 我慢(がまん)する 참고 견디다 | 早(はや)い (시간이) 빠르다 | 関係(かんけい) 관계 | ～しか～ない ~밖에 ~않다 | 作家(さっか) 작가 | ～といった ~라고 하는, ~와 같은 | 行動(こうどう) 행동 | 挑戦(ちょうせん) 도전 | 減(へ)る 줄다, 감소하다 | 弱(よわ)い 약하다 | 積極的(せっきょくてき) 적극적 | さまざまな 다양한 | 思(おも)いつく 생각이 떠오르다 | あやまる 사과하다 | 繰(く)り返(かえ)し 반복, 되풀이 | 面白(おもしろ)い 재미있다 | ～とともに ~와 함께, 더불어

31 ①나는 매우 놀랐다고 하는데, 이 글을 쓴 사람은 어떤 마음이었는가?

1 왜 A씨는 그렇게 화를 내는 것일까.

2 왜 A씨는 목소리가 큰 것일까.

3 왜 가게 사람은 주문을 실수한 것일까.

4 왜 가게 사람은 사과하지 않는 것일까.

정답 **1**

해설 밑줄 바로 앞의 '그때까지 온화하게 이야기하던 A씨가 갑자기 큰소리로 화를 내기 시작했다(それまで～大声(おおごえ)で怒(おこ)りはじめた)'라는 문장에서 답을 유추할 수 있다. 정답은 1번이다.

32 ②이것이라고 하는데, 무엇을 가리키는가?

1 나이를 먹는 것
2 옛날에는 참을 수 있었던 일을 참을 수 없게 되는 것
3 주문을 틀렸다고 큰소리를 내는 것
4 화를 내서는 안 된다고 생각하는 것

정답 **2**

해설 독해에서 지시어 문제는 자주 출제되므로 풀이 요령을 파악해야 한다. 글에서 앞부분에 나온 것을 가리킬 때에는 보통「それ」를 사용하지만, 이번 문제처럼 중요한 사항이나 필자인 '나'와 가까운 관계에 있음을 강조할 때는「これ」를 사용하기도 한다는 점을 꼭 기억해 두자.「これ」가 가리키는 것은 바로 앞 문장에 나오는 내용인 2번이다.

33 이 글을 쓴 사람은, 왜 ③나이가 들고 나서는 새로운 일에 도전하는 편이 좋다고 생각하는가?

1 화를 내고 싶을 때 참지 않도록 하기 위해
2 같은 일을 반복할 수 있도록 하기 위해
3 새로운 가게나 재미있는 책을 많이 발견하기 위해
4 의욕이나 발상력이 쇠퇴되지 않게 하기 위해

정답 **4**

해설 마지막 단락의 내용을 정리하면 '뇌의 앞부분이 쇠퇴→의욕·발상력 저하→익숙한 행동만 한다(같은 가게에 가거나 같은 작가의 책만 읽는다)'가 된다. 따라서 '새로운 일에 도전'하면 반대의 흐름, 즉 '새로운 도전→의욕→발상력 향상→뇌의 쇠퇴 예방'으로 이어진다고 유추할 수 있다. 정답은 4번이다.

問題6 다음 글을 읽고 질문에 답하세요. 답은 1・2・3・4에서 가장 적당한 것을 하나 고르세요. 문제편 330p

최근 반려동물로 토끼를 키우는 사람이 늘고 있다. 토끼는 개나 고양이처럼 여러 가지 울음소리를 내거나 풍부한 표정으로 주인에게 응석을 부리거나 하지 않기 때문에 ①감정을 알기가 어렵다고 생각할지도 모르지만, 토끼에게도 감정은 있다. 토끼의 행동을 관찰함으로써 그 감정을 알 수 있다.

예를 들면 토끼가 방 안에서 놀고 있을 때, 장난감에 턱을 대고 있는 것을 본 적은 없는가? 그것은 '이건 내 것이다'라고 주장하는 때이다. 주인인 당신에게 턱을 대는 경우도 있을 것이다. 토끼의 턱 아래에서는 냄새가 나오기 때문에, 마음에 드는 물건이나 장소에 그 냄새를 묻히는 것이다.

또한 토끼가 뒷다리로 지면을 두드리는 경우가 있다. 이것은 '위험하니까 도망쳐'라는 의미이다. 이렇게 해서 동료에게 위험을 알린다. 만약 주위에 위험한 것이 없는데도 같은 동작을 한다면 화를 내고 있을지도 모른다. 이빨을 보일 때는 '오지 마. 만지지 마'라는 의미이다. 이런 때는 토끼를 만지고 싶어도 그만두는 편이 좋다. ②물릴지도 모르니까.

이처럼 토끼의 행동에는 각각 의미가 있다. ③그것은 토끼가 원래부터 가지고 있는 본능일지도 모르고, 당신에게밖에 보여주지 않는 신호일지도 모른다. 매일 관찰하면 토끼의 변화를 깨닫고, 병이나 부상을 예방하는 계기가 될 것이다.

단어 ペット 반려동물 | うさぎ 토끼 | 飼(か)う 기르다 | 犬(いぬ) 개 | 猫(ねこ) 고양이 | 鳴(な)き声(ごえ) 우는 소리 | 表情(ひょうじょう) 표정 | 豊(ゆた)かな 풍부한 | 飼(か)い主(ぬし) 가축·반려동물 등을 기르는 사람 | 甘(あま)える 응석을 부리다 | 感情(かんじょう) 감정 | 観察(かんさつ) 관찰 | おもちゃ 장난감 | あごをつける 턱을 괴다, 턱을 대다 | 主張(しゅちょう) 주장 | におい 냄새 | 気(き)に入(い)る 마음에 들다 | つける 묻히다, 붙이다 | 地面(じめん) 지면 | たたく 두드리다 | 危(あぶ)ない 위험하다 | 逃(に)げる 도망치다 | 仲間(なかま) 동료 | 危険(きけん) 위험 | 知(し)らせる 알리다 | もし 만약 | 動作(どうさ) 동작 | 歯(は) 이빨, 치아 | 触(さわ)る 만지다 | 意味(いみ) 의미 | かむ 물다 | それぞれ 각각 | もともと 원래 | 本能(ほんのう) 본능 | ～しか ～ない

~밖에 ~않다 | 変化 변화 | ~に気づく ~을 알아차리다, 깨닫다 | ケガ 부상 | 予防 예방 | きっかけ 계기 | 状態 상태 | 親密だ 친밀하다 | コミュニケーションを取る 의사소통을 하다

34 토끼의 ①감정을 아는 것은 어려운 것은 어째서인가?

1 토끼는 감정을 보여주지 않으려고 하고 있기 때문에

2 개나 고양이처럼 울음소리나 표정을 볼 수 없기 때문에

3 놀 때는 언제나 턱을 무언가에 대고 있는 상태이기 때문에

4 언제나 주인을 다가올 수 없게 하기 때문에

정답 **2**

해설 밑줄 바로 앞부분에 이유를 나타내는「~ので」가 있다는 것에 주목해야 한다. '개나 고양이처럼 여러 가지 울음소리를 내거나 풍부한 표정으로 주인에게 응석을 부리거나 하지 않기 때문에(犬や猫のように、いろいろな鳴き声を出したり、表情豊かに飼い主に甘えたりしないので)'라고 하므로 정답은 2번이다.

35 ②물릴지도 모른다고 되어 있는데, 어째서인가?

1 뒷다리로 지면을 두드리고 있기 때문에

2 동료에게 위험을 알리고 있기 때문에

3 '도망쳐'라고 신호를 보내고 있기 때문에

4 '오지 마'라고 신호를 보내고 있기 때문에

정답 **4**

해설 밑줄 바로 앞 문장에서 '(토끼가) 이를 드러낼 때는「오지 마. 만지지 마」의 의미(歯を見せるときは、「来るな。触るな」という意味)'라고 설명하고 있다. 따라서 정답은 4번이다.

36 ③그것이라고 하는데, 무엇을 가리키는가?

1 토끼의 행동

2 토끼의 본능

3 토끼의 관찰

4 토끼의 변화

정답 **1**

해설 '그것'이 가리키는 것은 바로 앞 문장의 '토끼의 행동이 가지는 제각각의 의미'이다. 첫 단락에서 필자는 '토끼의 행동을 통해 토끼의 감정을 알 수 있다'고 언급한 후,「例えば 예를 들면」과「また 또한」 이후에 '토끼의 구체적인 행동과 그 의미'를 상세히 설명하고 있다. 밑줄이 있는 단락의 맨 처음에 나오는「このように 이처럼」는 앞서 나온 내용을 요약·정리할 때 쓰는 표현이다. 따라서 글의 흐름으로 볼 때 그것이 가리키는 것은 '토끼의 행동'이다.

37 이 글을 쓴 사람은 토끼를 기르는 일에 대해 어떻게 생각하고 있는가?

1 개나 고양이처럼 울지 않기 때문에 토끼의 감정을 아는 것은 어렵다.

2 토끼의 행동과 마음을 생각하면 친밀한 의사소통을 할 수 있다.

3 토끼의 냄새나 이빨의 상태로부터 병이나 부상을 예방할 수 있다.

4 토끼의 신호는 주인에게만 보여주는 것이기 때문에 잘 관찰해야만 한다.

정답 **2**

해설 글의 마지막 두 줄에서 답을 유추할 수 있다. 토끼의 변화를 관찰하면 토끼의 감정을 이해할 수 있고, 이를 의사소통이라고 다르게 표현하고 있는 2번이 정답이다. 본문에서 「親密(しんみつ)なコミュニケーションがとれる 친밀한 의사소통을 할 수 있다」와 똑같은 표현을 사용하고 있지 않아서 어렵게 느껴질 수 있지만, 장문 독해 문제에서는 이처럼 유추를 요하는 문제가 거의 매번 출제되므로 문제 유형에 익숙해질 필요가 있다. 선택지 1번의 「うさぎの感情(かんじょう)を知(し)るのは難(むずか)しい」, 3번의 「においや歯(は)の状態(じょうたい)」, 4번의 「飼(か)い主(ぬし)だけに見(み)せるものだから」라는 부분은 본문 내용과 맞지 않아 답이 될 수 없다.

問題 7　오른쪽 페이지의 글은 구인 광고입니다. 이것을 읽고 질문에 답하세요. 답은 1・2・3・4에서 가장 적당한 것을 하나 고르세요.

문제편 332p

38 하루 씨(17세)는 아르바이트를 찾고 있다. 오후나 밤에 일하고 싶다. 하루 씨가 일할 수 있는 요일은 다음 중 언제인가?

1 월요일과 수요일
2 화요일과 토요일
3 수요일과 일요일
4 목요일과 일요일

정답 **3**

해설 이 문제에서 주어진 조건은 '하루 씨의 나이가 17세'라는 것과 '오후나 밤 시간대를 희망한다'라는 두 가지이다. ①의 화요일과 토요일은 시간대가 맞지 않아 답이 될 수 없으며, ③은 월요일부터 토요일까지 일할 수 있지만 자격 요건에 18세 이상만 일할 수 있다고 나와 있으므로 답이 될 수 없다. 즉 ②의 수요일과 일요일의 아르바이트만 가능하다.

39 이 가게에서 일할 수 있는 사람은 누구인가?

1 경험이 있는 주부. 화요일과 토요일에 9시부터 12시까지 일할 수 있다.
2 경험이 없는 대학생. 토요일에 오후 10시부터 다음 날 2시까지 일할 수 있다.
3 경험이 있는 고등학생. 수요일의 오후 3시부터와 토요일 12시까지는 일할 수 있다.
4 경험이 없는 대학생. 화요일, 수요일, 목요일 밤에 일할 수 있다.

정답 **4**

해설 선택지 1 번의 화요일과 토요일은 일할 수 있는 시간대가 맞지 않으며, 2번은 토요일부터 일요일에 걸쳐 일하게 되므로 근무일이 맞지 않는다. 또한 수요일은 오후 1시부터 5시까지만 일을 할 수 있으므로 3번의 시간대 역시 잘못되었다. 따라서 정답은 4번이다.

단어 募集(ぼしゅう) 모집 | 経験(けいけん) 경험 | 問(と)わない 묻지 않는다, 상관하지 않는다 | レジ 계산대, 레지시터의 준말 | 勤務日(きんむび) 근무일 | 時給(じきゅう) 시급 | 翌(よく)〜 다음〜 | お気軽(きがる)に 부담 없이, 편하게 | 相談(そうだん) 상담, 상의, 의논 | 資格(しかく) 자격 | 待遇(たいぐう) 대우 | 交通費(こうつうひ) 교통비 | 支給(しきゅう) 지급 | 制服(せいふく) 제복, 유니폼 | 貸(か)す 빌려주다 | 自転車(じてんしゃ) 자전거 | 通勤(つうきん) 통근, 출퇴근 | 研修(けんしゅう) 연수 | 応募方法(おうぼほうほう) 응모 방법 | 面接(めんせつ) 면접 | 履歴書(りれきしょ) 이력서 | 持参(じさん) 지참 | 問(と)い合(あ)わせ 문의

하나우사기 스태프 모집

경험은 상관없습니다!

◇◇

업무: 계산, 청소 등

시간	근무일	시급
① 8:00 ~ 13:00	화 혹은 토	950엔
② 13:00 ~ 17:00	수 혹은 일	고등학생 850엔
③ 22:00 ~ 다음 날 2:00	월 ~ 토	1,200엔

※ 시간, 요일은 편하게 상담해 주세요.

자격: 주 2일 이상, 하루 4시간 이상 근무할 수 있는 분
③은 18세 이상

대우: 교통비 지급
- 유니폼 빌려드립니다. 자전거 통근 가능
- 2주간 연수가 있습니다.

응모 방법: 전화주세요.
- 면접에는 이력서를 지참해 주세요.

◇◇

하나우사기
문의 888-999-0000

問題 1　문제 1에서는 우선 질문을 들으세요. 그리고 이야기를 듣고 문제지의 1에서 4 중에서 가장 적당한 것을 하나 고르세요. 그럼 연습해 봅시다.

れい　099_01

문제편 336p

会社で男の人と女の人が話しています。女の人はこのあとまず何をしますか。

男　田中さん、来週の食事会、どこでするか決めた？

女　いいえ、まだなんです。安くておいしい店を探しているんですが。

男　予約は早めにしといたほうがいいと思うよ。人数は全部で何人ぐらいになりそう？

女　それが店の場所が決まらないと、出席できるかどうかわからないって言う人も何人かいて…。

男　だから早くしないと。

女　すみません。

男　佐藤部長は食事会に来られるのかな。

女　はい。来るっておっしゃっていました。

男　そう？ じゃ、早く決めてみんなにメール送っておいてね。

女　はい。わかりました。

女の人はこのあとまず何をしますか。

1　食事会をする店を予約する
2　出席する人数を確認する
3　佐藤部長に連絡する
4　みんなにメールを送る

最もよいものは１番です。解答用紙の問題１のれいのところを見てください。最もよいものは１番ですから、答えはこのように書きます。では始めます。

회사에서 남자와 여자가 이야기하고 있습니다. 여자는 이다음 우선 무엇을 합니까?

남　다나카 씨, 다음 주 식사 모임 어디서 할지 정했어?

여　아니요. 아직입니다. 저렴하고 맛있는 가게를 찾고 있는데요.

남　예약은 빨리 해 두는 편이 좋을 것 같아. 인원수는 전부 몇 명 정도 될 것 같아?

여　그게 가게 장소가 정해지지 않으면 참석할 수 있을지 어떨지 알 수 없다고 하는 사람이 몇 명인가 있어서….

남　그러니까 빨리 해야 해.

여　죄송합니다.

남　사토 부장님은 식사 모임에 오시는 건가?

여　네. 온다고 말씀하셨습니다.

남　그래? 그럼 빨리 정해서 모두에게 메일을 보내 둬.

여　네. 알겠습니다.

여자는 이다음 우선 무엇을 합니까?

1　식사 모임을 할 가게를 예약한다
2　참석하는 인원수를 확인한다
3　사토 부장님께 연락한다
4　모두에게 메일을 보낸다

가장 적당한 것은 1번입니다. 답안지의 문제 1의 예 부분을 보십시오. 가장 적당한 것은 1번이므로 답은 이렇게 적습니다. 그럼 시작하겠습니다.

정답　1

단어　食事会 식사 모임 | 店 가게 | 探す 찾다 | 予約 예약 | 早めに 빨리, 일찌감치 | ～しとく ～해 두다(「～しておく」의 준말) | 人数 인원수 | 決まる 결정되다 | 出席 출석, 참석 | おっしゃる 말씀하시다(「言う 말하다」의 존경어) | 確認 확인 | 連絡 연락 | 送る 보내다

해설 남자가 식사 모임 장소를 정했는지 묻자 여자는 아직 가게를 찾고 있다고 하고, 참가 인원수는 '장소가 정해지지 않으면(場所が決まらないと) 알 수 없다'고 한다. 이에 남자는 여자에게 '그러니까 빨리 해야 한다(だから早くしないと)'라고 말하므로, 대화 후에 여자가 가장 먼저 해야 할 일은 1번 '식사 모임을 할 가게를 찾아 예약하는 것'이다.

1ばん 099_02 문제편 337p

男の人と女の人が話しています。女の人はこれから何をしますか。

남자와 여자가 이야기하고 있습니다. 여자는 이제부터 무엇을 합니까?

女 来週のパーティーの準備、進んでる？

男 うん。料理はリンさんが作ってくれるし、飲み物は前日にみんなで買いに行く予定。

女 プレゼントは？

男 デパートで注文しておいたよ。今日取りに行くつもり。

女 そう？じゃあ、あとは部屋に飾るお花だけね。

男 あ、花のこと忘れてた。

女 ちょっと。じゃあ、私が今から電話するよ。

男 いや、僕がするよ。花屋に知り合いがいるから。

女 そう？じゃ、私がプレゼント取りに行こうか。

男 あ、そうだね。よろしく。

여 다음 주(에 하는) 파티 준비, 잘 진행되고 있어?

남 응. 요리는 린 씨가 만들어 줄 거고, 음료는 전날 다 같이 사러 갈 예정(이야).

여 선물은?

남 백화점에서 주문해 두었어. 오늘 가지러 갈 거야.

여 그래? 그럼 남은 건 방에 장식할 꽃뿐이네.

남 앗, 꽃은 잊고 있었네.

여 참 나. 그럼 내가 지금 전화할게.

남 아니야, 내가 할게. 꽃집에 지인이 있으니까.

여 그래? 그럼, 내가 선물을 가지러 갈까?

남 어, 그렇네. 부탁할게.

女の人はこれから何をしますか。

1 飲み物を買う
2 デパートに行く
3 花を飾る
4 花屋に電話する

여자는 이제부터 무엇을 합니까?

1 음료를 산다
2 백화점에 간다
3 꽃을 장식한다
4 꽃집에 전화한다

정답 2

단어 準備 준비 | 進む 진행되다, 나아가다 | 料理 요리 | 前日 전날, 일전 | 予定 예정 | 取りに行く 가지러 가다 | ～つもりだ ～할 예정이다, 작정이다 | 飾る 장식하다, 꾸미다 | 花屋 꽃집 | 知り合い 지인, 아는 사람

해설 과제(해야 하는 일)의 수행자와 행위가 이루어지는 시점을 듣고 메모하면서 이야기의 흐름에 따라 선택지를 체크하는 연습을 해야 한다. 음료를 사는 것은 파티 전날 할 예정이고, 꽃을 장식하는 시점은 정확히 언급하고 있지 않다. 꽃집에 전화하는 것은 여자가 아닌 남자가 하겠다고 말하고 있으므로 답이 될 수 없다. 따라서 정답은 2번이다.

2ばん 099_03

문제편 337p

先生と学生が話しています。学生はいつレポートを出しますか。

女 あの、先生。今日締め切りのレポートを忘れてしまったんですが、明日出してもいいですか。

男 仕方がありませんね。でも、火曜日は私は大学に来ないんですよ。

女 ああ、そうなんですか。先生が大学にいらっしゃるのは月曜日と木曜日だけですか。

男 そうですが、今週の木曜日は特別授業で、別の学校に行くんです。

女 そうですか。では、メールで送ってもいいですか。

男 メールはダメです。明後日の午後、資料を取りに来るので、その時に出してください。

女 わかりました。では、明後日の午後、先生の研究室に伺います。ありがとうございます。

学生はいつレポートを出しますか。

1 月曜日
2 火曜日
3 水曜日
4 木曜日

선생님과 학생이 이야기하고 있습니다. 학생은 언제 리포트를 제출합니까?

여 저, 선생님. 오늘이 마감인 리포트를 잊어버렸는데요, 내일 제출해도 될까요?

남 어쩔 수 없네요. 하지만 화요일에는 나는 대학에 오지 않아요.

여 아, 그렇습니까? 선생님께서 대학에 오시는 것은 월요일과 목요일뿐인가요?

남 그렇습니다만 이번 주 목요일은 특별 수업 때문에 다른 학교에 갑니다.

여 그렇습니까? 그럼 메일로 보내도 될까요?

남 메일은 안 됩니다. 모레 오후에 자료를 가지러 오니까, 그때 제출해 주세요.

여 알겠습니다. 그럼 모레 오후, 선생님의 연구실로 찾아뵙겠습니다. 감사합니다.

학생은 언제 리포트를 제출합니까?

1 월요일
2 화요일
3 수요일
4 목요일

정답 **3**

단어 レポート 리포트, 보고서 | 出す 내다, 제출하다 | 締め切り 마감 | 仕方がない 어쩔 수 없다 | いらっしゃる 가다(行く)·오다(来る)·있다(いる)의 존경어 | 特別 특별 | 授業 수업 | 別の 다른, 별도의 | 送る 보내다 | 明後日 모레 | 資料 자료 | 研究室 연구실 | 伺う 찾아뵙다, 삼가 듣다, 여쭙다(「訪れる 방문하다」·「聞く 묻다」의 겸양어)

해설 이 문제처럼 오늘이 무슨 요일인지 분명하게 말하지 않는 문제가 종종 출제된다. 따라서 오늘이 무슨 요일(혹은 며칠)인지를 파악하여 정답을 유추해야 한다. 학생이 리포트를 내일 제출하겠다고 하자 선생님은 화요일에는 학교에 오지 않는다고 답한다. 따라서 오늘이 월요일이라는 것을 알 수 있다. 오늘을 기준으로 '모레'는 수요일이므로 정답은 3번이다.

3ばん 099_04

문제편 338p

男の人と女の人がバスの時刻表を見て話しています。二人は何時のバスに乗りますか。

男 バス、6時28分が始発かあ。明日はそんなに早くなくていいよね。

女 えっと、飛行機が10時45分で、1時間前に着いたらいいから、9時半に空港だね。駅から空港までは50分だから、8時半くらいのに乗ったらいいよね。

男 そうだね…。じゃ、7時26分のバスに乗らない？

女 え？早すぎるでしょ。ここから本町駅までバスで15分くらいよ。8時12分でいいんじゃない？

男 うん、でも、バスは遅れることもあるし、電車の駅もホームがたくさんあるから歩くと時間がかかるよ。もう少し早いほうがいいよ。

女 じゃあ、58分？

男 いや、それより1本早いのにしよう。荷物も多いし、走るのいやだし。

女 えっ、じゃあ、早起きしなきゃ。

二人は何時のバスに乗りますか。

1 6：28
2 7：48
3 7：58
4 8：12

時刻	月曜日 ～ 金曜日
6	28 57
7	11 26 35 48 58
8	12 26 43 55
9	11 24 32 45 54

남자와 여자가 버스 시간표를 보고 이야기하고 있습니다. 두 사람은 몇 시 버스를 탑니까?

남 버스, 6시 28분이 첫차네. 내일은 그렇게 이르지 않아도 되겠지?

여 음, 비행기가 10시 45분이고 한 시간 전에 도착하면 되니까, 9시 반에 공항이네. 역에서 공항까지 50분이니까 8시 반 정도에 타면 되겠다.

남 그렇네…. 그럼 7시 26분 버스를 타지 않을래?

여 응? 너무 이르잖아. 여기서 혼마치역까지 버스로 15분 정도야. 8시 12분이면 되지 않아?

남 음, 그렇지만 버스는 늦는 경우도 있고, 전철역도 플랫폼이 많이 있어서 걸으면 시간이 걸릴 거야. 조금 더 이른 편이 좋아.

여 그럼 58분?

남 아니, 그것보다 하나 더 이른 것으로 하자. 짐도 많고, 달리는 것도 싫고.

여 앗, 그럼 빨리 일어나야겠네.

두 사람은 몇 시 버스를 탑니까?

1 6：28
2 7：48
3 7：58
4 8：12

시간	월요일 ～ 금요일
6	28 57
7	11 26 35 48 58
8	12 26 43 55
9	11 24 32 45 54

정답 **2**

단어 時刻表 시간표 | 始発 첫차, 처음으로 출발함 | 着く 도착하다 | 空港 공항 | 遅れる 늦어지다 | ホーム 플랫폼(プラットホーム의 준말) | 時間がかかる 시간이 걸리다 | ～本(ほん·ぼん·ぽん) ～편, 병, 그루(가늘고 긴 것 을 셀 때 사용하는 조수사) | 荷物 짐 | 早起き 일찍 일어남

해설 공항까지 가는 과정은 '집 → 버스 정류장 → 혼마치역 → 공항'이며, 두 사람은 혼마치역으로 가는 몇 시 버스를 탈 것인지에 대해 이야기하고 있다. 여자가 8시 12분 버스를 타자고 제안하지만, 이에 남자는 더 이른 것을 타자고 말하고 여자는 이를 받아들여 7시 58분을 다시 제안한다. 그러나 남자의 마지막 대사를 보면 '그보다 하나 더 빠른 것(それより1本早いの)'으로 하자고 하므로 정답은 2번이다.

문제편 339p

男の人と女の人が話しています。二人はどこへ行きますか。

女　今度の連休、どうする？

男　4日も休みがあるからね。山でキャンプとか、どう？自然の中で肉焼いて食べたり…。

女　いいね。あ、でも、この前行ったとき、虫に刺されてひどい目にあったよね。

男　ああ、あれはつらかった。そうだね。じゃあ、海に釣りに行くのは？

女　私、釣りはあんまり好きじゃないな。

男　そう？ じゃあ、映画でも観に行こうか。ショッピングセンターに新しい映画館できたよね。

女　ああ、あそこね。一回行ってみたかったんだ。でも、今おもしろそうな映画やってないし…。あ、公園でたくさん遊ぶのは？ バドミントンしたり、自転車に乗ったり。

男　え？ 公園なんていつでも行けるじゃない。4日も休みなんだよ？

女　そうだね。じゃあ、やっぱりキャンプかな。虫には注意して。

男　うん、そうしよう。

二人はどこへ行きますか。

1 山
2 海
3 ショッピングセンター
4 公園

남자와 여자가 이야기하고 있습니다. 두 사람은 어디에 갑니까?

여　이번 연휴, 어떻게 할까?

남　4일이나 휴일이 있으니까 산에서 캠핑 같은 건 어때? 자연 속에서 고기를 구워 먹는다든지….

여　좋네. 앗, 하지만 이전에 갔을 때 벌레에 물려서 고생했잖아.

남　아, 그거 괴로웠지. 그렇네. 그럼 바다에 낚시하러 가는 건?

여　나 낚시는 별로 좋아하지 않아서.

남　그래? 그럼 영화라도 보러 갈까? 쇼핑센터에 새로운 영화관이 생겼잖아.

여　아, 거기? 한번 가 보고 싶었어. 그런데 지금 재미있을 것 같은 영화 안 해서…. 아, 공원에서 실컷 노는 건? 배드민턴을 친다든지 자전거를 탄다든지.

남　응? 공원 같은 곳은 언제든지 갈 수 있잖아. 4일이나 쉰다고.

여　그렇지. 그럼 역시 캠핑인가? 벌레는 주의하고.

남　응, 그렇게 하자.

두 사람은 어디에 갑니까?

1 산
2 바다
3 쇼핑센터
4 공원

정답 1

단어 連休 연휴 | キャンプ 캠핑 | 自然 자연 | 肉 고기 | 焼く 굽다 | 虫に刺される 벌레에 물리다 | ひどい目にあう 호되게 당하다, 심한 일을 당하다 | つらい 괴롭다 | 釣り 낚시 | 観る 보다, 감상하다 | バドミントン 배드민턴 | 注意 주의

해설 이 문제처럼 모든 선택지의 내용을 한 번씩 차례대로 언급한 후에 마지막에 결정을 할 때는 「やっぱり 역시」라는 부사 뒤에 답을 이야기하는 경우가 많다. 남녀가 여러 번 대화를 주고받는 과정에서 답이 정해지지 않는다면 마지막 대사에서 부사어의 뒤를 잘 들어보자. 여자가 마지막 대사에서 '역시 캠핑인가?'라고 하고 남자도 이에 동의하고 있으므로 캠핑을 할 수 있는 '산', 즉 1번이 정답이다.

5ばん 099_06

문제편 339p

男の人と女の人が話しています。男の人は料理を作る前に何をしたほうがいいと言っていますか。

男 あれ？ 料理作るの？ めずらしいね。

女 友達においしい料理の作り方を聞いたから、今作ってるの。

男 へえ。見てていい？

女 いいよ。えっと、まずは玉ねぎとニンジンを小さく切って炒めて、そこに温かい牛乳を入れて…。

男 え、この牛乳、今冷蔵庫から出したよね。温めなくちゃ。

女 そうね。先に温めておいたらよかったな。で、肉を入れるんだけど… あっ！

男 今度は何？

女 肉に塩と胡椒をふったら、1時間おいてから使う、って書いてある。

男 ええっ、じゃあ、それを先にしないと！

女 もう、この作り方がわかりにくいんだって！

男 ていうか、まず作り方をしっかり読んでから始めないと。

男の人は料理を作る前に何をしたほうがいいと言っていますか。

1 玉ねぎとニンジンを小さく切る
2 牛乳を温める
3 肉に塩と胡椒をふる
4 作り方をよく読む

남자와 여자가 이야기하고 있습니다. 남자는 요리를 만들기 전에 무엇을 하는 편이 좋다고 말하고 있습니까?

남 어라? 요리 만들려고? 웬일이야?

여 친구한테 맛있는 요리를 만드는 방법을 들어서 지금 만들고 있어.

남 흠, 봐도 돼?

여 좋아. 음, 우선은 양파랑 당근을 작게 잘라서 볶고, 거기에 따뜻한 우유를 넣고….

남 앗, 그 우유 지금 냉장고에서 꺼낸 거지? 데워야지.

여 그렇네. 먼저 데워 둘 걸. 그리고, 고기를 넣는 건데… 앗!

남 이번에는 뭐야?

여 고기에 소금이랑 후추를 치고 한 시간 두었다가 사용한다, 라고 적혀 있어.

남 응? 그럼 그걸 먼저 해야지!

여 진짜, 이 만드는 방법이 알기 어렵단 말야!

남 그보다, 먼저 만드는 방법을 확실하게 읽고 나서 시작해야지.

남자는 요리를 만들기 전에 무엇을 하는 편이 좋다고 말하고 있습니까?

1 양파와 당근을 잘게 썬다
2 우유를 데운다
3 고기에 소금과 후추를 친다
4 만드는 방법을 잘 읽는다

정답 **4**

단어 めずらしい 드물다 | 玉ねぎ 양파 | ニンジン 당근 | 炒める 볶다 | 冷蔵庫 냉장고 | 温める 데우다 | 塩 소금 | 胡椒 후추 | ふる 뿌리다, 흔들다 | ます형 + にくい ~하기 어렵다, 불편하다 | しっかり 확실하게, 야무지게 | もう [부사] 이미, 벌써, [감탄사] 정말이지

해설 남자의 '그럼 그걸 먼저 해야지(じゃあ、それを先にしないと)'만 듣고 3번을 정답으로 고르지 않도록 주의해야 한다. 마지막에 '우선 만드는 방법을 정확하게 읽고 나서 시작해야 한다'라고 말하므로 정답은 4번이다. 이처럼 일의 순서를 묻는 문제는, 순서에 관계된 표현을 마지막까지 주의 깊게 들어야 한다. 순서 표현으로 자주 사용하는 「～てから ~한 후에」, 「～た後 ~한 후」, 「～たら ~하면」, 「もう ～た 이미 ~했다」, 「～ておいた ~해 두었다」 등을 잘 기억해 두자.

6ばん 099_07 문제편 340p

男の人と女の人が話しています。女の人は、この後どうしなければなりませんか。

女 あぁ、またエラー！もう、何がダメなんだろ。

男 どうしたの？

女 講座の申し込みをしたいんだけど、できなくて…。

男 入力する場所を間違えてるんじゃない？

女 ううん。ほら、ここに名前、ここに電話番号。学生番号もここでしょ？

男 そうだね…。あっ、これじゃない？メールアドレス。

女 メールアドレスは最初から入ってるの。

男 そっか…。じゃあ、学生番号が間違ってる？

女 ううん、それも何回も確かめた。

男 うん…。あっ、これだよ。漢字じゃなくて、カタカナで入れないとダメなんだよ。

女 えっ、あ、本当だ。カタカナか。

女の人は、この後どうしなければなりませんか。

1 正しい場所に入力する
2 名前をカタカナで入力する
3 メールアドレスを確かめる
4 学生番号を入力する

남자와 여자가 이야기하고 있습니다. 여자는 이다음 어떻게 해야 합니까?

여 아, 또 에러! 정말 뭐가 문제인 걸까.

남 왜 그래?

여 강좌 신청을 하고 싶은데 안 돼서….

남 입력하는 장소를 실수한 거 아니야?

여 아니야. 봐, 여기에 이름, 여기에 전화번호. 학생 번호도 여기잖아?

남 그렇네…. 앗, 이거 아니야? 메일 주소.

여 메일 주소는 처음부터 들어가 있어.

남 그래…. 그럼 학생 번호를 틀린 건가?

여 아니야, 그것도 몇 번이나 확인했어.

남 음…. 앗, 이거네. 한자가 아니라 가타카나로 입력하지 않으면 안 되네.

여 앗, 아, 진짜네. 가타카나구나.

여자는 이다음 어떻게 해야 합니까?

1 올바른 장소에 입력한다
2 이름을 가타카나로 입력한다
3 메일 주소를 확인한다
4 학생 번호를 입력한다

정답 **2**

단어 エラー 에러, 오류 | ダメだ 안 되다, 불가능하다, 못 쓰다 | 講座 강좌 | 申し込み 신청 | 入力 입력 | 場所 장소 | 間違える 잘못하다, 실수하다 | メールアドレス 메일 주소 | 最初 최초, 처음 | 確かめる 확인하다 | 漢字 한자

해설 여자가 강좌 신청을 하는데 계속 에러가 나고, 이에 대한 원인을 찾고 있다. 남자가 마지막에 '한자가 아니라 가타카나로 입력해야 해(漢字じゃなくて、カタカナで入れないと)'라고 하고 이에 여자도 '정말 그렇다'고 수긍하고 있다. 대화에서 무엇을 가타카나로 입력해야 하는지는 언급하고 있지 않지만 한자나 가타카나 입력이 가능한 항목은 이름뿐이며, 앞서 선택지 1, 3, 4번에는 문제가 없다고 말하고 있으므로 정답은 2번이다.

問題2　문제 2에서는 우선 질문을 들으세요. 그 후 문제지를 보세요. 읽을 시간이 있습니다. 그리고 이야기를 듣고 문제지의 1에서 4 중에서 가장 적당한 것을 하나 고르세요. 그럼 연습해 봅시다.

れい　099_08

문제편 341p

男の人と女の人が話しています。男の人はどうしていつもと雰囲気が違うのですか。

女　あれ？ どこか行くの？ いつもと雰囲気違うね。

男　うん、ちょっと東京まで。

女　へえ、なんで？ デート？

男　そんなんじゃないって。

女　じゃ、何？ 映画とか食事とかに行くんじゃないの？

男　いや、実は今日、好きな歌手のコンサートがあって。

女　へえ、いいな。

男　鈴木さんもよかったら今度一緒に行こうよ。楽しいよ。

女　本当？ じゃ、楽しみにするね。

男の人はどうしていつもと雰囲気が違うのですか。

1　デートがあるから
2　映画を見に行くから
3　食事をしに行くから
4　コンサートへ行くから

最もよいものは4番です。解答用紙の問題2のれいのところを見てください。最もよいものは4番ですから、答えはこのように書きます。では始めます。

남자와 여자가 이야기하고 있습니다. 남자는 어째서 평소와 분위기가 다릅니까?

여　어라, 어디 가? 평소와 분위기가 다르네.

남　응, 잠깐 도쿄에.

여　와, 왜 (가는데)? 데이트?

남　그런 게 아니야.

여　그럼 뭔데? 영화라든가 식사라든가 하러 가는 거 아니야?

남　아니, 실은 오늘 좋아하는 가수의 콘서트가 있어서.

여　와, 좋겠다.

남　스즈키 씨도 괜찮으면 다음에 같이 가자. 재밌어.

여　정말? 그럼 기대하고 있을게.

남자는 어째서 평소와 분위기가 다릅니까?

1　데이트가 있기 때문에
2　영화를 보러 가기 때문에
3　식사를 하러 가기 때문에
4　콘서트에 가기 때문에

가장 적당한 것은 4번입니다. 답안지의 문제 2의 예 부분을 보십시오. 가장 적당한 것은 4번이므로, 답은 이렇게 적습니다. 그럼 시작하겠습니다.

정답　4

단어　雰囲気 분위기 | デート 데이트 | 歌手 가수 | コンサート 콘서트 | 今度 이번, 요다음

해설　남자의 분위기가 평소와 다른 이유는 도쿄에 가기 때문이며, 도쿄에 가는 목적을 찾아야 한다. 남자는 세 번째 대사에서 '좋아하는 가수의 콘서트가 있어서(好きな歌手のコンサートがあって)'라며 도쿄에 가는 목적을 확실하게 이야기하고 있다. 따라서 정답은 4번이다. 선택지 1, 2, 3번은 여자의 추측이므로 답으로는 적당하지 않다.

1ばん 099_09

문제편 342p

男の人と女の人が話しています。女の人はどうして本を買いましたか。

男 あ、その本、買ったの？今すっごく人気あるよね。

女 そうなの？知らなかった。そういえば、先生も買ったほうがいいって言ってたな。

男 おもしろいし、わかりやすいから、大人気なんだよ。

女 今度の授業のテーマとも関係があるから、役に立つかもしれないしね。

男 ああ、だから買ったの？へえ、勉強熱心なんだ。

女 ううん、この写真見て。これ、著者の写真。けっこう好きなタイプで…。かっこいいなあ、って思って。本の中にも何枚か著者の写真が載ってるんだけど、全部すごく素敵。

男 えっ、それが理由？

女 そうだけど、ダメ？

女の人はどうして本を買いましたか。

1 人気があるから
2 先生に薦められたから
3 授業に役に立つから
4 著者の写真が見たいから

남자와 여자가 이야기하고 있습니다. 여자는 어째서 책을 샀습니까?

남 어, 그 책 샀어? 지금 굉장히 인기 있지?

여 그런 거야? 몰랐어. 그러고 보니, 선생님도 사는 편이 좋다고 말했었지.

남 재미있고 이해하기 쉬워서 엄청 인기있어.

여 다음 수업 테마와도 관계가 있으니까 도움이 될지도 모르고.

남 아, 그래서 산 거야? 와, 공부 열심히 하는구나.

여 아니야, 이 사진 봐봐. 이거, 저자 사진. 꽤 좋아하는 타입이라서…. 멋있다고 생각해서. 책 안에도 몇 장인가 저자 사진이 실려 있는데, 전부 굉장히 멋져.

남 어, 그게 이유야?

여 그런데, 안 돼?

여자는 어째서 책을 샀습니까?

1 인기가 있기 때문에
2 선생님께 추천받았기 때문에
3 수업에 도움이 되기 때문에
4 저자의 사진이 보고 싶기 때문에

정답 **4**

단어 すごく 굉장히 | そういえば 그러고 보니 | 大人気 매우 인기가 많음, 큰 인기 | 授業 수업 | テーマ 테마, 주제 | 関係 관계 | 役に立つ 도움이 되다 | 勉強熱心な 공부에 열심인 | 写真 사진 | 著者 저자 | けっこう 꽤, 상당히 | タイプ 타입, 형태 | かっこいい 멋있다 | 何枚 몇 장 | 載る (신문·잡지 등에) 실리다, 게재되다 | 素敵だ 멋지다, 근사하다 | 理由 이유 | 薦める 추천하다

해설 여자는 첫 번째 대사에서 이 책이 인기가 있는 줄은 몰랐다고 하므로 선택지 1번은 답이 될 수 없다. 선택지 2번과 3번의 내용은 대화에서 언급은 하고 있지만 결정적인 답이 되지는 못한다. 여자의 세 번째 대사에서 '저자 사진이 책에 실려 있는데 굉장히 멋있다'고 하고 남자가 '그게 이유냐'고 묻자 여자가 긍정하므로 정답은 4번이다.

2ばん 099_10 문제편 342p

女の人が地震のとき注意することについて話しています。女の人は、地震のとき絶対してはいけないことは何だと言っていますか。

여자가 지진이 났을 때 주의할 것에 대해 이야기하고 있습니다. 여자는 지진이 났을 때 절대 해서는 안 되는 것은 무엇이라고 말하고 있습니까?

女 日本は地震が多い国です。地震はいつ起こるか分かりません。地震が起きたときにどうするのがいいか、考えておくことはとても大切です。大きい地震が起きたら、テーブルや机の下に入ってください。上から物が落ちてくることがあるからです。普段から高いところに重いものを置かないようにしましょう。ガスがついていると火事になることがあります。忘れずに火を消しましょう。地震のときは、ガラスや食器など、割れたものが床に落ちているかもしれません。危ないのでスリッパや靴を履いてください。ラジオなどで情報を集めることもとても大切です。海の近くにいるときは、高い建物に避難してください。一番よくないのは、あわててよく考えずに逃げることです。怖いからと走って外に出ると、大きなけがをするかもしれません。落ち着いて行動することが何より大切です。

여 일본은 지진이 많은 나라입니다. 지진은 언제 일어날지 모릅니다. 지진이 일어났을 때, 어떻게 하는 것이 좋을지, 생각해 두는 것은 매우 중요합니다. 큰 지진이 일어나면 테이블이나 책상 밑에 들어가세요. 위에서 물건이 떨어지는 경우가 있기 때문입니다. 평소에 높은 곳에 무거운 것을 두지 않도록 합시다. 가스가 켜져 있으면 불이 나는 경우도 있습니다. 잊지 말고 (가스) 불을 끕시다. 지진 때에는 유리나 식기 등, 깨진 것이 바닥에 떨어져 있을지도 모릅니다. 위험하니까 슬리퍼나 신발을 신어 주세요. 라디오 등으로 정보를 수집하는 것도 매우 중요합니다. 바다 근처에 있을 때는 높은 건물로 피난해 주세요. 가장 좋지 않은 것은 당황해서 잘 생각하지 않고 도망가는 것입니다. 무섭다고 해서 달려서 밖으로 나가면 큰 부상을 입을지도 모릅니다. 침착하게 행동하는 것이 무엇보다 중요합니다.

女の人は、地震のとき絶対してはいけないことは何だと言っていますか。

1 高いところに物を置くこと
2 スリッパや靴を履かないこと
3 火を使うこと
4 あわててすぐ逃げること

여자는 지진이 났을 때 절대 해서는 안 되는 것은 무엇이라고 말하고 있습니까?

1 높은 곳에 물건을 두는 것
2 슬리퍼나 신발을 신지 않는 것
3 불을 사용하는 것
4 당황해서 바로 도망가는 것

정답 4

단어 地震 지진 | 絶対 절대 | 起こる (재해·사건 등이) 일어나다, 발생하다 | 起きる (재해·사건 등이) 일어나다, (사람·동물 등이) 일어나다, 기상하다 | 大切だ 중요하다, 소중하다 | 机 책상 | 物 ~것, 물건, 물체 | 落ちる 떨어지다 | 普段 평소, 평상시 | ガス 가스 | つく (불·전원 등이) 붙다, 켜지다 | 火事 화재 | ~ずに ~하지 않고 | 消す 끄다 | 食器 식기 | 割れる 깨지다, 나누어지다 | 床 바닥, 마루 | 危ない 위험하다 | スリッパ 슬리퍼 | 靴 구두, 신발 | 履く (신발·바지를) 신다, 입다 | ラジオ 라디오 | 情報 정보 | 集める 모으다, 수집하다 | 建物 건물 | 避難 피난 | あわてる 당황하다, 허둥대다 | 逃げる 도망가다 | 怖い 무섭다 | けがをする 부상을 입다 | 落ち着く 차분하다, 안정되다, 침착하다 | 行動 행동

해설 문제에서 주어진「絶対してはいけないこと 절대 해서는 안 되는 것」이라는 조건에 부합하는 것은 맨 마지막 부분의「一番よくないの 가장 좋지 않은 것」이후에 나온다. '가장 좋지 않은 것은 당황해서 잘 생각하지 않고 도망가는 것'이라고 말하므로 정답은 4번이다. 이처럼 문제에「絶対 절대로」라는 조건이 나오면 본문에서 이와 비슷한 표현이 나오는 부분을 집중해서 들어야 한다.「最も 가장」이나「何よりも 무엇보다도」등도 함께 기억해 두자.

3ばん 099_11 문제편 343p

男の人と女の人が植物の育て方について話しています。女の人はどうして葉を切っていますか。

男 あれ？その葉っぱ、切っちゃうの？まだ元気なのに。

女 うん、これからのことを考えたら、今切らないとダメなの。

男 ああ、切らないと大きい木にならないってこと？

女 この木はそんなに大きくなる木じゃないよ。高さはこれぐらいで、もう伸びないんだ。

男 じゃあ、葉を切らないと花が咲かないとか？

女 ううん、花はもう咲いた後だから。ほら、先週黄色い花が咲いてたでしょ。

男 そうだった。じゃ、なんで葉を切ってるの？

女 葉が栄養をとっちゃって、大きい実ができないのよ。葉がたくさんあると、小さい実しかできないの。小さい実はおいしくないのよ。

男 そうなんだ。でも、葉を切っちゃったら、なんだかバランスが悪いね。

女 そうね。花も咲いていないし、太くて短い木だし。もうちょっと高さがあるといいんだけど。

女の人はどうして葉を切っていますか。

1 背の高い木にしたいから
2 花を咲かせたいから
3 大きい実が取りたいから
4 バランスが悪いから

남자와 여자가 식물을 기르는 방법에 대해 이야기하고 있습니다. 여자는 어째서 잎을 자르고 있습니까?

남 어? 그 잎, 잘라 버리는 거야? 아직 싱싱한데.

여 응, 앞으로의 일을 생각하면 지금 자르지 않으면 안 돼.

남 아, 자르지 않으면 큰 나무가 되지 않는다는 뜻?

여 이 나무는 그렇게 크게 자라는 나무는 아니야. 높이는 이 정도에서 더 이상 자라지 않아.

남 그럼 잎을 자르지 않으면 꽃이 피지 않는다든가?

여 아니, 꽃은 이미 핀 후라서. 생각해 봐, 지난주에 노란색 꽃이 피었었잖아.

남 그랬었지. 그럼 왜 잎을 자르고 있는 거야?

여 잎이 영양을 빼앗아서, 큰 열매를 맺지 않거든. 잎이 많이 있으면 작은 열매밖에 맺지 않아. 작은 열매는 맛이 없단 말이지.

남 그렇구나. 그런데 잎을 잘라 버리니까 왠지 균형이 안 맞네.

여 그러네. 꽃도 피어 있지 않고, 굵고 키가 작은 나무이기도 하고. 조금 더 키가 크면 좋을 텐데.

여자는 왜 잎을 자르고 있습니까?

1 키가 큰 나무로 만들고 싶기 때문에
2 꽃을 피게 하고 싶기 때문에
3 큰 열매를 따고 싶기 때문에
4 균형이 안 맞기 때문에

정답 3

단어 植物 식물 | 育てる 기르다, 양육하다 | 葉 잎 | 切る 자르다 | 葉っぱ 잎, 잎사귀 | これから 앞으로, 지금부터 | 〜ってこと 〜라고 하는(「〜ということ」의 회화체) | 伸びる 자라다, 길어지다, 늘어나다 | 花が咲く 꽃이 피다 | 黄色い 노랗다 | 栄養をとる 영양을 섭취하다 | 実 열매, 내용물 | バランス 밸런스, 균형 | 太い 굵다 | 短い 짧다 | 背 키

해설 이야기를 주도하는 사람(여기에서는 남자)이 선택지의 내용을 하나씩 언급할 때 이어서 나오는 상대방의 대답을 주의 깊게 들어야 한다. 남자가 선택지 1번의 '큰 나무'를 말했을 때 여자는 '이 나무는 더 이상 자라지 않는다'고 말하고, 2번의 '꽃'을 언급했을 때는 바로 '아니'라고 한다. 또 남자가 '균형이 안 맞다'고 지적할 때는 '그렇네'라고 인정하지만, 그것은 잎을 자르는 이유와는 아무런 관계가 없다. 정답은 3번이다.

4ばん 099_12

문제편 343p

姉と弟が電話で話しています。姉がインターネットで買い物をしない一番の理由は何ですか。

男 もしもし。姉さん、ひさしぶり。元気？

女 あ、ごめん。今から出かけるから。

男 え、今から？ こんなに雨が降ってるのに？

女 うん、買い物に。新しい服がほしくて。

男 ネットで買ったら？ 雨に濡れることもないし。

女 でも、ネットの写真って、実際の色と違うことが多いから…。

男 最近はそうでもないよ。写真も増えてるし。

女 かわいいと思っても、実際に着てみたら似合わないこともあるし。

男 その時は返品すればいいじゃない。

女 そうなんだけど…。ネットで何もかもするのは嫌なの。

男 ああ、家で一日中パソコン使う仕事だもんね。

女 そうなの。人と直接会って話したくなるの。買い物までネットにしたら、誰とも会わないで、話もしないで毎日が過ぎちゃう。そんなの疲れるでしょ。

男 ああ、それは確かに嫌だね。

女 いろいろなお店を見るのも楽しいしね。新しいお店を発見することもあるし。

男 なるほど。そうだね。うん、また電話するよ。いってらっしゃい。

누나와 남동생이 전화로 이야기하고 있습니다. 누나가 인터넷으로 쇼핑을 하지 않는 가장 큰 이유는 무엇입니까?

남 여보세요? 누나, 오랜만이야. 잘 지내?

여 아, 미안. 지금부터 외출할 거라서.

남 뭐, 지금부터? 이렇게 비가 내리는데?

여 응, 쇼핑하러. 새 옷이 갖고 싶어서.

남 인터넷으로 사면 어때? 비에 젖을 일도 없고.

여 하지만 인터넷의 사진은 실제 색이랑 다른 경우도 많아서….

남 요즘은 그렇지도 않아. 사진도 많아졌고.

여 귀엽다고 생각해도 실제로 입어 보면 어울리지 않는 경우도 있고.

남 그때는 반품하면 되잖아.

여 그렇긴 하지만…. 인터넷으로 모든 걸 다 하는 건 싫어.

남 아, 집에서 하루 종일 컴퓨터를 사용하는 직업이지.

여 그러니까. 사람과 직접 만나서 이야기하고 싶어져. 쇼핑까지 인터넷으로 하면 누구와도 만나지 않고, 이야기도 하지 않고 매일이 지나가 버려. 그런 거 지치잖아.

남 아, 그건 분명히 싫지.

여 여러 가게를 보는 것도 즐겁고 말야. 새로운 가게를 발견하는 경우도 있고.

남 과연. 그렇네. 응, 또 전화할게. 잘 다녀와.

姉がインターネットで買い物をしない一番の理由は何ですか。

1 写真と実際の色が違うから
2 似合わないことがあるから
3 直接人と会って話したいから
4 新しいお店を発見したいから

누나가 인터넷으로 쇼핑을 하지 않는 가장 큰 이유는 무엇입니까?

1 사진과 실제 색깔이 달라서
2 어울리지 않는 경우가 있어서
3 직접 사람과 만나 이야기하고 싶어서
4 새로운 가게를 발견하고 싶어서

정답 **3**

단어 姉 누나, 언니 | 弟 남동생 | 出かける 외출하다 | ネット 인터넷의 준말 | 濡れる 젖다 | 実際 실제 | 増える 증가하다 | 似合う 어울리다 | 返品 반품 | 何もかも 무엇이든, 모두 | 嫌だ 싫다 | 一日中 하루 종일 | パソコン 컴퓨터 | 直接 직접 | 過ぎる 지나다, 지나치다 | 疲れる 지치다, 피곤하다 | 確かに 분명히, 확실히 | 発見 발견 | なるほど 과연 | いってらっしゃい 다녀오세요, 잘 다녀와

해설 여자는 인터넷으로 쇼핑을 하지 않는 이유를 몇 가지 들고 있는데, 그중 가장 큰 이유는 '집에서 하루 종일 컴퓨터로 일을 하기 때문에(家で一日中パソコン使う仕事だもんね)', '사람과 직접 만나서 이야기하고 싶어진다(人と直接会って話したくなる)'라는 부분을 통해 알 수 있다. 정답은 3번이다.

5ばん 099_13

문제편 344p

女の人が「るいかつ」について話しています。「るいかつ」は何がいいと言っていますか。

女 みなさんは「るいかつ」という言葉を聞いたことがありますか。「るいかつ」の「るい」は涙です。涙を流すことで健康になろうという活動を「るいかつ」と言います。私たちは毎日たくさんのストレスを感じて生活しています。ストレスが大きすぎると、体の調子も悪くなります。そんなときは、感動する映画を見たり本を読んだりして、思い切り泣くのがいいのです。泣くことで気持ちが落ち着き、リラックスできます。泣くことは寝ることと同じくらいのリラックス効果があります。体の調子もよくなり、心が軽くなり、ストレスから解放されます。これは科学的にも証明されています。悲しいときに流す涙にも、この効果はあります。ただし、玉ねぎを切ったときに出る涙や、目にゴミが入ったときに出る涙には、この効果はありません。みなさんも「るいかつ」をしてみませんか。

여자가 '루이카츠'에 대해 이야기하고 있습니다. '루이카츠'는 무엇이 좋다고 말하고 있습니까?

여 여러분은 '루이카츠'라는 말을 들어 본 적이 있습니까? '루이카츠'의 '루이'는 눈물입니다. 눈물을 흘림으로써 건강해지자라는 활동을 '루이카츠'라고 합니다. 우리들은 매일 많은 스트레스를 느끼며 생활하고 있습니다. 스트레스가 너무 크면 몸의 컨디션도 나빠집니다. 그럴 때는 감동하는(감동적인) 영화를 본다든지 책을 읽는다든지 해서 마음껏 우는 것이 좋습니다. 우는 것으로 마음이 차분해지고 릴랙스할 수 있습니다. 우는 것은 자는 것과 같을 정도의 릴랙스 효과가 있습니다. 몸의 컨디션도 좋아지고 마음이 가벼워져서 스트레스로부터 해방됩니다. 이것은 과학적으로도 증명되어 있습니다. 슬플 때에 흘리는 눈물에도 이 효과는 있습니다. 단, 양파를 자를 때에 나는 눈물이나 눈에 먼지가 들어갔을 때에 나는 눈물에는 이 효과는 없습니다. 여러분도 '루이카츠'를 해 보지 않겠습니까?

「るいかつ」は何がいいと言っていますか。

1 よく寝られること

2 リラックスできること

3 悲しいときに泣くこと

4 映画を見て感動すること

'루이카츠'는 무엇이 좋다고 말하고 있습니까?

1 잘 잘 수 있는 것

2 릴랙스할 수 있는 것

3 슬플 때에 우는 것

4 영화를 보고 감동하는 것

정답 **2**

단어 涙を流す 눈물을 흘리다 | 健康 건강 | 活動 활동 | ストレス 스트레스 | 感じる 느끼다 | 生活 생활 | 調子 컨디션, 상태 | 感動する 감동하다 | 思い切り 맘껏, 실컷 | 泣く 울다 | 落ち着く 차분하다, 안정되다, 침착하다 | リラックス 릴랙스, 긴장을 풀고 편히 쉼 | 効果 효과 | 軽い 가볍다 | 解放 해방 | 科学的 과학적 | 証明 증명 | 悲しい 슬프다 | ただし 다만, 단지 | 玉ねぎ 양파 | ゴミ 쓰레기, 먼지

해설 '루이카츠'가 무엇에 좋은지에 대한 첫 번째 힌트는 「泣くことで気持ちが落ち着き、リラックスできます 우는 것으로 마음이 차분해지고 릴랙스할 수 있습니다」라는 부분에 나타나 있으며, 바로 이어지는 「泣くことは寝ることと同じくらいのリラックス効果があります 우는 것은 자는 것과 같을 정도의 릴랙스 효과가 있습니다」에서 두 번째 힌트를 확인할 수 있다. 정답은 2번이다.

6ばん 099_14 문제편 344p

男の人と女の人が話しています。二人は明日何時に会うことにしましたか。

女 明日、旅行の相談する約束だったよね。時間変えられないかな？

男 約束4時だったよね。1時間ぐらい遅くなっても、みんな大丈夫だと思うよ。

女 ううん、そうじゃなくて。6時からバイト入ってって頼まれたの。最近、忙しいんだけど、人が足りなくて。

男 ああ、じゃあ、午前中にする？ 10時ごろとか。

女 うん、でも小林君は午前中予定あるって言ってたし…。1時ごろはどう？

男 あの店、1時から4時までは閉まってるよ。

女 そっか…。じゃあ、時間そのままでいいわ。店からバイト先まで近いし。

남자와 여자가 이야기하고 있습니다. 두 사람은 내일 몇 시에 만나기로 했습니까?

여 내일, 여행 상담하는 약속이었지. 시간 바꿀 수 없을까?

남 약속은 4시였지. 한 시간 정도 늦어져도 다들 괜찮을 거라고 생각해.

여 아니, 그게 아니고. 6시부터 아르바이트 오라고 부탁받았거든. 요즘 바쁜데 사람이 부족해서.

남 아, 그럼 오전 중으로 할까? 10시쯤이라든지.

여 음, 그런데 고바야시 군은 오전 중에 예정이 있다고 했으니까…. 1시쯤은 어때?

남 그 가게 1시부터 4시까지는 문 닫아.

여 그렇구나…. 그럼 시간 그대로 해도 괜찮아. 가게에서 아르바이트 하는 곳까지 가깝고.

男 だいたいの予定は決まってるし、2時間もかからないと思うよ。

女 そうだね。じゃあ、また明日。

二人は明日何時に会うことにしましたか。

1 10時
2 1時
3 4時
4 6時

남 대강의 예정은 정해졌고, 두 시간이나 걸리지는 않을 거야.

여 그렇겠지. 그럼 내일 보자.

두 사람은 내일 몇 시에 만나기로 했습니까?

1 10시
2 1시
3 4시
4 6시

정답 **3**

단어 旅行 여행 | 相談 상담, 상의, 의논 | 約束 약속 | 変える 바꾸다 | 遅い 늦다 | バイト(に)入る 아르바이트를 하러 가다(오다), 아르바이트 일정이 생기다 | ～って ～라고(「～と」의 회화체) | 頼まれる 부탁받다 | 忙しい 바쁘다 | 足りない 부족하다 | 閉まる 닫히다 | そのまま 그대로 | バイト先 아르바이트 하는 곳 | だいたい 대략, 대강 | 決まる 결정되다, 정해지다 | かかる (시간 등이) 걸리다, 소요되다

해설 남자와 여자는 내일 4시에 여행 상담 약속이 있지만, 여자가 6시에 아르바이트에 가야 하는 관계로 시간을 바꾸고 싶어한다. 하지만 오전에는 일행 중에 예정이 있는 사람이 있고, 약속 장소인 가게가 1시부터 4시 사이에는 영업을 하지 않는다고 하자, 여자는 '그럼, 시간 그대로 해도 괜찮아(じゃあ、時間そのままでいいわ)'라고 말한다. 따라서 정답은 3번이다.

問題3 문제 3에는 문제지에 아무것도 인쇄되어 있지 않습니다. 이 문제는 전체적으로 어떤 내용인지를 묻는 문제입니다. 이야기 전에 질문은 없습니다. 우선 이야기를 들으세요. 그리고 질문과 선택지를 듣고 1에서 4 중에서 가장 적당한 것을 하나 고르세요. 그럼 연습해 봅시다.

문제편 345p

れい 099_15

男の人と女の人が話しています。

男 お疲れ様です。

女 あれ？店長、今日お休みじゃないですか。

男 近くまで来る用事があったから、みんなどうしているかなぁ、と思って。はい、これ。みんなでどうぞ。

女 わー、ケーキ！おいしそう。わざわざ、買ってきてくれたんですか。

男 いや、これは、たまたまそこで安売りしてたから。

女 あ、そういえば、私、店長に相談したいことがあったんです。今、いいですか。

남자와 여자가 이야기하고 있습니다.

남 수고 많으십니다.

여 앗? 점장님, 오늘 쉬는 날 아니었나요?

남 근처까지 올 용무가 있어서 다들 뭐하고 있나 해서 말야. 자, 이거. 다 같이 먹어.

여 와, 케이크! 맛있겠다. 일부러 사와 주신 거예요?

남 아니 이건, 마침 저기에서 싸게 팔고 있길래.

여 아, 그러고 보니 저, 점장님께 상담하고 싶은 것이 있었어요. 지금 괜찮을까요?

男 うん、いいよ。あ、その前に、お茶一杯だけ飲ませて。

女 はい。私、いれてきますね。

男 ありがとう。

男の人は何をしに来ましたか。

1 様子を見に来た

2 ケーキを渡しに来た

3 話を聞きに来た

4 お茶を飲みに来た

最もよいものは1番です。解答用紙の問題3のれいのところを見てください。最もよいものは1番ですから、答えはこのように書きます。では始めます。

남 응, 괜찮아. 아, 그 전에 차 한 잔만 마시게 해 줘.

여 네. 제가 타 올게요.

남 고마워.

남자는 무엇을 하러 왔습니까?

1 (가게) 상황을 보러 왔다

2 케이크를 건네주러 왔다

3 이야기를 들으러 왔다

4 차를 마시러 왔다

가장 적당한 것은 1번입니다. 답안지의 문제 3의 예 부분을 보십시오. 가장 적당한 것은 1번이므로, 답은 이렇게 적습니다. 그럼 시작하겠습니다.

정답 1

단어 お疲れ様です 수고하십니다(인사말) | 店長 점장 | 用事 용무, 용건 | わざわざ 일부러 | たまたま 때마침, 이따금 | 安売りする 싸게 팔다 | 一杯 한 잔 | いれる (차·커피 등을) 타다 | 様子 상황, 정세 | 渡す 건네주다

해설 남자가 가게에 온 이유는 대화 초반의 '다들 뭐하고 있나 해서(みんなどうしているかなぁ、と思って)'라는 말을 통해 알 수 있다. 정답은 1번이다. 선택지 2번은 오는 길에 사온 것이므로 답으로는 적당하지 않으며 3번과 4번은 가게에 온 후에 이루어지는 일이므로 답이 될 수 없다.

1ばん 099_16

男の人が電話をしています。

男 あ、もしもし。12月10日なんですが、予約できますか。

女 12月10日ですね。何名様ですか。

男 三人です。

女 お部屋は一つでよろしいですか。

男 はい。あ、部屋で食事できますか。

女 お部屋でのお食事はコース料理となり、別にサービス料をいただくことになりますが。

男 ああ。じゃあ、レストランの食事にします。

남자가 전화를 하고 있습니다.

남 아, 여보세요. 12월 10일 말인데요, 예약할 수 있나요?

여 12월 10일이지요? 몇 분이세요?

남 세 명입니다.

여 방은 하나로 괜찮으십니까?

남 네. 아, 방에서 식사 가능합니까?

여 방에서의 식사는 코스 요리로 되어, 별도로 서비스 요금을 받게 됩니다만.

남 아, 그러면 레스토랑에서의 식사로 하겠습니다.

女 こちらにはお車でいらっしゃいますか。

男 いえ、電車です。何時から部屋に入れますか。

女 3時以降でしたら入っていただけます。

男 わかりました。では、12月10日、よろしくお願いします。

女 かしこまりました。お待ちしております。

男の人は何の予約をしましたか。

1 旅館
2 レストラン
3 車
4 電車

여 여기에는 차로 오십니까?

남 아니요, 전철입니다. 몇 시부터 방에 들어갈 수 있나요?

여 3시 이후라면 들어가실 수 있습니다.

남 알겠습니다. 그럼 12월 10일, 잘 부탁드립니다.

여 알겠습니다. 기다리고 있겠습니다.

남자는 무슨 예약을 했습니까?

1 여관
2 레스토랑
3 차
4 전철

정답 1

단어 予約 예약 | 何名様 몇 분 | 食事 식사 | 別に 따로, 별도로 | サービス料 서비스 요금 | いただく 받다(もらう)의 겸양어 | いらっしゃる 가다(行く)·오다(来る)·있다(いる)의 존경어 | 以降 이후 | かしこまりました 잘 알겠습니다(인사말)

해설 남자가 전화로 예약을 하는 상황이지만, 그 대상이 무엇인지는 구체적으로 밝히고 있지 않으므로 대화를 통해 유추해야 한다. 여자가 남자에게 '방은 하나로 괜찮은지' 묻고, 그 후 남자가 '방에서 식사가 가능한지', '몇 시부터 방에 들어갈 수 있는지' 등을 여자에게 묻고 있으므로 전체 대화를 통해 유추할 수 있는 정답은 1번의 여관이 적당하다.

2ばん 099_17

テレビでコメンテーターが話しています。

男 私たちは普段、言いたいことを言葉にして相手に伝えています。しかし、人の言葉を聞いて、「本当にそう思っているのですか」と聞きたくなったことはありませんか。たとえば、「あなたのことを尊敬しています」と言っているのに、尊敬の気持ちが感じられない、とか、「一生懸命がんばります」と言っているけれど、がんばっているように見えないとか…。人の本当の気持ちは言葉だけではわからないことがよくあります。そんなときは、その人の行動を見てください。目の動き、話し方、立ち方、そして、そのあとどんな行動をするか、を見るのです。言葉は嘘を

텔레비전에서 뉴스 해설자가 이야기하고 있습니다.

남 우리들은 평소 말하고 싶은 것을 말로 상대에게 전달하고 있습니다. 그러나 사람의 말을 듣고 '정말 그렇게 생각하고 있는 건가요?'라고 묻고 싶어졌던 적은 없나요? 예를 들면 '당신을 존경하고 있습니다'라고 말하고 있는데 존경의 마음이 느껴지지 않는다든가, '열심히 노력하겠습니다'라고 말하고 있지만 열심히 하고 있는 것처럼 보이지 않는다든가…. 사람의 진심은 말만으로는 모르는 경우가 종종 있습니다. 그럴 때는 그 사람의 행동을 보세요. 눈의 움직임, 말투, 서 있는 자세, 그리고 그 후 어떤 행동을 하는지를 보는 겁니다. 말은 거짓말을

つくことができますが、行動はうそをつけません。どんなにきれいな言葉を使っても、態度が悪ければ、印象が悪くなりますよね。それは、その人の本当の心が見えてしまうからです。

할 수 있지만 행동은 거짓말을 할 수 없습니다. 아무리 예쁜 말을 쓰더라도 태도가 나쁘면 인상이 나빠지지요. 그건 그 사람의 진심이 보이기 때문입니다.

コメンテーターは何について話していますか。

1 言葉の使い方
2 気持ちを伝える方法
3 本当の気持ちを知る方法
4 言葉と行動の違い

뉴스 해설자는 무엇에 대해 이야기하고 있습니까?

1 말의 사용법
2 마음을 전달하는 방법
3 진심을 아는 방법
4 말과 행동의 차이

정답 **3**

단어 コメンテーター 뉴스 해설자 | 言葉 말, 언어, 단어 | 相手 상대 | 伝える 전달하다 | 本当 정말, 진짜, 사실 | 尊敬 존경 | 一生懸命 열심히 | がんばる 노력하다, 힘내다 | 行動 행동 | 動き 움직임, 동작 | 立つ 서다 | 嘘をつく 거짓말을 하다 | 態度 태도 | 印象 인상 | 方法 방법

해설 남자는 도입부에서 '말로는 사람의 진심을 알 수 없다'며 먼저 문제를 제기하고, 중반 이후에 '그럴 때는 그 사람의 행동을 보면 된다'고 해결책을 제시한다. 그리고 마지막에 행동을 통해 그 사람의 '진심을 볼 수 있다'고 다시 한번 정리하고 있으므로 정답은 3번이다.

3ばん 099_18

ラジオで料理研究家が話をしています。

라디오에서 요리 연구가가 이야기를 하고 있습니다.

女 みなさんは野菜を買うとき、旬の野菜を選ぶことが多くありませんか。旬というのは、その食べ物が一番たくさんとれる時期のことです。たくさんとれるので、ほかの季節より値段が安いです。また、旬の野菜は味が濃くておいしいです。夏に食べるトマトと、冬に食べるトマトは味が違うと思ったことはありませんか。そして、旬の野菜には栄養がたくさん入っています。たとえばほうれん草の旬は冬ですが、冬のほうれん草のビタミンCは夏のほうれん草の３倍ぐらいあります。最近は農業の技術も進歩したので、一年中どんな野菜でも食べることができます。しかし、旬の野菜は値段も安く、おいしく、そして栄養価も高いです。ぜひ旬の野菜をたくさん食べて、健康な体作りをしましょう。

여 여러분은 채소를 살 때, 제철 채소를 고르는 경우가 많지 않나요? 제철이라는 것은 그 음식이 가장 많이 수확되는 시기를 말합니다. 많이 수확되기 때문에 다른 계절보다 가격이 저렴합니다. 또 제철 채소는 맛이 진해서 맛있습니다. 여름에 먹는 토마토와 겨울에 먹는 토마토는 맛이 다르다고 생각한 적은 없나요? 그리고 제철 채소에는 영양이 많이 들어 있습니다. 예를 들면, 시금치의 제철은 겨울인데요, 겨울 시금치의 비타민 C는 여름 시금치의 3배 정도 됩니다. 최근에는 농업 기술도 진보했기 때문에 일년 내내 어떤 채소든 먹을 수 있습니다. 그러나 제철 채소는 가격도 저렴하고 맛있고, 그리고 영양가도 높습니다. 꼭 제철 채소를 많이 먹고 건강한 몸 만들기를 합시다.

この料理研究家が伝えたいことは何ですか。

1 旬という言葉の意味
2 旬の野菜のいい点
3 ほうれん草の栄養
4 野菜のおいしい季節

이 요리 연구가가 전하고 싶은 것은 무엇입니까?

1 제철이라는 단어의 의미
2 제철 채소의 좋은 점
3 시금치의 영양
4 채소가 맛있는 계절

정답 **2**

단어 料理研究家 요리 연구가 | 野菜 야채, 채소 | 旬 제철 | 選ぶ 고르다, 선택하다 | とれる 얻다, 잡히다, 수확되다 | 時期 시기 | 季節 계절 | 値段 값, 가격 | 味 맛 | 濃い 진하다 | 栄養 영양 | ほうれん草 시금치 | ～倍 ～배 | 農業 농업 | 技術 기술 | 進歩 진보 | 一年中 일년 내내 | 栄養価 영양가 | ぜひ 꼭, 아무쪼록 | 健康だ 건강하다 | 体作り 몸 만들기, 몸 관리

해설 여자는 먼저 제철 음식의 개념에 대해서 설명한 후, 바로 값이 저렴하다는 '장점'을 제시한다. 이어서 「また 또」라는 접속사를 통해 두 번째 '장점'인 맛이 진해서 맛있다는 점을 덧붙이고, 이어서 「そして 그리고」라는 접속사로 연결해 영양이 많이 들어 있다는 세 번째 '장점'을 덧붙인다. 따라서 정답은 2번이다.

問題 4 문제 4에서는 그림을 보면서 질문을 들으세요. 화살표(➡)의 사람은 뭐라고 말합니까? 1에서 3 중에서 가장 적당한 것을 하나 고르세요. 그럼 연습해 봅시다.

れい 099_19

문제편 346p

友だちの家に遊びに来ました。何と言いますか。

女 1 おじゃまします。
2 お世話になりました。
3 ただいま。

친구 집에 놀러 왔습니다. 뭐라고 말합니까?

여 1 실례하겠습니다.
2 신세를 졌습니다.
3 다녀왔습니다.

最もよいものは1番です。解答用紙の問題4のれいのところを見てください。最もよいものは1番ですから、答えはこのように書きます。では始めます。

가장 적당한 것은 1번입니다. 답안지의 문제 4의 예 부분을 보십시오. 가장 적당한 것은 1번이므로, 답은 이렇게 적습니다. 그럼 시작하겠습니다.

정답 **1**

단어 おじゃまします 실례하겠습니다(인사말) | 世話になる 신세를 지다

해설 다른 사람의 집을 방문하여 '실례하겠습니다'라고 할 때는 「失礼します」가 아닌 「おじゃまします」라고 한다는 것을 기억해 두자. 「じゃま」는 '방해'라는 뜻이지만 이렇게 인사말로 사용할 경우 '실례하겠습니다'라고 해석하는 것이 자연스럽다.

1ばん 099_20 문제편 347p

先生に話があります。はじめに何と言いますか。

男 1 今から話します。
2 今、お時間ありますか。
3 どうぞ、話してください。

선생님께 드릴 말씀이 있습니다. 먼저 뭐라고 말합니까?

남 1 지금부터 이야기하겠습니다.
2 지금 시간 있으세요?
3 어서 이야기해 주세요.

정답 **2**

단어 はじめに 먼저, 우선

해설 윗사람에게 이야기를 할 때 먼저 시간이 있는지를 확인하는 것이 예의이다. 따라서 정답은 2번이다. 조금 더 정중한 표현인 「先生、お時間のほう、よろしいでしょうか 선생님, 시간 괜찮으신가요?」도 함께 기억해 두자. 또한, 회사에서 아랫사람에게 이야기를 하는 상황에는 「～さん、ちょっと時間いい? ～씨, 잠깐 시간 괜찮아?」와 같은 표현이 무난하다.

2ばん 099_21 문제편 347p

店で服を選んでいます。もっと大きいサイズがほしいです。何と言いますか。

男 1 ちょっと大きくしてください。
2 これは大きくないですか。
3 もっと大きいのはありますか。

가게에서 옷을 고르고 있습니다. 더 큰 사이즈를 원합니다. 뭐라고 말합니까?

남 1 조금 크게 해 주세요.
2 이것은 크지 않습니까?
3 더 큰 것은 있나요?

정답 3

단어 服(ふく) 옷 | 選(えら)ぶ 고르다, 선택하다 | サイズ 사이즈, 크기

해설 사이즈의 크고 작음을 표현하는 문제는 종종 출제되므로 「一(ひと)つ上(うえ)のサイズ 한 치수 큰 사이즈」, 「一(ひと)つ下(した)のサイズ 한 치수 작은 사이즈」와 같은 표현도 기억해 두자. 정답은 3번이다.

3ばん 099_22 문제편 348p

レストランで、注文(ちゅうもん)した料理(りょうり)と違(ちが)う料理(りょうり)がきました。何(なん)と言(い)いますか。

女 1 おいしそうですね。
2 これ、頼(たの)んでませんけど。
3 私(わたし)はこれを食(た)べません。

레스토랑에서 주문한 요리와 다른 요리가 왔습니다. 뭐라고 말합니까?

여 1 맛있겠네요.
2 이거 주문하지 않았는데요.
3 저는 이것을 먹지 않겠습니다.

정답 2

단어 注文(ちゅうもん) 주문 | 料理(りょうり) 요리 | 頼(たの)む 부탁하다, 주문하다

해설 「頼(たの)む」는 보통 '부탁하다'의 의미로 사용하지만, 이 문제에서처럼 가게에서 '주문하다'라는 의미로도 많이 사용한다. 실생활에서 사용하는 회화 표현을 묻는 문제이므로, 다양한 문제를 듣고 상황별로 어휘를 정리해 두면 도움이 된다. 정답은 2번이다.

4ばん 099_23 문제편 348p

まだ授業が終わっていませんが、頭が痛いので、帰りたいです。何と言いますか。

男 1 頭が痛いので帰らせてください。
2 頭が痛いので帰ってください。
3 頭が痛いので帰りませんか。

아직 수업이 끝나지 않았지만 머리가 아파서 귀가하고 싶습니다. 뭐라고 말합니까?

남 1 머리가 아프니까 귀가하게 해 주세요.
2 머리가 아프니까 귀가해 주세요.
3 머리가 아프니까 귀가하지 않겠습니까?

정답 1

단어 終わる 끝나다 | 頭 머리 | 痛い 아프다

해설 사역형「～させる ～하게 하다, ～하게 만들다」에「～てください ～해 주세요」가 더해진「～させてください (제가) ～하게 해 주세요」는 상대방에게 허가를 구할 때 자주 사용하는 표현이다. 비슷한 표현으로는「～させてほしい ～하게 해 줬으면 좋겠다, ～시켜 주길 바란다」가 있으며, 보다 정중한 표현으로는「～させてもらえますか ～하게 해 줄 수 있으세요?」등이 있다. 부정형인「～させないでください ～시키지 말아 주세요, ～하게 하지 말아 주세요」도 함께 기억해 두자. 정답은 1번이다.

問題5 문제 5에서는 문제지에 아무것도 인쇄되어 있지 않습니다. 우선 문장을 들으세요. 그리고 그 답을 듣고 1에서 3 중에서 가장 적당한 것을 하나 고르세요. 그럼 연습해 봅시다. 문제편 349p

れい 099_24

女 今日の試験、思ったより簡単だったよ。

男 1 それは残念だったね。
2 そんなに心配しなくてもいいのに。
3 それはよかったね。

最もよいものは3番です。解答用紙の問題5のれいのところを見てください。最もよいものは3番ですから、答えはこのように書きます。では始めます。

여 오늘 시험, 생각했던 것보다 간단했어.

남 1 그거 유감이네.
2 그렇게 걱정하지 않아도 되는데.
3 그거 잘 됐네.

가장 적당한 것은 3번입니다. 답안지의 문제 5의 예 부분을 보십시오. 가장 적당한 것은 3번이므로, 답은 이렇게 적습니다. 그럼 시작하겠습니다.

정답 3

단어 試験(しけん) 시험 | 簡単(かんたん)だ 간단하다 | 残念(ざんねん)だ 유감스럽다, 안타깝다, 아쉽다 | 心配(しんぱい) 걱정

해설 생각보다 시험이 쉬웠다고 하고 있으므로 적절한 응답은 3번이다. 선택지 1번은 시험이 어려웠을 때의 응답이므로 답이 될 수 없고, 2번은 질문과 내용이 맞지 않는다.

1ばん 099_25

男 読(よ)みたいって言(い)ってた本(ほん)、これでしょう。どうぞ。

女 1 えっ、借(か)りてもいいんですか。

2 貸(か)してあげるんですか。

3 返(かえ)してもいいですか。

남 읽고 싶다고 말했던 책, 이거지? 자, 여기.

여 1 앗, 빌려도 되나요?

2 빌려 주나요?

3 돌려줘도 됩니까?

정답 1

단어 借(か)りる 빌리다 | 貸(か)す 빌려 주다 | 返(かえ)す 돌려주다, 반납하다

해설 선택지 2번은 상대방이 제삼자에게 빌려 주는지 여부를 묻는 내용이고 3번은 내가 상대방에게 돌려주겠다, 즉 반납한다는 말이므로 상황에 맞지 않는다. 정답은 1번이다.

2ばん 099_26

女 お弁当(べんとう)、温(あたた)めますか。

男 1 はい、します。

2 お願(ねが)いします。

3 まだ温(あたた)めていません。

여 도시락 데울까요?

남 1 네, 하겠습니다.

2 부탁드립니다.

3 아직 데우지 않았습니다.

정답 2

단어 お弁当(べんとう) 도시락 | 温(あたた)める 데우다, 따뜻하게 하다

해설 선택지 1번은 행위의 주체가 잘못되었고, 3번은 시제가 맞지 않아 답이 될 수 없다. 정답은 2번이다.

3ばん 099_27

男 昨日(きのう)、どうして休(やす)んだんですか。

女 1 いいえ、大丈夫(だいじょうぶ)です。

2 風邪(かぜ)ですか。

3 お腹(なか)が痛(いた)くて。

남 어제 왜 쉬었어요?

여 1 아니요, 괜찮아요.

2 감기입니까?

3 배가 아파서요.

정답 3

단어 休む 쉬다 | 風邪 감기 | お腹が痛い 배가 아프다

해설 「どうして 어째서」, 「なぜ 왜」 등의 이유를 묻는 질문에 '예', '아니오'로 대답하는 것은 부자연스러우므로 1번은 답이 될 수 없다. 또한 2번은 질문하는 사람이 질문에 이어서 말해야 자연스럽다. 따라서 '어제 쉰 이유'를 대답하는 3번이 답으로 적당하다.

4ばん 099_28

女 来週月曜日までにレポートを出してください。

男 1 来週月曜日までですね。それはいいですね。
2 来週月曜日までですね。知っています。
3 来週月曜日までですね。わかりました。

여 다음 주 월요일까지 리포트를 제출해 주세요.

남 1 다음 주 월요일까지인 거죠. 그거 좋네요.
2 다음 주 월요일까지인 거죠. 알고 있어요.
3 다음 주 월요일까지인 거죠. 알겠습니다.

정답 3

단어 レポート 리포트, 보고서

해설 「～てください ～해 주세요」는 '의뢰·부탁'을 나타내는 표현이지만, 이 문제처럼 '가벼운 지시'를 나타내기도 한다. 지시에 대한 대답으로는 3번이 자연스럽다.

5ばん 099_29

男 来週のパーティー、楽しみですね。

女 1 そうなんですか。いいですね。
2 ええ、とても楽しいです。
3 ええ、本当ですね。

남 다음 주 파티, 기대되네요.

여 1 그런가요? 좋겠어요.
2 네, 굉장히 즐거워요.
3 네, 정말요.

정답 3

단어 パーティー 파티 | 楽しみ 기대, 즐거움

해설 「楽しい」는 '즐겁다', 「楽しむ」는 '즐기다', 「楽しみだ」는 '기대되다', 「楽しみにする」는 '기대하다'라는 뜻이다. 정확히 구분하여 외우도록 하자. 정답은 3번이다.

6ばん 099_30

女 この部屋でしばらくお待ちください。

男 1 わかりました。
2 よろしくお願いします。
3 どうぞ、ご遠慮なく。

여 이 방에서 잠시 기다려 주십시오.

남 1 알겠습니다.
2 잘 부탁드립니다.
3 모쪼록 사양 마시고.

정답 1

단어 しばらく 잠시, 당분간 | どうぞ 어서, 부디, 아무쪼록 | 遠慮(えんりょ) 사양

해설 「お + ます형 + ください ~해 주십시오」라는 공식을 이용한 존경 표현을 사용해 더욱 정중한 느낌을 살린 지시·부탁을 하고 있다. 이 경우 선택지 1번처럼 수긍하는 대답을 하는 것이 가장 자연스럽다.

7ばん 099_31

男 試験(しけん)の申(もう)し込(こ)み、どうやったらいいの?	남 시험 신청, 어떻게 하면 되는 거야?
女 1 インターネットでできるよ。	여 1 인터넷으로 할 수 있어.
2 こうしたらよかったね。	2 이렇게 했으면 좋았을 텐데.
3 申(もう)し込(こ)み、したの?	3 신청, 했어?

정답 1

단어 申(もう)し込(こ)み 신청

해설 「どうやったら 어떻게 하면」은 구체적인 방법을 물어보는 표현이므로 '인터넷'이라는 수단·방법을 설명하고 있는 1번이 정답이다.

8ばん 099_32

女 持(も)ち物(もの)、チェックしましたか。忘(わす)れ物(もの)はありませんか。	여 소지품 체크하셨습니까? 잊은 물건은 없습니까?
男 1 いいえ、もう一度(いちど)見(み)た方(ほう)がいいですよ。	남 1 아니요, 다시 한번 보는 편이 좋아요.
2 大丈夫(だいじょうぶ)です。2回確認(かいかくにん)しました。	2 괜찮아요. 두 번 확인했어요.
3 そうですね。それは困(こま)りますね。	3 그렇네요. 그건 곤란하군요.

정답 2

단어 持(も)ち物(もの) 소지품 | 忘(わす)れ物(もの) 잊은 물건, 분실물 | もう一度(いちど) 한번 더, 다시 한번 | 確認(かくにん) 확인 | 困(こま)る 곤란하다, 난처하다

해설 선택지 1번은 '아니요'와 '다시 한번 보는 편이 좋아요'라는 문장의 앞뒤가 맞지 않아 부자연스럽다. 또한 문장 끝의 「よ」는 '가벼운 명령'이나 '부탁, 주장, 나무람' 등을 나타낼 때 쓴다는 점도 기억해 두자. 1번이 정답이 되려면 문장 끝에 '상대방의 동의'를 구하거나 '다짐이나 가벼운 감동'을 나타낼 때 사용하는 「ね」를 붙여 「はい。でも、もう一度(いちど)見(み)た方(ほう)がいいですね 네, 그래도 다시 한번 보는 편이 좋겠네요」로 대답해야 한다. 정답은 2번이다.

9ばん 099_33

男 ご迷惑(めいわく)をおかけしました。本当(ほんとう)に申(もう)し訳(わけ)ありません。	남 폐를 끼쳤습니다. 정말 죄송합니다.
女 1 いいえ、とんでもない。気(き)にしないでください。	여 1 아니요, 당치도 않아요. 신경쓰지 마세요.
2 本当(ほんとう)ですね。それは大変(たいへん)ですね。	2 정말이네요. 그거 힘들겠군요.
3 ありがとうございます。助(たす)かりました。	3 고맙습니다. 도움이 되었습니다.

정답 1

단어 迷惑をかける 폐를 끼치다 | 申し訳ない 미안하다, 변명할 여지가 없다 | とんでもない 당치도 않다, 터무니없다 | 気にする 신경 쓰다 | 大変だ 큰일이다, 힘들다 | 助かる 도움이 되다, 구제되다

해설 「とんでもない」는 주로 격식을 차린 인사 표현에서 사용한다. 칭찬을 받았을 때 겸양의 대답으로 사용하거나, 이 문제에서처럼 사과를 받아들일 때 사용하면 자연스럽다. 그 외에 '터무니없다'라는 뜻으로도 사용한다. 「とんでもない値段 터무니없는 가격」과 같은 예시를 통해 기억해 두자.

MEMO

MEMO

MEMO

시사 JLPT 합격 시그널

일본어능력시험

저자 이승희, 大阪 YMCA

시험직전 막판뒤집기

N3

시사일본어사

문자어휘 기출단어

1 한자 읽기
2 표기
3 문맥 규정
4 유의 표현
5 용법

N3

1 : 한자 읽기

	어휘	발음	의미
□	合図	あいず	(몸짓·소리 등의) 신호
□	相手	あいて	상대
□	浅い	あさい	얕다
□	預ける	あずける	맡기다
□	汗	あせ	땀
□	遊ぶ	あそぶ	놀다
□	厚い	あつい	두껍다
□	表す	あらわす	나타내다, 표현하다
□	息	いき	숨, 호흡
□	以降	いこう	이후
□	位置	いち	위치
□	一般的	いっぱんてき	일반적
□	岩	いわ	바위
□	印象	いんしょう	인상
□	疑う	うたがう	의심하다
□	美しい	うつくしい	아름답다, 예쁘다
□	移す	うつす	옮기다, 이동하다
□	裏	うら	뒤, 뒷면
□	笑顔	えがお	웃는 얼굴
□	横断	おうだん	횡단

	어휘	발음	의미
□	応募	おうぼ	응모
□	応用	おうよう	응용
□	遅れる	おくれる	늦다, 더디다
□	遅い	おそい	느리다, 늦다
□	覚える	おぼえる	기억하다, 암기하다
□	折る	おる	부러뜨리다, 꺾다
□	折れる	おれる	꺾이다, 부러지다
□	改札	かいさつ	개찰
□	返す	かえす	되돌리다, 돌려주다
□	換える	かえる	바꾸다, 교환하다
□	替える	かえる	바꾸다, 교환하다, 교체하다
□	価格	かかく	가격
□	各駅	かくえき	각 역, 매 역
□	各地	かくち	각지
□	過去	かこ	과거
□	下線	かせん	밑줄
□	固い	かたい	딱딱하다, (입이) 무겁다
□	勝つ	かつ	이기다
□	角	かど	모퉁이

어휘	발음	의미
□ 悲しい	かなしい	슬프다
□ 観客	かんきゃく	관객
□ 完成	かんせい	완성
□ 機会	きかい	기회
□ 汚い	きたない	더럽다, 불결하다
□ 疑問	ぎもん	의문
□ 休日	きゅうじつ	휴일
□ 共通	きょうつう	공통
□ 協力	きょうりょく	협력
□ 禁煙	きんえん	금연
□ 空席	くうせき	공석
□ 配る	くばる	나누어 주다, 배부하다
□ 首	くび	목
□ 組む	くむ	엇걸다, 짜다
□ 比べる	くらべる	비교하다
□ 苦しい	くるしい	괴롭다, 고통스럽다
□ 苦労	くろう	고생
□ 加える	くわえる	가하다, 더하다
□ 訓練	くんれん	훈련
□ 経営学	けいえいがく	경영학
□ 計算	けいさん	계산
□ 外科	げか	외과
□ 血圧	けつあつ	혈압

어휘	발음	의미
□ 血液型	けつえきがた	혈액형
□ 件	けん	건(특정한 일이나 사건), 사항
□ 検査	けんさ	검사
□ 現在	げんざい	현재
□ 恋しい	こいしい	그립다
□ 高価	こうか	고가
□ 広告	こうこく	광고
□ 交流	こうりゅう	교류
□ 小型	こがた	소형
□ 呼吸	こきゅう	호흡
□ 腰	こし	허리
□ 個人	こじん	개인
□ 困る	こまる	곤란하다
□ 転ぶ	ころぶ	구르다, 넘어지다
□ 塩	しお	소금
□ 支給	しきゅう	지급
□ 事情	じじょう	사정
□ 自然	しぜん	자연
□ 従う	したがう	따르다, 좇다
□ 失業	しつぎょう	실업
□ 実力	じつりょく	실력
□ 島	しま	섬
□ 示す	しめす	나타내다, 가리키다

	어휘	발음	의미
□	集中	しゅうちゅう	집중
□	手術	しゅじゅつ	수술
□	出張	しゅっちょう	출장
□	首都	しゅと	수도
□	主要	しゅよう	주요
□	種類	しゅるい	종류
□	順番	じゅんばん	순서
□	商業	しょうぎょう	상업
□	商品	しょうひん	상품
□	上品な	じょうひんな	품위 있는, 우아한
□	情報	じょうほう	정보
□	食器	しょっき	식기(그릇)
□	税金	ぜいきん	세금
□	制服	せいふく	제복, 유니폼
□	席	せき	자리
□	線	せん	선
□	選手	せんしゅ	선수
□	増減	ぞうげん	증감
□	想像	そうぞう	상상
□	早退	そうたい	조퇴
□	相談	そうだん	상담, 상의
□	卒業	そつぎょう	졸업
□	退院	たいいん	퇴원
□	大会	たいかい	대회

	어휘	발음	의미
□	確かに	たしかに	확실히, 분명히
□	助ける	たすける	돕다, 도와주다
□	他人	たにん	타인
□	単語	たんご	단어
□	地球	ちきゅう	지구
□	駐車	ちゅうしゃ	주차
□	昼食	ちゅうしょく	점심 식사
□	調査	ちょうさ	조사
□	朝食	ちょうしょく	조식, 아침 식사
□	貯金	ちょきん	저금
□	直接	ちょくせつ	직접
□	通勤	つうきん	통근
□	通知	つうち	통지
□	伝える	つたえる	전하다, 전달하다
□	包む	つつむ	싸다, 둘러싸다, 포장하다
□	動作	どうさ	동작
□	到着	とうちゃく	도착
□	得意だ	とくいだ	잘하다, 숙련되다
□	独立	どくりつ	독립
□	努力	どりょく	노력
□	逃げる	にげる	도망치다, 달아나다
□	荷物	にもつ	짐
□	根	ね	뿌리

어휘	발음	의미
□ 残り	のこり	남음, 남은 것
□ 生える	はえる	(식물 등이) 나다
□ 発見	はっけん	발견
□ 発表	はっぴょう	발표
□ 払う	はらう	지불하다, 돈을 내다
□ 冷える	ひえる	차가워지다, 식다
□ 秒	びょう	초(시간)
□ 表面	ひょうめん	표면
□ 夫婦	ふうふ	부부
□ 深い	ふかい	깊다
□ 復習	ふくしゅう	복습
□ 複数	ふくすう	복수
□ 普通	ふつう	보통
□ 部分	ぶぶん	부분
□ 文章	ぶんしょう	문장
□ 分類	ぶんるい	분류
□ 平均	へいきん	평균
□ 平日	へいじつ	평일
□ 変化	へんか	변화
□ 方角	ほうがく	방위, 방향
□ 方向	ほうこう	방향
□ 干す	ほす	말리다, 널다
□ 細い	ほそい	좁다, 가늘다
□ 豆	まめ	콩

어휘	발음	의미
□ 丸い	まるい	둥글다
□ 回す	まわす	돌리다, 회전시키다
□ 短い	みじかい	짧다
□ 湖	みずうみ	호수
□ 未来	みらい	미래
□ 難しい	むずかしい	어렵다
□ 結ぶ	むすぶ	잇다, 맺다, 묶다
□ 命令	めいれい	명령
□ 申し込み	もうしこみ	신청
□ 燃える	もえる	타다, 불타다
□ 郵送	ゆうそう	우송
□ 夕日	ゆうひ	석양, 저녁 해
□ 郵便	ゆうびん	우편
□ 有名	ゆうめい	유명
□ 容器	ようき	용기, 그릇
□ 横	よこ	옆
□ 汚れる	よごれる	더러워지다
□ 予約	よやく	예약
□ 留守	るす	부재, 부재중
□ 若い	わかい	젊다
□ 笑う	わらう	웃다
□ 割れる	われる	깨지다, 갈라지다

2 : 표기

어휘	발음	의미
□ 浅い	あさい	얕다
□ 預ける	あずける	맡기다
□ 暖かい	あたたかい	따뜻하다
□ 温める	あたためる	따뜻하게 하다, 데우다
□ 当たる	あたる	맞다, 적중하다
□ 厚い	あつい	두껍다, 두텁다
□ 現れる	あらわれる	나타나다
□ 案内	あんない	안내
□ 胃	い	위신체
□ 以降	いこう	이후
□ 痛い	いたい	아프다
□ 一般的	いっぱんてき	일반적
□ 右折	うせつ	우회전
□ 内側	うちがわ	안쪽, 내면
□ 移る	うつる	옮기다, 이동하다
□ 笑顔	えがお	웃는 얼굴
□ 追う	おう	뒤쫓다, 따르다
□ 遅い	おそい	늦다
□ 降りる	おりる	내리다
□ 温泉	おんせん	온천
□ 絵画	かいが	회화(그림)

어휘	발음	의미
□ 解決	かいけつ	해결
□ 家具	かぐ	가구
□ 重ねる	かさねる	겹치다, 포개다
□ 貸す	かす	빌려주다
□ 楽器	がっき	악기
□ 仮定	かてい	가정(임의로 정함, 조건·전제)
□ 必ず	かならず	반드시
□ 借りる	かりる	빌리다
□ 関係	かんけい	관계
□ 観光	かんこう	관광
□ 観察	かんさつ	관찰
□ 関心	かんしん	관심
□ 気温	きおん	기온
□ 規則	きそく	규칙
□ 期待	きたい	기대
□ 帰宅	きたく	귀가
□ 記念	きねん	기념
□ 逆	ぎゃく	역, 반대, 거꾸로임
□ 教師	きょうし	교사
□ 記録	きろく	기록
□ 組む	くむ	엇걸다, 짜다

어휘	발음	의미
□ 暮らす	くらす	살다, 지내다, (날을) 보내다
□ 経由	けいゆ	경유
□ 消す	けす	끄다, 지우다
□ 血液	けつえき	혈액
□ 欠席	けっせき	결석
□ 欠点	けってん	결점, 단점
□ 券	けん	권, 표
□ 原因	げんいん	원인
□ 健康	けんこう	건강
□ 検査	けんさ	검사
□ 現在	げんざい	현재
□ 減少	げんしょう	감소
□ 原料	げんりょう	원료
□ 恋しい	こいしい	그립다
□ 高価な	こうかな	고가의, 값비싼
□ 広告	こうこく	광고
□ 黒板	こくばん	칠판
□ 細かい	こまかい	잘다, 작다, 상세하다
□ 困る	こまる	곤란하다
□ 最初	さいしょ	최초
□ 坂道	さかみち	비탈길, 고갯길
□ 雑誌	ざっし	잡지
□ 残業	ざんぎょう	잔업, 야근
□ 自信	じしん	자신, 자신감

어휘	발음	의미
□ 島	しま	섬
□ 自由	じゆう	자유
□ 週刊誌	しゅうかんし	주간지
□ 出勤	しゅっきん	출근
□ 乗車	じょうしゃ	승차
□ 信じる	しんじる	믿다
□ 身長	しんちょう	신장, 키
□ 心配	しんぱい	걱정
□ 吸う	すう	(공기 등을) 흡입하다, 마시다, (담배를) 피우다
□ 頭痛	ずつう	두통
□ 正解	せいかい	정답, 해답
□ 性格	せいかく	성격
□ 正常	せいじょう	정상 (제대로인 상태)
□ 成績	せいせき	성적
□ 制服	せいふく	제복, 유니폼
□ 専門家	せんもんか	전문가
□ 相談	そうだん	상담, 상의, 의논
□ 育てる	そだてる	키우다, 기르다
□ 退院	たいいん	퇴원
□ 大量	たいりょう	대량
□ 確か	たしか	확실히, 분명히
□ 短気	たんき	성질이 급함
□ 違う	ちがう	다르다, 틀리다

어휘	발음	의미
□ 注射	ちゅうしゃ	주사
□ 疲れる	つかれる	지치다, 피곤하다
□ 続き	つづき	계속됨, 이어짐
□ 包む	つつむ	싸다, 둘러싸다, 포장하다
□ 勤める	つとめる	근무하다
□ 停電	ていでん	정전
□ 伝言	でんごん	전언(전하는 말)
□ 独身	どくしん	독신
□ 飛ぶ	とぶ	날다
□ 止まる	とまる	멈추다, 정지하다
□ 泣く	なく	울다
□ 投げる	なげる	던지다
□ 波	なみ	파도, 물결
□ 涙	なみだ	눈물
□ 逃げる	にげる	도망치다, 달아나다
□ 願う	ねがう	원하다, 바라다
□ 熱心に	ねっしんに	열심히
□ 眠る	ねむる	자다, 잠들다
□ 葉	は	이파리, 잎
□ 歯	は	치아, 이
□ 倍	ばい	배, 갑절
□ 早く	はやく	빨리
□ 冷える	ひえる	식다, 차가워지다

어휘	발음	의미
□ 低い	ひくい	낮다
□ 秒	びょう	초(시간)
□ 複雑	ふくざつ	복잡
□ 復習	ふくしゅう	복습
□ 複数	ふくすう	복수 (둘 이상의 수)
□ 法律	ほうりつ	법률
□ 守る	まもる	지키다
□ 回す	まわす	돌리다
□ 満足	まんぞく	만족
□ 短い	みじかい	짧다
□ 緑	みどり	초록, 녹색
□ 結ぶ	むすぶ	잇다, 맺다, 묶다
□ 娘	むすめ	딸
□ 命令	めいれい	명령
□ 物語	ものがたり	이야기
□ 焼く	やく	굽다
□ 訳す	やくす	번역하다, 해석하다
□ 薬局	やっきょく	약국
□ 輸出	ゆしゅつ	수출
□ 容器	ようき	용기(그릇)
□ 予想	よそう	예상
□ 理由	りゆう	이유
□ 若い	わかい	젊다

3 : 문맥 규정

	어휘	발음	의미
□	飽きる	あきる	싫증나다, 질리다
□	あくび		하품
□	当たる	あたる	맞다, 적중하다
□	扱う	あつかう	다루다, 취급하다
□	アドバイス		어드바이스, 충고
□	あふれる		넘치다
□	編む	あむ	엮다, 뜨다
□	アメリカ産	あめりかさん	미국산
□	あわ		거품
□	合わせる	あわせる	맞추다
□	意外に	いがいに	의외로
□	意志	いし	의지
□	イメージ		이미지
□	印象	いんしょう	인상
□	インタビュー		인터뷰
□	うっかり		깜빡, 무심코
□	うろうろ		우왕좌왕, 어슬렁어슬렁
□	うわさ		소문
□	影響	えいきょう	영향
□	栄養	えいよう	영양
□	エネルギー		에너지
□	偉い	えらい	위대하다, 훌륭하다, 장하다

	어휘	발음	의미
□	延期	えんき	연기
□	演奏	えんそう	연주
□	追い越す	おいこす	추월하다
□	追いつく	おいつく	따라잡다, 따라붙다
□	お祝い	おいわい	축하, 축하 선물
□	応援	おうえん	응원
□	応募	おうぼ	응모
□	おかしい		이상하다
□	起きる	おきる	일어나다
□	惜しい	おしい	아깝다
□	落ち着く	おちつく	안정되다, 진정되다
□	お疲れさま	おつかれさま	수고했어요(인사말)
□	おぼれる		(물에) 빠지다
□	主に	おもに	주로
□	カーブ		커브
□	解決	かいけつ	해결
□	外食	がいしょく	외식
□	香り	かおり	향기
□	かかる		(병에) 걸리다
□	確実だ	かくじつだ	확실하다
□	隠す	かくす	감추다, 숨기다
□	囲まれる	かこまれる	둘러싸이다
□	囲む	かこむ	둘러싸다, 에워싸다
□	重ねる	かさねる	겹치다, 포개다
□	片方	かたほう	한쪽, 한편

	어휘	발음	의미
□	カタログ		카탈로그, 상품 목록
□	がっかり		실망·낙심하는 모양
□	可能な	かのうな	가능한
□	カバー		커버, 덮개
□	我慢	がまん	참음, 인내
□	からから		물기가 마른 모양, 바싹
□	枯れる	かれる	마르다, 시들다
□	渇く	かわく	목마르다, 갈증나다
□	乾く	かわく	마르다, 건조하다
□	間隔	かんかく	간격
□	観察	かんさつ	관찰
□	感じ	かんじ	느낌, 기분
□	完成	かんせい	완성
□	乾燥	かんそう	건조
□	感動	かんどう	감동
□	期限	きげん	기한
□	傷	きず	상처
□	期待	きたい	기대
□	きつい		심하다, 헐렁하지 않고 꼭 끼다
□	記念	きねん	기념
□	希望	きぼう	희망
□	キャンセル		캔슬, 취소
□	興味	きょうみ	흥미, 관심
□	偶然	ぐうぜん	우연, 우연히
□	くせ		버릇, 습관

	어휘	발음	의미
□	悔しい	くやしい	분하다
□	苦しい	くるしい	괴롭다, 답답하다
□	訓練	くんれん	훈련
□	経営	けいえい	경영
□	芸術	げいじゅつ	예술
□	検査	けんさ	검사
□	原料	げんりょう	원료
□	恋しい	こいしい	그립다
□	効果	こうか	효과
□	交換	こうかん	교환
□	合成	ごうせい	합성
□	断る	ことわる	거절하다
□	この間	このあいだ	요전, 일전
□	差	さ	차, 차이
□	最新	さいしん	최신
□	材料	ざいりょう	재료
□	盛ん	さかん	번성함, 왕성함
□	作物	さくもつ	작물, 농작물
□	さっそく		즉시, 곧
□	覚める	さめる	잠이 깨다, 눈이 떠지다
□	資源	しげん	자원
□	事情	じじょう	사정
□	自信	じしん	자신, 자신감
□	沈む	しずむ	가라앉다
□	姿勢	しせい	자세

	어휘	발음	의미
□	親しい	したしい	친하다, 친밀하다
□	しっかり		확실히, 똑똑히
□	しつこい		집요하다, 끈질기다
□	自動的に	じどうてきに	자동적으로
□	しばらく		잠깐, 당분간
□	しばる		묶다, 매다
□	しぼる		(물기를) 짜다, (범위를) 좁히다
□	しまう		(서랍 등에) 넣다, (가게 등을) 닫다, 간수하다, 치우다
□	自慢	じまん	자랑
□	染み	しみ	얼룩
□	締め切り	しめきり	마감
□	～者	～しゃ	～자, ～하는 사람
□	就職	しゅうしょく	취직, 취업
□	渋滞	じゅうたい	정체, 교통 체증
□	集中	しゅうちゅう	집중
□	主張	しゅちょう	주장
□	出張	しゅっちょう	출장
□	順番	じゅんばん	순번, 차례
□	冗談	じょうだん	농담
□	信じる	しんじる	믿다
□	申請	しんせい	신청
□	親戚	しんせき	친척
□	ずいぶん		몹시, 대단히
□	ずきずき		따끔따끔, 욱신욱신

	어휘	발음	의미
□	清潔だ	せいけつだ	청결하다
□	制限	せいげん	제한
□	正常に	せいじょうに	정상적으로
□	整理	せいり	정리
□	積極的な	せっきょくてきな	적극적인
□	セット		세트
□	セットする		조절하다, 맞추다
□	全~	ぜん~	전(전체)~
□	前後	ぜんご	전후, 안팎, 내외
□	想像	そうぞう	상상
□	底	そこ	바닥
□	そっくり		꼭 닮은 모양
□	そっと		살짝, 가만히
□	代金	だいきん	대금
□	代表的	だいひょうてき	대표적
□	体力	たいりょく	체력
□	確かめる	たしかめる	확인하다
□	戦う	たたかう	싸우다
□	叩く	たたく	치다, 때리다
□	たたむ		접다, (빨래를) 개다
□	経つ	たつ	(시간이) 지나다, 경과하다
□	ためる		모으다
□	頼る	たよる	의지하다
□	チャレンジ		챌린지, 도전
□	調子	ちょうし	상태, 컨디션

어휘	발음	의미
□ 通訳	つうやく	통역
□ テーマ		테마, 주제
□ 付き合う	つきあう	사귀다, 교제하다
□ デザイン		디자인
□ 動作	どうさ	동작
□ 当日	とうじつ	당일
□ 登場	とうじょう	등장
□ どきどき		두근두근
□ 特徴	とくちょう	특징
□ とける		녹다
□ とじる		(눈을) 감다, 덮다
□ 土地	とち	토지
□ 突然	とつぜん	돌연, 갑자기
□ 取り消す	とりけす	취소하다
□ 内緒	ないしょ	비밀
□ 流れる	ながれる	흐르다
□ 懐かしい	なつかしい	그립다, 반갑다
□ なるべく		되도록, 가능한 한
□ ノック		노크
□ 伸ばす	のばす	펴다, 키우다, 늘리다
□ 配達	はいたつ	배달
□ バケツ		양동이
□ 発展	はってん	발전
□ 発表	はっぴょう	발표
□ 話し合う	はなしあう	서로 이야기하다

어휘	발음	의미
□ 早めに	はやめに	일찌감치, 빨리
□ ばらばら		제각기 다른 모양, 뿔뿔이
□ 半日	はんにち	반일, 한나절
□ パンフレット		팸플릿, 소책자
□ 比較	ひかく	비교
□ 東向き	ひがしむき	동향
□ 引き受ける	ひきうける	맡다, 떠맡다
□ ぴったり		꼭 들어맞는 모양, 딱
□ ヒント		힌트
□ 不安	ふあん	불안
□ ふく		닦다
□ 複雑だ	ふくざつだ	복잡하다
□ 防ぐ	ふせぐ	막다, 방지하다
□ 物価	ぶっか	물가
□ ぶつかる		부딪치다, 충돌하다
□ 不満	ふまん	불만
□ ふらふら		휘청휘청, 흔들흔들, 비틀비틀
□ ぶらぶら		어슬렁어슬렁, 빈둥빈둥
□ 振る	ふる	흔들다
□ 平気な	へいきな	아무렇지 않은, 걱정 없는, 태연한
□ 平均	へいきん	평균
□ 別々	べつべつ	따로따로, 각자, 제각기
□ ペラペラ		술술, 줄줄
□ 報告	ほうこく	보고
□ ほえる		짖다

	어휘	발음	의미
□	干す	ほす	말리다
□	交ざる	まざる	섞이다
□	待ち合わせる	まちあわせる	약속을 정해 만나다
□	マナー		매너, 예의
□	守る	まもる	지키다
□	迷う	まよう	헤매다, 길을 잃다, 망설이다
□	身につける	みにつける	몸에 익히다
□	むく		(껍질을) 벗기다, 까다
□	無駄	むだ	쓸데없음, 낭비
□	面倒くさい	めんどうくさい	귀찮다, 성가시다
□	申込書	もうしこみしょ	신청서
□	目的	もくてき	목적
□	目標	もくひょう	목표
□	もったいない		아깝다
□	文句	もんく	불평, 불만
□	家賃	やちん	집세
□	破れる	やぶれる	찢어지다, 깨지다
□	ユーモア		유머, 익살맞음
□	床	ゆか	바닥
□	ゆるい		느슨하다, 헐겁다
□	許す	ゆるす	용서하다
□	翌日	よくじつ	다음날, 이튿날
□	呼びかける	よびかける	호소하다
□	リサイクル		리사이클, 재활용
□	立派だ	りっぱだ	훌륭하다

어휘	발음	의미
□ 流行する	りゅうこうする	유행하다
□ ～料	～りょう	～료(비용)
□ 両替	りょうがえ	환전
□ レシピ		레시피, 조리법
□ 料金	りょうきん	요금
□ 列	れつ	열, 줄
□ 別れる	わかれる	헤어지다
□ 分ける	わける	나누다
□ 割合	わりあい	비율

4 : 유의 표현

어휘	발음	의미
□ 相変わらず	あいかわらず	변함없이
≒ 前と同じで	まえとおなじで	전과 같이
□ あきらめる		포기하다, 체념하다
≒ やめる		그만두다
□ 明ける	あける	날이 밝다, 끝나다
≒ 終わる	おわる	끝나다, 마치다
□ あたえる		주다, 부여하다
≒ あげる		주다
□ あまりました		남았습니다
≒ 多すぎて残りました	おおすぎてのこりました	너무 많아서 남았습니다
□ あらゆる		온갖, 모든
≒ 全部の	ぜんぶの	전부, 모든
□ あわてる		당황하다, 황급히 굴다
≒ 急ぐ	いそぐ	서두르다
□ 案	あん	안, 의견
≒ アイデア		아이디어, 의견
□ 暗記する	あんきする	암기하다
≒ 覚える	おぼえる	외우다, 암기하다, 기억하다
□ 位置	いち	위치
≒ 場所	ばしょ	장소
□ 疑っている	うたがっている	의심하고 있다
≒ 本当ではないと思っている	ほんとうではないとおもっている	사실이 아니라고 생각하고 있다

어휘	발음	의미
□ うばう		빼앗다
≒ 取る	とる	잡다, 취하다, 빼앗다
□ 売り切れだ	うりきれだ	품절이다, 매진이다
≒ すべて売れた	すべてうれた	전부 팔렸다
□ 延期になった	えんきになった	연기되었다
≒ 後の別の日にやることになった	あとのべつのひにやることになった	이후의 다른 날에 하게 되었다
□ おい		(남자) 조카
≒ 妹の息子	いもうとのむすこ	여동생의 아들, 남자 조카
□ 横断禁止	おうだんきんし	횡단 금지
≒ 渡ってはいけない	わたってはいけない	건너서는 안 되다
□ おかしな		이상한, 우스운
≒ 変な	へんな	이상한
□ お小遣い	おこづかい	용돈
≒ お金	おかね	돈
□ おしまい		끝, 마지막, 마침
≒ 終わり	おわり	끝, 종료, 마지막
□ 恐ろしい	おそろしい	두렵다, 무섭다
≒ 怖い	こわい	무섭다
□ 覚える	おぼえる	기억하다, 외우다, 느끼다
≒ 暗記する	あんきする	암기하다
□ カーブしている		구부러져 있다
≒ 曲がっている	まがっている	구부러져 있다
□ 回収する	かいしゅうする	회수하다, 거두다
≒ 集める	あつめる	모으다

어휘	발음	의미
□ 価格	かかく	가격
≒ 値段	ねだん	가격, 값
□ 輝いている	かがやいている	빛나고 있다
≒ 光っている	ひかっている	빛나고 있다
□ 駆けてくる	かけてくる	뛰어오다
≒ 走ってくる	はしってくる	달려오다
□ がっかりした		실망했다
≒ 残念だと思った	ざんねんだとおもった	유감이라고 생각했다
□ 学校をサボる	がっこうをさぼる	학교를 빼먹다, 땡땡이치다
≒ 遊びたくて学校を休む	あそびたくてがっこうをやすむ	놀고 싶어서 학교를 쉬다
□ 感謝	かんしゃ	감사
≒ お礼	おれい	사례의 말이나 선물
□ 機会	きかい	기회
≒ チャンス		찬스, 기회
□ きつい		고되다, 심하다, 엄하다
≒ 大変だ	たいへんだ	큰일이다, 힘들다
□ キッチン		키친, 부엌
≒ 台所	だいどころ	부엌
□ 気に入る	きにいる	마음에 들다
≒ 好きになる	すきになる	좋아지다
□ 決まり	きまり	규칙, 규정
≒ 規則	きそく	규칙
□ 逆	ぎゃく	반대, 거꾸로임
≒ 反対	はんたい	반대

어휘	발음	의미
□ 共通点	きょうつうてん	공통점
≒ 同じところ	おなじところ	같은 점
□ 協力する	きょうりょくする	협력하다
≒ 手伝う	てつだう	도와주다, 거들다
□ くたびれる		기진맥진하다, 녹초가 되어 뻗다
≒ 疲れる	つかれる	지치다, 피로해지다
□ グラウンド(＝グランド)		그라운드, 운동장
≒ 運動場	うんどうじょう	운동장
□ 詳しい	くわしい	자세하다, 상세하다
≒ 細かい	こまかい	잘다, 미세하다, 상세하다
□ 欠点	けってん	결점, 단점
≒ よくない(悪い)ところ	よくない(わるい)ところ	좋지 않은(나쁜) 점
□ この頃	このごろ	요즈음
≒ 最近	さいきん	최근, 요즘
□ 混雑する	こんざつする	혼잡하다
≒ 客がたくさんいる	きゃくがたくさんいる	손님이 많이 있다
□ サイズ		사이즈, 크기
≒ 大きさ	おおきさ	크기
□ さっき		아까, 조금 전
≒ 少し前に	すこしまえに	조금 전에
□ さまざまな		다양한
≒ いろいろな		여러 가지의, 다양한
□ 次第に	しだいに	차츰, 점차
≒ 少しずつ	すこしずつ	조금씩

어휘	발음	의미
□ 指定	してい	지정
≒ 決められる	きめられる	정해지다
□ 指導する	しどうする	지도하다
≒ 教える	おしえる	가르치다, 알려 주다
□ しゃべる		이야기하다, 수다를 떨다
≒ 話す	はなす	이야기하다
□ 手段	しゅだん	수단
≒ やり方	やりかた	하는 법, 하는 방법(수단)
□ 信じる	しんじる	믿다
≒ 本当だと思っている	ほんとうだとおもっている	정말이라고 생각하고 있다
□ ずいぶん		대단히, 매우, 몹시
≒ 非常に	ひじょうに	상당히, 매우
□ スケジュール		스케줄
≒ 予定	よてい	예정, 일정
□ すべて		전부, 모두
≒ 全部	ぜんぶ	전부
□ 済ませる	すませる	끝내다, 마치다
≒ 終わらせる	おわらせる	끝내다, 종료시키다
□ 整理する	せいりする	정리하다
≒ 片付ける	かたづける	정리하다, 치우다
□ 絶対に	ぜったいに	절대로, 단연코, 반드시, 꼭
≒ 必ず	かならず	반드시
□ そっと		살짝, 가만히
≒ 静かに	しずかに	조용히

	어휘	발음	의미
□	そのまま		그대로
	≒ 何も変えないで	なにもかえないで	아무 것도 바꾸지 않고
□	退屈だ	たいくつだ	지루하다
	≒ つまらない		시시하다, 재미없다, 지루하다
□	確かめる	たしかめる	확인하다
	≒ チェックする		체크하다, 확인하다
□	多少	たしょう	다소
	≒ ちょっと		좀, 조금
□	経つ	たつ	지나다, 경과하다
	≒ 過ぎる	すぎる	지나다
□	たまる		모이다, 쌓이다
	≒ 残る	のこる	남다
□	黙る	だまる	가만히 있다, 잠자코 있다
	≒ 何も話さない	なにもはなさない	아무 말도 하지 않다
□	短気だ	たんきだ	성미가 급하다
	≒ すぐ怒る	すぐおこる	바로 화내다
□	単純だ	たんじゅんだ	단순하다
	≒ 分かりやすい	わかりやすい	알기 쉽다
□	団体	だんたい	단체
	≒ グループ		그룹, 집단
□	注文する	ちゅうもんする	주문하다
	≒ 頼む	たのむ	부탁하다
□	通勤する	つうきんする	통근하다
	≒ 仕事に行く	しごとにいく	일하러 가다

어휘	발음	의미
□ 当然	とうぜん	당연
≒ もちろん		물론
□ 得意	とくい	득의, 잘함, 숙련됨
≒ 上手にできる	じょうずにできる	능숙하게 할 수 있다
≒ とても上手な	とてもじょうずな	매우 실력이 좋은
□ どなる		고함치다, 호통치다
≒ 大声で怒る	おおごえでおこる	큰소리로 화내다
□ トレーニング		트레이닝
≒ 練習	れんしゅう	연습
□ ないしょにして		비밀로 하여
≒ だれにも話さないで	だれにもはなさないで	아무에게도 말하지 않고
□ 納得	なっとく	납득
≒ とてもよく分かる	とてもよくわかる	굉장히 잘 알다
□ 年中	ねんじゅう	연중, 일년 내내, 언제나, 늘
≒ いつも		항상
□ 配達してもらった	はいたつしてもらった	배달받았다
≒ 届けてもらった	とどけてもらった	배달받았다
□ 不安だ	ふあんだ	불안하다
≒ 心配だ	しんぱいだ	걱정이다
□ 普段	ふだん	평소, 항상
≒ いつも		언제나, 늘, 보통 때
□ 触れる	ふれる	닿다, 접촉하다
≒ 触る	さわる	만지다, 접촉하다

어휘	발음	의미
□ ぺこぺこ		배가 고픈 모양
≒ すいている		비어 있다, (배가) 고프다
□ ぺらぺら		유창하게, 술술
≒ 上手に話せる	じょうずにはなせる	능숙하게 이야기할 수 있다
□ 減る	へる	줄어들다
≒ 少なくなる	すくなくなる	적어지다
□ 報告する	ほうこくする	보고하다
≒ 知らせる	しらせる	알리다
□ 孫	まご	손자
≒ 娘の息子	むすめのむすこ	딸의 아들
□ まったく		전혀, 완전히
≒ 全然	ぜんぜん	전연, 전혀
□ 学んでいる	まなんでいる	배우고 있다
≒ 勉強している	べんきょうしている	공부하고 있다
□ まぶしい		눈부시다
≒ 明るすぎる	あかるすぎる	너무 밝다
□ めい		(여자) 조카
≒ 兄弟の娘	きょうだいのむすめ	형제의 딸
□ 約	やく	약
≒ だいたい		대략, 대개
□ やり直す	やりなおす	다시 하다
≒ もう一度やる	もういちどやる	한번 더 하다
□ ようやく		겨우, 가까스로
≒ やっと		겨우, 간신히

어휘	발음	의미
□ 翌年	よくとし(=よくねん)	이듬해
≒ 次の年	つぎのとし	다음 해
□ 楽だ	らくだ	편하다
≒ 簡単だ	かんたんだ	간단하다
□ わけ		이유, 원인
≒ 理由	りゆう	이유

5 : 용법

	어휘	발음	의미
□	諦める	あきらめる	포기하다
□	預ける	あずける	맡기다
□	新しい	あたらしい	새롭다
□	余る	あまる	남다, 넘치다
□	暗記	あんき	암기
□	異常	いじょう	이상, 비정상
□	移動	いどう	이동
□	植える	うえる	(나무 등을) 심다
□	受け入れる	うけいれる	받아들이다
□	受け取る	うけとる	받다, 수령하다, 수취하다
□	埋める	うめる	묻다, 메우다, 벌충하다
□	栄養	えいよう	영양
□	延期	えんき	연기(뒤로 미룸)
□	追いつく	おいつく	따라잡다, (수준에) 달하다
□	追い抜く	おいぬく	앞지르다, 추월하다
□	オーバー		오버, 과장됨
□	お互いに	おたがいに	서로, 상호간에
□	落ち着く	おちつく	안정되다, 진정되다
□	回収	かいしゅう	회수
□	かき混ぜる	かきまぜる	휘젓다, 뒤섞다
□	重なる	かさなる	겹치다, 중복되다
□	活動	かつどう	활동

	어휘	발음	의미
□	空	から	비어 있음
□	かれる		시들다
□	期限	きげん	기한
□	気づく	きづく	깨닫다, 눈치를 채다
□	急に	きゅうに	갑자기
□	距離	きょり	거리
□	緊張	きんちょう	긴장
□	区切る	くぎる	구획 짓다, 구분하다
□	区別	くべつ	구별
□	経由	けいゆ	경유
□	欠点	けってん	결점
□	健康	けんこう	건강
□	減少	げんしょう	감소
□	建設	けんせつ	건설
□	建築	けんちく	건축
□	原料	げんりょう	원료
□	効果	こうか	효과
□	交流	こうりゅう	교류
□	断る	ことわる	거절하다
□	こぼす		흘리다, 엎지르다
□	ころぶ		구르다, 넘어지다
□	盛ん	さかん	번성함, 성행함
□	参加	さんか	참가
□	支給	しきゅう	지급
□	指示	しじ	지시

	어휘	발음	의미
□	親しい	したしい	친하다
□	締め切り	しめきり	마감
□	集合	しゅうごう	집합
□	渋滞	じゅうたい	정체, 교통 체증
□	重大な	じゅうだいな	중대한
□	修理	しゅうり	수리
□	縮小	しゅくしょう	축소
□	出張	しゅっちょう	출장
□	正直だ	しょうじきだ	정직하다
□	消費	しょうひ	소비
□	知り合う	しりあう	서로 알다
□	新鮮だ	しんせんだ	신선하다
□	進歩	しんぽ	진보
□	性格	せいかく	성격
□	清潔だ	せいけつだ	청결하다
□	制限	せいげん	제한
□	整理	せいり	정리
□	早退	そうたい	조퇴
□	そっくりだ		꼭 닮다
□	空	そら	하늘
□	そろそろ		슬슬, 이제 곧
□	滞在	たいざい	체재, 체류
□	抱く	だく	안다
□	たまる		모이다, 쌓이다
□	だるい		나른하다, 지루하다

	어휘	발음	의미
□	中古	ちゅうこ	중고
□	中旬	ちゅうじゅん	중순
□	伝わる	つたわる	전해지다, 알려지다
□	詰める	つめる	채우다, (간격을) 좁히다
□	通りすぎる	とおりすぎる	지나가다, 지나치다, 통과하다
□	どきどき		두근두근
□	どなる		고함치다, 호통치다
□	内容	ないよう	내용
□	慰める	なぐさめる	위로하다, 달래다
□	なだらかだ		완만하다
□	似合う	にあう	어울리다
□	握る	にぎる	쥐다, 잡다
□	にこにこ		생긋생긋, 싱글벙글
□	はかる		(무게를) 달다, 재다
□	発生	はっせい	발생
□	発展	はってん	발전
□	話しかける	はなしかける	말을 걸다
□	離す	はなす	떼다, 사이를 벌리다
□	引き受ける	ひきうける	맡다, 떠맡다
□	沸騰	ふっとう	비등, (액체가) 끓어 오름
□	ふらふら		흔들흔들, 비틀비틀
□	分類	ぶんるい	분류
□	報告	ほうこく	보고
□	訪問	ほうもん	방문
□	ほえる		짖다, 으르렁거리다

	어휘	발음	의미
□	募集	ぼしゅう	모집
□	翻訳	ほんやく	번역
□	曲げる	まげる	구부리다, 굽히다
□	まずしい		가난하다
□	混ぜる	まぜる	섞다, 혼합하다
□	満員	まんいん	만원(인원이 다 참)
□	見送る	みおくる	배웅하다, 보류하다
□	身につける	みにつける	(학문·기술 등을) 익히다, 습득하다
□	見本	みほん	견본
□	未来	みらい	미래
□	ユーモア		유머, 익살맞음
□	行き先	ゆきさき	행선지, 목적지
□	ゆでる		데치다, 삶다
□	緩い	ゆるい	느슨하다, 엄하지 않다
□	割引	わりびき	할인

필수 문법 총정리

N3

001 **～から ～にかけて** ～부터 ～에 걸쳐서

名古屋(なごや)から大阪(おおさか)にかけて台風(たいふう)の影響(えいきょう)があるでしょう。
나고야부터 오사카에 걸쳐서 태풍의 영향이 있겠습니다.

002 **～に関(かか)わりなく**
～に関(かか)わらず 에 상관없이, ～에 관계없이

年齢(ねんれい)に関(かか)わらず料金(りょうきん)はみな同(おな)じです。
연령에 관계없이 요금은 모두 같습니다.

003 **～に限(かぎ)って**
～に限(かぎ)り ～에 한해서, ～만

今年(ことし)二十歳(はたち)になった人(ひと)に限(かぎ)り30%割引(わりびき)します。
올해 스무 살이 된 사람에 한해서 30% 할인합니다.

004 **～に限(かぎ)らず** ～뿐만 아니라

先生(せんせい)に限(かぎ)らず目上(めうえ)の人(ひと)にはあいさつをしましょう。
선생님뿐만 아니라 윗사람에게는 인사를 합시다.

005 **～にかけては** ～에 있어서는, ～만큼은

日本料理(にほんりょうり)にかけては自信(じしん)があります。
일본 요리만큼은 자신이 있습니다.

006 **～に代(か)わって**
～に代(か)わり ～을 대신해서

来週(らいしゅう)から教室(きょうしつ)の授業(じゅぎょう)に代(か)わりインターネットを使(つか)った自宅授業(じたくじゅぎょう)をする。
다음 주부터 교실 수업 대신에 인터넷을 사용한 자택 수업을 한다.

007 ～に関して ～에 관해서

今日は最近の日本の気候に関してお話します。
오늘은 최근의 일본 기후에 관해 말씀드리겠습니다.

008 ～に比べて ～에 비해서

練習したので昨日に比べてタイムが速くなった。
연습했기 때문에 어제에 비해 타임(기록)이 빨라졌다.

009 ～に加えて ～에 더해서, ～한 데다가

この掃除機は軽さに加えて音が静かなことが特徴です。
이 청소기는 가벼운 데다가 소리가 조용한 것이 특징입니다.

010 ～に従って ～에 따라

学生たちは先生の指示に従って朝早く出発しました。
학생들은 선생님의 지시에 따라 아침 일찍 출발했습니다.

011 ～にしては ～치고는

この絵は子どもにしては上手にかけた。
이 그림은 아이치고는 잘 그렸다.

012 ～にする ～로 하다

私はコーヒーにしますが、田中さんはどうしますか。
저는 커피로 하겠습니다만, 다나카 씨는 어떻게 하겠습니까?

013

～に対して ① [대비] ～에 반해, ～에 비해 ② [대상] ～에 대해

交通費の値上げ**に対して**反対運動が起きた。

교통비 인상에 대해 반대 운동이 일어났다.

014

～に違いない ～임에 틀림없다

こんなに暗いからもうすぐ雨がふる**に違いない**。

이렇게 어두우니까 이제 곧 비가 내릴 것임에 틀림없다.

015

～について ～에 대해서

今日は日本語のあいさつ**について**勉強します。

오늘은 일본어의 인사에 대해 공부하겠습니다.

016

～につれて ～에 따라, ～함에 따라서

季節の変化**につれて**いろいろな花が咲きます。

계절의 변화에 따라 여러 가지 꽃이 핍니다.

017

～にとって ～에 있어서

外国で一人で生活する学生**にとって**家族からの電話はうれしいものです。

외국에서 혼자 생활하는 학생에게 있어서 가족으로부터 온 전화는 기쁜 법입니다.

018

～に反して ～에 반해, ～와 반대로

みんなの期待**に反して**うちのチームは予選で負けてしまった。

모두의 기대와 반대로 우리 팀은 예선에서 지고 말았다.

019

～によって

① [원인·이유] ~에 의해서, ~때문에
② [수단·방법] ~로, ~에 의해
③ [대응] ~에 따라서
④ [동작의 주체] ~에 의해서

この小説(しょうせつ)は彼(かれ)によって書(か)かれました。
이 소설은 그에 의해 쓰여졌습니다.

020

～を込(こ)めて

~을 담아서

母(はは)の日(ひ)に心(こころ)を込(こ)めて手紙(てがみ)を書(か)きました。
어머니날에 마음을 담아 편지를 썼습니다.

021

～を通(つう)じて
～を通(とお)して

① [시간의 지속] ~을 통틀어, ~내내
② [수단·매개] ~을 통해서

春(はる)は１年(ねん)を通(つう)じて一番(いちばん)いい季節(きせつ)だと思(おも)います。
봄은 일 년을 통틀어 가장 좋은 계절이라고 생각합니다.

022

～間(あいだ)

[상태 지속] ~동안, ~사이

～間(あいだ)に

[일회성 동작] ~동안에, ~사이에

連休(れんきゅう)の間(あいだ)、ずっと家(いえ)にいました。
연휴 동안 계속 집에 있었습니다.

023

～上(うえ)に

~한 데다가

～上(うえ)で

~한 후에

家(いえ)に帰(かえ)って両親(りょうしん)と相談(そうだん)した上(うえ)で決(き)めます。
집에 돌아가 부모님과 상의한 후에 결정하겠습니다.

024 ～うちに ～하는 동안에, ～하는 사이에
～ないうちに ～하지 않은 사이에, ～하기 전에

しばらく会(あ)わないうちにずいぶん大(おお)きくなったね。
한동안 만나지 않은 사이에 많이 컸구나.

025 ～おかげで [긍정적 결과] ～덕분에
～せいで [부정적 결과] ～탓에

今年(ことし)は雨(あめ)が少(すく)なかったせいで野菜(やさい)がよくできなかったです。
올해는 비가 적게 온 탓에 채소가 잘 자라지 않았습니다.

026 どんなに ～ても / いくら ～ても 아무리 ～하더라도

普通(ふつう)の人(ひと)がどんなに練習(れんしゅう)しても100mを10秒(びょう)では走(はし)れません。
평범한 사람이 아무리 연습해도 100m를 10초에는 달릴 수 없습니다.

027 ～まで [상태 지속] ～까지
～までに [기한] ～까지

水着(みずぎ)を着(き)たいから夏(なつ)までにやせたいです。
수영복을 입고 싶으니 여름까지 살을 빼고 싶습니다.

028 ～向(む)きの ～에 적합한, ～에 알맞은
～向(む)けの ～대상의, ～용의

この店(みせ)にはベジタリアン向(む)きのメニューが多(おお)いです。
이 가게에는 채식주의자에게 알맞은 메뉴가 많습니다.

029

～やすい ～하기 쉽다, ～하기 편하다, ～하기 좋다
～にくい / ～がたい ～하기 어렵다, ～하기 불편하다

住所が長くて覚え**にくい**ですね。
주소가 길어서 외우기 어렵네요.

030

～限り ～하는 한

あの選手がいる**限り**、簡単には負けないでしょう。
그 선수가 있는 한, 간단히는 지지 않을 것입니다.

031

～代わりに ～대신에

その製品は品質がいい**代わりに**価格は高い。
그 제품은 품질이 좋은 대신에 가격은 비싸다.

032

～こと [명령·지시] ～할 것

テストの答えはえんぴつで書く**こと**。ボールペンは使わない**こと**。
시험의 답은 연필로 쓸 것. 볼펜은 사용하지 말 것.

033

～ことだ [조언·충고] ～해야 한다

最後まで走るためには初めから早く走らない**ことだ**。
마지막까지 달리기 위해서는 처음부터 빠르게 달리지 말아야 한다.

034

～ことにする [결심] ～하기로 하다
～ことにしている [습관] ～하기로 하고 있다

いやなことは忘れる**ことにしました**。
싫은 일은 잊기로 했습니다.

035 **～ことになる** [결정] ～하게 되다

～ことになっている [규칙] ～하게 되어 있다

新入生(しんにゅうせい)は図書館(としょかん)で図書(としょ)カードを作(つく)ることになっています。

신입생은 도서관에서 도서 카드를 만들게 되어 있습니다.

036 **～ことはない** ～할 필요는 없다 , ～할 것은 없다

電話(でんわ)で解決(かいけつ)できることなんだから、わざわざ行(い)くことはない。

전화로 해결할 수 있는 일이니까 일부러 갈 필요는 없다.

037 **～最中(さいちゅう)** ～하는 중에, 한창 ～하는 도중에

テストの最中(さいちゅう)に電話(でんわ)がかかってきて困(こま)りました。

한창 시험을 보는 도중에 전화가 걸려 와서 난처했습니다.

038 **～たところ** ～했더니, ～한 결과

郵便局(ゆうびんきょく)に確認(かくにん)したところ、年賀状(ねんがじょう)は25日(にち)までに出(だ)せばいいそうです。

우체국에 확인했더니 연하장은 25일까지 보내면 된다고 합니다.

039 **～たびに** ～할 때마다

学校(がっこう)では遅刻(ちこく)するたびに運動場(うんどうじょう)を走(はし)らされます。

학교에서는 지각할 때마다 운동장을 달리게 합니다.

040 **～ため** [이유·원인] ～로 인해, ～때문에

台風(たいふう)のため、今日(きょう)の試合(しあい)は中止(ちゅうし)します。

태풍으로 인해 오늘 시합은 중지합니다.

041 ～つもりで ～한 셈치고, ～라고 생각하고

新入社員のつもりでがんばります。
신입 사원이라고 생각하고 열심히 하겠습니다.

042 ～つもりだ ～라고 생각하다

授業ではわかったつもりだったが、試験はぜんぜんできなかった。
수업에서는 이해했다고 생각했지만, 시험은 전혀 풀 수 없었다.

043 ～ということだ ① [전문] ～라고 한다 ② [결론] ～이다, ～라는 것이다

11時の飛行機は12時半に変更になるということです。
11시 비행기는 12시 반으로 변경된다고 합니다.

044 ～とおり／～どおり ～대로

説明書どおりに作れば誰でもできます。
설명서대로 만들면 누구나 할 수 있습니다.

045 ～ところだ ① [직전] ～하려고 하는 참이다 ② [도중] ～하고 있는 중이다 ③ [직후] 막 ～했다

今、出発したところです。
지금 막 출발했습니다.

046 ～ところだった ～할 뻔했다

電車が遅れて、もう少しで遅刻するところだった。
전철이 지연되어서 자칫하면 지각할 뻔했다.

047 **～ところに** 마침 ～하는 때에, 마침 ～하는 중에

家を出ようとした**ところに**友だちが訪ねてきた。
마침 집을 나가려던 때에 친구가 찾아왔다.

048 **～ところを** 마침 ～하는 것을, 마침 ～하는 상황을

友だちにダンスの練習している**ところを**見られて恥ずかしかった。
친구에게 춤 연습하는 것을 들켜서 창피했다.

049 **～のこと** ～에 관한 것

政治**のこと**は難しくてよくわかりません。
정치에 관한 것은 어려워서 잘 모릅니다.

050 **～はずがない** ～일 리가 없다

まじめなあの人がそんなことをする**はずがない**。
성실한 그 사람이 그런 일을 할 리가 없다.

051 **～はずだ** [결과] ～할 것이다, 당연히 ～일 것이다

来週になれば田中さんも退院する**はずです**。
다음 주가 되면 다나카 씨도 퇴원할 것입니다.

052 **～ものだ** ① [진리·사실] ～하는 법이다 ② [과거 회상] ～하곤 했다

子どもの頃はよく学校が終わってみんなで野球をした**ものだ**。
어렸을 때에는 곧잘 학교가 끝나고 모두 함께 야구를 하곤 했다.

053 **~わけがない** ~일 리가 없다, ~일 까닭이 없다

1週間(いっしゅうかん)で単語(たんご)を全部(ぜんぶ)覚(おぼ)えられる**わけがない**。

일주일에 단어를 전부 외울 수 있을 리가 없다.

054 **~わけだ** [당연한 결과] ~인 것이다, ~인 것이 당연하다

冬(ふゆ)にシャツ一枚(いちまい)で外(そと)に出(で)るなんて、かぜをひく**わけだ**。

겨울에 셔츠 한 장으로 밖에 나오다니, 감기에 걸리는 것이 당연하다.

055 **~わけではない** ~인 것은 아니다, 반드시 ~인 것만은 아니다

納豆(なっとう)はあまり食(た)べないが嫌(きら)いな**わけではない**。

낫토는 별로 먹지 않지만 싫어하는 것은 아니다.

056 **~わけにはいかない** ~할 수는 없다

親友(しんゆう)の結婚式(けっこんしき)だから行(い)かない**わけにはいかない**。

친구의 결혼식이라서 가지 않을 수는 없다.

057 **~たとたん** ~하자마자, ~한 순간

信号(しんごう)が青(あお)になっ**たとたん**、車(くるま)がいっせいに動(うご)き出(だ)した。

신호가 파란불로 바뀌자마자 차가 일제히 움직이기 시작했다.

058 **~たまま** [상태 지속] ~인 채로

昨日(きのう)はメガネをかけ**たまま**寝(ね)てしまいました。

어제는 안경을 쓴 채로 잠들어 버렸습니다.

059 ～てくる [과거→현재] ～해 오다, ～해지다

～ていく [현재→미래] ～해 가다

日本(にほん)の生活(せいかつ)に慣(な)れてきました。
일본 생활에 익숙해졌습니다.

060 ～て以来(いらい) ～한 이래(로), ～한 이후

試合(しあい)で負(ま)けて以来(いらい)、毎朝(まいあさ)厳(きび)しい練習(れんしゅう)を続(つづ)けている。
시합에 진 이후, 매일 아침 혹독한 연습을 계속하고 있다.

061 ～てはじめて ～하고 나서야 비로소

いなくなってはじめてその人(ひと)の良(よ)さがわかる。
사라지고 나서야 비로소 그 사람의 장점을 알 수 있다.

062 ～てほしい ～해 주길 바란다

漢字(かんじ)はまだよくわからないので、ひらがなで書(か)いてほしいです。
한자는 아직 잘 모르기 때문에 히라가나로 써 주길 바랍니다.

063 ～てみせる [결의·각오] ～하겠다, ～해 보이겠다

来年(らいねん)までに売上(うりあげ)を今(いま)の２倍(ばい)にしてみせる。
내년까지 매출을 지금의 두 배로 올려 보이겠다.

064 ～てもらいたい ～해 주었으면 한다

これを今日中(きょうじゅう)に先生(せんせい)に渡(わた)してもらいたいんですが。
이것을 오늘 중으로 선생님께 전해 주셨으면 합니다만.

065

～なきゃ
～なければ

～하지 않으면 (안 돼), ～해야 해

早(はや)く買(か)いに行(い)か**なきゃ**なくなってしまう。
빨리 사러 가지 않으면 없어져 버린다.

066

～なくちゃ
～なくては

～하지 않으면 (안 돼), ～해야 해

友(とも)だちに着(つ)くのが遅(おく)れることを連絡(れんらく)し**なくちゃ**。
친구에게 도착이 늦는 것을 연락해야 해.

067

～かけ ～하는 도중
～かけの ～하다 만

テーブルの上(うえ)に作(つく)り**かけの**ケーキがおいてある。
테이블 위에 만들다 만 케이크가 놓여 있다.

068

～きる (다, 완전히) ～하다
～きれる (다, 완전히) ～할 수 있다
～きれない (다, 완전히) ～할 수 없다

今日(きょう)のうちにこの山(やま)を登(のぼ)り**きれる**か心配(しんぱい)です。
오늘 중으로 이 산을 다 오를 수 있을지 걱정입니다.

069

～すぎる 너무 ～하다, 지나치게 ～하다

カバンが重(おも)**すぎて**一人(ひとり)では持(も)てません。
가방이 너무 무거워서 혼자서는 들 수 없습니다.

070 ～たて 갓 ～한, 방금 ～한

とれ**たて**の新鮮(しんせん)な魚(さかな)はさしみにして食(た)べればおいしいです。

갓 잡은 신선한 생선은 회로 먹으면 맛있습니다.

071 ～直(なお)す 다시 ～하다

その本(ほん)は一回(いっかい)読(よ)んだときは分(わ)かりにくかったが、何回(なんかい)か読(よ)み**直(なお)し**たらやっと理解(りかい)できた。

그 책은 한 번 읽었을 때는 알기 어려웠지만, 몇 번인가 다시 읽었더니 겨우 이해할 수 있었다.

072 ～ぬく 끝까지 ～하다

この建物(たてもの)は最後(さいご)まで私(わたし)が守(まも)り**ぬく**つもりです。

이 건물은 마지막까지 내가 지킬 작정입니다.

073 ～もしない ~하지도 않다

先生(せんせい)はせっかく苦労(くろう)して書(か)いたレポートを見(み)**もしない**で机(つくえ)の上(うえ)に置(お)いた。

선생님은 애써 고생해서 쓴 리포트를 보지도 않고 책상 위에 두었다.

074 ～一方(いっぽう)だ ~하기만 하다, 오로지 ~할 뿐이다

家(いえ)で横(よこ)になっていたが、お腹(なか)の痛(いた)みはひどくなる**一方(いっぽう)だ**った。

집에서 누워 있었지만 복통은 심해지기만 할 뿐이었다.

075 ～恐(おそ)れがある ~할 우려가 있다

近(ちか)いうちに大(おお)きな地震(じしん)が起(お)きる**恐(おそ)れがあり**ます。

조만간 큰 지진이 일어날 우려가 있습니다.

076

～かもしれない ～일지도 모른다

来週(らいしゅう)は暑(あつ)くなるかもしれません。
다음 주는 더워질지도 모릅니다.

077

～がる ～어하다

子(こ)どもたちはディズニーランドに行(い)きたがっています。
아이들은 디즈니랜드에 가고 싶어 합니다.

078

～くらい／～ぐらい ～정도, ～쯤

ひらがなとカタカナを読(よ)むくらいなら私(わたし)でもできます。
히라가나와 가타카나를 읽는 정도라면 저라도 할 수 있습니다.

079

～こそ ～야말로

これこそ私(わたし)がほしかったパソコンです。
이거야말로 내가 가지고 싶었던 컴퓨터입니다.

080

～ごとに ～마다

日本(にほん)の特急(とっきゅう)は電車(でんしゃ)ごとに名前(なまえ)がある。
일본의 특급 열차는 전철마다 이름이 있다.

081

～さえ ～조차

この家(いえ)は不便(ふべん)な場所(ばしょ)にある。近(ちか)くにコンビニさえない。
이 집은 불편한 장소에 있다. 근처에 편의점조차 없다.

082 ～さえ ～ば ～만 ～하면

あの人(ひと)が来(き)さえすれば、すべてうまくいくはずです。
저 사람이 오기만 하면 모든 것이 잘 될 것입니다.

083 ～(さ)せてくれませんか ～하게 해 주세요, 제가 ～해도 될까요?

この地域(ちいき)はよく道(みち)を知(し)っているから私(わたし)に運転(うんてん)させてくれませんか。
이 지역은 길을 잘 알고 있으니 제가 운전해도 될까요?

084 ～(さ)せてもらえませんか ～하게 해 주십시오, 제가 ～해도 되겠습니까?

A 田中(たなか)さんが帰(かえ)るまでここで待(ま)たせてもらえませんか。
다나카 씨가 돌아올 때까지 여기서 기다려도 되겠습니까?

B はい、どうぞ。
네, 그러세요.

085 ～しか ～ない ～밖에 ～하지 않다

他(ほか)の人(ひと)は日本語(にほんご)しか話(はな)せない。
다른 사람은 일본어밖에 말하지 못한다.

086 ～たばかり 막 ～한, ～지 얼마 안 된

10時(じ)のバスは出発(しゅっぱつ)したばかりです。
10시 버스는 방금 막 출발했습니다.

087 ～たら ① [가정·조건] ～하면, ～라면 ② [결과·발견] ～했더니, ～하자(＝と)

窓(まど)を開(あ)けたら(=開(あ)けると)富士山(ふじさん)が見(み)えた。
창문을 열자 후지산이 보였다.

088

～たらいい ~하면 된다, ~하면 좋다

一緒(いっしょ)に行(い)けたらいいんですが、ちょっと忙(いそが)しくて……。

함께 갈 수 있다면 좋겠지만, 좀 바빠서…….

089

～だけ ~만큼

今度(こんど)のことでは、私(わたし)もできるだけのことをするつもりです。

이번 일에서는 저도 할 수 있는 만큼의 일을 할 생각입니다.

090

～というと / ～といえば / ～といったら ~라고 하면

日本映画(にほんえいが)といえばアニメを無視(むし)することはできません。

일본 영화라고 하면 애니메이션을 무시할 수 없습니다.

091

～といっても ~라고 해도

学校(がっこう)といっても、生徒(せいと)が12名(めい)しかいないんです。

학교라고 해도 학생이 12명밖에 없습니다.

092

～とか ～とか ~라든가 ~라든가

約束(やくそく)があるとか調子(ちょうし)が悪(わる)いとか言(い)って、勉強会(べんきょうかい)に参加(さんか)しない学生(がくせい)が多(おお)い。

약속이 있다든가 컨디션이 안 좋다든가 하면서 스터디에 참가하지 않는 학생이 많다.

093

～として [자격] ~로서

～としては [자격] ~로서는

子(こ)どもを持(も)つ親(おや)としてそんなことは許(ゆる)せない。

아이를 가진 부모로서 그런 일은 용서할 수 없다.

094 **～としても** ～라고 해도, ～한다고 해도

もし引っ越す**としても**今より狭い部屋には住みたくない。
만약 이사한다고 해도 지금보다 좁은 방에는 살고 싶지 않다.

095 **～とともに** ～와 함께

彼女の思い出**とともに**二人の写真は全部捨ててしまった。
그녀의 추억과 함께 두 사람의 사진은 전부 버려 버렸다.

096 **～とは** / **～というのは** / **～って** ～라는 것은, ～란

A「スマホ」**って**何ですか。
'스마호'란 무엇입니까?

B「スマホ」**というのは**「スマートフォン」を短くした言葉です。
'스마호'라는 것은 '스마트폰'의 줄임말입니다.

097 **～なんか** [경시] ～같은 것, ～따위

ダイエットしているときに間食**なんか**してはだめです。
다이어트를 하고 있을 때에 간식 같은 것을 먹으면 안 됩니다.

098 **～なんて** ① [경시] ～따위　② [놀라움·감탄] ～하다니

初めて出た試合で優勝する**なんて**すごいですね。
처음 나간 시합에서 우승하다니 대단하네요.

099 **～のではないだろうか** ～인 것이 아닐까?
～のではないでしょうか ～인 것이 아닐까요?

今6時だから、もう家に帰っている**のではないでしょうか。**
지금 6시이니까 이미 집에 돌아가지 않았을까요?

100 **～ば ～ほど** ～하면 할수록

外国語は勉強す**れば**する**ほど**難しいということがわかってくる。
외국어는 공부하면 할수록 어렵다는 것을 알게 된다.

101 **～ばよかった** / **～たらよかった** [후회] ～했어야 했다, ～했으면 좋았다

そんなにいい映画だったら私も見**ればよかった。**
그렇게 좋은 영화였다면 나도 봤으면 좋았을 걸.

102 **～ほど ～ない** ～만큼 ～하지 않다

単語を覚えようとしても、若い時**ほど**早く覚えられ**ない。**
단어를 외우려고 해도 젊을 때만큼 빨리 외울 수 없다.

103 **～もの** / **～もん** [이유] ～인 걸, ～란 말이야

A どうして食べないの？
왜 먹지 않니?

B だって、おいしくないんだ**もん。**
왜냐면 맛이 없는 걸.

104 ～ように ① [충고] ~하도록　　② [목적] ~할 수 있도록

明日は試験なので遅刻しないように。

내일은 시험이니까 지각하지 않도록.

105 ～らしい ~다운, ~답다

今日は夏らしい天気ですね。

오늘은 여름다운 날씨네요.

106 ～んだって [전문] ~래, ~라고 하던데

映画は４時から始まるんだって。その前に食事しようか。

영화는 4시부터 시작한대. 그 전에 식사를 할까?